JN418091

譯註 禮記集說大全

檀弓 上 ❷

編　陳澔(元)

附　正義·訓纂·集解

譯註 禮記集說大全

檀弓 上 ❷

編　陳澔(元)

附　正義·訓纂·集解

鄭秉燮 譯

역자서문

고대의 예제(禮制) 중 상례(喪禮)에 대한 규정은 가장 난해한 부분 중 하나이다. 관련 자료로는 『의례(儀禮)』에 「사상례(士喪禮)」, 「사우례(士虞禮)」, 「기석례(旣夕禮)」 등의 편들이 있지만, 이러한 기록들은 상례 중에서도 극히 일부에 지나지 않고, 상례를 치를 때 사용되는 각종 기물(器物)들은 현재로서 고증할 수 없는 것들이 많기 때문이다. 이번 역서인 「단궁상(檀弓上)」편은 「단궁(檀弓)」이라는 편의 분절 중 하나인데, 상례에 대해 집중적으로 다루고 있다. 따라서 이 내용은 고대의 상례에 대한 이해를 도울 수 있는 중요한 자료가 된다.

그런데 「단궁」편에는 몇 가지 특징이 존재한다. 첫 번째는 각 문장들의 내용이 서로 연결되지 않고, 단편적인 기록들로 이루어져 있으며, 그 순서 또한 뒤죽박죽이라는 점이다. 두 번째는 「단궁」편에서 기록하고 있는 상례의 규정들은 『예기』에 수록된 다른 편들의 기록 및 『의례』와 『주례』에 나타난 규정들과 동일한 점도 있지만, 상반되는 내용들도 나타난다는 점이다. 세 번째는 「단궁」편에는 수많은 인물들이 등장하고, 공자(孔子)의 제자들 및 재전(再傳) 제자 등도 나타난다는 점이다.

우선 첫 번째 특징으로 제시한 것은 「단궁」편에만 적용되는 특징은 아니다. 『예기』에 수록된 총 49개의 편들 중 일부의 편들을 제외하고, 대부분의 편들은 모두 단편적인 구문들이 일정한 순서도 없이 뒤죽박죽으로 기록되어 있다. 따라서 이러한 점은 『예기』를 구성하고 있는 각각의 편들이 특정 시기 및 특정 저작자에 의해 작성된 문헌이 아니고, 『예기』가 편찬되기 이전에 존재했던 수많은 문헌들 중에서, 단편적인 기록들이 『예기』의 각 편으로 삽입되었다는 사실을 나타낸다. 「단궁」편 또한 이러한 과정을 거쳐 하나의 편으로 완성된 것이다.

두 번째 특징은 『의례』 및 『주례』 등의 규정과 차이를 보이는 기록들이 있다는 점인데, 이 또한 「단궁」편에만 적용되는 특징은 아니다. 『예기』에 기록된 각종 관직명 및 제도들은 『의례』 및 『주례』와 차이를 보이는데, 역대 학자들은 삼례(三禮)를 통합적인 관점에서 해설하였기 때문에, 『의례』는 주로 사(士) 계층에 대한 내용이고, 『주례』는 천자(天子)의 전장제도(典章制度)를 기록한 것이므로, 『예기』의 기록과 차이를 보이는 것이라고 설명한다. 그런데 「단궁」편의 몇몇 기록에 대해서는 그 규정들이 『의례』 등의 규정과 상반되므로, 학자들은 「단궁」편의 기록이 잘못되었다고 설명한다. 그 이유는 상반된 규정을 이명(異名)이나 계층적 차등으로써 무마시키기에는 무리가 있기 때문이다. 그리고 「단궁」편의 내용이 잡다하고, 그 배열 또한 종잡을 수 없을 만큼 뒤죽박죽이므로, 「단궁」편의 기록이 후대의 잘못된 기록이라고 치부하게 된 것이다.

오경(五經)이라고 부르는 것들 중 『예(禮)』라고 하는 것에 대해서, 일반적으로는 『예기(禮記)』를 뜻한다고 오해하고 있다. 그러나 고대의 『예』라는 것은 현존하는 『의례』를 뜻하는 것이지, 오늘날의 『예기』를 뜻하는 것이 아니다. 분서갱유(焚書坑儒) 이후 한(漢)나라에서는 기존의 전적들을 수집하였는데, 오경(五經) 중 『예』는 노(魯)나라 출신인 고당생(高堂生)으로부터 비롯되어, 학관에 정립된다. 삼례(三禮) 중 『주례(周禮)』는 그 출처가 의심스럽지만, 유흠(劉歆) 등의 노력으로 인해, 학관에 정립되어, 경(經)으로써 영향력을 발휘하게 된다. 그러나 『예기』의 경우에는 끝내 학관에 들어가지 못했고, 경(經)으로 취급받지도 못했다. 사사오경(四書五經)이라고 할 때, 『예기』를 오경의 하나로 열거하는 것은 후대에 생겨난 풍조인데, 기존의 경(經)으로 취급받던 『의례』 및 『주례』에서는 예(禮)의 의미 및 사상 등을 도출하기 어렵고, 당시의 구체적인 의례절차와 관직제도 등을 설명하는 문헌이므로, 시효성이 없었기 때문이다. 따라서 후대에는 예(禮)의 의미 및 사상 등을 풍부하게 갖추고 있는 『예기』가 『의례』 및 『주례』 등을 제치고 경(經)의 반열로 편입된 것이다. 그리고 『예기』의 본래 명칭은 『기(記)』였고, 『한서(漢書)』「예문지(藝文志)」와 그 주석에 따르면, 『기』 131편이 존재했으며, 공자(孔子)의 제자들이 작성한 문헌이라고 전해진다. 따라서 고당생이 전수한 『의례』와 한나라 때 갑작스럽게 등장한 『주례』는 『예기』와 일정정도 관련성은 있지만, 그 출처 자체가 다르다. 따라서 『의례』 및 『주례』의 기록과 『예기』의 기록은 차이를 보일 수밖에 없는 것이다.

또 한나라 초기에는 전수되었던 『예』가 『의례』 뿐이었는데, 『의례』의 내용은 대부분 사(士) 계층에 국한된 것이었으므로, 전 계층에 적용할 수 있는 예제(禮制)가 아니었다. 따라서 한나라 때에는 전 계층에 적용할 수 있는 예제를 복원하거나 새롭게 만들어내는 작업들이 진행되었는데, 크게 두 가지 방향으로 진행되었다. 하나는 『의례』에 기록된 사(士) 계층의 예제를 기반으로, 가감(加減)을 통하여 그보다 상위에 속한 여러 계층의 예제를 제정하는 작업이다. 또 다른 하나는 소위 고문경전(古文經典)으로 지칭되는 문헌들을 통해서, 각 계층의 새로운 예제를 발굴하는 작업이다. 대표적으로 하간헌왕(河間獻王)은 고서(古書)들을 수집했고, 이를 통해 얻은 서적들을 조정에 헌상하였다고 했는데, 그 내용들은 주로 천자(天子) 및 제후(諸侯)와 관련된 고례(古禮)였다고 전해진다. 『예기』에 기록된 천자 및 제후에 대한 규정들은 하간헌왕 등이 발굴한 고서 속의 기록들에서 도출되었을 가능성이 높다. 실제로 『한서』에서는 『명당음양(明堂陰陽)』 33편, 『왕사씨(王史氏)』 21편, 『곡대후창(曲臺后倉)』 9편, 『중용설(中庸說)』 2편, 『명당음양설(明堂陰陽說)』 5편 등을 『기』와 함께 예경(禮經)으로 분류하고 있다. 이 문헌들의 전모는 현재 확인할 수 없으므로, 『예기』와의 비교는 불가능하다. 그러나 이러한 여러 저서들은 고문경전에 속하는 것들이며, 주로 천자 및 제후에 대한 제도들을 수록하고 있었다고 전해지므로, 『예기』에서 기술하고 있는 천자 및 제후에 대한 제도들은 이러한 기록들을 바탕으로 성립되었을 가능성이 높다. 뿐만 아니라 『예』의 전수자인 경사(經師)들도 『의례』에 대한 각종 해설서들을 남겼을 가능성이 높은데, 『한서』를 살펴보면, 『의례』의 전수자였던 후창(后倉)은 예(禮)에 대해 설명한 글을 수만 자나 남겼다고 하며, 그 책을 『후씨곡대기(后氏曲臺記)』라고 불렀다고 전해진다. 이 서적은 앞서 예경으로 분류되던 『곡대후창(曲臺后倉)』에 해당한다. 따라서 이러한 경사들의 해설서들 중 일부 기록이 『예기』의 기록으로 편입되었을 가능성도 높다. 실제로 『의례』의 기록을 살펴보면, 각 경문(經文)에서 기술한 뜻을 보충하기 위해서, 전문(傳文)과 기문(記文)이 수록되어 있다. 이 두 기록의 작성자에 대해서는 정확히 가늠할 수 없지만, 『예기』의 기록에도 이와 비슷한 기록들이 나타나므로, 『의례』의 진수 과정 속에 나타났던 각종 해설들이 『예기』의 기록으로 편입되었을 가능성이 매우 높다.

또한 『예기』에 대한 성서(成書) 과정에 대해서, 일반적으로는 대덕(戴德)이 기존의 『기』들을 정리하여 85편으로 간추렸는데, 이것이 현재의 『대대례기(大戴禮記)』이고, 대성(戴聖)이 재차 49편으로 간추렸는데, 이것이 『소대례기(小戴禮記)』이며, 현재의 『예기』라고 전해진다. 대성은 대덕이 정리한 85편의 『대대례기』를 재차 편집했다고 알려져 있지만, 현존하는 『대대례기』의 기록들은 반절 이상의 편들이 망실되어, 그 전모를 확인할 수 없다. 따라서 대성이 『대대례기』를 재차 편집해서 현재의 『예기』를 만들었던 것인지, 또는 기존의 다른 문헌들까지도 참고하여 『예기』를 만들었는지는 확인할 수 없다. 그런데 현재 남아있는 『대대례기』의 기록들을 살펴보면, 『예기』 속에 일부 기록들이 차용된 부분도 있고, 편 전체가 거의 동일한 부분도 있지만, 그 성향이 매우 다르다. 따라서 대성이 『대대례기』만을 기반으로 현재의 『예기』를 편찬했을 가능성은 매우 낮다. 그리고 현재의 『예기』는 정현(鄭玄)의 주본(注本)이 기반이 된 것인데, 정현이 『예기』에 대한 주석을 작성할 때 참고했던 판본은 대성이 편집한 『소대례기』 49편이 아니며, 후한(後漢) 때의 학자인 마융(馬融)과 노식(盧植)이 편집한 판본이다. 따라서 대성 이후 『예기』에 대한 가감(加減)이 이루어졌을 가능성 또한 높으므로, 후대의 첨삭이 이루어졌다는 가능성도 배제할 수 없다. 실제로 『수서(隋書)』「경적지(經籍志)」에서는 마융이 대성의 학문을 전수했으며, 또한 「월령(月令)」 1편, 「명당위(明堂位)」 1편, 「악기(樂記)」 1편을 추가하여, 총 49편으로 만들었다고 기록하고 있다. 이 기록에 대해서는 후대의 학자들이 그 신빙성에 대한 의심을 끊임없이 제기하여, 사실이 아니라는 쪽으로 결론을 내리는 것이 일반적인 견해가 되었다. 그러나 대성이 전수한 『소대례기』 판본 자체를 확인할 수 없으므로, 후대의 첨삭 가능성은 완전히 배제할 수 없다.

한편 대덕과 대성에 앞서, 유향과 유흠의 편집이 『예기』의 기록에도 영향을 끼쳤다. 한나라 때에는 여러 고서들을 수집하였지만, 이러한 서적들을 세간에 유통시켰던 것이 아니며, 후대의 왕조에서 편찬사업을 진행했던 것처럼, 확정 판본을 세삭해서 반포했던 것도 아니다. 한나라 때 수집된 고서들은 왕실의 도서관이라고 할 수 있는 창고에 보관되었으며, 일반인 및 일반 학자들의 열람 자체가 어려웠다. 당시 이 서적들을 마음대로 볼 수 있었던 자는 대표적으로 유향과 유흠인데, 이들은 도서관을 담당하는 관리가 되었기 때문이다. 따라서 이들은 각종 기록들에 대한 편집을 감행했던 것으로 판단된다. 『수서』에서는 유향이 『기』 130편 이외에도 『명당음양기(明堂陰陽記)』 33편, 『공자삼조기(孔子三朝記)』 7편, 『왕사씨기(王史氏記)』 21편, 『악기(樂記)』 23편 등을 찾아내어, 214편을 교정했다고 기록하고 있고, 대덕이 편찬한 『대대례기』는 유향이 편집한 214편을 저본으로 삼은 것이라고 기록하고 있다. 따라서 현재의 『예기』 기록에 유향과 유흠의 편집이 일정정도 개입되었을 가능성이 높다.

이처럼 『예기』의 각 기록들은 그 출처가 특정 시기 또는 특정 저작자 및 학파에서 유래된 것이 아니며, 장구한 시기를 거쳐, 출처가 다른 개별적 문헌들의 기록이 『예기』로 유입된 것이다. 그렇기 때문에 그 내용이 잡다한 것이며, 『의례』 및 『주례』처럼 일련의 주제와 순서에 따라 작성된 문헌과 차이를 보일 수밖에 없는 것이다.

세 번째 특징은 「단궁」편에 공자의 제자 및 재전 제자에 대한 기록이 나온다는 점이다. 뿐만 아니라 「단궁」편에는 공자가 죽음을 맞이할 때의 기록과 공자의 장례를 치를 때의 기록, 또 공자 가문에서 일어났던 각종 상례들이 기록되어 있다. 그리고 공자의 아들인 백어(伯魚)와 손자인 자사(子思)에 대한 내용도 수록되어 있으며, 증자(曾子)의 아들을 비롯하여 공자의 직계 제자들의 아들들이 등장하기도 한다. 이러한 기록들은 공자 사후 노(魯)나라에 남아 있었던 공자의 학단에서 기록한 문헌들이 「단궁」편으로 유입되었을 가능성을 시사한다. 또 이러한 기록들은 공자 사후 노나라에 남아있었던 유가학파의 학풍을 단편으로 보여주는 기록들이라고 할 수 있으므로, 그 사료적 가치가 높다고 할 수 있다.

일반적으로 선진유가(先秦儒家)라고 지칭하게 되면, 공자・맹자・순자의 유가사상을 뜻하게 된다. 그 이유는 이 세 인물들에 대한 문헌인 『논어(論語)』・『맹자(孟子)』・『순자(荀子)』가 남아 있어서, 그 학문적 사상을 파악하기 쉽기 때문이며, 『논어』에 나타나는 공자의 수많은 제자들에 대해서는 확인할 수 있는 자료가 남아있지 않기 때문이다. 『한비자(韓非子)』「현학(顯學)」편을 살펴보면, 공자 사후 유가의 여덟 학파를 기록하며, 자장씨(子張氏)・자사씨(子思氏)・안씨(顏氏)・맹씨(孟氏)・칠조씨(漆雕氏)・중량씨(仲良氏)・손씨(孫氏)・악정씨(樂正氏)를 지목하고 있다. 이중 맹씨(孟氏)는 맹자를 가리키고, 손씨(孫氏)는 순자를 가리킨다. 따라서 『한비자』에서 기록하고 있는 여덟 학파 중 그 학문적 성향을 분명히 확인할 수 있는 것은 두 학파에 불과하다. 맹자가 본인을 증자와 자사의 학문적 계보로 포함시키고 있지만, 『맹자』에 나타나는 사상들이 증자와 자사의 사상을 계승한 것인지에 대해서는 확인이 불가능하다. 그리고 『한비자』가 분류한 유가의 학파를 살펴보면, 자사와 맹자를 별도의 학파로 기록하고 있고, 증자의 학파는 기록되어 있지 않다. 증자의 학문을 자사가 계승한 것이라고 설명한다고 하더라도, 자사와 맹자를 별개의 학파로 기록하는 것으로 보아, 학문적 성향이 서로 달랐을 것으로 추정된다.

그리고 전통적으로는 『예기』에 수록된 「대학(大學)」과 「중용(中庸)」편이 증자와 자사의 저작이라고 일컬어지고 있지만, 이것은 어디까지나 전통적 학설에 불과하며, 실제로 증자와 자사가 이러한 편들을 저작했을 가능성은 매우 낮다. 실제로 「단궁」편에 기록된 자사에 대한 일화들을 살펴보면, 자사는 규정만을 준수하는 다소 고지식한 인물로 묘사되고 있다. 만약 「단궁」편의 기록이 신빙성이 있는 기록이라면, 이와 같은 모습을 보인 자사가 「중용」편을 저작했을 가능성은 매우 낮다. 그리고 「단궁」편에는 증자에 대한 기록이 여러 차례 나오는데, 대부분 세부적인 의례 절차들을 설명하거나 증자가 직접 시행했던 의례 규정들에 대한 기록이다. 『대대례기』에도 증자에 대한 여러 편들이 나오는데, 대부분 구체적인 예절 및 효(孝) 등에 대한 내용들이다. 따라서 「단궁」편과 『대대례기』의 기록 속에 나오는 증자의 모습이 실제의 증자에 가까운 기록들이라고 한다면, 국가의 교육제도와 교육을 통한 인성(人性) 등의 배양을 언급한 「대학」편을 증자가 기록했을 가능성은 매우 낮다.

또 「단궁」편에는 증자가 실례(失禮)를 범한 사안들이 수차례 기록되어 있고, 자유(子游) 등이 증자의 잘못을 지적하거나 자유의 모습을 보고 증자가 깨달았다는 등의 기록들이 나온다. 뿐만 아니라 자하(子夏)의 경우, 증자에게 호된 비판을 받는 기록이 나오기도 한다. 이러한 기록들은 공자 사후 노나라에 남아있던 유가들이 제각각의 분파를 형성하면서, 서로간의 논쟁이 발생했다는 것을 나타낸다. 『논어』에서도 이러한 점들을 살펴볼 수 있는데, 『논어』에는 증자가 병에 걸렸을 때, 자신의 제자들에게 손발을 보여주며, 효(孝)를 언급하는 대목이 기록되어 있다. 이것은 증자가 자신만의 제자들을 가지고 있었음을 나타낸다. 그리고 『논어』에는 자하의 문인(門人)들이라는 기록이 나오고, 자유는 자하의 문인들이 말단에만 치우쳐 있다고 비판하였다. 뿐만 아니라 자장은 자하의 문인들이 자하로부터 배운 내용이 잘못되었음을 지적하고, 그 의미를 재차 설명해주는 기록들도 나온다. 따라서 이러한 기록들을 살펴봤을 때, 공자가 죽은 이후 공자의 학단에서는 제자들에 따른 각각의 학파가 형성되었고, 예(禮)의 해석 및 각종 상황에 따른 의례 절차에 대해서 이견(異見)을 보이며, 논쟁을 벌였던 것으로 판단된다. 그러므로 「단궁」편에 기록된 각 제자들 사이의 이견들은 이러한 논쟁의 산물이라고 추정할 수 있다.

또 「단궁」편에는 공자의 학단에 속한 인물들 이외에도 수많은 인물들이 등장한다. 대표적으로 현자쇄(縣子瑣)와 같은 인물은 공자의 학단에 포함된 인물인지 확인할 수 없는 사람이며, 공자의 제자들로 일컬어지는 수많은 인물들과도 연관성을 찾을 수 없는 사람이다. 그런데 「단궁」편에서는 그에 대한 기록이 여러 차례 나타난다. 또 그 기록들을 살펴보면, 각 상황에 따른 예법의 적용을 설명해주기도 하고, 후목(后木)은 현자쇄에게서 자신이 들었던 내용을 조술하며, 자신의 아들에게 이러한 예법을 준수하라고 당부하기도 했고, 예법에 대해서 매우 뛰어난 인물로 기록된 자유에 대해, 현자쇄가 비판하는 내용도 수록되어 있으며, 노나라 무공(繆公)이 현자쇄를 초빙하여, 예법에 대해서 자문을 구하는 내용도 수록되어 있다. 만약 현자쇄가 공자의 학단에 속하지 않았던 인물이라고 한다면, 『예기』의 기록들이 모두 공자의 학단에서 나온 기록물로만 작성되었다고 판단할 수 없게 된다. 뿐만 아니라 「단궁」편에는 『춘추좌씨전』의 기록과 겹치는 부분들이 다수 나타나는데, 『좌전』의 기록과 상반되거나 전혀 다른 내용이 기술되어 있기도 하다. 따라서 이것은 춘추시대에 활동했던 다양한 인물들에 대한 사료들이 존재했을 가능성을 나타내며, 그 기록 중 일부가 『예기』로 편입되었을 것으로 추정된다.

이처럼 「단궁」편에 나타나는 몇 가지 특징들은 『예기』 전반에 나타나는 특징들이라고 할 수 있는데, 「단궁」편에 기록된 다양한 인물들의 행적과 일화는 당시의 시대상과 공자 사후 유가 학파의 발전 양상을 조망할 수 있는 자료적 가치가 있다.

이 책의 출판으로 『예기』에 대한 또 한 권의 번역서가 나오게 되었다. 「단궁상」편과 짝을 이루는 「단궁하」편은 현재 교정 중에 있으므로, 조만간 출간될 것이다. 「단궁하」편까지 출간하게 되면, 『예기』의 제 1편인 「곡례상」편부터 제 10편인 「예기」편까지 빠짐없이 출판하는 것이 되지만, 앞으로 39개의 편을 번역해야 하므로, 갈 길이 너무 멀다.

번역서를 낼 때마다 매번 듣는 얘기가 있다. 부족한 실력으로 번역서를 낸다는 우려의 목소리가 그 하나이고, 어떤 지원을 받아서 책을 내느냐는 질문이 그 하나이다. 대부분의 번역서들이 학술지원을 받아서 출판되기 때문에, 이러한 질문이 생기는 것인데, 이 책의 번역에 대해서는 전혀 지원이 없다. 『예기집설대전』 뿐 아니라, 『예기정의』, 『예기집해』, 『예기훈찬』의 주석들을 모두 망라한다는 계획을 잡은 터라, 학술지원 신청을 하기도 애매하고, 또 『예기』 자체의 방대함으로 인해 개인이 신청할 수 있는 것도 아니며, 대규모 사업을 신청하는 것은 다양한 연구진들을 보유할 수 있는 교수급에서 할 수 있는 일이므로, 나와는 상관없는 일이다. 또 어떤 분들은 인세를 얼마 받느냐고 질문을 하는데, 인문학 서적, 그 중에서도 잘 팔릴 리가 없는 『예기』에 대한 번역서이니, 인세 자체도 없다. 따라서 번역서를 출간하면서 생기는 경제적 이득은 전혀 없고, 투자하는 시간을 고려한다면 오히려 마이너스다.

그런데도 내가 번역에 매진하는 것은 내 욕심 때문이다. 『예기』를 완역하겠다는 단순한 욕심, 그 욕심 자체가 너무 단순하기 때문에, 더욱 매진하게 되고, 또 중도에 포기하겠다는 결심도 생기지 않는다. 그러나 내 욕심으로 인해 세상에 문자공해를 더한다는 걱정은 항상 떠올린다. 부족한 실력을 운운하는 우려의 목소리도 아마 그래서일 것이다. 부족한 실력이야 내 자신이 가장 잘 알고 있는 부분이므로, 나 자신조차도 그런 얘기를 들을 때마다 딱히 할 말은 없다. 다만 매번 출판을 할 때마다 하는 얘기이지만, 이 책을 통해서 더 좋은 번역서와 연구서들이 나왔으면 하는 것이 내 변명 아닌 변명이자, 바람이다. 그리고 『예기』 완역이 끝나면, 재차 오역과 부족한 부분을 보완하여, 새로 출간하겠다는 결심도 세우고 있다. 이런 핑계로 오역이 용서받을 수 없을 것이라는 점은 알지만, 너그러운 양해를 바란다.

이 자리를 통해, 대학원에 진학하여 경학사상(經學思想)을 전공할 수 있도록 지도해주신 서경요 선생님, 경서연구회(經書硏究會)를 만들어 후배들에게 경전에 대한 이해를 넓혀주신 임옥균 선생님과 김동민, 원용준 선배님께도 감사드린다. 또한 『예기』를 함께 읽고 있는 경서연구회 회원님들께도 감사를 드리고, 끝으로 「예기」편을 출판할 수 있도록 허락해주신 학고방의 하운근 사장님께도 감사를 전한다.

일러두기 ⋙

1. 본 책은 역주서(譯註書)로써, 『예기집설대전(禮記集說大全)』의 「단궁상(檀弓上)」편을 완역하고, 자세한 주석을 첨부했다. 송대(宋代) 이전의 주석을 포함하고자 하여, 『예기정의(禮記正義)』를 함께 수록하였다. 그리고 송대 이후의 주석인 청대(淸代)의 주석을 포함하고자 하여 『예기훈찬(禮記訓纂)』과 『예기집해(禮記集解)』를 함께 수록하였다.

2. 『예기』 경문(經文)의 경우, 의역으로만 번역하면 문장을 번역한 방식을 확인하기 어렵고, 보충 설명 없이 직역으로만 번역하면 내용을 이해하기 힘들다. 따라서 경문에 한하여 직역과 의역을 함께 수록하였다. 나머지 주석들에 대해서는 의역을 위주로 번역하였다.

3. 『예기』 경문에 대한 해석은 진호의 『예기집설』 주석에 근거하였다. 경문 해석에 있어서, 『예기정의』, 『예기훈찬』, 『예기집해』마다 이견(異見)이 많다. 『예기집섭대전』의 소주(小註) 또한 진호의 주장과 이견을 보이는 곳이 있고, 소주 사이에도 이견이 많다. 따라서 『예기』 경문 해석의 표준은 진호의 『예기집설』 주석에 근거했으며, 진호가 설명하지 않은 부분들은 『대전』의 소주를 참고하였다. 또한 경문 해석에 있어서 『예기정의』, 『예기훈찬』, 『예기집해』에 나타나는 이견들은 특별한 경우를 제외하고는 각각의 문장을 읽어보면, 경문에 대한 이견을 알 수 있기 때문에, 이러한 경우에는 주석 처리를 하지 않았다.

4. 본 역서가 저본으로 삼은 책은 다음과 같다.

- 『禮記』, 서울 : 保景文化社, 초판 1984 (5판 1995)
- 『禮記正義』 1~4(전4권, 『十三經注疏 整理本』 12~15), 北京 : 北京大學出版社, 초판 2000
- 朱彬 撰, 『禮記訓纂』 上・下(전2권), 北京 : 中華書局, 초판 1996 (2쇄 1998)
- 孫希旦 撰, 『禮記集解』 上・中・下(전3권), 北京 : 中華書局, 초판 1989 (4쇄 2007)

5. 본 책은 『예기』의 경문, 진호의 『집설』, 호광 등이 찬정한 『대전』의 세주, 정현의 주, 육덕명의 『경전석문』, 공영달의 소, 주빈(朱彬)의 『훈찬』, 손희단(孫希旦)의 『집해』 순으로 번역하였다.

6. 본래 『예기』「단궁상」편은 목차가 없으며, 내용 구분에 있어서도 학자들마다 의견차이가 있다. 또한 내용의 연관성으로 인하여, 장과 절을 나누기가 애매한 부분이 많다. 본 책의 목차는 역자가 임의대로 나눈 것이며, 세세하게 분절하여, 독자들이 관련내용들을 찾아보기 쉽게 하였다.

7. 본 책의 뒷부분에는 《禮記 檀弓上篇 人名 및 用語 辭典》을 수록하였다. 본문에 처음으로 등장하는 용어 및 인명에 대해서는 주석처리를 하였다. 이후에 같은 용어가 등장할 때마다 동일한 주석처리를 할 수 없어서, 뒷부분에 사전으로 수록한 것이다. 가나다순으로 기록하여, 번역문을 읽는 도중 앞부분에서 설명했던 고유명사나 인명 등에 대해서 쉽게 찾아볼 수 있도록 하였다.

【68a】

公儀仲子之喪, 檀弓免焉.

【68a】 등과 같이 【 】 안에 숫자가 기입되어 있는 것은 『예기』의 '경문'을 뜻한다. '68'은 보경문화사(保景文化社)판본의 페이지를 말한다. 'a'는 a단에 기록되어 있다는 표시이다. 밑의 그림은 보경문화사판본의 한 페이지 단락을 구분한 표시이다.

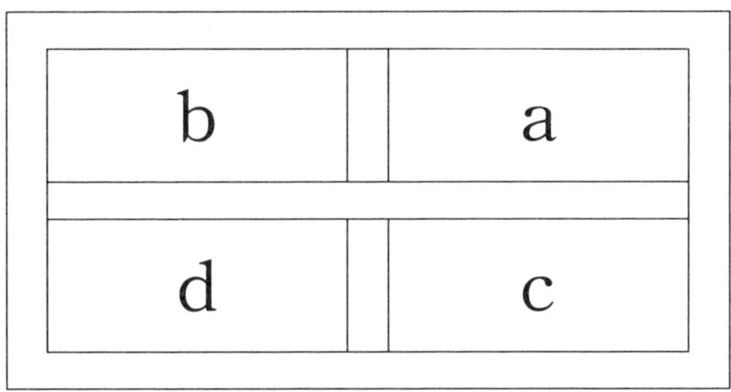

◆ 集說 公儀, 氏, 仲子, 字, 魯之同姓也.

"集說"로 표시된 것은 진호(陳澔)의 『예기집설(禮記集說)』 주석을 뜻한다.

◆ 大全 嚴陵方氏曰: 免之爲服, 特施於五世之親爾.

"大全" 으로 표시된 것은 호광(胡廣) 등이 찬정(撰定)한 『예기집설대전』의 세주(細註)를 뜻한다.

◆ **鄭注** 故爲非禮, 以非仲子也.

"**鄭注**"로 표시된 것은 『예기정의(禮記正義)』에 수록된 정현(鄭玄)의 주(注)를 뜻한다.

◆ **釋文** 公儀仲子, 公儀, 氏; 仲子, 字; 魯之同姓也, 其名未聞.

"**釋文**"으로 표시된 것은 『예기정의』에 수록된 육덕명(陸德明)의 『경전석문(經典釋文)』을 뜻한다. 『경전석문』의 내용은 글자들의 음을 설명하고, 간략한 풀이를 한 것인데, 육덕명 당시의 음가로 기록이 되었기 때문에, 현재의 음과는 맞지 않는 부분이 많다. 단순히 참고만 하기 바란다.

◆ **孔疏** ◎注"禮朋友"至"袒免". ○正義曰: 知者, 喪服記云: "若他邦來, 還家而無主, 猶爲之免."

"**孔疏**"로 표시된 것은 『예기정의』에 수록된 공영달(孔穎達)의 소(疏)를 뜻한다. 공영달의 주석은 경문과 정현의 주에 대해서 세분화하여 기록되어 있다. 따라서 '●'으로 표시된 부분은 공영달이 경문에 대해 주석을 한 부분이고, '◎'으로 표시된 부분은 정현의 주에 대해 주석을 한 부분이다. 한편 '○'으로 표시된 부분은 공영달의 주석 부분이다.

◆ **訓纂** 五經異義曰: 公羊說云, "質家立世子弟, 文家立世子子."

"**訓纂**"으로 표시된 것은 『예기훈찬(禮記訓纂)』에 수록된 주석이다. 『예기훈찬』 또한 기존 주석들을 종합한 책이므로, 『예기집설대전』 및 『예기정의』와 중복되는 부분은 생략하였다.

◆ **集解** 愚謂: 免者, 鄭註士喪禮, 謂"以布廣一寸, 從項中而前交於額上, 又卻向後而繞於髻"也.

"集解" 로 표시된 것은 『예기집해(禮記集解)』에 수록된 주석이다. 『예기집해』 또한 기존 주석들을 종합한 책이므로, 『예기집설대전』 및 『예기정의』와 중복되는 부분은 생략하였다.

◆ 원문 및 번역문 중 '▼'로 표시된 부분은 한글로 표기할 수 없는 한자를 기록한 부분이다. 예를 들어 '▼(囧/皿)'의 경우 맹(盟)자의 이체자인데, '明'자 대신 '囧'자가 들어간 한자를 프로그램상 삽입할 수가 없어서, '▼(囧/皿)'으로 표시한 것이다. 즉 '▼(A/B)'의 형식으로 기록된 경우, A에 해당하는 글자가 한 글자의 상단 부분에 해당하고, B에 해당하는 글자가 한 글자의 하단 부분에 해당한다는 표시이다. 또한 '▼(A+B)'의 형식으로 기록된 경우, A에 해당하는 글자가 한 글자의 좌측 부분에 해당하고, B에 해당하는 글자가 한 글자의 우측 부분에 해당한다는 표시이다. 또한 '▼((A-B)/C)'의 형식으로 기록된 경우, A에 해당하는 글자에서 B 부분을 뺀 글자가 한 글자의 상단 부분에 해당하고, C에 해당하는 글자가 한 글자의 하단 부분에 해당한다는 표시이다.

1권 목차

그림목차

경문목차

2권 목차

그림목차

경문목차

• 제 48 절 •

원수에 대한 대처법

【86c】

子夏問於孔子曰: "居父母之仇, 如之何?" 夫子曰: "寢苫枕干, 不仕, 弗與共天下也. 遇諸市朝, 不反兵而鬪."

직역 子夏가 孔子에게 問하여 曰, "父母의 仇에 居하여, 如함을 何니까?" 夫子가 曰, "苫을 寢하고 干을 枕하며, 不仕하고, 與히 天下를 共함을 弗하니라. 市朝에서 遇하면, 反하이 兵을 不하고 鬪라."

의역 자하(子夏)가 공자(孔子)에게 묻기를 "부모의 원수에 대해서는 어떻게 해야 합니까?"라고 하자, 공자가 대답하길, "거적에 누움에 방패를 베개로 삼아 잠을 자고, 벼슬살이를 하지 않으며, 원수와는 같은 하늘아래에서 함께 살지 않는다. 시장이나 조정에서 만나게 되면, 되돌아가서 병장기를 가져오지 않고, 항상 지니고 다녔던 병장기를 꺼내 즉시 싸운다."라고 했다.

集說 不反兵者, 不反而求兵, 言恒以兵器自隨.

번역 '불반병(不反兵)'이라는 말은 되돌아가서 병장기를 찾지 않는다는 뜻이니, 즉 항상 병장기를 휴대하고 다닌다는 뜻이다.

鄭注 雖除喪, 居處猶若喪也. 干, 盾也. 不可以並生. 言雖適市朝, 不釋兵.

번역 비록 부모의 상(喪)을 끝냈다고 하더라도, 거처를 할 때 여전히 상(喪)을 치르는 것처럼 한다는 뜻이다. '간(干)'자는 방패[盾]를 뜻한다. 그와 더불어 살아갈 수 없다는 뜻이다. 비록 시장이나 조정에서 만나게 되더라도 즉각 싸우게 되니, 병장기를 풀어놓고 다니지 않는다는 뜻이다.

釋文 仇音求, 讎也. 苫, 始占反, 草也. 枕, 之鴆反. 楯, 本又作盾, 食允反, 又音允. 朝, 直遙反, 注同.

번역 '仇'자의 음은 '求(구)'이니, 원수를 뜻한다. '苫'자는 '始(시)'자와 '占(점)'자의 반절음으로, 풀로 짠 자리를 뜻한다. '枕'자는 '之(지)'자와 '鴆(짐)'자의 반절음이다. '楯'자는 판본에 따라서 또한 '盾'자로도 기록하니, 그 음은 '食(식)'자와 '允(윤)'자의 반절음이며, 또한 그 음은 '允(윤)'도 된다. '朝'자는 '直(직)'자와 '遙(요)'자의 반절음이며, 정현의 주에 나온 글자도 그 음이 이와 같다.

孔疏 ●"子夏"至"其後". ○正義曰: 此一節論親疏報仇之法, 各依文解之.

번역 ●經文: "子夏"~"其後". ○이곳 문단은 친소(親疎) 관계에 따라 원수를 갚는 방법에 대해서 논의하고 있으니, 각각의 문장에 따라서 풀이하겠다.

孔疏 ●"遇諸市朝"者, 上旣云"不仕", 得有遇諸朝者, 身雖不仕, 或有事須入朝, 故得有遇諸朝也. "不反兵而鬪"者, 言執殺之備, 身[1]常帶兵, 雖在市朝, 不待反還取兵卽當鬪也. 然朝在公門之內, 兵器不入公門, 身得持兵入朝者, 按閽人"掌中門之禁", 但兵器不得入中門耳. 其大詢衆庶, 在皐門之內, 則得

1) '신(身)'자에 대하여. '신'자는 본래 '시(是)'자로 기록되어 있었는데, 완원(阮元)의 『교감기(校勘記)』에서는 "혜동(惠棟)의 『교송본(校宋本)』에서는 '시'자를 '신'자로 기록하고 있는데, 이 기록이 옳다. 위씨(衛氏)의 『집설(集說)』에서도 '신'자로 기록하고 있다."라고 했다.

入也. 且朝文旣廣, 設朝或在野外, 或在縣·鄙·鄕·遂, 但有公事之處, 皆謂之朝. 兵者, 亦謂佩刀已上, 不必要是矛戟. 皇氏以爲市朝正謂市也, 市有行肆似朝, 故謂市朝. 此辭非也. 上曲禮唯云: "不與共載天." 文不備也. 上曲禮云: "兄弟之讎不反兵." 此父母之仇云"不反兵", 又此昆弟之仇不云"不反兵"者, 父母與昆弟之仇皆不反兵. 上曲禮昆弟之仇云"不反兵"者, 謂非公事, 或不仕者, 故恒執持殺之備. 此文昆弟之仇, 據身仕爲君命出使, 遇之不鬪, 故不得云"不反兵"也. 二文相互乃足.

번역 ●經文: "遇諸市朝". ○앞 문장에서는 이미 "벼슬살이를 하지 않는다."라고 했는데, 조정에서 만나게 되는 경우가 있을 수 있는 이유는 제 자신은 비록 벼슬살이를 하지 않았지만, 간혹 일 때문에 조정에 들어설 경우가 있다. 그렇기 때문에 조정에서 만나는 경우도 생길 수 있는 것이다. 경문의 "不反兵而鬪"에 대하여. 살인을 할 수 있는 도구를 항상 지니고 다닌다는 뜻으로, 자신의 몸에 항상 병장기를 휴대하고 있어서, 비록 시장이나 조정에서 만나게 되더라도, 되돌아가서 병장기를 가져올 필요가 없이 곧바로 싸워야 한다는 의미이다. 그러나 조정은 공문(公門)의 안에 있으므로, 병장기를 휴대하고 공문으로 들어갈 수가 없다. 그런데도 제 자신의 몸에 병장기를 휴대하고 조정으로 들어갈 수 있는 이유는 『주례』「혼인(閽人)」편을 살펴보면, "궁중에 있는 중문(中門)의 금령을 담당한다."[2]라고 했으므로, 단지 병장기를 가지고 중문으로만 들어갈 수 없을 따름이다. 군주가 백성들 및 뭇 신하들에게 의견을 듣던 장소는 고문(皐門)[3] 안쪽에 있으니, 병장기를 가지고 들어갈 수 있는 것이다. 또한 '조정[朝]'이라는 말 자체가 내포하는 의미는 매우 크니, 조정을 설치할 때 어떤 것은 야외(野外)에

2) 『주례』「천관(天官)·혼인(閽人)」: 閽人, 掌守王宮之中門之禁.

3) 고문(皐門)은 천자의 궁(宮)에 설치된 문들 중에서 가장 바깥쪽에 설치하는 문이다. 높다는 의미의 '고(高)'자가 '고(皐)'자와 통용되므로, 붙여진 명칭이다. 『시』「대아(大雅)·면(緜)」편에는 "迺立<u>皐門</u>, 皐門有伉."이라는 용례가 있고, 『예기』「명당위(明堂位)」편의 "大廟, 天子明堂. 庫門, <u>天子皐門</u>. 雉門, 天子應門."이라는 기록에 대해, 정현의 주에서는 "皐之言高也."라고 풀이했다.

설치하는 것도 있고, 또는 현(縣)·비(鄙)·향(鄕)·수(遂)에 설치하는 것도 있으니, 다만 공사(公事)를 처리하는 장소가 있다면, 그곳들을 모두 '조(朝)'라고 부를 수 있는 것이다. '병(兵)'이라는 것은 또한 칼을 차는 것 이상의 무장 상태를 뜻하니, 창의 종류인 모(矛)나 극(戟) 등일 필요는 없다. 황간은 이곳에 기록된 '시조(市朝)'가 시장[市]을 뜻한다고 여겼고, 시장에 점포가 늘어서 있는 것이 마치 조정에 신하가 늘어서 있는 것과 같기 때문에, 시장을 또한 '시조(市朝)'라고 불렀다고 했다. 그러나 이 주장은 잘못된 말이다. 앞의 『예기』「곡례(曲禮)」편에서는 단지 "같은 하늘 아래에서 함께 살지 않는다."[4]라고 하여, 문장을 자세히 기록하지 않았다. 그리고 앞의 「곡례」편에서는 "형제의 원수에 대해서는 복수를 하기 위해 무기를 가지러 돌아가지 않는다."라고 하였고, 이곳 문장에서는 부모의 원수에 대해서, "무기를 가지러 돌아가지 않는다."라고 하였다. 또 이곳 구문에서는 곤제(昆弟)의 원수에 대해서 "무기를 가지러 돌아가지 않는다."라고 언급하지 않았으니, 부모 및 곤제의 원수에 대해서는 모두 무기를 항상 휴대하므로, 무기를 가지러 돌아가지 않는 것이다. 그런데 앞의 「곡례」편에서는 곤제의 원수에 대해서, "무기를 가지러 돌아가지 않는다."라고 언급하였으니, 이 말은 공사(公事)가 아닌 경우이며, 혹은 벼슬살이를 하지 않는 자에게 해당하기 때문에, 항상 살인을 할 수 있는 도구를 지니고 다닌다는 뜻이다. 이곳 문단에서는 곤제의 원수에 대해서, 제 자신이 벼슬살이를 한 경우에 근거하였기 때문에, 군주의 명령으로 외국으로 심부름을 갔을 때, 원수를 만나더라도 싸우지 않는 것이다. 그렇기 때문에 "무기를 가지러 돌아가지 않는다."라고 말할 수 없었던 것이다. 두 문장을 상호 대비하게 되면, 그 의미가 확실해진다.

訓纂 廣韻: 苫, 草覆屋. 又凶服者以爲覆席也.

번역 『광운』[5]에서 말하길, '점(苫)'이라는 것은 풀을 엮어서 지붕을 뒤

---

4) 『예기』「곡례상(曲禮上)」【40a】: 父之讐, 弗與共戴天, 兄弟之讐, 不反兵, 交遊之讐, 不同國.

엎은 것이다. 또한 흉복(凶服)을 입은 자는 이것을 이용해서 대자리를 덮게 된다.

【86c~d】

曰: "請問. 居昆弟之仇, 如之何?" 曰: "仕弗與共國, 銜君命而使, 雖遇之不鬪." 曰: "請問. 居從父·昆弟之仇, 如之何?" 曰: "不爲魁, 主人能, 則執兵而陪其後."

직역 曰, "請하여 問합니다. 昆弟의 仇에 居하여, 如함을 何니까?" 曰, "仕에 與히 國을 共함을 弗하고, 君命을 銜하여 使함에는 雖히 遇라도 不鬪한다." 曰, "請하여 問합니다. 從父와 昆弟의 仇를 居하여, 如함을 何니까?" 曰, "魁를 不爲하며, 主人이 能하면, 兵을 執하고 그 後를 陪한다."

의역 자하(子夏)가 재차 질문하길, "청컨대 더 묻고자 합니다. 곤제(昆弟)의 원수에 대해서는 어떻게 해야 합니까?"라고 하자, 공자가 대답해주길, "벼슬살이를 할 때, 그와 더불어 같은 나라에서 벼슬살이를 하지 않고, 군주의 명령을 받들어 사신으로 갈 때에는 비록 원수와 만나더라도 싸우지 않는다."라고 했다. 그러자 자하가 재차 질문하길, "청컨대 더 묻고자 합니다. 종부(從父)와 종곤제(從昆弟)의 원수에 대해서는 어떻게 해야 합니까?"라고 하자, 공자가 대답해주길, "원수를 갚을 때 앞장서지 않으니, 그의 자식이 원수를 갚을 능력이 된다면, 병장기를 휴대하

---

5) 『광운(廣韻)』은 수(隋)나라 때의 학자인 육법언(陸法言, ? ~ ?)이 찬(撰)한 음운학 서적이다. 여러 학자들과 논의하여 『절운(切韻)』을 만들었는데, 당(唐)나라 때 그의 후손인 육눌언(陸訥言) 등이 주를 달았고, 손면(孫愐)이 증보(增補)를 하여 『광운(廣韻)』으로 제목을 고쳤다. 송(宋)나라 때에는 칙명으로 다시 증보를 하여, 『대송중수광운(大宋重修廣韻)』으로 제목을 고쳤다. 『대송중수광운』으로 개명되면서, 최초 육법언 및 손면이 편찬한 원본의 체제가 없어지게 되었다.

고, 그의 뒤에서 돕는다."라고 했다.

集說 疏曰: 朝在公門之內, 閽人掌中門之禁, 兵器但不得入中門耳. 其大詢衆庶在皐門之內, 則得入也. 設朝或在野外, 或在縣鄙鄉遂, 但有公事之處, 皆謂之朝. 兵者, 亦謂佩刀以上, 不必要是矛戟也.

번역 공영달(孔穎達)의 소(疏)에서 말하길, 조정[朝]은 공문(公門) 안에 있는데, 혼인(閽人)이 중문(中門)의 금령을 담당하므로, 병장기는 단지 중문으로만 가지고 들어갈 수 없을 따름이다. 군주가 백성들과 뭇 신하들에게 의견을 묻는 장소는 고문(皐門) 안쪽에 있으니, 그곳으로는 병장기를 가지고 들어갈 수 있다. 조정을 설치한 곳 중에는 야외에 있는 것도 있고, 현(縣)·비(鄙)·향(鄕)·수(遂)에 설치된 것도 있으니, 단지 공사(公事)를 처리하는 것이라면, 이 모든 장소에 대해서 '조(朝)'라고 부를 수 있다. '병(兵)'자는 또한 칼을 찬 것 이상의 무장상태를 뜻하니, 창의 종류인 모(矛)나 극(戟) 등일 필요는 없다.

그림 48-1 주(周)나라 때의 왕성(王城)과 육향(六鄕) 및 육수(六遂)

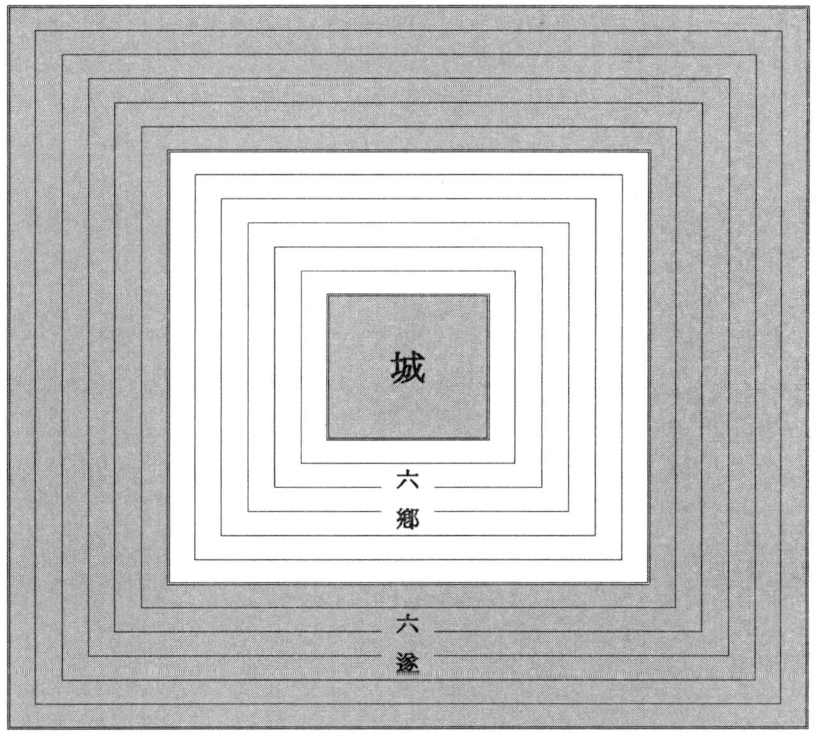

그림 48-2 향(鄕)의 행정구역 및 담당자

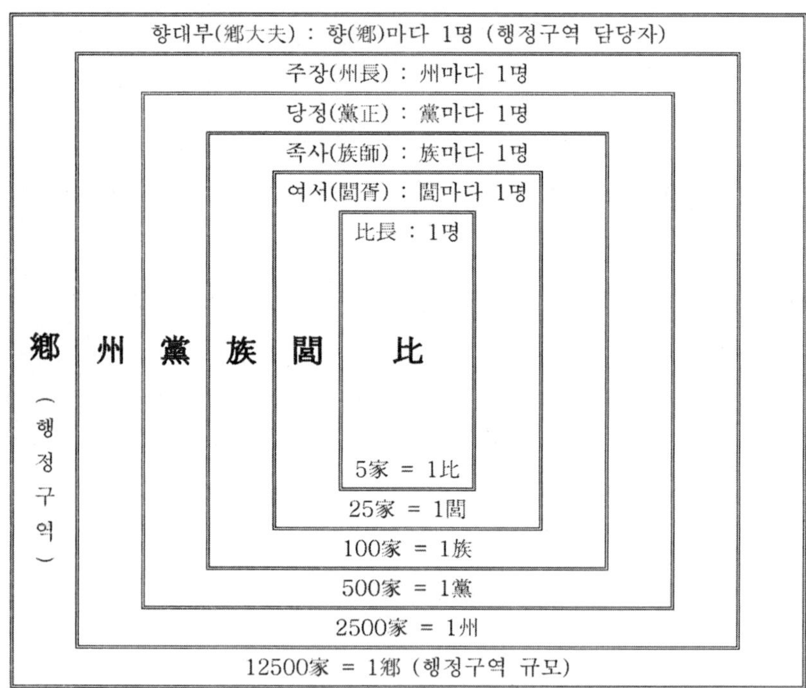

그림 48-3 수(遂)의 행정구역 및 담당자

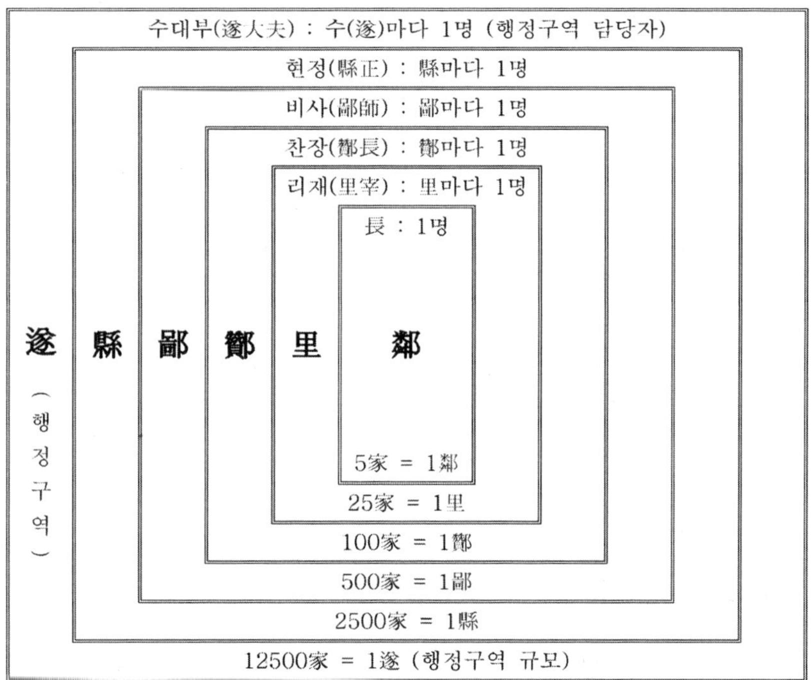

그림 48-4 극(戟)과 모(矛)

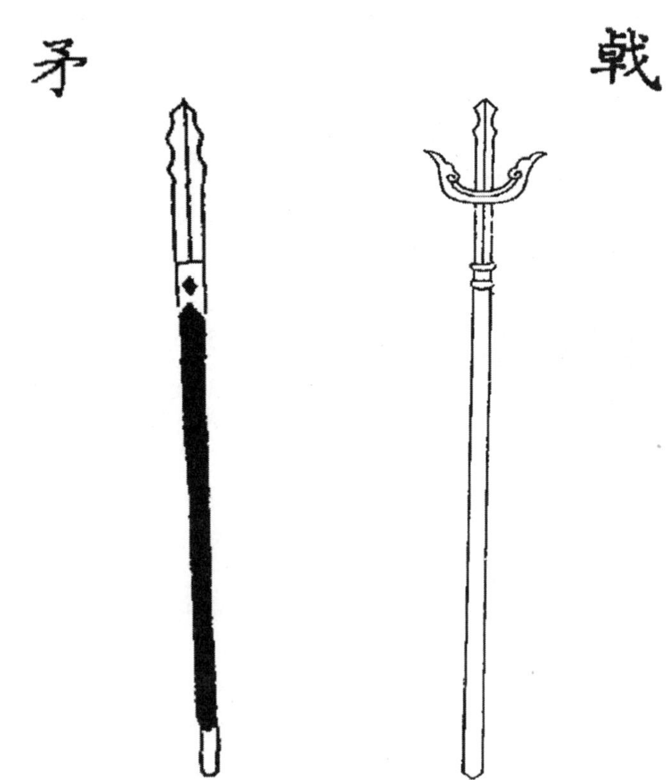

▸ **출처:** 우-『삼례도집주(三禮圖集注)』 9권 ; 좌-『육경도(六經圖)』 2권

集說 方氏曰: 市朝猶不反兵, 則無所往而不執兵矣. 曲禮云, "兄弟之讎不反兵", 此言遇之不鬪者, 彼據不仕者言之耳.

번역 방씨가 말하길, 시장과 조정에서도 오히려 병장기를 가지러 돌아가지 않는다면, 찾아간 곳에서도 병장기를 지니고 있지 않는 경우가 없는 것이다. 『예기』「곡례(曲禮)」편에서는 "형제의 원수에 대해서는 병장기를 항상 지니고 있으므로, 병장기를 가지러 돌아가지 않는다."[6]라고 했고, 이곳 문장에서는 그와 만나더라도 싸우지 않는다고 하여 차이를 보이는데, 그 이유는 「곡례」편의 문장은 벼슬살이를 하지 않는 자에 기준을 두고 언급했기 때문이다.

大全 嚴陵方氏曰: 寢苫則常以喪禮自處, 枕干則常以戎事自防, 不仕則不暇事人而事事也. 弗與共天下, 則與不共戴天同義. 市朝非戰鬪之處, 遇諸市朝, 猶不反兵, 則無所往而不執兵矣. 由其恩之至重, 故其報之如此. 仕弗與共國, 則雖事人而事事, 亦耻與之相遇也. 銜君命而使, 遇之不鬪, 則不敢以私讐妨公事, 由其恩殺於父母. 曲禮言交游之讐, 而不及從父昆弟, 此言從父昆弟之讐, 而不及交游者, 蓋交游之讐, 猶不同國, 則從父昆弟, 可知矣, 於從父昆弟, 且不爲魁, 則交游不爲魁, 可知矣.

번역 엄릉방씨가 말하길, 거적 위에서 잠을 잔다면, 항상 상례(喪禮)의 방법으로써 제 스스로 거처하는 것이고, 방패를 베개로 삼아 잔다면, 항상 병장기를 가지고서 제 스스로를 방비하는 것이며, 벼슬살이를 하지 않는다면, 남을 섬길 겨를이 없어서, 원수를 갚는 일에만 전념하는 것이다. "더불어서 세상을 함께 살아가지 않는다."는 말은 『예기』「곡례(曲禮)」편에서 말한 "더불어서 같은 하늘 아래에서 살지 않는다."라고 한 말과 같은 뜻이다. 시장과 조정은 전투를 하는 장소가 아닌데도, 시장이나 조정에서 만나게 되면, 오히려 병장기를 가지러 되돌아가지 않는다고 하였으니, 가는 곳마다

6) 『예기』「곡례상(曲禮上)」【40a】: 父之讐, 弗與共戴天, 兄弟之讐, 不反兵, 交遊之讐, 不同國.

병장기를 지니고 있지 않은 적이 없는 것이다. 은정 중에서도 지극히 중대한 경우에 따르기 때문에, 복수를 함이 이와 같은 것이다. 벼슬살이를 할 때 원수와 더불어 같은 나라에서 벼슬하지 않는다고 하였다면, 비록 남을 섬기더라도, 원수를 갚는 일에도 종사한다는 뜻이지만, 또한 원수와 함께 벼슬살이를 하여, 조정에서 함께 만나게 되는 것을 치욕스럽게 여기는 것이다. 군주의 명령을 받들고서 사신으로 가게 되면, 원수와 만나더라도 싸우지 않는다고 하였으니, 감히 개인적으로 원수 갚는 일로써 공사(公事)에 방해를 줄 수 없기 때문으로, 그에 대한 은정이 부모에 대한 경우보다도 낮기 때문이다. 「곡례」편에서는 교우하는 벗의 원수에 대해서 언급하였고, 종부(從父) 및 종곤제(從昆弟)의 원수에 대해서는 언급하지 않았는데, 이곳 문장에서는 종부(從父) 및 종곤제(從昆弟)의 원수에 대해서 언급하고, 교우하는 벗의 원수에 대해서는 언급하지 않았다. 그 이유는 아마도 교우하는 벗의 원수에 대해서는 오히려 같은 나라에서 살지 않는다고 하였으니, 종부(從父) 및 종곤제(從昆弟)의 원수에 대해서도 같은 나라에서 살지 않는다는 사실을 알 수 있고, 또 종부(從父) 및 종곤제(從昆弟)의 원수에 대해서는 또한 원수 갚는 일에 앞장서지 않는다고 하였으니, 교우하는 벗의 원수에 대해서도 원수 갚는 일에 앞장서지 않는다는 사실을 알 수 있다.

鄭注 爲負而廢君命. 魁猶首也. 天文北斗, 魁爲首, 杓爲末. 爲其負當成之.

번역 패배하게 되어, 군주의 명령을 내버리는 꼴이 되기 때문이다. '괴(魁)'자는 우두머리[首]라는 뜻이다. 천문(天文)의 북두(北斗)에서도 괴(魁) 부분을 머리로 삼고, 자루[杓] 부분을 끝으로 삼는다. 앞장서지 않지만 뒤에서 돕는 이유는 종부(從父) 등의 아들이 패배하게 되면, 마땅히 그 일을 성사시켜야 하기 때문이다.

釋文 銜音咸. 使, 色吏反. 爲, 于僞反, 下"爲其負"·"相爲"同. 從如字, 徐才用反. 魁, 苦回反. 杓, 必遙反, 又匹遙反. 陪, 步回反.

번역 '衙'자의 음은 '咸(함)'이다. '使'자는 '色(색)'자와 '吏(리)'자의 반절음이다. '爲'자는 '于(우)'자와 '僞(위)'자의 반절음이며, 아래문장에 나오는 '爲其負'와 '相爲'에서의 '爲'자도 그 음이 이와 같다. '從'자는 글자대로 읽으며, 서음(徐音)은 '才(재)'자와 '用(용)'자의 반절음이 된다. '魁'자는 '苦(고)'자와 '回(회)'자의 반절음이다. '杓'자는 '必(필)'자와 '遙(요)'자의 반절음이며, 또한 '匹(필)'자와 '遙(요)'자의 반절음도 된다. '陪'자는 '步(보)'자와 '回(회)'자의 반절음이다.

孔疏 ◎注"爲負而廢君命". ○正義曰: 負猶不勝也. 爲其鬪而不勝, 廢君命也. 下注云: "爲其負當成之", 負亦謂不勝也.

번역 ◎鄭注: "爲負而廢君命". ○'부(負)'자는 "이기지 못한다[不勝]."는 뜻이다. 원수와 싸워서 이기지 못하게 되면, 군주의 명령을 내버리는 꼴이 된다. 아래 문장에 대한 주에서 "패배하게 되면, 마땅히 그 일을 성사시켜야 하기 때문이다."라고 하였는데, 이때의 '부(負)'자 또한 "이기지 못한다[不勝]."는 뜻이다.

孔疏 ◎注"天文北斗, 魁爲首, 杓爲末". ○正義曰: 按春秋·運斗樞云: "北斗七星, 第一天樞, 第二旋, 第三機, 第四權, 第五衡, 第六開陽, 第七搖光. 第一至第四爲魁, 第五至第七爲杓." 是"魁爲首, 杓爲末".

번역 ◎鄭注: "天文北斗, 魁爲首, 杓爲末". ○『춘추』에 대한 위서(緯書)인 『운두추(運斗樞)』를 살펴보면, "북두칠성(北斗七星)의 첫 번째 별은 천추(天樞)이며, 두 번째 별은 선(旋)이고, 세 번째 별은 기(機)이며, 네 번째 별은 권(權)이고, 다섯 번째 별은 형(衡)이며, 여섯 번째 별은 개양(開陽)이고, 일곱 번째 별은 요광(搖光)이다. 첫 번째 별부터 네 번째 별까지를 괴(魁)로 삼고, 다섯 번째 별부터 일곱 번째 별까지를 표(杓)로 삼는다."라고 했다. 이것이 바로 "괴(魁) 부분을 머리로 삼고, 자루[杓] 부분을 끝으로 삼는다."는 뜻이다.

孔疏 ●"主人能, 則執兵而陪其後". ○謂從父昆弟之仇, 旣不爲報仇魁首, 若主人能自報之, 則執兵陪助其後.

번역 ●經文: "主人能, 則執兵而陪其後". ○종부(從父) 및 종곤제(從昆弟)의 원수에 대해서는 이미 원수를 갚는 일에 우두머리가 될 수 없다고 했으니, 만약 종부(從父) 및 종곤제(從昆弟)의 아들이 제 스스로 원수를 갚을 수 있다면, 병장기를 들고서 그 뒤에서 도와야 하는 것이다.

集解 案: 大詢衆庶在皐門外, 說見玉藻.

번역 살펴보니, 군주가 백성들 및 뭇 신하들에게 의견을 묻는 장소는 고문(皐門) 밖에 있었다. 자세한 설명은 『예기』「옥조(玉藻)」편에 나온다.

集解 愚謂: 寢苫者, 恆以喪禮自處也. 枕干者, 報仇之器不離於身也. 不仕者, 父仇未報, 故無心於仕宦, 且爲有君事則於報仇或妨也. 弗與共天下, 卽不與共戴天之意. 遇諸市朝, 不反兵而鬪者, 兵器不離身, 遇之卽鬪, 不待反而取兵也. 昆弟有仇, 猶可以仕但不與仇人同國耳. 銜君命則遇之不鬪, 不以私仇廢公事也. 若非銜君命, 亦不反兵而鬪矣. 周禮"朋友之讎視從父兄弟", 曲禮言"朋友之讎不同國", 此言從父·兄弟之讎不爲魁者, 曲禮據死者無子, 無親於己者; 此自有主人, 故但助之而已.

번역 내가 생각하기에, "거적을 깔고 잔다."는 말은 항상 상례(喪禮)에 따라 제 스스로 처신한다는 뜻이다. "방패를 베개로 삼는다."는 말은 원수를 갚는데 사용하는 병장기를 몸에서 떨어트리지 않는다는 뜻이다. "벼슬살이를 하지 않는다."는 말은 부모의 원수를 아직 갚지 않았기 때문에, 벼슬살이를 하고 싶은 마음이 없는 것이고, 또 군주가 명령한 일이 생기게 되면, 원수를 갚는 일에 있어서 간혹 방해가 될 수도 있기 때문이다. "함께 같은 세상에서 살아가지 않는다."는 말은 『예기』「곡례(曲禮)」편에서 "같은 하늘 아래에서 함께 살지 않는다."고 한 뜻에 해당한다. "시장이나 조정에서 만나게 되더라도, 병장기를 가지러 되돌아가지 않고 싸운다."는 말은 병장기를 제 몸에서 떨어트리지 않았으므로, 원수와 만나게 되면 곧바로 싸우게 되어, 되돌아가서 병장기를 가져올 때가지 기다리지 않는다는 뜻이다. 곤제(昆弟)에 대한 원수에 있어서는 오히려 벼슬살이를 할 수 있지만, 원수와 함께 같은 나라에서 벼슬살이를 할 수 없을 따름이다. 군주의 명령을 받들고 갈 때, 원수와 만나게 되더라도 싸우지 않는 것은 사적인 원한으로 공사(公事)를 그르칠 수 없기 때문이다. 만약 군주의 명령을 받들고 가는 경우가 아니라면, 또한 되돌아가서 병장기를 가져올 필요 없이, 항상 휴대하고 있는 병장기를 가지고 즉시 싸우게 된다. 『주례』에서는 "벗의 원수에 대해서는 종부(從父)의 형제(兄弟)들에 대한 원수에 견준다."[7]라고 했고, 「곡례」편에서는 "벗의 원수에 대해서는 같은 나라에서 살지 않는다."라고 했는데, 이곳에서는 종부(從父) 및 종곤제(從昆弟)의 원수에 대해서는 원수 갚는 일에 우두머리가 되지 않는다고 하였다. 이처럼 차이를 보이는 이유는 「곡례」편의 내용은 죽은 자가 아들이 없어서, 친소(親疎) 관계에 있어서 자신보다 가까운 자가 없는 경우에 기준을 둔 기록이고, 이곳 문장은 그 자에게 상주(喪主)가 있는 경우이기 때문이다. 그래서 단지 그를 돕기만 할 따름이다.

---

7) 『주례』「지관(地官)·조인(調人)」: 凡和難, 父之讎辟諸海外, 兄弟之讎辟諸千里之外, 從父兄弟之讎不同國, 君之讎眡父, 師長之讎眡兄弟, 主友之讎眡從父兄弟.

• 제 49 절 •

스승과 벗에 대한 상례(喪禮) 법도

【87a】

孔子之喪, 二三子皆絰而出; 群居則絰, 出則否.

직역 孔子의 喪에, 二三子는 皆히 絰하고 出하며; 群에 居하면 絰하고, 出하면 否라.

의역 공자(孔子)의 상(喪)이 발생하자, 제자들은 모두 질(絰)을 둘렀고, 밖으로 나갈 때에도 질(絰)을 두른 상태로 나갔다. 반면 제자들이 서로를 위해 상(喪)을 치를 때에는 질(絰)을 둘렀지만, 밖으로 나갈 때에는 질(絰)을 두르지 않았다.

集說 弔服加麻者, 出則變之; 今出外而不免絰, 所以隆師也. 群者, 諸弟子相爲朋友之服也. 儀禮註云, "朋友雖無親, 有同道之恩, 相爲服緦之絰帶", 亦弔服也, 故出則免之.

번역 조복(弔服)에 마(麻)로 제작한 질(絰)을 두른 경우, 밖으로 나가게 되면 복장을 바꾸게 되는데, 현재는 밖으로 나갔음에도 질(絰)을 벗지 않으니, 스승에 대한 예(禮)를 융성하게 나타내기 위해서이다. '군(群)'이라는 것은 여러 제자들이 서로 벗을 위해 상(喪)을 치르는 경우를 뜻한다. 『의례』에 대한 정현의 주에서는 "벗에 대해서는 비록 친소(親疏) 관계가 성립되지 않지만, 도(道)를 함께 하는 은정이 포함되어 있으니, 벗이 죽었을 때에는 서로를 위해서 시마복(緦麻服)에 착용하는 질대(絰帶)를 착용한다."[1]라고 했으니, 이 또한 조복(弔服)을 뜻한다. 그렇기 때문에 밖으로 나가게 되면, 질대를 벗는 것이다.

---

1) 이 문장은 『의례』「상복(喪服)」편의 "朋友麻."라는 기록에 대한 정현의 주이다.

그림 49-1 저질(苴絰)과 요질(腰絰)

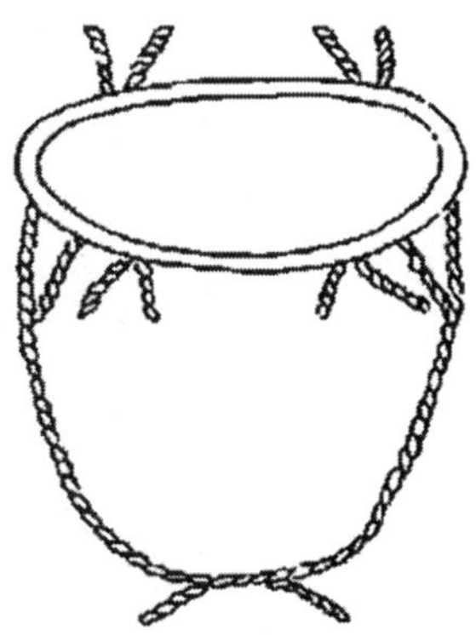

▸ **출처:** 『삼례도집주(三禮圖集注)』 15권

그림 49-2 시마복(緦麻服) 착용 모습

▸ 출처: 『삼재도회(三才圖會)』「의복(衣服)」 3권

그림 49-3 시마복(緦麻服) 각부 명칭

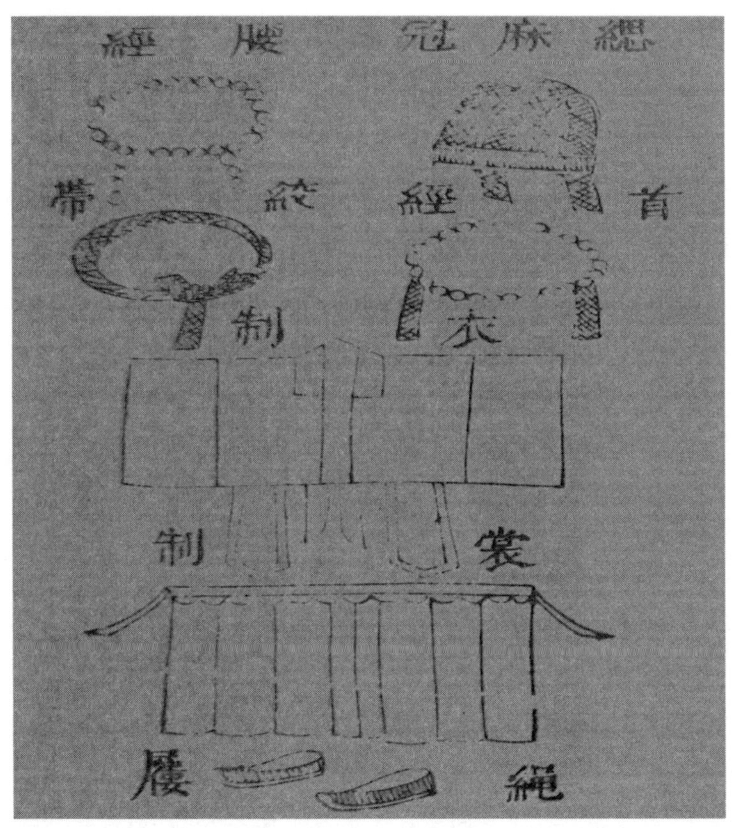

▸ **출처:** 『삼재도회(三才圖會)』「의복(衣服)」 3권

大全 山陰陸氏曰: 二三子, 蓋謂七十子知師之深者也.

번역 산음육씨가 말하길, '이삼자(二三子)'는 아마도 70여 명의 제자들 중 공자(孔子)와 관계가 깊은 자들을 뜻하는 것 같다.

鄭注 尊師也. 出, 謂有所之適. 然則凡弔服加麻者, 出則變服. 群謂七十二弟子, 相爲朋友服. 子夏曰: "吾離群而索居."

번역 스승을 존귀하게 높이기 때문이다. '출(出)'은 출타하여 가게 된 장소를 뜻한다. 그렇다면 모든 조복(弔服)에는 마(麻)로 제작한 질(絰)을 더하게 되는데, 출타를 하게 되면 복장을 바꾼다. '군(群)'은 72명의 제자들이 서로 죽은 벗을 위해 상복(喪服)을 입는 경우를 뜻한다. 자하(子夏)는 "내가 벗들과 떨어져 홀로 거처했다."[2]라고 했다.

釋文 絰, 大結反.

번역 '絰'자는 '大(대)'자와 '結(결)'자의 반절음이다.

訓纂 家語: 子夏曰, "入宜絰而居, 出則不絰." 子游曰, "吾聞諸夫子, 朋友居則絰, 出則否. 喪所尊, 則絰而出可也."

번역 『공자가어』에서 말하길, 자하(子夏)는 "집에 들어가면 마땅히 질(絰)을 착용하고 머물러야 하며, 밖으로 나오면 질(絰)을 하지 않아야 한다."라고 했다. 자유(子游)는 "내가 선생님께 듣기로 벗을 위해 상(喪)을 치를 때에는 집에 머물게 되면 질(絰)을 착용하고, 밖으로 나오면 그처럼 하지 않는다고 했습니다. 그리고 존귀하게 높이는 자에 대해 상(喪)을 치르는 경우라면, 질(絰)을 쓰고 밖으로 나가도 괜찮다고 했습니다."라고 했다.[3]

---

2) 『예기』「단궁상」【82c~d】: 子夏喪其子而喪其明. 曾子弔之曰: "吾聞之也, 朋友喪明則哭之." …… 子夏投其杖而拜曰: "吾過矣! 吾過矣! 吾離群而索居亦已久矣."

集解 愚謂: 服問, "公爲卿大夫錫衰以居, 出亦如之; 大夫相爲亦然." 司服緦衰·錫衰·疑衰, "其首服皆弁絰." 公爲卿大夫及大夫相爲皆錫衰, 則亦當有絰. 是弔服加絰者, 出與居皆服之, 朋友相爲亦宜然. 今七十子相爲, 出乃不服者, 蓋以孔子之喪旣絰而出, 故於朋友之服微殺之, 以示其不敢同於師之意, 蓋酌乎禮之宜而變之也.

번역 내가 생각하기에, 『예기』「복문(服問)」편에서는 "공(公)은 경(卿)과 대부(大夫)를 위해서 석최(錫衰)를 착용하고 머물며, 밖으로 나오게 되면 또한 이처럼 착용하고, 대부(大夫)들끼리 서로를 위해 상복(喪服)을 입을 때에도 또한 이처럼 한다."[4]라고 했다. 『주례』「사복(司服)」편에서는 시최(緦衰)·석최(錫衰)·의최(疑衰)에 대해서, "그 머리에는 모두 변질(弁絰)을 착용한다."라고 했다.[5] 공(公)이 경(卿)과 대부(大夫)를 위해서 상복을 착용하는 경우와 대부들끼리 서로를 위해서 상복을 착용하는 경우에는 모두 석최(錫衰)를 입게 되니, 이때에는 또한 마땅히 질(絰)이 있게 된다. 이곳에서 조복(弔服)에 질(絰)을 더한다고 한 경우에는 밖으로 나가거나 집에서 머물 때에도 모두 이처럼 착용하게 되고, 벗을 위해 서로 상복을 입을 때에도 또한 마땅히 이처럼 해야 한다. 그런데 현재 이곳에서는 70여 명의 제자들이 서로를 위해 상복을 입는 경우, 밖으로 나가게 되면 이처럼 착용하지 않는다고 했다. 그 이유는 아마도 공자(孔子)의 상(喪)에서 이미 질(絰)을 착용하고 밖으로 나갔기 때문에, 벗을 위해 입는 상복에서는 조금이나마 공자에 대한 경우보다 낮추어서, 감히 스승에 대한 도리와 동일하게 할 수 없다는 뜻을 포이기 위함이니, 무릇 예(禮)의 합당함에 따르면서도, 작은 부분에서 변화를 준 것이다.

---

3) 『공자가어(孔子家語)』「종기해(終記解)」: 子夏曰, "入宜絰可居, 出則不絰." 子游曰, "吾聞諸夫子喪朋友, 居則絰, 出則否, 喪所尊雖絰, 而出可也."

4) 『예기』「복문(服問)」【664b】: 公爲卿大夫錫衰以居, 出亦如之, 當事則弁絰. 大夫相爲亦然. 爲其妻, 往則服之, 出則否.

5) 『주례』「춘관(春官)·사복(司服)」: 王爲三公六卿錫衰, 爲諸侯緦衰, 爲大夫士疑衰, 其首服皆弁絰.

• 제 50 절 •

묘역(墓域)에 대한 법도

【87b】

易墓, 非古也.

직역 墓를 易함은 非古이다.

의역 묘(墓)에 있는 초목(草木)을 베어버리는 것은 고대의 예법이 아니다.

集說 疏曰: 易, 謂芟治草木, 不使荒穢. 古者, 殷以前, 墓而不墳, 不易治也.

번역 공영달(孔穎達)의 소(疏)에서 말하길, '이(易)'자는 초목(草木)을 베어서, 잡목이 우거지도록 하지 않는 것이다. '고(古)'라는 것은 은(殷)나라 이전을 뜻하며, 당시에는 묘(墓)만 만들고 봉분을 쌓지 않았고, 초목을 베어버리지 않았다.

鄭注 易謂芟治草木, 不易者, 丘陵也.

번역 '이(易)'자는 초목(草木)을 베어버린다는 뜻이니, 초목을 베지 않게 되면, 초목이 우거져서 구릉(丘陵)처럼 된다.

釋文 易, 以豉反, 注同. 芟, 所銜反.

번역 '易'자는 '以(이)'자와 '豉(시)'자의 반절음이며, 정현의 주에 나온 글자도 그 음이 이와 같다. '芟'자는 '所(소)'자와 '銜(함)'자의 반절음이다.

孔疏 ●"易墓非古也". ○正義曰: 此一節論墓內不合芟治之事.

번역 ●經文: "易墓非古也". ○이곳 문단은 묘역에서는 초목을 베는 일을 해서는 안 된다는 사안을 논의하고 있다.

孔疏 ◎注[1]"易謂"至"陵也". ○正義曰: 墓謂冢旁之地, 易謂芟治草木, 不使荒穢. 不易者, 使有草木如丘陵然. 言"易墓, 非古也", 則古者殷以前墓而不墳, 是不治易也.

번역 ◎鄭注: "易謂"~"陵也". ○'묘(墓)'는 무덤 일대의 땅이며, '이(易)'는 초목(草木)을 벤다는 뜻으로, 무성하게 자라지 않게끔 하는 것이다. 초목을 베지 않는 것은 초목이 자라나도록 하여 구릉(丘陵)처럼 만들고자 해서이다. "묘(墓)에서 초목을 베는 것은 고대의 예법이 아니다."라고 했으니, 고대라는 것은 은(殷)나라 이전을 뜻하며, 당시에는 묘(墓)만 만들고 봉분을 쌓지 않았으니, 이러한 이유 때문에 초목을 베지 않았던 것이다.

集解 愚謂: 墓以藏體魄, 無所事於易也. 卽古不修墓之意.

번역 내가 생각하기에, 묘(墓)를 통해 체백(體魄)을 안장하니, 잡초를 베는 일에 종사함이 없었던 것이다. 이것은 곧 고대에는 묘(墓) 일대를 가꾸지 않았다는 뜻을 가리킨다.

---

1) '주(注)'자에 대하여. 『십삼경주소(十三經注疏)』 북경대 출판본에서는 "'주'자는 본래 없던 글자인데, 전체적인 통례에 따라서 글자를 보충하였다."라고 했다.

• 제 51 절 •

상례(喪禮)와 제례(祭禮)의 근본정신

【87b】

子路曰: "吾聞諸夫子, 喪禮, 與其哀不足而禮有餘也, 不若禮不足而哀有餘也. 祭禮, 與其敬不足而禮有餘也, 不若禮不足而敬有餘也."

직역 子路가 曰, "吾가 夫子께 聞하니, 喪禮에는 그 哀가 不足하고 禮에 有餘함이 與론, 禮가 不足하더라도 哀에 有餘함만 不若하다. 祭禮에는 그 敬에 不足하고 禮에 有餘함이 與론, 禮가 不足하더라도 敬에 有餘함만 不若하다."

의역 자로(子路)가 말하길, "내가 선생님께 들었으니, 상례(喪禮)에 있어서는 슬퍼하는 마음이 부족하고, 예(禮)에 대해서는 풍족하게 치르는 것보다는 차라리 예(禮)에 대해서 부족한 면이 있더라도, 슬퍼하는 마음을 지극히 하는 것이 더 낫다고 하셨다. 그리고 제례(祭禮)에 있어서도 공경하는 마음이 부족하고, 예(禮)에 대해서는 풍족하게 치르는 것보다는 차라리 예(禮)에 대해서 부족한 면이 있더라도, 공경하는 마음을 지극히 하는 것이 더 낫다고 하셨다."라고 하였다.

集說 有其禮而無其財, 則禮或有所不足, 哀敬則可自盡也. 此夫子反本之論, 亦寧儉・寧戚之意.

번역 해당하는 예(禮)의 규정이 있더라도, 그에 걸맞은 재화가 없다면, 예(禮)에 대해서 간혹 부족한 면이 있을 수도 있지만, 슬퍼하는 마음과 공경하는 마음의 경우에는 제 스스로 다할 수가 있다. 이것은 바로 공자(孔

子)가 근본을 반추했던 논의로, 또한 차라리 검소하게 지내는 것이 낫고, 또 차라리 슬퍼하는 것이 낫다는 뜻에 해당한다.[1]

大全 臨川吳氏曰: 哀敬言其心禮之本也, 禮言其物禮之文也. 禮有本有文, 本固爲重, 然謂之與其謂之不若, 此矯世救弊之辭, 蓋本與文兩相稱者, 爲盡善也.

번역 임천오씨가 말하길, 슬퍼하는 마음과 공경하는 마음이라고 한 말은 그 마음가짐이 예(禮)의 근본이 됨을 뜻하고, 예(禮)라고 한 말은 소용되는 사물은 예(禮)의 형식이 됨을 뜻한다. 예(禮)에는 근본과 형식이 있는데, 근본이 진실로 중대한 대상이 된다. 그러므로 '~하기 보다는[與]'이라고 말하고, 또 '~만 못하다[不若]'라고 말한 것이니, 이것은 당시의 풍속을 바로잡고 병폐를 구제하기 위한 말이다. 무릇 근본과 형식 두 측면이 서로 대칭이 된 것이 바로 선(善)을 다한 것이 된다.

鄭注 喪主哀. 祭主敬.

번역 상(喪)에서는 슬퍼하는 마음을 위주로 한다. 제(祭)에서는 공경하는 마음을 위주로 한다.

孔疏 ●"子路"至"餘也". ○正義曰: 此一節論喪主哀, 祭主敬之事.

번역 ●經文: "子路"~"餘也". ○이곳 문단은 상(喪)에서는 슬퍼하는 마음을 위주로 하고, 제(祭)에서는 공경하는 마음을 위주로 한다는 사안에 대해서 논의하고 있다.

---

1) 『논어』「팔일(八佾)」: 林放問禮之本. 子曰, "大哉問! 禮, 與其奢也寧儉, 喪, 與其易也寧戚."

孔疏 ●"吾聞諸夫子"者, 諸, 之也, 據所聞事於孔子也.

번역 ●經文: "吾聞諸夫子". ○'제(諸)'자는 '지(之)'자의 뜻이니, 공자(孔子)에게서 들은 일에 근거를 하고 있는 것이다.

孔疏 ●"喪禮, 與其哀不足而禮有餘也", 此所聞事, "喪禮", 居喪之禮也; "與", 及也; "禮有餘", 明器衣衾之屬也; 言居喪及其哀少而禮物多也. "不若禮不足而哀有餘也"者, 若物多而哀少, 則不如物少而哀多也.

번역 ●經文: "喪禮, 與其哀不足而禮有餘也". ○이 내용은 공자(孔子)에게서 들은 내용에 해당하니, '상례(喪禮)'는 상(喪)을 치르는 예(禮)를 뜻하고, '여(與)'자는 "~에 이르다[及]."는 뜻이다. "예(禮)에 남음이 있다."고 하였는데, 그 대상은 명기(明器)나 의금(衣衾) 등의 부류를 뜻한다. 즉 이 말은 상(喪)을 치를 때, 슬퍼하는 마음이 부족하고 예(禮)에 사용되는 물건이 많은 지경에 이르렀다는 뜻이다. 경문의 "不若禮不足而哀有餘也"에 대하여. 만약 예(禮)에 사용되는 사물만 많고, 슬퍼하는 마음이 적다면, 사물이 적고 슬퍼하는 마음이 많은 것만 못하다는 뜻이다.

孔疏 ●"祭禮, 與其敬不足而禮有餘也"者, "祭禮" 謂祭祀之禮也, "而禮有餘", 謂俎豆牲牢之屬多也, 言敬少而牢多也. "不若禮不足而敬有餘也"者, 若牲器多而敬少, 則不如牲器少而敬多也.

번역 ●經文: "祭禮, 與其敬不足而禮有餘也". ○'제례(祭禮)'는 제사(祭祀)를 지내는 예(禮)를 뜻하고, "그러나 예(禮)에 남음이 있다."는 말은 도마 및 두(豆), 희생물 등의 부류들이 많다는 뜻으로, 즉 이 말은 공경하는 마음이 적고 제물로 차려내는 것이 많다는 뜻이다. 경문의 "不若禮不足而敬有餘也"에 대하여. 만약 희생물이나 제기(祭器) 등을 많이 차려냈지만, 공경하는 마음이 적다면, 희생물이나 제기 등이 적고 공경하는 마음이 많은 것만 못하다는 뜻이다.

集解 愚謂: 禮有餘, 謂財物之繁多, 儀節之詳盡也. 喪・祭之禮, 固有一定, 然第務於禮而哀敬不足以稱之, 則見爲有餘矣. 此於禮之末雖擧, 而其本則有所未盡也. 若哀敬有餘而於儀物或有所未盡, 此雖未足以言備禮, 而其本則已得矣. 行禮固以本末兼盡者爲至, 若就其偏者而較其得失, 則又以得其本者爲貴也.

번역 내가 생각하기에, "예(禮)에 남음이 있다."는 말은 재물로 사용된 것이 번다하게 많다는 뜻으로, 의례 절차의 상세한 부분까지도 모두 준수했다는 의미이다. 상례(喪禮)나 제례(祭禮)에는 진실로 일정한 규정이 있다. 그러나 순차에 따라서 예(禮)의 규정을 지키는 데에만 힘쓰고, 슬퍼하거나 공경하는 마음이 그 규정에 걸맞지 않다면, 너무 풍족하게만 지낸 것처럼 보이게 된다. 이것은 예(禮)의 말단에 대해서는 비록 모두 거행을 한 것이지만, 그 근본적인 부분에 대해서는 미진한 점이 있는 것이다. 만약 슬퍼하거나 공경하는 마음이 지극하고, 의례 절차 및 소용되는 사물에 대해서 간혹 미진한 점이 있다고 하더라도, 이러한 경우는 예(禮)대로 갖췄다고 말하기는 부족하지만, 그 근본적인 측면에 대해서는 이미 그 도의를 다했다고 할 수 있다. 예(禮)를 시행하는 경우, 진실로 근본과 말단을 모두 다하는 것을 지극함으로 여기게 되지만, 만약 한쪽으로 치우친 것에 따라 그 득실을 비교해본다면, 또한 근본에 충실한 것이 귀중한 것이다.

• 제 52 절 •

출조(出祖)와 조문의 법도

【87c】

曾子弔於負夏, 主人旣祖, 塡池, 推柩而反之, 降婦人而后行禮. 從者曰: "禮與?" 曾子曰: "夫祖者, 且也. 且胡爲其不可以反宿也?"

직역 曾子가 負夏에서 弔함에, 主人이 旣히 祖나, 塡池하고, 柩를 推하여 反하며, 婦人을 降한 后에 禮를 行했다. 從者가 曰, "禮입니까?" 曾子가 曰, "夫히 祖라는 者는 且이다. 且에 胡히 그 反宿함이 不可함이 爲리오?"

의역 증자(曾子)가 위(衛)나라 부하(負夏)라는 지역으로 찾아가서 조문을 하였는데, 당시 상주(喪主)는 이미 조전(祖奠)을 시행한 상태인데도, 차려둔 음식을 물리고, 영구(靈柩)를 끌어다가 다시 본래의 장소로 되돌려놓았고, 부인을 양쪽 계단 사이로 내려가게 한 다음에 조문을 받는 의례를 시행하였다. 증자의 종자(從者)는 이러한 조치를 괴이하게 여겨서, "이것이 예법에 맞는 것입니까?"라고 물었다. 증자가 대답하길, "무릇 '조(祖)'라는 것은 장차[且]라는 뜻이다. 그러므로 장차 시행하려고 했지만, 실제로는 아직 시행한 것이 아니니, 영구를 되돌려놓고 하루를 보내는 것이 어찌 불가하다고 할 수 있겠는가?"라고 했다.

集說 劉氏曰: 負夏, 衛地也. 葬之前一日, 曾子往弔, 時主人已祖奠, 而婦人降在兩階之間矣. 曾子至, 主人榮之, 遂徹奠推柩而反, 向內以受弔, 示死者將出行, 遇賓至而爲之暫反也, 亦事死如事生之意, 然非禮矣. 柩旣反, 則婦人復升堂以避柩, 至明日乃復還柩向外, 降婦人於階間, 而後行遣奠之禮. 故從者見柩初已遷, 而復推反之, 婦人已降, 而又升堂, 皆非禮, 故問之. 而曾子答之云, 祖者, 且也, 是且遷柩爲將行之始, 未是實行, 又何爲不可復反? 越宿至明日, 乃還柩遣奠而遂行乎? 疏謂其見主人榮己, 不欲指其錯失, 而給說答從者, 此以衆人之心窺大賢也. 事之有無不可知, 其義亦難强解, 或記者有遺誤也. 所以徹奠者, 奠在柩西, 欲推柩反之, 故必先徹而後可旋轉也. 婦人降階間, 亦以奠在車西, 故立車後, 今柩反, 故亦升避也.

번역 유씨가 말하길, '부하(負夏)'는 위(衛)나라 땅이다. 장례(葬禮)를 치르기 하루 전에, 증자(曾子)는 그곳에 찾아가서 조문을 하였고, 당시 상주(喪主)는 이미 조전(祖奠)을 올린 상태였고, 부인은 양쪽 계단 사이로 내려가 있었다. 증자가 도착하자 상주는 증자가 찾아온 것을 영광으로 여겨서, 마침내 조전을 올린 것을 치우고, 영구(靈柩)를 끌어서 본래의 장소로 되돌리고, 안쪽을 향해 서서 조문을 받았으니, 죽은 자가 장차 장지(葬地)로 떠나가려고 했는데, 조문객이 찾아오게 되어 그를 위해 잠시 되돌렸다는 뜻을 나타낸 것으로, 이것은 또한 죽은 자를 섬기기를 살아있는 자를 섬기듯 하는 뜻에 해당한다. 그러나 이처럼 하는 것은 비례(非禮)이다. 영구(靈柩)를 이미 되돌려놓았다면, 부인은 다시 당(堂)으로 올라가서 영구를 피해야 하고, 다음날이 되어서야 다시 영구의 방향을 본래대로 바깥쪽으로 되돌리며, 부인이 계단 사이로 내려간 이후에야 견전(遣奠)의 의례를 시행해야 한다. 그렇기 때문에 증자를 따라갔던 자가 영구가 애초에 이미 옮겨진 상태인데, 다시 그것을 끌어다가 되돌려 놓고, 부인이 이미 내려가 있었는데, 다시 당(堂)에 올라간 것을 보았고, 이것은 모두 비례에 해당하기 때문에, 질문을 했던 것이다. 그런데 증자는 다음과 같이 대답을 하였다. '조(祖)'자는 장차[且]라는 뜻으로, 장차 영구를 옮기려던 시기는 장지로 행차를 하려는 시작됨이 되는데, 아직 실제로 시행한 것이 아니니, 또한 어찌 다시 되돌려 놓을 수가 없겠는가? 그 날을 넘겨서 다음날이 되면, 다시금 영구의 방향을 되돌려서 견전(遣奠)을 지내고, 그런 뒤에 행차를 떠나도 되지 않겠는가? 공영달(孔穎達)의 소(疏)에서는 증자는 상주가 자신이 찾아온 것을 영광으로 여기는 것을 보았으므로, 그의 잘못에 대해서 지적하고 싶지 않았으므로, 말을 보태어 종자(從者)의 질문에 대답을 해준 것이라고 했는데, 이것은 일반인의 마음으로 위대한 현자를 헤아려본 것이다. 이러한 일화가 실제로 있었던 일인지 아닌지에 대해서도 알 수 없고, 그 의미 또한 억지로 해석하기 어려우며, 혹은 『예기』를 기록한 자가 빠트린 부분이나 잘못 기록한 것이 있을 수도 있다. 음식을 차려둔 것을 치웠던 까닭은 영구의 서쪽에 음식을 차려두었는데, 영구를 끌어다가 되돌려놓고자 하였기 때문에, 먼저 음식을 치워야만 영구의 방향을 틀어서 되돌려 놓을 수 있었기 때문이다. 부인이 내려가서 계단 아래에 있었던 것은 또한 음식을 수레의 서쪽에도 차려놓았기 때문이다. 그래서 수레의 뒤에 서 있었던 것인데, 현재 상황은 영구를 되돌려 놓았기 때문에, 다시 그 당(堂)으로 올라가서 자리를 피해준 것이다.

鄭注 負夏, 衛地. 祖謂移柩車去載處, 爲行始也. 塡池, 當爲"奠徹", 聲之誤也. 奠徹謂徹遣奠, 設祖奠. 反於載處, 榮曾子弔, 欲更始. 禮, 旣祖而婦人降, 今反柩, 婦人辟之, 復升堂矣. 柩無反而反之, 而又降婦人, 蓋欲矜賓於此婦人, 皆非. 怪之. 且, 未定之辭. 給說.

번역 '부하(負夏)'는 위(衛)나라 땅이다. '조(祖)'라는 것은 영구를 실은 수레를 이동시켜서, 영구를 실었던 장소를 떠나는 것이니, 장례(葬禮) 행렬의 시작점이 된다. '전지(塡池)'라는 말은 마땅히 '전철(奠徹)'이 되어야 하니, 소리가 비슷해서 생긴 오자이다. '전철(奠徹)'은 견전(遣奠)을 올렸던 것을 치우고, 조전(祖奠)을 진설한다는 뜻이다. 영구를 싣는 장소로 되돌려 놓고, 증자가 조문하러 온 것에 대해 영광으로 여겨서, 장례 행렬을 다시 시작하려고 했던 것이다. 예법에 따르면, 조(祖)를 하였다면 부인은 내려가 있게 되는데, 현재의 상황은 영구를 되돌려 놓아서, 부인이 그 자리를 피하고자 하여, 다시 당(堂)으로 올라간 것이다. 영구에 있어서는 되돌려 놓는 일이 없는데도 되돌려 놓았고, 또 부인을 계단 사이로 내려가게 하였으니, 무릇 이곳에서 부인에게 조문객을 자랑하고자 한 것으로, 이 모든 조치들은 잘못된 것이다. 종자(從者)는 이 일을 괴이하게 여겼던 것이다. '차(且)'

자는 확정되지 않았을 때 쓰는 말이다. 말을 보태서 설명을 한 것이다.

釋文 塡池, 依注音奠徹, 盧・王並如字. 處, 昌慮反, 下同. 遣奠, 棄戰反, 本或作"遷奠", 非. 推, 昌佳反, 又吐回反. 柩, 其久反. 辟音避, 下"辟賢"・"辟不懷"並同. 復, 扶又反. 從音才用反, 下同. 與音餘, 下同. 夫音扶.

번역 '塡池'는 정현의 주에 따르면 그 음은 '奠徹(전철)'이 되는데, 노식과 왕숙은 모두 글자대로 읽었다. '處'자는 '昌(창)'자와 '慮(려)'자의 반절음으로, 아래문장에 나온 글자도 그 음이 이와 같다. '遣奠'에서의 '遣'자는 그 음이 '棄(기)'자와 '戰(전)'자의 반절음이고, 판본에 따라서는 또한 '遷奠'으로도 기록하는데, 이처럼 기록하는 것은 잘못된 기록이다. '推'자는 '昌(창)'자와 '佳(가)'자의 반절음이며, 또한 '吐(토)'자와 '回(회)'자의 반절음도 된다. '柩'자는 '其(기)'자와 '久(구)'자의 반절음이다. '辟'자의 음은 '避(피)'이고, 아래문장에 나오는 '辟賢'과 '辟不懷'라고 할 때의 '辟'자도 모두 그 음이 이와 같다. '復'자는 '扶(부)'자와 '又(우)'자의 반절음이다. '從'자의 음은 '才(재)'자와 '用(용)'자의 반절음이고, 아래문장에 나오는 글자도 그 음이 이와 같다. '與'자의 음은 '餘(여)'이고, 아래문장에 나오는 글자도 그 음이 이와 같다. '夫'자의 음은 '扶(부)'이다.

孔疏 ●"曾子"至"祖者". ○正義曰: 此一節論負夏氏葬禮所失之事.

번역 ●經文: "曾子"~"祖者". ○이곳 문단은 부하씨(負夏氏)가 장례(葬禮)를 치를 때 실례를 범한 사안에 대해서 논의하고 있다.

孔疏 ●"旣祖, 塡池"者, 按旣夕禮啓殯之後, "柩遷于祖, 重先, 奠從, 柩從, 升自西階, 正柩于兩楹間, 用夷床". 鄭注云: "是時柩北首." 設奠于柩西, 此奠謂啓殯之奠也. 質明徹去啓奠, 乃設遷祖之奠于柩西. 至日側乃卻下柩, 載於階間. 乘蜃車, 載訖, 降下, 遷祖之奠, 設於柩車西, 當前束. 時柩猶北首, 前束近北. 前束者, 謂棺於車束有前後, 故云前束. 乃飾柩設披屬引, 徹去遷祖之奠, 遷柩嚮外, 而爲行始, 謂之祖也. 婦人降, 卽位于階間, 乃設祖奠于柩西. 至厥明, 徹祖奠, 又設遣奠於柩車之西, 然後徹之, 苞牲取下體以載之, 遂行. 此是啓殯之後至柩車出之節也. 曾子弔於負夏氏, 正當主人祖祭之明旦, 旣徹祖奠之後・設遣奠之時而來弔, 主人榮曾子之來, 乃徹去遣奠, 更設祖奠. 又推柩少退而返之嚮北, 又遣婦人升堂. 至明旦, 婦人從堂更降, 而後乃行遣車禮. 從曾子者意以爲疑, 問曾子云: "此是禮與?" 曾子旣見主人榮已, 不欲指其錯失, 爲之隱諱云: "夫祖者, 且也." "且", 是未定之辭, 祖是行始, 未是實行. 且去住二者皆得, 旣得且住, 何爲不可以反宿, 明日乃去?

번역 ●經文: "旣祖, 塡池". ○『의례』「기석례(旣夕禮)」편을 살펴보면, 계빈(啓殯)[1]을 한 이후에, "영구(靈柩)를 조(祖)로 옮기고, 중(重)[2]을 앞세우고, 전(奠)이 뒤따르며, 영구가 뒤따르고, 서쪽 계단을 통해서 오르며, 양쪽 기둥 사이에 영구를 안치시키고, 이상(夷床)을 사용한다."[3]라고 했고, 정현의 주에서는 "이 시기에 영구는 머리 방향을 북쪽으로 둔다."라고 했다. 영구의 서쪽에 음식을 차린다고 했는데, 이때의 전(奠)제사는 계빈을 할 때 지내는 전제사를 뜻한다. 날이 밝아올 때, 계빈 때 차려둔 전제사 음식들을 치우고, 곧 조(祖)로 옮길 때의 전제사 음식들을 영구의 서쪽에 차려내게 된다. 해가 기울어지게 되면, 영구를 밑으로 내려서, 계단 사이에 두게 된다. 신거(蜃車)[4]에 영구를 싣고, 싣는 일이 끝나면, 아래로 내려가서

---

1) 계빈(啓殯)은 장례(葬禮) 절차 중 하나이다. 장례를 치르기 위하여, 빈소에 임시로 가매장했던 영구를 꺼내는 절차를 뜻한다.

2) 중(重)은 나무에 구멍을 뚫어서 만든 것으로, 신주(神主)를 만들기 전에, 구멍이 뚫린 나무를 세워서 이것을 신주 대신으로 삼아 제사를 지냈다. 『예기』「단궁하(檀弓下)」편에는 "重, 主道也."라는 기록이 있고, 이에 대한 정현의 주에서는 "始死未作主, 以重主其神也."라고 풀이했다.

3) 『의례』「기석례(旣夕禮)」: 遷于祖用軸. 重先, 奠從, 燭從, 柩從, 燭從, 主人從. 升自西階. 奠俟于下, 東面, 北上. 主人從升, 婦人升, 東面. 衆人東卽位. 正柩于兩楹間, 用夷牀.

4) 신거(蜃車)는 관(棺)을 싣는 상거(喪車)를 뜻한다. 관을 싣는 수레에는 유(柳)를 싣고, 네 바퀴가 지면과 가까이 닿은 상태에서 이동하게 되는데, 그 모습이 이무기[蜃]와 닮았기 때문에, 이 수레를 '신거'라고 부르는 것이다. 『주례』「지관(地官)・수사(遂師)」편에는 "大喪, 使帥其屬以幄帟先, 道野役及

조(祖)로 옮길 때 차려낸 음식들을 영구를 실은 수레의 서쪽에 차려놓으니, 시신의 어깨 쪽에 해당한다. 당시 영구는 여전히 머리 방향을 북쪽으로 하고 있으니, 시신의 어깨 쪽은 북쪽과 가까이 있다. '전속(前束)'이라는 것은 수레에 관(棺)을 결속하게 되면 앞뒤의 구분이 있게 된다. 그렇기 때문에 '결속한 관의 앞쪽[前束]'이라고 말한 것이다. 그리고 곧 영구를 치장하고, 기울어지지 않도록 양쪽에서 당기는 새끼줄을 연결하며, 조(祖)로 옮길 때 차려낸 음식들을 치우고, 영구를 이동시켜 바깥쪽을 향하도록 하니, 이것이 장례 행차의 시작이 된다. 그렇기 때문에 이러한 것들을 '조(祖)'라고 부른 것이다. 부인이 내려가게 되면, 양쪽 계단 사이에 나아가 위치하게 되며, 곧 영구의 서쪽에 조전(祖奠)을 진설한다. 다음날 날이 밝을 무렵이 되면, 조전(祖奠)을 치우고, 또 영구를 실은 수레의 서쪽에 견전(遣奠)을 진설하며, 그런 뒤에 다시 이것을 치우고, 희생물의 고기를 포장할 때에는 하체에 해당하는 부위를 싸서 수레에 싣고, 마침내 행차를 하게 된다. 이것들은 계빈을 한 이후로부터 영구를 실은 수레가 출발할 때까지의 절차에 해당한다. 증자는 부하씨(負夏氏)에게 조문을 갔는데, 그 시기는 상주(喪主)가 조제(祖祭)를 지낸 다음날 아침에 해당하여, 이미 조전(祖奠)을 치우고 난 뒤, 견전(遣奠)을 진설한 시기가 되었는데도, 찾아가서 조문을 하게 되었는데, 상주는 증자가 찾아온 것을 영광스러운 일로 여겨서, 곧 견전(遣奠)을 차렸던 것을 치우고, 다시금 조전(祖奠)을 진설한 것이다. 또한 영구를 끌어다가 조금 뒤로 물리고, 그 방향을 틀어서 머리 쪽이 북쪽을 향하도록 하였으며, 또한 부인을 보내서 당(堂) 위로 올라가게 했다. 다음날 아침이 되었을 때, 부인은 당에서부터 다시금 아래로 내려왔고, 그런 이후에 수레를 장지(葬地)로 보내는 의례를 시행하였다. 증자를 따라 갔던 자는 의혹스럽게 생각하여서, 증자에게 묻기를 "이처럼 하는 것이 예법에 맞는 것입니까?"라고 한 것이다. 증자는 상주가 자신을 영광으로 여긴 것을 이미 보았으므

窆, 抱磨, 共丘籠及蜃車之役."이라는 기록이 있는데, 이에 대한 정현의 주에서는 "蜃車, 柩路也, 柩路載柳, 四輪迫地而行, 有似於蜃, 因取名焉."이라고 풀이했다.

로, 그의 잘못을 지적하고 싶지 않아서, 그를 위해 둘러말하며, "무릇 '조(祖)'라는 것은 차(且)자의 뜻이다."라고 한 것이다. 그런데 '차(且)'자라는 것은 확정되지 않았을 때 쓰는 말이니, '조(祖)'는 행차를 시작하려고 하였지만, 실제로는 아직 시행하지 않았다는 것을 뜻한다. 아직 확정이 되지 않은 상태에서는 행차를 떠나거나 머물러 있는 것 두 가지 모두 할 수 있으니, 이미 확정되지 않은 상태에서 머물러 있을 수 있다면, 어찌하여 영구를 되돌려서 하루를 묵고, 그 다음날 떠나게 되는 것이 불가하다고 할 수 있는가?

그림 52-1 중(重)

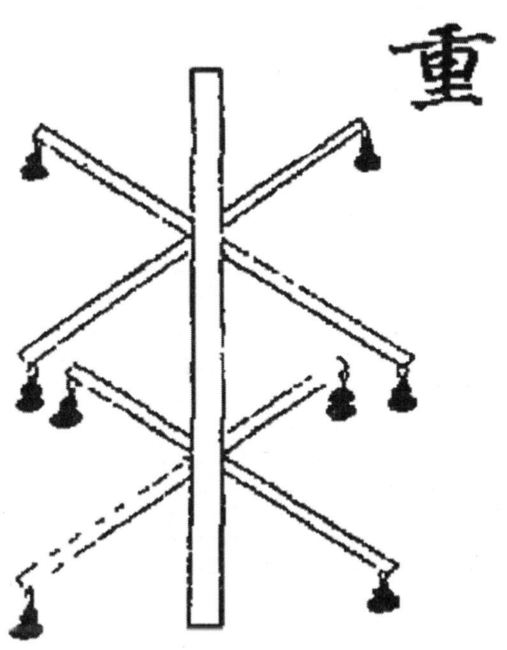

▸ **출처:** 『삼례도집주(三禮圖集注)』 17권

그림 52-2 이상(夷牀)

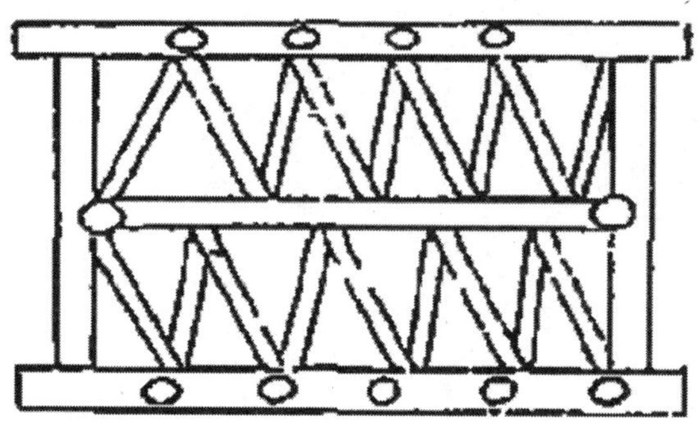

▸ **출처:** 『삼례도집주(三禮圖集注)』 17권

孔疏 ◎注"祖謂"至"祖奠". ○正義曰: "祖謂移柩車去載處, 爲行始"者, 按旣夕禮注云: "束棺於柩車, 賓出, 遂匠納車於階間." 柩從兩楹郤下, 載於車, 乃迴車南出, 是爲祖也. 祖, 始也, 謂將行之始也. 云"奠徹謂徹遣奠, 設祖奠"者, 按旣夕禮祖曰"明". 旦徹祖奠, 設遣奠. 曾子正當設遣奠時來, 主人乃徹去遣奠, 還設祖奠, 似若不爲遣奠然. 經云"主人旣祖", 祖之明日, 旣徹祖奠之時, 故謂之"旣祖". 鄭云"祖謂移柩車去載處"者, 解正祖之名也. 皇氏·熊氏皆云, 曾子雖今日來弔, 遙指昨日爲旣祖. 於文賒緩, 其義非也.

번역 ◎鄭注: "祖謂"~"祖奠". ○정현이 "'조(祖)'라는 것은 영구를 실은 수레를 이동시켜서, 영구를 실었던 장소를 떠나는 것이니, 장례(葬禮) 행렬의 시작점이 된다."라고 했는데, 『의례』「기석례(旣夕禮)」편에 대한 정현의 주를 살펴보면, "영구를 싣는 수레에 관(棺)을 결속하고, 빈객이 밖으로 나가면, 수인(遂人)과 장인(匠人)이 수레를 들여다 계단 사이에 놓는다."[5]라고 했다. 영구는 양쪽 기둥 사이에 있던 곳으로부터 아래로 내려서, 수레에 싣게 되며, 이 일이 끝나면 곧 수레를 회전시켜서 남쪽으로 이동시키니, 이것을 '조(祖)'라고 한다. '조(祖)'는 곧 "시작한다[始]."는 뜻이니, 장례 행렬을 떠나는 시작점이 된다는 의미이다. 정현이 "'전철(奠徹)'은 견전(遣奠)을 올렸던 것을 치우고, 조전(祖奠)을 진설한다는 뜻이다."라고 했는데, 「기석례」편을 살펴보면, '조(祖)'에 대해서, '명(明)'이라고 했다. 즉 아침에 조전(祖奠)을 치우고, 견전(遣奠)을 진설하는 것이다. 증자(曾子)는 견전(遣奠)을 진설했을 때 당도를 한 것이며, 상주(喪主)는 곧 견전(遣奠)을 치우고, 다시금 조전(祖奠)을 진설하여, 마치 아직 견전(遣奠)을 차리지 않은 것처럼 한 것이다. 경문에서는 "상주가 이미 조(祖)를 했다."라고 했으니, 조(祖)를 한 다음날 조전(祖奠)을 이미 치웠을 때를 뜻한다. 그렇기 때문에 "이미 조(祖)를 했다."라고 말한 것이다. 정현이 "'조(祖)'라는 것은 영구를 실은 수레를 이동시켜서, 영구를 실었던 장소를 떠나는 것이다."라고 했는데, 이 말은 바로 조(祖)의 명칭에 대한 뜻을 풀이한 말이다. 황간과 웅안생

---

5) 이 문장은 『의례』「기석례(旣夕禮)」편의 "主人袒, 乃行, 踊無筭. 出宮, 踊, 襲."이라는 기록에 대한 정현의 주이다.

은 모두 증자가 비록 오늘 찾아와서 조문을 한 것이지만, 어제를 가리켜서 이미 조(祖)를 했다고 말한 것이라고 주장했다. 그러나 문맥상 요원하므로, 그 주장은 잘못되었다.

孔疏 ◎注"禮, 旣祖而婦人降". ○正義曰: 旣夕禮文. 以旣祖, 柩車南出, 階間旣空, 故婦人得降立階間. 今柩車反還階間, 故婦人辟之升堂. 婦人旣已升堂, 柩車未迴南出, 則婦人未合降也. 今乃降之者, 以曾子賢人, 欲矜誇賓於此婦人也. 言"皆非"者, 柩無反而反之, 是一非. 旣反之未迴車南出, 不合降婦人而降之, 是二非也.

번역 ◎鄭注: "禮, 旣祖而婦人降". ○이 말은 『의례』「기석례(旣夕禮)」편에 있는 문장이다. 조(祖)를 끝냈다면, 영구를 실은 수레는 남쪽으로 이동하여, 계단 사이의 공간은 이미 비게 된다. 그렇기 때문에 부인이 내려가서 계단 사이에 서 있을 수가 있는 것이다. 그런데 현재의 상황은 영구를 실은 수레가 다시 되돌아와서 계단 사이에 위치하게 되었기 때문에, 부인이 그 자리를 피해서 당(堂)으로 올라간 것이다. 부인이 이미 당(堂)으로 올라갔다면, 영구를 실은 수레는 아직 방향을 틀어서 남쪽으로 이동시킨 것이 아니니, 부인은 아직 내려갈 때가 아니다. 그런데 현재 상황에서는 곧 부인을 밑으로 내려 보냈으니, 증자(曾子)는 현명한 자였으므로, 이곳에서 부인에게 조문객으로 찾아온 증자를 자랑하고자 했기 때문이다. "모두 잘못되었다."라고 말한 이유는 영구를 되돌리는 예법이 없는데도 되돌렸으니, 이것이 첫 번째 잘못이다. 그리고 이미 영구를 되돌려 놓았서, 아직 영구의 방향을 틀어서 남쪽으로 이동시키지 않았으니, 부인이 내려와 있을 수가 없는데도 내려온 것이 바로 두 번째 잘못이다.

孔疏 ◎注"給說". ○正義曰: 論語云: "禦人以口給." 謂不顧道理, 以捷給說於人也.

번역 ◎鄭注: "給說". ○『논어』에서는 "말재주로 남을 막는다."[6]라고 했으니, 이 말은 도리(道理)를 살펴보지 않고, 남에게 급급하게 둘러댄다는 뜻이다.

訓纂 王氏念孫曰: 凡言且者, 皆謂姑且如此, 卽假借之義.

번역 왕념손이 말하길, 무릇 '차(且)'라고 기록한 것들은 모두 잠시 이처럼 한다는 의미로, 곧 가차(假借)를 한 뜻이다.

集解 愚謂: 此章之義難曉, 而註疏之說如此. 然旣設遣奠, 則葬日也. 葬日必卜, 而弔事俄頃可畢, 豈必還柩反宿, 以違其素卜之期乎? 疑所謂"旣祖"者, 謂葬前一夕, 還車爲行始之後, 而非祖之明日也. 奠謂祖奠, 徹之者, 因推柩而辟之也. 降婦人者, 婦人辟推柩, 故升堂, 柩旣反而復降, 立於兩階間之東也. 行禮, 曾子行弔禮也. 必降婦人而後行禮者, 以旣祖之後, 婦人之位本在堂下, 非爲欲矜賓於婦人也. 柩反而曰"反宿"者, 曾子旣弔之後, 主人不欲頻動柩車, 至明日乃始還車嚮外而行遣奠也.

번역 내가 생각하기에, 이곳 문장의 뜻은 제대로 파악하기가 어려운데, 정현(鄭玄)의 주(注)와 공영달(孔穎達)의 소(疏)에서는 이처럼 풀이하고 있다. 그러나 이미 견전(遣奠)을 진설하였다면, 장례(葬禮)를 치르는 당일이 된다. 장례를 치르는 날에 대해서는 반드시 점을 치게 되고, 조문을 받는 일도 잠깐의 틈을 이용해서 끝낼 수가 있는데, 어째서 반드시 영구(靈柩)를 되돌리고 또 하루를 더 보내게 되어, 평소에 점을 쳐서 나왔던 기일을 어길 수가 있겠는가? 따라서 이른바 "이미 조(祖)를 했다."라고 한 말은 장례 하루 전 저녁에 수레를 돌려서, 행차를 떠날 준비를 한 이후를 뜻하는 것 같고, 조(祖)를 지낸 다음날을 뜻하는 말 같지는 않다. '전(奠)'은 조전(祖

---

6) 『논어』「공야장(公冶長)」: 或曰, "雍也仁而不佞." 子曰, "焉用佞? 禦人以口給, 屢憎於人. 不知其仁, 焉用佞?"

奠)을 뜻하니, 그것을 치웠다는 것은 곧 영구를 끌게 되어, 그 장소를 피해 주기 위해서이다. 부인이 내려갔다는 것은 부인이 영구를 끄는 것을 피하기 위해, 당(堂)으로 올라간 것이니, 영구가 이미 본래의 자리로 되돌아가게 되면, 다시금 내려가서, 양쪽 계단 사이에서도 동쪽에 서 있게 된다. 예(禮)를 시행한다는 말은 증자(曾子)가 조문하는 의례를 시행했다는 뜻이다. 기어코 부인을 밑으로 내려가게 한 이후에, 조문의 의례를 시행한 이유는 이미 조(祖)를 한 이후이므로, 부인의 위치는 본래부터 당(堂) 아래가 되기 때문이니, 부인에게 조문객을 자랑하고 싶어 했기 때문이 아니다. 영구를 되돌리고서 '반숙(反宿)'이라고 했는데, 증자가 조문을 마친 이후에, 상주(喪主)는 빈번하게 영구를 실은 수레를 이동시키고 싶지 않았으므로, 다음날이 되어서야 곧 수레의 방향을 틀어서 밖으로 향하게 하고, 견전(遣奠)의 의례를 시작했던 것이다.

【88a】

從者又問諸子游曰: "禮與?" 子游曰: "飯於牖下, 小斂於戶內, 大斂於阼, 殯於客位, 祖於庭, 葬於墓, 所以卽遠也. 故喪事有進而無退." 曾子聞之曰: "多矣乎予出祖者!"

직역 從者가 又히 子游에게 問하여 曰, "禮입니까?" 子游가 曰, "牖下에서 飯하고, 戶內에서 小斂하며, 阼에서 大斂하고, 客位에서 殯하며, 庭에서 祖하고, 墓에서 葬함은, 遠에 卽하는 所以이다. 故로 喪事에는 進은 有이나 退는 無다." 曾子가 聞하고 曰, "予의 出祖者보다 多로다!"

의역 종자(從者)는 증자(曾子)가 한 말에 의구심이 들어서, 되돌아와서 자유(子游)에게 증자가 조문을 갔을 때 일어났던 상황을 설명하고, 재차 묻기를 "이처럼 하는 것이 정말로 예(禮)에 맞는 것입니까?"라고 했다. 그러자 자유가 대답하길,

"들창 아래에서 시신의 입에 반(飯)을 하고, 그보다 밖인 호(戶)의 안쪽에서 소렴(小斂)을 하며, 그보다 밖인 동쪽 계단 위에서 대렴(大斂)을 하고, 그보다 밖인 빈객이 서는 위치에서 빈(殯)을 하며, 그보다 밖인 마당에서 조(祖)를 하고, 그보다 밖인 묘(墓)에서 장례(葬禮)를 치르니, 이것은 곧 단계가 진행될수록 멀리 나아가는 것을 뜻한다. 그러므로 상사(喪事)에 있어서 나아가는 일은 있어도 물러나는 일은 없는 것이다."라고 설명했다. 증자가 이 말을 듣고는 "내가 출조(出祖)에 대해 설명한 것보다 낫구나!"라고 평가했다.

集說 從者疑曾子之言, 故又請問於子游也. 飯於牖下者, 尸沐浴之後, 以米及貝, 實尸之口中也, 時尸在西室牖下南首也. 士喪禮, "小斂衣十九稱, 大斂三十稱." 斂者, 包裹斂藏之也. 小斂在戶之內, 大斂出在東階, 未忍離其爲主之位也. 主人奉尸斂於棺, 則在西階矣. 掘肂於西階之上, 肂, 陳也, 謂陳尸於坎也. 置棺於肂中而塗之, 謂之殯. 及啓而將葬, 則設祖奠於祖廟之中庭而後行. 自牖下而戶內, 而阼, 而客位, 而庭, 而墓, 皆一節遠於一節, 此謂有進而往, 無退而還也, 豈可推柩而反之乎? 多矣乎予出祖者, 多, 猶勝也, 曾子聞之, 方悟己說之非, 乃言子游所說出祖之事, 勝於我之所說出祖也.

번역 종자(從者)는 증자(曾子)의 대답에 의문이 들었기 때문에, 재차 자유(子游)에게 청원하여 질문을 했던 것이다. "들창 아래에서 반(飯)을 한다."는 말은 시신을 목욕시킨 이후에, 쌀과 돈을 시신의 입에 채우는 것을 뜻하니, 당시 시신은 서쪽 실(室)의 들창 아래에서 남쪽으로 머리를 두게 된다. 『의례』「사상례(士喪禮)」편에서는 "소렴(小斂)을 할 때에는 의복을 19칭(稱)[7]으로 하고, 대렴(大斂)을 할 때에는 의복을 30칭(稱)으로 한다."[8]

---

7) 칭(稱)은 수량을 나타내는 양사(量詞)이다. 즉 짝을 지어 갖추는 일련의 의복을 헤아리는 단위이다. 예를 들어 포(袍)라는 옷에는 반드시 겉에 걸치는 옷이 있어야 하며, 홑옷으로 입어서는 안 되고, 상의에는 반드시 그에 맞는 하의가 있어야 하는데, 이처럼 포(袍)에 겉옷을 갖추고, 상의에 맞게 하의까지 갖추는 것을 1칭(稱)이라고 부른다. 『예기』「상대기(喪大記)」편에는 "袍必有表不禪, 衣必有裳, 謂之一稱."이라는 기록이 있다.

8) 『의례』「사상례(士喪禮)」: 厥明, 陳衣于房, 南領, 西上. 綪. 絞橫三, 縮一, 廣

라고 했다. '염(斂)'이라는 것은 시신을 감싸서 함께 매장하는 것을 뜻한다. '소렴(小斂)'은 호(戶)의 안쪽에서 시행하고, '대렴(大斂)'은 밖으로 나와서 동쪽 계단에서 시행하니, 아직까지는 시신을 주인의 자리에서 차마 떨어트릴 수가 없기 때문이다. 상주(喪主)가 시신을 받들어서 관(棺)에 안치하게 되면, 그 장소는 서쪽 계단에 해당한다. 서쪽 계단 위에 구덩이를 파고 안치를 하게 되는데, '사(肂)'자는 "늘어놓다[陳]."는 뜻으로, 구덩이에 시신을 늘어놓는다는 뜻이다. 시신을 늘어놓는 곳에서 관(棺)에 안치를 하고, 흙으로 채우니, 이것을 '빈(殯)'이라고 부른다. 그곳을 계빈하여 장례(葬禮)를 치르려고 하면, 조묘(祖廟)에 있는 중정(中庭)에서 조전(祖奠)을 진설한 이후에 시행을 한다. 들창 아래로부터 호(戶)의 안쪽, 동쪽 계단, 빈객이 서는 위치, 마당, 묘(墓)에 이르기까지, 이 모든 절차에 있어서, 하나의 절차에서는 그 이전 절차보다도 장소가 멀어지게 되니, 이것이 바로 나아가서 밖으로 가게 되는 경우는 있지만, 물러나서 되돌아오는 경우가 없다는 뜻이니, 어찌 영구(靈柩)를 끌어내서 본래의 자리로 되돌릴 수 있겠는가? '다의호여출조(多矣乎予出祖)'라는 말에서 '다(多)'자는 "낫다[勝]."는 뜻이니, 증자(曾子)가 자유(子游)가 한 말을 들어보고, 자신이 설명한 말이 잘못되었다는 사실을 깨닫게 되어서, 곧바로 자유가 '출조(出祖)'에 대해 설명한 사안이 자신이 출초에 대해 설명한 것보다 낫다고 말한 것이다.

大全 嚴陵方氏曰: 飯, 卽含也, 以用米, 故謂之飯. 含, 亦兼用珠玉, 而此不言者, 止據士禮也. 斂, 以收斂其尸爲義, 其禮見喪大記, 以衣衾之數有多少, 故有小大之名也. 殯以攢於外, 祖以祭於行, 葬以藏於野, 自飯至葬, 其所愈遠, 以義斷恩, 故有進而無退. 然負夏之喪, 旣祖而塡池矣, 以曾子之弔, 遂推柩而反之, 降婦人而後行禮, 此從者所以疑其非禮也. 夫祖固有且意, 以祭於行始, 方來有繼故爾, 而曾子遂以爲可以反宿則非也. 降婦人而後, 行遣奠之禮, 固禮

終幅, 析其末. 緇衾頳裏, 無紞. 祭服次, 散衣次, 凡有十九稱. 陳衣繼之, 不必盡用. / 『의례』「사상례」: 厥明滅燎. 陳衣于房, 南領, 西上, 綪. 絞·紟·衾二, 君襚·祭服·散衣·庶襚, 凡三十稱, 紟不在筭, 不必盡用.

之常, 以其反柩而後降, 故爲非. 自飯於牖下至葬於墓, 與坊記所言皆同.

번역 엄릉방씨가 말하길, '반(飯)'은 곧 함(含)을 뜻하는데, 쌀을 사용했기 때문에, 이것을 '반(飯)'이라고 부른 것이다. '함(含)'에서는 쌀과 함께 주옥(珠玉)도 사용하는데, 이곳에서 주옥에 대해 언급하지 않은 것은 단지 사(士) 계급에 해당하는 예(禮)에 기준을 두었기 때문이다. '염(斂)'은 시신을 감싼다는 뜻으로, 해당하는 예(禮)는 『예기』「상대기(喪大記)」편에 나오며, 의복이나 이불 등에 있어서 수량에 차이가 나기 때문에, 대렴(大斂)과 소렴(小斂)이라는 명칭의 차이가 있는 것이다. 빈(殯)을 할 때에는 밖에서 수렴을 하게 되고, 조(祖)를 할 때에는 행차를 할 때 제사를 지내며, 장(葬)을 할 때에는 들에서 매장을 하니, 반(飯)으로부터 장(葬)에 이르기까지, 그 장소가 더욱 멀어지게 되고, 의로움에 따라 은정을 제단하기 때문에, 나아감은 있어도 물러남은 없는 것이다. 그런데 부하(負夏)에서 발생한 상(喪)에 있어서는 이미 조(祖)를 하였는데도, 차려두었던 음식을 거두었다. 이것은 증자(曾子)가 조문을 하기 위해 찾아왔기 때문이니, 결국 영구(靈柩)를 끌어내어 본래의 자리로 되돌려놓고, 부인을 당(堂)에서 내려가게 한 이후에 조문을 받는 의례를 시행했다. 이것이 바로 종자(從者)가 이처럼 하는 것이 비례(非禮)가 아닐까 의심했던 점이다. 무릇 조(祖)에는 진실로 차(且)자의 뜻이 포함되어 있으니, 행차를 시작할 때 제사를 지내는데, 그 때 증자가 찾아와서 조문을 받는 의식을 이어서 해야 할 필요가 있었기 때문인지만, 증자가 결국 이것을 두고 영구를 되돌려서 하루를 더 묵는 것이 괜찮다고 평가한 것은 잘못된 말이다. 그리고 부인을 내려가게 한 이후에 견전(遣奠)의 예(禮)를 시행하는 것은 진실로 예(禮)에 있어서는 일상적인 규정인데, 영구를 되돌린 이후에 내려가게 했기 때문에, 잘못을 범한 것이다. 들창 아래에서 반(飯)을 하는 것으로부터 묘(墓)에서 장례를 치르는 것까지의 절차들은 『예기』「방기(坊記)」편에서 언급하는 내용과 모두 동일하다.

鄭注 疑曾子言非. 明反柩非. 善子游言, 且服.

번역 증자(曾子)가 말한 내용이 잘못되었다고 의심했기 때문이다. 영구(靈柩)를 되돌리는 것이 잘못되었음을 나타낸다. 자유(子游)의 말이 옳다고 칭찬한 것이며, 또한 그의 말에 수긍한 것이다.

釋文 飯, 煩晩反. 牖, 羊久反. 斂, 力驗反, 禮家凡"小斂"·"大斂"之字皆同, 不重出. 阼, 才故反. 且服, 本或作"且服過".

번역 '飯'자는 '煩(번)'자와 '晩(만)'자의 반절음이다. '牖'자는 '羊(양)'자와 '久(구)'자의 반절음이다. '斂'자는 '力(력)'자와 '驗(험)'자의 반절음인데, 예학자들은 무릇 '小斂'과 '大斂'에서의 '斂'자가 그 음이 모두 이와 같다고 했으니, 이 글자에 대해서는 다시 설명하지 않는다. '阼'자는 '才(재)'자와 '故(고)'자의 반절음이다. '且服'은 판본에 따라서 또한 '且服過'로 기록하기도 한다.

孔疏 ●"曾子"至"祖者". ○多猶勝也. 曾子自知己說之非, 聞子游之答是, 故善服子游也. 故言子游所說出祖之事, 勝於我所說出祖也.

번역 ●經文: "曾子"~"祖者". ○'다(多)'자는 "낫다[勝]."는 뜻이다. 증자(曾子)는 자신이 설명한 말이 잘못되었음을 제 스스로 알고 있었고, 자유(子游)가 옳은 얘기로 대답해준 것을 들었기 때문에, 자유의 말을 칭찬하고 그의 말에 수긍했던 것이다. 그래서 자유가 출조(出祖)에 대해 설명한 사안이 자신이 출조에 대해 설명한 것보다 낫다고 말한 것이다.

訓纂 胡邦衡曰: 池以竹爲之, 衣以靑布, 喪行之飾, 所謂池視重霤, 是也. 塡, 謂縣銅魚以實之.

번역 호방형이 말하길, '지(池)'는 대나무로 만들게 되고, 청색의 포(布)

로 옷을 입히니, 장례(葬禮) 행렬 때 사용하는 장식으로, 이른바 "지(池)는 중류(重霤)에 견준다."[9]라고 할 때의 '지(池)'가 바로 이것을 가리킨다. '전(塡)'이라는 것은 동으로 만든 물고기를 매달에서 그곳을 채운다는 뜻이다.

訓纂 江氏永曰: 魚躍拂池, 在池下, 非實於池中. 愚疑塡池, 卽旣夕禮所謂"祖, 還車"也. 柩車上有池, 象宮室之承霤. 塡當讀如鎭, 鎭卽有奠定之義. 前此柩遷於祖廟, 用輁軸, 正柩於堂上兩楹間. 旣朝祖, 卻下, 以蜃車載於階間北首, 飾棺訖, 日昃時乃還轉柩車, 向外南首爲行始, 謂之祖. 曾子來弔, 柩車已還而鎭定, 所謂塡池者也. 主人榮其弔, 復推柩而反, 使復北首, 若未祖者然. 先時婦人在堂, 降婦人, 卽位於階間, 而后行弔禮. 如此釋之, 似可通.

번역 강영이 말하길, "물고기가 춤추듯 뛰놀며 지(池) 위로 뛰어오른다."[10]라고 했으니, 지(池) 아래에 있는 것이지, 지(池) 안을 채우는 것이 아니다. 내가 생각하기에, '전지(塡池)'라는 것은 아마도 『의례』「기석례(旣夕禮)」편에서 말한 "조(祖)를 하여 수레를 되돌린다."[11]라고 한 말에 해당하는 것 같다. 영구를 실은 수레 위에는 지(池)가 있게 되니, 이것은 궁실(宮室)에 있는 승류(承霤: 지붕 밑에 떨어지는 빗물을 받기 위해 만든 구조물)를 형상화한 것이다. '전(塡)'자는 마땅히 '진(鎭)'자로 풀이해야 하니, '진(鎭)'자에는 곧 건립한다는 뜻이 포함되어 있다. 이보다 앞서 영구를 조묘(祖廟)에 옮기게 되는데, 그때에는 공축(輁軸: 관(棺)을 실을 때 사용하는 도구)을 사용하여, 당상(堂上)에 있는 양쪽 기둥 사이에 관(棺)을 위치시키게 된다. 아침에 조(祖)를 끝내면, 영구를 내리게 되니, 신거(蜃車)를 이용하여, 계단 사이에서 영구를 수레 위에 올려두고, 머리 쪽이 북쪽을 향하도록 하며, 관(棺)을 장식하는 일이 모두 끝나면, 해가 서쪽으로 기울 때 곧 영구를 실은 수레를 되돌려서, 밖을 향하도록 하여, 머리 쪽이 남쪽을 향하도록 한 뒤, 행차를 시작하게 되는데, 이것을 '조(祖)'라고 부른다. 증자(曾

---

9) 『예기』「단궁상」【102b】: 池視重霤.

10) 『예기』「상대기(喪大記)」【544a】: 魚躍拂池.

11) 『의례』「기석례(旣夕禮)」: 祖, 還車, 不還器.

子)가 찾아와서 조문을 했을 때, 영구를 실은 수레는 이미 방향을 틀어서 위치를 잡은 상태였으니, 이것이 이른바 '전지(塡池)'라는 것이다. 상주(喪主)는 증자가 조문으로 찾아온 것을 영광으로 여겨서, 다시금 영구를 끌어다가 본래의 장소로 되돌렸으니, 다시금 머리 쪽이 북쪽이 되도록 만든 것으로, 마치 아직 조(祖)를 치르지 않은 것처럼 한 것이다. 그보다 앞서 부인은 당(堂)에 있게 되는데, 부인을 내려가게 한 뒤, 곧 계단 사이에 위치시키게 되며, 그런 뒤에 조문의 의례를 시행한다. 이처럼 해석을 하게 되면, 이곳 문장의 뜻이 통하게 될 것 같다.

集解 飯, 以米·貝實尸口中也. 小斂·大斂, 皆以衣斂尸, 衣少曰小斂, 衣多曰大斂. 殯, 斂於棺而塗之也. 周人殯於西階之上. 卽, 就也. 從者疑曾子之言, 故又問諸子游, 而子游告之如此, 則反柩非禮明矣. 多猶勝也. 言子游所言出祖之事勝於己也.

번역 '반(飯)'이라는 것은 쌀과 화패 등으로 시신의 입을 채우는 것이다. 소렴(小斂)과 대렴(大斂)은 의복 등으로 시신을 감싸는 것인데, 의복이 적게 들어가는 것을 '소렴(小斂)'이라고 부르며, 의복이 많이 들어가는 것을 '대렴(大斂)'이라고 부른다. '빈(殯)'이라는 것은 시신을 관(棺)에 안치시키고, 그 위를 흙으로 덮는 것이다. 주(周)나라 때에는 서쪽 계단 위에서 빈(殯)을 하였다. '즉(卽)'자는 "나아간다[就]."는 뜻이다. 종자(從者)는 증자(曾子)의 말에 의심이 들었기 때문에, 재차 자유(子游)에게 질문을 한 것이고, 자유는 이처럼 대답을 해주었으니, 영구(靈柩)를 되돌리는 것은 비례(非禮)가 됨이 분명하다. '다(多)'자는 "낫다[勝]."는 뜻이다. 즉 자유가 출조(出調)의 사안에 대해 언급한 말이 증자 본인의 말보다 낫다는 뜻이다.

集解 下篇云, "君於大夫將葬, 弔於宮, 命引之, 三步則止", 則柩於將葬, 雖君弔不爲反也. 此乃爲曾子而反柩, 殊爲可疑. 且反柩之失, 曾子豈有不知? 註疏謂曾子心知其非, 而給說以答從者, 則尤非曾子之所出也. 然則此事蓋亦傳聞而失其實者與.

번역 『예기』「단궁하(檀弓下)」편에서는 "군주는 대부(大夫)의 상(喪)에 있어서, 대부가 장례(葬禮)를 치르려고 할 때, 그의 빈궁(殯宮)으로 찾아가서 조문을 하고, 자식이 영구(靈柩)를 실은 수레를 부여잡고 울부짖으면, 영구를 끌고 가라고 명령을 하며, 명령이 떨어지면 수레를 3보정도 끌다가 멈춘다."[12]라고 했으니, 영구에 대해서 장례(葬禮)를 치르려고 한다면, 비록 군주가 찾아와서 조문을 하더라도, 영구를 되돌리는 행위를 하지 않는다. 이곳에서는 증자(曾子) 때문에 영구를 되돌렸다고 했는데, 자못 이 기록은 의심스럽다. 또 영구를 되돌리는 실례(失禮)를 범했음에도, 증자는 어찌하여 그것이 실례임을 알지 못했단 말인가? 정현(鄭玄)의 주(注)와 공영달(孔穎達)의 소(疏)에서는 증자가 마음으로는 그것이 잘못되었다는 사실을 알고 있었지만, 말을 지어내어 종자(從者)에게 대답을 해주었다고 하였으니, 이것은 더더욱 증자가 의도했던 것이 아니다. 그렇다면 이곳의 일화는 아마도 전해 들었던 내용이 전승되는 과정에서 실제의 사안과 달라졌던 것이었을 것이다.

【88c】

曾子襲裘而弔，子游裼裘而弔．曾子指子游而示人曰："夫夫也，爲習於禮者，如之何其裼裘而弔也?" 主人旣小斂，袒·括髮，子游趨而出，襲裘·帶·絰而入．曾子曰："我過矣! 我過矣! 夫夫是也."

직역 曾子는 裘를 襲하여 弔하고, 子游는 裘를 裼하여 弔하였다. 曾子는 子游를 指하고, 人에 示하여 曰, "夫夫야, 禮에 習한 者가 爲한데, 如함을 何히 裘를

12) 『예기』「단궁하(檀弓下)」【108c】: 君於大夫，將葬，弔於宮．及出，命引之，三步則止，如是者三，君退，朝亦如之，哀次亦如之.

裼하여 弔오?" 主人이 旣히 小斂하고, 袒하고 括髮하니, 子游는 趨하여 出하고, 裘를 襲하고 帶하며 絰하여 入했다. 曾子가 曰, "我의 過라! 我의 過라! 夫夫가 是라."

의역 증자(曾子)는 갓옷을 겉옷으로 가리고 조문을 했고, 자유(子游)는 겉옷을 걷어서 갓옷을 드러내고 조문을 했다. 증자가 자유를 지목하여, 다른 사람들에게 보여주며 말하길, "저 사람은 예(禮)를 익힌 자이다. 그런데 어찌하여 갓옷을 드러낸 상태에서 조문을 한단 말인가?"라고 했다. 상주(喪主)가 소렴(小斂)을 끝내고, 단(袒)[13]을 하고 머리를 틀자, 자유는 종종걸음으로 나갔다가, 갓옷을 가리고, 대(帶)와 질(絰)을 차고서 들어왔다. 그 모습을 본 증자는 "내가 잘못한 것이구나! 내가 잘못한 것이구나! 저 사람이 하는 것이 옳다."라고 했다.

集說 疏曰: 凡弔喪之禮, 主人未變服之前, 弔者吉服. 吉服者, 羔裘玄冠, 緇衣素裳, 又袒去上服以露裼衣, 此"裼裘而弔", 是也. 主人旣變服之後, 弔者雖著朝服, 而加武以絰. 武, 吉冠之卷也. 又掩其上服, 若是朋友又加帶, 此"襲裘帶絰而入", 是也.

번역 공영달(孔穎達)의 소(疏)에서 말하길, 무릇 상사(喪事) 때 조문하는 예(禮)에 있어서, 상주(喪主)가 아직 복식을 바꾸기 이전이라면, 조문객은 길복(吉服)을 착용한다. '길복(吉服)'이라는 것은 검은 양의 가죽으로 만든 옷에 현관(玄冠)을 착용하고, 검은색의 상의와 흰색의 하의를 착용하며, 또한 상의를 걷어서 석의(裼衣)[14]를 드러내니, 이것이 바로 "갓옷을 석(裼)하고서 조문을 했다."라는 말에 해당한다. 상주가 이미 복식을 바꾼 이후라면, 조문객은 비록 조복(朝服)을 착용하고 있었더라도, 관(冠)의 테에 질

---

13) 단(袒)은 상중(喪中)에 남자들이 취하는 복장 방식이다. 상의 중 좌측 어깨쪽을 드러내는 방법이다. 한편 일반적인 의례절차에서도 단(袒)의 복장 방식을 취하는 경우가 있다.

14) 석의(裼衣)는 고대에 의례를 시행할 때 입는 옷이다. 가죽옷이나 갈옷 위에 걸쳤던 외투 중 하나이다. '석의' 위에는 습의(襲衣)를 걸쳤기 때문에, 중간에 입는 옷이라는 뜻에서 '중의(中衣)'라고도 부른다.

(絰)을 더하게 된다. '무(武)'라는 것은 길관(吉冠)에 있는 권(卷)이다. 또한 상의를 가리게 되니, 마치 벗을 위해서 대(帶)를 더하는 것과 같은 것이다. 이것이 바로 "갓옷을 습(襲)하고 대(帶)와 질(絰)을 하고서 들어간다."라는 말에 해당한다.

集說 方氏曰: 曾子徒知喪事爲凶, 而不知始死之時尚從吉, 此所以始非子游而終善之也.

번역 방씨가 말하길, 증자(曾子)는 다만 상사(喪事)가 흉례(凶禮)에 해당한다는 사실만 알았던 것이고, 이제 막 죽었을 때에는 여전히 길례(吉禮)에 따른다는 사실을 알지 못한 것이다. 이것이 바로 최초 자유(子游)를 비판하였다가 끝내 그를 칭찬하게 된 이유이다.

鄭注 曾子蓋知臨喪無飾. 夫夫, 猶言此丈夫也. 子游於時名爲習禮. 於主人變乃變也, 所弔者朋友. 服是, 善子游.

번역 증자(曾子)는 아마도 상(喪)에 임했을 때에는 치장을 하지 않는다고 알았던 것 같다. '부부(夫夫)'는 '저 사내[此丈夫]'라는 말과 같다. 자유(子游)는 당시 예(禮)를 익힌 것으로 명성이 높았다. 자유가 복식을 바꾼 것은 상주(喪主)가 복식을 바꾼 것에 따라서 곧 자신도 복식을 바꾼 것이며, 조문을 받는 자는 자유의 벗이다. 자유의 행동이 옳다고 인정하고, 자유를 칭찬한 것이다.

釋文 裼, 星曆反. 夫夫, 上音扶, 下如字, 一讀並如字, 注及下同. 袒括, 徒旱反, 下古活反.

번역 '裼'자는 '星(성)'자와 '曆(력)'자의 반절음이다. '夫夫'에서 앞의 '夫'자는 그 음이 '扶(부)'이고, 뒤의 '夫'자는 글자대로 읽는데, 한편 두 글자 모두 글자대로 읽기도 하고, 정현의 주 및 아래문장에 나오는 글자들도 그 음이 모두 이와 같다. '袒括'에서의 '袒'자는 그 음이 '徒(도)'자와 '旱(한)'자의 반절음이고, '括'자는 '古(고)'자와 '活(활)'자의 반절음이다.

孔疏 ●"曾子"至"是也". ○正義曰: 此一節論弔禮得失之事, 各依文解之.

번역 ●經文: "曾子"~"是也". ○이곳 문단은 조문하는 예(禮)에서의 득실에 대한 사안을 논의하고 있으니, 각각의 문장에 따라서 풀이하겠다.

孔疏 ●"子游趨而出, 襲裘帶絰而入", 凡弔喪之禮, 主人未變之前, 弔者吉服而弔. 吉服謂羔裘·玄冠·緇衣·素裳. 又袒去上服, 以露裼衣, 則此"裼裘而弔", 是也. 主人旣變之後, 雖著朝服而加武以絰, 又掩其上服, 若是朋友又加帶, 則此"襲裘帶絰而入", 是也. 按喪大記云: "弔者襲裘, 加武, 帶絰." 注云: "始死, 弔者朝服裼裘, 如吉時也. 小斂則改襲[15]而加武與帶絰矣. 武, 吉冠之卷也. 加武者, 明不改冠, 但加絰於武." 喪大記所云亦據朋友, 故云"帶絰", 帶旣在腰, 鄭注"加武與帶絰", 似帶亦加武者, 其實加武唯絰, 連言帶耳. 主人成服之後, 弔者大夫則錫衰, 士則疑衰, 當事皆首服弁絰. 此子游之弔, 未知主人小斂以否, 何因出則有帶絰服之而入, 但子游旣及弔喪, 豫備其事, 故將帶絰行也.

번역 ●經文: "子游趨而出, 襲裘帶絰而入". ○무릇 상사(喪事) 때 조문하는 예(禮)에 있어서, 상주(喪主)가 아직 복식을 바꾸기 이전이라면, 조문객은 길복(吉服)을 착용하고 조문을 한다. '길복(吉服)'이라는 것은 검은 양의 가죽으로 만든 갓옷과 현관(玄冠)을 착용하고, 검은색의 상의와 흰색의 하의를 착용하는 것을 뜻한다. 또 단(袒)을 하여 상의를 걷어서, 석의(裼衣)

---

15) '습(襲)'자에 대하여. '습'자 뒤에는 본래 '구(裘)'자가 기록되어 있었는데, 완원(阮元)의 『교감기(校勘記)』에서는 "『고문(考文)』에서 인용하고 있는 송(宋)나라 때의 판본에는 '구'자가 없다. 살펴보니, '구'자가 없는 기록이 옳다. '구'자를 기록하게 되면, 『예기』「상대기(喪大記)」편의 기록과 합치되지 않는다."라고 했다.

를 드러내니, 이곳에서 "갓옷을 석(裼)하여 조문을 한다."라고 한 말에 해당한다. 상주가 이미 복식을 바꾼 이후라면, 비록 조복(朝服)을 착용하고 있는 상태라고 하더라도, 관(冠)의 테에 질(絰)을 두르고, 또한 그 상의를 가리는데, 만약 그 자가 자신의 벗이라면, 대(帶)를 더하게 되니, 이곳에서 "갓옷을 습(襲)하고 대(帶)와 질(絰)을 하고서 들어갔다."라고 한 말에 해당한다. 『예기』「상대기(喪大記)」편을 살펴보면, "조문객은 갓옷을 습(襲)하고, 무(武)를 더하며, 대(帶)와 질(絰)을 찬다."[16]라고 했고, 이 문장에 대한 정현의 주에서는 "사람이 이제 막 죽었을 때, 조문객은 조복(朝服)을 착용하고, 갓옷을 석(裼)하여, 길(吉)한 때처럼 한다. 소렴(小斂)을 하게 되면, 습(襲)으로 복장방식을 바꾸고, 무(武)와 대(帶) 및 질(絰)을 추가하게 된다. '무(武)'라는 것은 길관(吉冠)에 하는 권(卷)을 뜻한다. 무(武)를 더한다는 것은 관(冠)을 고쳐 쓰지 않고, 단지 질(絰)을 무(武)에 더하게 된다는 사실을 나타낸다."라고 했다. 「상대기」편에서 언급한 내용 또한 죽은 자가 벗인 경우에 기준을 둔 것이다. 그렇기 때문에 "대(帶)와 질(絰)을 착용한다."라고 말한 것이니, 대(帶)라는 것은 허리에 차는 것인데도, 정현의 주에서는 "무(武)와 대(帶) 및 질(絰)를 더한다."라고 하여, 대(帶) 또한 무(武)에 덧대는 것처럼 기록하였다. 그러나 실제로 무(武)에는 오직 질(絰)만을 덧대는 것이며, 그 연장선에서 대(帶)를 함께 언급한 것일 뿐이다. 상주(喪主)가 성복(成服)을 한 이후이고, 조문객이 대부(大夫)의 신분이라면, 석최(錫衰)의 복장을 착용하며, 사(士)인 경우라면, 의최(疑衰)를 착용하는데, 해당하는 일이 있는 자들은 모두 머리에 변질(弁絰)을 쓰게 된다. 이곳에서 자유(子游)가 조문을 할 때에는 상주가 소렴(小斂)을 했는지 아닌지를 아직 알 수 없었는데, 어떻게 그 일에 따라 밖으로 나가서, 미리 준비해온 대(帶)와 질(絰)을 착용하고서 들어올 수 있는가? 다만 자유는 이미 상사(喪事) 때 조문하는 일에 있어서, 그 사안들을 미리 대비했던 것이다. 그렇기 때문에 대(帶)와 질(絰)을 가지고서 찾아갔던 것이다.

16) 『예기』「상대기(喪大記)」【529d~530a】: 主人卽位, 襲帶絰踊, 母之喪, 卽位而免, 乃奠. <u>弔者襲裘, 加武, 帶絰</u>, 與主人拾踊.

訓纂 賀循喪服要記: 大夫弔於大夫, 始死而往, 朝服裼裘, 如吉時也. 當斂之時而至, 則皮弁服, 皮弁之服, 以襲裘也. 主人成服而往則皮弁經而加裼衰也. 大夫於士有朋友之恩, 乃得弁經.

번역 하순의 『상복요기(喪服要記)』에서 말하길, 대부(大夫)가 대부(大夫)에게 조문할 경우, 그 자가 이제 막 죽었을 때 찾아가게 되면, 조복(朝服)에 갓옷을 석(裼)하니, 길(吉)한 때처럼 하는 것이다. 염(斂)을 해야 할 때 찾아가게 되면, 피변복(皮弁服)을 착용하니, 피변(皮弁)의 복장을 하고, 갓옷을 습(襲)한다. 상주(喪主)가 성복(成服)을 한 상태인데, 그때 찾아가게 되면, 피변(皮弁)에 질(經)을 하고, 석최(裼衰)를 착용하게 된다. 대부(大夫)가 사(士)에 대해서, 벗에 대한 은정이 있는 경우라면, 곧 변질(弁經)을 착용할 수 있다.

集解 夫夫, 猶言是人也. 袒, 袒衣而露其臂也. 括髮, 去纚而約其髮以麻也. 始死, 主人笄·纚·深衣, 至小斂, 乃袒·括髮, 始變服也. 帶·経, 服弔服之葛帶·経也. 出而帶·経者, 死者之寢門外, 蓋張次以爲弔者之所止息, 而其経·帶亦饌焉, 故出而取服之也. 凡弔者, 主人未變, 則吉服, 羔裘·玄冠, 緇衣·素裳, 又裼而露其中衣; 主人旣變, 則襲而加経·帶, 其冠與衣猶是也; 主人旣成服, 則服弔衰.

번역 '부부(夫夫)'라는 말은 '이 사람[是人]'이라는 말과 같다. '단(袒)'은 옷을 걷어 올려서 팔을 드러내는 것이다. '괄발(括髮)'은 머리싸개인 리(纚)를 제거하여, 그 머리카락을 마(麻)로 묶는 것이다. 어떤 자가 이제 막 죽었을 때, 상주(喪主)는 비녀를 꼽고 리(纚)를 하며 심의(深衣)를 착용하게 되는데, 소렴(小斂)을 하게 되면, 곧 단(袒)을 하고, 괄발(括髮)을 하여, 처음으로 복식을 바꾸게 된다. '대(帶)'와 '질(経)'을 한다는 말은 조복(弔服)에 착용하는 칡[葛]으로 만든 대(帶)와 질(経)을 착용한다는 뜻이다. 밖으로 나와서 대(帶)와 질(経)을 착용했다고 했는데, 죽은 자의 침문(寢門) 밖에는 아마도 임시 막사를 세워서, 조문객들이 잠시 휴식을 취하는 장소로 만들어 두었을 것이고, 또 그들이 착용할 질(絰)과 대(帶)도 마련해 두었을 것이다. 그렇기 때문에 침문(寢門) 밖으로 나와서, 이처럼 준비된 질(絰)과 대(帶)를 가져다가 착용을 했던 것이다. 무릇 조문객들은 상주가 아직 복식을 바꾸지 않은 상태라면, 길복(吉服)을 착용하니, 검은 양으로 만든 갖옷과 현관(玄冠)을 쓰고, 검은색의 상의와 흰색의 하의를 착용하며, 또한 석(裼)을 하여, 중의(中衣)[17]를 드러내게 된다. 상주가 이미 복식을 바꾼 상태라면, 습(襲)을 하고 질(絰)과 대(帶)를 더하게 되며, 관(冠)과 의복은 여전히 그 상태로 있게 된다. 상주가 성복(成服)을 끝내게 되면, 조문할 때 착용하는 복장을 착용하게 된다.

集解 喪服記, "朋友麻." 奔喪, "無服而爲位者惟嫂叔, 及婦人降而無服者麻." 此二者之麻, 皆弔服也. 而特言麻, 可以見凡弔絰之非麻矣. 喪服記, "公子爲其母練冠麻", "爲其妻縓冠, 葛絰・帶", 以麻對葛而言, 可以見喪服記"朋友麻"及奔喪所言之"麻", 皆對葛而言麻矣. 士虞禮, "祝免, 澡葛絰・帶" 祝乃公有司, 其所服固弔服也, 而葛絰・帶則弔服之絰・帶, 於此可見矣. 士爲朋友麻, 若弔於未成服, 則亦葛絰・帶, 蓋未成服則弔者猶玄冠, 麻不加於采也. 又註謂子游"所弔者朋友", 疏謂"弔服惟有絰, 朋友乃加帶", 非也. 子游所弔, 不言其爲何人, 安知其爲朋友乎? 喪大記, "弔者加武, 帶・絰", 則凡弔者皆帶・絰備有, 不獨朋友矣.

번역 『의례』「상복(喪服)」편의 기문(記文)에서는 "벗을 위해서 마(麻)를 한다."[18]라고 했고, 『예기』「분상(奔喪)」편에서는 "상복관계가 성립되지 않는데도 곡(哭)하는 자리를 마련하는 자는 오직 형제의 아내와 남편의 형

---

17) 중의(中衣)는 조복(朝服)이나 제복(祭服) 등의 예복(禮服) 안에 착용하는 옷이다. '중의' 안에는 속옷 등을 착용하고, '중의' 겉에는 예복 등을 착용하므로, 중간이라는 뜻에서 '중의'라고 부르는 것이다. 『예기』「교특생(郊特牲)」편에는 "繡黼丹朱中衣."라는 기록이 있고, 이에 대한 공영달(孔穎達)의 소(疏)에서는 "中衣, 謂以素爲冕服之裏衣."라고 풀이하였다.

18) 『의례』「상복(喪服)」 : 傳曰, 小功以下爲兄弟. 朋友皆在他邦, 袒免, 歸則已. 朋友麻.

제에 한해서이며, 부인의 경우 본래의 상복관계보다 단계를 낮추고, 상복관계가 성립되지 않는 경우에는 마(麻)를 한다."[19]라고 했다. 이 두 기록에서 말하는 '마(麻)'라는 것은 모두 조복(弔服)을 가리킨다. 그런데 단지 '마(麻)'라고만 언급하였으니, 일상적으로 조문을 할 때 착용하는 질(絰)은 마(麻)로 제작한 것이 아니었음을 확인할 수 있다. 「상복」편의 기문(記文)에서는 "공자(公子)는 그의 모친을 위해서 연관(練冠)[20]에 마(麻)를 한다."라고 했고, "그 처를 위해서는 전관(縓冠)[21]과 갈(葛)로 엮은 질(絰)과 대(帶)를 한다."라고 했으니,[22] '마(麻)'를 '갈(葛)'에 대비해서 말한 것으로, 이를 통해서 「상복」편의 기문에서 말한 "벗을 위해 마(麻)를 한다."라는 말과 「분상」편에서 말한 '마(麻)'라는 것이 모두 갈(葛)과 대비해서 마(麻)를 언급한 것임을 확인할 수 있다. 『의례』「사우례(士虞禮)」편에서는 "축(祝)이 면(免)[23]을 하고, 갈(葛)을 다듬어서 질(絰)과 대(帶)를 만든다."[24]라고 했는데, 여기에서 말하는 '축(祝)'은 곧 공유사(公有司)[25]에 해당하니, 그가 착용하는 복장은 진실로 조복(弔服)에 해당하므로, 갈(葛)로 만든 질(絰)과 대(帶)가 곧 조복(弔服)에 착용하는 질(絰)과 대(帶)가 됨을 이를 통해서도 확인할 수 있다. 사(士) 계급이 죽은 벗을 위해 마(麻)를 한다고 했는데, 만약 상주(喪主)가 아직 성복(成服)을 하기 이전에 조문을 하는 경우라면, 또한 갈(葛)로 만든 질(絰)과 대(帶)를 착용하게 되니, 무릇 아직 성복(成服)을 하기 이전이라면, 조문객은 여전히 현관(玄冠)을 쓰고 있으므로, 마(麻)로 제작한 질(絰) 등은 채색이 들어간 관(冠)에 덧댈 수 없기 때문일 것이다. 또

---

19) 『예기』「분상(奔喪)」【657b】: 無服而爲位者, 唯嫂叔, 及婦人降而無服者麻.

20) 연관(練冠)은 상(喪) 중에 착용하는 관(冠)이다. 부모의 상 중에서 1주기에 지내는 제사 때 착용을 하였다.

21) 전관(縓冠)은 옅은 홍색으로 된 관(冠)을 뜻한다.

22) 『의례』「상복(喪服)」: 記. 公子爲其母, 練冠, 麻, 麻衣縓緣. 爲其妻縓冠, 葛絰帶, 麻衣縓緣. 皆旣葬除之.

23) 면(免)은 면포(免布)나 면복(免服)과 같은 뜻이다.

24) 『의례』「사우례(士虞禮)」: 祝免, 澡葛絰帶, 布席于室中, 東面, 右几, 降出, 及宗人卽位于門西, 東面, 南上.

25) 공유사(公有司)는 사(士)가 맡았던 직책으로, 군주에게 특명을 받은 유사(有司)이다. '유사'는 실무 담당자를 뜻한다.

한 정현(鄭玄)의 주(注)에서는 자유(子游)에 대한 설명을 하며, "그가 조문을 했던 자는 벗이었다."라고 했고, 공영달(孔穎達)의 소(疏)에서는 "조복(弔服)에는 오직 질(絰)만 있게 되고, 벗인 경우에는 곧 대(帶)를 더하게 된다."라고 했는데, 이 주장은 모두 잘못되었다. 자유가 조문한 대상에 대해서는 그가 어떤 사람인가에 대해서 언급하지 않았는데, 어떻게 그가 자유의 벗이라는 것을 알 수 있는가? 『예기』「상대기(喪大記)」편에서는 "조문하는 자는 부(武)를 더하고, 대(帶)와 질(絰)을 한다."라고 했으니, 무릇 조문하는 자들은 모두 대(帶)와 질(絰)을 준비했던 것으로, 유독 벗에 대해서만 그처럼 했던 것이 아니다.

• 제 53 절 •

제상(除喪)에 대한 법도 Ⅱ

【88d~89a】

子夏旣除喪而見, 予之琴, 和之而不和, 彈之而不成聲, 作而曰: "哀未忘也, 先王制禮而弗敢過也." 子張旣除喪而見, 予之琴, 和之而和, 彈之而成聲, 作而曰: "先王制禮, 不敢不至焉."

직역 子夏가 旣히 喪을 除하고 見함에, 그에게 琴을 予한데, 和나 不和하고, 彈이나 不成聲하니, 作하여 曰, "哀를 未忘이나, 先王이 禮를 制하여 過를 弗敢이니이다." 子張이 旣히 喪을 除하고 見함에, 그에게 琴을 予한데, 和한데 和하고, 彈한데 成聲하니, 作하여 曰, "先王이 禮를 制하니, 不至를 不敢이니이다."

의역 자하(子夏)가 상(喪)을 끝낸 이후에 공자(孔子)를 찾아뵈었는데, 공자는 그에게 금(琴)을 타도록 시켰다. 자하가 금(琴)을 연주하여 조화를 이루려고 했지만, 소리가 조화를 이루지 못했고, 금(琴)을 연주하는 것도 제대로 된 소리를 내지 못했다. 그러자 자하가 일어나서 말하길, "슬픔을 아직 잊을 수가 없기 때문입니다. 그러나 선왕(先王)께서 예(禮)를 제정하셨으므로, 감히 지나치게 시행하지 않고자 했습니다."라고 했다. 자장(子張)이 상(喪)을 끝낸 이후에 공자를 찾아뵈었는데, 공자는 그에게 금(琴)을 타도록 시켰다. 자장이 금(琴)을 연주하여 조화를 이루려고 했는데, 소리가 조화를 이루었고, 금(琴)을 연주하는 것도 제대로 된 소리를 냈다. 그러자 자장이 일어나서 말하길, "선왕께서 예(禮)를 제정하셨으니, 감히 미치지 못함이 없도록 하고자 했습니다."라고 했다.

集說 均爲除喪, 而琴有和不和之異者, 蓋子夏是過之者, 俯而就之, 出於勉强, 故餘哀未忘而不能成聲; 子張是不至者, 跂而及之, 故哀已盡而能成聲也.

번역 둘 모두 상(喪)을 끝낸 상태인데, 금(琴)을 탐에 소리가 조화를 이루거나 조화를 이루지 않는 차이점이 발생했다. 그 이유는 무릇 자하(子夏)는 상례(喪禮)를 지나치게 시행한 자이므로, 숙여서 나아갔지만, 억지로 하는 것에서 비롯되었기 때문에, 남아있던 슬픔을 잊지 못하여, 제대로 된 소리를 낼 수 없었던 것이다. 반면 자장(子張)은 상례(喪禮)를 지극히 치르지 않은 자이므로, 깨금발을 하여 도달을 하였기 때문에, 슬픔을 이미 모두 다 없애서, 소리를 제대로 낼 수 있었던 것이다.

大全 李氏曰: 先王制禮, 正之以中, 而使有餘者, 不敢盡, 不及者, 不敢不勉, 要之, 不出於聖人之大閑而已. 子夏, 過者也, 不敢不約之以禮, 故曰不敢過也. 子張, 不及者也, 不敢不引而至於禮, 故曰不敢不至焉.

번역 이씨가 말하길, 선왕(先王)이 예(禮)를 제정함에, 중(中)의 도리로써 바로잡아서, 남음이 있는 자로 하여금 감히 다하지 못하도록 하였고, 미치지 못한 자로 하여금 감히 힘쓰지 않는 경우가 없도록 하였으니, 요약하자면, 자하(子夏) 및 자장(子張)의 행동은 성인(聖人)이 만든 큰 규범에서 도출된 것들이 아니다. 자하는 지나친 자에 해당하므로, 감히 예(禮)로써 요약하는 것을 하지 않을 수가 없었다. 그렇기 때문에 "감히 지나치지 않고자 했습니다."라고 말한 것이다. 자장은 미치지 못한 자에 해당하므로, 감히 끌어당겨서 예(禮)에 이르지 않을 수가 없었다. 그렇기 때문에 "감히 미치지 못함이 없도록 하고자 했습니다."라고 말한 것이다.

大全 嚴陵方氏曰: 四制曰, "祥之日鼓素琴, 示民有終也." 蓋先王之制禮如此, 故二子之除喪而見, 所以孔子各予之琴也.

번역 엄릉방씨가 말하길, 『예기』「상복사제(喪服四制)」편에서는 "대상

(大祥)을 치른 날에는 소금(素琴)을 연주하여, 백성들에게 끝맺음이 있음을 나타낸다."[1]라고 하였다. 무릇 선왕(先王)이 예(禮)를 제정한 것은 이와 같았다. 그렇기 때문에 자하(子夏)와 자장(子張)이 상(喪)을 끝낸 뒤 공자를 찾아뵈었을 때, 공자가 각자에게 금(琴)을 타도록 시켰던 것이다.

大全 山陰陸氏曰: 師也過, 商也不及. 今其除喪如此, 蓋學之之力也.

번역 산음육씨가 말하길, 공자(孔子)는 일찍이 자장(子張)은 지나치며, 자하(子夏)는 미치지 못한다고 했다.[2] 그런데 현재 상(喪)을 끝내기를 이처럼 하였으니, 아마도 학문을 통한 노력 때문에, 이처럼 되었던 것이다.

鄭注 見於孔子. 樂由人心. 作, 起. 雖情異, 善其俱順禮.

번역 공자(孔子)를 찾아뵌 것이다. 음악은 사람의 마음에서 비롯된다. '작(作)'자는 "일어난다[起]."는 뜻이다. 비록 정감은 다르지만, 둘 모두 예(禮)에 따랐던 일에 대해서 좋게 평가한 것이다.

釋文 見, 賢遍反, 注及下同. 予, 羊汝反, 下同. 和音禾, 或胡臥反, 下同. 樂音岳, 又音洛. 忘音亡.

번역 '見'자는 '賢(현)'자와 '遍(편)'자의 반절음이며, 정현의 주 및 아래문장에 나오는 글자도 그 음이 이와 같다. '予'자는 '羊(양)'자와 '汝(여)'자의 반절음이며, 아래문장에 나오는 글자도 그 음이 이와 같다. '和'자의 음은 '禾(화)'이고, 혹은 '胡(호)'자와 '臥(와)'자의 반절음도 되며, 아래문장에 나

---

1) 『예기』「상복사제(喪服四制)」【721b】: 三日而食, 三月而沐, 期而練, 毁不滅性, 不以死傷生也. 喪不過三年, 苴衰不補, 墳墓不培. <u>祥之日鼓素琴, 告民有終也</u>, 以節制者也.

2) 『논어』「선진(先進)」: 子貢問, "師與商也孰賢?" 子曰, "<u>師也過, 商也不及</u>." 曰, "然則師愈與?" 子曰, "過猶不及."

오는 글자도 그 음이 이와 같다. '樂'자의 음은 '岳(악)'이고, 또한 그 음은 '洛(락)'도 된다. '忘'자의 음은 '亡(망)'이다.

孔疏 ●"子夏"至"至焉". ○正義曰: 此一節論子夏・子張居喪順禮之事. 此言子夏・子張者, 按家語及詩傳皆言子夏喪畢, 夫子與琴, 援琴而弦, 衎衎而樂; 閔子騫喪畢, 夫子與琴, 援琴而弦, 切切而哀, 與此不同者, 當以家語及詩傳爲正. 知者, 以子夏喪親無異聞, 焉能彈琴而不成聲? 而閔子騫至孝之人, 故孔子善之云: "孝哉, 閔子騫!" 然家語・詩傳云: "援琴而弦, 切切." 以爲正也. 熊氏以爲子夏居父母之喪異, 故不同也.

번역 ●經文: "子夏"~"至焉". ○이곳 문단은 자하(子夏)와 자장(子張)이 상(喪)을 치르며 예(禮)에 따랐던 사안에 대해서 논의하고 있다. 이곳 문장에서는 자하와 자장을 언급하였는데, 『공자가어』 및 『시전(詩傳)』을 살펴보면, 모두 자하가 상(喪)을 끝내자, 공자(孔子)는 그에게 금(琴)을 건네서, 금(琴)을 끌어와서 연주를 했고, 즐겁게 연주를 하며 기뻐하는 표정을 지었다고 했다. 그리고 민자건(閔子騫)이 상(喪)을 끝내자, 공자는 그에게 금(琴)을 건네서, 금(琴)을 끌어와서 연주를 했고, 간절한 마음으로 연주를 하며 슬퍼하는 표정을 지었다고 하여, 이곳의 기록과 차이를 보이고 있다. 그러나 마땅히 『공자가어』와 『시전』의 기록을 올바른 기록으로 삼아야 한다. 이러한 사실을 알 수 있는 이유는 자하가 부모의 상(喪)을 치를 때에는 그를 칭송하는 평가가 들리는 일이 없었다고 했는데,[3] 어떻게 금(琴)을 연주하며 소리를 이루지 못할 수 있겠는가? 그리고 민자건은 효(孝)가 지극한 인물이었다. 그렇기 때문에 공자는 그를 칭찬하며, "효성스럽구나 민자건이여!"[4]라고 했던 것이다. 그러므로 『공자가어』와 『시전』에서 "민자

---

3) 『예기』「단궁상」【82c~d】: 子夏喪其子而喪其明. 曾子弔之曰: "吾聞之也, 朋友喪明則哭之." 曾子哭, 子夏亦哭, 曰: "天乎! 予之無罪也!" 曾子怒曰: "商! 女何無罪也? 吾與女事夫子於洙泗之間, 退而老於西河之上, 使西河之民疑女於夫子, 爾罪一也. 喪爾親, 使民未有聞焉, 爾罪二也. 喪爾子, 喪爾明, 爾罪三也. 而曰爾何無罪與?" 子夏投其杖而拜曰: "吾過矣! 吾過矣! 吾離群而索居亦已久矣."

건이 금(琴)을 끌어와서 연주를 했는데, 그 소리가 간절했다."라고 한 것이 옳은 기록이 된다. 웅안생은 자하가 부모의 상(喪)을 각각 다르게 치렀기 때문에, 평가가 다른 것이라고 여겼다.[5]

集解 除喪, 旣祥也. 和, 調弦也. 子夏哀未盡而能自節, 子張哀已盡而能自勉, 所謂俯而就之, 跂而及之也.

번역 '제상(除喪)'은 대상(大祥)을 끝냈다는 뜻이다. '화(和)'자는 조화롭게 연주한다는 뜻이다. 자하(子夏)는 슬픔을 다 소진하지 못하였지만, 제 스스로 절제를 할 수 있었고, 자장(子張)은 슬픔을 이미 다하였지만, 제 스스로 노력을 할 수 있었으니, 이른바 숙여서 나아가게 하고, 깨금발로 이르게 한다는 뜻이다.

集解 愚謂: 子張務外, 而子夏誠篤, 則其居親之喪, 其哀之至與不至, 固當異矣. 曾子謂子夏喪親未有聞, 特謂未聞其喪明耳, 未可據此而疑其喪親之不能盡哀也. 此與家語·詩傳所言, 未知孰是.

번역 내가 생각하기에, 자장(子張)은 외적인 면에 힘썼고, 자하(子夏)는 독실함에 충실하였으니, 부모의 상(喪)을 치름에 있어서, 슬픔이 지극하거나 지극하지 못한 것에는 진실로 차이가 날 수밖에 없었던 것이다. 증자(曾子)는 자하가 부모의 상(喪)을 치를 때, 그를 칭송하는 얘기가 없었다고 평가했는데, 단지 그 상(喪)을 잘 치렀다는 소식을 듣지 못했다고만 말한 것일 뿐이니, 이 기록에 근거해서 그가 부모의 상(喪)을 치를 때 슬픔을 다하지 못했다고 의심할 수는 없다. 이 기록과 『공자가어』 및 『시전』에서 언급한 내용 중 어느 기록이 맞는지는 잘 모르겠다.

---

4) 『논어』「선진(先進)」: 子曰, "孝哉閔子騫! 人不間於其父母昆弟之言."

5) 앞서 증자(曾子)가 자하(子夏)를 비판했던 것은 부모 중 어느 한쪽의 상(喪)을 치를 때이고, 이곳에서 나타난 자하의 상(喪)은 부모 중 다른 한쪽의 상(喪)을 뜻한다는 말이다.

• 제 54 절 •

비례(非禮)에 대한 자유(子游)의 비판

【89b】

司寇惠子之喪, 子游爲之麻衰, 牡麻絰. 文子辭曰: "子辱與彌牟之弟游, 又辱爲之服, 敢辭." 子游曰: "禮也."

직역 司寇惠子의 喪에, 子游가 之를 爲하여 麻衰하고, 牡麻絰이라. 文子가 辭하며 曰, "子는 辱히 彌牟의 弟와 與하여 游하시고, 又히 辱히 之를 爲하여 服하시니, 敢히 辭합니다." 子游가 曰, "禮입니다."

의역 사구(司寇) 혜자(惠子)의 상(喪)에, 자유(子游)는 그를 위해 길복(吉服)에나 쓰이는 포(布)로 상복(喪服)을 만들어서 입고, 자최복(齊衰服)에나 착용하는 질(絰)을 쓰고서 조문을 갔다. 그러자 혜자의 형인 문자(文子)는 사양을 하며, "선생께서는 욕되게도 제 동생과 교우를 하셨고, 또한 욕되게도 제 동생을 위해 상복을 착용하셨으니, 감히 선생께서 조문하시는 것을 사양하겠습니다."라고 했다. 그러자 자유는 "이처럼 하는 것이 예(禮)입니다."라고 했다.

集說 惠子, 衛將軍文子彌牟之弟. 惠子廢適子虎而立庶子, 故子游特爲非禮之服以譏之, 亦檀弓免公儀仲子之意也. 麻衰, 以吉服之布爲衰也. 牡麻絰, 以雄麻爲絰也. 麻衰乃吉服十五升之布, 輕於弔服. 弔服之絰一股而環之, 今用牡麻絞絰, 與齊衰絰同矣. 鄭注云, "重服, 指絰而言也. 文子初言'辱爲之服敢辭'者, 辭其服也."

번역 '혜자(惠子)'는 위(衛)나라 장군 문자(文子)인 미모(彌牟)의 동생이다. 혜자는 적자(適子)인 호(虎)를 폐위시키고 서자(庶子)를 세웠다. 그렇기 때문에 자유(子游)가 특별히 비례(非禮)의 복장을 착용하고 가서 그를 기롱한 것이니, 이것은 또한 단궁(檀弓)이 공의중자(公儀仲子)의 상(喪)에서 면(免)을 했던 것과 같은 뜻이다.[1] '미처(麻衰)'라는 것은 길복(吉服)을 만들 때 사용하는 포(布)로 상복(喪服)을 만든 것을 뜻한다. '모마질(牡麻絰)'은 암수 중 수컷에 해당하는 마(麻)를 이용해서 질(絰)을 만든 것이다. '마최(麻衰)'는 곧 길복(吉服)에 사용되는 15승(乘)의 포(布)를 이용해서 만든 것이니, 조복(弔服)보다도 수위가 낮은 복장이다. 조복(弔服)에 착용하는 질(絰)은 1가닥으로 두르게 되는데, 현재는 모마(牡麻)로 질(絰)을 꼬았으니, 자최복(齊衰服)에 착용하는 질(絰)과 같은 것이다. 정현(鄭玄)의 주(注)에서는 "'중복(重服)'[2]은 질(絰)을 가리켜서 한 말이다. 문자는 최초 '욕되게도 동생을 위해 복장을 갖추셨으니, 감히 사용합니다.'라고 했는데, 이 말은 그가 착용한 복장에 대해서 사양한 것이다."라고 했다.

鄭注 惠子, 衛將軍文子彌牟之弟惠叔蘭也, 生虎者. 惠子廢適立庶, 爲之重服以譏之. 麻衰, 以吉服之布爲衰. 謝其存時. 止之服也. 子游名習禮, 文子亦以爲當然, 未覺其所譏.

번역 '혜자(惠子)'는 위(衛)나라 장군 문자(文子)인 미모(彌牟)의 동생 혜숙란(惠叔蘭)을 뜻하니, 호(虎)를 낳은 자이다. 혜자는 적자(適子)를 폐위시키고 서자(庶子)를 세웠기 때문에, 그를 위해 중복(重服)을 착용하여 기롱을 한 것이다. '마최(麻衰)'는 길복(吉服)을 만들 때 사용하는 포(布)로 상복(喪服)을 만든 것이다. 자유(子游)에게 교우했다고 한 말은 혜자가 생존했을 때에 대해서 사죄를 한 것이다. 사양한다고 한 말은 자유가 착용한 복장으로는 조문을 받을 수 없다고 멈추게 한 것이다. 자유는 예(禮)를 익

1) 『예기』「단궁상」【68a】: 公儀仲子之喪, 檀弓免焉. 仲子舍其孫而立其子, 檀弓曰, "何居? 我未之前聞也." 趨而就子服伯子於門右.

2) 중복(重服)은 상복(喪服)의 단계를 뜻하는 용어 중 하나이다. 대공복(大功服) 이상이 되는 상복을 '중복'이라고 부른다.

힌 것으로 명성이 높았고, 문자 또한 당연히 그렇다고 여겼으나, 그가 기롱을 하기 위해 이와 같은 복장을 착용한 사실은 깨닫지 못했다.

釋文 彌, 亡卑反. 牟, 莫侯反. 爲之, 于僞反, 注"爲之重服"·下"爲之服"皆同. 適, 丁歷反, 下文及注同.

번역 '彌'자는 '亡(망)'자와 '卑(비)'자의 반절음이다. '牟'자는 '莫(막)'자와 '侯(후)'자의 반절음이다. '爲之'에서의 '爲'자는 '于(우)'자와 '僞(위)'자의 반절음이며, 정현의 주에 나오는 '爲之重服'과 아래문장에 나오는 '爲之服'에서의 '爲'자는 모두 그 음이 이와 같다. '適'자는 '丁(정)'자와 '歷(력)'자의 반절음이며, 아래문장 및 정현의 주에 나오는 글자도 그 음이 이와 같다.

孔疏 ●"司寇"至"客位". ○正義曰: 此一節論子游譏司寇惠子廢適立庶得行之事, 各依文解之.

번역 ●經文: "司寇"~"客位". ○이곳 문단은 자유(子游)가 사구(司寇) 혜자(惠子)가 적자(適子)를 폐위시키고 서자(庶子)를 세웠던 일에 대해서 기롱을 하여, 이와 같은 비례(非禮)를 시행할 수밖에 없었던 사안을 논의하고 있으니, 각각의 문장에 따라서 풀이하겠다.

孔疏 ◎注"惠子"至"虎者". ○正義曰: 按世本: "靈公生昭子郢, 郢生文子木及惠叔蘭, 蘭生虎, 爲司寇氏. 文子生簡子瑕, 瑕生衛將軍文氏." 然則彌牟是木之字.

번역 ◎鄭注: "惠子"~"虎者". ○『세본』을 살펴보면, "영공(靈公)은 소자(昭子) 영(郢)을 낳았고, 영(郢)은 문자(文子) 목(木)과 혜숙(惠叔) 난(蘭)을 낳았으며, 난(蘭)은 호(虎)를 낳았는데, 사구씨(司寇氏)가 되었다. 문자(文子)는 간자(簡子) 하(瑕)를 낳았고, 하(瑕)는 위(衛)나라 장군인 문씨(文

氏)를 낳았다."라고 했다. 그렇다면 '미모(彌牟)'는 목(木)의 자(字)가 된다.

孔疏 ◎注"爲之"至"爲衰". ○正義曰: 子游既與惠子爲朋友, 應著弔服, 加緦麻帶絰, 今乃著麻衰·牡麻絰, 故云"重服譏之". 云"麻衰, 以吉服之布爲衰"者, 按詩云: "麻衣如雪." 又間傳云: "大祥, 素縞麻衣." 皆吉服之布稱麻, 故知此"麻衰", 亦吉服之布也. 按喪服云: "公子爲其母麻衣." 鄭注云: "小功布深衣者, 以大夫之子, 爲其母厭降大功, 則公子爲其母厭降宜小功布衰." 與此別也. 按弔服, 錫衰十五升去其半, 疑衰十四升. 今子游麻衰, 乃吉服十五升, 輕於弔服, 而云"重服以譏之"者, 據牡麻絰, 爲重弔服. 弁絰大如緦之絰, 一股而環之. 今乃用牡麻絞絰, 與齊衰絰同, 故云"重"也.

번역 ◎鄭注: "爲之"~"爲衰". ○자유(子游)는 이미 혜자(惠子)와 벗이 된다고 했으니, 마땅히 조복(弔服)을 착용하고, 시마복(緦麻服)에 착용하는 대(帶)와 질(絰)을 덧대어야 한다. 그런데 현재 마최(麻衰)를 착용하고, 모마질(牡麻絰)을 덧대었기 때문에, "중복(重服)을 착용하여 기롱한 것이다."라고 말한 것이다. 정현이 "'마최(麻衰)'는 길복(吉服)을 만들 때 사용하는 포(布)로 상복(喪服)을 만든 것이다."라고 했는데, 『시』를 살펴보면, "눈처럼 흰 마의(麻衣)를 입고 있구나."[3]라고 했고, 또 『예기』「간전(間傳)」편에서는 "대상(大祥) 때에는 소호(素縞)에 마의(麻衣)를 착용한다."[4]라고 했으니, 이 모든 기록에서는 길복(吉服)을 만들 때 사용하는 포(布)를 '마(麻)'라고 일컫고 있다. 그렇기 때문에 이곳에서 말한 '마최(麻衰)' 또한 길복(吉服)을 만들 때 사용하는 포(布)로 만든 옷임을 알 수 있다. 『의례』「상복(喪服)」편을 살펴보면, "공자(公子)는 그의 모친을 위해서 마의(麻衣)를 착용한다."[5]라고 했고, 이 문장에 대한 정현의 주에서는 "소공복(小功服)에 사용되는 포(布)로 만들고, 심의(深衣)로 만든 것은 대부(大夫)의 자식은 자

---

3) 『시』「조풍(曹風)·부유(蜉蝣)」: 蜉蝣掘閱, 麻衣如雪. 心之憂矣, 於我歸說.
4) 『예기』「간전(間傳)」【668a】: 又期而大祥素縞麻衣. 中月而禫禫而纖, 無所不佩.
5) 『의례』「상복(喪服)」: 記. 公子爲其母, 練冠, 麻, 麻衣縓緣.

신의 모친을 위해 염강(厭降)[6]을 하게 되면, 대공복(大功服)을 착용하니, 공자(公子)가 자신의 모친에 대해 염강을 하게 되면, 마땅히 소공복(小功服)에 사용되는 포(布)로 만든 상복을 착용해야 한다."라고 했으니, 이곳의 기록과는 구별된다. '조복(弔服)'에 대해 살펴보면, '석최(錫衰)'는 15승(升)에서 그 반을 줄이고, '의최(疑衰)'는 14승(升)으로 한다. 그런데 현재 자유가 착용한 마최(麻衰)는 곧 길복(吉服)을 제작할 때 사용하는 15승(升)의 것으로, 조복보다도 수위를 낮춘 것이다. 그런데도 "중복(重服)을 착용하여서 기롱을 하였다."라고 말한 것은 모마질(牡麻絰)에 근거하여, 조복보다도 수위를 높게 하였다고 한 것이다. 변질(弁絰)의 크기는 시마복(緦麻服)을 착용할 때 쓰는 질(絰)과 같으니, 한 가닥의 새끼줄을 엮어서 두르게 된다. 그런데 현재 자유는 모마질로 질(絰)을 엮었으니, 자최복(齊衰服)에 사용되는 질(絰)과 동일한 것이다. 그렇기 때문에 "수위를 무겁게 하다[重]."라고 말한 것이다.

【89c】

文子退, 反哭. 子游趨而就諸臣之位. 文子又辭曰: "子辱與彌牟之弟游, 又辱爲之服, 又辱臨其喪, 敢辭." 子游曰: "固以請." 文子退, 扶適子南面而立, 曰: "子辱與彌牟之弟游, 又辱爲之服, 又辱臨其喪, 虎也敢不復位!" 子游趨而就客位.

직역 文子가 退하여, 反哭했다. 子游는 趨하여 諸臣의 位에 就했다. 文子가 又히 辭하며 曰, "子는 辱히 彌牟의 弟와 與하여 游하시고, 又히 辱히 之를 爲하여

6) 염강(厭降)은 상례(喪禮)에 있어서, 돌아가신 모친을 위해 자식은 본래 삼년상(三年喪)을 치러야 하지만, 부친이 생존해 계신 경우라면, 수위를 낮춰서 기년상(期年喪)으로 치르는데, 이처럼 낮춰서 치르는 것을 '염강'이라고 부른다.

服하시며, 又히 辱히 그 喪에 臨하시니, 敢히 辭합니다." 子游가 曰, "固히 請합니다." 文子가 退하여, 適子를 扶하여 南面하고 立하니, 曰, "子는 辱히 彌牟의 弟와 與하여 游하시고, 又히 辱히 之를 爲하여 服하시며, 又히 辱히 그 喪에 臨하시니, 虎야는 敢히 位을 不復입니다!" 子游가 趨하여 客位로 就했다.

의역 문자(文子)가 물러나서 반곡(反哭)을 했다. 그러자 자유(子游)는 종종걸음으로 다가가 여러 가신(家臣)들이 서는 위치로 갔다. 문자는 자유의 행동을 보고 재차 사양하며, "선생님께서는 욕되게도 제 동생과 교우하셨고, 또 욕되게도 제 동생을 위해 복장을 착용하셨으며, 또 욕되게도 상(喪)에 찾아주셨으니, 감히 선생님께서 가신의 위치에 서는 것을 사양하겠습니다."라고 했다. 그러자 자유는 "진실로 조문하기를 청합니다."라고 했다. 문자는 자유의 말을 듣고, 자유가 자신의 동생을 기롱하기 위해 찾아왔다는 사실을 깨달았다. 그래서 물러나 적자(適子)인 호(虎)를 부축하여 데려오고, 남쪽을 바라보게 하여 서 있게 하고 말하였다. "선생님께서는 욕되게도 제 동생과 교우하셨고, 또 욕되게도 제 동생을 위해 복장을 착용하셨으며, 또 욕되게도 상(喪)에 찾아주셨으니, 그의 적자(適子)인 호(虎)가 감히 그 자리에 다시 서지 않을 수 있겠습니까!"라고 했다. 그러자 자유는 자신의 뜻이 관철되었으므로, 종종걸음으로 이동하여 빈객이 서는 위치로 나아갔다.

集說 次言敢辭者, 辭其立於臣位也. 此時尙未喩子游之意, 及子游言固以請, 則文子覺其譏矣, 於是扶適子正喪主之位焉, 而子游之志達矣. 趨就客位, 禮之正也.

번역 그 다음에 감히 사양한다고 말한 것은 신하가 서는 위치에 자유(子游)가 서 있겠다는 것을 사양한 것이다. 이 시기까지는 아직까지도 자유의 본래 뜻을 깨닫지 못한 상태였는데, 자유가 굳이 조문하길 청하게 되자, 문자(文子)는 자유가 기롱을 하고 있다는 사실을 깨달았다. 그래서 이때 적자(適子)를 부축하여 상주(喪主)의 위치에 서게 하니, 자유의 뜻이 관철된 것이다. 그래서 빈객이 서는 위치로 종종걸음으로 나아간 것이니, 예(禮)에 따른 올바른 행동이다.

集說 疏曰: 大夫之賓位在門東近北, 家臣位亦在門東而南近門, 並皆北向.

번역 공영달(孔穎達)의 소(疏)에서는 대부(大夫)에게 있어서 빈객의 위치는 문의 동쪽에서 북쪽과 가까운 곳이며, 가신들이 서는 위치 또한 문의 동쪽에 있지만, 보다 남쪽에 있게 되어 문과 가까운 위치에 있는데, 둘 모두 북쪽을 향해서 서 있게 된다.

大全 長樂陳氏曰: 司寇惠子之喪, 其廢嫡也, 無異公儀仲子之立庶. 子游之於司寇惠子, 相友也, 無異檀弓之於公儀仲子. 檀弓之譏仲子, 服免而已, 趨而就門右而已. 子游之譏惠子, 服不以免, 而麻衰·牡麻絰, 趨不就門右, 而就諸臣之位. 又檀弓之譏, 則見於言, 子游之譏, 至於無言者, 蓋檀弓以仲子無賢兄弟, 非可追而正之, 故服止於免, 趨止於景伯, 而示之以言, 姑以正法而已. 子游以惠子之兄弟有文子者, 可以追而正之, 故重爲之服, 卑爲之趨, 示之以無言, 使之自訟而改焉. 旣而文子果扶適子南面而立, 豈非事異則禮異哉? 然子游之知禮, 未必不始於檀弓, 故仲子之事, 子游惑, 而檀弓行之, 檀弓所以爲賢歟.

번역 장락진씨가 말하길, 사구(司寇) 혜자(惠子)의 상(喪)에 있어서, 혜자는 그의 적자(適子)를 폐위시켰으니, 공의중자(公儀仲子)가 서자(庶子)를 세웠던 것과 다를 바가 없다. 자유(子游)는 사구 혜자에 대해서 벗이 되니, 단궁(檀弓)과 공의중자의 관계와 다를 바가 없다. 그런데 단궁이 중자를 기롱할 때에는 면(免)의 방식으로 복장을 착용했을 따름이며, 또 종종걸음으로 나아가서 문의 오른쪽으로 갔을 뿐이다. 반면 자유가 혜자를 기롱할 때에는 복장을 착용할 때 면(免)의 방식을 취하지 않았고, 마최(麻衰)와 모마질(牡麻絰)을 착용했으며, 종종걸음으로 문의 오른쪽으로 가지 않았고, 가신(家臣)들이 서는 위치로 나아갔다. 또 단궁이 기롱을 한 것은 말을 통해 나타났지만, 자유가 기롱을 한 것은 직접 말을 하지 않고 행동으로써 드러냈으니, 무릇 단궁은 중자에게 현명한 형제가 없으므로, 자신의 행동을 미루어보아 바로잡을 수 없다고 여겼기 때문에, 복장을 착용할 때에도 단지 면(免)을 하는데 그쳤던 것이고, 종종걸음으로 나아갈 때에도 경백(景伯)에게 나아가는데 그쳤던 것이며, 말을 통해 잘못됨을 드러내어, 이를 통해 법도로써 바로잡고자 했던 것일 뿐이다. 반면 자유의 경우에는 혜자의 형제 중에 문자(文子)처럼 현명한 자가 있어서, 그의 행동을 유추하여 바로잡을 수 있다고 여겼다. 그렇기 때문에 혜자를 위해 수위를 높여 상복을 착용하고, 자신을 낮춰서 가신들의 자리로 종종걸음으로 나아갔으며, 무언(無言)을 통해 그 뜻을 드러내어, 그들로 하여금 제 스스로 따져보고 고치도록 했던 것이다. 이처럼 하자 문자는 결국 적자를 부축하여 데려와서 남쪽을 바라보고 서 있게 하였으니, 어찌 사안이 다르다고 하여 예(禮) 또한 다르다고 하겠는가? 그런데 자유가 이러한 예(禮)를 알게 된 것은 단궁에게서 비롯되었다고도 할 수 있다. 그렇기 때문에 중자의 일에 대해서, 자유는 의혹을 품었지만, 단궁은 그대로 시행을 했던 것이니, 이것이 바로 단궁을 현명하다고 여기는 까닭일 것이다.

鄭注 深譏之, 大夫之家臣, 位在賓後. 止之在臣位. 再不從命. 覺所譏也. 虎, 適子名. 文子親扶而辭, 敬子游也. 南面而立, 則諸臣位在門內北面明矣. 所譏行.

번역 자유(子游)의 행동은 그를 매우 기롱하는 것으로, 대부(大夫)의 가신(家臣)들은 빈객의 뒤에 위치하게 된다. 문자(文子)는 자유가 가신의 자리에 있는 것을 만류한 것이다. 자유가 굳이 청원을 했던 것은 문자의 말에 재차 따르지 않은 것이다. 문자는 자유가 기롱하는 바를 깨달았다. 호(虎)는 혜자의 적자 이름이다. 문자는 직접 그를 부축하여 데려오고 사양을 했으니, 자유를 공경했기 때문이다. 남쪽을 바라보고 서 있었다면, 여러 가신들의 위치는 문 안쪽에서도 북쪽을 바라보는 자리임이 확실하다. 빈객의 위치로 다시 나아간 것은 기롱하려고 했던 것을 모두 시행했기 때문이다.

孔疏 ◎注"深譏"至"賓後". ○正義曰: 大夫之賓位在門東近北, 大夫之家臣位亦在門東而南近門, 並皆北嚮, 故在"賓後"也. 故盧云: "喪賓後主人, 同在門東, 家臣賓後, 則近南也."

번역 ◎鄭注: "深譏"~"賓後". ○대부(大夫)가 상(喪)을 치를 때 빈객의 위치는 문의 동쪽에서 북쪽과 가까운 곳에 있으며, 대부의 가신(家臣)들이 서 있게 되는 위치 또한 문의 동쪽에 있지만, 보다 남쪽에 있어서 문과 가까운데, 모두 북쪽을 향해 서 있게 된다. 그렇기 때문에 "빈객의 뒤에 있다."라고 말한 것이다. 그래서 노식은 "상사(喪事) 때 빈객은 상주(喪主)의 뒤에 있으며, 모두 문의 동쪽에 위치하고, 가신들은 빈객의 뒤에 있으니, 남쪽과 가까운 장소가 된다."라고 한 것이다.

孔疏 ◎注"南面"至"明矣". ○正義曰: 然鄭亦不知臣定位, 今以此爲證, 故云"明"矣. 子游弔在臣位, 適子旣嚮南面對子游, 故知臣位在門內北面也. 按鄭注之意, 前旣云"大夫家臣, 位在賓後", 則此又云"臣位在門內北面", 則凡賓位在門東, 亦得與盧合也. 而前檀弓云: "趨而就伯子於門右." 注云: "去賓位就主人之兄弟賢者." 若按彼注云, 則未趨時賓位應在門左者, 以檀弓之弔當在小斂前, 同國幷異國, 並在門左. 若諸侯禮, 大國賓辟寄公, 故在門右耳. 或云檀弓爲異國禮, 譏於仲子, 故自處異國之賓, 故在門西也.

번역 ◎鄭注: "南面"~"明矣". ○그런데 정현 또한 가신(家臣)들이 고정적으로 있게 되는 위치를 알지 못하고 있어서, 현재 이곳의 문장을 통해 증명을 하게 된 것이다. 그렇기 때문에 "분명하다[明]."라고 말한 것이다. 자유(子游)가 조문을 하며 가신들의 위치에 있었는데, 적자(適子)가 남쪽을 바라보고 자유를 대했다고 했기 때문에, 가신들의 위치가 문의 안쪽에서도 북쪽을 바라보는 자리임을 알 수 있었던 것이다. 정현의 주에서 뜻하는 바를 살펴보면, 앞서서 이미 "대부(大夫)의 가신들은 빈객의 뒤에 위치한다."라고 했고, 이곳에서는 또한 "가신들의 위치는 문의 안쪽에서도 북쪽을 바라보는 곳이다."라고 했으니, 무릇 빈객의 위치는 문의 동쪽에 해당하게 되므로, 노식의 주장과도 합치가 된다. 그리고 앞서 단궁(檀弓)에 대해서 기록할 때에는 경문에서 "종종걸음으로 이동하여 문의 오른쪽에 있는 백자(伯子)에게 다가갔다."고 했고, 정현의 주에서는 "빈객이 서 있게 되는 위치를 떠나서 상주(喪主)의 형제들 중 현명한 자에게 다가간 것이다."라고 했다. 만약 앞서 정현이 풀이한 주에 따른다면, 종종걸음으로 이동하기 이전에 빈객이 서 있게 되는 위치는 마땅히 문의 왼쪽이 되는데, 단궁이 조문을 했던 시기는 소렴(小斂)을 치르기 이전이 되므로, 죽은 자와 같은 나라에 살고 있는 사람 및 다른 나라에 살고 있는 사람들은 모두 문의 좌측에 있게 되었던 것이다. 만약 제후(諸侯)에게 적용되는 예(禮)에 따른다면, 대국(大國)의 빈객은 기공(寄公)[7]이 서 있는 자리를 피하게 된다. 그렇기 때문에 문의 오른쪽에 있게 될 따름이다. 혹자는 단궁이 다른 나라에 사는 자가 시행하는 예(禮)에 따라서, 중자에 대해서 기롱을 한 것이라고 한다. 그렇기 때문에 제 스스로 다른 나라에서 찾아온 빈객들의 위치에 있었으므로, 문의 서쪽에 있게 된 것이라는 주장이다.

集解 愚謂: 麻衰用吉布十五升爲弔服, 而又以爲胸前之衰也. 士弔服疑衰, 麻衰視疑衰爲輕. 朋友麻, 其非朋友, 弔服用葛絰而已. 子游以惠子廢適立庶, 故特爲輕衰重絰以譏之. 文子言子游但與其弟游而已. 其恩未至於朋友, 而乃爲服朋友之麻絰, 故以其重而辭之. 反哭者, 反其位而哭也. 子游於司寇氏, 爲異國之士, 位在西方東面. 士喪禮"士西方東面", 是也. 大夫諸臣之位, 蓋門東北面東上與. 趨而就諸臣之位, 變位以深譏之. 復位, 謂復其爲喪主之位也. 趨而就客位者, 所譏已行, 而復其正也.

번역 내가 생각하기에, '마최(麻衰)'는 길복(吉服)에 사용되는 포(布)인 15승(升)짜리를 이용하여, 조복(弔服)을 만든 것이고, 또한 이것으로 가슴 앞쪽에 대는 옷으로 삼은 것이다. 사(士) 계급이 착용하는 조복은 의최(疑

7) 기공(寄公)은 자신의 나라를 잃고, 다른 나라에 위탁해서 지내는 제후를 뜻한다. 후대에는 지위를 잃고 떠돌아다니게 된 사람들을 지칭하는 용어로도 사용했다.

衰)이니, 마최를 의최에 비교해보면, 마최가 더욱 수위가 낮은 것이다. “벗을 위해서는 마(痲)를 한다.”고 했으니, 벗이 아닌 경우에 착용하는 조복에는 갈(葛)로 엮은 질(絰)을 착용했을 따름이다. 자유(子游)는 혜자(惠子)에게 적자(適子)를 폐위시키고 서자(庶子)를 세운 일이 있었기 때문에, 특별히 수위가 낮은 조복을 착용하고, 수위가 무거운 질(絰)을 착용하여 기롱을 한 것이다. 문자(文子)는 자유에 대해서 단지 자신의 동생과 교우했다고만 했을 따름이다. 따라서 둘 간의 은정은 벗의 관계에는 미치지 못하는데, 자유는 벗을 위해 착용하는 마질(痲絰)을 했기 때문에, 그 복장의 수위가 너무 높다고 여겨서 사양을 했던 것이다. ‘반곡(反哭)’이라는 것은 자신의 자리로 되돌아와서 곡(哭)을 했다는 뜻이다. 자유는 사구씨(司寇氏)에 대해서, 다른 나라에 사는 사(士)가 되므로, 그 위치는 서쪽에서 동쪽을 바라보는 곳이 된다. 『의례』「사상례(士喪禮)」편에서 “사(士)는 서쪽 방면에서 동쪽을 바라본다.”[8]라고 한 말이 바로 이러한 사실을 나타낸다. 대부(大夫)에게 속한 가신(家臣)들의 위치는 아마도 문의 동쪽에서 북쪽을 바라보는 자리로, 동쪽 끝에서부터 차례대로 나열했을 것이다. 종종걸음으로 이동하여 가신들의 위치로 갔던 것은 그 위치를 바꿔서 매우 심하게 기롱을 한 것이다. ‘복위(復位)’라는 말은 본래 상주(喪主)가 서 있게 되는 위치로 되돌아왔다는 뜻이다. 종종걸음으로 빈객의 위치로 나아간 것은 기롱하려던 것을 이미 시행했으므로, 다시 본래의 위치로 되돌아간 것이다.

---

8) 『의례』「사상례(士喪禮)」 : 西方, 東面, 北上.

• 제 55 절 •

대상(大祥) 이후에 조문을 받는 법도

【89d~90a】

將軍文子之喪, 旣除喪而後越人來弔, 主人深衣·練冠, 待於廟, 垂涕洟. 子游觀之, 曰: "將軍文氏之子, 其庶幾乎! 亡於禮者之禮也. 其動也中."

직역 將軍인 文子의 喪에, 旣히 喪을 除한 後에 越人이 來하여 弔하니, 主人은 深衣하고 練冠하여, 廟에서 待하고, 涕洟를 垂하였다. 子游가 觀하고, 曰, "將軍인 文氏의 子는 그 庶幾인져! 禮에 亡한 者의 禮라. 그 動이 中이구나."

의역 장군(將軍)인 문자(文子)의 상(喪)에, 그의 아들은 이미 상(喪)을 끝냈는데, 그 이후에 월(越)나라 사람이 찾아와서 조문을 하였다. 그러자 문자의 아들은 심의(深衣)를 입고, 연관(練冠)을 착용하고서, 신주(神主)가 있는 묘(廟)에서 기다렸으며, 조문객이 오자 곡(哭)은 하지 않고 눈물만 흘렸다. 자유(子游)가 그 모습을 관찰하고 말하길, "장군인 문씨의 아들은 그 행동이 예법에 가깝구나! 본래 상(喪)을 끝낸 뒤에 조문을 받는 예(禮)의 규정이 없는데도, 이러한 상황에 처해서 적절한 예(禮)를 시행했으니, 그의 행동은 모두 절도에 맞는구나."라고 했다.

集說 將軍文子, 卽彌牟也. 主人, 文子之子也. 禮無弔人於除喪之後者, 亦無除喪後受人之弔者. 深衣, 吉凶可以通用; 小祥練服之冠, 不純吉, 亦不純凶. 廟者, 神主之所在, 待而不迎, 受弔之禮也. 不哭而垂涕, 哭之時已過, 而哀之情未忘也. 庶幾, 近也. 子游善其處禮之變, 故曰, 文氏之子, 其近於禮乎! 雖無此禮而爲之禮, 其擧動皆中節矣.

번역 장군(將軍)인 문자(文子)는 곧 미모(彌牟)이다. '주인(主人)'은 문자의 아들이다. 예(禮)에는 상(喪)을 끝낸 이후에 조문을 하는 경우가 없고, 또 상(喪)을 끝낸 이후에 조문을 받는 경우도 없다. '심의(深衣)'는 길사(吉事)와 흉사(凶事)에 모두 착용할 수 있는 옷이고, 소상(小祥) 때 연복(練服)에 착용하는 관(冠)의 경우에는 완전히 길(吉)한 복장도 아니고, 또한 완전히 흉(凶)한 복장도 아니다. '묘(廟)'라는 곳은 신주(神主)가 위치하는 곳이니, 그곳에서 기다리기만 하고 조문객을 맞이하지 않았던 것은 조문을 받는 예(禮)에 해당한다. 곡(哭)을 하지 않고 눈물만 흘렸던 것은 곡(哭)을 하는 시점이 이미 경과하였지만, 애통한 마음을 아직 잊지 못했기 때문이다. '서기(庶幾)'는 "가깝다[近]."는 뜻이다. 자유(子游)는 변화된 상황에 따라 예(禮)에 맞게 대처함에 대해서 칭찬한 것이다. 그렇기 때문에 다음과 같이 말한 것이다. 문씨(文氏)의 아들이 취했던 행동은 예(禮)에 가깝다고 할 수 있다! 비록 이러한 예(禮)가 기존의 예법에는 없는 것인데도, 그 상황에 처해서 이러한 예(禮)를 시행했으니, 그의 행동은 모두 절도에 맞는구나.

그림 55-1 심의(深衣)

深衣即中衣麻衣長衣註見本章

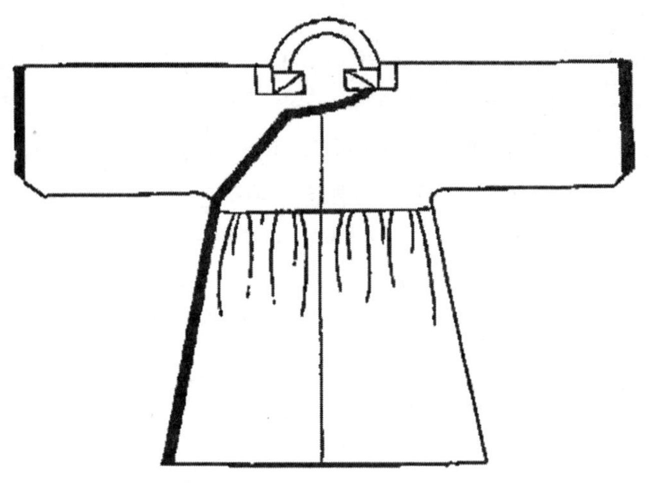

▸ **출처:** 『삼례도집주(三禮圖集注)』 3권

集說 疏曰: 深衣, 卽間傳所言麻衣也. 制如深衣, 緣之以布, 曰麻衣; 緣之以素, 曰長衣; 緣之以采, 曰深衣. 練冠者, 祭前之冠, 若祥祭則縞冠也. 始死至練祥來弔, 是有文之禮; 祥後來弔, 是無文之禮. 言文氏之子, 庶幾堪行乎無於禮文之禮也. 動, 擧也. 中, 當於禮之變節也.

번역 공영달(孔穎達)의 소(疏)에서 말하길, '심의(深衣)'는 곧 『예기』「간전(間傳)」편에서 말한 '마의(麻衣)'에 해당한다.[1] 제작방법은 심의와 같은데, 가장자리를 포(布)로 덧대면, 그것을 '마의(麻衣)'라고 부르고, 흰색의 천으로 덧대면, 그것을 '장의(長衣)'라고 부르며, 채색된 천으로 덧대면, 그것을 '심의(深衣)'라고 부른다. '연관(練冠)'이라는 것은 제사를 지내기 전에 쓰는 관(冠)이며, 만약 대상(大祥)의 제사를 지내게 된다면, 호관(縞冠)을 쓴다. 처음 죽었을 때로부터 연상(練祥)에 이르기까지는 찾아와서 조문을 하는 것에 대해서, 규정된 예(禮)가 있다. 그러나 대상을 지낸 이후로부터는 찾아와서 조문하는 것에 대해서 규정된 예(禮)가 없다. 자유(子游)의 말은 문자의 아들이 본래의 규정에는 없는 예(禮)를 감행했는데, 그것이 거의 예법에 맞았다는 뜻이다. '동(動)'자는 "거행하다[擧]."는 뜻이다. '중(中)'자는 예(禮) 중에서도 변례(變禮)의 절도에 합당하다는 뜻이다.

大全 長樂陳氏曰: 喪已除而弔始至, 非喪非無喪之時也. 深衣練冠, 非凶非不凶之服也. 待于廟, 非受弔非不受弔之所也. 文子於其非喪非無喪之時, 能處之以非喪非無喪之禮, 故子游曰其庶幾乎, 亡於禮者之禮也, 其動也中. 中者, 猶射之有中也. 中乎有於禮者之禮, 未足以爲善, 中乎亡於禮者之禮則善矣.

번역 장락진씨가 말하길, 상(喪)을 이미 끝냈는데 조문객이 비로소 도달하게 되면, 이 시기는 상(喪)을 치르는 기간도 아니고, 그렇다고 상(喪)이 아예 끝난 것도 아닌 때이다. 심의(深衣)를 입고 연관(練冠)을 착용했는데,

---

1) 『예기』「간전(間傳)」【668a】: 又期而大祥素縞麻衣. 中月而禫禫而纖, 無所不佩.

이러한 복장은 흉사(凶事) 때 착용하는 복장도 아니고, 그렇다고 아예 흉사가 아닐 때 착용하는 복장도 아니다. 묘(廟)에서 기다리고, 조문을 받지 않았는데, 그 장소는 조문을 받는 장소도 아니고, 그렇다고 해서 조문을 받지 않는 장소도 아니다. 문자(文子)의 아들은 상(喪)을 치르는 기간도 아니고, 그렇다고 상(喪)이 아예 끝난 것도 아닌 때, 상(喪)을 치를 때의 예(禮)도 아니고, 그렇다고 상(喪)이 아예 없을 때의 예(禮)도 아닌 방법으로 대처를 하였다. 그렇기 때문에 자유(子游)는 "그의 행동은 거의 맞구나! 기존의 예법에 없는 예(禮)를 시행했는데, 그 행동이 중(中)하구나."라고 말한 것이다. '중(中)'이라는 것은 활을 쏘아서 적중함이 있다는 뜻과 같다. 본래 있었던 예법에 따라 예(禮)를 시행한 것이 중(中)에 맞는 것은 선(善)하다고 평가하기에는 부족하지만, 본래 예법에 없던 예(禮)를 시행하여 중(中)에 맞았으므로, 선(善)이 되는 것이다.

鄭注 主人, 文子之子簡子瑕也. 深衣練冠, 凶服變也. 待于廟, 受弔不迎賓也. 中禮之變.

번역 '주인(主人)'은 문자(文子)의 아들인 간자(簡子) 하(瑕)이다. 심의(深衣)와 연관(練冠)을 착용하는 것은 흉복(凶服)에 변화를 준 것이다. 묘(廟)에서 대기를 하며, 조문을 받았지만, 조문객을 맞이하지는 않았다. 자유(子游)가 칭찬한 이유는 예(禮) 중의 변례(變禮)에 맞았기 때문이다.

釋文 涕音他計反. 洟音夷, 自目曰涕, 自鼻曰洟. 瑕音遐, 本又作瑕, 音古雅反. 丁仲反, 注及下注"禮中"·"之中"同.

번역 '涕'자의 음은 '他(타)'자와 '計(계)'자의 반절음이다. '洟'자의 음은 '夷(이)'이며, 눈에서 흐르는 눈물을 '涕'라고 부르고, 코에서 흐르는 눈물을 '洟'라고 부른다. '瑕'자의 음은 '遐(하)'이고, 판본에 따라서는 또한 '瑕'자로도 기록하는데, 그 음은 '古(고)'자와 '雅(아)'자의 반절음이 된다. '中'자는 '丁(정)'자와 '仲(중)'자의 반절음이고, 정현의 주 및 아래문장에 대한 정현의 주에 나오는 '禮中' 및 '之中'에서의 '中'자도 그 음이 이와 같다.

孔疏 ●"將軍文子之喪"至"其動也中". ○正義曰: 此一節論居喪得中禮之變, 各依文解之.

번역 ●經文: "將軍文子之喪"~"其動也中". ○이곳 문단에서는 상(喪)을 치를 때 변화된 상황에 맞게끔 예(禮)를 시행한 일에 대해서 논의하고 있으니, 각각의 문장에 따라서 풀이하겠다.

孔疏 ○將軍文子其身終亡, 既除喪, 大祥祭之後, 越人來弔, 謂遠國之人始弔其喪. 主人文子之子, 身著深衣, 是既祥之麻衣也. 首著練冠, 謂未祥之練冠也. 待賓於廟, 目垂於涕, 鼻垂於洟. "子游觀之曰: 將軍文氏之子, 其庶幾乎! 亡於禮者之禮也"者, 亡, 無也. 其始死至練祥來弔, 是有文之禮, 祥後來弔, 是無文之禮. 言文氏之子庶幾堪行乎無於禮文之禮也. 所以堪行者, 以其擧動也中, 當於禮之變節也.

번역 ○장군(將軍)인 문자(文子) 본인이 죽었는데, 그에 대한 상(喪)이 이미 끝나서, 대상(大祥)이 되어 제사를 지낸 이후에, 월(越)나라에서 사람이 찾아와서 조문을 한 것이니, 멀리 떨어져 있는 나라의 사람이 비로소 상(喪)에 대해 조문을 하게 된 것을 뜻한다. '주인(主人)'은 문자의 아들이고, 그는 몸에 심의(深衣)를 걸쳤는데, 이것은 대상을 치르고 나서 입었던 마의(麻衣)에 해당한다. 그리고 머리에는 연관(練冠)을 썼는데, 이것은 아직 대상을 끝내지 않았을 때 쓰는 연관(練冠)을 뜻한다. 묘(廟)에서 빈객을 기다렸다가 대면을 하고, 눈에서는 눈물을 흘리고, 코에서는 콧물을 흘렸다. 경문의 "子游觀之曰: 將軍文氏之子, 其庶幾乎! 亡於禮者之禮也"에 대하여. '망(亡)'자는 "없다[無]."는 뜻이다. 사람이 이제 막 죽었을 때로부터 연상(練祥)[2]을 치르는 시기 사이에, 찾아와서 조문을 하는 것에 대해서는 관

---

2) 연상(練祥)은 소상(小祥)과 대상(大祥)을 뜻한다. '연상'에서의 '연(練)'자는

련된 예(禮)의 규정이 있다. 그러나 대상(大祥)을 치른 이후에 찾아와서 조문을 하는 것에 대해서는 관련된 예(禮)의 규정이 없다. 따라서 자유(子游)의 말은 문자의 아들이 본래 규정에도 없는 예(禮)를 감행했는데, 그것이 거의 예(禮)의 본뜻에 맞았다는 뜻이다. 즉 문자의 아들이 감행을 했는데, 그 행동이 예법에 맞은 것은 예(禮)의 변화된 규정에 합당했던 것이다.

孔疏 ◎注"主人"至"賓也". ○正義曰: "文子之子簡子瑕也", 知者, 世本文. 云"深衣練冠, 凶服變也"者, 深衣卽間傳麻衣也, 但制如深衣. 緣之以布曰麻衣, 緣之以素曰長衣, 緣之以采曰深衣.

번역 ◎鄭注: "主人"~"賓也". ○정현이 "'주인(主人)'은 문자(文子)의 아들인 간자(簡子) 하(瑕)이다."이라고 했는데, 그 사실을 알 수 있는 이유는 이것이 『세본』에 나오는 기록이기 때문이다. 정현이 "심의(深衣)와 연관(練冠)을 착용하는 것은 흉복(凶服)에 변화를 준 것이다."라고 했는데, '심의(深衣)'는 『예기』「간전(間傳)」편에 기록된 '마의(麻衣)'라는 것인다. 다만 제작방법은 심의(深衣)와 같은데, 옷의 가장자리를 포(布)로 덧댄 것을 '마의(麻衣)'라고 부르고, 흰색의 천으로 덧댄 것을 '장의(長衣)'라고 부르며, 채색된 천으로 덧댄 것을 '심의(深衣)'라고 부를 따름이다.

孔疏 ●"練冠"者, 謂祭前之冠, 若祥祭則縞冠也. 此謂由來未弔者, 故練冠. 若曾來已弔, 祥後爲喪事更來, 雖不及祥祭之日, 主人必服祥日之服以受之. 故雜記云: "旣祥, 雖不當縞者必縞, 然後反服." 注云: "謂有以喪事贈賵來

연제(練祭)를 뜻하며, '연제'는 곧 '소상'을 가리킨다. '연상'에서의 '상(祥)'자는 '대상'을 뜻한다. 소상은 죽은 지 13개월만에 지내는 제사이며, 대상은 25개월만에 지내는 제사이고, 대상을 지내게 되면 상복과 지팡이를 제거하게 된다. 『주례』「춘관(春官)·대축(大祝)」편에는 "言甸人讀禱, 付練祥, 掌國事."라는 기록이 있고, 이에 대해 가공언(賈公彦)의 소(疏)에서는 "練, 謂十三月小祥, 練祭. 祥, 謂二十五月大祥, 除衰杖."이라고 풀이했다. 이곳 문장에서는 대상을 가리킨다.

者, 雖不及時, 猶變服, 服祥祭之服以受之, 重其禮也. 其於此時始弔者, 則衛將軍文子之子爲之." 雜記經文本爲重來者, 故縞冠, 衛將軍之子始來者, 故練冠, 故雜記注引此文者, 證祥後來弔之事一邊耳. 推此而言, 禫後始來弔者, 則著祥冠. 若禫後更來有事, 主人則著禫服. 其吉祭已後, 或來弔者, 其服無文. 除喪之後, 亦有弔法, 故春秋文九年, "秦人來歸僖公成風之襚", 是也. 云"待于廟, 受弔不迎賓也"者, 以其死者遷入於廟, 故今待弔於廟就死者. 按士喪禮: 始死爲君命出, 小斂以後爲大夫出. 是有受弔迎賓. 今以除服受弔, 故不迎賓也. 或曰此非己君之命, 以敵禮待之, 故不迎也. 或云此是禫後吉時來也, 故不在寢, 而待於廟也. 禮論亦同.

번역 ●經文: "練冠". ○제사를 지내기 이전에 쓰는 관(冠)을 뜻하니, 만약 대상(大祥)의 제사를 지내게 된다면, 호관(縞冠)을 착용한다. 이곳의 상황은 조문객이 찾아왔으나 아직 조문을 받지 않은 상황을 뜻한다. 그렇기 때문에 연관(練冠)을 착용한 것이다. 만약 일찍 찾아와서 이미 조문을 한 자라면, 대상을 지낸 이후에 상사(喪事)의 일 때문에 다시 찾아왔을 경우, 비록 그 시기가 대상의 제사를 치르는 날에 미치지 않았다고 하더라도, 상주(喪主)는 반드시 대상 때 제사를 치르며 입게 되는 복장을 착용하고서 그의 조문을 받아야만 한다. 그렇기 때문에 『예기』「잡기(雜記)」편에서는 "이미 대상을 끝냈다면, 비록 호(縞)를 쓰는 시기에 해당하지 않더라도, 반드시 호(縞)를 쓰고, 그런 뒤 대상 이후에 착용하는 복장으로 바꾼다."[3]라고 했고, 이 문장에 대한 정현의 주에서는 "상사(喪事)의 일로 부의를 가지고 찾아온 자가 있을 경우를 뜻하니, 비록 그 시기에 이르지 않았다고 하더라도, 복식을 바꾸고, 대상을 지낼 때의 복장을 착용하고서 조문을 받는데, 그 이유는 그 예(禮)를 중시하기 때문이다. 이 시기에 처음으로 조문을 온 자인 경우라면, 위(衛)나라 장군(將軍) 문자(文子)의 아들이 했던 것처럼 한다."라고 한 것이다. 「잡기」편의 경문은 거듭 찾아온 자에게 기준을 둔 내용이다. 그렇기 때문에 호관(縞冠)을 착용한 것이다. 반면 위(衛)나라 장

3) 『예기』「잡기하(雜記下)」【511b】: 子游曰, "旣祥, 雖不當縞者, 必縞然後反服."

군 문자 아들의 경우에는 처음으로 찾아온 자인 경우이다. 그렇기 때문에 연관(練冠)을 착용한 것이고, 이러한 이유 때문에 「잡기」편에 대한 정현의 주에서는 이곳 문장의 내용을 인용하여, 대상을 지낸 이후에 조문객이 찾아온 다른 측면에 대해서 증명을 한 것일 따름이다. 이를 통해 추론해본다면, 담(禫)제사를 지낸 이후에 처음으로 찾아와서 조문을 한 자가 있는 경우라면, 대상 때 착용하는 관(冠)을 쓰는 것이다. 만약 담제사를 지낸 이후에 재차 찾아와서 부의 등을 전달하는 일이 있다면, 상주는 담제사를 지낼 때 착용하는 복장을 입는 것이다. 길제(吉祭)를 이미 지낸 이후인데도, 간혹 찾아와서 조문하는 자가 있다면, 그에 맞는 복장에 대해서는 관련 기록이 없다. 상(喪)을 끝낸 이후의 시기에 있어서도, 또한 조문을 하는 예법이 있다. 그렇기 때문에 『춘추』 문공(文公) 9년의 기록에서 "진(秦)나라 사람이 찾아와서 희공(僖公)과 성풍(成風)에게 바치는 수의(襚衣)를 보냈다."[4] 라고 한 기록이 바로 이러한 사실을 나타낸다. 정현이 "묘(廟)에서 대기를 하며, 조문을 받지만, 조문객을 맞이하지는 않았다."라고 했는데, 죽은 자의 신주(神主)를 옮겨서 묘(廟)로 들여놓았기 때문에, 현재의 상황에서 묘(廟)에서 조문객을 대기하도록 하여, 죽은 자에 대해서 다가가게끔 했던 것이다. 『의례』「사상례(士喪禮)」편을 살펴보면, 어떤 자가 이제 막 죽었을 때, 군주의 명령을 받들고서 찾아온 자가 있다면, 그를 위해 밖으로 나와서 맞이하고, 소렴(小斂)을 지낸 이후에는 찾아온 대부를 위해서 밖으로 나와서 맞이한다고 했다. 이것은 조문을 받으며 조문객을 맞이하는 경우이다. 그런데 지금은 상복(喪服)을 벗은 이후에 조문을 받는 것이기 때문에, 빈객을 맞이하지 않았던 것이다. 혹자는 여기에서 찾아왔다고 하는 자는 자신의 군주가 내린 명령을 받들고 온 자가 아니므로, 대등한 신분에게 적용하는 예(禮)에 따라서 그를 대하기 때문에, 밖으로 나가서 맞이하지 않는다고 주장한다. 또 어떤 자는 여기에서 말한 상황은 담제사를 지낸 이후로, 길(吉)한 때에 찾아왔기 때문에, 침(寢)에 있지 않으므로, 묘(廟)에서 그를 대하는 것이라고 했다. 『예론(禮論)』에서도 또한 이와 같은 의견이다.

---

4) 『춘추』「문공(文公) 9년」: 秦人來歸僖公成風之襚.

訓纂 王氏引之曰: 謹案亡讀存亡之亡, 亡與在義正相反. 亡者, 不在也. 亡於禮者之禮, 謂禮之變者, 不在於常禮之中也. 唐風葛生篇"予美亡此", 謂予美不在此也.

번역 왕인지가 말하길, 내가 살펴보니, '망(亡)'자는 존망(存亡)이라고 할 때의 '망(亡)'자로 풀이해야 하며, '망(亡)'자와 '재(在)'자의 의미는 정반대가 된다. '망(亡)'이라는 것은 존재하지 않는다는 뜻이다. 예(禮) 중의 망(亡)한 예(禮)라는 것은 예(禮) 중에서도 변례(變禮)에 해당하는 것으로, 그것이 일상적인 예(禮)의 규정 속에 존재하지 않는다는 뜻이다. 『시』「당풍(唐風)·갈생(葛生)」편에서는 "내 님이 여기에 망(亡)하구나."[5]라고 했으니, 이 말은 곧 내 님이 이곳에 없다는 뜻이다.

集解 愚謂: 除喪, 蓋禫除吉祭之後, 新主已遷於廟, 故就廟而受弔也. 深衣, 十五升布, 連衣裳爲之, 其服在吉凶之間. 練冠, 小祥之冠也. 時文氏喪服已除, 吉服又不可以受弔. 聘禮, "遭喪, 大夫練冠長衣以受." 彼凶中受吉禮, 此吉中受凶禮, 故放其服而略變焉. 祥而外無哭者, 禫而內無哭者, 故但垂涕洟以致其哀而已. 庶幾, 近也, 言其近於禮也. 蓋除喪受弔, 乃禮之所未有, 文子之子處禮之變, 酌乎情文之宜而行之, 而能不失乎禮意, 故子游善之. 案士喪禮, "君使人弔·襚, 主人迎於寢門外." 若異國君之使, 其敬之當與己君之使同. 此主人待于廟不迎者, 蓋弔者非越君之命與.

번역 내가 생각하기에, '제상(除喪)'이라는 것은 아마도 담(禫)제사를 끝내서 길제(吉祭)를 치른 이후를 뜻하는 것 같다. 그래서 이 시기는 새롭게 만든 신주(神主)를 이미 묘(廟)로 옮겨둔 상황이기 때문에, 묘(廟)에 나아가서 조문을 받았던 것이다. '심의(深衣)'라는 것은 15승(升)의 포(布)로 만들며, 상의와 하의를 연결시켜서 만드는데, 그 복장은 길복(吉服)과 흉복(凶服) 중간에 놓인다. '연관(練冠)'은 소상(小祥)을 치르며 쓰는 관(冠)이

5) 『시』「당풍(唐風)·갈생(葛生)」: 葛生蒙楚, 蘞蔓于野. 予美亡此, 誰與獨處.

다. 당시 문자(文子)의 아들은 상복(喪服)을 이미 벗은 상태인데, 길복을 착용하고서는 또한 조문을 받을 수 없었다. 『의례』「빙례(聘禮)」편에서는 "상(喪)을 접하게 되면, 대부(大夫)에 대해서는 연관(練冠)과 장의(長衣)를 착용하고서 조문을 받는다."[6]라고 했다. 「빙례」편에서 말한 내용은 흉례(凶禮)를 치르던 도중 길례(吉禮)를 받게 되는 상황이고, 이곳에서 말한 내용은 길례를 치르던 도중 흉례를 받게 되는 상황이다. 그렇기 때문에 그 복장을 모방하여 간략히 변화를 시킨 것이다. 상(祥)을 치르고 난 뒤에는 밖에서 곡(哭)을 하지 않고, 담제사를 지내고 나서는 안에서 곡(哭)을 하는 일이 없다. 그렇기 때문에 단지 눈물과 콧물을 흘려서 애통한 마음을 나타냈던 것일 뿐이다. '서기(庶幾)'는 "가깝다[近]."는 뜻이니, 예(禮)에 가깝다는 의미이다. 아마도 상(喪)을 끝내고 조문을 받게 된다면, 예(禮)의 규정에는 아직 이러한 상황에 대한 규범이 없으므로, 문자의 아들은 예(禮)의 변화된 상황에 처해서, 정감과 형식의 합당함에 맞춰서 이러한 행동을 했고, 또 예(禮)의 본래 의미도 놓치지 않을 수 있었기 때문에, 자유(子游)가 그를 칭찬했던 것이다. 『의례』「사상례(士喪禮)」편을 살펴보면, "군주가 사람을 시켜서 조문을 하거나 부의를 보내게 된다면, 상주(喪主)는 침문(寢門) 밖에서 군주의 명령을 받들고 온 자를 맞이한다."[7]라고 했다. 만약 다른 나라의 군주로부터 명령을 받들고 온 사신이 있는 경우, 그를 공경해야 하는 것은 마땅히 자기 군주의 명령을 받들고 찾아온 사신과 동일하게 해야만 한다. 이곳에서 상주가 묘(廟)에서 기다리며 조문객을 맞이하지 않았다고 한 이유는 아마도 조문객이 월(越)나라 군주의 명령을 받들고 찾아온 자가 아니었기 때문일 것이다.

---

6) 『의례』「빙례(聘禮)」: 遭喪, 將命于大夫, 主人長衣·練冠以受.

7) 『의례』「사상례(士喪禮)」: 君使人弔. 徹帷. 主人迎于寢門外, 見賓不哭, 先入門右, 北面.

• 제 56 절 •

칭호에 대한 주(周)나라의 법도

【90b】

幼名, 冠字, 五十以伯仲, 死諡, 周道也.

직역 幼에는 名하고, 冠하면 字하며, 五十에는 伯仲으로써 하고, 死하면 諡하니, 周의 道이다.

의역 어렸을 때에는 이름으로 부르고, 관례(冠禮)를 치르게 되면 자(字)로 부르며, 50세가 넘어가게 되면 백씨(伯氏)나 중씨(仲氏) 등으로 부르게 되고, 죽게 되면 시호(諡號)로 부르게 되니, 이처럼 하는 것은 주(周)나라 때의 도(道)에 해당한다.

集說 疏曰: 凡此之事, 皆周道也. 又殷以上有生號, 仍爲死後之稱, 更無別諡, 堯·舜·禹·湯之例是也. 周則死後別立諡.

번역 공영달(孔穎達)의 소(疏)에서 말하길, 무릇 이러한 사안들은 모두 주(周)나라 때의 도(道)에 해당한다. 또한 은(殷)나라 이전에는 생전에 호(號)가 지어졌고, 그가 죽은 이후에 그를 부르는 칭호로 삼았으니, 별도로 시호(諡號)를 정하는 일이 없었다. 요(堯)·순(舜)·우(禹)·탕(湯) 등의 임금들을 이처럼 부르는 것이 바로 그 용례이다. 주나라의 경우에는 죽은 이후에 별도의 시호를 정하였다.

集說 朱子曰: 儀禮賈公彦疏云, "少時便稱伯某甫, 至五十乃去某甫而專稱伯仲", 此說爲是. 如今人於尊者不敢字之, 而曰幾丈之類.

번역 주자가 말하길, 『의례』에 대한 가공언(賈公彦)의 소(疏)에서 말하길, "젊었을 때에는 곧 백(伯) 아무개인 보(甫)라고 부르고, 50세가 되면 아무개 보(甫)라는 말을 생략하고, 오로지 백(伯)이나 중(仲) 등으로 부른다."라고 했는데, 이 주장이 옳다. 오늘날 사람들이 존귀한 자에 대해서 감히 자(字)로 그 자를 부르지 못하여, "그 키가 ~장(丈)에 이른다."라고 부르는 것들과 같다.

大全 石林葉氏曰: 子生三月而父名之, 非特父名之, 人亦名之也. 至冠則成人矣, 非特人不得名, 父亦不名焉, 故加之字而不名, 所以尊名也. 五十爲大夫, 則益尊矣, 有位於廟, 非特人不字, 父與君亦不字焉, 故但曰伯仲而不字, 所以尊字也. 禮固自有次第, 或言士冠禮旣冠, 而字曰伯某甫·仲·叔·季, 惟其所當, 則固已稱伯仲, 何待於五十? 疑檀弓之誤. 此不然. 始冠而字者伯仲, 皆在上, 此但以其序次之, 所以爲字者, 在下某甫也, 如伯牛·仲弓·叔肸·季友之類是. 已至於五十爲大夫尊, 其爲某甫者則去之, 故但言伯仲, 而冠之以氏伯仲皆在下, 如召伯·南仲·榮叔·南季之類是也. 檀弓言伯仲者, 非加之伯仲也, 去其爲某甫者, 而言伯仲爾.

번역 석림섭씨[1]가 말하길, 아들이 태어났을 때, 3개월이 지난 뒤에 부친은 그에게 이름을 지어주는데, 단지 부친만 그를 이름으로 부르는 것이 아니며, 남들 또한 그를 이름으로 부르게 된다. 관례(冠禮)를 치르게 되면, 성인(成人)이 된 것이니, 단지 남들만 이름으로 부를 수 없는 것이 아니라, 부친 또한 이름으로 부르지 않는 것이다. 그렇기 때문에 그에게 자(字)를 지어주고, 이름으로 부르지 않는 것은 곧 그의 이름을 존귀하게 여기기 때

1) 석림섭씨(石林葉氏, ? ~ A.D.1148) : =섭몽득(葉夢得)·섭소온(葉少蘊). 남송(南宋) 때의 유학자이다. 자(字)는 소온(少蘊)이고, 호(號)는 몽득(夢得)이다. 박학다식했다고 전해지며, 『춘추(春秋)』에 대한 조예가 깊었다.

문이다. 50세가 되어 대부(大夫)의 지위에 오르게 되면, 더욱 존귀한 신분이 된 것이고, 묘(廟)에 그의 자리가 있게 되므로, 단지 남들만 자(字)로 부를 수 없는 것이 아니라, 그의 부친 및 군주 또한 자(字)로 부르지 않는 것이다. 그렇기 때문에 단지 백씨(伯氏)나 중씨(仲氏) 등으로 부르고, 자(字)를 덧붙여서 부르지 않으니, 그의 자(字)를 존귀하게 여기기 때문이다. 예(禮)의 규정에 따르면 진실로 그 자체에 차례와 순서가 있게 되는데, 혹자는 『의례』「사관례(士冠禮)」편에서 관례가 끝나면, 자(字)를 지어주며, 백(伯) 아무개 보(甫)라고 부르고, 둘째, 셋째, 막내 등에 대해서도 그 순서에 따라서 이처럼 지어준다고 했으니, 이미 백(伯)이나 중(仲) 등으로 부르는 것인데, 어찌하여 50세가 될 때까지 기다리는 것인가? 아마도 「단궁」편의 주장이 잘못된 것이라고 주장한다. 그러나 혹자의 주장은 옳지 않다. 처음 관례를 치르며 자(字)를 지어줄 때 백(伯)이나 중(仲)을 붙이는데, 이것들은 모두 앞에 붙게 된다. 즉 이러한 글자들은 단지 그의 형제 서열에 따라서 붙인 것일 뿐이며, 자(字)로 지어주는 것은 그 뒤에 붙게 되는 '아무개 보(甫)'라는 말이니, 예를 들어 백우(伯牛)·중궁(仲弓)·숙힐(叔肹)·계우(季友) 등의 명칭이 바로 그 예시에 해당한다. 이미 50세에 이르게 되면 대부가 되어 존귀한 신분이 되니, 기존에 그를 부르던 '아무개 보(甫)'라는 말은 곧 없애게 된다. 그렇기 때문에 단지 백(伯)이나 중(仲) 등으로 부르는 것이고, 관례를 치르며 별씨(別氏)로써 붙였던 백(伯)이나 중(仲) 등은 모두 그 뒤에 있게 되니, 예를 들어 소백(召伯)·남중(南仲)·영숙(榮叔)·남계(南季) 등의 명칭이 바로 그 예시에 해당한다. 「단궁」편에서 말한 백(伯)이나 중(仲) 등의 명칭은 그에게 백(伯)이나 중(仲)자를 덧붙여서 부른다는 뜻이 아니며, 기존에 그를 부르던 명칭에서 '아무개 보(甫)'라는 말을 제거하고, 백(伯)이나 중(仲)으로만 부른다는 뜻일 따름이다.

釋文 冠, 古亂反.

번역 '冠'자는 '古(고)'자와 '亂(란)'자의 반절음이다.

孔疏 ●"幼名"至"行之". ○正義曰: 此一節論殷·周禮異之事, 各依文解之.

번역 ●經文: "幼名"~"行之". ○이곳 문단은 은(殷)나라와 주(周)나라에서 예(禮)를 달리했던 사안을 논의하고 있으니, 각각의 문장에 따라서 풀이하겠다.

孔疏 ●"幼名, 冠字"者, 名以名質, 生若無名, 不可分別, 故始生三月而加名, 故云"幼名"也.

번역 ●經文: "幼名, 冠字". ○이름[名]은 그의 본바탕을 명칭으로 부르는 것이니, 살아있는 자가 만약 이름이 없다면, 다른 자들과 분별할 수가 없다. 그렇기 때문에 태어난 후 3개월이 지나게 되면, 이름을 지어주는 것이다. 그래서 "어렸을 때에는 이름으로 부른다."라고 말한 것이다.

孔疏 ●"冠字"者, 人年二十, 有爲人父之道, 朋友等類, 不可復呼其名, 故冠而加字. 年至五十耆艾轉尊, 又捨其二十之字, 直以伯仲別之, 至死而加諡. 凡此之事, 皆周道也. 然則自殷以前爲字不在冠時, 伯仲不當五十, 以殷尙質, 不諱名故也. 又殷以上有生號, 仍爲死後之稱, 更無別諡, 堯·舜·禹·湯之例是也. 周則死後別立諡, 故總云"周道"也. 士冠禮二十已有"伯某甫·仲叔季", 此云"五十以伯仲"者, 二十之時, 雖云"伯仲", 皆配"某甫"而言. 五十之時, 直呼伯仲耳. 禮緯·含文嘉云: "質家稱仲, 文家稱叔." 周代是文, 故有管叔·蔡叔·霍叔·康叔·聃季等, 末者稱季是也.

번역 ●經文: "冠字". ○사람의 나이가 20세가 되면, 부모가 되는 도리를 갖추게 되니, 그의 친구들도 그의 이름을 부를 수 없게 된다. 그렇기 때문에 관례(冠禮)를 치르면서, 자(字)를 지어주는 것이다. 나이가 50세에 이르게 되면, 늙게 되며 점차 존귀하게 되니, 또한 20세 때부터 사용되었던 자(字)를 버리고, 단지 백(伯)이나 중(仲) 등으로만 불러서, 그를 타인과 구별하게 되고, 그가 죽게 되면 시호(諡號)를 짓게 된다. 무릇 이러한 일들은 모두 주(周)나라 때의 도(道)에 해당한다. 그렇다면 은(殷)나라로부터 그 이전에는 자(字)를 짓는 시기가 관례를 치르는 시기가 아니었으며, 백(伯)이나 중(仲) 또한 50세가 되어서야 불렀던 것이 아니니, 은나라는 질박함을 숭상하여, 그 이름을 피휘하지 않았기 때문이다. 또 은나라보다 그 이전에는 살아있을 때 별도로 불렀던 호(號)가 있었고, 이것을 곧 죽은 이후에 부르는 칭호로 삼았으며, 다시금 별다른 시호를 짓지 않았다. 요(堯)・순(舜)・우(禹)・탕(湯) 등의 명칭이 바로 그 용례에 해당한다. 주(周)나라의 경우에는 그가 죽게 된 이후에야 별도로 시호를 만들게 된다. 그렇기 때문에 이것들에 대해서 총괄적으로, "주나라 때의 도(道)이다."라고 말한 것이다. 『의례』「사관례(士冠禮)」편을 살펴보면, 20세 때 이미 "백(伯)인 아무개 보(甫)라고 부르고, 둘째・셋째・막내에 대해서도 그 순서에 따라 이처럼 짓는다."[2]라고 하였다. 그런데 이곳 문장에서는 "50세가 되어서야 백(伯)이나 중(仲) 등으로 부른다."라고 하였다. 두 기록이 표면적으로 상반되는 것처럼 보이지만, 20세 때에는 비록 '백(伯)'이나 '중(仲)' 등으로 부르기는 하지만, 그 말은 모두 '아무개 보(甫)'라는 말과 함께 부르게 된다. 50세에 이르게 되면, 단지 '백(伯)'이나 '중(仲)' 등으로만 부를 따름이다. 『예』의 위서(緯書)인 『함문가(含文嘉)』에서는 "질박함을 숭상한 나라에서는 둘째를 '중(仲)'이라고 불렀고, 화려함을 숭상한 나라에서는 둘째를 '숙(叔)'이라고 불렀다."라고 했는데, 주나라는 화려함을 숭상한 국가가 되므로, 관숙(管叔)・채숙(蔡叔)・곽숙(霍叔)・강숙(康叔)・담계(聃季) 등의 호칭이 있었던 것이며, 막내에 해당하는 자에 대해서, '계(季)'라고 불렀던 것이다.

集解 上曲禮疏引含文嘉與此同, 據白虎通, "稱"當作"積". 蓋伯・仲・叔・季之稱惟四, 其昆弟多者, 質家則積於仲, 文家則積於叔也.

번역 앞서 『예기』「곡례(曲禮)」편에 대한 소(疏)에서도 『함문가(含文嘉)』의 글을 인용하였는데, 그 내용이 이곳의 내용과 동일하다. 그러나 『백

---

2) 『의례』「사관례(士冠禮)」 : 字辭曰, "禮儀既備, 令月吉日, 昭告爾字. 爰字孔嘉, 髦士攸宜. 宜之于假, 永受保之, 曰伯某甫." 仲叔季, 唯其所當.

호통』의 기록에 근거해보면, '칭(稱)'자는 마땅히 '적(積)'자가 되어야 한다. 무릇 백(伯)·중(仲)·숙(叔)·계(界) 등으로 부르는 칭호에는 단지 4가지 밖에 없는데, 곤제(昆弟)가 많은 자의 경우, 질박함을 숭상하는 국가에서는 그들에 대해서 모두 중(仲)자를 붙여서 불렀고, 화려함을 숭상하는 국가에서는 숙(叔)자를 붙여서 불렀다는 뜻이다.

集解 賈氏公彦曰: 檀弓, "五十以伯仲, 周道也", 是稱伯仲之時, 兼字而言, 若孔子稱尼甫, 至五十去"甫"配"仲", 而稱之曰仲尼, 是也.

번역 가공언이 말하길, 「단궁」편에서는 "50세가 되면 백(伯)이나 중(仲) 등으로 부르니, 이것은 주(周)나라의 도(道)이다."라고 했는데, 이 말은 백(伯)이나 중(仲) 등으로 부를 때, 자(字)까지도 함께 부른다는 뜻으로, 마치 공자(孔子)를 '니보(尼甫)'라고 부르는 것과 같고, 50세에 이르게 되면 '보(甫)'자를 제거한 나머지 자(字)를 '중(仲)'자 등에 짝하여 부르게 되니, 공자(孔子)를 '중니(仲尼)'라고 부르는 것이 바로 그 용례가 된다.

集解 愚謂: 五十以伯仲, 賈·孔之說不同, 蓋賈氏爲是. 冠時字之, 雖已曰"伯某甫", "仲·叔·季"惟所當, 而其後稱之則但曰"某甫", 至五十而後稱曰"伯某"也. 特牲禮稱其祖曰"皇祖某甫", 少牢禮則曰"皇祖伯某", 是"伯某"之稱尊於"某甫"可知.

번역 내가 생각하기에, 50세가 되어 백(伯)이나 중(仲) 등으로 부른다는 것에 대해서, 가공언(賈公彦)과 공영달(孔穎達)의 주장이 서로 다른데, 아마도 가공언의 주장이 옳은 것 같다. 관례(冠禮)를 치를 때 자(字)를 지어주면서, 비록 50세가 되기도 전에 이미 '백(伯)인 아무개 보(甫)'라고 부르고, 또 '둘째·셋째·막내' 등에 대해서도 그 순서에 따라 이처럼 짓는다고 했으니, 그 이후에 그를 부를 때에는 단지 '아무개 보(甫)'라고 부르는 것이고, 50세가 되면 그 이후에는 '백(伯)인 아무개'라고 부르는 것이다. 『의례』「특생궤식례(特牲饋食禮)」편에서는 그의 조상을 지칭하며, '황조(皇朝)이신 아무개 보(甫)'라고 불렀고, 『의례』「소뢰궤식례(少牢饋食禮)」편에서는 '황조(皇祖)이신 백(伯) 아무개'라고 불렀으니, 이 기록을 통해서 '백(伯) 아무개'라는 칭호가 '아무개 보(甫)'라는 칭호보다 존귀하다는 사실을 알 수 있다.[3)]

3) 『의례』「특생궤식례(特牲饋食禮)」편의 기록은 특생(特牲)을 사용하는 의례에 대한 내용인데, 특생은 한 마리의 희생물을 사용하는 것으로, 계급으로 따지자면 사(士) 계급에 해당하는 예(禮)이다. 반면 『의례』「소뢰궤식례(少牢饋食禮)」편의 기록은 소뢰(少牢)를 사용하는 의례에 대한 내용인데, 소뢰는 두 마리의 희생물을 사용하는 것으로, 계급으로 따지자면 대부(大夫) 계급에 해당하는 예(禮)이다. 따라서 소뢰를 사용하는 의식에서 사용한 명칭이 특생을 사용하는 의식에서 사용한 명칭보다 존귀한 자에게 붙이는 칭호라는 뜻이다.

• 제 57 절 •

질(絰)의 의미

【90d】

絰也者, 實也.

직역 絰이라는 者는 實이다.

의역 상례(喪禮)에 사용되는 '질(絰)'이라는 것은 자식의 충실한 마음을 뜻한다.

集說 麻在首・在要皆曰絰, 分言之則首曰絰, 要曰帶. 絰之言實, 明孝子有忠實之心也. 首絰象緇布冠之缺項; 要絰象大帶, 又有絞帶象革帶. 齊衰以下用布.

번역 '마(麻)'는 머리에도 쓰고, 허리에도 차게 되는데, 이것을 모두 '질(絰)'이라고 부르며, 구별하여 말한다면, 머리에 쓰는 것을 '질(絰)'이라고 부르고, 허리에 차는 것을 '대(帶)'라고 부른다. '질(絰)'자의 뜻은 "가득차다[實]."는 뜻이니, 즉 자식에게 있는 진실되고 가득한 마음을 나타낸다. 머리에 쓰는 질(絰)은 치포관(緇布冠)에 달린 '결항(缺項)'을 본뜬 것이고, 허리에 차는 질(絰)은 대대(大帶)를 본뜬 것이며, 또 교대(絞帶)가 혁대(革帶)를 본뜬 점을 포함하고 있다. 자최복(齊衰服)으로부터 그 이하의 상복(喪服)에서는 포(布)를 사용한다.

그림 57-1 치포관(緇布冠)

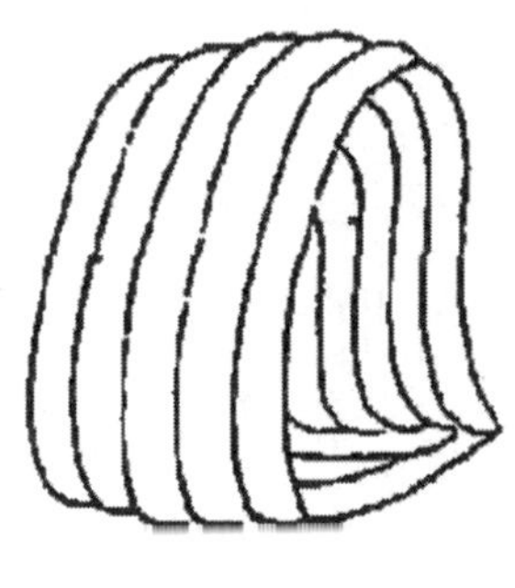

▸ **출처:** 『삼례도집주(三禮圖集注)』 3권

그림 57-2 허리띠 : 대(帶)·혁대(革帶)·대대(大帶)

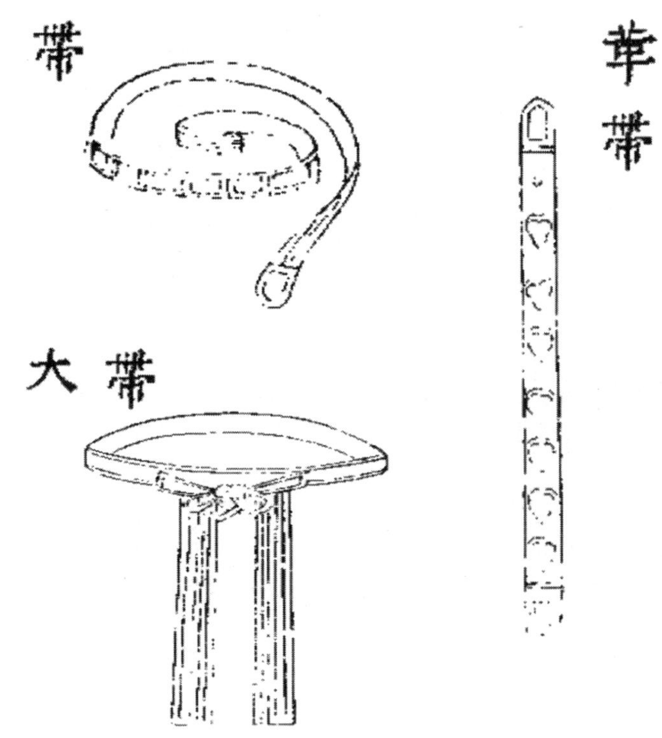

▸ **출처:** 『삼재도회(三才圖會)』「의복(衣服)」 2권

◎ 혁대(革帶): 가죽으로 만든 허리띠로, 대(帶)와 혁대는 옷과 연결하여 결속함
대대(大帶): 주로 예복(禮服)에 착용하는 것으로, 혁대에 결속함

集說 朱子曰: 首絰大一搤, 是拇指與第二指一圍; 要絰較小, 絞帶又小於要絰. 要絰象大帶, 兩頭長垂下; 絞帶象革帶, 一頭有彄子, 以一頭串於中而束之.

번역 주자가 말하길, 머리에 쓰는 질(絰)의 크기는 1액(搤)으로, 이것은 엄지손가락과 검지손가락으로 원을 그린 크기이며, 허리에 하는 질(絰)은 그 크기가 비교적 작은 것이고, 교대(絞帶)는 또한 허리에 차는 질(絰)보다도 작은 것이다. 허리에 차는 질(絰)은 대대(大帶)를 본뜬 것이니, 양쪽 끝을 길게 하여 밑으로 내려트리고, 교대(絞帶)는 혁대(革帶)를 본뜬 것이니, 한쪽 끝에 고리가 있어서, 한쪽 끝으로 그 중앙에 꿰어서 결속을 한다.

鄭注 所以表哀戚.

번역 애통하고 슬픈 마음을 표출하는 도구이다.

訓纂 外傳: 表其有喪麼之情實也. 喪服衰之與絰, 固象平常之時冠帶, 吉凶相變也. 有首絰有要絰, 有絞帶. 斬衰首絰圍九寸・向下皆五分去一, 用爲要絰則七寸五分. 齊衰首絰七寸五分之一, 要絰五寸八分. 大功首絰五寸八分, 要絰四寸六分. 小功, 首絰三寸七分. 緦首絰三寸七分, 要絰二寸九分.

번역 『외전(外傳)』에서 말하길, 부모를 잃어서 미미한 감정이 가득함을 나타내는 것이다. 상복(喪服)과 그에 따라 착용하는 질(絰)은 진실로 평상시 사용하는 관(冠)과 대(帶)를 본뜨게 되니, 길례(吉禮)와 흉례(凶禮)가 서로에 의해 변화되기 때문이다. 질(絰)에는 수질(首絰)이 있고, 요질(要絰)이 있으며, 또 교대(絞帶)도 있다. 참최복(斬衰服)에 착용하는 수질(首絰)은 그 둘레가 9촌(寸)이고, 아래로 내리는 것은 모두 그 크기에서 5분의 1을 줄이게 되고, 이것을 요질(要絰)로 만들게 되면, 그 둘레는 7촌(寸) 5분(分)이 된다. 자최복(齊衰服)에 착용하는 수질(首絰)은 그 둘레가 7촌(寸)과 5분의 1촌(寸)이 되며, 요질(要絰)은 5촌(寸) 8분(分)이 된다. 대공복(大功服)에 착용하는 수질(首絰)은 그 둘레가 5촌(寸) 8분(分)이며, 요질(要絰)은 4촌

(寸) 6분(分)이다. 소공복(小功服)에 착용하는 수질(首絰)은 그 둘레가 3촌(寸) 7분(分)이다. 시마복(緦麻服)에 착용하는 수질(首絰)은 그 둘레가 3촌(寸) 7분(分)이고, 요질(要絰)은 2촌(寸) 9분(分)이다.

그림 57-3 참최복(斬衰服) 각부 명칭

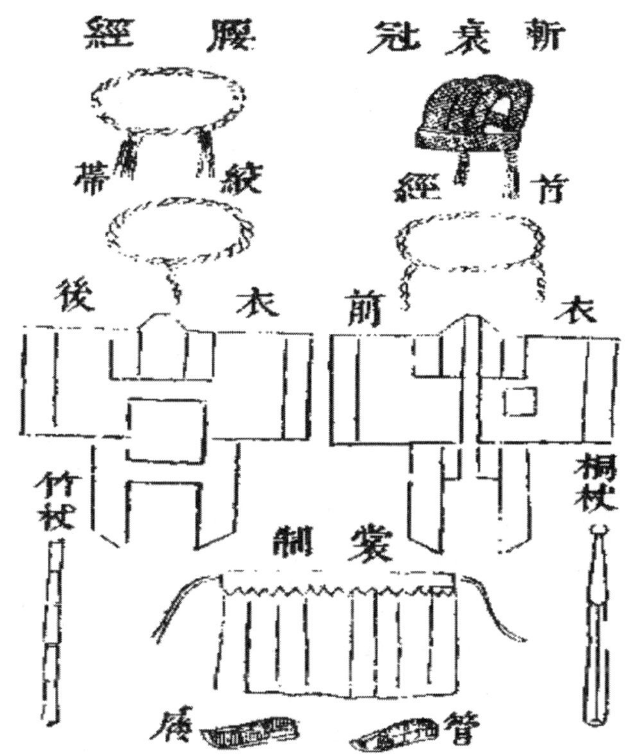

▸ **출처:** 『삼재도회(三才圖會)』「의복(衣服)」 3권

그림 57-4 자최복(齊衰服) 각부 명칭

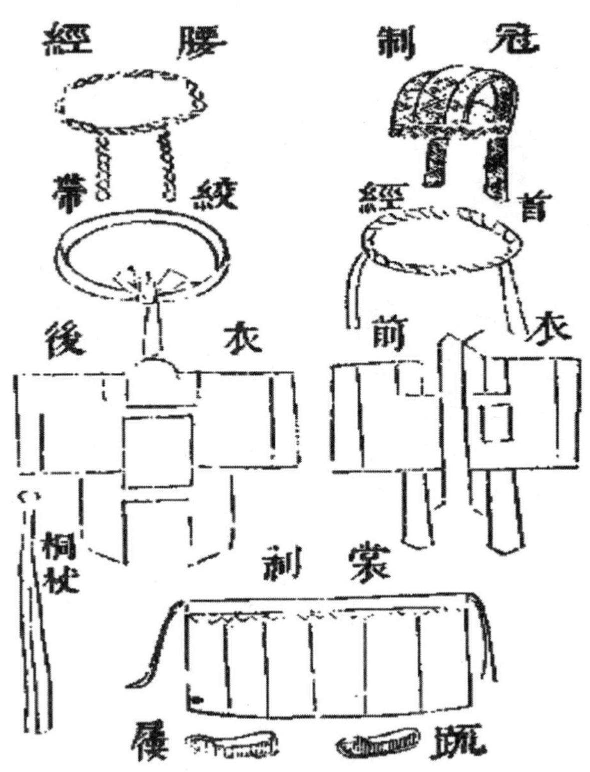

▸ 출처: 『삼재도회(三才圖會)』「의복(衣服)」 3권

그림 57-5 대공복(大功服) 각부 명칭

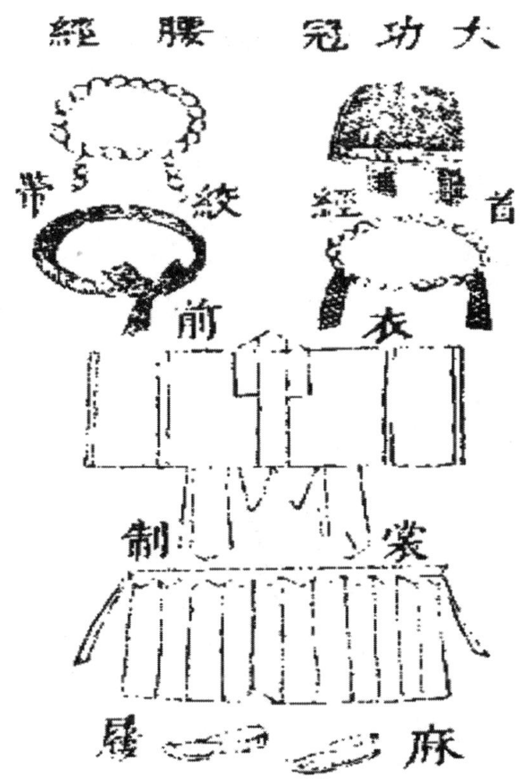

▸ **출처:** 『삼재도회(三才圖會)』「의복(衣服)」 3권

그림 57-6 소공복(小功服) 각부 명칭

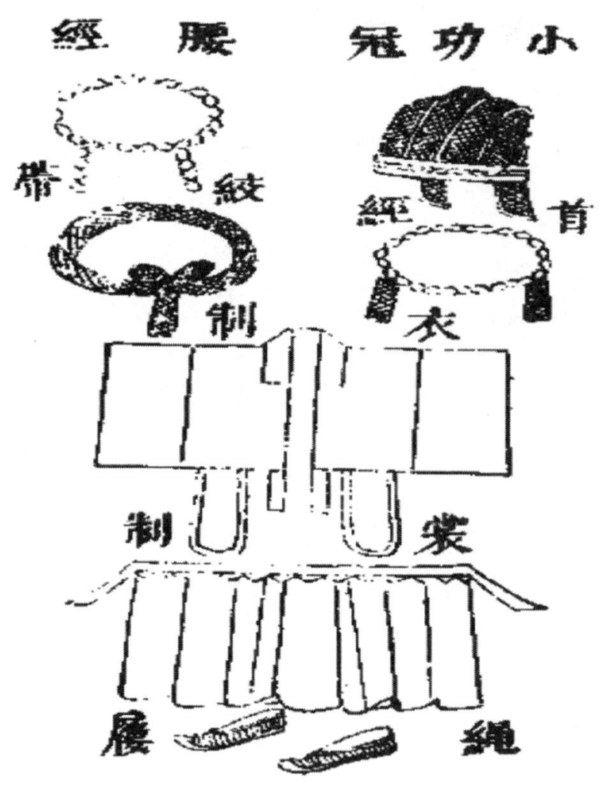

▸ **출처:** 『삼재도회(三才圖會)』「의복(衣服)」 3권

集解 敖氏繼公曰: 凡喪服衰裳冠帶之屬, 皆因吉服而易之, 惟首絰則不然. 蓋古者未有喪服之時, 但加此絰以表哀戚, 後世聖人因而不去, 且異其大小之制以爲輕重云.

번역 오계공(敖繼公)이 말하길, 무릇 상복(喪服)에 있어서 의상 및 관(冠)과 대(帶)의 부류들은 모두 길복(吉服)을 본떠서 그것에서 바꾼 것인데, 오직 수질(首絰)만은 그렇지 않다. 무릇 고대에 아직 상복이 제정되지 않았을 때에는 단지 이러한 질(絰)만 차고서 애통하고 슬픈 마음을 나타내었을 것인데, 후세의 성인(聖人)은 그러한 이유 때문에, 이 질(絰)을 제거하지 않은 것이고, 또 크기를 달리 하는 제작방법을 통해서, 상복의 경중(輕重)에 따른 수위로 삼았던 것이다.

• 제 58 절 •

시신을 목욕시키는 은(殷)나라의 법도

【91a】

掘中霤而浴, 毁竈以綴足.

직역 中霤를 掘하여 浴하고, 竈를 毁하여 이로써 足을 綴한다.

의역 어떤 자가 죽게 되면, 방의 중앙에 구덩이를 만들고, 그 위에 침상을 걸쳐 놓으며, 침상 위에서 시신을 목욕시키고, 부엌을 허물어서 나온 벽돌로 시신의 발이 뒤틀리지 않도록 고정시킨다.

集說 疏曰: 中霤, 室中也. 死而掘室中之地作坎, 以牀架坎上, 尸於牀上浴, 令浴汁入坎也. 死人冷强, 足辟戾, 不可著屨, 故用毁竈之甓, 連綴死人足令直, 可著屨也.

번역 공영달(孔穎達)의 소(疏)에서 말하길, '중류(中霤)'라는 것은 방의 중앙을 뜻한다. 어떤 자가 죽게 되면, 방의 중앙을 파서 구덩이를 만들고, 침상을 구덩이 위에 올린 뒤에, 시신을 침상 위에 올려놓고서 목욕을 시켜서, 목욕물이 구덩이로 떨어지도록 한다. 죽은 자의 몸은 차가워지며 굳어지므로, 발이 뒤틀리게 되니, 신을 신길 수가 없다. 그렇기 때문에 부엌을 허물어서 나온 벽돌을 이용하여, 죽은 자의 발이 곧게 뻗도록 묶어두어, 신발을 신길 수 있도록 만드는 것이다.

孔疏 ●"掘中"至"道也". ○此以下三句明殷禮也. 每一條義兼二事也. 中霤, 室中也, 死而掘室中之地作坎. 所以然者, 一則言此室於死者無用, 二則以牀架坎上, 尸於牀上浴, 令浴汁入坎, 故云"掘中霤而浴"也.

번역 ●經文: "掘中"~"道也". ○이곳 구문으로부터 그 이하의 세 구문은 은(殷)나라 때의 예(禮)를 밝히고 있다. 매 한 가지 조항에는 그 의미에 두 가지 사안이 겸비되어 있다. '중류(中霤)'는 방의 중앙을 뜻한다. 어떤 자가 죽게 되면, 방의 중앙을 파서 구덩이를 만든다. 이처럼 하는 이유는 첫 번째 그 방은 더 이상 죽은 자에게는 쓸모가 없다는 것을 뜻한다. 두 번째 침상을 구덩이 위에 올려놓고, 침상 위에서 시신을 목욕시켜서, 목욕시킨 물이 구덩이로 흘러내리도록 한 것이다. 그렇기 때문에 "방 중앙을 파고 목욕을 시킨다."라고 말한 것이다.

孔疏 ●"毁竈以綴足"者, 亦義兼二事, 一則死而毁竈, 示死無復飮食之事, 故毁竈也. 二則恐死人冷强, 足辟戾不可著屨, 故用毁竈之甓, 連綴死人足, 令直可著屨也.

번역 ●經文: "毁竈以綴足". ○이 또한 그 의미에는 두 가지 사안이 포함되어 있으니, 첫 번째 어떤 자가 죽게 되어 부엌을 허무는 것은 죽은 자가 다시는 음식을 먹는 일이 없다는 사실을 나타내는 것이니, 그렇기 때문에 부엌을 허무는 것이다. 두 번째 아마도 죽은 자의 몸이 차가워지며 굳게 되어, 다리가 뒤틀리게 되면 신발을 신길 수가 없다. 그렇기 때문에 부엌을 허물어서 나온 벽돌을 이용하여, 죽은 자의 다리를 고정시켜서, 곧게 만들어 신발을 신길 수 있도록 하는 것이다.

• 제 59 절 •

장례(葬禮)에 대한 은(殷)나라의 법도

【91a】

及葬, 毁宗躐行, 出于大門, 殷道也. 學者行之.

직역 葬에 及함에는 宗을 毁하고 行을 躐하여, 大門으로 出하니, 殷의 道이다. 學者가 行이라.

의역 장례(葬禮)를 치러야 할 때가 되면, 종묘(宗廟)의 서쪽 담장을 허물고, 그곳을 밟고서 대문(大門)을 빠져나가니, 이처럼 하는 것은 은(殷)나라 때의 도(道)이다. 공자(孔子)에게서 수학했던 자들은 이러한 예(禮)를 실천하였다.

集說 疏曰: 毁宗, 毁廟也. 殷人殯於廟, 至葬, 柩出, 毁廟門西邊牆, 而出于大門. 行, 神之位, 在廟門西邊, 當所毁宗之外. 生時出行, 則爲壇幣告行神, 告竟車躐行壇上而出, 使道中安隱如在壇. 今向毁宗廟處出, 仍得躐行此壇如生時之出也. 學於孔子者行之, 效殷禮也.

번역 공영달(孔穎達)의 소(疏)에서 말하길, '훼종(毁宗)'은 종묘(宗廟)를 허문다는 뜻이다. 은(殷)나라 때에는 묘(廟)에서 빈(殯)을 하였고, 장례(葬禮)를 치러야 할 때가 되면, 영구를 출발시키며, 묘문(廟門)의 서쪽 담을 허물고, 대문으로 빠져나갔다. '행(行)'이라는 것은 도로의 신(神)이 있는 자리이니, 묘문(廟門)의 서쪽 가장자리는 헐린 종묘의 바깥쪽에 해당한다. 생전에 외국으로 출타를 하게 되면, 제단을 만들고 폐물을 사용하여 도로의 신(神)에게 아뢰며, 아뢰는 일이 다 끝나면, 수레로 제단 위를 지나치게 한 뒤에 국경을 빠져나가니, 마치 제단이 있을 때처럼, 여정 중 안전하게 해달라는 뜻이다. 그런데 현재 종묘의 허문 곳으로부터 밖으로 나가게 되면, 곧 이러한 제단을 밟고 지나갈 수 있어서, 마치 생전에 국경 밖을 벗어날 때 하던 것처럼 된다. 공자(孔子)에게서 수학을 하여 예(禮)를 시행했던 자들은 은(殷)나라 때의 예(禮)를 본받았던 것이다.

大全 嚴陵方氏曰: 經之所用, 男子重首, 婦人重腰, 皆用其所重, 非徒爲虛名而已. 古者復穴而居, 開其上以取明, 而雨溜焉, 故後世因以名其室. 毁竈取甓以綴於足, 而欲尸之溫也. 夫中霤則生時於之以居處, 浴必掘中霤, 以示不復居處於此故也. 而竈則生時於之以烹飪, 綴足必毁竈, 以示不復烹飪於此故也. 宗則生時於之以祭享, 躐行必毁宗, 以示不復祭享於此故也. 凡此皆殷所常行, 殷尙質, 故禮之所由本, 周尙文, 故禮之所由備. 生以文爲尙, 故名字之制, 學禮者行乎周道焉. 死以質爲尙, 故喪葬之制, 學禮者行乎商道焉.

번역 엄릉방씨가 말하길, 질(絰)의 사용에 있어서, 남자는 머리[首]를 중시하고, 부인은 허리[腰]를 중시하니, 둘 모두 중시하는 것에 따른 것이며, 단지 공허하게 이름을 붙인 것이 아닐 따름이다. 고대에는 토굴을 만들어서 거주하였고, 그 위에 구멍을 내어 빛이 들어오게 하였으며, 비가 흐르도록 하였다. 그렇기 때문에 후세에도 그에 따라 방에 대한 명칭을 지은 것이다. 부엌을 허물어서 벽돌을 취하고, 이것으로써 죽은 자의 발을 고정시키는 것은 시신을 따뜻하게 만들고자 하기 때문이다. 무릇 중류(中霤)의 경우, 생전에는 이곳에서 거처를 하게 되는데, 목욕을 시킬 때 반드시 중류에 구덩이를 만들게 되는 이유는 다시 이곳에 거처할 일이 없다는 것을 보여주기 위함이다. 그리고 부엌의 경우, 생전에 이곳에서 음식을 조리하였는데, 죽은 자의 다리를 고정시킬 때, 반드시 부엌을 허물게 되는 이유는 다시 이곳을 통해 음식을 조리할 일이 없다는 것을 보여주기 위함이다. 종묘(宗廟)의 경우, 생전에 이곳을 통해 제사를 지냈는데, 밟고 지나갈 때, 반드시 종묘를 허물게 되는 이유는 다시 이곳을 통해 제사를 지내는 일이 없다는 것을 보여주기 위함이다. 무릇 이러한 것들은 모두 은(殷)나라 때

일상적으로 시행되었던 규정들인데, 은나라는 질박함을 숭상하였다. 그렇기 때문에 예(禮)가 따르는 것은 근본에 있는 것이다. 반면 주(周)나라는 화려함을 숭상하였다. 그렇기 때문에 예(禮)가 따르는 것은 격식을 갖춤에 있는 것이다. 생전에는 화려함을 숭상하기 때문에, 명(名)이나 자(字)에 대한 제도에 있어서, 예(禮)를 배우는 자들은 주나라의 도(道)에 따라 시행했던 것이다. 반면 죽었을 때에는 질박함을 숭상하기 때문에, 상례(喪禮)나 장례(葬禮)의 제도에 있어서, 예(禮)를 배우는 자들은 은나라의 도(道)에 따라 시행했던 것이다.

鄭注 明不復有事於此. 周人浴不掘中霤, 葬不毁宗躐行. 毁宗, 毁廟門之西而出, 行神之位在廟門之外. 學於孔子者行之, 傚殷禮.

번역 이곳에서 재차 일삼는 것이 없다는 뜻을 나타내는 것이다. 주(周)나라 사람들은 시신을 목욕시킬 때, 중류(中霤)에 구덩이를 파지 않았고, 장례(葬禮)를 치를 때에도 종묘(宗廟)를 허물고 그곳을 밟고서 지나가지 않았다. '훼종(毁宗)'이라는 것은 묘문(廟門)의 서쪽을 허물고서 밖으로 나가는 것이니, 도로의 신이 있는 위치는 묘문의 바깥쪽이 되기 때문이다. 공자(孔子)에게서 수학했던 자들이 예(禮)를 시행할 때에는 은(殷)나라의 예(禮)에 따랐다는 뜻이다.

釋文 掘, 求月反, 又求勿反. 霤, 力救反. 綴, 丁劣反, 又丁衛反. 躐, 良輒反. 復, 扶又反.

번역 '掘'자는 '求(구)'자와 '月(월)'자의 반절음이며, 또한 '求(구)'자와 '勿(물)'자의 반절음도 된다. '霤'자는 '力(력)'자와 '救(구)'자의 반절음이다. '綴'자는 '丁(정)'자와 '劣(렬)'자의 반절음이고, 또한 '丁(정)'자와 '衛(위)'자의 반절음도 된다. '躐'자는 '良(량)'자와 '輒(첩)'자의 반절음이다. '復'자는 '扶(부)'자와 '又(우)'자의 반절음이다.

孔疏 ●"及葬, 毁宗躐行, 出于大門"者, 亦義兼二事也. "毁宗", 毁廟也. 殷人殯於廟, 至葬, 柩出, 毁廟門西邊牆而出于大門. 所以然者, 一則明此廟於死者無事, 故毁之也. 二則行神之位在廟門西邊, 當所毁宗之外, 若生時出行, 則爲壇幣告行神, 告竟, 車躐行壇上而出, 使道中安穩如在壇. 今嚮毁宗處出, 仍得躐此行壇, 如生時之出也. 故云"毁宗躐行, 出于大門"也.

번역 ●經文: "及葬, 毁宗躐行, 出于大門". ○또한 그 의미에는 두 가지 사안이 포함되어 있다. '훼종(毁宗)'이라는 것은 종묘(宗廟)를 허문다는 뜻이다. 은(殷)나라 때에는 묘(廟)에서 빈(殯)을 하였고, 장례(葬禮)를 치러야 할 시기가 되면, 묘문(廟門)의 서쪽 담장을 허물고서, 대문(大門)을 통해 밖으로 나갔다. 이처럼 하는 이유는 첫 번째 이 묘(廟)는 죽은 자에 대해서 더 이상 일삼을 것이 없다는 뜻을 나타낸다. 그렇기 때문에 헐어버리는 것이다. 두 번째는 도로의 신(神)이 위치하는 자리는 묘문의 서쪽 주변이 되니, 종묘를 허문 곳 바깥쪽에 해당한다. 만약 생전에 외국으로 출타하게 된다면, 제단을 만들고 폐물을 준비하여 도로의 신에게 아뢰고, 아뢰는 절차가 모두 끝나면, 수레를 이동시켜 제단 위를 밟고서 국경을 빠져나가니, 제단이 있을 때처럼, 여정 중에도 안전하게 해달라고 한 것이다. 그런데 지금 종묘를 허문 곳을 통해서 밖으로 나가는 것은 곧 이러한 제단을 밟고 지나가서, 마치 생전에 국경 밖을 벗어날 때 하던 것처럼 되기 때문이다. 그렇기 때문에 "종묘를 허물고서 행(行)을 밟고, 대문으로 빠져나간다."라고 말한 것이다.

孔疏 ●"殷道也"者, 道, 禮也. 上三句皆是殷禮也.

번역 ●經文: "殷道也". ○'도(道)'자는 예(禮)를 뜻한다. 앞서 언급한 세 개의 구문들은 모두 은(殷)나라 때의 예(禮)에 해당한다는 뜻이다.

孔疏 ◎注"明不"至"之外". ○正義曰: 此謂中霤·竈·宗, 所以掘中霤毁竈及宗, 是明不復有事於此處也. 云"周人浴不掘中霤"者, 用盤承浴汁也. 是以喪大記: "浴水用盆, 沃水用枓. 沐用瓦盤." 鄭注云: "浴沃用枓, 沐於盤中, 文相變也." 按鄭旨則知浴用盤也. 云"葬不毁宗躐行"者, 周殯於正寢, 至葬而朝廟, 從正門出, 不毁宗也. 故士喪禮不云"躐行"也. 然周家亦不毁竈綴足, 而鄭注不云者, 以周綴足用燕几, 其文可見, 故此不言耳. 至於毁宗·躐行·掘中霤, 周雖不爲, 而經文無云不掘不毁, 故鄭注言之也. 但擧首末言之, 則中從可知也. 云"毁宗, 毁廟門之西而出"者, 廟門西邊牆也. 云"行神之位, 在廟門之外"者, 以其毁宗, 故云"躐行", 故知行神在廟門之外, 當毁處之外也. 行神於後更說.

번역 ◎鄭注: "明不"~"之外". ○이것은 곧 중류(中霤)·부엌[竈]·종묘(宗廟)를 뜻하는데, 중류에 구덩이를 파고, 부엌과 종묘를 허무는 것은 이곳에서 다시는 일삼는 일이 없다는 뜻을 나타내는 것이다. 정현이 "주(周)나라 사람들은 시신을 목욕시킬 때, 중류(中霤)에 구덩이를 파지 않았다."라고 했는데, 반(盤)을 이용하여 그 밑에 바치고, 목욕을 시킬 때 떨어지는 물을 받았기 때문이다. 이러한 까닭을 『예기』「상대기(喪大記)」편에서는 "목욕을 시킬 때에는 '분(盆)'을 사용하고, 물을 댈 때에는 두(枓)를 사용한다."[1]라고 했던 것이고, 또 "머리를 감길 때에는 와반(瓦盤)을 사용한다."[2]라고 했던 것이며, 이 문장에 대한 정현의 주에서는 "목욕과 물을 댈 때에는 두(枓)를 사용하고, 머리를 감길 때에는 반(盤)에서 하는데, 문장을 서로 바꿔서 기록한 것이다."라고 했던 것이다. 정현의 의도를 살펴보면, 목욕을 시킬 때 반(盤)을 사용한다는 사실을 알 수 있다. 정현이 "주나라 사람들은 장례(葬禮)를 치를 때에도 종묘(宗廟)를 허물고 그곳을 밟고서 지나가지 않았다."라고 했는데, 주나라 때에는 정침(正寢)에서 빈(殯)을 했고, 장례(葬

---

1) 『예기』「상대기(喪大記)」【532c】: 管人汲, 不說繘, 屈之, 盡階不升堂, 授御者. 御者入浴, 小臣四人抗衾. 御者二人浴, 浴水用盆, 沃水用枓, 浴用絺巾, 挋用浴衣, 如它日. 小臣爪足, 浴餘水弃于坎. 其母之喪, 則內御者抗衾而浴.

2) 『예기』「상대기(喪大記)」【532d~533a】: 管人汲, 授御者, 御者差沐于堂上. 君沐粱, 大夫沐稷, 士沐粱. 甸人爲垼于西牆下, 陶人出重鬲. 管人受沐, 乃煮之. 甸人取所徹廟之西北厞薪, 用爨之. 管人授御者沐, 乃沐, 沐用瓦盤, 挋用巾, 如它日. 小臣爪手翦須. 濡濯弃于坎.

禮)를 치러야 할 때가 되어서야 조묘(朝廟)를 했으며, 정문(正門)을 따라서 밖으로 나갔으니, 종묘의 담을 허물지 않았다. 그렇기 때문에 『의례』「사상례(士喪禮)」편에서는 '엽행(躐行)'이라는 기록이 나타나지 않는 것이다. 그런데 주나라 때에는 또한 부엌을 허물어서 나온 벽돌로 시신의 발을 고정시키지 않았다. 그러나 정현의 주에서는 이러한 사실을 언급하지 않았는데, 그 이유는 주나라 때에는 시신의 발을 고정시킬 때 연궤(燕几)를 사용하였고, 그 기록은 확인할 수 있기 때문에,[3] 이곳 주석에서 언급하지 않은 것일 뿐이다. 종묘의 담을 허물고, 행(行)을 밟고서 출발을 하며, 중류(中霤)에 구덩이를 파는 일들은 주나라에서는 비록 시행하지 않았지만, 경문에는 "파지 않는다." 또는 "허물지 않는다."는 말이 없기 때문에, 정현의 주에서 이 부분에 대해 언급한 것이다. 다만 앞부분과 끝부분에 대해서 거론했다면, 그 가운데 포함된 것들도 그에 따른다는 사실을 알 수 있다. 정현이 "'훼종(毁宗)'이라는 것은 묘문(廟門)의 서쪽을 허물고서 밖으로 나가는 것이다."라고 했는데, 이곳에서 허문다고 한 장소는 묘문(廟門)의 서쪽 담장을 뜻한다. 정현이 "도로의 신이 있는 위치는 묘문의 바깥쪽이 되기 때문이다."라고 했는데, 종묘를 허물기 때문에, '엽행(躐行)'이라고 했으므로, 도로의 신이 묘문의 바깥쪽, 곧 담장을 허문 장소의 바깥쪽에 위치한다는 사실을 알 수 있다. '도로의 신[行神]'에 대해서는 이후에 다시 설명하겠다.

3) 『의례』「사상례(士喪禮)」 : 楔齒用角柶, 綴足用燕几. 奠脯醢醴酒, 升自阼階, 奠于尸東. 帷堂.

그림 59-1 욕반(浴盤)과 욕상(浴牀)

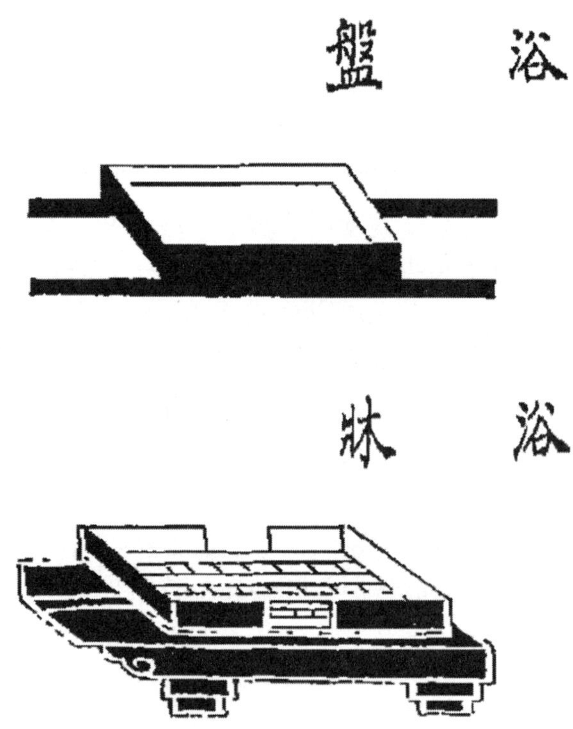

▸ **출처:** 『삼례도집주(三禮圖集注)』 17권

그림 59-2 이반(夷盤)과 연궤(燕几)

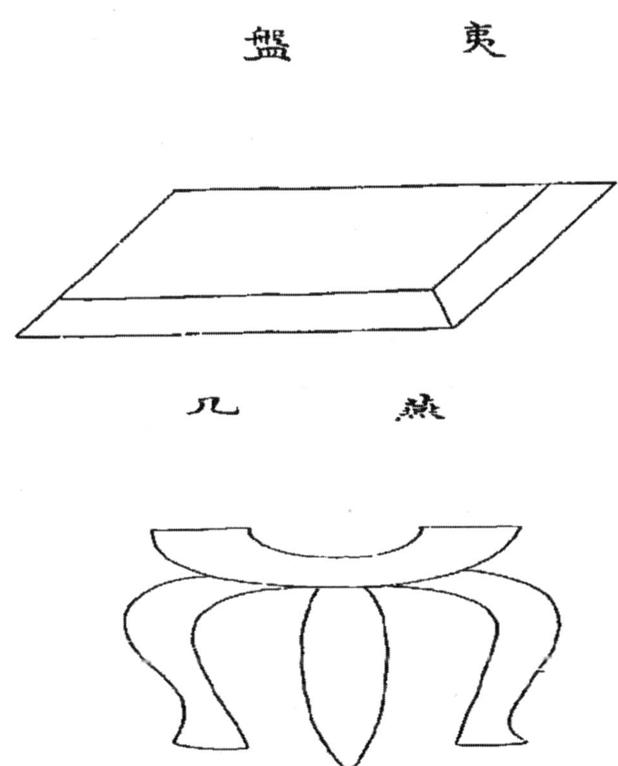

▸ **출처:** 『삼례도(三禮圖)』 3권

訓纂 聘禮, "又釋幣於行", 鄭注, "喪禮有'毁宗躐行, 出於大門', 則行神之位在廟門外西方. 不言'埋幣', 可知也."

번역 『의례』「빙례(聘禮)」편에서는 "또한 행(行)에게 석폐(釋幣)[4]를 한다."[5]라고 했고, 이 문장에 대한 정현의 주에서는 "상례(喪禮)를 치를 때에는 '종묘(宗廟)의 담장을 허물고서 행(行)을 밟으며, 대문을 통해 나간다.'라고 했으니, 도로의 신이 있는 위치는 묘문(廟門) 밖의 서쪽 편이다. '폐물을 매장한다.'는 언급을 하지 않았던 이유는 이를 통해서 알 수 있기 때문이다."라고 했다.

集解 愚謂: 坊記曰, "浴於中霤." 是周人浴亦在中霤, 但不掘耳.

번역 내가 생각하기에, 『예기』「방기(坊記)」편에서는 "중류(中霤)에서 목욕을 시킨다."[6]라고 했으니, 이 말은 곧 주(周)나라 때에도 또한 목욕을 시키는 장소가 중류였다는 것을 나타낸다. 다만 그곳에 구덩이를 파지 않았을 뿐이다.

---

4) 석폐(釋幣)는 비단 등의 폐백을 차려서 종묘(宗廟) 및 신령에게 아뢰는 의식이다. 중요한 임무를 맡게 되어, 국경 밖으로 나갈 경우에 이러한 의식을 시행하였다.

5) 『의례』「빙례(聘禮)」 : 又入取幣, 降, 卷幣實于笲, 埋于西階東. 又釋幣于行, 遂受命. 上介釋幣亦如之.

6) 『예기』「방기(坊記)」【617a】 : 子云, "賓禮每進以讓, 喪禮每加以遠. 浴於中霤, 飯於牖下, 小斂於戶內, 大斂於阼, 殯於客位, 祖於庭, 葬於墓, 所以示遠也. 殷人弔於壙, 周人弔於家, 示民不偝也."

• 제 60 절 •

상(喪)과 재화 Ⅰ

【91b~c】

子柳之母死, 子碩請具. 子柳曰: "何以哉?" 子碩曰: "請粥庶弟之母." 子柳曰: "如之何其粥人之母以葬其母也? 不可." 旣葬, 子碩欲以賻布之餘具祭器. 子柳曰: "不可. 吾聞之也, 君子不家於喪. 請班諸兄弟之貧者."

직역 子柳의 母가 死하자, 子碩은 具를 請했다. 子柳가 曰, "何히 以로써 하는가?" 子碩이 曰, "請컨대 庶弟의 母를 粥하노이다." 子柳가 曰, "之에 如함을 何히 그 人의 母를 粥하여서, 그 母를 葬하리오? 不可라." 旣히 葬에, 子碩은 賻布의 餘로써 祭器를 具하고자 欲했다. 子柳가 曰, "不可라. 吾는 聞하니, 君子는 喪에 不家라. 請하니 兄弟의 貧한 者에게 班하라."

의역 자류(子柳)의 모친이 죽었는데, 자류의 동생인 자석(子碩)은 상례(葬禮) 때 사용될 기물 및 재화를 갖추기를 청했다. 자류가 말하길, "재화가 없는데, 무엇으로써 그것들을 갖추겠는가?"라고 했다. 자석은 "서제(庶弟)의 모친을 다른 집에 시집보내고, 그녀를 통해 나온 재화로 마련하는 것이 어떻습니까?"라고 했다. 자류는 "어떻게 남의 모친을 팔아서 내 모친에 대한 장례를 치르겠는가? 그것은 불가한 일이다."라고 했다. 장례를 끝내고, 부의로 들어온 재화가 있었는데, 자석은 그 재화를 팔아서 제기(祭器)를 갖추고자 하였다. 그러나 자류는 "그것도 불가한 일이다. 내가 듣기로, 군자(君子)는 상(喪)을 통해서 재화를 증식하지 않는다고 했다. 그러니 형제들 중 가난한 자들에게 나눠주는 것이 좋을 것 같다."라고 했다.

集說 子柳, 魯叔仲皮之子, 子碩之兄也. 具, 謂喪事合用之器物也. 何以哉, 言何以爲用乎? 謂無其財也. 鄭云, "粥, 謂嫁之也, 妾賤, 取之曰買." 布, 錢也. 不家於喪, 惡因死者而爲利也. 班, 猶分也. 不粥庶弟之母者, 義也; 班兄弟之貧者, 仁也. 夫以粥庶母以治葬, 則乏於財可知矣. 而不家於喪之言, 確然不易, 古人之安貧守禮蓋如此.

번역 '자류(子柳)'는 노(魯)나라 숙중피(叔仲皮)의 아들이며, 자석(子碩)의 형이다. '구(具)'자는 상사(喪事)에 사용되는 기물들을 뜻한다. '하이재(何以哉)'는 "무엇으로써 사용하겠는가?"라는 뜻이니, 그에 걸맞은 재화가 없다는 의미이다. 정현은 "'죽(粥)'자는 시집을 보낸다는 뜻이니, 첩은 미천한 신분이므로, 첩을 들이는 것을 '사다[買]'라고 부른다."라고 했다. '포(布)'자는 화패[錢]를 뜻한다. 상(喪)을 통해 가산을 늘리지 않는다는 이유는 죽은 자로 인해 이로움을 축적하는 것을 미워하기 때문이다. '반(班)'자는 "나누다[分]."는 뜻이다. 서제(庶弟)의 모친을 다른 집에 시집보내지 않았던 것은 의(義)에 해당하고, 형제 중 가난한 자들에게 나눠주었던 것은 인(仁)에 해당한다. 무릇 서모를 시집보내서 장례(葬禮)를 치르고자 했다면, 재화가 부족했다는 사실을 알 수 있다. 그런데도 상(喪)을 통해 가산을 증식하지 않는다고 한 말은 확실히 쉽게 할 수 있는 말이 아니니, 고대인들이 가난함을 편안하게 여기고, 예(禮)를 고수함이 무릇 이와 같았던 것이다.

大全 嚴陵方氏曰: 無財不可以爲悅, 豈宜粥人之母以葬其親乎? 無田祿者, 不設祭器, 豈宜以賻布之餘具之乎? 此子柳所以不從子碩之請也.

번역 엄릉방씨가 말하길, 재화가 없는 것은 기뻐할 일이 아니지만,[1] 어찌 남의 모친을 시집보내서, 그것을 통해 나온 재화로 자신의 부모에 대한 장례(葬禮)를 치를 수 있겠는가? 전답과 녹봉이 없는 자는 제기(祭器)를 구비하지 않는데,[2] 어찌 부의로 들어온 재화를 가지고 제기를 구비할 수

---

1) 『맹자』「공손추하(公孫丑下)」: 不得, 不可以爲悅, 無財, 不可以爲悅. 得之爲有財, 古之人皆用之, 吾何爲獨不然?

있겠는가? 이것이 바로 자류(子柳)가 자석(子碩)의 요구를 따르지 않았던 이유이다.

鄭注 具, 葬之器用. 子柳, 魯叔仲皮之子, 子碩兄. 言無其財. 粥, 謂嫁之也. 妾賤, 取之曰買. 忠恕. 古者謂錢爲泉布, 所以通布貨財. 惡因死者以爲利. 以分死者所矜也. 祿多, 則與鄰里鄉黨.

번역 '구(具)'자는 장례(葬禮)를 치를 때 사용되는 기물과 재화이다. '자류(子柳)'는 노(魯)나라 숙중피(叔仲皮)의 아들이며, 자석(子碩)의 형이다. 재화가 없다는 것을 뜻한다. '죽(粥)'자는 시집을 보낸다는 뜻이다. 첩은 미천한 신분이므로, 그녀를 들일 때에는 "사다[買]."라고 말한다. 서제(庶弟)의 모친을 시집보내지 않았던 것은 충서(忠恕)에 해당한다. 고대에는 화폐[錢]를 '천포(泉布)'라고 하였으니, 화패는 하천이 흘러서 두루 퍼지는 것과 같고, 옷감은 세상 어디에서도 사고 팔수 있는 재화이기 때문이다. 죽은 자를 통해서 이로움을 축적하는 것을 미워했기 때문이다. 죽은 자의 입장에서 가엽게 여겼던 자에게 나눠준 것이다. 녹봉이 많다면 이웃 마을 및 향당(鄉黨)에 나눠준다.

釋文 碩音石. 鬻, 本又作"粥", 音育, 賣也, 注同. 惡, 烏路反.

번역 '碩'자의 음은 '石(석)'이다. '鬻'자는 판본에 따라서 또한 '粥'자로도 기록하는데, 그 음은 '育(육)'이니, 판다는 뜻이고, 정현의 주에 나온 글자도 그 음이 이와 같다. '惡'자는 '烏(오)'자와 '路(로)'자의 반절음이다.

孔疏 ●"子柳"至"貧者". ○正義曰: 此一節論不粥人之母及因死爲利之事, 各依文解之.

---

2) 『예기』「곡례하(曲禮下)」【51b】: <u>無田祿者, 不設祭器</u>, 有田祿者, 先爲祭服. 君子雖貧, 不粥祭器, 雖寒, 不衣祭服, 爲宮室, 不斬於丘木.

번역 ●經文: "子柳"～"貧者". ○이곳 문단은 남의 모친을 팔아서는 안 되며, 죽은 자를 통해 재화를 증식해서는 안 된다는 사안을 논의하고 있으니, 각각의 문장에 따라서 풀이하겠다.

孔疏 ◎注"子柳"至"碩兄". ○正義曰: 按下檀弓云"叔仲皮學子柳", 故知子柳是叔仲皮之子. 知"子碩兄"者, 以此云"子碩曰: 請粥庶弟之母", 故知"子碩兄"也.

번역 ◎鄭注: "子柳"～"碩兄". ○「단궁(檀弓)」 하편을 살펴보면, "숙중피(叔仲皮)가 자류(子柳)를 가르쳤다."[3]라고 했다. 그러므로 자류가 숙중피의 아들이 된다는 사실을 알 수 있다. 그리고 자류가 "자석(子碩)의 형이다."라는 사실을 알 수 있는 이유는 이곳 문장에서 "자석이 '청컨대 서제(庶弟)의 모친을 다른 집에 시집보내고자 합니다.'"라고 말했기 때문에, 자류가 "자석의 형이다."라는 말이 사실임을 알 수 있다.

孔疏 ◎注"古者"至"貨財". ○正義曰: 解布名也, 言古者謂錢爲泉布, 所以然者, 言其通流有如水泉而徧, 布貨買天下貨財也. 而鄭注周禮云: "藏曰泉, 其行曰布, 取名於水泉, 其流行無不徧也." 鄭又云: "泉始蓋一品, 周景王鑄大泉而有二品, 後數變易, 不復識本制, 至漢唯有五銖久行." 按鄭此者云五銖者, 其重五銖. 凡十黍爲一參, 一參爲一銖, 二十四銖爲一兩, 故錢邊作"五銖"字也. 鄭又云: "王莽改貨而異作泉布, 多至十品. 今存於民間多者, 有貨布·大泉·貨泉. 貨布長二寸五分, 廣寸, 首長八分有奇, 廣八分, 其圜好徑二分半, 足枝長八分, 其右文曰貨, 左文曰布, 重二十五銖, 直貨泉二十五. 大泉徑一寸二分, 重十二銖, 文曰大泉, 直十五貨泉, 貨泉徑一寸, 重五銖, 右文曰貨, 左曰泉, 直一也." 按食貨志云今世謂之笮錢是也. 邊猶爲貨泉之字, 大泉卽今大四

---

3) 『예기』「단궁하(檀弓下)」【140d】: 叔仲皮學子柳, 叔仲皮死, 其妻魯人也, 衣衰而繆絰. 叔仲衍以告, 請繐衰而環絰, 曰, "昔者吾喪姑姊妹亦如斯, 末吾禁也." 退, 使其妻繐衰而環絰.

文錢也, 四邊並有文也. 貨布之形, 今世難識, 世人或耕地猶有得者, 古時一箇準二十五錢也. 然古又有刀. 刀有二種, 一是契刀, 一是錯刀也. 契刀直五百, 錯刀直一千. 契刀無縷, 而錯刀用金縷之. 刀形如錢, 而邊作刀字形也, 故世猶呼錢爲錢刀也.

번역 ◎鄭注: "古者"~"貨財". ○'포(布)'의 명칭을 풀이한 말이니, 즉 고대에는 화패[錢]를 '천포(泉布)'라고 불렀다는 의미이다. 이처럼 했던 이유는 화패가 유통되는 것은 마치 하천이 흘러서 두루 퍼지는 것과 같은 점이 있고, 옷감은 세상 어디에서도 사고 팔수 있는 재화임을 뜻하기 때문이다. 그런데 『주례』에 대한 정현의 주를 살펴보면, "보관해두는 것을 '천(泉)'이라고 부르고, 유통되는 것을 '포(布)'라고 부르니, 하천[水泉]에서 그 명칭을 취한 것으로, 화패가 유통됨에 두루 미치지 않음이 없기 때문이다."[4]라고 했다. 정현은 또한 "천(泉)은 처음에는 하나의 종류였는데, 주(周)나라 경왕(景王) 때 대천(大泉)을 주조하여, 두 가지가 생겼고, 후대에는 수차례 변화를 거치게 되어, 본래의 제도에 대해서 알지 못했으며, 한(漢)나라 때에 이르러서는 오직 오수(五銖)가 생겨서, 오래도록 유통이 되었다."[5]라고 했다. 정현이 이 문장에서 '오수(五銖)'라고 한 것에 대해서 살펴보면, 그 무게는 5수(銖)가 된다. 무릇 10서(黍)는 1참(參)이 되고, 1참(參)은 1수(銖)가 되며, 24수(銖)는 1양(兩)이 된다. 그렇기 때문에 화패의 주변에 '오수(五銖)'라는 글자를 새긴 것이다. 정현은 또한 "왕망(王莽)은 화패를 바꿔서 다른 모양의 천포(泉布)를 만들었으니, 그 품종은 10 종류에 이르게 되었다. 오늘날 민간에서 유통되는 것들 중 많이 쓰이는 것에는 화포(貨布)・대천(大泉)・화천(貨泉)이 있다. '화포(貨布)'는 그 길이가 2촌(寸) 5분(分)이고, 너비는 1촌(寸)이며, 머리의 길이는 8분(分)보다 조금 길고, 너비는 8분(分)이며, 그 둘레의 지름은 2.5분(分)이며, 밑에 갈라져 나온 발 부위는 그 길이가

4) 이 문장은 『주례』「천관(天官)・외부(外府)」편의 "外府掌邦布之入出, 以共百物, 而待邦之用, 凡有法者."라는 기록에 대한 정현의 주이다.

5) 이 문장은 『주례』「천관(天官)・외부(外府)」편의 "外府掌邦布之入出, 以共百物, 而待邦之用, 凡有法者."라는 기록에 대한 정현의 주이다.

8분(分)이고, 그 오른쪽에는 '화(貨)'라는 글자가 새겨져 있으며, 왼쪽에는 '포(布)'라는 글자가 새겨져 있고, 무게는 25수(銖)이며, 가치는 화천(貨泉) 25개에 해당한다. '대천(大泉)'의 지름은 1촌(寸) 2분(分)이고, 무게는 12수(銖)이며, '대천(大泉)'이라는 글자가 새겨져 있고, 그 가치는 화천(貨泉) 15개에 해당한다. 그리고 '화천(貨泉)'은 그 지름이 1촌(寸)이고, 무게는 5수(銖)이며, 오른쪽에는 '화(貨)'라는 글자가 새겨져 있고, 왼쪽에는 '천(泉)'이라는 글자가 새겨져 있는데, 그 가치는 기준이 되는 1에 해당한다."[6]라고 했다. 『한서(漢書)』「식화지(食貨志)」편의 기록을 살펴보면, 오늘날 '착전(笮錢)'이라고 부르는 것들이 여기에 해당한다. 그 옆에는 여전히 '화천(貨泉)'이라는 글자가 새겨져 있는데, '대천(大泉)'의 경우에는 오늘날 커다란 네 개의 문자가 생겨진 화패이니, 네 귀퉁이에 모두 글자가 새겨져 있다. 화포(貨布)의 형태에 대해서는 오늘날 파악하기 어렵다. 세간에서는 간혹 경작지에서 여전히 이것을 발견하기도 하는데, 고대에는 1개의 준(準)은 25개의 전(錢)이 된다. 그런데 고대에는 또한 도(刀)라는 것도 있었다. 도(刀)에는 두 종류가 있었는데, 하나는 계도(契刀)이고, 다른 하나는 착도(錯刀)이다. 계도(契刀)의 가치는 500에 해당하고, 착도(錯刀)의 가치는 1000에 해당한다. 계도(契刀)에는 꿰는 부분이 없는데, 착도(錯刀)는 금(金)을 이용해서 그것들을 꿰게 된다. 도(刀)의 형태는 전(錢)과 유사하지만, 귀퉁이에는 도(刀)자의 형태가 새겨져 있다. 그렇기 때문에 세간에서는 여전히 전(錢)을 전도(錢刀)라고 부르고 있는 것이다.

6) 이 문장은 『주례』「천관(天官)·외부(外府)」편의 "外府掌邦布之入出, 以共百物, 而待邦之用, 凡有法者."라는 기록에 대한 정현의 주이다.

그림 60-1 주전(周錢) · 경왕전(景王錢) · 오수전(五銖錢)

▸ **출처:** 『삼재도회(三才圖會)』「진보(珍寶)」 2권

그림 60-2 왕망(王莽)이 주조한 대전(大錢)과 소전(小錢)

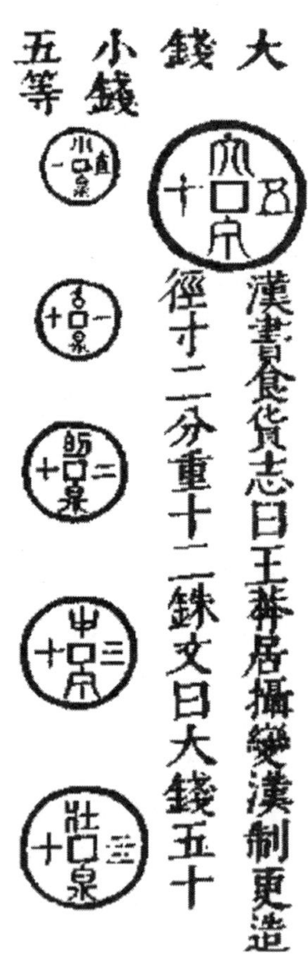

▸ **출처:** 『삼재도회(三才圖會)』「진보(珍寶)」 2권

그림 60-3 화포(貨布)·대천전(大泉錢)·화천전(貨泉錢)

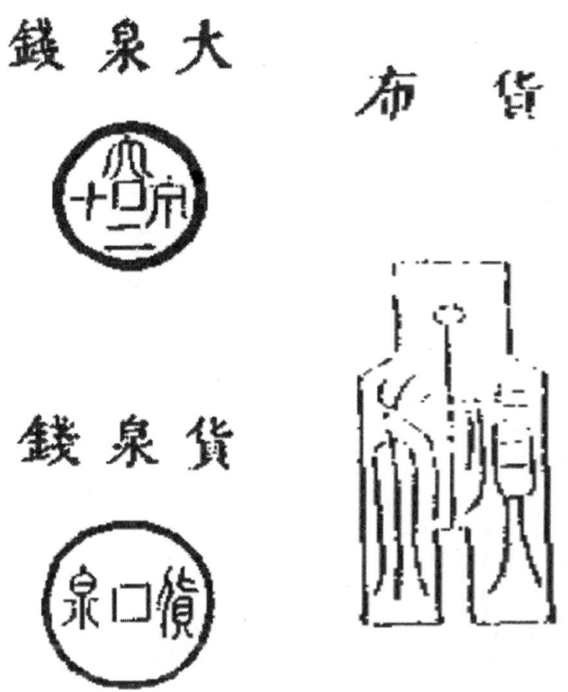

▸ 출처: 『삼재도회(三才圖會)』「진보(珍寶)」 2권

그림 60-4 계도(契刀)와 한도(漢刀)

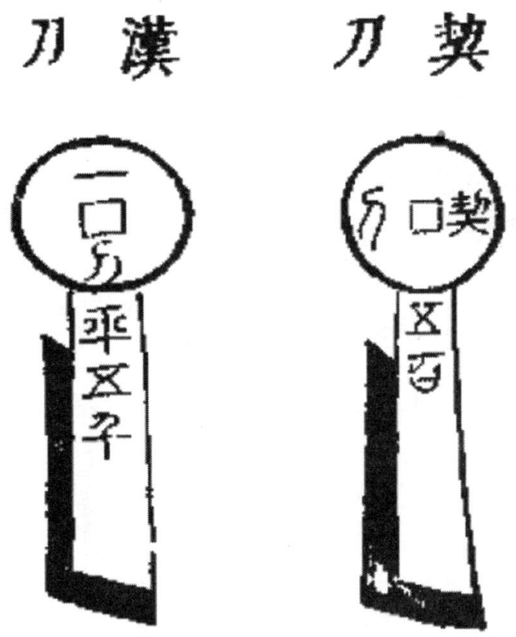

▸ **출처:** 『삼재도회(三才圖會)』「진보(珍寶)」 2권

集解 愚謂: 子柳, 孔子弟子顔幸, 下篇所稱顔柳, 是也. 子碩, 子柳之弟. 具, 謂葬之器用, 明器・柳・翣之屬也. 何以者, 言貧無以爲葬具, 欲稱家之有無, 而從其儉也. 君子愛其親以及人之親, 粥人母以葬其母, 非仁也. 家於喪, 謂因喪以爲利, 非義也. 賻布所以送死, 兄弟之貧者, 亦死者之所矜, 故以賻布之餘班之, 緣死者之意以廣其恩也.

번역 내가 생각하기에, '자류(子柳)'는 공자(孔子)의 제자인 안행(顔幸)이니, 「단궁하(檀弓下)」편에 기록된 안류(顔柳)가 바로 그 인물이다.[7] '자석(子碩)'은 자류의 동생이다. '구(具)'자는 장례(葬禮)를 치를 때 사용되는 기물과 재화 등이니, 명기(明器)・류(柳)・삽(翣) 등의 부류를 뜻한다. '하이(何以)'라는 말은 가난하여 장례를 치를 때 갖춰야 할 기물들을 마련할 수 없다면, 가산의 정도에 맞게 하여, 검소함에 따르고자 한다는 뜻이다. 군자(君子)는 자신의 부모를 사랑하여, 남의 부모에 대해서도 그 사랑함이 미치게 되니, 남의 모친을 팔아서 자신의 모친에 대한 장례를 치른다는 것은 인(仁)이 아니다. '가어상(家於喪)'이라는 말은 상(喪)으로 인해 재화를 증식한다는 뜻으로, 이처럼 하는 것은 의(義)가 아니다. 부의로 들어온 재물로는 죽은 자를 전송하게 되는데, 형제들 중 가난한 자는 또한 죽은 자가 생전에 가엾게 여겼던 자이다. 그렇기 때문에 부의로 들어온 나머지 재물들을 그들에게 나눠주는 것은 죽은 자의 뜻에 따라서 그 은혜로움을 널리 실천하는 일이다.

---

7) 『예기』「단궁하(檀弓下)」【130d】: 孺子𩠋之喪, 哀公欲設撥, 問於有若. 有若曰, "其可也. 君之三臣猶設之." 顔柳曰, "天子龍輴而郭幬, 諸侯輴而設幬, 爲褕沈故設撥. 三臣者廢輴, 而設撥, 竊禮之不中者也, 而君何學焉."

• 제61절 •

전쟁과 정치

【91d】

君子曰: "謀人之軍師, 敗則死之; 謀人之邦邑, 危則亡之."

직역 君子가 曰, "人의 軍師를 謀하여, 敗하면 死하고; 人의 邦邑을 謀하여, 危하면 亡한다."

의역 군자(君子)가 말하길, "남의 군대를 부리는 장수가 되었는데, 만약 전쟁에서 패하게 된다면, 본인 또한 죽어야 마땅하다. 남의 나라를 위해 정사를 도모하였는데, 그 나라가 위태롭게 된다면, 자신 또한 물러나는 것이 마땅하다."라고 했다.

集說 應氏曰: 衆死而義不忍獨生, 焉得而不死; 國危而身不可獨存, 焉得而不亡.

번역 응씨가 말하길, 병사들이 죽었으므로, 의(義)에 따라 차마 홀로 살아갈 수 없으니, 어찌 죽지 않을 수가 있겠는가? 나라가 위태로워지면, 제 자신만 홀로 그 자리를 보존할 수가 없으니, 어찌 물러나지 않을 수가 있겠는가?

大全 長樂陳氏曰: 主危臣辱, 主辱臣死, 故謀人之軍師, 敗則死之. 社稷存則與存, 社稷亡則與亡, 故謀人之邦邑, 危則亡之. 思其敗之死, 則無輕軍師, 思其危之亡, 則無輕邦邑. 先王懼夫爲人臣者, 不知出此, 故禮以戒之, 凡使引慝執咎殫忠致命而已.

번역 장락진씨가 말하길, 주군이 위태롭게 되어, 신하가 치욕을 당하게 되는 것이고, 주군이 치욕을 당하게 되어, 신하가 죽게 되는 것이다. 그렇기 때문에 남의 군대를 부리는 장수가 되었는데, 만약 전쟁에서 패하게 된다면, 그 또한 목숨을 버리는 것이다. 사직(社稷)이 보존되면, 더불어 자리를 보존하는 것이고, 사직이 망하게 되면, 더불어 함께 망하는 것이다. 그렇기 때문에 남의 나라를 위해 정사를 도모하였는데, 만약 나라가 위태롭게 된다면, 그 또한 물러나는 것이다. 패하게 되면 죽게 되리라는 것을 생각한다면, 군대를 통솔할 때 경솔하게 함이 없게 되고, 나라가 위태롭게 되면 자신도 물러나게 되리라는 것을 생각한다면, 나라를 다스릴 때 경솔하게 함이 없게 된다. 선왕(先王)은 사람들의 신하가 되는 것이 이러한 뜻에서 나온 것임을 알지 못할 것을 염려하였기 때문에, 예(禮)에 따라 주의를 준 것이니, 무릇 사람들로 하여금 자신의 과실을 인정하게 하고, 허물을 고치며, 충심을 다하고, 목숨을 바치도록 했을 따름이다.

鄭注 利己亡衆, 非忠也. 言亡之者, 雖辟賢, 非義退.

번역 자신만을 영화롭게 하고 많은 사람을 망하게 하는 것은 충(忠)이 아니다. '망(亡)'해야 한다고 했는데, 비록 자신보다 현명한 자에게 자리를 내어주게 되더라도, 이것은 의로움에 따라 물러나는 것이 아니라는 의미이다.

集解 一萬二千五百人爲軍, 二千五百人爲師. 大夫死衆. 謀人之軍師而至於敗, 則喪師辱國, 而其義不可以獨生矣. 春秋晉・楚之大夫若成得臣・荀林父等, 皆以軍敗請死, 蓋此義也. 亡, 去國也. 大夫去國, 離宗廟, 去邦族, 其禍等於失國, 其哀放於居喪. 謀人之邦邑, 危則亡之, 以見危人之國者, 亦不敢自保其家, 亦國亡與亡之義也.

번역 12,500명의 군대를 '군(軍)'으로 편재하며, 2,500명의 군대를 '사(師)'로 편재한다. 대부(大夫)는 군사들을 위해 목숨을 바친다.[1] 남의 군대를 부리는 장수가 되었는데, 전쟁에서 패하게 된다면, 군대를 잃게 되고 나라를 치욕스럽게 만드니, 의(義)에 따라서는 홀로 살아남을 수가 없다. 춘추시대 때 진(晉)나라와 초(楚)나라의 대부들 중 성득신(成得臣)이나 순림보(荀林父) 등은 모두 군대가 패하자 죽기를 청원하였으니, 무릇 이러한 의(義)에 해당한다고 할 수 있다. '망(亡)'자는 그 나라를 떠난다는 뜻이다. 대부가 그 나라를 떠나게 되면, 자신의 종묘(宗廟)와도 떨어지게 되고, 그 나라에 남아있는 친족과도 떨어지게 되니, 그 불행은 나라를 잃은 것과 같고, 그 슬픔은 상(喪)을 치를 때와 같다. 남의 나라를 위해 정사를 도모했는데, 만약 그 나라가 위태롭게 되었다면, 그 나라를 떠나서, 남의 나라를 위태롭게 만들었음을 드러내니, 이는 또한 감히 제 자신의 집안만을 보존할 수가 없기 때문이며, 또한 나라가 패망했을 때 자신 또한 함께 패망의 길을 걷는다는 의(義)에 해당한다.

---

1) 『예기』「곡례하(曲禮下)」【54a】: 國君去其國, 止之曰, "奈何去社稷也?" 大夫曰, "奈何去宗廟也?" 士曰, "奈何去墳墓也?" 國君死社稷, <u>大夫死衆</u>, 士死制.

• 제 62 절 •

공숙문자(公叔文子)의 비례(非禮)

【92a】

公叔文子升於瑕丘, 蘧伯玉從. 文子曰: "樂哉斯丘也! 死則我欲葬焉." 蘧伯玉曰: "吾子樂之, 則瑗請前."

직역 公叔文子가 瑕丘에 升함에, 蘧伯玉이 從했다. 文子가 曰, "樂哉라 斯丘여! 死면 我는 葬을 欲이라." 蘧伯玉이 曰: "吾子가 樂하니, 瑗은 請컨대 前이라."

의역 공숙문자(公叔文子)가 하구(瑕丘)에 오름에, 거백옥(蘧伯玉)이 그 뒤를 따라 함께 올라갔다. 그러자 공숙문자는 "이 언덕은 매우 좋구나! 내가 죽으면 나는 이곳에서 내 장례(葬禮)를 치르고 싶다."라고 했다. 그러자 거백옥은 "그대가 이 땅을 좋아하니, 나는 청컨대 먼저 내려가겠소."라고 했다.

集說 二子皆衛大夫, 文子名拔, 伯玉名瑗.

번역 두 사람은 모두 위(衛)나라의 대부(大夫)로, 문자(文子)의 이름은 발(拔)이고, 백옥(伯玉)의 이름은 원(瑗)이다.

集說 劉氏曰: 伯玉之請前, 蓋始從行於文子之後, 及聞文子之言, 而惡其將欲奪人之地, 自爲身後計, 遂譏之曰, 吾子樂此, 則我請前行以去子矣. 示不欲與聞其事也, 可謂長於風喩者矣.

번역 유씨가 말하길, 백옥(伯玉)이 먼저 내려가길 청원한 이유는 아마도 처음에는 문자(文子)의 뒤를 따라 올라갔다가, 곧 문자가 하는 말을 듣고서, 그가 남의 땅을 탐내며, 제 스스로 자신이 죽은 뒤의 계책을 도모하는 것이 싫었기 때문에, 결국 그를 기롱하며, "그대가 이 땅을 좋아한다면, 나는 청컨대 그대보다 먼저 내려가서, 그대를 떠나겠네."라고 말한 것이다. 이것은 곧 그와 함께 그 일을 도모하는 것에 참여하고 싶지 않다는 뜻을 나타내는 것이니, 백옥은 완곡한 언사를 통해 풍자하는 것에 뛰어났던 사람이라고 평가할 수 있다.

大全 嚴陵方氏曰: 葬之爲禮, 蓋生者之所送終, 非死者之所豫擇. 擇之且不可, 又況徇己之樂而忘人之害乎? 苟惟樂已害人之事可爲, 則夫人而爲之矣. 此公叔文子樂瑕丘之葬, 故蘧伯玉有請前之譏也.

번역 엄릉방씨가 말하길, 죽은 자에 대해 장례(葬禮)를 치르며 예(禮)를 시행하는 것은 무릇 살아있는 자들이 죽은 자가 인생을 마침에 대해서 잘 전송하는 일이지, 죽은 자가 미리 선택할 수 있는 사안이 아니다. 선택을 하더라도 또한 불가한데, 하물며 자신이 좋아하는 것을 주칭하고, 남에게 해가 되리라는 것을 잊고 있음에 있어서는 어떠하겠는가? 진실로 좋아하는 것이 이미 남에게 해로움을 끼치는 사안이 되는데, 그것을 할 수 있다면, 남들도 그러한 일들을 하게 된다. 이것이 바로 공숙문자(公叔文子)가 하구(瑕丘)의 땅에서 장례(葬禮)를 치르고자 하였기 때문에, 거백옥(蘧伯玉)이 청원을 하여 먼저 내려가며 기롱을 하게 된 이유이다.

鄭注 二子, 衛大夫. 文子, 獻公之孫, 名拔. 刺其欲害人良田. 瑗, 伯玉名.

번역 두 사람은 위(衛)나라의 대부(大夫)이다. 문자(文子)는 헌공(獻公)의 손자이며, 이름은 발(拔)이다. 남의 좋은 경작지를 해치고자 한 것을 풍자한 것이다. '원(瑗)'은 백옥(伯玉)의 이름이다.

釋文 蘧, 本又作璩, 其魚反. 從, 才用反, 又如字. 拔, 皮八反, 徐蒲末反. 樂音洛, 下同, 一讀下樂, 五敎反. 瑗, 于卷反, 又於願反. 刺, 七賜反.

번역 '蘧'자는 판본에 따라서 또한 '璩'자로도 기록하는데, 그 음은 '其(기)'자와 '魚(어)'자의 반절음이다. '從'자는 '才(재)'자와 '用(용)'자의 반절음이며, 또한 글자대로 읽기도 한다. '拔'자는 '皮(피)'자와 '八(팔)'자의 반절음이며, 서음(徐音)은 '蒲(포)'자와 '末(말)'자의 반절음이 된다. '樂'자의 음은 '洛'이며, 아래문장의 글자도 그 음이 이와 같은데, 한편 아래문장에 나오는 '樂'자를 '五(오)'자와 '敎(교)'자의 반절음으로 보기도 한다. '瑗'자는 '于(우)'자와 '卷(권)'자의 반절음이며, 또한 '於(어)'자와 '願(원)'자의 반절음이 되기도 한다. '刺'자는 '七(칠)'자와 '賜(사)'자의 반절음이다.

孔疏 ●"公叔"至"請前". ○正義曰: 此一節論蘧伯玉仁者, 刺文子欲害人良田之事.

번역 ●經文: "公叔"~"請前". ○이곳 문단은 거백옥(蘧伯玉)은 인(仁)한 자이며, 문자(文子)가 남의 좋은 경작지를 해치고자 한 일에 대해 풍자를 했던 사안을 논의하고 있다.

孔疏 ◎注"文子, 獻公之孫, 名拔". ○正義曰: 按世本云: "獻公生成子當, 當生文子拔, 拔生朱, 爲公叔氏."

번역 ◎鄭注: "文子, 獻公之孫, 名拔". ○『세본』을 살펴보면, "헌공(獻公)은 성자(成子) 당(當)을 낳았고, 당(當)은 문자(文子) 발(拔)을 낳았으며, 발(拔)은 주(朱)를 낳았는데, 공숙씨(公叔氏)가 되었다."라고 했다.

訓纂 說文: 丘, 土之高也, 非人所爲也. 一曰四方高, 中央下爲丘.

번역 『설문해자』에서 말하길, '구(丘)'는 높이 솟아 있는 땅으로, 사람이

인위적으로 만든 지형이 아니다. 한편 네 방면이 높이 솟아 있고, 중앙이 살짝 들어간 곳을 '구(丘)'라고 부르기도 한다.

集解 愚謂: 伯玉以文子欲奪人之地以爲葬地, 故言吾子若樂此, 則瑗請前行以去, 示不欲聞其謀也. 觀於此, 則公明賈謂公叔文子"時然後言", "義然後取", 豈其然乎?

번역 내가 생각하기에, 백옥(伯玉)은 문자(文子)가 남의 땅을 빼앗아서 자신의 장지(葬地)로 사용하고 싶어 했기 때문에, "그대가 만약 이 땅을 좋아한다면, 나는 청컨대 그대보다 먼저 내려가서 이곳을 떠나겠소."라고 말한 것이니, 이 말을 통해서 그가 도모하는 것을 듣고 싶지 않다는 뜻을 나타낸 것이다. 이를 통해 살펴보면, 공명가(公明賈)가 공숙문자(公叔文子)에 대해 말하며, "그 시기가 되어야만 그런 이후에야 말을 합니다."라고 했고, 또 "의로운 것이 되어야만 그런 이후에야 재물을 취합니다."라고 했는데, 어찌 정말로 그러했겠는가?

• 제63절 •

곡(哭)과 용(踊)의 법도

【92b】

弁人有其母死而孺子泣者, 孔子曰: "哀則哀矣, 而難爲繼也. 夫禮, 爲可傳也, 爲可繼也, 故哭踊有節."

직역 弁人에 그 母가 死하여 孺子의 泣한 者가 有하니, 孔子가 曰, "哀라면 哀로되, 繼로 爲하기에는 難이라. 夫히 禮는, 可히 傳함이 爲하며, 可히 繼함이 爲라, 故로 哭踊에도 節이 有라."

의역 변(弁) 땅의 사람들 중 그 모친이 돌아가시자 마치 어린아이가 우는 것처럼 마구 눈물을 흘리는 자가 있었다. 공자(孔子)가 그 모습을 보고, "슬퍼하는 측면에서, 그의 모습은 슬픔을 드러내는 것이라고 할 수 있다. 그러나 남들이 따라 하기가 어렵구나. 무릇 예(禮)라는 것은 전수할 수 있어야 하며, 남들이 따라할 수 있어야 한다. 그렇기 때문에 곡(哭)을 하고 용(踊)을 함에도 절도가 있는 것이다."라고 했다.

集說 弁, 地名. 孺子泣者, 其聲若孺子, 無長短高下之節也. 聖人制禮, 期於可傳可繼, 故哭踊皆有其節. 若無節, 則不可傳而繼矣.

번역 '변(弁)'은 지명이다. '유자읍(孺子泣)'이라는 것은 그 울음소리가 어린아이와 같아서, 장단(長短)과 고하(高下)의 절도가 없다는 뜻이다. 성인(聖人)이 예(禮)를 제정할 때에는 전수할 수 있고 따라할 수 있는 것들로 기획하였다. 그렇기 때문에 곡(哭)을 하고 용(踊)을 함에도 모두 절도가 있는 것이다. 만약 절도가 없다면, 전수할 수도 없고 따라할 수도 없게 된다.

大全 嚴陵方氏曰: 傳言由己以傳於後, 繼言使人有繼於前. 孟子曰, "舜爲法於天下, 可傳於後世." 又曰, "君子創業垂統, 爲可繼也." 此傳繼之辨歟. 夫弁人之喪母, 泣若孺子, 雖爲盡哀, 然失哭踊之節, 而難爲繼矣, 此孔子以是言之也.

번역 엄릉방씨가 말하길, '전(傳)'이라는 말은 자신을 통해서 후세에 전수한다는 뜻이고, '계(繼)'라는 말은 다른 사람들로 하여금 앞의 것을 이어서 할 수 있게 한다는 뜻이다. 『맹자』에서는 "순(舜)임금은 천하의 모범이 되어, 후세에 전수할 수 있다."[1]라고 했고, 또 "군자(君子)가 나라를 세우고 계통을 전수한 것은 이어갈 수 있게끔 한 것이다."[2]라고 했다. 이것이 바로 '전(傳)'자와 '계(繼)'자의 구별일 것이다. 무릇 변(弁) 땅의 사람이 모친에 대한 상(喪)을 치르며, 울음소리를 어린아이처럼 내는 것은 비록 슬퍼하는 마음을 극진히 나타내는 것이라고 할 수 있지만, 곡(哭)과 용(踊)의 절도를 잃어버려서, 남들이 이어받아서 하기가 어렵다. 이것이 바로 공자(孔子)가 이러한 말을 하게 된 이유이다.

鄭注 言聲無節. 此誠哀. 失禮中.

번역 울음소리에 절도가 없다는 뜻이다. 그의 울음소리에는 진실로 슬퍼함이 나타난다는 뜻이다. 그러나 예(禮)의 중도에는 맞지 않는다는 뜻이다.

釋文 弁, 皮彦反. 孺, 而注反. 傳, 直專反.

---

1) 『맹자』「이루하(離婁下)」: 是故君子有終身之憂, 無一朝之患也. 乃若所憂則有之, 舜, 人也, 我, 亦人也. 舜爲法於天下, 可傳於後世, 我由未免爲鄉人也, 是則可憂也.

2) 『맹자』「양혜왕하(梁惠王下)」: 苟爲善, 後世子孫必有王者矣. 君子創業垂統, 爲可繼也. 若夫成功, 則天也. 君如彼何哉? 强爲善而已矣.

번역 '弁'자는 '皮(피)'자와 '彦(언)'자의 반절음이다. '孺'자는 '而(이)'자와 '注(주)'자의 반절음이다. '傳'자는 '直(직)'자와 '專(전)'자의 반절음이다.

孔疏 ●"弁人"至"有節". ○正義曰: 此一節論孔子譏弁人哀過之事.

번역 ●經文: "弁人"~"有節". ○이곳 문단은 공자(孔子)가 변(弁) 땅 사람들 중 슬픔을 지나치게 나타낸 일을 기롱한 사안에 대해서 논의하고 있다.

孔疏 ●"而難爲繼也"者, 此哀之深, 後人無能繼學之者也.

번역 ●經文: "而難爲繼也". ○슬픔이 지나쳐서, 후세 사람들이 따라하며 배울 수가 없다는 뜻이다.

孔疏 ●"夫禮, 爲可傳也, 爲可繼也, 故器踊有節"者, 又廣述其難繼爲失也. 夫聖人禮制, 使後人可傳可繼, 故制爲哭踊之節, 以中爲度耳, 豈可過甚, 皆使後人不可傳繼乎? 然雜記: "曾申問於曾子曰: '哭父母有常聲乎?' 曰: '中路嬰兒失其母, 何常聲之有?'" 則與此違者, 云曾子所言, 是始死之時, 悲哀志懣, 未可爲節. 此之所言, 在襲斂之後, 可以制禮, 故哭踊有節也. 所以知然者, 曾申之問, 泛問於哭時, 故知擧重時答也. 此之所言哭踊有節, 節哭之時, 在於後也.

번역 ●經文: "夫禮, 爲可傳也, 爲可繼也, 故器踊有節". ○또한 따라서 하기가 어려운 것은 실례(失禮)가 된다는 사실을 폭넓게 설명한 것이다. 무릇 성인(聖人)이 예제(禮制)를 만든 것은 후세 사람들로 하여금 전승할 수 있고 따라할 수 있도록 하기 위해서였다. 그렇기 때문에 예제를 제정하며 곡(哭)과 용(踊)의 절도를 만들어서, 그 합당함을 법도로 삼은 것일 따름인데, 어찌 심하게 하거나 지나치게 해서, 후세 사람들로 하여금 전승할 수도 없고 따라할 수도 없게 할 수 있겠는가? 그런데 『예기』「잡기(雜記)」편에서는 "증신(曾申)이 증자(曾子)에게 묻기를 '부모에 대해 곡(哭)을 할 때에는 항상된 법도에 따라 우는 방식이 있습니까?'라고 하자, 증자가 대답하길, '길에서 아이가 그 어미를 잃어버리고 우는데, 어찌 일정한 법칙에 따라 우는 방식이 있겠는가?'"[3]라고 하였으니, 이곳의 기록과 그 내용이 위배된다. 그러나 증자가 언급한 내용은 부모가 이제 막 돌아가셨을 때, 비통함과 애통함이 넘쳐서, 아직까지는 절제를 할 수 없는 것을 뜻한다. 그리고 이곳에서 언급한 내용은 습(襲)과 염(斂)을 한 이후의 시기가 되므로, 예(禮)에 따라서 절제를 할 수 있다. 그렇기 때문에 곡(哭)과 용(踊)에도 절도가 있게 되는 것이다. 이와 같다는 사실을 알 수 있는 이유는 증신이 질문한 것은 곡(哭)을 하는 시기에 대해서 범범하게 질문을 한 것이다. 그렇기 때문에 그 중에서도 중요한 시기에 기준을 두고 답해주었다는 사실을 알 수 있다. 그리고 이곳에서 언급한 내용은 곡(哭)과 용(踊)을 함에도 절도가 있다는 뜻인데, 곡(哭)을 하며 절도에 맞춰서 하는 시기는 그 이후의 시기에 해당한다.

3) 『예기』「잡기하(雜記下)」【515b~c】: 曾申問於曾子曰, "哭父母有常聲乎?" 曰, "中路嬰兒失其母焉, 何常聲之有?"

• 제 64 절 •

소렴(小斂) 이후의 법도

【92c】

叔孫武叔之母死, 旣小斂, 擧者出, 尸出戶, 袒[1], 且投其冠, 括髮. 子游曰: "知禮."

직역 叔孫武叔의 母가 死함에 旣히 小斂하고, 擧者가 出하여, 尸히 戶를 出하니, 袒하고, 且히 그 冠을 投하여, 髮을 括했다. 子游가 曰, "禮를 知구나."

의역 숙손무숙(叔孫武叔)의 모친이 돌아가셨다. 소렴(小斂)을 끝내고, 시신을 들고서 밖으로 나왔는데, 시신이 호(戶)를 빠져나오자 숙손무숙은 서둘러 단(袒)을 했고, 또 그 관(冠)을 내던진 다음에 머리카락을 틀어 올렸다. 자유(子游)는 그 모습을 보고, "예(禮)를 아는구나."라고 하여, 그를 비난하였다.

---

1) '거자출호출호단(擧者出戶出戶袒)'에 대하여. 『십삼경주소(十三經注疏)』 북경대 출판본에서는 "『석경(石經)』·『송감본(宋監本)』·『악본(岳本)』·『가정본(嘉靖本)』과 위씨(衛氏)의 『집설(集說)』에서는 동일하게 기록하고 있다. 『민본(閩本)』·『감본(監本)』·『모본(毛本)』에서는 앞의 '호(戶)'자를 '시(尸)'자로 기록하고 있는데, 이것은 잘못된 기록이다. 『석경고문제요(石經考文提要)』에서는 '앞의 출호(出戶)는 거시(擧尸)의 뜻이며, 뒤의 호(戶)자는 무숙(武叔)이 염(斂)을 하여 거시(擧尸)를 해서 출호(出戶)를 한다는 뜻인데, 무숙은 여전히 관(冠)을 쓰고서 뒤따라 출호(出戶)를 하여, 급급하게 괄발(括髮)할 것을 생각하였기 때문에, 곧 그 관(冠)을 던졌으니, 급작스럽게 하여 절도를 잃어버림이 매우 심했던 것이다. 송(宋)나라 때의 『대자본(大字本)』과 남송(南宋) 때의 『건상본(巾箱本)』 및 내 『인중본(仁仲本)』, 『유숙강본(劉叔剛本)』에는 모두 거자출호출호단(擧者出戶出戶袒)으로 기록되어 있다.'"라고 했다.

集說 禮, 始死將斬衰者笄纚, 將齊衰者素冠, 小斂畢而徹帷, 主人括髮袒于房, 婦人髽于室. 擧者出, 擧尸以出也. 括髮當在小斂之後, 尸出堂之前, 主人爲將奉尸, 故袒而括髮耳. 今武叔待尸出戶, 然後袒而去冠括髮, 失禮節矣. 故註以子游知禮之言爲嗤之也.

번역 예(禮)에 따르면, 이제 막 돌아가셨을 때, 장차 참최복(斬衰服)을 착용하게 되는 자는 비녀를 꼽고 리(纚)로 머리를 싸매게 되며, 자최복(齊衰服)을 착용하는 자는 소관(素冠)을 착용하고 되는데, 소렴(小斂)이 모두 끝나면, 유(帷)를 치우고, 상주(喪主)는 방에서 머리를 틀고 단(袒)을 하며, 부인은 실(室)에서 북상투[髽]를 튼다. '거자출(擧者出)'이라는 말은 시신을 들고서 밖으로 나온다는 뜻이다. 머리를 트는 것은 마땅히 소렴을 한 이후와 시신이 당(堂)으로 나오기 이전에 해야 하는데, 상주가 시신을 받들게 되기 때문에, 단(袒)을 하고서 머리를 트는 것일 뿐이다. 그런데 현재 무숙(武叔)은 시신이 호(戶) 밖으로 나오기를 기다렸다가 그 이후에야 단(袒)을 하고, 관(冠)을 벗은 뒤에 머리를 틀었으니, 예(禮)의 절차를 잃은 것이다. 그렇기 때문에 정현(鄭玄)의 주에서는 자유(子游)가 예(禮)를 안다고 한 말을 비웃는 뜻으로 풀이한 것이다.

集說 馮氏曰: 經文作"戶出戶", 上戶字, 乃尸字之訛也. 鄭註云, "尸出戶乃變服", 義甚明. 然註文尸亦訛爲戶, 遂解不通.

번역 풍씨가 말하길, 경문에서는 '호출호(戶出戶)'로 기록되어 있는데, 앞의 '호(戶)'자는 '시(尸)'자가 잘못 기록된 것이다. 정현(鄭玄)의 주에서는 "시신이 호(戶)를 빠져나오자, 곧 복식을 바꾼 것이다."라고 했으니, 그 의미가 매우 명확하다. 그러나 정현의 주에서는 '시(尸)'자를 또한 '호(戶)'자로 잘못 기록하고 있어서, 마침내 그 해석이 통용되지 않게 되었다.

大全 嚴陵方氏曰: 蓋小斂而後, 袒·括髮, 則得其序矣. 出尸而後, 袒·括髮, 則非其所也. 子游曰知禮, 所以甚言其不知禮也.

번역 엄릉방씨가 말하길, 무릇 소렴(小斂)을 한 이후에 단(袒)을 하고 머리를 틀게 된다면, 그 순서에 맞는 것이다. 그러나 시신이 밖으로 나온 이후에 단(袒)을 하고 머리를 틀게 된다면, 적절한 순서에 따른 것이 아니다. 자유(子游)가 "예(禮)를 안다."라고 한 말은 그가 예(禮)를 알지 못한다는 사실을 매우 극명하게 말한 것이다.

鄭注 武叔, 公子牙之六世孫, 名州仇, 毁孔子者. 尸出戶, 乃變服, 失哀節. 冠, 素委貌. 嗤之.

번역 '무숙(武叔)'은 공자(公子) 아(牙)의 6세손이며, 이름은 주구(州仇)이고, 공자(孔子)를 비난했던 자이다. 시신이 호(戶)를 빠져나오자, 곧 복식을 바꾼 것이니, 상례(喪禮)의 절차에서 벗어난 것이다. '관(冠)'은 흰색의 위모(委貌)이다. 자유(子游)는 그를 비웃은 것이다.

釋文 括, 古活反. 嗤, 昌之反.

번역 '括'자는 '古(고)'자와 '活(활)'자의 반절음이다. '嗤'자는 '昌(창)'자와 '之(지)'자의 반절음이다.

孔疏 ●"叔孫"至"知禮". ○正義曰: 此一節論武叔失禮之事, 各依文解之.

번역 ●經文: "叔孫"～"知禮". ○이곳 문단은 무숙(武叔)이 실례(失禮)를 범한 사안에 대해서 논의하고 있으니, 각각의 문장에 따라서 풀이하겠다.

孔疏 ◎注"武叔"至"子者". ○正義曰: 按世本: "桓公生僖叔牙, 牙生戴伯茲, 茲生莊叔得臣, 臣生穆叔豹, 豹生昭子婼, 婼生戍子不敢, 敢生武叔州仇." 仇是公子牙六世孫, 故云"公子牙六世孫"也. 云"毁孔子者", 論語云"叔孫武叔毁仲尼", 是也.

번역 ◎鄭注: "武叔"~"子者". ○『세본』을 살펴보면, "환공(桓公)은 희숙(僖叔) 아(牙)를 낳았고, 아(牙)는 대백(戴伯) 자(玆)를 낳았으며, 자(玆)는 장숙(莊叔) 득신(得臣)을 낳았고, 신(臣)은 목숙(穆叔) 표(豹)를 낳았으며, 표(豹)는 소자(昭子) 야(婼)를 낳았고, 야(婼)는 술자(戌子) 불감(不敢)을 낳았으며, 감(敢)은 무숙(武叔) 주구(州仇)를 낳았다."라고 했다. 따라서 구(仇)는 공자(公子) 아(牙)의 6세손이 된다. 그래서 "공자(公子) 아(牙)의 6세손이다."라고 말한 것이다. 정현이 "공자(孔子)를 비난했던 자이다."라고 했는데, 『논어』에서 "숙손무숙(叔孫武叔)이 중니(仲尼)를 헐뜯었다."[2] 라고 한 말이 바로 이러한 사실을 나타낸다.

---

2) 『논어』「자장(子張)」 : 叔孫武叔毁仲尼. 子貢曰, "無以爲也! 仲尼不可毁也. 他人之賢者, 丘陵也, 猶可踰也, 仲尼, 日月也, 無得而踰焉. 人雖欲自絶, 其何傷於日月乎? 多見其不知量也."

그림 64-1 노(魯)나라 숙손무숙(叔孫武叔)의 가계도(家系圖)

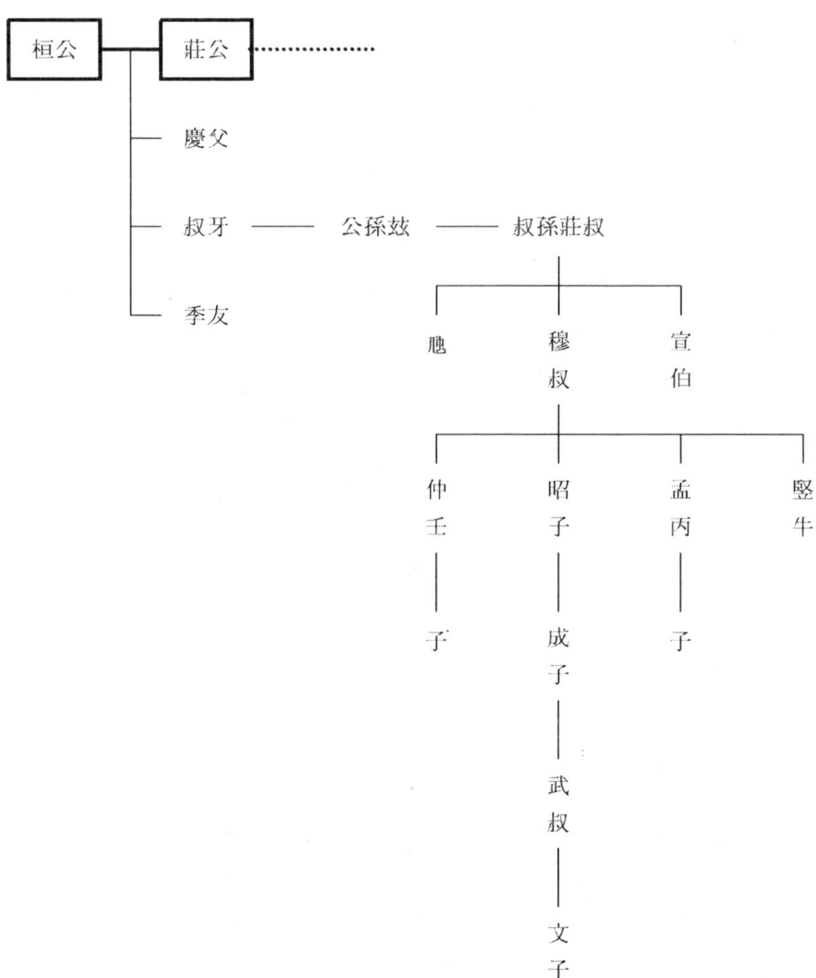

▸ **출처:** 『역사(繹史)』 1권 「역사세계도(繹史世系圖)」

孔疏 ◎注"尸出"至"委貌". ○正義曰, 按士喪禮"卒斂徹帷, 主人西面馮尸, 踊, 無筭, 主婦東面馮, 亦如之. 主人髻髮, 袒, 衆主人免". 下云: "士舉, 男女奉尸, 夷于堂." 喪大記亦云: "卒小斂, 主人袒, 說髦, 括髮以麻." 下云: "奉尸夷于堂." 是括髮在小斂之後, 奉尸夷于堂之前, 主人爲欲奉尸, 故袒而括髮在前. 今武叔奉尸夷堂之後, 乃投冠括髮, 故云"尸出戶, 乃變服, 失哀節". 云"冠, 素委貌"者, 按雜記云: "小斂環絰, 公·大夫·士一也." 注云: "士素委貌, 大夫以上素爵弁, 而加此絰焉." 鄭知然者, 以喪大記云: "君將大斂, 子弁絰." 大夫大斂無文, 明亦弁絰, 大斂旣爾, 明小斂亦然, 故云大夫以上弁絰. 按武叔投冠, 武叔是諸侯大夫, 當天子之士, 故云: "士素委貌." 若然, 按士喪禮主人括髮, 鄭注云"始死, 將斬衰者雞斯, 將括髮者去笄, 纚而紒", 無素委貌者, 熊氏云: "士喪禮謂諸侯之士, 故無素冠也." 崔氏云: "將小斂之時已括髮, 括髮後, 大夫以上加素弁, 士加素委貌. 至小斂訖, 乃投去其冠, 而見括髮." 今按士喪禮及大記皆小斂卒, 乃括髮, 無小斂之前爲括髮者, 崔氏之言非也. 按士喪禮小斂括髮, 鄭注喪服變除云: "襲而括髮者, 彼據大夫以上之禮, 死之明日而襲, 與士小斂同日, 俱是死後二日也." 鄭注士喪禮一括髮之後, 比至大斂自若. 所以大記云: "小斂, 主人袒, 說髦, 括髮." 是諸侯小斂之時更括髮者, 崔氏云: "謂說去其髦, 更正括髮, 非重爲括髮也."

번역 ◎鄭注: "尸出"~"委貌".. ○『의례』「사상례(士喪禮)」편을 살펴보면, "염(斂)을 끝내면, 유(帷)를 거두고, 상주(喪主)는 서쪽을 바라보고서 시신에게 고별을 아뢰며, 용(踊)을 함에, 수를 헤아리지 않고, 주부(主婦)는 동쪽을 바라보고서 시신에게 고별을 아뢰며, 또한 이처럼 한다. 상주는 상중의 머리모양을 틀고, 단(袒)을 하며, 중주인(衆主人)은 면(免)을 한다."[3] 라고 했다. 또 그 아래문장에서는 "사(士)가 시신을 들면, 남녀가 시신을 받들어서 당(堂)으로 시신을 옮긴다."[4]라고 했다. 『예기』「상대기(喪大記)」편에서도 또한 "소렴(小斂)을 끝내면, 상주(喪主)는 단(袒)을 하고, 다팔머

---

3) 『의례』「사상례(士喪禮)」 : 卒斂, 徹帷. 主人西面馮尸, 踊無筭. 主婦東面馮, 亦如之. 主人髻髮袒, 衆主人免于房.

4) 『의례』「사상례(士喪禮)」 : 士舉, 男女奉尸, 侇于堂, 幠用夷衾.

리를 풀고서, 마(麻)를 이용해서 머리를 묶는다."[5]라고 했고, 그 다음 구문에서는 "시신을 받들어서 당(堂)으로 옮긴다."라고 했다. 이 말은 곧 머리를 묶는 시기는 소렴(小斂)을 끝낸 이후로부터 시신을 받들어서 당(堂)으로 옮기기 이전이 된다는 사실을 나타내는 것으로, 상주(喪主)는 시신을 받들고자 하기 때문에, 단(袒)을 하고 머리를 묶는 것을 그 이전에 하는 것이다. 그런데 현재 무숙(武叔)은 시신을 받들어서 당(堂)으로 옮긴 이후에야, 곧 관(冠)을 벗어던지고서 머리를 묶었다. 그렇기 때문에 "시신이 호(戶)를 빠져나오자, 곧 복식을 바꾼 것이니, 상례(喪禮)의 절차에서 벗어난 것이다."라고 말한 것이다. 정현이 "'관(冠)'은 흰색의 위모(委貌)이다."라고 했는데, 『예기』「잡기(雜記)」편을 살펴보면, "소렴(小斂)을 하고 환질(環絰)을 두르는 것은 공(公)·대부(大夫)·사(士)가 동일하다."[6]라고 했고, 이 문장에 대한 정현의 주에서는 "사(士)는 흰색의 위모(委貌)를 착용하고, 대부(大夫) 이상의 계급은 흰색의 작변(爵弁)을 착용하며, 이러한 질(絰)을 덧대게 된다."라고 했다. 정현이 이러한 사실을 알았던 이유는 「상대기」편에서 "군주의 경우 장차 대렴(大斂)을 하게 되면, 자식은 변질(弁絰)을 쓴다."[7]라고 했는데, 대부(大夫)의 경우, 대렴(大斂)을 했을 때에 대해서는 관련 기록이 나타나지 않으므로, 이것은 또한 변질(弁絰)을 쓰게 된다는 사실을 나타내고, 대렴(大斂)에서 이미 이처럼 하였다는 것은 곧 소렴(小斂) 때에도 또한 이처럼 한다는 사실을 나타낸다. 그래서 대부 이상의 계급에서는 변질(弁絰)을 쓴다고 말한 것이다. 무숙(武叔)이 관(冠)을 벗어던졌다고 한 것을 살펴보면, 무숙은 제후(諸侯)에게 소속된 대부(大夫)이므로, 그 명(命)의 등급으로 따지자면, 천자(天子)에게 소속된 사(士)에 해당한다. 그렇기 때문

---

5) 『예기』「상대기(喪大記)」【529b】: 小斂, 主人卽位于戶內, 主婦東面, 乃斂. 卒斂, 主人馮之踊, 主婦亦如之. 主人袒, 說髦, 括髮以麻, 婦人髽, 帶麻于房中. 徹帷, 男女奉尸夷于堂, 降拜.

6) 『예기』「잡기상(雜記上)」【503b】: 小斂環絰, 公大夫士一也.

7) 『예기』「상대기(喪大記)」【537a~b】: 君將大斂, 子弁絰卽位于序端. 卿大夫卽位于堂廉, 楹西, 北面, 東上. 父兄堂下北面. 夫人命婦尸西東面. 外宗房中南面. 小臣鋪席, 商祝鋪絞紟衾衣, 士盥于盤上. 士舉遷尸于斂上. 卒斂, 宰告, 子馮之踊, 夫人東面亦如之.

에 "사(士)는 흰색의 위모(委貌)를 착용한다."라고 말한 것이다. 만약 그렇다고 한다면, 「사상례」편에서 상주(喪主)가 머리를 묶는다고 한 내용에 대해, 정현의 주에서는 "이제 막 돌아가셨을 때, 참최복(斬衰服)을 입어야 하는 자는 비녀를 꼽고 리(纚)로 머리를 싸매며, 머리를 묶어야 하는 자들은 비녀를 제거하고, 리(纚)로 머리를 싸매고 상투를 튼다."라고 했는데, 이 기록에는 흰색의 위모(委貌)를 쓴다는 기록이 없다. 그 이유에 대해서 웅안생은 "「사상례」편의 내용은 제후(諸侯)에게 소속된 사(士) 계층에 대한 내용이기 때문에, 흰색의 관(冠)을 쓴다는 내용이 없는 것이다."라고 했고, 최영은은 "소렴(小斂)을 치러야 할 때가 되어, 이미 머리를 틀었던 것이고, 머리를 튼 이후에, 대부 이상의 계급에서는 흰색의 변(弁)을 쓰게 되며, 사 계급은 흰색의 위모(委貌)를 쓰게 된다. 소렴(小斂)을 끝내게 되면, 곧 그 관(冠)을 제거하고, 머리 튼 것을 드러낸다."라고 했다. 그런데 「사상례」편과 「상대기」편의 내용을 살펴보면, 모두 소렴(小斂)을 끝내고서, 곧 머리를 튼다고 했고, 소렴 이전에 머리를 튼다는 기록이 없다. 따라서 최영은의 주장은 잘못된 말이다. 「사상례」편을 살펴보면, 소렴을 하며 머리를 튼다고 했고, 『의례』「상복(喪服)」편에 대한 정현의 주를 살펴보면, 복식을 바꾸고 상(喪)을 끝낸다는 것에 대해서, "습(襲)을 하고 머리를 튼다는 말은 대부 이상의 계급이 시행하는 예(禮)에 기준을 둔 것이니, 죽은 다음날 습(襲)을 하는 것이며, 사(士) 계층이 소렴(小斂)을 하는 날과 같고, 두 경우 모두 죽은 이후 이틀째에 해당한다."고 했다. 「사상례」편에 대한 정현의 주에서는 한 차례 머리를 튼 이후에, 대렴(大斂)에 이르기까지 이처럼 하게 된다고 했다. 「상대기」편에서 "소렴(小斂)을 하며 상주(喪主)가 단(袒)을 하고, 다팔머리를 풀고, 머리를 튼다."라고 한 이유는 제후(諸侯)가 소렴(小斂)을 할 때, 재차 머리를 튼다는 것을 뜻하는데, 최영은은 "그 다팔머리를 풀고서, 다시금 머리를 고쳐서 틀게 되는 것으로, 거듭 머리를 튼다는 뜻이 아니다."라고 했다.

孔疏 ●"子游曰知禮". ○子游是習禮之人, 見武叔失禮, 反謂之"知禮", 故知嗤之也.

번역 ●經文: "子游曰知禮". ○자유(子游)는 예(禮)를 익힌 사람으로, 무숙(武叔)이 실례(失禮)를 범한 것을 보았는데도, 반대로 "예(禮)를 안다."라고 말했다. 그렇기 때문에 자유가 무숙을 비웃었다는 사실을 알 수 있는 것이다.

訓纂 劉氏台拱曰: 擧者出戶, 卽謂擧尸出戶也. 下"出戶"句字向下讀, 謂主人出戶.

번역 유태공이 말하길, '거자출호(擧者出戶)'라는 말은 시신을 들어서 호(戶)로 빠져나온다는 뜻이다. 그 뒤의 '출호(出戶)'라는 구문은 뒤의 구문과 연결해서 해석하니, 상주(喪主)가 호(戶)로 빠져나온다는 뜻이다.

集解 愚謂: 上云"出戶"者, 擧尸者出戶也; 下云"出戶"者, 武叔出戶也. 始死笄・纚, 至小斂乃加素冠, 蓋殯斂者喪之大節, 故不敢以不冠臨之. 笄・纚者所以爲變, 冠者所以爲敬也. 士喪禮小斂卒斂, 馮尸之後, 主人至東房, 袒・括髮, 乃反於室, 而男女奉尸以侇於堂, 今武叔袒・括髮於擧尸出戶之後, 失禮一也. 尸旣出戶, 乃出戶而袒, 則主人不與於奉尸, 失禮二也. 袒・括髮旣後, 故不復至東房, 遂於出戶爲之, 失禮三也. 言投其冠, 括髮, 以見其悤遽失節之甚. 子游曰"知禮"者, 反言以譏之也.

번역 내가 생각하기에, 앞 구문에 나온 '출호(出戶)'라는 말은 시신을 들고서 호(戶)를 빠져나온다는 뜻이고, 뒤에 나오는 '출호(出戶)'라는 말은 무숙(武叔)이 호(戶)로 빠져나왔다는 뜻이다. 어떤 자가 이제 막 죽었을 때, 상(喪)을 치르는 자들은 비녀를 꼽고 리(纚)로 머리를 사매며, 소렴(小斂)을 하게 되면, 곧 흰색의 관(冠)을 쓰게 되는데, 무릇 빈(殯)을 하고 염(斂)을 한다는 것은 상(喪)에 있어서는 중대한 절차가 된다. 그렇기 때문에 감히 관(冠)을 쓰지 않고서 그 절차에 임할 수가 없는 것이다. 비녀를 꼽고 리(纚)로 머리를 싸매는 것은 복식에 변화를 주기 위해서이며, 관(冠)을 쓰는 것은 공경스러운 태도를 취하기 위해서이다. 『의례』「사상례(士喪禮)」편에서는 소렴(小斂)을 하여 염(斂)을 끝내고, 시신에게 고별을 아뢴 이후에, 상주(喪主)는 동쪽 방(房)으로 가서 단(袒)을 하고 머리를 틀며, 그 일이 끝나면 곧 실(室)로 되돌아가고, 남자와 여자는 시신을 받들고서 당(堂)으로 옮긴다고 했다. 그런데 현재 무숙(武叔)은 단(袒)을 하고 머리를 트는 것을 시신을 들어서 호(戶)를 빠져나온 이후에 시행했으니, 이것이 첫 번째 실례(失禮)이다. 시신이 호(戶)로 빠져나오고, 그런 뒤에 곧 호(戶)로 나와서 단(袒)을 하게 되면, 상주는 시신을 드는 일에 참여를 할 수 없으니, 이것이 두 번째 실례(失禮)이다. 단(袒)과 머리를 트는 것을 이미 끝낸 이후이기 때문에, 다시는 동쪽 방(房)으로 갈 수 없어서, 결국 호(戶)를 나오는 시기에, 이처럼 하였으니, 이것이 세 번째 실례(失禮)이다. 관(冠)을 던지고, 머리를 틀었다고 한 말은 급작스럽게 시행하여 절도에서 벗어난 것이 매우 심함을 나타낸다. 자유(子游)가 "예(禮)를 안다."고 한 말은 그 말을 반대로 하여, 그를 기롱한 것이다.

集解 雜記, "小斂環絰, 君大夫士一也". 鄭氏云, "環絰, 一股而環之. 小斂時, 士素委貌, 大夫素爵弁而加此絰." 曾子問疏引崔氏說, 謂小斂前, 大夫士皆素冠; 小斂括髮後, 士加素冠, 大夫加素弁. 今以武叔投冠觀之, 可以見小斂前之有冠, 又可以見大夫士小斂之同素冠也. 喪大記言"人君大斂, 子弁絰, 卽位于序端." 雜記云, "大夫與殯亦弁絰." 與殯弁絰, 則已喪可知, 可以見大夫以上喪服之有弁, 又可以見大夫以上至大斂乃弁絰, 而未大斂以前猶素冠也. 至雜記所言"小斂環絰", 及喪大記所言大斂之弁絰, 皆謂大鬲之苴絰, 而註疏乃以弔服之環絰·弁絰混之, 則誤甚矣. 說各見本篇.

번역 『예기』「잡기(雜記)」편에서는 "소렴(小斂)을 하고 환질(環絰)을 두르는 것은 군주·대부(大夫)·사(士) 계층이 모두 동일하다."라고 했다. 그리고 정현은 "환질(環絰)은 한 가닥으로 꼬아서 두르는 것이다. 소렴(小斂)을 치를 때, 사(士)는 흰색의 위모(委貌)를 착용하고, 대부(大夫)는 흰색의 작변(爵弁)을 착용하고서, 이러한 질(絰)을 두르게 된다."라고 했다. 『예기』「증자문(曾子問)」편에 대한 공영달(孔穎達)의 소(疏)에서는 최영은의 주장을 인용하여, 소렴(小斂)을 치르기 이전에 대부와 사는 모두 흰색의 관(冠)을 쓰고, 소렴을 하고 머리를 튼 이후에 사는 흰색의 관(冠)을 쓰고, 대부는 흰색의 변(弁)을 쓰게 된다고 했다. 그런데 현재 무숙(武叔)은 관(冠)을 던졌다고 했으니, 이를 통해 살펴본다면, 소렴(小斂) 이전에도 관(冠)이 있었다는 것을 확인할 수 있고, 또한 대부와 사는 소렴(小斂) 때 동일하게 흰색의 관(冠)을 쓰게 된다는 사실도 확인할 수 있다. 『예기』「상대기(喪大記)」편에서는 "군주의 경우 대렴(大斂)을 하게 되면, 자식은 변질(弁絰)을 쓰고서, 곧 서쪽 끝단에 가서 서 있게 된다."라고 했고, 『예기』「잡기」편에서는 "대부가 빈(殯)에 참여할 때에는 또한 변질(弁絰)을 쓴다."라고 했다. 빈(殯)에 참여할 때, 변질(弁絰)을 쓴다고 했다면, 이미 상(喪)의 절차들을 끝냈다는 것을 알 수 있으니, 이를 통해서 대부 이상의 계급에서는 상복(喪服)을 착용할 때, 변(弁)이 포함되어 있었음을 확인할 수 있고, 또한 대부 이상의 계급에서는 대렴(大斂)을 치르게 되면, 곧 변질(弁絰)을 착용하며, 아직 대렴(大斂)을 치르기 이전이라면, 여전히 흰색의 관(冠)을 쓰게 된다는 사실도 확인할 수 있다. 「잡기」편에서 "소렴(小斂) 때에는 환질(環絰)을 두른다."라고 했을 때의 '환질(環絰)'과 「상대기」편에서 말한 대렴(大斂) 때의 변질(弁絰)들은 모두 크게 엮은 저질(苴絰)을 뜻하는 것인데, 정현(鄭玄)의 주(注)와 공영달(孔穎達)의 소(疏)에서는 조복(弔服)의 환질(環絰)과 변질(弁絰) 등으로 풀이하여, 그 내용을 혼란스럽게 하였으니, 매우 잘못된 주장이다. 해당하는 설명들은 각각의 편에 나온다.

• 제 65 절 •

군주를 부축하는 법도

【92d】

扶君, 卜人師扶右, 射人師扶左. 君薨以是擧.

직역 君을 扶함에, 卜人의 師는 右를 扶하고, 射人의 師는 左를 扶한다. 君이 薨하면 是로써 擧한다.

의역 군주를 부축함에, 복인(卜人)의 수장은 오른쪽을 부축하고, 사인(射人)의 수장은 왼쪽을 부축한다. 군주가 죽게 되면, 이 사람들을 이용해서 군주의 시신을 들게 한다.

集說 君疾時, 僕人之長扶其右體, 射人之長扶其左體. 此二人皆平日贊正服位之人, 故君旣薨, 遇遷尸, 則仍用此人也. 方氏釋師爲衆, 應氏以卜人爲卜筮之人.

번역 군주가 질병에 걸렸을 때, 복인(僕人)의 수장은 군주의 몸 중 오른쪽을 부축하고, 사인(射人)의 수장은 왼쪽을 부축한다. 이 두 사람은 모두 평상시 때 임금의 복장을 가다듬고 자리를 정돈하는 일을 돕는 자들이다. 그렇기 때문에 군주가 죽게 되어, 시신을 옮길 때가 되면, 곧 이 사람들을 이용하게 된다. 방씨(方氏)는 '사(師)'자를 무리들[衆]로 풀이하였고, 응씨(應氏)는 복인(卜人)을 거북점과 시초점을 치는 사람들로 여겼다.

大全 廣安游氏曰: 傳曰, "男子不死於婦人之手", 春秋書, "人君不薨於路寢", 則爲死不以道, 故君之疾也, 以在寢在朝之正服位而從君者, 扶持之. 薨則外廷之人共治其喪, 疾則外廷之人共知其疾, 所以防微杜漸, 致謹於疾病之際, 以正其死道也. 然此非一日之故. 蓋古者之制, 婦官序于內, 而人君哀樂之事得其節, 僕人射人擧職於外, 而人君起居之節得其宜, 故九嬪世婦之屬, 掌以時御敍于王所, 宮中之治, 總以太宰, 參以六卿, 人君出入起居, 常從事於禮, 故疾病死喪, 內之人不得與焉. 此非承先王積習而當時禮敎之隆, 有不能然者也.

번역 광안유씨가 말하길, 전문(傳文)에서는 "남자는 부인의 손 안에서 죽지 않는다."[1]라고 했고, 『춘추』에서도 "군주는 노침(路寢)에서 죽지 않는다."라고 했는데, 죽음에 대해서 '훙(薨)'이라고 부르지 않고, '사(死)'라고 한 것은 도(道)에 따르지 않았기 때문이다. 그래서 군주가 질병에 걸렸을 때에는 침(寢)과 조정에서 복장을 바르게 하고 자리를 바르게 하며, 군주를 좇아서 돕는 자로 하여금 부축을 하게 한 것이다. 그리고 군주가 죽게 되면, 조정의 신하들은 모두 군주의 상(喪)을 치르게 되고, 질병에 걸리게 되면, 조정의 신하들은 모두 그 질병에 대해서 걱정을 하게 되는데, 애당초 그 싹 조차 나오지 않도록 미리 방지를 하는 것으로, 질병이 걸렸을 때에도 신중함을 다하여, 그 죽음의 도리를 올바르게 하는 것이다. 그러나 이러한 것들은 하루아침의 연유로 할 수 있는 것이 아니다. 무릇 고대의 제도에서 궁중의 여사 관원들은 내치를 바르게 하여, 군주가 슬퍼하거나 즐거워하는 일들이 그 절도에 맞게 되고, 복인(僕人)과 사인(射人)은 외적으로 직무를

1) 『춘추곡량전』「장공(莊公) 32년」: 八月, 癸亥, 公薨于路寢, 路寢, 正寢也, 寢疾居正寢, 正也, 男子不絶于婦人之手, 以齊終也. / 『춘추곡량전』「성공(成公) 18년」: 已丑, 公薨于路寢, 路寢, 正也, 男子不絶婦人之手, 以齊終也. / 『예기』「상대기(喪大記)」【526a】: 疾病, 外內皆埽. 君大夫徹縣, 士去琴瑟. 寢東首於北牖下. 廢牀, 徹褻衣, 加新衣, 體一人. 男女改服. 屬纊以俟絶氣. 男子不死於婦人之手, 婦人不死於男子之手. / 『의례』「기석례(旣夕禮)」: 記. 士處適寢, 寢東首于北墉下. 有疾, 疾者齊. 養者皆齊, 徹琴瑟. 疾病, 外內皆埽, 徹褻衣, 加新衣. 御者四人皆坐持體. 屬纊以俟絶氣. 男子不絶于婦人之手, 婦人不絶于男子之手. 乃行禱于五祀. 乃卒, 主人啼, 兄弟哭.

수행하여, 군주가 기거하는 절도가 그 합당함에 맞게 된다. 그렇기 때문에 구빈(九嬪) 및 세부(世婦)의 무리들은 때에 맞춰 천자가 머무는 곳으로 나아가서, 순서에 따라 시중드는 일들을 담당했던 것이지만,[2] 태재(太宰)가 총괄했고, 육경(六經)이 보좌를 했던 것이니, 군주가 출입하고 기거를 할 때에는 항상 예(禮)에 따라 일을 처리하게 된다. 그렇기 때문에 질병에 걸리거나 죽었을 때에도 내관(內官)에 속하는 여인들은 그 일에 참여하지 못하는 것이다. 이것은 선왕(先王)이 오래도록 쌓았던 것을 계승하고, 당시의 시행되던 예교(禮敎)의 융성함이 아니었다면, 이처럼 할 수 없는 것이다.

鄭注 謂君疾時也. 卜當爲僕, 聲之誤也. 僕人·射人, 皆平生時贊正君服位者. 不忍變也. 周禮·射人: "大喪, 與僕人遷尸."

번역 군주가 질병에 걸렸을 때를 뜻한다. '복(卜)'자는 마땅히 '복(僕)'자가 되어야 하니, 소리가 비슷해서 발생한 오류이다. 복인(僕人)과 사인(射人)은 모두 평상시에 군주의 복장과 자리를 정돈하는 일을 돕는 자들이다. 군주가 죽었을 때에도 이 두 시람을 시키는 것은 차마 바꿀 수가 없기 때문이다. 『주례』「사인(射人)」편에서는 "대상(大喪) 때에는 복인(僕人)과 함께 시신을 옮긴다."[3]라고 했다.

釋文 卜人師, 依注音僕; 師, 長也, 謂大僕也; 本或無"師"字者, 非也. 前儒如字, 卜人及醫師也.

번역 '卜人師'에서의 '卜'자는 정현의 주에 따르면 그 음이 '僕(복)'이며; '師'자는 수장을 뜻하니, 곧 대복(大僕)을 가리킨다. 그리고 판본에 따라서는 또한 '師'자가 없는 기록도 있는데, 그 기록은 잘못된 것이다. 선대 유학

---

2) 『주례』「천관(天官)·구빈(九嬪)」: 九嬪掌婦學之法, 以敎九御婦德·婦言·婦容·婦功, 各帥其屬而以時御敍于王所.

3) 『주례』「하관(夏官)·사인(射人)」: 大喪, 與僕人遷尸, 作卿大夫掌事, 比其廬, 不敬者苛罰之.

자들은 글자대로 풀이하여, '卜人'과 '醫師'를 뜻한다고 여기기도 했다.

孔疏 ●"扶君"至"是擧". ○正義曰: 此一節論君薨, 所擧遷尸之人.

번역 ●經文: "扶君"~"是擧". ○이곳 문단은 군주가 죽었을 때, 시신을 들어서 옮기는 사람에 대해서 논의하고 있다.

孔疏 ◎注"謂君"至"位者". ○正義曰: 知是"君疾時"者, 以下云"君薨, 以是擧", 故知君疾時也. 知卜當爲僕者, 以卜人無正君之事. 按周禮・大僕職: "掌正王之服位." 射人職: "掌國之三公孤卿大夫之位." 及王擧動, 悉隨王. 故知也.

번역 ◎鄭注: "謂君"~"位者". ○정현이 "군주가 질병에 걸렸을 때를 뜻한다."라고 했는데, 이 말이 사실임을 알 수 있는 이유는 아래문장에서 "군주가 죽었을 때에는 이 사람들로 시신을 들게 한다."라고 했기 때문에, 앞의 문장 내용이 군주가 질병에 걸렸을 때를 뜻한다는 사실을 알 수 있다. 정현의 말처럼 '복(卜)'자가 마땅히 '복(僕)'자가 되어야 함을 알 수 있는 이유는 복인(卜人)에게는 군주를 올바르게 하는 직무가 없기 때문이다. 『주례』「대복(大僕)」편에 기록된 직무 기록을 살펴보면, "천자가 입는 복장과 자리를 올바르게 만드는 일을 담당한다."[4]라고 했고, 「사인(射人)」편의 직무 기록에서는 "제후국의 삼공(三公)・고(孤)・경(卿)・대부(大夫)의 자리에 대해서 담당한다."[5]라고 했으니, 천자가 거동하는 일에 있어서, 둘 모두는 천자를 수행하게 된다. 그렇기 때문에 이러한 사실을 알 수 있는 것이다.

---

4) 『주례』「하관(夏官)・태복(太僕)」: 太僕掌正王之服位, 出入王之大命.

5) 『주례』「하관(夏官)・사인(射人)」: 射人掌國之三公・孤・卿・大夫之位, 三公北面, 孤東面, 卿・大夫西面. 其摯, 三公執璧, 孤執皮帛, 卿執羔, 大夫鴈.

集解 顧氏炎武曰: 此所謂"男子不死於婦人之手"也. 三代之世, 侍御·僕從, 罔非正人, 綴衣·虎賁, 皆爲吉士, 與漢高之獨枕一宦者臥異矣.

번역 고염무가 말하길, 이곳 문장의 내용은 이른바 "남자는 여자의 손안에서 죽지 않는다."라고 한 말에 해당한다. 삼대(三代) 때에는 시어(侍御)나 복종(僕從)과 같은 관직에 고정된 인원이 없었던 것이 아니며, 철의(綴衣)나 호분(虎賁) 등은 모두 길사(吉士)가 되므로, 한고조(漢高祖) 때 유독 한 명의 환관으로부터 시중을 받으며 누워있었던 것[6]과는 다르다.

集解 愚謂: 周書王會解"卜人", 王氏應麟補注引太平御覽謂"卜人卽濮人", 蓋"卜"·"僕"·"濮"古字皆通用也. 大射禮, "僕人正徒相大師, 僕人師相小師." 正者其長, 而師者其貳也. 此於僕人·射人皆言師者, 言不但以其正而幷以其師也. 君薨以是擧, 謂始死遷尸於牖下也. 襲·斂遷尸, 皆喪祝之屬, 而始死以僕人·射人者, 未復之先猶未忍遽變於生也.

번역 내가 생각하기에, 『주서(周書)』「왕회해(王會解)」편에서는 '복인(卜人)'이라고 했으며, 왕응린[7]의 『보주(補注)』에서는 『태평어람(太平御覽)』을 인용하여, "복인(卜人)은 곧 복인(濮人)이다."라고 했으니, 무릇 '복(卜)'자, '복(僕)'자, '복(濮)'자는 고대의 글자에서는 모두 통용이 되었다. 『의례』「대사(大射)」편에서는 "복인(僕人)의 수장은 손에 아무것도 잡지 않고, 대사(大師)를 도우며, 복인(僕人)의 부관은 소사(小師)를 돕는다."[8]라고 했다. '정(正)'자는 그 관부의 수장을 뜻하고, '사(師)'자는 그 관부의 부관을 뜻한다. 이곳 기록에서는 복인(僕人)과 사인(射人)에 대해서 모두 '사(師)'자를 붙여서 언급하였는데, 이 말은 단지 수장뿐만 아니라, 수장 다음 서열

---

6) 『한서(漢書)』「번력등관부근주전(樊酈滕灌傅靳周傳)」: 十餘日, 噲乃排闥直入, 大臣隨之. 上獨枕一宦者臥.

7) 왕응린(王應麟, A.D.1223 ~ A.D.1296) : 남송(南宋) 때의 학자이다. 자(字)는 백후(伯厚)이고, 호(號)는 심녕거사(深寧居士)이다. 저서로는 『한제고(漢制考)』, 『곤학기문(困學紀聞)』, 『옥해(玉海)』 등이 있다.

8) 『의례』「대사(大射)」: 僕人正徒相大師, 僕人師相少師, 僕人士相上工.

에 해당하는 자까지도 뜻하는 것이다. '군홍이시거(君薨以是擧)'라는 말은 군주가 이제 막 죽었을 때, 군주의 시신을 들창 아래로 옮겨둔다는 뜻이다. 그리고 습(襲)과 염(斂)을 하며 시신을 옮기는 것들은 모두 상축(喪祝)의 부류들이 하는 일이다. 그런데도 이제 막 죽었을 때, 복인(僕人)과 사인(射人)을 시켜서 시신을 옮기는 것은 아직 초혼을 하기 이전에는 여전히 삶에 대한 도리에 따르게 되어, 이러한 도리를 차마 급작스럽게 바꿀 수가 없기 때문이다.

• 제 66 절 •

종모(從母)의 남편과 구(舅)의 처에 대한 상복(喪服)

【93a】

從母之夫, 舅之妻, 二夫人相爲服, 君子未之言也. 或曰, 同爨緦.

직역 從母의 夫와 舅의 妻는 二夫人은 相히 服을 爲함에, 君子는 言을 未라. 或이 曰, 爨을 同하니 緦라.

의역 종모(從母)의 남편과 구(舅)의 처, 두 사람의 관계에서 입게 되는 상복(喪服) 관련 기록이 없다. 그래서 두 사람이 서로를 위해 상복을 입는 것에 대해서, 군자(君子)는 언급을 하지 않았다. 어떤 자는 "한솥밥을 먹는 사이라면, 서로를 위해 시마복(緦麻服)을 입는다."라고도 하였다.

集說 從母, 母之姊妹. 舅, 母之兄弟. 從母夫於舅妻無服, 所以禮經不載, 故曰"君子未之言." 時偶有甥至外家, 見此二人相依同居者, 有喪而無文可據, 於是或人爲"同爨緦"之說以處之, 此亦原其情之不可已, 而極禮之變焉耳.

번역 '종모(從母)'는 모친의 자매들을 뜻한다. '구(舅)'는 모친의 형제들을 뜻한다. 종모(從母)의 남편은 구(舅)의 처에 대해서 상복관계가 성립되지 않고, 『예(禮)』의 경문에도 관련 기록이 수록되어 있지 않기 때문에, "군자(君子)가 말을 하지 않았다."라고 한 것이다. 당시 우연히 어떤 자의 생질(甥姪)이 외가(外家)에 가게 되었는데, 두 사람이 서로 의지하며 함께 사는 것을 보았다. 때마침 상(喪)이 발생하였는데, 근거로 삼을 수 있는 관련 기록이 없었다. 이때 어떤 자는 "한솥밥을 먹은 자는 시마복(緦麻服)을 입는다."라는 말을 하여, 이로써 대처하게 되었는데, 이것은 또한 정감상 그만둘 수 없는 것에 근원한 것이고, 예(禮)의 변례(變禮)를 지극히 발휘한 것일 따름이다.

集說 或問: 從母之夫・舅之妻皆無服, 何也? 朱子曰: 先王制禮, 父族四, 故由父而上爲族, 曾祖父緦麻, 姑之子・姊妹之子・女子子之子, 皆由父而推之也. 母族三, 母之父・母之母・母之兄弟. 恩止於舅, 故從母之夫・舅之妻, 皆不爲服, 推不去故也. 妻族二, 妻之父・妻之母. 乍看似乎雜亂無紀, 子細看則皆有義存焉.

번역 혹자가 묻기를 "종모(從母)의 남편과 구(舅)의 처에 대해서는 서로를 위해 모두 상복(喪服)을 입지 않는다고 하는데, 무슨 뜻입니까?"라고 했다. 주자가 대답하길, "선왕(先王)이 예(禮)를 제정할 때, 부계 친족은 네 부류로 제정하였다. 그렇기 때문에 부친으로부터 그 위의 친족에 있어서, 증조부(曾祖父)의 형제에 대해서는 시마복(緦麻服)을 입는데, 고모의 아들, 자매의 아들, 딸의 아들에 대해서는 모두 부친으로부터 미루어가는 관계에 해당한다. 모계 친족은 세 부류로 제정하였으니, 모친의 부친, 모친의 모친, 모친의 형제들이 그들이다. 그 은정[恩]은 구(舅)에서 끝난다. 그렇기 때문에 종모(從母)의 남편과 구(舅)의 처에 대해서는 모두 상복을 입지 않으니, 관계를 미루는 것이 이 둘의 관계에는 미치지 않기 때문이다. 처의 친족은 두 부류로 제정하였으니, 처의 부친, 처의 모친이 그들이다. 얼핏 살펴본다면, 혼란스럽고 무질서한 것 같지만, 자세히 살펴본다면, 이 모두에 대해서는 해당하는 의미가 있다.

鄭注 二夫人猶言此二人也. 時有此二人同居, 死相爲服者, 甥居外家而非之. 以同居生緦之親可.

번역 '이부인(二夫人)'은 '이 두 사람[此二人]'이라는 말과 같다. 당시 이

두 사람이 같은 집에 기거를 하였는데, 어느 한쪽이 죽자 서로를 위해 상복(喪服)을 입었는데, 생질(甥姪)이 외가(外家)에 머물러 있다가 그들의 행동을 비난한 것이다. 혹자의 말은 함께 기거를 하며 살았기 때문에, 시마복(緦麻服)을 착용하는 정도의 친근함을 발휘하는 것은 괜찮다는 뜻이다.

釋文 從, 才用反. 夫人音扶, 注同. 爲, 于僞反, 注及下注"夫爲妻"同. 爨緦, 上七亂反, 下音思.

번역 '從'자는 '才(재)'자와 '用(용)'자의 반절음이다. '夫人'에서의 '夫'자는 그 음이 '扶(부)'이며, 정현의 주에 나온 글자도 그 음이 이와 같다. '爲'자는 '于(우)'자와 '僞(위)'자의 반절음이고, 정현의 주 및 아래문장에 대한 정현의 주에 나온 '夫爲妻'에서의 '爲'자도 그 음이 이와 같다. '爨緦'에서의 '爨'자는 그 음이 '七(칠)'자와 '亂(란)'자의 반절음이고, '緦'자의 음은 '思(사)'이다.

孔疏 ●"從母"至"爨緦". ○正義曰: 此一節論失禮之事, 各依文解之.

번역 ●經文: "從母"~"爨緦". ○이곳 문단은 실례(失禮)를 범한 사안에 대해서 논의하고 있으니, 각각의 문장에 따라서 풀이하겠다.

孔疏 ◎注"時有"至"非之". ○正義曰: 知"同居"者, 以下云"同爨緦", 故知同居也. 云"甥居外家而非之"者, 以言從母及舅, 皆是外甥稱謂之辭, 故知甥也. 若他人之言, 應云妻之兄弟婦·夫之姊妹夫相爲服, 不得云"從母之夫, 舅之妻"也. 言"甥居外家而非之"者, 謂甥來居在外姓舅氏之家, 見有此事而非之. 或云"外家"者, 以二人同住甥居外旁之家, 遙譏之.

번역 ◎鄭注: "時有"~"非之". ○"함께 기거한다."라는 말이 사실임을 알 수 있는 이유는 아래문장에서 "한솥밥을 먹는 자들끼리는 시마복(緦麻服)을 착용한다."라고 했기 때문에, 이 둘이 함께 기거하는 상황임을 알 수 있다. 정현이 "생질(甥姪)이 외가(外家)에 머물러 있다가 그들의 행동을 비난한 것이다."라고 했는데, 종모(從母) 및 구(舅)라고 언급하였으니, 이러한 호칭들은 모두 생질(甥姪)의 입장에서 부르는 호칭으로 기록한 것이다. 그렇기 때문에 이 두 사람에 대해서 언급하는 자가 생질의 입장임을 알 수 있다. 만약 다른 사람의 입장에서 말을 하게 된다면, 마땅히 처의 형제의 부인과 남편의 자매의 남편이 서로를 위해 상복(喪服)을 착용한다고 말해야 하며, "종모(從母)의 남편 및 구(舅)의 처이다."라고 말할 수가 없다. 정현이 "생질(甥姪)이 외가(外家)에 머물러 있다가 그들의 행동을 비난한 것이다."라고 한 말은 생질이 찾아와서 외가 구(舅)의 집안에서 거주하고 있었는데, 이러한 일이 있는 것을 보고 비난을 했다는 뜻이다. 혹자는 '외가(外家)'라고 말한 것에 대해서, 두 사람이 함께 기거를 했고, 생질이 바깥채에 기거를 하게 되었기 때문에, 넌지시 기롱을 했다고 풀이한다.

孔疏 ●"或曰同爨緦"者, 甥既將爲非禮, 或人以爲於禮可許, 旣同爨而食, 合有緦麻之親. 此皆據緦麻正衰, 非弔服也, 故云"相爲服". 若是弔服, 疏人皆可, 何怪此二人? 何胤以爲弔服加麻絰如朋友然, 非也. 凡弔服不得稱服, 故上云"請喪夫子若喪父而無服", 時朋友弔服而稱無服, 故知此"相爲服", 非弔服也.

번역 ●經文: "或曰同爨緦". ○생질은 그들의 행위를 이미 비례(非禮)라고 여겼는데, 어떤 자는 예(禮)에 있어서는 허용할 수도 있다고 여겼으니, 이미 한솥밥을 먹고 있으면, 시마복(緦麻服)을 입어야 하는 친근한 관계에 해당한다고 주장한 것이다. 여기에서 말하는 것은 모두 정식 상복(喪服)으로 착용하는 시마복을 가리키는 것이지, 조복(弔服)을 뜻하는 것이 아니다. 그렇기 때문에 "서로를 위해서 상복을 입는다."라고 말한 것이다. 만약 조복을 착용하는 것이라면, 관계가 매우 먼 자에게는 이처럼 하는 것이 괜찮은데, 어떻게 이 두 사람의 관계에 대해서 괴이하게 여겼겠는가? 하윤은 여기에서 말한 복장을 조복에 마질(馬絰)을 덧대어, 벗이 죽었을 때처럼 한다고 여겼는데, 이것은 잘못된 주장이다. 무릇 조복에 대해서는 '상복

[服]'이라고 부를 수 없다. 그렇기 때문에 앞 문장에서는 "청컨대 선생님의 상(喪)을 치를 때, 부친의 상(喪)을 치르는 것처럼 하되, 상복은 입지 맙시다."[1]라고 했던 것이니, 당시에는 벗을 위해 조복을 착용할 때, '무복(無服)'이라고 말한 것이다. 그렇기 때문에 이곳에서 "서로를 위해 복(服)을 한다."는 말이 조복을 뜻하지 않는다는 사실을 알 수 있는 것이다.

訓纂 爾雅: 母之晜弟爲舅. 母之姊妹爲從母. 謂我舅者, 吾謂之甥也.

번역 『이아』에서 말하길, 모친의 남자 형제들을 '구(舅)'라고 한다.[2] 모친의 여자 형제들을 '종모(從母)'라고 한다.[3] 나에게 구(舅)라고 하는 자를 나는 그를 '생(甥)'이라고 부른다.[4]

訓纂 張子曰: 此是甥自幼居從母之家, 或舅之家, 孤穉恩養, 不可無服, 所以爲此服.

번역 장자가 말하길, 이곳에서 말하는 생질(甥姪)은 어렸을 때부터 종모(從母)의 집에서 기거를 했거나 혹은 구(舅)의 집에서 기거를 하게 되었는데, 어렸을 때부터 그들이 은혜를 베풀어서 성장했으므로, 그들을 위해 상복(喪服)을 입지 않을 수가 없었으니, 이러한 이유로 이들에 대해서 상복을 입게 된 것이다.

訓纂 顧氏炎武曰: 從母之夫與謂吾從母之夫者相爲服也, 舅之妻與謂吾舅之妻者相爲服也. 上不言妻之姊妹之子, 下不言夫之甥, 語繁不可以成文也.

---

1) 『예기』「단궁상」【85c】: 孔子之喪, 門人疑所服. 子貢曰: "昔者夫子之喪顏淵, 若喪子而無服. 喪子路亦然. 請喪夫子若喪父而無服."
2) 『이아』「석친(釋親)」: 母之晜弟爲舅, 母之從父晜弟爲從舅.
3) 『이아』「석친(釋親)」: 母之姊妹爲從母. 從母之男子爲從母晜弟, 其女子子爲從母姊妹.
4) 『이아』「석친(釋親)」: 謂我舅者, 吾謂之甥也.

번역 고염무가 말하길, 종모(從母)의 남편이라는 말은 내 종모(從母)의 남편이 되는 자를 위해서는 서로를 위해 상복(喪服)을 입는다는 뜻이고, 구(舅)의 처라는 말은 내 구(舅)의 처가 되는 여자를 위해서는 서로를 위해 상복을 입는다는 뜻이다. 앞 문장에서는 처 자매의 아들이라는 언급을 하지 않았고, 뒤의 문장에서도 남편의 생질(甥姪)이라는 언급을 하지 않았으니, 두 구문을 한꺼번에 연결하게 되면, 문장이 성립되지 않는다.

訓纂 王氏引之曰: 正文注文之"二夫人", 皆當作"夫二人", 寫者誤倒耳. 相爲服者, 謂從母之夫, 舅之妻, 與己兩相爲服也. 喪服小功章"從母・丈夫婦人報", 傳曰"何以小功也? 以名加也. 外親之服皆緦也." 注曰"丈夫婦人, 姊妹之子, 男女同." 緦麻章"甥", 傳曰"何以緦也? 報之也." "舅", 傳曰"何以緦也? 從服也." 是從母及舅, 皆與己有兩相爲服之禮. 若從母之夫, 舅之妻相爲服, 則禮之所無, 故君子未之言也.

번역 왕인지가 말하길, 경문과 정현(鄭玄)의 주(注) 문장에서는 '이부인(二夫人)'이라고 기록했는데, 이 두 기록은 모두 '부이인(夫二人)'으로 되어야 하니, 필사하는 과정 중에 글자가 잘못 전도된 것일 뿐이다. "서로를 위해서 복(服)을 한다."는 말은 종모(從母)의 남편과 구(舅)의 처는 자신과 둘 모두 서로를 위해서 상복(喪服)을 입게 된다는 뜻이다. 『의례』「상복(喪服)」편의 '소공장(小功章)'에는 "종모(從母)와 장부부인(丈夫婦人)에 대해서는 상복을 입는다."라고 하였는데, 전문(傳文)에서는 "어찌하여 소공복(小功服)인가? 모(母)라는 명칭으로 인해 수위를 더한 것이다. 외친(外親)에 대해 입는 상복은 모두 시마복(緦麻服)이다."라고 하였고,[5] 정현의 주에서는 "장부부인(丈夫婦人)은 자매의 자식으로, 남녀가 동일하다."라고 했다. 그리고 '시마장(緦麻章)'에서는 '생(甥)'이라고 하였는데, 전문(傳文)에서는 "어찌하여 시마복(緦麻服)인가? 상대방이 자신을 위해 시마복을 입는

---

5) 『의례』「상복(喪服)」: 從母. 丈夫・婦人報. 傳曰, 何以小功也? 以名加也. 外親之服皆緦也.

것에 대해 보답하기 위해서이다."[6]라고 했다. 또 '구(舅)'라고 하였는데, 전문(傳文)에서는 "어찌하여 시마복(緦麻服)인가? 모친을 따라서 시마복을 착용하는 것이다."[7]라고 했다. 이 말은 곧 종모(從母)와 구(舅)에 대해서는 모두 자신과 양쪽 모두 서로를 위해 상복을 입는 예(禮)가 있다는 뜻이 된다. 만약 종모(從母)의 남편이나 구(舅)의 처를 위해서 서로 상복(喪服)을 입는 경우라면, 예(禮)에는 관련 기록이 없다. 그렇기 때문에 군자(君子)가 그에 대해 말을 하지 않았던 것이다.

集解 張子曰: 甥自幼居從母之家或舅之家, 孤稚恩養, 直如父母, 不可無服, 所以爲此服也. 非是從母之夫與舅之妻相對, 乃甥爲二人者服也.

번역 장자가 말하길, 생질(甥姪)이 어렸을 때부터 종모(從母)의 집이나 구(舅)의 집에서 기거를 하여, 어려서부터 은혜를 받고 보살핌을 받았으니, 마치 부모와 같았으므로, 상복(喪服)을 입지 않을 수가 없었던 것이다. 그래서 이들을 위해서 이러한 상복을 입게 된 것이다. 이 말은 종모(從母)의 남편과 구(舅)의 처가 서로를 위해 상복을 입는다는 뜻이 아니니, 곧 생질이 두 사람을 위해서 상복을 입는다는 뜻이다.

集解 吳氏澄曰: 禮爲從母小功, 而從母之夫則無服; 爲舅緦, 而舅之妻則無服. 時有妻之姊妹之子依從母家同居者, 又有夫之甥依舅家同居者, 故一爲從母之夫服, 一爲舅之妻服. 二夫人, 謂妻之姊妹之子與從母之夫也, 夫之甥與舅之妻也. 此二人者相爲服, 禮之所無, 故曰"君子未之言也." 又記或人之言, 以爲有同居而食之恩, 則雖禮之所無, 而可以義起此服也.

번역 오징이 말하길, 예(禮)에 따르면, 종모(從母)를 위해서는 소공복(小功服)을 착용하지만, 종모의 남편에 대해서는 관련된 상복 규정이 없다.

---

6) 『의례』「상복(喪服)」: 甥. 傳曰, 甥者何也? 謂吾舅者, 吾謂之甥. 何以緦也? 報之也.

7) 『의례』「상복(喪服)」: 舅. 傳曰, 何以緦? 從服也.

그리고 구(舅)를 위해서는 시마복(緦麻服)을 착용하지만, 구(舅)의 처에 대해서는 관련된 상복 규정이 없다. 당시 처 자매의 아들 중 종모의 집에서 함께 살고 있었던 자가 있었거나 또는 남편의 생질 중 구(舅)의 집에서 함께 살고 있었던 자가 있었던 것이다. 그렇기 때문에 한편에서는 종모의 남편을 위해서 상복을 입었던 것이고, 다른 한편에서는 구(舅)의 처를 위해서 상복을 입었던 것이다. '이부인(二夫人)'은 처 자매의 아들과 종모의 남편을 뜻하고, 또는 남편의 생질과 구(舅)의 처를 뜻하기도 한다. 이 두 사람이 서로를 위해서 상복을 입는 것에 대해서는 예(禮)에는 관련된 조항이 없다. 그렇기 때문에 "군자(君子)는 말을 하지 않았다."라고 말한 것이다. 또 『예기』에서는 혹자의 말을 기록하여, 함께 기거를 하며 식사를 한 은정이 있기 때문에, 비록 예(禮)에는 관련된 규정이 없다고 하더라도, 의(義)에 따라서 이러한 상복을 착용할 수도 있다고 여긴 것이다.

集解 愚謂: 上不言妻之姊妹之子, 下不言夫之甥, 避文繁也. 若以從母之夫・舅之妻相爲服而言, 則當云"妻之兄弟之妻, 夫之姊妹之夫", 不當從其甥立文也. 且此二人者若相與同爨, 則瀆亂無別甚矣, 其可訓乎?

번역 내가 생각하기에, 앞 문장에서는 처 자매의 자식이라는 말을 하지 않았고, 아래 문장에서도 남편의 생질이라고 언급하지 않았는데, 이것은 문장이 번잡하게 되는 것을 피해서 생략한 것이다. 만약 종모(從母)의 남편 및 구(舅)의 처가 서로를 위해 상복(喪服)을 착용한다는 뜻으로 말을 했다면, 마땅히 '처 형제의 처, 남편 자매의 남편'이라고 기록해야 하므로, 생질이라는 대상을 기준으로 문장의 호칭을 이처럼 기록해서는 안 된다. 또한 이 두 사람이 만약 서로 한솥밥을 먹는 관계라고 한다면, 문란한 것이니, 남녀 사이에 분별이 없는 것이 매우 심한 것인데, 어떻게 이것을 통해서 가르침을 전할 수 있겠는가?

集解 愚謂: 母黨妻黨之服, 皆從服也. 從妻而服者, 視妻降三等, 妻爲父母期, 夫從服緦. 自餘妻之所爲大功者, 降三等則無服矣. 從母而服者, 視母降二等, 外祖父母, 母爲之服期, 己從服小功; 舅及舅之子, 母爲之大功, 子從服緦. 惟從母, 母服大功, 子從服小功, 僅降一等. 喪服傳所謂"以名加"者也. 自餘母所爲小功者, 降二等則無服矣. 母爲世叔父母服大功, 己降二等, 應服緦, 而不服者, 蓋至親以期斷, 世叔父母之服乃加服也. 而外親旣遠, 據本服而遞降之, 則亦無服矣. 從母之夫, 母之所不服也, 舅之妻, 母爲之報服小功者也, 二者皆無可從者也.

번역 내가 생각하기에, 모계쪽 친족이나 처쪽 친족을 위해 입는 상복(喪服)은 모두 모친이나 처가 상복을 착용하는 것에 따라서 본인도 상복을 착용하는 경우에 해당한다. 처가 상복을 입는 것에 따라서 상복을 입는 경우, 처가 입는 상복보다 수위를 3등급 낮추게 되니, 처는 자신의 부모를 위해서 기년복(朞年服)을 착용하므로, 그녀의 남편은 처가 입는 상복에 따라 시마복(緦麻服)을 착용하게 된다. 처가 대공복(大功服)을 입는 나머지 친족들에 대해서는 3등급을 낮추게 되면, 관련된 상복이 없게 된다. 모친이 상복을 입는 것에 따라서 상복을 입는 경우, 모친이 입는 상복보다 2등급을 낮추게 되니, 외조부모를 위해, 모친은 기년복(朞年服)을 착용하므로, 본인은 그에 따라 소공복(小功服)을 착용하고, 구(舅) 및 구(舅)의 자식을 위해, 모친은 대공복(大功服)을 착용하므로, 본인은 그에 따라 시마복(緦麻服)을 착용하게 된다. 그런데 오직 종모(從母)를 위해서만, 모친은 대공복(大功服)을 착용하게 되고, 자식은 그에 따라 상복을 입을 때, 소공복(小功服)을 착용하게 되어, 겨우 1등급만을 낮추게 된다. 『의례』「상복(喪服)」편의 전문(傳文)에서 "명(名) 때문에 더한다."라고 한 경우가 바로 여기에 해당한다. 모친이 소공복(小功服)을 입게 되는 나머지 친족들에 대해서는 2등급을 낮추게 되면, 관련된 상복이 없게 된다. 모친은 세숙부모(世叔父母)를 위해서 대공복(大功服)을 착용하는데, 본인은 2등급을 낮추게 되므로, 마땅히 시마복(緦麻服)을 착용해야 한다. 그런데 이 관계에서는 상복을 착용하지 않는다. 그 이유는 무른 지극히 가까운 관계에 있어서는 1년의 기간으로 제한을 하며, 세숙부모에 대한 상복은 본래의 규정보다 수위를 더하여 입는 상복이 되기 때문이다. 그리고 외친(外親)은 자신과의 관계가 이미 소원하므로, 본래 상복을 입어야 하는 수위에 기준하여, 단계별로 낮추게 되므로, 또한 규정에 따른 상복이 없게 되는 것이다. 종모(從母)의 남편에 대해서, 모친은 상복을 착용하지 않고, 구(舅)의 처에 대해서, 모친은 소공복(小功服)을 착용하여, 서로 상복을 입어주는 은혜에 보답을 해야 하는 관계인데, 둘 모두에 대해서는 모친을 따라서 상복을 착용하는 일이 없다.

• 제 67 절 •

상사(喪事)와 길사(吉事)에서의 행동거지

【93b】

喪事欲其縱縱爾, 吉事欲其折折爾. 故喪事雖遽不陵節, 吉事雖止不怠. 故騷騷爾則野, 鼎鼎爾則小人, 君子蓋猶猶爾.

직역 喪事에는 그 縱縱爾를 欲하며, 吉事에는 그 折折爾를 欲한다. 故로 喪事에는 雖히 遽라도 節을 不陵하고, 吉事에는 雖히 止라도 不怠한다. 故로 騷騷爾하면 野하고, 鼎鼎爾하면 小人이니, 君子는 蓋히 猶猶爾라.

의역 상사(喪事)에서는 신속하게 처리하면서도 절차를 준수하고자 하며, 길사(吉事)에서는 행동거지를 예(禮)에 맞추고자 한다. 그렇기 때문에 상사에서는 비록 급박하게 처리를 해야 하지만, 그 절차를 건너뛸 수가 없고, 길사에서는 비록 멈춰서 있는 시간이 있지만, 태만하게 굴어서는 안 된다. 그러므로 너무 분주하고 소란스럽게 하면 비루한 꼴이 되고, 너무 느긋하게 하여도 소인(小人)처럼 되니, 군자(君子)는 무릇 너무 빠르지도 않고 너무 느리지도 않게 하여, 완급에 맞게 한다.

集說 縱縱, 給於趨事之貌. 折折, 從容中禮之貌. 喪事雖急遽, 而不可陵躐其節次; 吉事雖有立而待事之時, 而不可失於怠惰. 若騷騷而太疾, 則鄙野矣; 鼎鼎而太舒, 則小人之爲矣; 猶猶而得緩急之中, 君子行禮之道也.

번역 '종종(縱縱)'은 신속하게 처리해야 할 일에 대해서, 절차를 준수하는 모습을 뜻한다. '절절(折折)'은 행동거지를 예(禮)에 맞추는 모습을 뜻한다. 상사(喪事)는 비록 급박하게 처리해야 할 일이지만, 그 절차를 건너뛸 수 없고, 길사(吉事)에는 비록 서 있으면서 일을 처리할 때까지 기다려야 하는 시간이 있지만, 태만한 모습을 보여서, 실례(失禮)를 범할 수 없다. 만약 몹시 소란스럽고 분주하게 처리한다면, 비루한 꼴이 되고, 느긋하게 하여 너무 천천히 한다면, 소인(小人)이 하는 꼴이 된다. 너무 빠르지도 않고 너무 느리지도 않게 하여, 완급의 적절함을 맞추는 것이 바로 군자(君子)가 예(禮)를 시행할 때의 도(道)이다.

大全 廣安游氏曰: 君子處吉凶之際, 以失禮爲懼, 故疾舒之際, 常得其中.

번역 광안유씨가 말하길, 군자(君子)는 길흉(吉凶)의 시기에 처하여, 실례(失禮)를 범하게 될까를 근심거리로 삼게 된다. 그렇기 때문에 빠르고 느리게 처리해야 할 일에 있어서, 항상 그 중도(中道)에 맞았던 것이다.

大全 臨川吳氏曰: 喪事欲疾, 吉事欲舒, 疾者, 雖當促遽, 然亦不可太急而陵越節次, 舒者, 雖有止息, 然亦不可太緩而怠惰寬縱. 故騷騷而急疾不節, 則若田野之人, 鼎鼎而舒緩怠惰, 則若不修整之小人. 唯君子得疾舒之中, 則於喪事不至太疾, 吉事不至太舒也.

번역 임천오씨가 말하길, 상사(喪事)에서는 신속하게 처리하려고 하고, 길사(吉事)에서는 느긋하게 처리하고자 하는데, '질(疾)'이라는 말은 비록 급급한 일에 신속하게 처리를 해야 하지만, 또한 너무 급급하여 절차를 건너뛰어서는 안 된다는 뜻이다. '서(舒)'라는 말은 비록 휴식을 취하는 경우도 있지만, 또한 너무 느긋하게 해서, 태만하게 풀어져서는 안 된다는 뜻이다. 그렇기 때문에 몹시 소란스럽고 분주하게 하여, 절도에 맞지 않는다면, 야인처럼 행동하는 꼴이 되고, 느긋하게 하여, 너무 천천히 해서 풀어지게 된다면, 마치 정돈되지 못한 소인(小人)이 하는 꼴이 된다. 오직 군자(君子)만이 완급의 중도를 맞출 수 있으니, 상사에 대해서는 너무 급급하게 하는 지경에 이르지 않게 되고, 길사에 대해서는 너무 느긋하게 하는 지경에 이르지 않게 된다.

鄭注 趨事貌. 縱, 讀如"總領"之總. 安舒貌. 詩云: "好人提提". 陵, 躐也. 止, 立俟事時也. 怠, 惰也. 謂大疾. 謂大舒. 疾舒之中.

번역 '종종이(縱縱爾)'는 신속하게 일을 처리하는 모습을 뜻한다. '종(縱)'자는 '총령(總領)'이라고 할 때의 '총(總)'자로 풀이한다. '절절이(折折爾)'는 편안하고 느긋한 모습을 뜻한다. 『시』에서 "좋은 임은 느긋하면서도 점잖다."[1]라고 했다. '능(陵)'자는 "뛰어 넘다[躐]."는 뜻이다. '지(止)'자는 서서 일을 기다리는 때를 뜻한다. '태(怠)'자는 "나태하다[惰]."는 뜻이다. '소소이(騷騷爾)'는 너무 빠르게 처리한다는 뜻이다. '정정이(鼎鼎爾)'는 너무 느긋하게 처리한다는 뜻이다. 군자(君子)는 빠르고 느린 그 중도(中道)에 맞는다는 뜻이다.

釋文 縱, 依注音總, 急遽貌. 折, 大兮反, 注同. 躐, 力輒反. 惰, 徒臥反. 騷, 素刀反, 急疾貌. 大音泰, 一音他佐反, 下注同.

번역 '縱'자는 정현의 주에 따르면 그 음은 '總(총)'이며, 급작스러운 모양을 뜻한다. '折'자는 '大(대)'자와 '兮(혜)'자의 반절음이며, 정현의 주에 나오는 글자도 그 음이 이와 같다. '躐'자는 '力(력)'자와 '輒(첩)'자의 반절음이다. '惰'자는 '徒(도)'자와 '臥(와)'자의 반절음이다. '騷'자는 '素(소)'자와 '刀(도)'자의 반절음이며, 급급하고 너무 빠른 모양을 뜻한다. '大'자의 음은 '泰(태)'이고, 다른 음은 '他(타)'자와 '佐(좌)'자의 반절음이 되는데, 아래 정현의 주에 나온 글자도 그 음이 이와 같다.

孔疏 ●"喪事"至"猶爾". ○正義曰: 此一節論吉凶趨容之事, 各依文解之.

번역 ●經文: "喪事"~"猶爾". ○이곳 문단은 길사(吉事)와 흉사(凶事)에서 신속히 처리하며 행동거지를 갖추는 사안에 대해서 논의하고 있으니, 각각의 문장에 따라서 풀이하겠다.

---

1) 『시』「위풍(魏風)·갈구(葛屨)」: 好人提提, 宛然左辟, 佩其象揥. 維是褊心, 是以爲刺.

孔疏 ◎注"詩云: 好人提提". ○正義曰: 所引者魏風·葛屨之詩也. 魏俗褊薄, 遣新來婦人縫作衣裳, 故述而刺之云, 美好婦人, 初來之時提提然. 引之者, 證安舒之意.

번역 ◎鄭注: "詩云: 好人提提". ○정현이 인용한 시는 『시』「위풍(魏風)·갈구(葛屨)」편의 시(詩)이다. 위(魏)나라의 풍속이 각박하여, 새로 시집온 부인으로 하여금 상의와 하의를 꿰매어 입게 하였기 때문에, 이 시를 기술하여 풍자하길, 아름다운 부인이 최초 시집을 왔을 때에는 느긋하면서도 점잖았다고 한 것이다. 정현이 이 시를 인용한 이유는 '안서(安舒)'의 뜻을 증명하기 위해서이다.

孔疏 ●"故喪"至"猶爾". ○正義曰: 以上喪事欲疾, 吉事欲舒, 因上生下, 故云喪事雖須促遽, 亦當有常, 不得陵越喪禮之節. 吉事雖有[2]止住之時, 不得怠墮寬慢. 故喪事騷騷爾, 過爲急疾, 則如田野之人, 急切無禮. 若吉事鼎鼎爾, 不自嚴敬, 則如小人然, 形體寬慢也. 若君子之人, 於喪事之內得疾之中, 於吉事之內得舒之中. 蓋行禮之時, 明閑法, 則志意猶猶然. 猶猶是曉達之貌.

번역 ●經文: "故喪"~"猶爾". ○앞 구문에서 상사(喪事)에서는 신속하게 처리하고자 했고, 길사(吉事)에서는 느긋하게 처리하고자 했다고 기록했으므로, 이러한 구문으로 인해 다음 구문이 파생된 것이다. 그렇기 때문에 다음과 같이 말한 것이다. 상사에서는 비록 급급한 일에 대해 신속히 처리해야 하지만, 또한 마땅히 그 안에도 일정한 규정이 있으니, 상례(喪禮)의 절차를 건너 뛸 수 없다. 그리고 길사에는 비록 정지해 있는 시간이 있지만, 나태하고 태만하게 굴 수 없다. 그러므로 상사에서 너무 분주하게 처리하여, 너무 급박하게 처리하는 실수를 범하게 된다면, 야인의 행동처럼 되

---

2) '유(有)'자에 대하여. '유'자 뒤에는 본래 '행(行)'자가 기록되어 있었는데, 완원(阮元)의 『교감기(校勘記)』에서는 "위씨(衛氏)의 『집설(集說)』에는 '행'자가 없으며, 『속통해(續通解)』에도 동일하게 '행'자가 없는데, 살펴보니 '행'자가 없는 기록이 옳다."라고 했다.

어, 급급하여 예(禮)가 없는 것처럼 보이게 된다. 그리고 만약 길사에 대해서 너무 느긋하게 하여, 엄중하고 공경하는 마음을 제 스스로 나타내지 못한다면, 마치 소인(小人)들의 행동거지처럼 되어, 그 모습이 나태해보이게 된다. 군자(君子)와 같은 사람은 상사를 치르는 가운데에는 빠르게 하는 중도에 맞추고, 길사를 치르는 가운데에는 느긋하게 하는 중도에 맞추게 된다. 무릇 예(禮)를 시행할 때, 제한과 규범에 밝게 된다면, 그 뜻은 완급에 맞게 된다. '유유(猶猶)'는 사리에 통달한 모습을 뜻한다.

訓纂 說文: 夌, 越也.

번역 『설문해자』에서 말하길, '릉(夌)'자는 "뛰어 넘다[越]."는 뜻이다.

訓纂 彬謂: 越與躐意同. 夌同陵.

번역 내가 생각하기에, '월(越)'자와 '렵(躐)'자는 의미가 같다. '릉(夌)'자는 '릉(陵)'자와 같은 글자이다.

集解 愚謂: 喪事固欲其疾, 然不可以過於急而陵節, 陵節則不足於禮之文而野矣. 吉事固欲其舒, 然不可以過於緩而怠, 怠則不足於敬之實而小人矣. 得舒疾之中者, 惟君子能之, 由其內盡乎哀敬之實, 而外適乎節文之宜也.

번역 내가 생각하기에, 상사(喪事)에서는 진실로 신속하게 처리를 하고자 하지만, 너무 급급하게 하여, 절차를 건너뛸 수 없으니, 절차를 건너뛰게 되면, 예(禮)의 형식에 부족하게 되어, 야만스럽게 되는 것이다. 길사(吉事)에서는 진실로 느긋하게 처리를 하고자 하지만, 너무 완만하게 하여, 태만하게 할 수 없으니, 태만하게 된다면, 공경이라는 본질에 부족하게 되어, 소인(小人)이 행동하는 것처럼 된다. 완급의 중도를 얻는 것은 오직 군자(君子)만이 이것을 할 수 있으니, 내적으로 슬프고 공경하는 본질을 다하고, 외적으로 절차와 형식의 합당함에 적합하도록 하는 것에서 비롯되는 것이다.

• 제 68 절 •

상(喪)의 기물(器物)들을 갖추는 규범

【93c~d】

喪具, 君子恥具. 一日二日而可爲也者, 君子弗爲也.

직역 喪具를 君子는 具를 恥한다. 一日二日하여 可히 爲한 者를 君子는 弗爲한다.

의역 상(喪)을 치를 때, 소용되는 기물(器物)들을 일찍 갖추는 것을 군자(君子)는 수치스럽게 여긴다. 하루나 이틀 정도의 시간으로 갖출 수 있는 것들을 군자는 미리 마련하지 않는다.

集說 喪具, 棺衣之屬. 君子恥於早爲之而畢具者, 嫌不以久生期其親也. 然"六十歲制, 七十時制, 八十月制, 九十日修", 蓋慮夫倉卒之變也. 一日二日可辦之物, 則君子不豫爲之, 所謂"絞紟衾冒, 死而後制"者也.

번역 '상구(喪具)'는 관(棺)이나 의복류 등을 뜻한다. 군자(君子)는 너무 일찍 그것들을 마련하여, 기물들을 모두 갖추는 것을 부끄럽게 여기니, 부모가 오래도록 살아계시기를 바라지 않고, 부모의 죽음에 대해서 기약하는 것처럼 보이게 될까를 염려했기 때문이다. 그런데 "나이가 60세가 되면 관(棺)을 미리 제작해서 준비해 두고, 70세가 되면 부장하게 될 의복과 기물들 중 비교적 얻기 힘든 것들을 미리 제작해서 준비해 두며, 80세가 되면 부장하게 될 의복과 기물들 중 비교적 얻기 쉬운 것들을 미리 제작해서 준비해 두고, 90세가 되면 미리 준비해둔 것들을 날마다 손질한다."[1]라고 한 이유는 해당 대상이 갑작스럽게 죽게 되는 변고를 염려했기 때문이다.

하루나 이틀 만에 갖출 수 있는 물건들의 경우, 군자는 미리 그것들을 갖추지 않으니, 이른바 "염(斂)할 때 시신을 묶는 끈인 교(絞), 홑이불인 금(紟), 이불인 금(衾), 시신을 전체적으로 감싸는 모(冒)는 그가 죽은 뒤에야 제작한다."는 뜻에 해당한다.

---

1) 『예기』「왕제(王制)」【177b】: 六十歲制, 七十時制, 八十月制, 九十日修, 唯絞紟衾冒, 死而后制.

그림 68-1 우: 소렴(小斂)의 교(絞), 좌: 대렴(大斂)의 교(絞)

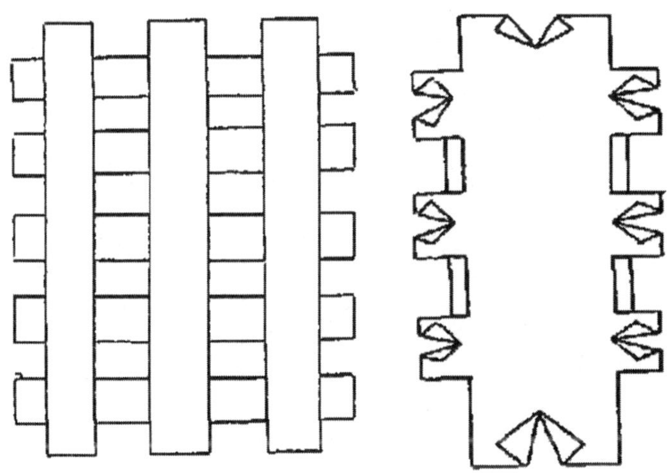

▸ 출처: 『삼례도집주(三禮圖集注)』 17권

그림 68-2 금(紟)과 금(衾)

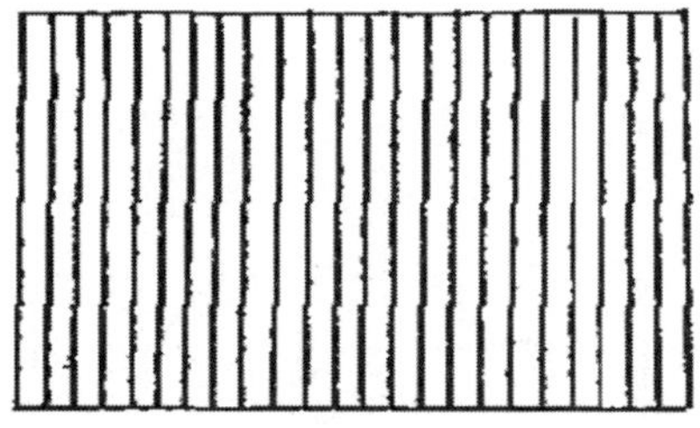

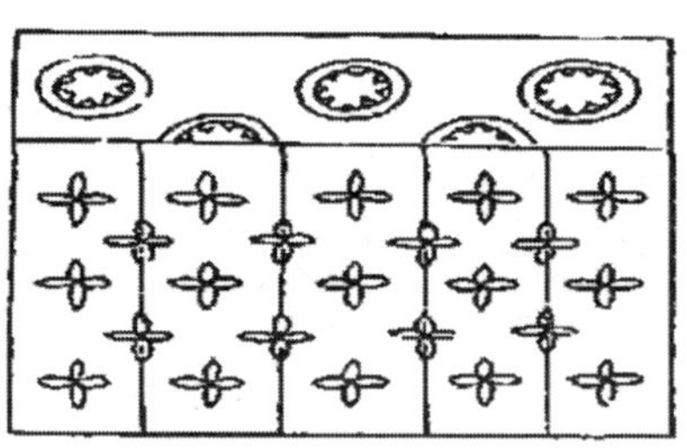

▸ **출처:** 『삼례도집주(三禮圖集注)』 17권

그림 68-3 모(冒)

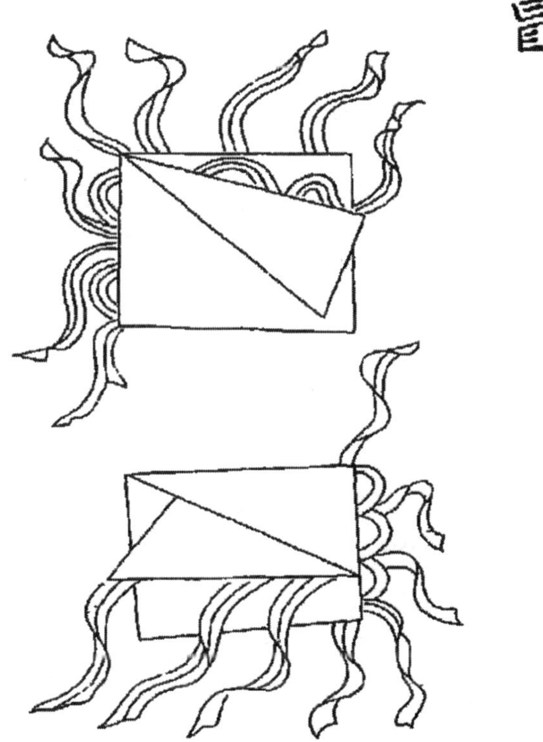

▸ **출처:** 『삼례도집주(三禮圖集注)』 17권

鄭注 辟不懷也. 喪具, 棺衣之屬. 謂絞·紟·衾·冒.

번역 부모를 그리워하지 않는다는 혐의를 피하기 위해서이다. '상구(喪具)'는 관(棺)이나 의복류 등을 뜻한다. 하루나 이틀 만에 갖추는 것들은 시신을 묶는 끈인 교(絞), 홑이불인 금(紟), 이불인 금(衾), 시신을 전체적으로 감싸는 모(冒) 등을 뜻한다.

釋文 絞, 戶交反, 後同. 紟, 其蔭反. 冒, 莫報反.

번역 '絞'자는 '戶(호)'자와 '交(교)'자의 반절음이며, 아래에 나오는 글자도 그 음이 이와 같다. '紟'자는 '其(기)'자와 '蔭(음)'자의 반절음이다. '冒'자는 '莫(막)'자와 '報(보)'자의 반절음이다.

孔疏 ●"喪具"至"弗爲也". ○正義曰: 此一節論孝子備喪具之事, 各依文解之.

번역 ●經文: "喪具"~"弗爲也". ○이곳 문단은 자식이 상례(喪禮)에 사용되는 기물을 갖추는 사안에 대해서 논의하고 있으니, 각각의 문장에 따라서 풀이하겠다.

孔疏 ◎注"辟不"至"之屬". ○正義曰: 此"辟不懷", 宣八年左傳云: "禮, 卜葬先遠日, 辟不懷也." 懷, 思也. 葬用近日, 則是不思念其親. 今送死百物皆具, 是速棄其親. 今未卽辦具, 是辟不思親之事也. 云"喪具, 棺衣之屬"者, 棺卽預造, 衣亦漸制, 但不一時頓具, 故王制云"六十歲制, 七十時制, 八十月制, 九十日修. 唯絞·紟·衾·冒, 死而后制", 是也.

번역 ◎鄭注: "辟不"~"之屬". ○정현이 이곳 문장에 대해서, "부모를 그리워하지 않는다는 혐의를 피하기 위해서이다."라고 했는데, 선공(宣公) 8년에 대한 『좌전』의 기록을 살펴보면, "예(禮)에 있어서, 장례(葬禮)를 치를 때, 먼 날에 대해서 먼저 점을 치는 것은 부모를 그리워하지 않는다는 혐의를 피하기 위해서이다."[2]라고 했다. '회(懷)'자는 "그리워한다[思]."는 뜻이다. 장례를 치를 때 가까운 날짜를 이용하게 된다면, 부모에 대해서 그리워하지 않는 꼴이 된다. 그런데 현재 죽은 자를 전송하며, 그 때 필요로 하게 되는 모든 기물들을 갖추게 된다면, 이것은 신속히 부모를 떠나보내겠다는 뜻이 된다. 따라서 현재 기물을 갖추지 않는 것은 부모를 그리워하지 않는다는 혐의를 피하는 일이 된다. 정현이 "'상구(喪具)'는 관(棺)이나 의복류 등을 뜻한다."라고 했는데, 관(棺)의 경우는 미리 만들어둘 수 있고, 의복 또한 점진적으로 제작을 할 수 있는데, 다만 일시에 모두 갖출 수는 없는 것이다. 그렇기 때문에 『예기』「왕제(王制)」편에서 "나이가 60세가 되면 관(棺)을 미리 제작해서 준비해 두고, 70세가 되면 부장하게 될 의복과 기물들 중 비교적 얻기 힘든 것들을 미리 제작해서 준비해 두며, 80세가 되면 부장하게 될 의복과 기물들 중 비교적 얻기 쉬운 것들을 미리 제작해서 준비해 두고, 90세가 되면 미리 준비해둔 것들을 날마다 손질한다. 염(斂)할 때 시신을 묶는 끈인 교(絞), 홑이불인 금(紟), 이불인 금(衾), 시신을 전체적으로 감싸는 모(冒)는 그가 죽은 뒤에야 제작한다."라고 한 말이 바로 이러한 사실을 나타낸다.

---

2) 『춘추좌씨전』「선공(宣公) 8년」: 冬, 葬敬嬴, 旱, 無麻, 始用葛茀. 雨, 不克葬, 禮也. <u>禮, 卜葬, 先遠日, 避不懷也</u>.

• 제69절 •

각종 관계에 따른 상복(喪服) 규범

【93d】

喪服, 兄弟之子猶子也, 蓋引而進之也; 嫂叔之無服也, 蓋推而遠之也; 姑姊妹之薄也, 蓋有受我而厚之者也.

직역 喪服에서, 兄弟의 子를 子와 猶함은 蓋히 引하여 進함이며; 嫂叔에게 無服함은 蓋히 推하여 遠함이고; 姑姊妹에게 薄함은 蓋히 我에게 受하여, 厚한 者가 有함이다.

의역 상복(喪服)에 있어서, 형제의 자식들이 죽었을 때에는 자신의 자식이 죽었을 때와 동일한 상복을 착용하니, 이처럼 하는 이유는 그와의 은정으로 인해, 그의 관계를 끌어 올려서 친밀한 관계로 포함시키기 때문이다. 형제의 아내와 남편의 형제 사이에는 확연한 구분이 있으니, 그 둘 사이에는 상복관계가 성립되지 않는데, 이처럼 하는 이유는 남녀사이에서 발생하는 혐의를 멀리하기 위해, 그 둘의 관계를 미루어서 멀리 대하기 때문이다. 고모와 자매가 시집을 갔을 때에는 그녀들에 대한 상복의 수위를 낮추니, 무릇 본인을 대신해서 그녀들을 위해 수위가 높은 상복을 입어줄 사람이 있기 때문이다.

集說 方氏曰: 兄弟之子, 雖異出也, 然在恩爲可親, 故引而進之, 與子同服; 嫂叔之分, 雖同居也, 然在義爲可嫌, 故推而遠之, 不相爲服. 姑姊妹在室, 與兄弟姪皆不杖期, 出適則皆降服大功而從輕者, 蓋有受我者服爲之重故也. 言其夫受之, 而服爲之杖期以厚之, 故於本宗相爲皆降一等也.

번역 방씨가 말하길, 형제의 자식은 비록 다른 부모에게서 태어났지만, 은정에 있어서는 친근하게 대할 수가 있다. 그렇기 때문에 끌어 올려서 나아가게 하여, 자식에 대한 상복(喪服)과 동일하게 한 것이다. 형제의 아내와 남편의 형제는 구분에 있어서, 비록 같은 집에 살고 있다고 하더라도, 의리에 따라 혐의스러운 점이 생길 수도 있다. 그렇기 때문에 미루어서 멀리하여, 서로 간에 상복을 입지 않는 것이다. 고모와 자매가 시집을 가지 않았을 때에는 형제의 자식들에 대한 경우와 마찬가지로, 모두 지팡이를 잡지 않는 기년복(朞年服)을 착용하는데, 그녀들이 출가를 했다면, 모두에 대해서 상복의 수위를 낮춰서, 대공복(大功服)을 착용하고, 수위가 낮은 것을 따르게 되니, 무릇 나를 대신해서 상복을 입는 자가 있어서, 그들이 그녀를 위해 수위가 무거운 상복을 착용하기 때문이다. 즉 이 말은 그녀의 남편이 나를 대신하여, 상복을 착용할 때, 그녀를 위해 지팡이를 잡게 되는 기년복을 착용하여, 후하게 대한다는 뜻이다. 그렇기 때문에 그녀의 친정에서는 서로를 위해 모두들 한 등급씩 낮춰서 상복을 착용하는 것이다.

大全 何氏平叔曰: 男女相爲服, 不有骨肉之親, 則其尊卑之異也. 嫂叔親, 非骨肉, 尊卑不異, 恐有混淆之失, 故推使無服也.

번역 하평숙이 말하길, 남녀 사이에서도 서로를 위해 상복(喪服)을 착용하지만, 그 경우는 둘 사이에 같은 혈연이라는 친족관계가 형성되어 있는 경우이거나 그것이 아니라면 둘 사이에 존비(尊卑)의 차이가 있기 때문이다. 형제의 부인과 남편의 형제 사이에는 비록 친족 관계가 성립되지만, 그것은 혈연으로 맺어진 것이 아니며, 존비의 차이도 나지 않으니, 아마도 인륜을 문란하게 만드는 실수가 발생할 것을 염려했기 때문에, 둘의 관계를 미루어서, 그 둘로 하여금 서로 상복을 입지 못하도록 한 것이다.

鄭注 或引或推, 重親遠別. 欲其一心於厚之者, 姑姊妹嫁大功, 夫爲妻期.

번역 어떤 경우에는 끌어당기고, 또 어떤 경우에는 밀어내니, 친밀한 관계를 중시하고, 유별함에 따라 멀리 대하기 때문이다. 마음을 하나로 모아서 그녀들에게 후하게 대하고자 하기 때문이니, 고모와 자매가 시집을 가게 되면 대공복(大功服)을 착용하고, 남편은 아내를 위해서 기년복(朞年服)을 착용한다.

釋文 遠, 于萬反. 別, 彼列反. 期音基.

번역 '遠'자는 '于(우)'자와 '萬(만)'자의 반절음이다. '別'자는 '彼(피)'자와 '列(렬)'자의 반절음이다. '期'자의 음은 '基(기)'이다.

孔疏 ●"喪服"至"者也". ○正義曰: 喪服是儀禮正經, 記者錄喪服中有下三事, 各以釋之. 其兄弟之子期, 姑姊妹出適大功, 皆喪服經文, 嫂叔無服, 喪服傳文. 所以嫂叔無服, 進在姑姊妹之上者, 取或引或推, 二者相對. 其子服重, 是引而進之, 其嫂無服, 是推而遠之. 並云"蓋"者, 記人雖解其義, 猶若不審然, 故謙而言"蓋".

번역 ●經文: "喪服"~"者也". ○「상복(喪服)」편은 『의례』의 경문(經文)에 해당하는 기록인데, 『예기』를 기록한 자는 「상복」편에 이러한 세 종류의 사안이 있다는 것을 기록하고, 각각에 대해서 풀이를 한 것이다. 형제의 자식이 죽었을 때에는 기년복(朞年服)을 착용하고, 고모와 자매가 출가를 했을 경우, 그녀들을 위해서는 대공복(大功服)을 착용하는데, 이것들은 모두 「상복」편의 경문에 기록된 내용이며, 형제의 아내와 남편의 형제들 사이에는 상복관계가 성립되지 않는다는 기록은 「상복」편에 기록된 전문(傳文)의 내용이다. 형제의 아내와 남편의 형제들 사이에 상복관계가 없다는 내용을 끌어다가 고모와 자매에 대한 항목 앞에 기술한 이유는 어떤 경우에는 당겨서 끌어오고 또 어떤 경우에는 밀어내는데, 두 경우가 서로 대비가 된다는 측면에서 이러한 기술 방식을 채택한 것이다. 자신의 아들이 죽었을 때 착용하는 상복은 수위가 무거우니, 이것이 바로 당겨서 나아가게 한 경우이며, 형수에 대해 상복을 입지 않는 것은 미루어 멀리한다는 경우이다. 모든 구문에 '개(蓋)'자를 기록한 이유는 『예기』를 기록한 자가 비록 그 의미를 풀이했지만, 여전히 확실치 않은 점이 있을 수도 있기 때문에, 겸손하게 표현하여, '아마도[蓋]'라고 말하게 된 것이다.

孔疏 ◎注"或引"至"遠別". ○正義曰: 己子服期, 今昆弟之子亦服期, 牽引進之, 同於己子. 按喪服傳: "昆弟之子期報之也." 此云"引"者, 喪服有世父母叔父母期, 又云昆弟之子, 何以亦期也? 有相報答之義, 故云"報"也. 己子服期, 昆弟之子應降一等服大功, 今乃服期, 故云"引"也. 二文相兼乃備. 或推者, 昆弟相爲服期, 其妻應降一等服大功, 今乃使之無服, 是推使疏而斥遠之也. 言"重親"解"或引", 言"遠別"解"或推". "遠別"者, 何平叔云: "夫男女相爲服, 不有骨肉之親, 則有尊卑之異也. 嫂叔親非骨肉, 不異尊卑, 恐有混交之失, 推使無服也."

번역 ◎鄭注: "或引"~"遠別". ○자신의 아들이 죽었을 때에는 기년복(朞年服)을 착용하는데, 현제 곤제(昆弟)의 자식들에 대해서도 또한 기년복을 착용한다고 했으니, 이것은 끌어당겨서 나아가게 하여, 자신의 아들에 대한 경우와 동일하게 한 것이다. 『의례』「상복(喪服)」편의 전문(傳文)을 살펴보면, "곤제의 자식에 대해서는 기년복을 착용하니, 그 자가 자신에 대해서 동일하게 상복을 착용하는 것에 대해 보답하기 위해서이다."[1]라고 했다. 이곳에서는 "당긴다[引]."라고 하였는데, 「상복」편의 기록 중에는 세부모(世父母)와 숙부모(叔父母)에 대해서 기년복을 착용한다는 기록이 있고, 또한 곤제의 아들에 대해서도 이와 같은 복장을 착용한다고 했다. 어찌하여 곤제의 아들에 대해서도 또한 세부모 및 숙부모처럼 기년복을 착용하는가? 서로 보답하는 도의가 포함되어 있기 때문이다. 그래서 "보답한다[報]."라고 말한 것이다. 자신의 아들을 위해 기년복을 착용한다면, 곤제의 아들에 대해서는 마땅히 1등급을 낮춰서 대공복(大功服)을 착용해야 하는데, 현재는 곧 기년복을 착용한다고 했다. 그렇기 때문에 "당긴다[引]."라고

---

1) 『의례』「상복(喪服)」: 昆弟之子. 傳曰, 何以期也? 報之也.

말한 것이다. 두 기록이 상호 보완이 되면, 그 뜻이 완전해진다. 또한 '추(推)'를 하는 경우도 있는데, 곤제는 서로를 위해 기년복을 착용하므로, 그 처는 마땅히 1등급을 낮춰서 대공복을 착용해야 한다. 그런데 현재의 상황에서는 그 둘로 하여금 상복을 착용하지 못하게끔 하였으니, 이것은 미루어서 둘 사이의 관계를 소원하게 하여, 멀리 하도록 배척한 것이다. 정현은 '중친(重親)'이라고 하여, "혹은 끌어당긴다[或引]."는 말을 풀이한 것이고, '원별(遠別)'이라고 하여, "혹은 미룬다[或推]."는 말을 풀이한 것이다. '원별(遠別)'에 대해, 하평숙은 "무릇 남녀 사이에서도 서로를 위해 상복(喪服)을 착용하지만, 그 경우는 둘 사이에 같은 혈연이라는 친족관계가 형성되어 있는 경우이거나 그것이 아니라면 둘 사이에 존비(尊卑)의 차이가 있기 때문이다. 형제의 부인과 남편의 형제 사이에는 비록 친족 관계가 성립되지만, 그것은 혈연으로 맺어진 것이 아니며, 존비의 차이도 나지 않으니, 아마도 인륜을 문란하게 만드는 실수가 발생할 것을 염려했기 때문에, 둘의 관계를 미루어서, 그 둘로 하여금 서로 상복을 입지 못하도록 한 것이다."라고 했다.

孔疏 ●"姑姊妹之薄也"者, 未嫁之時爲之厚, 今姑姊妹出嫁之後爲之薄, 蓋有夫婿受我之厚而重親之, 欲一心事於厚重, 故我爲之薄.

번역 ●經文: "姑姊妹之薄也". ○아직 시집을 가지 않았을 때에는 그녀들을 위해 후하게 대하게 된다. 그런데 현재의 상황은 고모나 자매가 이미 출가를 한 이후가 되므로, 그녀들을 위해 박하게 대하는 것이니, 무릇 남편이나 사위 등이 나를 대신하여, 그녀들에게 후하게 대하며, 수위가 높은 상복을 착용하여, 그녀들에게 친근하게 대하게 되는데, 그들은 마음을 한결같이 하여, 그녀들의 상(喪)을 두텁고 무겁게 치르는데 전념하고자 하므로, 나는 그녀들을 위해 박하게 대하는 것이다.

集解 愚謂: 兄弟之子爲世叔父期, 而世叔父乃旁尊, 不足以加尊, 故如其爲己之服以報之. 猶子, 謂與己子同也. 兄弟一體, 服其子同於己子. 引而進之, 所以篤親親之恩也. 妻爲夫之昆弟·姊妹, 皆應從服者也. 然爲夫姊妹服小功, 而姊妹亦報服; 至夫之昆弟, 則不從夫而服, 夫之昆弟亦不報. 推而遠之, 所以厚男女之別也. 姑·姊妹之薄, 謂姑·姊妹之適人者, 由期而降爲大功也. 受我而厚之, 謂其夫受姑·姊妹於我, 爲之服齊衰·杖期, 與父在爲母同. 情篤於夫家, 則恩殺於本宗, 此姑·姊妹之所以出而降也.

번역 내가 생각하기에, 형제의 자식은 세숙부(世叔父)를 위해서 기년복(朞年服)을 착용하는데, 세숙부(世叔父)는 방계의 친족 중 존귀한 자이므로, 존숭의 뜻을 더하기에는 부족하다. 그렇기 때문에 자신의 아들을 위해 입는 상복(喪服)과 동일하게 착용하여, 형제의 자식이 자신을 위해 착용하는 상복에 보답만 하는 것이다. '유자(猶子)'라는 말은 자신의 아들에 대한 경우와 동일하게 한다는 뜻이다. 형제는 같은 부모에게서 출생하였으므로, 한 몸이라고 할 수 있으니, 그들의 자식들을 위해 상복을 착용할 때에는 자신의 아들을 위해서 상복을 착용할 때와 동일하게 하는 것이다. 당겨서 나아가게 하는 것은 친근한 자를 친근하게 대하는 은정을 돈독하게 하는 방법이다. 처는 남편의 곤제 및 자매들을 위해서, 모두 남편을 따라 상복을 입어야만 한다. 그러므로 남편의 자매들을 위해서는 소공복(小功服)을 착용하는 것이고, 남편의 자매들은 또한 그녀를 위해서, 보답하는 차원에서 상복을 입게 된다. 그러니 남편의 곤제들에 있어서는 남편을 따라 상복을 입지 않고, 남편의 곤제들 또한 그녀를 위해서 상복을 착용하지 않는다. 미루어 멀리한다는 것은 남녀 사이의 유별함을 잘 지키는 방법이다. 고모와 자매에 대해서 박하게 한다는 말은 고모와 자매들 중 시집을 간 여자에 대해서는 본래의 규정인 기년복의 수위에 따라서, 등급을 낮춰 대공복(大功服)으로 착용하게 된다는 뜻이다. 나를 대신해서 후하게 대한다는 말은 그녀들의 남편이 나에게서 고모나 자매를 데려간 상태이므로, 그들은 그녀들을 위해 자최복(齊衰服)을 착용하고, 지팡이를 잡고서 기년상(期年喪)을 치르게 되니, 부친이 생존해 계실 때, 돌아가신 모친을 위해서 착용하는 상복과 동일하게 한다는 뜻이다. 그녀들에 대한 은정을 남편의 집에서 돈독하게 한다면, 그녀들의 친정에서는 은정을 낮추게 되니, 이것이 고모와 자매들에 대해서, 출가를 하게 되면, 상복의 수위를 낮추는 이유이다.

集解 吳氏澄曰: 人有嫂之喪者, 其父母爲之服大功小功, 其妻爲之服小功, 其子爲之服齊衰·不杖期, 豈有己身立於父母妻子之間而獨同於無服之人哉? 雖曰無服, 當弔服加麻, 不飮酒, 不食肉, 不處內, 如弟子爲師, 父在爲母之例. 俟父母妻子之服旣除, 然後吉服. 推而遠之, 文雖殺而情未嘗不隆也.

번역 오징이 말하길, 어떤 자에게 있어서, 형수의 상(喪)이 발생한 경우, 그의 부모는 그녀를 위해서 대공복(大功服)과 소공복(小功服)을 착용하고, 그의 처도 그녀를 위해서 소공복을 착용하며, 그의 자식도 그녀를 위해서 자최복(齊衰服)을 착용하고 지팡이를 잡지 않는 기년상(期年喪)을 치르게 되는데, 어찌하여 본인은 부모와 처 및 자식의 중간에 있는 입장이면서도, 유독 상복관계가 없는 사람과 동일하게 그녀를 대할 수 있는가? 비록 규정된 상복이 없다고 하지만, 마땅히 조복(弔服)에 마(麻)를 더하게 되며, 술도 마시지 않고, 고기도 먹지 않으며, 집안에 거처하지도 않으니, 마치 제자들이 스승을 위해 상(喪)을 치르는 것처럼 하며, 부친이 생존해 계실 때 돌아가신 모친을 위해 상(喪)을 치르는 것처럼 하게 된다. 자신의 부모 및 처와 자식들이 상복을 벗을 때까지 기다린 뒤에야, 그 또한 길복(吉服)을 착용하게 된다. 미루어서 멀리한다고 했는데, 그 문장에는 비록 낮추는 점이 있지만, 정감에 있어서는 일찍이 융성하게 높이지 않은 적이 없었다.

集解 愚謂: 喪服記曰"朋友麻", 鄭氏謂"弔服加麻." 奔喪禮云"無服而爲位者, 惟嫂叔及婦人降而無服者麻", 則嫂叔相爲弔服加麻, 禮有明據矣. 嫂叔雖不制服, 而哭則爲位, 又弔服加麻, 則固非恝然同於無服之人也. 然吳氏謂"俟父母妻子之服除而後吉服", 則父母妻子之爲嫂或期或大功或小功, 將以何爲之斷限乎? 且若從其重者, 則爲昆弟服期, 而欲嫂叔相爲心喪, 亦皆俟其子之期服除而後復常, 則情雖甚厚, 而揆諸制服之義, 亦已失其差矣. 凡弔服加麻者, 旣葬除之. 竊謂嫂叔相爲弔服加麻, 心喪三月, 卒哭而除, 視娣・姒婦之相爲小功者而差降焉, 此固先王之禮也. 若魏徵謂"長年之嫂, 遇孩童之叔, 劬勞鞠育, 情若所生", 又有不可以常禮槪者. 故韓愈少鞠於嫂, 爲之服期, 此亦禮之以義起者也.

번역 내가 생각하기에, 『의례』「상복(喪服)」편의 기문(記文)에서는 "벗을 위해서는 마(麻)를 한다."[2]라고 했고, 정현(鄭玄)은 이 문장에 대해서 "조복(弔服)에 마(麻)를 더하는 것이다."라고 했다. 『예기』「분상(奔喪)」편에서는 "상복관계가 없는데도, 곡(哭)하는 자리를 마련하는 자는 오직 형제의 아내와 남편의 형제 및 부인들 중 수위를 낮춰서 상복을 입지 않고 마(麻)를 하는 경우이다."[3]라고 했으니, 형제의 아내와 남편의 형제들은 서로를 위해서 조복(弔服)에 마(麻)를 더하게 되는 것으로, 예(禮)의 규정에도 명확한 근거가 남아 있다. 형제의 아내와 남편의 형제들 사이에는 비록 규정된 상복이 없지만, 곡(哭)을 하게 되면, 자리를 마련하게 되고, 또한 조복에 마(麻)를 더하게 되니, 진실로 담담히 상복관계가 성립되지 않는 사람을 대하듯 동일하게 하는 것이 아니다. 그런데 오징은 "부모와 처 및 자식이 상복을 벗을 때까지 기다린 뒤에야 길복(吉服)을 착용한다."라고 했다. 부모와 처 및 자식들은 형제의 처를 위해, 어떤 자는 대공복(大功服)을 입게 되고, 또 어떤 자는 소공복(小功服)을 입게 된다. 따라서 이처럼 기간에 차이를 보이는데, 어떤 것을 기준으로 기한을 정한단 말인가? 또 만약 그 기간 중에서도 수위가 높은 것에 따르게 된다면, 곤제를 위해서는 기년복(朞年服)을 착용하고, 형제의 아내와 남편의 형제들은 서로를 위해 심상(心喪)으로 치르니, 또한 모두가 자식이 기년복을 벗을 때까지 기다린 뒤에야 평상시대로 되돌아간다면, 정감에는 비록 후하게 대함이 있지만, 상복을 제정한 도의에 따라 헤아려보면, 그 차등적 질서에서 벗어나게 된다. 무릇 조복에 마(麻)를 더한 경우에는 장례(葬禮)를 끝내게 되면, 그 복장을 벗게 된다. 내가 살펴보니, 형제의 아내와 남편의 형제들은 서로를 위해 조복에

2) 『의례』「상복(喪服)」: 朋友麻.

3) 『예기』「분상(奔喪)」【657b】: 無服而爲位者, 唯嫂叔, 及婦人降而無服者麻.

마(麻)를 더한 복장방식을 취하고, 심상(心喪)으로 3개월을 보내며, 졸곡(卒哭)을 하게 되면, 복장을 제거한다. 이것을 손아래 동서와 손위 동서가 서로를 위해 소공복(小功服)을 착용하는 기준에 견주보아도 차등적으로 낮춘 것이 되니, 이것이 진실로 선왕(先王)이 제정한 예(禮)일 것이다. 만약 위징(魏徵)이 "나이가 많은 형수가 나이가 어린 남편의 동생에 대해서, 자식을 낳아 기르듯 양육을 하였으니, 그 정감은 마치 자신이 낳은 자식에 대한 경우와 같다."라고 한 말과 같다면, 또한 항상된 예(禮)의 규정으로 개괄할 수 없는 점이 있다. 그렇기 때문에 한유(韓愈)는 어렸을 때 형수의 손에 의해 키워졌으므로, 그녀를 위해서 기년복을 착용했던 것인데, 이 또한 그녀에 대해 예(禮)로 대우하며, 의(義)에 따라 새로운 변례(變禮)를 마련한 경우에 해당한다.

• 제 70 절 •

상(喪)을 당한 자와 식사를 할 때의 규범

【94a】

食於有喪者之側, 未嘗飽也.

직역 喪이 有한 者의 側에서 食함에는 嘗히 飽를 未했다.

의역 공자(孔子)는 상(喪)을 당한 자 옆에서 음식을 먹을 때, 일찍이 배불리 먹은 적이 없었다.[1)]

集說 應氏曰: 食字上疑脫"孔子"字.

번역 응씨가 말하길, '식(食)'자 앞에는 아마도 '공자(孔子)'라는 글자가 누락된 것 같다.

大全 嚴陵方氏曰: 飢而廢事, 飽而忘哀, 皆非禮也. 慮其至於廢事, 故雖喪者之側必食, 又慮其忘哀, 故未嘗飽焉, 是禮也, 雖聖人之行不過如此而已.

번역 엄릉방씨가 말하길, 굶주리게 되면 상사(喪事)를 치르지 못하고, 배불리 먹게 되면 슬퍼하는 감정을 잊게 되니, 이 모두는 비례(非禮)가 된다. 상사를 치르지 못하는 지경에 이를 것을 염려했기 때문에, 비록 상(喪)을 당한 자의 옆이라고 하더라도, 반드시 음식을 먹었던 것이고, 또한 슬퍼

---

1) 『논어』「술이(述而)」: 子食於有喪者之側, 未嘗飽也.

하는 감정을 잊게 될 것을 염려했기 때문에, 일찍이 배불리 먹은 적이 없었던 것이니, 이처럼 하는 것이 바로 예(禮)이며, 비록 성인(聖人)의 행동이라고 할지라도, 이처럼 하는데 지나지 않았을 따름이다.

鄭注 助哀戚也.

번역 애달프고 슬퍼하는 감정에 조력하기 위해서이다.

集解 朱子曰: 哀有喪, 不能飽也.

번역 주자가 말하길, 상(喪)을 당한 자에 대해서 슬퍼하므로, 배불리 먹을 수가 없는 것이다.

• 제 71 절 •

관사(館舍)에서 곡(哭)을 하고 조문을 받는 규범

【94b】

曾子與客立於門側, 其徒趨而出, 曾子曰: "爾將何之?" 曰: "吾父死, 將出哭於巷." 曰: "反哭於爾次!" 曾子北面而弔焉.

직역 曾子는 客과 與하여 門側에 立한데, 그의 徒가 趨하여 出하니, 曾子가 曰, "爾는 將히 何오?" 曰, "吾의 父가 死하여, 將이 出하여 巷에서 哭하노이다." 曰, "反하여 爾의 次에서 哭하라!" 曾子는 北面하고 弔했다.

의역 증자(曾子)가 빈객과 함께 문 옆에 서 있었는데, 증자의 제자가 빠른 걸음으로 밖으로 나갔다. 증자가 그를 바라보며, "너는 어디로 가려고 하느냐?"라고 했다. 그러자 제자는 "제 부친께서 돌아가셔서, 밖으로 나가서 거리에서 곡(哭)을 하려고 합니다."라고 했다. 증자는 "되돌아가서 너의 객사에서 곡(哭)을 하거라!"라고 말했다. 이후 증자는 북쪽을 바라보고 조문을 하였다.

集說 其徒, 門弟子也. 次, 其人所寓之館舍也. 士喪禮, "主人西面, 賓在門東北面", 此曾子所以北面而弔之也.

번역 '기도(其徒)'는 문하의 제자를 뜻한다. '차(次)'는 사람이 머무는 객사를 뜻한다. 『의례』「사상례(士喪禮)」편에서는 "주인은 서쪽을 바라보고, 빈객은 문의 동쪽에서 북쪽을 바라본다."라고 하였으니, 이것이 바로 증자가 북쪽을 바라보며 조문을 했던 이유이다.

大全 臨川吳氏曰: 曰吾父死者, 立於門側之客曰也.

번역 임천오씨가 말하길, "저의 부친께서 돌아가셨다."라고 한 말은 문 옆에 서 있었던 빈객이 한 말이다.

鄭注 徒, 謂客之旅. 以爲不可發凶於人之館. 次, 舍也. 禮: 館人使專之, 若其自有然.

번역 '도(徒)'자는 빈객의 무리를 뜻한다. 남의 객사에서 흉례(凶禮)를 치를 수 없다고 여긴 것이다. '차(次)'자는 객사를 뜻한다. 예(禮)에 따르면, 남으로 하여금 그 장소에 머물게 하였다면, 그로 하여금 그 공간을 전적으로 사용할 수 있게 하여, 마치 그 자가 소유한 것처럼 여기게 하는 것이다.

孔疏 ●"曾子"至"弔焉". ○正義曰: 此一節論館客使如其己有之事.

번역 ●經文: "曾子"~"弔焉". ○이곳 문단에서는 빈객을 객사에 머물게 하여, 마치 자신이 그 건물을 소유한 것처럼 했던 사안에 대해서 논의하고 있다.

孔疏 ●"曰: 反哭於爾次"者, 於時立曾子之門, 故曾許其反哭於汝次舍之處. 依禮, 喪主西面, 曾子所以北面弔者, 按士喪禮主人西面, 其賓亦在東門北面, 謂同國之賓, 曾子旣許其哭於次, 故以同國賓禮北面弔焉.

번역 ●經文: "曰: 反哭於爾次". ○당시 증자는 문에 서 있었기 때문에, 증자가 너의 숙소로 되돌아가서 곡(哭)을 하라고 허락을 했던 것이다. 예(禮)에 따르면, 상주(喪主)는 서쪽을 바라보고 서 있게 되는데, 증자는 북쪽을 바라보고 조문을 하였다. 그 이유는 『의례』「사상례(士喪禮)」편을 살펴보면, 상례(喪禮)를 치를 때, 상주(喪主)는 서쪽을 바라보고, 그의 빈객은 또한 문의 동쪽에서 북쪽을 바라본다고 하였으니, 여기에서 말하는 빈객은 같은 나라에 살고 있는 빈객을 뜻한다. 증자는 그에게 숙소에서 곡(哭)을 하도록 허락을 해주었기 때문에, 같은 나라에 살고 있는 빈객에 대한 예(禮)에 따라서, 북쪽을 바라보고 조문을 했던 것이다.

集解 愚謂: 徒, 曾子之徒也. 聘禮, "聘君若薨於後, 入境則遂也. 赴者未至, 則哭於巷." 時曾子之徒蓋亦以赴者未至, 故欲出哭於巷, 曾子令反於其舍者, 以其徒在曾子之家, 與聘賓在主國之禮異也. 士喪禮弔賓西面於主人, 衆主人之南, 此乃北面而弔焉, 蓋弔於不爲位者之禮也. 奔喪禮曰"聞喪不得奔喪", "乃爲位." 若聞喪卽奔, 則不爲位矣. 哭而不爲位, 則哭者南面, 弔者北面.

번역 내가 생각하기에, '도(徒)'자는 증자(曾子)의 문도를 뜻한다. 『의례』「빙례(聘禮)」편에서는 "빙례를 함에 만약 빙문을 받는 나라의 군주가 그 뒤에 죽게 된다면, 국경을 들어왔을 때에는 그대로 빙문을 시행한다. 부고를 알리는 자가 아직 도달하지 않았다면, 거리에서 곡(哭)을 한다."[1]라고 했다. 당시 증자의 문도는 아마도 또한 부고를 알리는 자가 아직 도착하지 않았기 때문에, 거리에 나가서 곡(哭)을 하고자 했던 것이다. 그러나 증자는 그로 하여금 객사로 되돌아가게 하였는데, 그의 문도가 증자의 집에 머물러 있었으므로, 빙문으로 찾아온 빈객이 빙문으로 찾아간 나라의 군주에 대해 따르던 예법과 다르기 때문이다. 『의례』「사상례(士喪禮)」편에서는 조문객은 상주(喪主)에 대해서 서쪽을 바라보게 되고, 중주인(衆主人)의 남쪽에 위치하게 되는데, 이것은 곧 북쪽을 바라보며 조문을 하는 형태가 된다. 아마도 이 내용은 곡(哭)하는 자리를 마련하지 않았을 때 조문을 하는 예(禮)일 것이다. 『예기』「분상(奔喪)」편에서는 "상(喪)에 대한 소식을 접했는데, 분상(奔喪)을 할 수 없다."라고 언급하고, "곧 곡(哭)하는 자리를 마련한다."라고 하였으니,[2] 만약 상(喪)에 대한 소식을 접하고 분상을 할 수 있는

1) 『의례』「빙례(聘禮)」: 聘君若薨于後, 入竟則遂. 赴者未至, 則哭于巷, 衰于館.
2) 『예기』「분상(奔喪)」【655b】: 聞喪不得奔喪, 哭盡哀. 問故, 又哭盡哀. 乃爲位, 括髮袒. 成踊, 襲, 絰絞帶, 卽位, 拜賓, 反位, 成踊. 賓出, 主人拜送于門外, 反位, 若有賓後至者拜之成踊送賓如初. 於又哭括髮袒成踊. 於三哭, 猶括

경우라면, 곡(哭)하는 자리를 마련하지 않았을 것이다. 그리고 곡(哭)을 하면서 곡(哭)하는 자리를 마련하지 않는 경우라면, 곡(哭)하는 자는 남쪽을 바라보게 되고, 조문을 하는 자는 북쪽을 바라보게 될 것이다.

髮袒成踊. 三日成服, 於五哭拜賓送賓如初.

• 제 72 절 •

명기(明器)에 대한 법도 Ⅰ

【94b~c】

孔子曰: "之死而致死之, 不仁而不可爲也; 之死而致生之, 不知而不可爲也. 是故竹不成用, 瓦不成味, 木不成斲, 琴瑟張而不平, 竽笙備而不和, 有鐘磬而無簨簴. 其曰明器, 神明之也."

직역 孔子가 曰, "死에 之하여 死로 함을 致함은 不仁하여 爲가 不可하며; 死에 之하여 生으로 함을 致함은 不知하여 爲가 不可하다. 是故로 竹은 用을 不成하고, 瓦는 味를 不成하며, 木은 斲을 不成하고, 琴瑟은 張이나 不平하며, 竽笙은 備이나 不和하며, 鐘磬이 有나 簨簴가 無라. 그 明器로 曰함은 神明함이다."

의역 공자(孔子)가 말하길, "죽은 자를 전송할 때 죽은 자를 대하는 예(禮)로만 대한다면, 불인(不仁)한 일이 되므로, 시행할 수 없는 것이다. 한편 죽은 자를 전송할 때 살아있는 자를 대하는 예(禮)로만 대한다면, 지혜롭지 못한 일이 되므로, 시행할 수 없는 것이다. 이러한 까닭으로 대나무로 만든 기물들은 쓸모가 없게 만들고, 옹기로 만든 기물들은 매끄럽게 광택을 내지 않는 것이며, 나무로 만든 기물들은 조각을 하지 않는 것이고, 금슬(琴瑟)에 대해서는 그 줄을 걸어두기는 하지만 조율을 하지 않아서 연주를 할 수 없게 만들며, 우생(竽笙)에 대해서는 갖추기는 하지만, 소리를 제대로 내지 못하는 것으로 준비하여, 불어서 연주를 할 수 없게 만들고, 종이나 석경 등도 갖추기는 하지만, 그것들을 매다는 틀인 순거(簨簴)를 갖추지 않아서, 두들겨서 연주를 하지 못하게 만든다. 이러한 기물들을 '명기(明器)'라고 부르는 이유는 신명(神明)의 도(道)에 따라 죽은 자를 대하기 때문이다."

라고 했다.

集說 劉氏曰: 之, 往也. 之死, 謂以禮往送於死者也. 往於死者, 而極以死者之禮待之, 是無愛親之心爲不仁, 故不可行也; 往於死者, 而極以生者之禮待之, 是無燭理之明爲不知, 故亦不可行也. 此所以先王爲明器以送死者, 竹器則無縢緣而不成其用; 瓦器則麄質而不成其黑光之沫; 木器則樸而不成其雕斲之文; 琴瑟則雖張絃而不平, 不可彈也; 竽笙雖備具而不和, 不可吹也; 雖有鐘磬而無懸挂之簨簴, 不可擊也. 凡此皆不致死, 亦不致生, 而以有知無知之間待死者, 故備物而不可用也. 備物則不致死, 不可用則亦不致生, 其謂之明器者, 蓋以神明之道待之也.

번역 유씨가 말하길, '지(之)'자는 "보낸다[往]."는 뜻이다. '지사(之死)'는 예(禮)에 따라서 죽은 자를 전송한다는 뜻이다. 죽은 자를 전송하면서, 죽은 자를 대하는 예(禮)로써만 지극히 대우한다면, 이것은 친애하는 마음이 없는 것으로, 불인(不仁)이 된다. 그렇기 때문에 시행할 수 없는 것이다. 죽은 자를 전송하면서, 살아있는 자를 대하는 예(禮)로써만 지극히 대우한다면, 이것은 사리를 고찰하는 지혜가 없는 것으로, 지혜롭지 못한 것이 된다. 그렇기 때문에 이 또한 시행할 수 없는 것이다. 이것은 선왕(先王)이 명기(明器)를 사용하여 죽은 자를 전송한 이유이니, 죽기(竹器)의 경우에는 끝에 붙어 있는 끈이 없어서 쓸모가 없고, 와기(瓦器)의 경우에는 거칠고 질박하여 흑색의 광택을 내지 않았으며, 목기(木器)의 경우에는 다듬지 않고 조각한 무늬를 새기지 않았고, 금슬(琴瑟)의 경우에는 비록 줄을 걸어두었지만, 조율을 하지 않아서 연주를 할 수 없으며, 우생(竽笙)은 비록 기구를 갖췄지만, 소리가 조화롭지 않아서, 불어서 연주할 수 없고, 비록 종과 석경이 있지만, 그것들을 매다는 순거(簨簴)가 없으므로, 그것들을 두들겨서 연주할 수가 없다. 무릇 이러한 것들은 죽은 자를 대하는 예(禮)에 대해서 지극히 하는 것도 아니고, 또한 산 자를 대하는 예(禮)에 대해서도 지극히 하는 것도 아니며, 지혜로움과 지혜롭지 못한 그 중간에서 죽은 자를 대하는 것이다. 그렇기 때문에 기물들을 갖추기만 하고, 사용할 수 없도록 하는 것이다. 기물을 갖추게 되면, 죽은 자를 대하는 예(禮)에 대해서 지극히 하는 것이 아니고, 사용할 수 없게 한다면, 또한 산 자를 대하는 예(禮)에 대해서도 지극히 하는 것이 아니니, 이러한 기물들을 '명기(明器)'라고 부르는 이유는 아마도 신명(神明)에 대한 도(道)에 따라서 죽은 자를 대하기 때문일 것이다.

大全 長樂陳氏曰: 不曰神明之器, 特曰明器者, 以神之幽, 不可不明故也. 周官凡施於神者, 皆曰明, 故水曰明水, 火曰明火, 以至明齏明燭明竁者, 皆神明之也. 蓋其有竹瓦木之所用, 琴瑟竽笙鐘磬之所樂者, 明之也. 所用非所用, 所樂非所樂, 神之也. 宋襄公葬其夫人, 醯醢百甕, 豈知此哉?

번역 장락진씨가 말하길, '신명(神明)의 기물'이라고 말하지 않고, 단지 '명기(明器)'라고만 말하는 이유는 신(神)은 그윽한 세상에 머물고 있으니, 명(明)하지 않다고 할 수 없기 때문이다. 『주례』에 있어서 무릇 신(神)에게 베푸는 것들에 대해서는 모두 '명(明)'자를 붙여서 부른다. 그렇기 때문에 물에 대해서는 '명수(明水)'라고 부르는 것이고, 불에 대해서는 '명화(明火)'라고 부르는 것이며, 명자(明齏)·명촉(明燭)·명취(明竁)에 있어서도 '명(明)'자를 붙인 것은 모두 신명(神明)스럽게 대하기 때문이다. 무릇 장례(葬禮)에 사용되는 물건 중에는 대나무·옹기·나무로 만들어서 사용할 수 있는 기물들을 갖춘 것도 있고, 금슬(琴瑟)·우생(竽笙)·종경(鐘磬)과 같이 음악을 연주하는 악기들도 있는 것은 명(明)하게 대하기 때문이다. 사용되는 것이지만 사용할 수 없게 만들고, 음악을 연주하는 것이지만 연주를 하지 못하게 조치한 것은 신(神)하게 대하기 때문이다. 송(宋)나라 양공(襄公)은 그의 부인을 장례지내면서, 젓갈을 마련하며 100개의 옹기만큼 준비를 하였으니,[1] 어찌 이러한 사실을 알고 있었다고 하겠는가?

---

1) 『예기』「단궁상」【99c】: 宋襄公葬其夫人, 醯醢百甕, 曾子曰, "旣曰明器矣. 而又實之."

그림 72-1 슬(瑟)

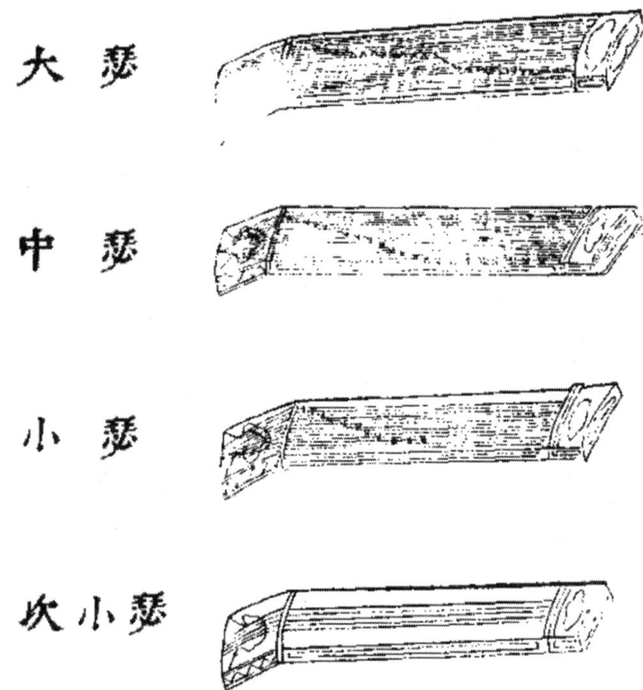

▸ **출처:** 『삼재도회(三才圖會)』「기용(器用)」 3권

그림 72-2 우(竽)

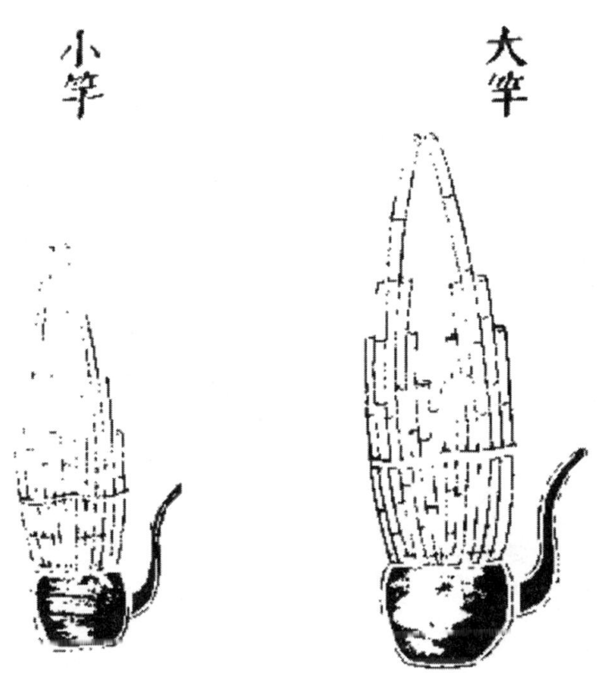

▸ **출처:** 『삼재도회(三才圖會)』「기용(器用)」 3권

그림 72-3 종(鐘)과 경(磬)

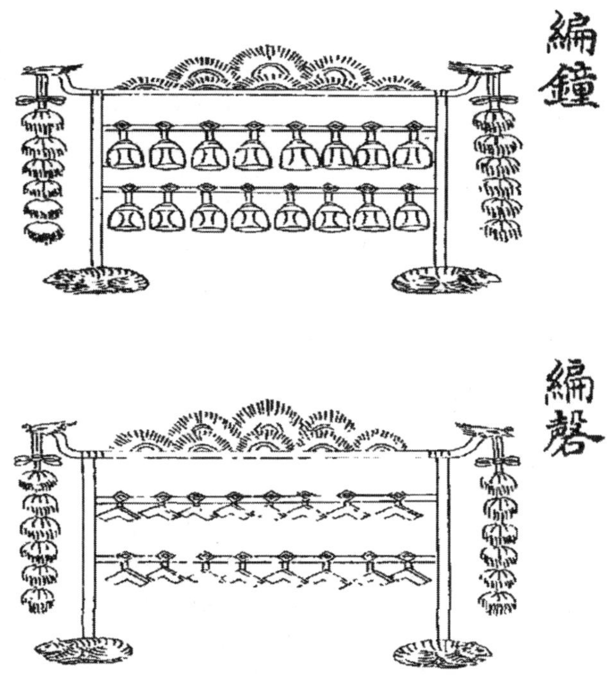

▸ **출처:** 『삼례도집주(三禮圖集注)』 5권

鄭注 之, 往也. 死之・生之, 謂無知與有知也. 爲, 猶行也. 成猶善也, 竹不可善用, 謂邊無縢. 味當作沬. 沬, 靧也. 無宮商之調. 不縣之也. 橫曰簨, 植曰虡. 言神明死者也. 神明者, 非人所知, 故其器如此.

번역 '지(之)'자는 "보낸다[往]."는 뜻이다. "죽은 자로만 대한다."라는 말과 "산 자로만 대한다."는 말은 지혜가 없다는 것과 지혜가 있다는 것을 뜻한다. '위(爲)'자는 "시행한다[行]."는 뜻이다. '성(成)'자는 "좋다[善]."는 뜻이니, 죽기(竹器)를 쓸모 있게 만들지 않는다는 말은 변두리에 연결하는 끈을 만들지 않는다는 뜻이다. '미(味)'자는 마땅히 '매(沬)'자가 되어야 한다. '매(沬)'자는 "닦다[靧]."는 뜻이다. 금슬(琴瑟) 등에 대해서는 궁(宮)음 및 상(商)음 등의 조율이 없다는 뜻이다. 종이나 석경 등에 대해서는 걸어두지 않는다는 뜻이다. 받침대 중 횡으로 걸어두는 것을 '순(簨)'이라고 부르고, 수직으로 걸어두는 것을 '거(虡)'라고 부른다. '명기(明器)'라고 부른다는 것은 죽은 자를 신명(神明)스럽게 대한다는 뜻이다. '신명(神明)'이라는 것은 사람의 입장에서는 알 수 있는 대상이 아니다. 그렇기 때문에 그 기물에 대해서 이처럼 만드는 것이다.

釋文 知音智. 味依注音沬, 亡曷反. 斲, 陟角反. 縢, 本又作幐, 徒登反. 靧音悔, 洗面. 竽笙音于, 下音生. 和, 胡臥反. 調, 直弔反. 簨, 息允反. 虡音巨. 植, 時力反, 又音值.

번역 '知'자의 음은 '智(지)'이다. '味'자는 정현의 주에 따르면 그 음은 '沬'이니, '亡(망)'자와 '曷(갈)'자의 반절음이 된다. '斲'자는 '陟(척)'자와 '角(각)'자의 반절음이다. '縢'자는 판본에 따라서 또한 '幐'자로도 기록하는데, 그 음은 '徒(도)'자와 '登(등)'자의 반절음이다. '靧'자의 음은 '悔(회)'이니, 세면을 한다는 뜻이다. '竽笙'의 '竽'자는 그 음이 '于(우)'이고, '笙'자의 음은 '生(생)'이다. '和'자는 '胡(호)'자와 '臥(와)'자의 반절음이다. '調'자는 '直(직)'자와 '弔(조)'자의 반절음이다. '簨'자는 '息(식)'자와 '允(윤)'자의 반절음이다. '虡'자의 음은 '巨(거)'이다. '植'자는 '時(시)'자와 '力(력)'자의 반절음이고, 또한 그 음은 '値(치)'도 된다.

孔疏 ●"孔子"至"之也". ○正義曰: 此一節論生人於死者不可致死致生之事.

번역 ●經文: "孔子"~"之也". ○이곳 문단은 살아있는 자들이 죽은 자에 대해서, 죽은 자를 대하는 방법으로만 해서도 안 되고, 살아있는 자를 대하는 방법으로만 해서도 안 된다는 사안을 논의하고 있다.

孔疏 ●"之死而致死之"者, 之, 往也. 謂生者, 以物往送葬於死者, 而致死之意, 謂之無復有知, 是不仁之事也, 而不可爲也.

번역 ●經文: "之死而致死之". ○'지(之)'자는 "보낸다[往]."는 뜻이다. 즉 이 문장은 살아있는 자들이 기물을 이용하여 죽은 자를 전송하며 장례(葬禮)를 치르는 경우, 죽은 자를 대하는 뜻으로만 지극히 한다면, 이것은 다시금 살아나서 지혜를 갖추는 일이 없다고 여기는 것이니, 불인(不仁)한 일에 해당하므로, 시행할 수 없는 것이다.

孔疏 ●"之死而致生之"者, 謂以物往送葬者, 而雖死猶致生之意, 是不知之事, 而不可爲也.

번역 ●經文: "之死而致生之". ○기물을 이용하여 죽은 자를 전송하며 장례(葬禮)를 치르는 경우, 비록 그 자가 죽었다고 하더라도 여전히 살아있는 자를 대하는 뜻으로만 지극히 한다면, 이것은 지혜롭지 못한 일이고, 시행할 수 없는 것이다.

孔疏 ◎注"之往"至"知也". ○正義曰: 謂生者以物往送死者, 故何胤云: "言往死者處而致此死之者之意, 謂死如草木無知, 如此用情則不仁, 不可行於世也. 往死者處而致此死者於全生之物, 則不知而不可行也. 捨此二塗, 不仁不知之間, 聖人之所難言, 付之不測之竟, 言'無知與有知'者, 卽下云'夏后氏用明器, 示民無知. 殷人用祭器, 示民有知也.'"

번역 ◎鄭注: "之往"~"知也". ○살아있는 자들이 기물을 사용하여 죽은 자를 전송한다는 뜻이다. 그렇기 때문에 하윤은 "죽은 자를 전송할 때, 대처를 하며, 죽은 자로만 대하는 뜻을 다하게 된다는 의미이니, 죽은 자에 대해서 마치 초목(草木)처럼 지력이 없는 것처럼 여긴다는 뜻이므로, 이처럼 그 정감을 사용하게 된다면, 불인(不仁)이 되어, 세상에 시행할 수가 없는 것이다. 또 죽은 자를 전송할 때, 대처를 하며, 죽은 자에 대해서 완전히 살아있는 자가 사용하는 기물들로만 채우게 된다면, 지혜롭지 못한 것이어서, 시행할 수 없는 것이다. 이처럼 두 가지 잘못된 것을 버리고서, 불인(不仁)과 지혜롭지 못하다는 그 중간에서 대처하는 것인데, 성인(聖人)은 말로 표현하기 어려운 점에 대해서, 헤아리지 못하는 경지에 덧붙여서 설명했으니, '무지(無知)와 유지(有知)'라고 언급한 말은 곧 그 아래문장에서 '하후씨(夏后氏)는 명기(明器)를 사용하여, 백성들에게 무지(無知)함을 보여준 것이다. 은(殷)나라 때에는 제기(祭器)를 사용하여 백성들에게 유지(有知)함을 보여준 것이다.'[2]라고 한 말에 해당한다."라고 했다.

孔疏 ●"是故竹不成用"者, 聖人爲教, 使人子不死於亡者, 不便謂無知, 不生於死者, 不便謂有知, 故制明器, 以神明求之. 不死不生, 不可測也. 成, 善也. 故爲器用並不精善也. 竹不善用, 謂竹器邊無縢緣也. 何胤云: "若全無知, 則不應用. 若全有知, 則亦不應不成. 故有器不成, 是不死不生也."

번역 ●經文: "是故竹不成用". ○성인(聖人)이 교화를 실시함에, 사람의 자식된 자로 하여금 죽은 자에게 죽은 자를 대하는 뜻으로만 하지 않게 하여, 다시금 무지(無知)하다고 부르지 않도록 하였고, 죽은 자에 대해서 살아있는 자를 대하는 뜻으로만 하지 않게 하여, 다시금 유지(有知)하다고 부르지 않도록 하였다. 그렇기 때문에 명기(明器)를 제작하여, 신명(神明)

2) 『예기』「단궁상」【96a~b】: 仲憲言於曾子曰, "夏后氏用明器, 示民無知也. 殷人用祭器, 示民有知也. 周人兼用之, 示民疑也." 曾子曰, "其不然乎! 其不然乎! 夫明器, 鬼器也, 祭器, 人器也. 夫古之人胡爲而死其親乎?"

에 대한 도리로써 죽은 자를 대하도록 했다. 죽은 자로만 대하지 않고, 산 자로만 대하지 않는다는 것은 헤아릴 수가 없다. '성(成)'자는 "좋다[善]."는 뜻이다. 그러므로 기물을 만들 때, 모든 기물에 대해서 아주 잘 만들지 않는 것이다. 죽기(竹器)를 잘 만들지 않는다는 말은 죽기의 변두리에 연결하는 끈이 없다는 뜻이다. 하윤은 "완전히 무지(無知)한 것으로만 대하게 된다면, 기물 자체를 사용할 수 없다. 그렇다고 완전히 유지(有知)한 것으로만 대하게 된다면, 또한 좋게 만들지 않을 수가 없다. 그렇기 때문에 기물은 두되 좋게 만들지 않는 것은 죽은 자로만 대하지 않고 산 자로만 대하지 않는 것이다."라고 했다.

孔疏 ●"瓦不成味"者, 味猶黑光也. 今世亦呼黑爲沬也. 瓦不善沬, 謂瓦器無光澤也.

번역 ●經文: "瓦不成味". ○'미(味)'자는 흑색의 광택이 난다는 뜻이다. 오늘날에는 또한 '흑(黑)'자를 '매(沬)'자로도 부른다. 옹기에 광택이 나도록 잘 만들지 않는다는 말은 옹기에 광택이 없다는 뜻이다.

孔疏 ●"木不成斲"者, 斲, 雕飾也, 木不善斲. 鄭注云: "味當作沬, 沬, 靧也." 靧謂靧面, 證沬爲光澤也.

번역 ●經文: "木不成斲". ○'착(斲)'자는 조각 장식을 한다는 뜻이니, 목기(木器)에 조각을 하여 잘 만들지 않는 것이다. 정현의 주에서는 "'미(味)'자는 마땅히 '매(沬)'자가 되어야 한다. '매(沬)'자는 '닦다[靧].'는 뜻이다."라고 했는데, '회(靧)'자는 세면을 한다는 뜻으로, 이 말은 곧 '매(沬)'자가 광택을 낸다는 뜻이 됨을 증명한 것이다.

孔疏 ●"琴瑟張而不平"者, 亦張弦而不調平也.

번역 ●經文: "琴瑟張而不平". ○이 구문 또한 줄을 걸어두되, 조율을 하지 않는다는 뜻이다.

孔疏 ●"竽笙備而不和"者, 亦備而無宮商之調和也.

번역 ●經文: "竽笙備而不和". ○이 구문 또한 갖추기는 하지만, 궁(宮)이나 상(商) 등의 음을 조화롭게 내지 못한다는 뜻이다.

孔疏 ●"有鐘磬而無簨虡"者, 簨虡, 縣鐘磬格也, 亦有鐘磬而不用格縣掛之. 鄭云"不縣之也"者, 按典庸器云: "大喪廞筍虡." 明知有而不縣之也. 云"橫曰簨・植曰虡"者, 虡, 距也, 以用力, 故曰虡也.

번역 ●經文: "有鐘磬而無簨虡". ○'순거(簨虡)'는 종과 석경을 걸어두는 대이니, 또한 종이나 석경 등은 구비하지만, 그것들을 매다는 틀을 사용하여 걸어두지 않는다는 뜻이다. 정현은 "매달아 두지 않는다."라고 했는데, 『주례』「전용기(典庸器)」편을 살펴보면, "대상(大喪)에 대해서는 순거(筍虡)를 만든다."[3]라고 했다. 이 기록을 통해서 갖추기는 하지만 그 틀에 매달아두지 않는다는 사실을 분명히 알 수 있다. 정현이 "횡으로 걸어두는 것을 '순(簨)'이라고 부르고, 수직으로 걸어두는 것을 '거(虡)'라고 부른다."라고 했는데, '거(虡)'자는 "간격을 벌린다[距]."는 뜻으로, 힘을 사용해야 하기 때문에, '거(虡)'라고 부른 것이다.

孔疏 ◎注"言神"至"所知". ○正義曰: 神明微妙無方, 不可測度, 故云"非人所知"也.

번역 ◎鄭注: "言神"~"所知". ○신명(神明)은 은미하고 미묘하여 정해진 장소가 없고, 헤아릴 수가 없다. 그렇기 때문에 "사람이 알 수 있는 대상이 아니다."라고 말한 것이다.

---

3) 『주례』「춘관(春官)・전용기(典庸器)」: 饗食・賓射亦如之. 大喪, 廞筍虡.

訓纂 說文: 沬, 灑面也.

번역 『설문해자』에서 말하길, '매(沬)'자는 세면을 한다는 뜻이다.

訓纂 段氏玉裁曰: 案此沬如瓦器之釉, 若洗面之光澤也.

번역 단옥재가 말하길, 이 글자를 살펴보니, '매(沬)'라는 것은 옹기에 나는 광택[釉]과 같은 것으로, 마치 세면을 하여 얼굴에 광택이 나는 것과 같은 것이다.

訓纂 王氏念孫曰: 沬, 從午未之未, 音呼內反, 與涎沫之沫異, 沫, 從本末之末, 音亡曷反. 沬與味聲相近, 故曰"味當作沬." 釋文音亡曷反, 非.

번역 왕념손이 말하길, '매(沬)'자는 오미(午未)에서의 '미(未)'자를 구성요소로 하고 있으며, 그 음은 '呼(호)'자와 '內(내)'자의 반절음으로, 침[涎沫]이라고 할 때의 '말(沫)'자와는 다른 것이고, '말(沫)'자는 본말(本末)에서의 '말(末)'자를 구성요소로 하고 있으며, 그 음은 '亡(망)'자와 '曷(갈)'자의 반절음이다. '매(沬)'자와 '미(味)'자는 소리가 서로 비슷하다. 그렇기 때문에 "'미(味)'자는 마땅히 '매(沬)'자가 되어야 한다."라고 말한 것이다. 『경전석문』에서 그 음을 '亡(망)'자와 '曷(갈)'자의 반절음이라고 한 것은 잘못된 주장이다.

訓纂 釋名: 送死之器曰明器. 神明之器異於人也.

번역 『석명』에서 말하길, 죽은 자를 전송할 때 사용하는 기물을 '명기(明器)'라고 부르니, 신명(神明)이 사용하는 기물은 사람이 사용하는 것과 다르게 만들기 때문이다.

• 제73절 •

지위를 잃거나 죽었을 때의 법도

【94d~95a】

有子問於曾子曰: "問[1]喪於夫子乎?" 曰: "聞之矣, 喪欲速貧, 死欲速朽." 有子曰: "是非君子之言也." 曾子曰: "參也聞諸夫子也." 有子又曰: "是非君子之言也." 曾子曰: "參也與子游聞之." 有子曰: "然. 然則夫子有爲言之也." 曾子以斯言告於子游. 子游曰: "甚哉! 有子之言似夫子也. 昔者夫子居於宋, 見桓司馬自爲石槨, 三年而不成. 夫子曰: '若是其靡也! 死不如速朽之愈也.' 死之欲速朽, 爲桓司馬言之也."

직역 有子가 曾子에게 問하여 曰, "夫子에게서 喪을 問했는가?" 曰, "聞이니, 喪에는 速貧을 欲하고, 死에는 速朽를 欲한다." 有子가 曰, "是는 君子의 言이 非라." 曾子가 曰, "參은 夫子에게서 聞하였다." 有子가 又히 曰, "是는 君子의 言이

1) '문(問)'자에 대하여. 『십삼경주소(十三經注疏)』 북경대 출판본에서는 "『민본(閩本)』·『감본(監本)』·『모본(毛本)』·『석경(石經)』·『악본(岳本)』·『가정본(嘉靖本)』 및 위씨(衛氏)의 『집설(集說)』에서는 동일하게 기록하고 있다. 『경전석문(經典釋文)』에는 문상(問喪)이라는 기록이 나오며, 문(問)자를 문(聞)자로 기록하기도 한다고 했다. 『고문(考文)』에서는 『고본(古本)』에는 문(問)자를 문(聞)자로 기록하고 있다고 했다. 완원(阮元)의 『교감기(校勘記)』에서는 '『정의(正義)』를 살펴보면, 다른 이야기를 들은 바가 있는지를 기대한 것이라고 했고, 또 너는 일찍이 관직을 잃고 다른 나라에 머물 때의 예(禮)에 대해서 공자(孔子)에게 들은 것이 있느냐 또는 없느냐고 하였다. 이러한 기록에 근거한다면, 『정의』의 경문에는 본래부터 문(聞)자로 기록되어 있었던 것이다.'라고 했다. 그리고 『예기훈찬(禮記訓纂)』에도 '문(聞)'자로 기록되어 있다."라고 했다.

非라." 曾子가 曰, "參은 子游와 與하여 聞이라." 有子가 曰, "然이라. 然이면 夫子는 爲가 有하여 言이라." 曾子가 斯言으로써 子游에게 告했다. 子游가 曰, "甚이라! 有子의 言은 夫子와 似라. 昔者에 夫子가 宋에 居함에, 桓司馬가 自히 石槨을 爲함을 見한데, 三年이나 不成이라. 夫子가 曰, '是와 若한 그 靡라! 死에는 速朽의 愈만 不如라.' 死에 速朽를 欲함은 桓司馬를 爲하여 言이라."

의역 유자(有子)가 증자(曾子)에게 묻기를, "그대는 관직을 잃었을 때의 예(禮)에 대해서 선생님께 따로 들은 바가 있는가?"라고 했다. 그러자 증자는 "나는 들은 바가 있네. 지위를 잃게 되면, 빨리 가난해지기를 바라고, 죽게 되면, 그 육신이 빨리 썩기를 바란다고 하셨네."라고 했다. 유자가 그 말을 듣고서, "그 말은 군자(君子)의 말이 아닐 것이네."라고 했다. 증자는 "내가 분명히 선생님께 들었네."라고 했다. 유자는 다시 "그 말은 군자의 말이 아닐 것이네."라고 하여, 재차 부인했다. 그러자 증자는 "나는 자유(子游)와 함께 선생님께 그 말을 들었네."라고 했다. 유자는 "그런가. 그렇다면 선생님께서는 연유가 있어서 그런 말씀을 하셨을 것이네."라고 했다. 증자는 유자의 말을 자유에게 일러주었다. 자유가 말하길, "그의 말이 참으로 맞구나! 유자의 말은 선생님께서 하신 말과 비슷하다. 예전에 선생님께서는 송(宋)나라에 머무셨던 적이 있었는데, 그때 환사마(桓司馬)가 제 스스로 석곽(石槨)을 만드는 것을 보셨다. 그런데 3년이 지나도록 석곽을 완성하지 못했다. 그 일을 두고 선생님께서는 '이처럼 사치스럽단 말인가! 이처럼 할 바에야 죽어서 빨리 그 육신이 썩어버리는 것만 못하다.'라고 하셨다. 죽었을 때 빨리 썩기를 바란다는 것은 환사마 때문에 하신 말씀이다."라고 했다.

集說 仕而失位曰喪. 桓司馬, 卽桓魋. 靡, 侈也.

번역 벼슬살이를 하다가 그 지위를 잃게 되는 것을 '상(喪)'이라고 부른다. '환사마(桓司馬)'는 환퇴(桓魋)를 가리킨다. '미(靡)'자는 "사치하다[侈]."는 뜻이다.

鄭注 有子, 孔子弟子有若也. 夫子卒後問此, 庶有異聞也. 喪, 謂仕失位也.

魯昭公孫於齊曰: "喪人其何稱?" 貧·朽, 非人所欲. 桓司馬, 宋向戌之孫, 名魋. 靡, 侈.

번역 '유자(有子)'는 공자(孔子)의 제자인 유약(有若)이다. 공자가 죽은 이후 이러한 내용에 대해서 질문한 것은 간혹 제자들에 따라 달리 들은 바가 있었기 때문이다. '상(喪)'자는 벼슬살이를 하다가 지위를 잃었다는 뜻이다. 노(魯)나라 소공(昭公)은 제(齊)나라로 도망을 갔고, "지위를 잃은 자가 어떤 칭호로 자신을 지칭하겠는가?"[2]라고 했다. 가난해지는 것과 시신이 썩는 것은 사람들이 원하는 바가 아니다. '환사마(桓司馬)'는 송(宋)나라 향술(向戌)의 손자로, 이름은 퇴(魋)이다. '미(靡)'자는 "사치하다[侈]."는 뜻이다.

釋文 問喪, 問或作聞. 喪, 息浪反, 注及下皆同. 孫音遜. 朽, 許久反. 有爲, 于僞反, 下"爲桓司馬"·"爲敬叔"·"則爲之"·注"爲民作"·"爲嫁母"皆同. 向, 式上反. 戌音恤. 魋, 大回反. 侈, 昌氏反, 又申氏反.

번역 '問喪'에서의 '問'자를 다른 판본에서는 '聞'자로 기록하기도 한다. '喪'자는 '息(식)'자와 '浪(랑)'자의 반절음이며, 정현의 주 및 아래문장에 나오는 글자도 그 음이 모두 이와 같다. '孫'자의 음은 '遜(손)'이다. '朽'자는 '許(허)'자와 '久(구)'자의 반절음이다. '有爲'에서의 '爲'자는 '于(우)'자와 '僞(위)'자의 반절음이며, 아래문장에 나오는 '爲桓司馬'·'爲敬叔'·'則爲之'에서의 '爲'자와 정현의 주에 나오는 '爲民作'·'爲嫁母'에서의 '爲'자도 모두 그 음이 이와 같다. '向'자는 '式(식)'자와 '上(상)'자의 반절음이다. '戌'자의 음은 '恤(휼)'이다. '魋'자는 '大(대)'자와 '回(회)'자의 반절음이다. '侈'자는 '昌(창)'자와 '氏(씨)'자의 반절음이며, 또한 '申(신)'자와 '氏(씨)'자의 반절음도 된다.

---

2) 『춘추공양전』「소공(昭公) 25년」: 景公曰, 寡人有不腆先君之服, 未之敢服, 有不腆先君之器, 未之敢用, 請以饗乎從者. 昭公曰, <u>喪人其何稱</u>.

孔疏 ●"有子"至"貧也". ○正義曰: 此一節論喪不欲速貧·死不欲速朽之事, 各隨文解之.

번역 ●經文: "有子"~"貧也". ○이곳 문단은 지위를 잃었을 때, 빨리 가난해지고자 하지 않는다는 사안과 죽었을 때, 빨리 썩고자 하지 않는다는 사안에 대해서 논의하고 있으니, 각각의 문장에 따라서 풀이하겠다.

孔疏 ●"有子問於曾子"者, 此孔子卒後, 弟子相問, 冀有所異聞也. "問喪", 謂問失本位居他國禮也. 有子問於曾子云: "汝曾聞失位在他國之禮於孔子否乎?"

번역 ●經文: "有子問於曾子". ○이곳 내용은 공자(孔子)가 죽은 이후, 제자들이 서로에게 질문을 하며, 다른 내용을 들은 것이 있는지를 기대한다는 뜻이다. 경문의 "問喪"에 대하여. 본국에서 지위를 잃고 다른 나라에 거주할 때의 예(禮)에 대해서 물어보았다는 뜻이다. 유자(有子)는 증자(曾子)에게 묻기를 "자네는 일찍이 지위를 잃고 다른 나라에 거주할 때의 예(禮)에 대해서 선생님께 들은 것이 있는가? 또는 없는가?"라고 한 것이다.

孔疏 ◎注"有子"至"何稱". ○正義曰: 按仲尼弟子傳: "有若, 少孔子四十三歲." 彼注云: "魯人也." "曾參, 南武城人, 字子輿, 少孔子四十六歲." 云"魯昭公孫於齊曰: 喪人其何稱"者, 引公羊, 證失位者稱喪也. 昭公孫于齊, 次于楊州, 齊侯唁公于野井, 昭公曰: "喪人其何稱."

번역 ◎鄭注: "有子"~"何稱". ○『사기(史記)』「중니제자전(仲尼弟子傳)」편을 살펴보면, "유약(有若)은 공자보다 43세가 어리다."[3]라고 했고, 이 문장에 대한 주에서는 "노(魯)나라 사람이다."라고 했다. 그리고 "증삼(曾參)은 남무성(南武城)의 사람으로, 자(字)는 자여(子輿)이며, 공자보다 46세 어

3) 『사기(史記)』「중니제자열전(仲尼弟子列傳)」: 有若少孔子四十三歲.

리다."[4]라고 했다. 정현이 "노(魯)나라 소공(昭公)은 제(齊)나라로 도망을 갔고, '지위를 잃은 자가 어떤 칭호로 자신을 지칭하겠는가?'라고 했다."고 했는데, 정현은 『공양전』의 내용을 인용하여, 지위를 잃는 것을 '상(喪)'이라고 칭한다는 사실을 증명한 것이다. 소공은 제나라로 도망을 가다가 양주(楊州)에 임시 막사를 설치하고 머물렀는데, 제나라 후작은 야정(野井)에서 소공을 위로하게 되어, 소공이 "지위를 잃은 자가 어떤 칭호로 자신을 지칭하겠는가?"라고 말했던 것이다.

孔疏 ●"有子"至"言也". ○以曾子云"喪欲速貧, 死欲速朽", 有子云: "如是之語, 非君子之言也." 夫子旣是君子, 必不爲此言. 時有子唯問喪, 不問死, 曾子以喪・死二事報有子者, 以喪・死俱爲惡事, 貧・朽又事類相似. 旣言"喪欲速貧", 遂言"死欲速朽". 按此"速貧"在前, "速朽"在後, 而下子游之對, 先云"死欲速朽", 後言"喪欲速貧", 隨孔子所見言之先後也. 且孔子爲中都宰之時, 制其棺槨, 不用速朽, 其事在前. 夫子失魯司寇, 使子夏・冉有先適楚, 不欲速貧, 其事在後, 故子游先言"速朽", 後言"速貧", 亦隨夫子之事前[5]後.

번역 ●經文: "有子"~"言也". ○증자(曾子)는 "지위를 잃게 되면 빨리 가난해지기를 원하고, 죽게 되면 시신이 빨리 썩기를 원한다."고 했기 때문에, 유자(有子)는 "이와 같은 말은 군자(君子)가 한 말이 아니다."라고 한 것이다. 공자(孔子)는 이미 군자의 덕을 이룬 인물이므로, 반드시 이와 같은 말을 하지 않았다는 뜻이다. 당시 유자는 오직 지위를 잃었을 때의 예(禮)에 대해서 들은 바가 있느냐고 물었던 것이고, 죽었을 때의 예(禮)에 대해서는 묻지 않았다. 그런데 증자는 지위를 잃었을 때와 죽었을 때의 두

4) 『사기(史記)』「중니제자열전(仲尼弟子列傳)」: 曾參, 南武城人, 字子輿. 少孔子四十六歲.

5) '전(前)'자에 대하여. '전'자는 본래 중복 기록되어 있었는데, 완원(阮元)의 『교감기(校勘記)』에서는 "『민본(閩本)』・『감본(監本)』에는 중복되지 않았으니, 이곳 판본에는 '전'자가 중복된 것이고, 『모본(毛本)』에서는 '전'자를 '선(先)'자로 기록하고 있다."라고 했다.

가지 사안으로 유자에게 대답을 해주었다. 그 이유는 지위를 잃는 일과 죽는 일은 모두 사람들이 싫어하는 일에 해당하고, 가난해지고 시신이 썩는 것 또한 그 사안이 서로 유사하기 때문이다. 그래서 이미 "지위를 잃었을 때에는 가난해지기를 원한다."라고 말하고, 이어서 "죽게 되면 시신이 빨리 썩기를 원한다."라고 말하게 된 것이다. 이곳의 기록을 살펴보면, "빨리 가난해진다."라는 말이 앞에 기록되어 있고, "빨리 썩는다."라는 말이 뒤에 기록되어 있는데, 그 뒤에 기록된 자유(子游)의 대답에서는 먼저 "죽었을 때 빨리 썩기를 원한다."라고 말하고, 그 이후에 "지위를 잃었을 때에는 빨리 가난해지기를 원한다."라고 말하여, 순서에 차이가 발생했다. 그 이유는 공자가 목격한 바에 따라 말을 했던 순서에 따랐기 때문이다. 또한 공자가 중도(中都)의 재(宰)가 되었을 때, 그 관곽(棺槨)을 제작하며, 빨리 썩게 만들지 않았는데, 그 사안은 앞서 일어난 사건에 해당한다. 공자는 노(魯)나라의 사구(司寇)라는 관직에서 물러나서, 자하(子夏)와 염유(冉有)를 시켜서 먼저 초(楚)나라에 가게 했고, 빨리 가난해지기를 원하지 않았는데, 그 사안은 이후에 일어난 사건에 해당한다. 그렇기 때문에 자유는 먼저 "빨리 썩는다."라고 말하고, 그 이후에 "빨리 가난해진다."라고 말하였으니, 이것은 또한 공자에게 일어났던 일화의 순서에 따른 것이다.

孔疏 ◎注"桓司"至"名魋". ○正義曰: 按世本: "向戌生東鄰叔子超, 超生左師眇, 眇卽向巢也". 魋是巢之弟, 故云向戌孫也.

번역 ◎鄭注: "桓司"~"名魋". ○『세본』을 살펴보면, "향술(向戌)은 동린숙자(東鄰叔子) 초(超)를 낳았고, 초(超)는 좌사(左師) 묘(眇)를 낳았는데, 묘(眇)는 곧 향소(向巢)에 해당한다."라고 했다. 퇴(魋)는 소(巢)의 동생이다. 그렇기 때문에 향술(向戌)의 손자라고 말한 것이다.

그림 73-1 송(宋)나라 환퇴(桓魋)의 가계도(家系圖)

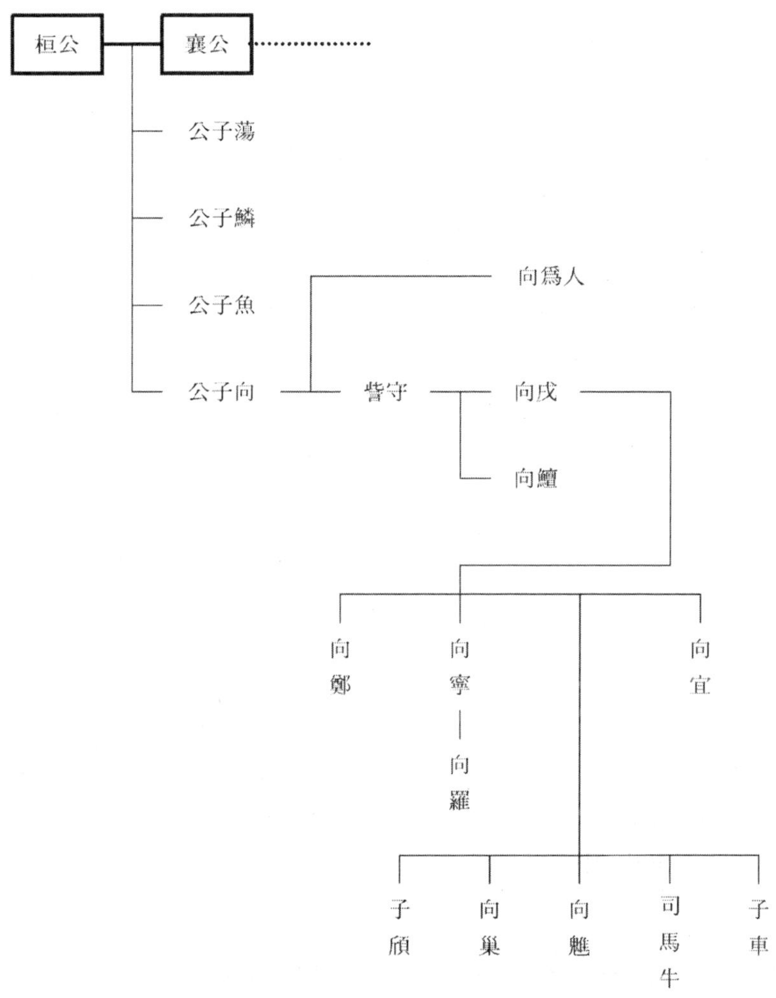

▸ **출처:** 『역사(繹史)』 1권 「역사세계도(繹史世系圖)」

◎ 『역사』에는 동린숙자(東鄰叔子) 초(超)에 대한 기록이 없다.

【95a~b】

"南宮敬叔反, 必載寶而朝. 夫子曰: '若是其貨也! 喪不如速貧之愈也.' 喪之欲速貧, 爲敬叔言之也."

직역 "南宮敬叔이 反함에, 必히 寶를 載하고 朝했다. 夫子가 曰, '是와 若한 그 貨라! 喪에는 速貧의 愈만 不如라.' 喪에 速貧을 欲함은 敬叔을 爲하여 言이라."

의역 계속하여 자유(子游)가 말하길, "예전에 남궁경숙(南宮敬叔)은 지위를 잃어서 노(魯)나라를 떠났다가 이후에 다시 돌아왔다. 그런데 그가 돌아와서는 기어코 보물을 수레에 싣고서 조회에 나아갔다. 이처럼 했던 것은 뇌물을 주어서 지위를 회복하고자 했던 것이다. 그래서 선생님께서는 이 일을 두고, '이처럼 재화를 쓴단 말인가! 이처럼 할 바에야 지위를 잃었을 때 빨리 가난해지는 것만 못하다.'라고 하셨다. 지위를 잃었을 때 빨리 가난해지기를 바란다는 것은 경숙(敬叔) 때문에 하신 말씀이다."라고 했다.

集說 敬叔, 魯大夫, 孟僖子之子, 仲孫閱也. 嘗失位去魯, 後得反, 載寶而朝, 欲行賂以求復位也.

번역 '경숙(敬叔)'은 노(魯)나라 대부(大夫)로, 맹희자(孟僖子)의 아들인 중손열(仲孫閱)이다.[6] 일찍이 지위를 잃어서 노나라를 떠났다가 이후에 되돌아올 수 있었는데, 보물을 싣고 와서 조회에 나갔으니, 뇌물을 주어서 지위를 회복하고자 했던 것이다.

鄭注 敬叔, 魯孟僖子之子仲孫閱. 蓋嘗失位去魯, 得反, 載其寶來朝於君.

번역 '경숙(敬叔)'은 노(魯)나라 맹희자(孟僖子)의 아들인 중손열(仲孫

6) 그림 <그림 18-1> 참조.

閱)이다. 아마도 일찍이 지위를 잃어서 노나라를 떠났다가 다시 되돌아올 수 있게 되었는데, 보물을 수레에 싣고 찾아가서 군주를 알현했던 것이다.

釋文 朝, 直遙反, 注同. 僖, 許宜反. 閱音悅.

번역 '朝'자는 '直(직)'자와 '遙(요)'자의 반절음이며, 정현의 주에 나온 글자도 그 음이 이와 같다. '僖'자는 '許(허)'자와 '宜(의)'자의 반절음이다. '閱'자의 음은 '悅(열)'이다.

【95b】

曾子以子游之言告於有子. 有子曰: "然. 吾固曰非夫子之言也." 曾子曰: "子何以知之?" 有子曰: "夫子制於中都, 四寸之棺, 五寸之椁, 以斯知不欲速朽也. 昔者夫子失魯司寇, 將之荊, 蓋先之以子夏, 又申之以冉有, 以斯知不欲速貧也."

직역 曾子가 子游의 言으로써 有子에게 告했다. 有子가 曰, "然이라. 吾는 固히 夫子의 言이 非라고 曰했다." 曾子가 曰, "子는 何히 知오?" 有子가 曰, "夫子가 中都에서 制함에, 四寸의 棺으로 하고, 五寸의 椁으로 하니, 斯로써 速朽를 不欲함을 知했다. 昔者에 夫子가 魯의 司寇를 失하여, 將히 荊에 之함에, 蓋히 先하길 子夏로써 하고, 又히 申하길 冉有로써 하니, 斯로써 速貧을 不欲함을 知했다."

의역 증자(曾子)는 자유(子游)가 했던 말을 유자(有子)에게 일러주었다. 그러자 유자가 말하길, "그렇다. 그래서 내가 진실로 이 말은 선생님이 하신 말씀이 아니라고 한 것이다."라고 했다. 증자는 "그대는 어떻게 그러한 사실을 알았는가?"라고 물었다. 유자가 대답하길, "선생님께서 중도(中都)의 재(宰)를 맡으셨을 때, 그곳에서 관곽(棺椁)에 대한 규범을 시행하였는데, 관(棺)은 4촌(寸)의 두께로 만드셨고, 곽(椁)은 5촌(寸)의 두께로 만드셨다. 이처럼 관곽을 두껍게 만드신 것을 보고, 나는 선생님께서 죽었을 때 그 시신이 빨리 썩기를 바라지 않으셨다는 사실을 알았다. 그리고 예전에 선생님께서 노(魯)나라의 사구(司寇)라는 벼슬에서 물러나셨을 때, 초(楚)나라로 가고자 하셨는데, 그곳에서 벼슬살이를 하실 수 있는지를 확인하기 위해, 먼저 자하(子夏)를 보내셔서 실정을 확인하게 했고, 또 염유(冉有)를 재차 보내셨다. 이처럼 거듭 확인하기 위해 제자를 보내신 것을 보고, 나는 선생님께서 지위를 잃었을 때 빨리 가난해지기를 바라지 않으셨다는 사실을 알았다."라고 했다.

集說 定公九年, 孔子爲中都宰. 制, 棺槨之法制也. 四寸·五寸, 厚薄之度. 將適楚, 而先使二子繼往者, 蓋欲觀楚之可仕與否, 而謀其可處之位歟.

번역 정공(定公) 9년에, 공자(孔子)는 중도(中都)의 재(宰)가 되었다. '제(制)'자는 관곽(棺槨)을 만드는 규범과 제도를 뜻한다. 4촌(寸)으로 하고 5촌(寸)으로 했다는 말은 두께를 나타내는 치수이다. 초(楚)나라에 가고자 하여, 먼저 두 제자를 시켜 연이어 보낸 것은 무릇 초나라에서 벼슬살이를 할 수 있는지 또는 없는지를 확인하여, 머물만한 지위를 얻고자 했기 때문이다.

大全 嚴陵方氏曰: 肆其侈心, 而至於傷財, 曾不若速朽之爲愈也. 肆其利心, 而至於害義, 曾不若速貧之爲愈也. 孔子之言, 特爲二子而發爾. 有子乃能以中都與之荊之事驗之, 可謂知音者矣.

번역 엄릉방씨가 말하길, 그 마음을 사치스럽게 만들어서, 재화를 축내는 지경에 이르게 되니, 일찍이 빨리 썩어버리는 것만 못한 것이다. 그 마음을 이로움에만 내맡겨서, 의(義)로움을 해치는 지경에 이르게 되니, 일찍이 빨리 가난해지는 것만 못한 것이다. 공자(孔子)의 말은 단지 두 사람 때문에 하게 된 것일 뿐이다. 유자(有子)는 곧 중도(中都)에서의 일화와 초(楚)나라로 찾아갔던 일화를 통해서, 그 실제 내용을 증험할 수 있었으니, 말의 본의를 파악한 자라고 평가할 수 있다.

鄭注 中都, 魯邑名也. 孔子嘗爲之宰, 爲民作制. 孔子由中都宰爲司空, 由司空爲司寇. 將應聘於楚. 言汲汲於仕得祿.

번역 '중도(中都)'는 노(魯)나라에 있던 읍(邑) 이름이다. 공자(孔子)는 일찍이 그 땅의 재(宰)가 되었고, 백성들을 위해 제도를 마련했던 것이다. 공자는 중도의 재(宰)를 맡았던 일을 통해서 사공(司空)에 올랐고, 사공을 맡았던 일을 통해서 사구(司寇)에 올랐다. 세사를 보냈던 것은 초(楚)나라에서 자신을 부를 것에 응하기 위해서였다. 보물을 싣고 조회를 갔다는 말은 벼슬살이를 하여 녹봉을 얻는데 급급했다는 뜻이다.

釋文 應, 應對之應. 汲音急.

번역 '應'자는 '응대(應對)'라고 할 때의 '應'자이다. '汲'자의 음은 '急(급)'이다.

孔疏 ◎注"孔子"至"司寇". ○正義曰: 孔子世家, 定公九年, 孔子年五十, 定公以孔子爲中都宰. 一年, 四方皆則之. 由中都宰爲司空, 由司空爲司寇, 定公十年會于夾谷, 攝相事. 此云"司寇"者, 崔靈恩云: "諸侯三卿, 司徒兼冢宰, 司馬兼宗伯, 司空兼司寇, 三卿之下, 則五小卿爲五大夫, 故周禮·太宰職云: '諸侯立三卿五大夫也.' 五大夫者, 司徒之下立二人, 小宰·小司徒; 司馬之下, 以其事省, 立一人爲小司馬, 兼宗伯之事; 司空之下立二人, 小司寇·小司空. 今夫子爲司空者, 爲小司空也, 從小司空爲小司寇也." 崔所以知然者, 魯有孟·叔·季三卿爲政, 又有臧氏爲司寇, 故知孔子爲小司寇, 崔解可依.

번역 ◎鄭注: "孔子"~"司寇". ○『사기(史記)』「공자세가(孔子世家)」의 기록을 살펴보면, 정공(定公) 9년에, 공자의 나이는 50세였는데, 정공이 공자를 중도(中都)의 재(宰)로 삼았다. 1년 만에 사방에서 모두 공자를 본받게 되었다. 중도의 재(宰)를 맡았던 것에 연유해서, 사공(司空)이 되었고, 사공을 맡았던 것에 연유해서, 사구(司寇)가 되었는데, 정공 10년에 협곡

(夾谷)에서 회동이 있었는데, 공자는 그 일을 도왔다. 이곳에서 '사구(司寇)'라고 한 말에 대해, 최영은은 "제후(諸侯)는 삼경(三卿)을 두니, 사도(司徒)가 총재(冢宰)의 일을 겸직하고, 사마(司馬)가 종백(宗伯)의 일을 겸직하며, 사공(司空)은 사구(司寇)의 일을 겸직하고, 삼경(三卿) 이하에는 5명의 소경(小卿)이 있으니, 이들이 다섯 대부(大夫)들이다. 그렇기 때문에 『주례』「태재(太宰)」편의 직무 기록에서는 '제후는 삼경(三卿)과 다섯 명의 대부(大夫)를 둔다.'라고 했던 것이니, 다섯 명의 대부라는 자들은 사도(司徒) 휘하에 2명의 대부를 배속시켜서, 소재(小宰)와 소사도(小司徒)로 삼는 것이고, 사마(司馬)의 직책은 그 일이 간단하므로, 그 휘하에는 1명의 대부를 배속시켜서, 소사마(小司馬)로 삼고, 종백(宗伯)의 임무를 겸직하도록 하는 것이며, 사공(司空)의 휘하에는 2명의 대부를 배속시켜서, 소사구(小司寇)와 소사공(小司空)으로 삼았던 것이다. 현재 공자가 사공(司空)이 되었다는 것은 실제적으로 소사공(小司空)이 되었다는 뜻이며, 소사공(小司空)을 맡았던 일에 연유하여, 그 이후에 소사구(小司寇)가 되었던 것이다."라고 했다. 최영은이 이러한 사실을 알 수 있었던 이유는 노(魯)나라에는 맹(孟)·숙(叔)·계(季)라는 세 가문에서 삼경(三卿)의 직책을 독점하여 징치를 좌지우지했고, 또 장씨(臧氏)가 사구(司寇)를 맡고 있었으므로, 공자는 실제적으로 소사구(小司寇)의 직책을 맡았음을 알 수 있었던 것이니, 최영은의 풀이는 신빙성이 있다.

孔疏 ●"昔夫"至"之荊". ○按世家定十四年, 齊人歸女樂, 孔子去魯適衛. 從衛之陳, 過匡邑, 匡人圍之. 又復去, 過蒲, 又反於衛. 又去衛, 過曹, 適宋. 時定公卒, 宋桓魋欲殺孔子, 伐夫子所過之樹, 削夫子所過之跡. 去宋, 適鄭. 去鄭, 適陳, 居三歲, 又適衛. 既不見用, 將西見趙簡子, 至河而聞殺竇鳴犢與舜華也. 又反於衛, 復行如陳. 時哀公三年, 孔子年六十. 明年孔子自陳遷于蔡. 三歲, 孔子在陳蔡之間, 楚使人聘孔子, 陳蔡乃圍孔子, 絶糧乏食七日. 於是使子貢至楚, 楚昭王興師迎孔子, 將書社七百里封孔子, 楚令尹子西諫而止之. 是歲楚昭王卒, 孔子自楚反于衛, 孔子年六十三, 是魯哀公六年. 以此言之, 失司寇在定十四年, 之楚在哀公六年, 其間年月甚遠. 且失司寇之後, 嚮宋不嚮楚. 而云"失魯司寇, 將之荊"者, 謂失魯司寇之後, 將往之荊, 則哀公六年之荊, 亦是失司寇之後, 非謂失司寇之年卽之荊也.

번역 ●經文: "昔夫"~"之荊". ○『사기(史記)』「공자세가(孔子世家)」편을 살펴보면, 정공(定公) 14년에 제(齊)나라에서는 여자 악공들을 노(魯)나라로 보내서, 공자(孔子)는 노나라를 떠나 위(衛)나라로 가게 되었다. 그리고 위나라에서 다시 진(陳)나라로 갔는데, 도중에 광읍(匡邑)을 지나치게 되었다. 광읍(匡邑)의 사람들이 공자를 위협하며 포위를 하였다. 공자는 포위에서 풀어난 뒤 다시 그곳을 떠나갔고, 포(蒲) 땅을 거쳐서 다시 위(衛)나라로 돌아갔다. 그 후 재차 위(衛)나라를 떠났고, 조(曹)를 거쳐서, 송(宋)나라로 갔다. 그런데 당시 정공(定公)은 죽은 상태였고, 송(宋)나라 환퇴(桓魋)는 공자를 죽이고자 하여, 공자가 지나가는 곳의 나무를 베어버리기도 했으며, 공자의 행적을 쫓기도 하였다. 그래서 공자는 송(宋)나라를 떠나서 정(鄭)나라로 갔다. 이후 정(鄭)나라를 떠나서 진(陳)나라로 갔고, 그곳에서 3년을 머물렀으며, 재차 위(衛)나라로 갔다. 그곳에서 등용이 되지 못할 것을 알았기 때문에, 서쪽으로 가서 조간자(趙簡子)를 만나보려고 했다. 그래서 황하(黃河)에 이르렀는데, 두명독(竇鳴犢)과 순화(舜華)가 죽임을 당했다는 소식을 들었다. 공자는 다시 위(衛)나라로 되돌아갔고, 재차 길을 떠나 진(陳)나라로 갔다. 당시는 노나라 애공(哀公) 3년째로, 공자의 나이는 60세였다. 그 다음해에 공자는 진(陳)나라로부터 채(蔡)나라로 옮겨갔다. 3년이 되던 해에, 공자가 진(陳)나라와 채(蔡)나라 사이에 있었을 때, 초(楚)나라에서는 사람을 시켜서 공자를 초빙하였다. 그러자 진(陳)나라와 채(蔡)나라는 곧 공자를 포위하여, 양식이 끊어진지 7일이 지나게 되었다. 이때 공자는 자공(子貢)을 시켜서 초(楚)나라로 가게 했고, 초(楚)나라 소왕(昭王)은 병사를 일으켜서 공자를 맞이하였으며, 서사(書社)의 땅 사방 700리(里)를 공자에게 봉해주려고 했는데, 초(楚)나라 영윤(令尹)인 자서(子西)가 간언을 올려서 멈추게 하였다. 그 해에 초(楚)나라 소왕이 죽자, 공자는 초(楚)나라로부터 위(衛)나라로 되돌아왔는데, 당시 공자의 나이는 63세였으니, 노나라 애공 6년째에 해당하는 시기였다. 이러한 기록을 통해 말해보자면, 공자가 사구(司寇)의 벼슬에서 물러난 것은 정공(定公) 14년에 있었던 일이고, 초(楚)나라로 간 것은 애공(哀公) 6년에 있었던 일이므로, 그 사이의 기간이 너무 길다. 또 공자가 사구(司寇)의 벼슬에서 물러난 이후에는 송(宋)나라를 향해 길을 떠났던 것이지 초(楚)나라로 향하지 않았다. 그런데도 "노(魯)나라의 사구(司寇) 벼슬을 잃고서 장차 형(荊: =楚)으로 가려고 했다."라고 기록하였으니, 이 말은 곧 노나라에서 사구(司寇)라는 벼슬에서 물러난 이후, 장차 형(荊)으로 가려고 했다는 것이며, 애공(哀公) 6년에 형(荊)으로 가려고 했다는 것 또한 사구(司寇)라는 벼슬을 잃은 이후의 시기에 해당한다. 따라서 이 말은 사구(司寇)라는 벼슬을 잃은 해에 곧바로 형(荊)으로 찾아갔다는 뜻이 아니다.

集解 愚謂: 問喪, 問失位而所以處之之道也. 孔子之將仕於楚, 爲道也, 非爲祿也, 而以此爲喪不欲速貧, 何也? 蓋聖人雖不爲祿而仕, 而仕者未嘗不得祿. 孟子曰"惟士無田, 則亦不祭", "士之失位也, 猶諸侯之失國家也", 是故"三月無君則弔." 君子雖不狥利而苟祿, 而亦豈以矯語貧賤爲高乎?

번역 내가 생각하기에, '문상(問喪)'은 지위를 잃었을 때 대처하는 도(道)에 대해서 물어보았다는 뜻이다. 공자(孔子)가 초(楚)나라에서 벼슬을 하려고 했던 것은 도(道)를 위해서이지, 녹봉을 위해서가 아닌데, 이러한 내용을 지위에서 물러났을 때 빨리 가난해지고자 하지 않았다고 여긴 것은 무슨 까닭인가? 무릇 성인(聖人)은 비록 녹봉을 위해서 벼슬살이를 하는 것이 아니지만, 벼슬살이를 할 때에는 일찍이 녹봉을 얻지 못했던 적이 없다. 『맹자』에서는 "오직 사(士)의 경우에 전답이 없다면, 또한 제사를 지내지 않는다."[7]라고 했고, "사(士)가 지위를 잃는 것은 제후가 자신의 국가를 잃는 것과 같다."[8]라고 했다. 이러한 까닭으로 "3개월 동안 벼슬길에 나아

---

7) 『맹자』「등문공하(滕文公下)」: 禮曰, "諸侯耕助以供粢盛, 夫人蠶繅, 以爲衣服. 犧牲不成, 粢盛不潔, 衣服不備, 不敢以祭. 惟士無田, 則亦不祭."

가지 못해, 모시는 군주가 없는 자에 대해서는 조문을 했다."[9]라고 한 것이다. 군자(君子)는 비록 이로움을 주창하여, 구차하게 녹봉을 받고자 한 것은 아니지만, 또한 어떻게 교묘한 말로, 가난하고 미천한 상태로 있는 것을 숭고하다고 꾸며댈 수 있겠는가?

---

8) 『맹자』「등문공하(滕文公下)」: 曰, 士之失位也, 猶諸侯之失國家也.
9) 『맹자』「등문공하(滕文公下)」: 三月無君則弔, 不以急乎?

• 제74절 •

이웃 나라의 신하에 대해 곡(哭)하는 규범

【95c】

陳莊子死, 赴於魯, 魯人欲勿哭, 繆公召縣子而問焉. 縣子曰: "古之大夫, 束修之問不出竟, 雖欲哭之, 安得而哭之?"

직역 陳莊子가 死함에, 魯에 赴하니, 魯人이 勿哭을 欲하여, 繆公이 縣子를 召하여 問하였다. 縣子가 曰, "古의 大夫는 束修의 問을 竟을 不出하니, 雖히 哭하고자 欲해도, 安히 得히 哭하리오?"

의역 제(齊)나라 진장자(陳莊子)가 죽자, 노(魯)나라에 그에 대한 부고를 알려왔다. 노나라 사람들은 그에 대한 곡(哭)을 하지 않고자 했는데, 당시 제나라는 강성한 나라였으므로, 곡(哭)을 하지 않아도 되는지 걱정이 되었다. 그래서 무공(繆公)은 당시 예(禮)에 대해 명성이 높았던 현자(縣子)를 초빙하여 그에 대한 질문을 하였다. 그러자 현자는 "고대의 대부(大夫)들은 속수(束脩)를 보내어 교류를 하는 사소한 예(禮)조차 국경을 벗어나면 시행하지 않았습니다. 그러니 비록 그에 대해 곡(哭)을 하고자 한들 어떻게 곡(哭)을 할 수 있겠습니까?"라고 했다.

集說 大夫訃於他國之君, 曰"君之外臣寡大夫某死." 莊子, 齊大夫, 名伯. 齊强魯弱, 不容略其赴, 縣子名知禮, 故召問之. 修, 脯也. 十脡爲束. 問, 遺也. 爲人臣者無外交, 不敢貳君也, 故雖束修微禮, 亦不以出竟.

번역 대부(大夫)가 다른 나라의 군주에게 부고를 알릴 때에는 "군주의 외신(外臣)인 과대부(寡大夫) 아무개가 죽었습니다."[1]라고 말하게 된다.

'장자(莊子)'는 제(齊)나라 대부(大夫)로, 이름은 백(伯)이다. 당시 제나라는 강성했고 노(魯)나라는 약소했으므로, 부고를 알린 일에 대해서 간략히 대처하는 것을 받아들일 수가 없었는데, 현자(縣子)는 당시 예(禮)를 잘 알고 있는 자로 명성이 높았기 때문에, 그를 초빙하여 물어본 것이다. '수(脩)'자는 포(脯)를 뜻한다. 10정(脡)[2]을 1속(束)으로 삼는다. '문(問)'자는 "보낸다[遺]."는 뜻이다. 신하가 된 자는 외국과 교류함이 없으니, 감히 군주에 대해서 두 마음을 품을 수 없기 때문이다.[3] 그렇기 때문에 비록 속수(束脩)처럼 하찮은 예(禮)에 대해서도 또한 국경 밖에서 시행하지 못하게 한 것이다.

鄭注 君無哭鄰國大夫之禮. 陳莊子, 齊大夫陳恒之孫, 名伯. 以其不外交.

번역 군주가 이웃 나라의 대부(大夫)에 대해서 곡(哭)을 하는 예(禮)는 없다. '진장자(陳莊子)'는 제(齊)나라 대부(大夫)인 진항(陳恒)의 손자로, 이름은 백(伯)이다. 곡(哭)을 하지 않는 이유는 대부는 외국과 교류하지 못하기 때문이다.

釋文 繆音木. 竟音境.

번역 '繆'자의 음은 '木(목)'이다. '竟'자의 음은 '境(경)'이다.

---

1) 『예기』「잡기상(雜記上)」【492b】: 大夫訃於同國, 適者, 曰某不祿. 訃於士, 亦曰某不祿. 訃於他國之君, 曰君之外臣寡大夫某死. 訃於適者, 曰吾子之外私寡大夫某不祿, 使某實. 訃於士, 亦曰吾子之外私寡大夫某不祿, 使某實.

2) 정(脡)은 기다란 육포(肉脯)를 세는 단위이다. 접혀 있는 것을 셀 때에는 구(朐)자를 사용하였다. 『춘추공양전』「소공(昭公) 25년」편에는 "高子執簞食與四脡脯."라는 기록이 있는데, 이에 대한 하휴(何休)의 주에서는 "屈曰朐, 申曰脡."이라고 풀이했다.

3) 『예기』「교특생(郊特牲)」【320d~321a】: 朝覲大夫之私覿, 非禮也. 大夫執圭而使, 所以申信也. 不敢私覿, 所以致敬也. 而庭實私覿, 何爲乎諸侯之庭? 爲人臣者無外交, 不敢貳君也.

孔疏 ●"陳莊"至"縣氏". ○正義曰: 此一節論哭鄰國臣之法.

번역 ●經文: "陳莊"～"縣氏". ○이곳 문단은 이웃 나라의 신하에 대해서 곡(哭)을 하는 예법에 대해서 논의하고 있다.

孔疏 ◎注"陳莊"至"名伯". ○正義曰: 按世本: "成子當生襄子班, 班生莊子伯." 鄭依世本知也.

번역 ◎鄭注: "陳莊"～"名伯". ○『세본』을 살펴보면, "성자(成子) 당(當)은 양자(襄子) 반(班)을 낳았고, 반(班)은 장자(莊子) 백(伯)을 낳았다."라고 했다. 정현은 『세본』에 기록에 의거해서, 진장자(陳莊子)가 진항(陳恒)의 손자임을 알았던 것이다.

【95d】

"今之大夫, 交政於中國, 雖欲勿哭, 焉得而弗哭? 且臣聞之, 哭有二道, 有愛而哭之, 有畏而哭之." 公曰: "然. 然則如之何而可?" 縣子曰: "請哭諸異姓之廟." 於是與哭諸縣氏.

직역 "今의 大夫는 中國에서 政을 交하니, 雖히 勿哭을 欲이나, 焉히 得히 弗哭이리오? 且히 臣이 聞하니, 哭에는 二道가 有하니, 愛하여 哭함이 有하고, 畏하여 哭함이 有합니다." 公이 曰, "然이라. 然이면 如함이 何히 可리오?" 縣子가 曰, "請컨대 異姓의 廟에서 哭하소서." 是에 縣氏에서 哭함에 與했다.

의역 계속하여 현자(縣子)가 일러주길, "오늘날 대부(大夫)들은 제 마음대로 다른 나라의 군주들과 교류를 하고 있으니, 이것은 군주의 힘이 미약하고 신하의 힘이 강성하기 때문입니다. 따라서 비록 그를 위해 곡(哭)을 하지 않고자 하더라도, 어떻게 곡(哭)을 하지 않을 수 있겠습니까? 또 제가 듣기로는 곡(哭)에는 두 가지 방법이 있다고 합니다. 첫 번째는 그 자를 사랑하기 때문에 곡(哭)하는 것이고, 두 번째는 그 사람을 두려워하기 때문에 곡(哭)하는 것입니다."라고 했다. 그러자 무공(繆公)은 "그렇습니다. 당신의 말이 맞습니다. 그렇다면, 어떻게 해야 좋겠습니까?"라고 물었다. 현자는 "청컨대 군주께서는 성(姓)이 다른 자의 집에 가셔서, 그곳의 묘(廟)에서 곡(哭)을 하십시오."라고 했다. 그래서 무공은 현씨(縣氏)의 집에서 곡(哭)하는 일에 참여하게 되었다.

集說 交政於中國, 言當時君弱臣强, 大夫專盟會之事, 以與國君相交接也, 此變禮之由也. 愛之哭出於不能已, 畏之哭出於不得已. 哭伯高於賜氏, 義之所在也; 哭莊子於縣氏, 勢之所迫也.

번역 "중국에서 정치를 교류한다."는 말은 당시 군주의 힘이 미약하고 신하가 강성하여, 대부(大夫)가 자기 마음대로 회맹(會盟)의 일을 주관하여, 나른 나라의 군주와 더불어 서로 교류하였다는 뜻이다. 이것은 예(禮)가 변화된 유래에 해당한다. 그 사람을 사랑하여 곡(哭)하는 것은 그만둘 수 없는 감정에서 비롯되는 것이고, 두려워하여 곡(哭)하는 것은 부득이한 사정에서 비롯된 것이다. 공자(孔子)가 사씨(賜氏)의 집에서 백고(伯高)를 위해 곡(哭)을 했던 것[4]은 의(義)에 따라서 한 것이고, 현씨(縣氏)의 집에서 장자(莊子)를 위해 곡(哭)을 했던 것은 세력에 의해 핍박을 당했기 때문이다.

大全 嚴陵方氏曰: 君弱臣强, 有至交政於中國, 豈特束修之問而已. 生既畏之, 而不敢不與之交, 則死亦畏之, 而不敢不爲之哭矣. 若魯人之哭陳莊子, 所謂畏而哭之者也. 然縣子謂哭諸異姓之廟者, 以哭其非所當哭之人, 故哭於

4) 『예기』「단궁상」【81d】: 伯高死於衛, 赴於孔子. 孔子曰: "吾惡乎哭諸? 兄弟, 吾哭諸廟; 父之友, 吾哭諸廟門之外; 師, 吾哭諸寢; 朋友, 吾哭諸寢門之外; 所知, 吾哭諸野. 於野則已疏, 於寢則已重. 夫由賜也見我, 吾哭諸賜氏." 遂命子貢爲之主, 曰: "爲爾哭也來者, 拜之; 知伯高而來者, 勿拜也."

非所當哭之廟也. 異姓之廟, 必哭諸縣氏, 以其禮之所由起故爾, 則與哭伯高於賜氏同義也.

번역 엄릉방씨가 말하길, 군주의 힘이 미약하고, 신하가 강성해져서, 대부(大夫)들이 제 마음대로 다른 제후국들과 교류를 하는 지경에 이르게 되었으니, 어찌 속수(束脩)를 가지고 빙문(聘問)만을 했겠는가? 생전에도 이미 그에 대해서 두려워했기 때문에, 감히 그와 교류를 하지 않을 수가 없었다면, 그가 죽었을 때에도 그를 두려워하기 때문에, 감히 그를 위해 곡(哭)을 하지 않을 수 없었던 것이다. 노(魯)나라에서 진장자(陳莊子)에 대해 곡(哭)을 했던 경우는 이른바 두려워서 곡(哭)을 한 경우에 해당한다. 그런데 현자(縣子)가 성(姓)이 다른 집의 묘(廟)에서 곡(哭)을 하라고 일러준 이유는 마땅히 곡(哭)을 해야 하는 사람이 아닌데 곡(哭)을 해야 했기 때문에, 마땅히 곡(哭)을 해야 하는 묘(廟)가 아닌 곳에서 곡(哭)을 하도록 했던 것이다. 성(姓)이 다른 집의 묘(廟)에서 곡(哭)을 하도록 했는데, 기어코 현씨(縣氏)의 집에서 곡(哭)을 했던 이유는 이처럼 변화된 예(禮)가 유래하게 된 것이 그로부터 시작되었기 때문이니, 이것은 공자(孔子)가 사씨(賜氏)의 집에서 백고(伯高)에게 곡(哭)을 했던 것과 같은 의미이다.

大全 臨川吳氏曰: 愛而哭之, 謂哀死而哭, 哭其所當哭也. 畏而哭之, 則哭死而非其情, 哭所不當哭者也. 此衰世之事, 古豈有是哉?

번역 임천오씨가 말하길, 사랑해서 곡(哭)을 한다는 것은 그의 죽음을 애통하게 생각하여 곡(哭)을 한다는 뜻으로, 마땅히 곡(哭)을 해야 하는 대상에 대해서 곡(哭)을 한 것이다. 두려워서 곡(哭)을 한다면, 죽은 자에 대해 곡(哭)을 하는 것이 그의 본래 감정에 따른 것이 아니니, 마땅히 곡(哭)을 하지 말아야 할 대상에 대해서 곡(哭)을 한 것이다. 이것은 그 도리가 쇠약해진 세상에서 시행되었던 일이니, 고대에 어찌 이와 같은 일들이 일어났겠는가?

鄭注 言時君弱臣强, 政在大夫, 專盟會以交接. 以權微勸之. 明不當哭.

번역 당시 군주의 힘이 미약하고 신하가 강성하여, 정권이 대부(大夫)에게 있어서, 자기 마음대로 회맹(會盟)을 열어 다른 제후들과 교류를 했다는 뜻이다. 현자(縣子)는 권도(權道)에 따라 은미하게 권했던 것이다. 성(姓)이 다른 집의 묘(廟)에서 곡(哭)을 하라고 권유했던 것은 마땅히 곡(哭)을 하지 말아야 했던 것을 나타낸 것이다.

釋文 焉, 於虔反.

번역 '焉'자는 '於(어)'자와 '虔(건)'자의 반절음이다.

集解 愚謂: 雜記有大夫士赴於他國君之禮, 而莊子之赴, 魯人欲勿哭, 蓋諸侯於他國臣之赴, 但遣使弔之, 而不親哭, 爲其分卑而恩疏也. 縣子名瑣. 縣子知禮, 故繆公召而問之. 脩, 脯也. 十脡爲束. 束脩微禮, 尙不出境, 言其無外交也. 交政於中國者, 言政在大夫, 專盟會征伐之事, 以交接於諸侯也. 愛而哭之者, 出於情; 畏而哭之者, 迫於勢. 齊强魯弱, 而陳氏專政於齊, 則其喪固不容於不哭矣. 左傳魯爲異姓諸侯臨於外, 杜預謂"於城外向其國." 此哭於異姓之廟者, 別於哭諸侯之禮也. 哭諸縣氏者, 因其禮之所自起也, 與孔子哭伯高於賜氏之義同.

번역 내가 생각하기에, 『예기』「잡기(雜記)」편에는 대부(大夫) 및 사(士)가 다른 나라의 군주에게 부고를 알리는 예(禮)가 수록되어 있는데, 장자(莊子)가 부고를 알렸을 때, 노(魯)나라에서 곡(哭)을 하지 않고자 했던 것은 아마도 제후(諸侯)는 다른 나라의 신하가 알려온 부고에 대해서, 단지 사신을 파견하여 조문만 할 뿐이며, 직접 곡(哭)을 하지 않기 때문이니, 이처럼 하는 이유는 그 자의 신분이 낮고 그와의 은정도 친밀한 것이 아니기 때문이다. '현자(縣子)'의 이름은 쇄(瑣)이다. 현자는 예(禮)를 알고 있었기 때문에, 무공(繆公)이 그를 초빙하여 물어본 것이다. '수(脩)'자는 포(脯)를 뜻한다. 10정(脡)을 1속(束)으로 삼는다. 속수(束脩)처럼 미약한 예물도 오히려 국경을 벗어나게 되면 전달하지 않으니, 이 말은 곧 신하는 외국과 교류함이 없다는 뜻이다. 중국에서 정사를 교류한다는 말은 정권이 대부(大夫)에게 있어서, 대부가 제 마음대로 회맹(會盟)이나 정벌 등에 대한 일들을 감행하여, 다른 나라의 제후들과 교류를 한다는 뜻이다. 사랑하여 곡(哭)을 한다는 것은 그 감정에서 비롯되는 것이고, 두려워하여 곡(哭)을 한다는 것은 세력으로 인해 핍박을 당했기 때문이다. 당시 제(齊)나라는 강성한 국가였고, 노(魯)나라는 약소한 국가였으며, 진씨(陳氏)는 제나라에서 정권을 마음대로 부렸으니, 그 집안의 상(喪)에 있어서 진실로 곡(哭)을 하지 않는 것을 받아들이지 못했던 것이다. 『좌전』에서는 노(魯)나라에서 성(姓)이 다른 제후(諸侯)에 대해서는 밖에서 임한다고 했는데,[5] 이 문장에 대한 두예의 주에서는 "성(城) 바깥에서 그 나라를 향해서 한다는 뜻이다." 라고 했다. 이곳에서 성(姓)이 다른 자의 집에 있는 묘(廟)에서 곡(哭)을 한다고 한 것은 다른 나라의 제후에게 곡(哭)을 하는 예(禮)와 구별된다. 현씨(縣氏)의 집에서 곡(哭)을 했던 것은 그 예(禮)가 유래하게 된 원인에 따랐기 때문이니, 공자(孔子)가 시씨(賜氏)의 집에서 백고(伯高)에게 곡(哭)을 했던 의미와 동일하다.

---

5) 『춘추좌씨전』「양공(襄公) 12년」: 秋, 吳子壽夢卒, 臨於周廟, 禮也. 凡諸侯之喪, 異姓臨於外, 同姓於宗廟, 同宗於祖廟, 同族於禰廟.

• 제 75 절 •

명기(明器)와 제기(祭器)의 법도

【96a~b】

仲憲言於曾子曰: “夏后氏用明器, 示民無知也. 殷人用祭器, 示民有知也. 周人兼用之, 示民疑也.” 曾子曰: “其不然乎! 其不然乎! 夫明器, 鬼器也. 祭器, 人器也. 夫古之人, 胡爲而死其親乎?”

직역 仲憲이 曾子에게 言하여 曰, “夏后氏는 明器를 用하여, 民에게 無知함을 示했다. 殷人은 祭器를 用하여, 民에게 有知함을 示했다. 周人는 兼히 用하니, 民에게 疑함을 示했다.” 曾子가 曰, “不然이라! 不然이라! 夫히 明器는 鬼器이다. 祭器는 人器이다. 夫히 古의 人이, 胡히 爲하여 그 親을 死했겠는가?”

의역 중헌(仲憲)이 증자(曾子)에게 말하길, “하후씨(夏后氏) 때 죽은 자를 전송하며 명기(明器)를 사용했던 이유는 백성들에게 죽은 자에게는 지력이 없다는 사실을 보여주기 위함이다. 은(殷)나라 때 제기(祭器)를 사용했던 이유는 백성들에게 죽은 자에게는 지력이 있다는 사실을 보여주기 위함이다. 한편 주(周)나라 때에는 이 둘을 모두 사용했는데, 이처럼 한 이유는 백성들에게 죽은 자에게는 지력이 없는 것 같기도 하고 있는 것 같기도 하여 의심스럽다는 점을 보여주기 위함이다.”라고 했다. 그러자 증자는 “그런 뜻이 아니다! 그런 뜻이 아니다! 무릇 명기(明器)라는 것은 귀신들이 사용하는 기물이다. 또 제기(祭器)라는 것은 사람들이 사용하는 기물이다. 각 왕조에서 사용하는 것이 달랐던 이유는 각 왕조에서 숭상하는 바에 따랐던 것일 뿐이지, 죽은 자에게 지력이 있는지 또는 없는지 등을 백성들에게 보여주기 위한 것과는 상관이 없다. 만약 그대의 말대로라면, 무릇 고대인들이 어

떻게 이처럼 시행하여, 자신의 부모에 대해 지력이 없는 자로만 대할 수 있었겠는가?"라고 했다.

集說 仲憲, 孔子弟子原憲也. 示民無知者, 使民知死者之無知也. 爲其無知, 故以不堪用之器送之; 爲其有知, 故以祭器之可用者送之. 疑者, 不以爲有知, 亦不以爲無知也. 然周禮惟大夫以上得兼用二器, 士惟用鬼器也. 曾子以其言非, 乃曰"其不然乎." 再言之者, 甚不然之也. 蓋明器·祭器, 固是人鬼之不同, 夏殷所用不同者, 各是時王之制, 文質之變耳, 非謂有知·無知也. 若如憲言, 則夏后氏何爲而忍以無知待其親乎?

번역 '중헌(仲憲)'은 공자(孔子)의 제자인 원헌(原憲)이다. "백성들에게 무지(無知)함을 보인다."는 말은 백성들로 하여금 죽은 자에게는 지력이 없다는 사실을 알게끔 한다는 뜻이다. 즉 죽은 자는 지력이 없다고 여겼기 때문에, 실제로 사용할 수 없는 기물(器物)들을 이용하여, 죽은 자를 전송했던 것이다. 한편 은(殷)나라 때에는 죽은 자에게 지력이 있다고 여겼기 때문에, 실제로 사용할 수 있는 제기(祭器)를 이용하여, 죽은 자를 전송했던 것이다. '의(疑)'라는 말은 완전히 지력이 있는 것으로 여긴 것도 아니고, 또한 완전히 지력이 없는 것으로 여긴 것도 아니라는 뜻이다. 그런데 주(周)나라 때의 예법에 따른다면, 오직 대부(大夫) 이상의 계급에서만 두 가지 기물들을 함께 사용할 수 있었고, 사(士) 계급은 오직 귀기(鬼器)만을 사용했을 따름이다. 증자(曾子)는 그의 말이 틀렸다고 여기고, 곧 "그렇지 않다."라고 말했는데, 두 차례나 언급한 이유는 매우 그렇지 않았기 때문이다. 무릇 명기(明器)와 제기(祭器)는 모두 사람과 귀신이 쓰임을 달리하는 것인데, 하(夏)나라와 은(殷)나라에서 사용되었던 기물이 서로 다른 이유는 각각 당시의 제왕이 제정한 제도로, 화려함과 질박함의 차이가 있었기 때문이니, 죽은 자에게 지력이 있거나 없는 것을 뜻하는 것이 아니다. 만약 중헌(仲憲)의 말대로라면, 하후씨(夏后氏)는 어떻게 이처럼 시행하며, 지력이 없는 대상으로 여겨서 자신의 부모를 대우하는 일을 차마 할 수 있었겠는가?

集說 石梁王氏曰: 三代送葬之具質文相異, 故所用不同, 其意不在於無知・有知及示民疑也. 仲憲之言皆非, 曾子非之, 末獨譏其說夏后明器, 蓋擧其失之甚者也.

번역 석량왕씨가 말하길, 삼대(三代) 때 죽은 자를 전송하며 사용했던 기구들은 질박함과 화려함이 서로 차이를 보였다. 그렇기 때문에 사용되었던 것이 다른 것이니, 그 의미는 죽은 자에게 지력이 없거나 있다는 생각이나 백성들에게 의심스런 면을 보여준다는데 있지 않다. 중헌(仲憲)의 말은 모두 잘못되어서, 증자(曾子)가 그 말을 비판했던 것인데, 문장의 끝에서 유독 하후씨(夏后氏) 때 사용한 명기(明器)에 대한 사안을 거론하여, 중헌을 기롱한 것은 무릇 잘못 중에서도 더 잘못된 것을 제시했기 때문이다.

大全 嚴陵方氏曰: 明器・祭器, 三代之所兼用, 蓋處之以死生之間而已, 豈特周而然哉? 而原憲必以夏用鬼器, 殷用人器, 則是夏有致死之不仁, 殷有致生之不知矣, 宜乎曾子不然其說也. 然曾子之言, 止及於夏, 而不及於殷者, 以死其親, 尤君子之所不忍故也.

번역 엄릉방씨가 말하길, 명기(明器)와 제기(祭器)에 대해서는 삼대(三代) 때 모두 그것들을 함께 사용했던 것인데, 이처럼 언급한 것은 아마도 사생(死生)의 차이에 따라서 대처를 했기 때문이니, 어찌 유독 주(周)나라 때에만 이 두 기물을 사용했겠는가? 그런데 원헌(原憲)은 기어코 하(夏)나라 때에는 귀기(鬼器)를 사용하였고, 은(殷)나라 때에는 인기(人器)를 사용했다고 했으니, 이 말은 하나라 때에는 죽은 자에 대해서 죽은 자로만 대하여 불인(不仁)한 점이 있었던 것이고, 은(殷)나라 때에는 죽은 자에 대해서 산 자로만 대하여 지혜롭지 못한 점이 있었던 것이 되니, 증자가 그의 주장이 잘못되었다고 한 말은 마땅한 것이다. 그런데 증자의 말에서는 하나라에 대해 원헌이 했던 말에 대해서만 언급했고, 은나라에 대한 부분은 언급하지 않았다. 그 이유는 자신의 부모에 대해서 죽은 자로만 대하는 것을 군자는 더욱이 참아낼 수 없는 것이기 때문이다.

鄭注 所謂“致死之”. 仲憲, 孔子弟子原憲. 所謂“致生之”. 言使民疑於無知與有知. 非其說之非也. 言仲憲之言, 三者皆非. 此或用鬼器, 或用人器.

번역 하(夏)나라에 대한 언급은 이른바 “지극히 죽은 자로만 대한다.”라는 뜻에 해당한다. ‘중헌(仲憲)’은 공자(孔子)의 제자인 원헌(原憲)이다. 은(殷)나라에 대한 언급은 이른바 “지극히 산 자로만 대한다.”라는 뜻에 해당한다. 의(疑)를 보인다는 말은 백성들로 하여금 죽은 자가 지력이 없는지 또는 지력이 있는지에 대해서 의혹되게 한다는 뜻이다. 증자는 그 주장의 잘못된 점에 대해서 비판을 했던 것이다. 중헌이 말한 세 가지 항목이 모두 잘못되었다는 뜻이다. 이러한 규정에 있어서 어떤 경우에는 귀기(鬼器)를 사용했고, 또 어떤 경우에는 인기(人器)를 사용했다.

孔疏 ●“仲憲”至“親乎”. ○正義曰: 此一節論不可致意於死人爲死爲生之事, 各隨文解之.

번역 ●經文: “仲憲”~“親乎”. ○이곳 문단은 죽은 자에 대해 마음을 쓸 때, 전적으로 죽은 자로만 대할 수 없고, 또 그렇다고 해서 전적으로 산 자로만 대할 수 없다는 사안에 대해서 논의하고 있으니, 각각의 문장에 따라서 풀이하겠다.

孔疏 ◎注“仲憲, 孔子弟子原憲”. ○正義曰: 按仲尼弟子傳云: “原憲字子思.” 彼注云: “魯人也.” 其時與曾子評論三代送終器具之義也.

번역 ◎鄭注: “仲憲, 孔子弟子原憲”. ○『사기(史記)』「중니제자전(仲尼弟子傳)」편을 살펴보면, “원헌(原憲)의 자(字)는 자사(子思)이다.”[1]라고 했고, 이 문장에 대한 주에서는 “노(魯)나라 사람이다.”라고 했다. 당시 증자(曾子)와 함께 삼대(三代) 때 죽은 자를 전송하며 사용된 기물의 뜻을 평론했던 것이다.

---

1) 『사기(史記)』「중니제자열전(仲尼弟子列傳)」: 原憲字子思.

孔疏 ●"曰夏后"至"親乎". ○此以下是原憲所說, 並非也. 其言夏后氏所以別作明器送亡人者, 言亡人無知, 故以不堪用之器送之, 表示其無知也.

번역 ●經文: "曰夏后"~"親乎". ○이곳 구문부터 그 이하의 구문은 원헌(原憲)이 설명한 내용인데, 모두 잘못된 설명이다. 원헌은 하후씨(夏后氏)가 별도로 명기(明器)를 제작하여, 죽은 자를 전송하게 했다고 했는데, 이 말은 죽은 자에게 지력이 없기 때문에, 사용할 수 없는 기물을 사용하여 전송을 해서, 죽은 자에게 지력이 없음을 드러낸다고 한 것이다.

孔疏 ●"殷人用祭器, 示民有知也"者, 憲又言殷家不別作明器, 而即用祭祀之器送亡人者, 祭器堪爲人用, 以言亡者有知, 與人同, 故以有用之器送之, 表示其有知也.

번역 ●經文: "殷人用祭器, 示民有知也". ○원헌(原憲)은 또한 은(殷)나라 때에는 별도로 명기(明器)를 제작하지 않고, 이미 사용되고 있던 제사 때의 기물을 이용하여, 죽은 자를 전송했다고 했는데, 이 말은 제기(祭器)는 사람들이 사용할 수 있도록 만들어졌으므로, 이를 통해 죽은 자에게는 살아있는 사람과 동일하게 지력이 있다는 뜻한다. 그렇기 때문에 사용될 수 있는 기물을 이용해서 죽은 자를 전송하여, 죽은 자에게 지력이 있다는 뜻을 나타낸다고 한 것이다.

孔疏 ●"周人兼用之, 示民疑也"者, 憲又言周世幷用夏·殷二代之器送亡者, 不知定無知如夏, 爲當定有知如殷, 周人爲之致惑, 不可定者, 故幷用送之, 是示於民疑惑不定也.

번역 ●經文: "周人兼用之, 示民疑也". ○원헌(原憲)은 또한 주(周)나라 때에는 하(夏)나라와 은(殷)나라 때 사용된 두 가지 기물들을 모두 사용하여, 죽은 자를 전송했다고 했는데, 이 말은 하나라 때처럼 죽은 자에게 지력이 없다고 확실히 알 수 없으니, 마땅히 은나라 때처럼 죽은 자에게 지력이 있는 것으로 확정해야 하는데, 주나라 때에는 그것에 대해서 의혹을 느끼고 확정할 수 없었기 때문에, 둘 모두를 사용하여 죽은 자를 전송하였으니, 이것은 백성들이 확정하지 못한 것에 대해 의혹을 느꼈다는 것을 나타낸다.

孔疏 ●"曾子曰: 其不然乎, 其不然乎"者, 曾子聞憲所說不是, 故重稱不然, 深鄙之也.

번역 ●經文: "曾子曰: 其不然乎, 其不然乎". ○증자(曾子)는 원헌(原憲)이 설명한 말을 듣고, 그것이 옳지 않다고 여겼기 때문에, 그렇지 않다고 거듭 말한 것으로, 그 설명을 매우 어리석게 여긴 것이다.

孔疏 ●"夫明器, 鬼器也. 祭器, 人器也"者, 曾子鄙憲言畢, 而自更說其義也. 言二代用此器送亡者, 非是爲有知與無知也, 正是質文異耳. 夏代文, 言鬼與人異, 故純用鬼器送之, 非言爲無知也. 殷世質, 言雖復鬼與人有異, 亦應恭敬是同, 故用恭敬之器, 仍貯食送之, 非言爲有知也. 說二代旣了, 則周兼用之, 非爲疑可知, 故不重說. 尋周家極文, 言亡者亦宜鬼事, 亦宜敬事, 故幷用鬼敬二器, 非爲示民言疑惑也. 然周唯大夫以上兼用耳, 士唯用鬼器, 不用人器. 崔靈恩云: "此王者質文相變耳."

번역 ●經文: "夫明器, 鬼器也. 祭器, 人器也". ○증자는 원헌(原憲)의 설명이 어리석다고 평가하고서, 다시금 제 스스로 그 의미를 설명한 것이다. 증자는 두 왕조에서 이러한 기물들을 사용하여 죽은 자를 전송했던 것은 죽은 자에게 지력이 있다고 여기고, 또 없다고 여겼기 때문이 아니라, 질박함을 숭상하느냐 또는 화려함을 숭상하느냐는 차이에 따른 것일 뿐이라고 한 것이다. 하(夏)나라 때에는 화려함을 숭상하였으니, 이 말은 귀신과 사람의 도리가 다르기 때문에, 순전히 귀기(鬼器)만을 사용하여 죽은 자를 전송했다는 뜻이지, 죽은 자에게 지력이 없다고 여겼기 때문이 아니다. 또 은(殷)나라는 질박함을 숭상하였으니, 이 말은 비록 귀신과 사람에는 차이점이 있지만, 또한 마땅히 공경을 다해야 한다는 점에서는 동일하다는 뜻이다. 그렇기 때문에 공경스러운 기물을 사용하여, 음식을 담아서 죽은 자를 전송했던 것이지, 죽은 자에게 지력이 있기 때문임을 뜻하는 것이 아니다. 증자는 두 왕조에 대한 설명을 끝냈는데, 주(周)나라의 경우에는 이 둘을 모두 사용하였으니, 원헌의 설명처럼 백성들에게 의혹을 일으키게끔 하기 위해서가 아니라는 사실을 알 수 있다. 그렇기 때문에 다시 설명하지 않은 것이다. 주나라 때의 예법을 찾아보면, 지극히 화려함을 숭상하였으니, 이 말은 죽은 자에 대해서 또한 마땅히 귀신을 섬기는 일로써 해야 하고, 또한 마땅히 산 자를 대하듯 공경의 도리로써 섬겨야 한다는 것을 의미한다. 그렇기 때문에 귀신에게 사용되는 기물과 공경을 나타내는 기물을 모두 사용하였던 것이지, 백성들에게 의혹스러움을 나타내고자 해서가 아니다. 그런데 주나라 때에는 오직 대부(大夫) 이상의 계급에서만 두 가지 기물을 모두 사용했을 뿐이며, 사(士) 계급은 오직 귀기(鬼器)만을 사용했고, 인기(人器)는 사용하지 않았다. 이 문제에 대해서 최영은은 "주나라 왕조에서는 질박함과 화려함이 상대적으로 달라졌기 때문이다."라고 하였다.

孔疏 ●"夫古之人, 胡爲而死其親乎"者, 曾子說義旣竟, 又更鄙於仲憲所言也. "古"謂夏時也, 言古人雖質, 何容死其親乎? 若是無知, 則是死之義也. 然憲子言三事皆非, 而曾子此獨譏"無知"者, 以夏后氏尤古故也. 譏一, 則餘從可知也.

번역 ●經文: "夫古之人, 胡爲而死其親乎". ○증자(曾子)가 그 의미를 설명한 말은 이미 끝났는데, 재차 중헌(仲憲)이 말한 내용에 대해서 어리석게 여긴 것이다. '고(古)'자는 하(夏)나라 때를 뜻하니, 이 말은 하나라 때의 사람들이 비록 질박하였더라도, 어떻게 자신의 부모에 대해서 죽은 자로만 대하는 것을 용인했겠는가? 만약 죽은 자에게 지력이 없다고 여겼다면, 이것은 죽은 자로만 섬기는 뜻에 해당한다. 그런데 중헌이 말한 세 가지 사안은 모두 잘못된 설명인데도, 증자는 이곳 문장에서 유독 '무지(無知)'라고 말한 부분에 대해서만 기롱을 하였다. 그 이유는 하후씨(夏后氏) 때가 더욱 예전에 해당하기 때문이다. 한 가지 사안을 기롱하였다면, 나머지 사안에 대해서도 기롱을 했다는 것을 이를 통해 확인할 수 있다.

• 제 76 절 •

부친이 다른 형제에 대한 상복(喪服) 규정

【96c~d】

公叔木有同母異父之昆弟死, 問於子游. 子游曰: "其大功乎!" 狄儀有同母異父之昆弟死, 問於子夏. 子夏曰: "我未之前聞也. 魯人則爲之齊衰." 狄儀行齊衰. 今之齊衰, 狄儀之問也.

직역 公叔木에게 母가 同하고 父가 異한 昆弟의 死가 有하여, 子游에게 問했다. 子游가 曰, "大功일 것이다!" 狄儀에게 母가 同하고 父가 異한 昆弟의 死가 有하여, 子夏에게 問했다. 子夏가 曰, "我는 前聞이 未라. 魯人은 之를 爲하여 齊衰한다." 狄儀가 齊衰를 行했다. 今의 齊衰는 狄儀의 問이라.

의역 공숙목(公叔木)에게는 모친이 같지만 부친이 다른 곤제(昆弟)가 있었는데, 그 곤제가 죽게 되었다. 그러나 이러한 경우에 어떤 상복(喪服)을 착용해야 하는지 알 수 없었기 때문에, 자유(子游)에게 그 규정을 물어보았다. 자유는 관련된 규정이 없었으므로, 스스로 판단을 하여, "대공복(大功服)을 착용해야 할 것 같다." 라고 대답을 해주었다. 한편 적의(狄儀)에게도 모친이 같지만 부친이 다른 곤제가 있었는데, 그 곤제가 죽게 되었다. 적의 또한 어떤 복장을 착용해야 하는지 알 수 없어서, 자하(子夏)에게 물어보았다. 자하는 "나는 그러한 규정에 대해서 이전에 들어본 적이 없다. 그러나 노(魯)나라 사람들은 그를 위해 자최복(齊衰服)을 입고 3개월 동안 상(喪)을 치르고 있다."라고 대답해주었다. 그러자 적의는 그 말대로 자최복을 입고 3개월 동안 상(喪)을 치렀다. 오늘날 이러한 경우에 자최복을 입고 3개월 동안 상(喪)을 치르게 된 것은 적의가 질문한 것으로부터 비롯되었다.

集說 公叔木, 衛公叔文子之子. 同父母之兄弟期, 則此同母而異父者, 當降而爲大功也. 禮經無文, 故子游以疑辭答之. 魯人齊衰三月之服, 行之久矣, 故子夏擧以答狄儀. 而記者云, 因狄儀此問, 而今皆行之也. 此記二子言禮之不同.

번역 '공숙목(公叔木)'은 위(衛)나라 공숙문자(公叔文子)의 아들이다. 부모가 같은 형제들의 상(喪)에서는 기년복(朞年服: =齊衰服)을 착용하니, 이러한 경우처럼 모친이 같고 부친이 다른 자에 대해서는 마땅히 등급을 낮춰서 대공복(大功服)을 착용해야 한다. 예(禮)의 경문에는 관련 기록이 없었기 때문에, 자유(子游)는 확정하지 못하는 말로 대답을 했던 것이다. 노(魯)나라 사람들은 자최복(齊衰服)을 입고 3개월 동안 치르는 복식으로, 이러한 경우에 대한 상(喪)을 오래전부터 치러왔다. 그렇기 때문에 자하(子夏)는 이러한 예시를 거론해서, 적의(狄儀)에게 대답을 해준 것이다. 『예기』를 기록한 자는 적의가 이러한 질문을 한 것으로부터 연유해서, 오늘날에는 모두들 이러한 규정대로 시행한다고 말한 것이니, 이곳 기록에서는 두 사람이 예(禮)에 대해 언급한 내용이 다르다는 점을 기록하고 있는 것이다.

集說 鄭氏曰: 大功是.

번역 정현이 말하길, 대공복(大功服)을 착용하는 것이 옳다.

大全 張子曰: 同母異父之昆弟, 狄儀服之齊衰, 是與親兄弟之服同, 如此則無分別.

번역 장자가 말하기를, 모친이 같고 부친이 다른 곤제(昆弟)에 대해서, 적의(狄儀)는 그가 죽었을 때 자최복(齊衰服)을 착용했는데, 이것은 같은 부모에게서 태어난 형제들에 대해 착용하는 상복(喪服)과 동일하게 한 것이다. 만약 이처럼 한다면, 분별되는 점이 없게 된다.

大全 嚴陵方氏曰: 禮異父, 亦謂之繼父. 繼父同居, 則服期焉. 服其父以期, 則其子相爲服以大功, 乃其稱也. 而子夏遂以魯人之事, 告狄儀, 使之行齊衰, 不亦甚乎?

번역 엄릉방씨가 말하길, 예(禮)에서는 생부가 아닌 경우, 그 자를 또한 '계부(繼父)'라고 부른다. 계부가 자신과 함께 거주하는 경우라면, 그가 죽었을 때, 그를 위해 기년복(朞年服)을 착용한다. 계부에 대해서 상(喪)을 치르며 기년복을 착용한다면, 그의 자식과의 관계에서는 서로를 위해 상복(喪服)을 입을 때, 대공복(大功服)으로 하게 되니, 이처럼 하게 되면, 도리에 걸맞게 된다. 그런데 자하(子夏)는 마침내 노(魯)나라 사람들이 시행했던 일화로 적의(狄儀)에게 알려주었고, 그로 하여금 자최복(齊衰服)을 입고 상(喪)을 치르도록 했으니, 이것은 또한 매우 과분하게 대처하도록 한 것이 아니겠는가?

鄭注 木當爲朱, 春秋作戌, 衛公叔文子之子, 定公十四年奔魯. 疑所服也, 親者屬大功是.

번역 '목(木)'자는 마땅히 '주(朱)'자가 되어야 하는데, 『춘추』에서는 '술(戌)'자로 기록하고 있으며, 위(衛)나라 공숙문자(公叔文子)의 아들로, 정공(定公) 14년에 노(魯)나라로 망명을 했다. 어떤 복장을 입어야 하는지 의문이 들었던 것인데, 혈연관계에 속한 자에 대해서는 대공복(大功服)을 착용하는 것이 옳다.

釋文 木音式樹反, 又音朱, 徐之樹反.

번역 '木'자의 음은 '式(식)'자와 '樹(수)'자의 반절음이고, 또한 그 음은 '朱(주)'도 되는데, 서음(徐音)은 '之(지)'자와 '樹(수)'자의 반절음이 된다.

孔疏 ●"公叔木有同母異父之昆弟死, 問於子游"至"狄儀之問也". ○正義曰: 此一節論爲同母異父昆弟死著服得失之事, 各依文解之.

번역 ●經文: "公叔木有同母異父之昆弟死, 問於子游"~"狄儀之問也". ○이곳 문단은 모친이 같고 부친이 다른 곤제(昆弟)가 죽었을 경우, 착용하는 상복(喪服)의 잘잘못에 대한 사안을 논의하고 있으니, 각각의 문장에 따라서 풀이하겠다.

孔疏 ◎注"木當爲朱"至"十四年奔魯". ○正義曰: 按世本"衛獻公生成子當, 當生文子拔, 拔生朱". 故知"木當爲朱"也. 言"春秋作戍"者, 定十四年"衛公叔戍來奔", 是也.

번역 ◎鄭注: "木當爲朱"~"十四年奔魯". ○『세본』을 살펴보면, "위(衛)나라 헌공(獻公)은 성자(成子) 당(當)을 낳았고, 당(當)은 문자(文子) 발(拔)을 낳았으며, 발(拔)은 주(朱)를 낳았다."라고 했다. 그렇기 때문에 정현이 "'목(木)'자는 마땅히 '주(朱)'자가 되어야 한다."고 한 말이 사실임을 알 수 있는 것이다. 정현이 "『춘추』에서는 '술(戍)'자로 기록하고 있다."라고 했는데, 정공(定公) 14년에 대한 경문 기록에서 "위나라 공숙술(公叔戍)이 도망와서 망명하였다."[1]라고 한 기록이 바로 이러한 사실을 나타낸다.

孔疏 ◎注"疑所服也, 親者屬大功是". ○正義曰: 同母異父昆弟之服, 喪服無文, 故子游疑之: "其大功乎?" "乎"是疑辭也. 云"親者屬大功是"者, 鄭意以爲同母兄弟, 母之親屬服大功是也. 所以是者, 以同父同母則服期, 今但同母, 而以母是我親生, 其兄弟是親者血屬, 故降一等而服大功, 按聖證論王肅難鄭: "禮, 稱親者血屬, 謂出母之身, 不謂出母之子服也. 若出母之子服大功, 則出母之父母服應更重, 何以爲出母之父母無服?" 王肅云: "同母異父兄弟服大功者, 謂繼父服齊衰, 其子降一等, 故服大功." 馬昭難王肅云: "異父昆弟, 恩繼於母, 不繼於父, 肅以爲從繼父而服, 非也." 張融以爲繼父同居有子, 正

1) 『춘추』「정공(定公) 14년」: 十有四年, 春, 衛公叔戍來奔.

服齊衰三月, 乃爲其子大功, 非服之差, 互說是也.

번역 ◎鄭注: "疑所服也, 親者屬大功是". ○모친이 같고 부친이 다른 곤제(昆弟)가 죽었을 때 착용하는 상복(喪服)에 대해서는 『의례』「상복(喪服)」편에 관련 기록이 없다. 그렇기 때문에 자유(子游)가 확정을 하지 못하고, "대공복(大功服)일 것이다."라고 한 것인데, 이때의 '호(乎)'자는 불확실할 때 쓰는 말이다. 정현이 "혈연관계에 속한 자에 대해서는 대공복(大功服)을 착용하는 것이 옳다."라고 했는데, 정현의 의도는 모친이 같은 형제이므로, 모계쪽 친족에 대해서는 대공복(大功服)을 착용하는 것이 옳다고 한 것이다. 이처럼 하는 것을 옳다고 여긴 이유는 부친이 같고 모친도 같은 경우라면, 기년복(朞年服)을 착용하게 되는데, 현재의 상황에서는 단지 모친만 같은 경우이고, 모친은 나를 직접 낳아준 자이며, 그녀가 낳은 형제들은 나와 혈연관계에 있는 친족이 된다. 그렇기 때문에 한 등급을 낮춰서 대공복(大功服)을 착용하는 것인데, 『성증론』[2]을 살펴보면, 왕숙은 정현을 비판하며, "예법에 따르면, '친자혈속(親者血屬)'이라고 일컫는 자들은 출모(出母) 본인을 뜻하는 것이지, 출모의 자식을 위해 상복(喪服)을 입는다는 것을 가리키는 말이 아니다. 만약 출모의 자식을 위해 대공복(大功服)을 착용한다면, 출모의 부모들이 그 자를 위해 착용해야 하는 상복(喪服)은 마땅히 더욱 수위가 높아지게 되는데, 어떻게 출모의 부모를 상복관계가 없는 자로 여길 수 있는가?"라고 했다. 그리고 왕숙은 "모친이 같고 부친이 다른 형제(兄弟)들에 대해서 대공복(大功服)을 착용한다는 말은 계부(繼父)는 자최복(齊衰服)을 착용하니, 그의 자식은 한 등급을 낮추기 때문에, 대공복(大功服)을 착용한다는 뜻이다."라고 했다. 마소(馬昭)는 이러한 왕숙의 주장을 비판하며, "부친이 다른 곤제(昆弟)에 있어서, 그에 대한 은정은 모친과

2) 『성증론(聖證論)』은 후한(後漢) 때 학자인 왕숙(王肅)의 저작으로, 정현의 학설을 반박하는 내용으로 구성되어 있다. 저서는 이미 산일되어 없어졌으나, 남아 있던 일부 기록들은 수합되어 『옥함산방집일서(玉函山房輯佚書)』에 수록되어 있으며, 청(淸)나라 때 학자인 피석서(皮錫瑞)는 『성증론보평(聖證論補評)』을 저술하였다.

관련된 것이며, 부친과는 관련이 되지 않는데, 왕숙은 계부(繼父)가 상복을 착용하는 것에 따라서 그에 대한 상복을 착용한다고 여겼으니, 이것은 잘못된 주장이다."라고 했다. 장융(張融)은 계부(繼父)가 함께 거주하며 자식이 있는 경우, 계부에 대해서 본래의 상복 규정은 자최복(齊衰服)을 입고 3개월 동안 치르게 되니, 곧 그의 자식에 대해서는 대공복을 착용하는 것으로, 상복에 차감을 둔 것이 아니니, 두 주장을 함께 보완해서 살피는 것이 옳다고 했다.

孔疏 ●"今之齊衰, 狄儀之問也". ○不云自狄儀始者, 庾蔚云: "狄儀之前, 魯人先已行之, 故不云自狄儀始也."

번역 ●經文: "今之齊衰, 狄儀之問也". ○적의(狄儀)로부터 시작되었다고 언급하지 않은 이유에 대해서, 유울은 "적의 이전에 노(魯)나라 사람들은 그보다 앞서 이미 이러한 규정들을 시행했다. 그렇기 때문에 적의로부터 시작되었다고 기록하지 않은 것이다."라고 했다.

訓纂 盧注: 子游爲近是.

번역 노식의 주에서 말하길, 자유(子游)의 의견이 정답에 가깝다.

訓纂 王注: 母嫁則外祖父母無服, 所謂"絶族無施服"也. 唯母之身有服, 所謂"親者屬"也. 異父同母昆弟不應有施, 此謂與繼父同居, 爲繼父周, 故其子大功也. 禮無明文, 是以子游疑而答也.

번역 왕숙의 주에서 말하길, 자신의 모친이 다른 집으로 시집을 가게 되면, 외조부모(外祖父母)에 대해서는 상복관계가 없어지게 되니, 이른바 "친족 관계가 끊어진 상대에 대해서는 상복을 입는 경우가 없다."라는 말에 해당한다. 그리고 오직 모친 본인에 대해서만 상복을 입게 되니, 이른바 "친한 관계에 해당하는 자에게는 그를 위해 여전히 상복을 입는다."라는 말에 해당한다.[3] 부친이 다르고 모친이 같은 곤제(昆弟)에 대해서는 마땅히 상복을 입지 말아야 하는데, 이곳에서 말한 상황은 계부(繼父)가 함께 거주하는 경우를 뜻하니, 계부를 위해서는 1년 동안 상복(喪服)을 착용하게 된다. 그렇기 때문에 그의 자식에 대해서는 대공복(大功服)을 착용하는 것이다. 예(禮)에는 관련된 기록이 없으니, 이러한 까닭으로 자유(子游)는 확신하지 못하며 대답을 했던 것이다.

訓纂 魏高堂崇曰: 聖人制禮, 外親不過緦, 殊異內外之明理也. 外祖父母以尊加, 從母以名加, 皆小功, 舅緦而已. 同母異父之昆弟, 異族無屬, 於禮不當有服, 卽同居亦當同爨緦之例, 無緣大功, 乃重於外祖父母也.

번역 위(魏)나라 고당숭(高堂崇)이 말하길, 성인(聖人)이 예(禮)를 제정했을 때, 외친(外親)에 대해서는 시마복(緦麻服)의 수위를 넘지 못하게 하였으니, 이것은 내친(內親)과 외친(外親)의 차이에 따라 달리 하는 명확한 이치에 해당한다. 외조부모(外祖父母)에 대해서는 존귀함으로 인해 상복(喪服)을 더하게 되고, 종모(從母)에 대해서는 명칭에 따라 상복을 더하게 되는데, 이 둘에 대해서는 소공복(小功服)을 착용하는 것이고, 구(舅)에 대해서는 시마복(緦麻服)을 착용할 따름이다. 모친이 같고 부친이 다른 곤제(昆弟)에게는 관계가 달라서 친족 관계로 포함시킬 수 있는 대상이 아니므로, 예(禮)에 따르면 마땅히 관련된 상복이 있을 수 없는 것인데, 함께 기거한다고 해서, 또한 한솥밥을 먹는 관계에서 시마복(緦麻服)을 착용하는 용례와 동일하게 하여, 가장자리를 대지 않은 대공복(大功服)을 착용하게 된다면, 이것은 외조부모보다 중대하게 대하는 꼴이 된다.

集解 愚謂: 齊衰者, 以昆弟之服服之也. 大功者, 視昆弟降一等而服之也. 然昆弟之名, 從同父而生, 一本之親也. 同母異父昆弟, 一爲繼父之子; 一爲因母前所生之子. 此雖名爲昆弟, 實非昆弟也. 絶族無施服, 母嫁而從者, 爲之杖

3) 『예기』「대전(大傳)」【430a】: 絶族無移服, 親者屬也.

期, 而其父母則不服, 則必不從而服其子矣. 繼父有子, 則爲不同居繼父僅爲之齊衰三月, 則必不爲其子服齊衰・大功矣. 必不得已, 援同爨緦之義服之, 視齊衰三月者而差降焉, 其亦可已. 若不從母者, 則其所生之子乃路人也, 何服之有? 狄儀不可考. 公叔木, 衛之大夫, 必不從母而嫁. 且爲父後者, 出母且不服, 又何異父同母兄弟之服乎? 魯爲秉禮之國, 二子學於聖人, 而其繆於禮乃如此, 殊不可解也.

번역 내가 생각하기에, '자최(齊衰)'라는 말은 곤제(昆弟)에 대해 착용하는 상복(喪服)으로 그에 대한 상(喪)을 치른다는 뜻이다. '대공(大功)'이라는 말은 곤제에 견주에서 한 등급을 낮춰서 상복을 착용한다는 뜻이다. 그런데 '곤제(昆弟)'라는 명칭은 같은 부친으로부터 태어난 자를 뜻하니, 뿌리가 같은 친족이다. 모친이 같고 부친이 다른 곤제(昆弟)는 첫 번째 계부(繼父)의 아들이거나 두 번째 모친이 이전에 출생한 아들인 경우이다. 이러한 경우 이들을 비록 '곤제(昆弟)'라고 부르기는 하지만, 실제로 곤제라고 여기지는 않는다. 혈연관계가 끊어져서 상복을 입지 않는데, 모친이 다른 집으로 시집을 갔을 때, 그에 따라 상복을 입는 경우, 그녀를 위해서 지팡이를 잡고 기년복(朞年服)을 착용하지만, 그녀의 부모에 대해서는 상복을 착용하지 않으니, 결코 모친을 따라 그 아들에 대해서도 상복을 착용하지 않는 것이다. 계부에게 아들이 있는 경우라면, 같은 집에 거주하지 않았을 때, 계부를 위해서는 겨우 자최복(齊衰服)을 입고 3개월 동안만 상복을 착용하게 되니, 그의 아들을 위해서는 결코 자최복이나 대공복(大功服)을 착용하는 것이 아니다. 그런데 부득이한 경우라면, 한솥밥을 먹는 경우에 시마복(緦麻服)을 착용하는 도의와 동일하게 적용하여, 그에 대한 상복을 입게 되니, 자최복을 입고 3개월 동안 상을 치르는 경우와 견주어도 차등적으로 낮춘 것이 되니, 이처럼 하는 것이 또한 가능할 따름이다. 만약 모친을 따라서 상복을 착용하지 않는다면, 그녀에게서 출생한 자식은 곧 나와는 남이 되는데, 어떤 복장 규정이 있겠는가? 적의(狄儀)는 이러한 점들을 고찰할 수 없었다. '공숙목(公叔木)'은 위(魏)나라 대부(大夫)로, 결코 모친을 따라서 다른 집으로 입적한 것이 아니다. 또한 부친의 후계자가 된 경우, 출모(出母)를 위해서는 또한 상복을 착용하지 않는데, 어찌 부친이 다르고 모친이 같은 형제에 대해 상복을 착용하겠는가? 노(魯)나라는 예(禮)를 준수하는 국가였고, 두 제자 모두 공자(孔子)에게서 수학을 하였는데, 예(禮)에 대해서 어김이 이와 같았으니, 아무래도 이 문장의 내용은 이해할 수가 없다.

• 제 77 절 •

예(禮)와 재(財) · 시(時)의 관계

【97a】

子思之母死於衛, 柳若謂子思曰: "子, 聖人之後也. 四方於子乎觀禮, 子蓋愼諸!" 子思曰: "吾何愼哉! 吾聞之, 有其禮, 無其財, 君子弗行也; 有其禮, 有其財, 無其時, 君子弗行也. 吾何愼哉!"

직역 子思의 母가 衛에서 死함에, 柳若이 子思에게 謂하여 曰, "子는 聖人의 後이다. 四方에서 子에 대해 禮를 觀하니, 子는 蓋히 愼이라!" 子思가 曰, "吾가 何를 愼오! 吾는 聞하니, 그 禮가 有하더라도, 그 財가 無하면, 君子는 弗行이라 하고; 그 禮가 有하고, 그 財도 有한데, 그 時가 無하면, 君子는 弗行이라 했다. 吾가 何를 愼이리오!"

의역 자사(子思)의 모친은 부친인 백어(伯魚)가 숙자 위(衛)나라로 시집을 갔다. 그런데 그 모친이 죽었다는 소식이 들려왔다. 유약(柳若)은 자사에게 말하길, "그대는 성인(聖人)의 후예입니다. 사방의 모든 사람들이 그대를 통해서 예(禮)가 어떻게 시행되는지를 확인하려고 하니, 그대는 신중히 처신해야 할 것입니다!"라고 했다. 그러자 자사는 "내가 무엇을 신중히 한단 말이오! 내가 듣기로, 해당하는 예(禮)의 규정이 있는데, 그 예(禮)를 시행할만한 재화가 없다면, 군자(君子)는 예(禮)를 시행하지 않는다고 하였고, 또 해당하는 예(禮)의 규정이 있고, 그것을 시행할만한 재화도 있지만, 그것을 시행할 적절한 때가 아니라면, 군자는 시행하지 않는다고 했소. 그런데 내가 무엇을 신중히 한단 말이오!"라고 했다.

集說 柳若, 衛人. 伯魚卒, 其妻嫁於衛. 有其禮謂禮所得爲者, 然無財則不可爲禮. 時爲大, 有禮有財而時不可爲, 則亦不得爲之也.

번역 '유약(柳若)'은 위(衛)나라 사람이다. 자사(子思)의 부친인 백어(伯魚)가 죽자 그 처는 위나라에 시집을 갔다. "그 예(禮)가 있다."는 말은 예(禮)에 따라 할 수 있는 것이 있다는 뜻이지만, 해당하는 재화가 없다면, 예(禮)를 시행할 수 없는 것이다. 예(禮)에서는 시(時)가 가장 중대하므로,[1] 해당하는 예(禮)의 규정도 있고, 재화도 있지만, 때에 따라 할 수 없다면, 또한 예(禮)를 시행할 수 없는 것이다.

大全 嚴陵方氏曰: 無其財, 則物不足以行禮, 無其時, 則勢不可以行禮. 禮有常, 時有變, 財有限, 三者不備, 君子所不行也. 孟子所言不得, 不可以爲悅者, 時與禮也, 無財, 不可以爲悅者, 卽此所謂財也.

번역 엄릉방씨가 말하길, 해당하는 재물이 없다면, 그 재물로는 예(禮)를 시행하기에 부족하고, 적당한 시기가 아니라면, 기세상 예(禮)를 시행할 수가 없다. 예(禮)에는 일정한 규정이 있고, 때에는 변화됨이 있으며, 재화에는 재한이 있으니, 이 세 가지 것들이 구비되지 않는 것에 대해서는 군자(君子)가 시행할 수 없는 것이다. 『맹자』에서 말한 "얻지 못하면 흡족하게 여길 수가 없다."라는 것은 때와 예(禮)를 뜻하는 것이고, "재화가 없다면 흡족하게 여길 수가 없다."라는 것은 곧 여기에서 말한 재화라는 것에 해당한다.[2]

大全 廣安游氏曰: 爲嫁母服, 此後世之禮, 非先王之正也. 子思之意, 以爲雖有齊衰期之禮, 然財不足以備禮, 則行之必有所不備, 若有其禮有其財, 可

---

1) 『예기』「예기(禮器)」【296a】: 禮, 時爲大, 順次之, 體次之, 宜次之, 稱次之. 堯授舜, 舜授禹, 湯放桀, 武王伐紂, 時也. 詩云, 匪革其猶, 聿追來孝.

2) 『맹자』「공손추하(公孫丑下)」: 不得, 不可以爲悅, 無財, 不可以爲悅. 得之爲有財, 古之人皆用之, 吾何爲獨不然?

以行矣, 而非道隆之時, 亦弗可以備行也. 以此觀之, 子思於嫁母之服, 蓋有行之而不備者矣. 古之君子, 嚴於父母男女之別, 以爲禽犢懷母不懷父, 君子惡之, 故父在爲母期, 以厭降於父, 母出嫁而其禮之行有所不備, 以爲母絶於父, 其尊統於父, 所以致謹於父之親也. 若厚於嫁母, 而於父不親, 此禽犢之道, 謹於禮者之所畏也. 然後世君子行不如子思, 道又不如子思, 未必能親其父而先絶其母, 此又君子所難言也, 故曰與其過乎薄寧過乎厚, 去古旣遠, 行禮者當以是爲心.

번역 광안유씨가 말하길, 다른 집으로 시집을 간 모친을 위해서 상복(喪服)을 착용하는 것은 후세에 생겨난 예(禮)이니, 선왕(先王)이 제정했던 본래의 예(禮)가 아니다. 자사(子思)의 의도는 비록 자최복(齊衰服)을 입고 기년상(期年喪)을 치러야 하는 예(禮)의 규정이 있지만, 그 예(禮)를 갖추기에 재화가 부족하다면, 예(禮)를 시행할 때 반드시 불비한 점이 발생하게 된다. 그리고 만약 해당하는 예(禮)의 규정도 있고, 그 예(禮)를 시행할 수 있는 충분한 재화가 있어서, 시행할 수 있지만, 도(道)에 따라 융성하게 치러야 할 시기가 아니라면, 또한 예법에 맞춰서 시행할 수 없는 것이라고 여긴 것이다. 이를 통해 살펴본다면, 자사는 다른 집으로 시집을 간 모친을 위해 착용하는 상복에 대해서, 무릇 그것을 시행하더라도 갖추지 못했던 점이 있었던 것이다. 고대의 군자(君子)는 부모와 남녀의 유별함에 대해서 엄격하였으니, 금수의 새끼가 모친의 품에만 안기고 부친에게는 가까이 하지 않는 것을 군자는 싫어하였기 때문에, 부친이 생존해 계실 때, 죽은 모친을 위해 기년복(朞年服)을 착용하는 것은 부친에 대해 염강(厭降)하는 것이고, 모친이 다른 집으로 시집을 갔을 때, 해당하는 예(禮)를 시행함에, 갖추지 못하는 점이 있게 된 것은 모친이 부친과의 관계를 끊었기 때문이며, 존귀함을 부친에게 종속시키는 것은 부친의 친애함에 대해서 신중을 다하는 방법이 된다. 만약 다른 집으로 시집을 간 모친에 대해서 후한 예(禮)를 시행하여, 부친에 대해서 친애하지 못하게 되는 것은 짐승의 새끼나 따르는 도리이니, 예(禮)를 신중히 따르는 자들이 염려하던 점이다. 그런데 후세의 군자(君子)는 자사처럼 시행하지 않았으니, 그 도(道)가 또한 자사

때와는 같지 않았으므로, 부친에 대해서 친애하여 그보다 앞서 모친에 대한 정을 끊을 필요가 없었기 때문이니, 이것을 또한 군자가 말하기 어려운 부분이다. 그렇기 때문에 지나치게 박하게 하기보다는 차라리 지나치게 후하게 하는 것이 낫다고 말한 것이니, 고대로부터 이미 긴 시간이 흐른 시점에서, 예(禮)를 시행하는 자는 마땅히 이것을 마음가짐으로 삼아야 한다.

鄭注 子思, 孔子孫, 伯魚之子. 伯魚卒, 其妻嫁於衛. 柳若, 衛人也. 見子思欲爲嫁母服, 恐其失禮, 戒之. 嫁母齊衰期. 謂時可行, 而財不足以備禮. 謂財足以備禮, 而時不得行者. 時所止則止, 時所行則行, 無所疑也. 喪之禮如子, 贈襚之屬, 不踰主人.

번역 '자사(子思)'는 공자(孔子)의 손자이며, 백어(伯魚)의 아들이다. 백어가 죽은 뒤에, 그의 처는 위(衛)나라로 시집을 갔다. 유약(柳若)은 위(衛)나라 사람이다. 자사가 다른 집으로 시집을 간 모친에 대해 상복(喪服)을 입으려는 것을 보고, 아마도 실례(失禮)를 범하게 될까 염려가 되었기 때문에, 주의를 준 것이다. 다른 집으로 시집을 간 모친에 대해서는 자최복(齊衰服)을 착용하고 기년상(期年喪)을 치른다. 시기는 적당하여 시행할 수 있지만, 재화는 해당하는 예(禮)를 갖추기에 부족하다는 뜻이다. 재화는 해당하는 예(禮)를 갖추기에 충분하지만, 시기가 적당하지 못하여 예(禮)를 시행할 수 없다는 뜻이다. 시기상 멈춰야 한다면 멈춰야 하는 것이고, 시기상 시행할 수 있다면 시행해야 하는 것이니, 의혹스러워할 것이 없는 것이다. 상(喪)을 치르는 예(禮)를 자식이 치르는 것처럼 하되, 부의를 보내는 것 등은 본래의 상주(喪主)보다 지나칠 수 없다.

釋文 襚音遂.

번역 '襚'자의 음은 '遂(수)'이다.

孔疏 ●"子思"至"愼哉". ○正義曰: 此一節論爲出嫁母之喪行禮之事.

번역 ●經文: "子思"~"愼哉". ○이곳 문단은 다른 집으로 출가한 모친의 상(喪)에 대해서 예(禮)를 시행하는 사안을 논의하고 있다.

孔疏 ◎注"子思, 孔子孫, 伯魚之子". ○正義曰: 孔子世家文. 鄭言之者, 以下云"子, 聖人之後", 故具言之.

번역 ◎鄭注: "子思, 孔子孫, 伯魚之子". ○이것은 『사기(史記)』「공자세가(孔子世家)」편에 나오는 문장이다. 정현이 이처럼 언급한 이유는 아래문장에서 "그대는 성인(聖人)의 후손이다."라고 했기 때문에, 자세히 설명을 한 것이다.

孔疏 ◎注"柳若"至"衰期". ○正義曰: 云"嫁母齊衰期"者, 嫁母之服, 喪服無文. 按喪服杖期章云: "父卒, 繼母嫁, 從爲之服報", 則親母可知. 故鄭約云"齊衰期也". 又鄭止言"齊衰期", 不言嫡庶, 故譙周・袁準並云: "父卒, 母嫁, 非父所絶. 嫡子雖主祭, 猶宜服期. 而喪服爲出母期, 嫁母與出母俱是絶族, 故知與出母同也." 張逸問舊儒: "世本皆以孔子後數世皆一子, 禮, 適子爲父後, 爲嫁母無服. 檀弓說子思從於嫁母服, 何?" 鄭答云: "子思哭嫂爲位, 必非適子, 或者兄若早死, 無繼, 故云數世皆一子."

번역 ◎鄭注: "柳若"~"衰期". ○정현이 "다른 집으로 시집을 간 모친에 대해서는 자최복(齊衰服)을 착용하고 기년상(期年喪)을 치른다."라고 했는데, 다른 집으로 시집을 간 모친에 대해 착용하는 상복(喪服)은 『의례』「상복(喪服)」편에 관련 기록이 없다. 「상복」편의 '장기장(杖期章)'을 살펴보면, "부친이 돌아가시고, 계모(繼母)가 시집을 가게 된다면, 상복을 입는 것에 따라 그녀를 위해 상복을 입음으로써 보답을 한다."[3]라고 했으니, 친모임

---

3) 『의례』「상복(喪服)」: <u>父卒, 繼母嫁, 從, 爲之服. 報</u>. 傳曰, 何以期也? 貴終也.

을 확인할 수 있다. 그렇기 때문에 정현은 요약을 하며, "자최복을 입고 기년상을 치른다."라고 말한 것이다. 또한 정현은 단지 "자최복을 입고 기년상을 치른다."라고만 말하고, 적자(適子)와 서자(庶子)에 대해서는 구별을 하여 기록하지 않았다. 그렇기 때문에 초주(譙周)와 원준(袁準)은 모두 "부친이 돌아가시고, 모친이 시집을 가게 되면, 부친과 관계를 끊은 상태가 아니다. 적자는 비록 제사를 주관하게 되지만, 오히려 기년복(朞年服)을 착용해야만 한다. 그리고 「상복」편에서는 출모(出母)를 위해 기년복을 착용하다고 했는데, 다른 집으로 시집을 간 모친과 출모(出母)는 모두 친족 관계가 끊어진 것이다. 그렇기 때문에 출모(出母)에 대한 경우와 동일하게 한다는 사실을 알 수 있다."라고 말한 것이다. 장일(張逸)은 옛 학자들에 대해 질문을 하며, "『세본』에서는 모두 공자(孔子)의 후손들이 수세대에 걸쳐서 한 명의 아들만을 두었다고 했는데, 예(禮)에 따르면, 적자는 부친의 후계자가 되므로, 다른 집으로 시집을 간 모친에 대해서는 상복을 착용하지 않게 됩니다. 그런데 『예기』「단궁」편에서 자사(子思)가 다른 집으로 시집을 간 모친에 대해, 상복을 착용하는 것에 따라 상복을 착용했다고 했는네, 이것은 어떤 까닭입니까?"라고 했다. 그러자 정현은 대답을 하며, "자사는 형수를 위해 곡(哭)을 할 때 곡(哭)하는 자리를 마련했으니, 분명 적자가 아니다. 혹자는 그의 형이 일찍 죽어서, 형의 뒤를 이을 자식이 없었기 때문이라고 했다. 그래서 수세대에 걸쳐 모두 자식이 한 명이라고 했던 것이다."라고 했다.

孔疏 ◎注"謂財"至"行者". ○正義曰: 謂若嫁母之家主人貧乏, 斂手足形還葬, 己雖有財, 不得過於主人. 故下注"喪之禮如子, 贈襚之屬, 不踰主人", 是也.

번역 ◎鄭注: "謂財"~"行者". ○만약 다른 집으로 시집을 간 모친의 집에서, 그 상주(喪主)가 가난하다면, 손발 및 육신을 염(斂)하고 곧바로 장례(葬禮)를 치르고 되돌아오게 되는데,[4] 본인이 비록 충분한 재화가 있다고 하더라도, 상주보다 지나치게 쓸 수가 없다. 그렇기 때문에 아래문장에 대한 정현의 주에서 "상(喪)을 치르는 예(禮)를 자식이 치르는 것처럼 하되, 부의를 보내는 것 등은 본래의 상주(喪主)보다 지나칠 수 없다."라고 한 말이 바로 이러한 사실을 나타낸다.

集解 釋文蓋無音. 今按, 當音盍, 何不也.

번역 『경전석문』에는 '개(蓋)'자에 대해 그 음을 풀이한 기록이 없다. 내가 살펴보니, 이 글자의 음은 마땅히 '盍(합)'이 되어야 하며, "어찌 아니 한가?"라는 뜻이다.

集解 子思之母, 嫁母也. 嫁母無服, 故柳若戒以不可不愼. 而子思自言其時之不得行禮者以答之, 蓋禮所不得爲, 則雖欲愼之, 而無可愼也, 故曰"吾何愼哉."

번역 자사(子思)의 모친은 다른 집으로 시집을 간 가모(嫁母)가 된다. 가모에 대해서는 상복(喪服)을 착용하지 않는다. 그렇기 때문에 유약(柳若)은 신중히 대처하지 않을 수 없다는 내용으로 주의를 준 것이다. 그런데 자사는 제 스스로 그 시기가 예(禮)를 시행할 수 없다고 언급하여, 대답을 했으니, 무릇 예(禮)에서 시행할 수 없는 점이 있다면, 비록 신중하게 처리하려고 하더라도, 신중을 기해야할 것 자체가 없게 된다. 그렇기 때문에 "내가 무엇에 신중을 기하겠는가?"라고 말한 것이다.

集解 漢石渠議: 問, "父卒母嫁, 何服?" 蕭太傅曰, "當服周. 爲父後則不服." 韋玄成曰, "父沒則母無出義. 王者不爲無義制服, 故不服也." 宣帝詔曰, "婦人不養舅姑, 不奉祭祀, 不下慈子, 是自絶也, 故聖人不爲制服. 玄成議是也."

---

4) 『예기』「단궁상」【99a】: 子游問喪具, 夫子曰, "稱家之有亡." 子游曰, "有亡惡乎齊?" 夫子曰, "有毋過禮. 苟亡矣, 斂首足形, 還葬, 縣棺而封, 人豈有非之者哉?"

번역 한(漢)나라 때의 『석거의(石渠議)』에서 말하길, 묻기를 "부친이 돌아가시고 모친이 다른 집으로 시집을 갔을 때 ,어떤 상복(喪服)을 입어야 하는가?" 소태부(蕭太傅)는 "마땅히 1년을 기간으로 하는 상복을 착용해야 합니다. 그러나 그 자식이 부친의 후계자가 된 자라면, 상복을 입지 않아야 합니다."라고 했다. 위현성(韋玄成)은 "부친이 돌아가신 경우라면, 모친에게는 출가하는 도의가 없습니다. 성왕(聖王)은 도의가 없는 자를 위해서 상복에 대한 규정을 제정하지 않았으니, 상복을 입지 말아야 합니다."라고 했다. 선제(宣帝)는 "부인이 시부모를 봉양하지 않고, 제사도 모시지 않으며, 자식들을 키우지도 않았으니, 이것은 제 스스로 관계를 끊은 것이다. 그렇기 때문에 성인(聖人)도 그녀에 대한 상복 규정을 제정하지 않은 것이니, 위현성의 논의가 옳다."라고 알렸다.

集解 愚謂: 喪服杖期章"父卒繼母嫁, 從爲之服", 而不言母嫁不從者之服, 則不服也. 出母服, 嫁母不服, 何也? 蓋出母者, 見絶於父, 不得已而去者也, 命之反則反矣, 猶未自絶於其夫與其子也. 嫁母者, 父未嘗絶之, 而彼乃自絶於其夫, 且自絶於其子, 則其與出母之不得已而去者不同矣. 惟其夫死子幼, 無大功之親, 不得已挾其子以適人, 則其情旣可原, 而又有撫養之恩焉, 然後爲之服, 然猶止於杖期, 不得以父沒爲母齊衰三年之服服之也. 喪服於母嫁而從者之服, 特言"繼母", 蓋但言"母"則嫌繼母嫁而從者之猶不服耳, 非謂因母嫁而從者之服又有加於此也. 母嫁而從者爲之杖期, 則嫁而不從者必不亦爲之杖期矣. 降此, 則或爲旁親遞降之服, 或爲正尊親遠之服, 又皆非所以服其母也. 先儒欲以出母之服例諸嫁母, 誤矣.

번역 내가 생각하기에, 『의례』「상복(喪服)」편의 '장기장(杖期章)'에서는 "부친이 돌아가셨을 때, 계모(繼母)가 시집을 가면, 그녀를 따라간 자식은 그녀를 위해서 상복을 착용한다."라고만 했고, 모친이 시집을 갔을 때, 함께 따라가지 않은 자식이 입는 상복 규정은 언급하지 않았으니, 상복을 착용하지 않는 것이다. 그렇다고 한다면 출모(出母)를 위해서는 상복을 입지만, 가모(嫁母)를 위해서는 상복을 착용하지 않는 것은 어째서인가? 무릇 출모(出母)는 부친과의 관계가 끊어진 것을 나타내지만, 부득이해서 집을 나간 경우이니, 그녀에게 되돌아오기를 명하게 된다면, 그녀는 되돌아오게 되므로, 여전히 자신의 남편 및 자신의 자식과 그 관계를 제 스스로 끊어버리지 않은 것이다. 가모(嫁母)의 경우에는 부친이 일찍이 그녀와의 관계를 끊은 것도 아닌데, 그녀는 곧 제 스스로 자신의 남편과의 관계를 끊었고, 또한 자신의 자식과의 관계도 제 스스로 끊어버린 것이니, 그녀는 출모(出母)가 부득이해서 떠나가게 된 것과는 다르다. 다만 남편이 죽었을 때, 자식의 나이가 너무 어리고, 대공복(大功服)의 관계에 속한 친족도 없어서, 부득이하게 그 자식을 데리고 다른 집으로 시집을 가게 된다면, 그녀의 마음은 용서를 받을 수 있는 것이고, 또 자식을 양육했던 은정도 있게 된다. 이러한 경우여야만 그녀를 위해서 상복을 착용하게 된다. 그러나 이러한 경우에도 오히려 지팡이를 잡고 치르는 기년상(期年喪)에 그치니, 부친이 돌아가신 이후, 모친을 위해서 자최복(齊衰服)을 입고 삼년상을 치를 때처럼 상(喪)을 치를 수는 없다. 「상복」편에서는 모친이 시집을 갔을 때 함께 따라간 지식이 입게 되는 상복을 언급하며, 단지 '계모(繼母)'라고만 말했는데, 아마도 단지 '모(母)'라고만 언급했다면, 계모(繼母)가 시집을 갔을 때, 함께 따라간 자식은 오히려 상복을 입지 않는다고 의심을 하게 되니, 이 말은 모친이 시집을 가며 함께 따라가게 된 자식의 상복 규정에 따라서, 또한 이러한 경우에도 적용할 수 있다는 뜻이 아니다. 모친이 시집을 갔을 때 함께 따라간 자식이 그녀를 위해서 지팡이를 잡고 기년상을 치르게 된다면, 모친이 시집을 갔을 때 함께 따라가지 않은 자식은 그녀를 위해서 지팡이를 잡고 기년상을 치르는 규정을 결코 따르지 않게 된다. 이러한 수위보다 낮추게 된다면, 어떤 자들은 가까운 친족을 위한 상복보다 단계적으로 낮춘 상복의 수위가 된다고 하고, 또 어떤 자들은 본래의 존귀함에 따른 친근하고 소원한 관계에 따른 상복 수위가 된다고 하는데, 또한 이것들은 모두 모친의 상(喪)을 치르는 방법이 아니다. 선대 유학자들이 출모(出母)에 대한 상복 규정을 통해서, 가모(嫁母)와 동렬로 맞추려고 했던 것은 잘못된 생각이다.

• 제 78 절 •

상복(喪服) 수위에 대한 규범

【97b】

縣子瑣[1] 曰: "吾聞之, 古者不降, 上下各以其親. 滕伯文爲孟虎齊衰, 其叔父也; 爲孟皮齊衰, 其叔父也."

직역 縣子瑣가 曰, "吾가 聞하니, 古者에는 不降하여, 上下가 各히 그 親으로써 했다. 滕伯文은 孟虎를 爲하여 齊衰하니, 그 叔父라; 孟皮를 爲하여 齊衰하니, 그 叔父라."

의역 현자쇄(縣子瑣)가 말하길, "내가 듣기로, 은(殷)나라 이전에는 상복(喪服)의 수위를 낮추는 일이 없었으니, 상하(上下)가 각자 그들의 친족 관계에 따라 상복을 착용했던 것이다. 예를 들어 등(滕)나라 백작 문(文)은 자신의 숙부(叔父)인 맹호(孟虎)를 위해서 상복의 수위를 낮추지 않고 자최복(齊衰服)을 착용했으니, 맹호가 숙부였기 때문이다. 또 조카인 맹피(孟皮)를 위해서 상복의 수위를 낮추지 않고 자최복(齊衰服)을 착용했으니, 문(聞)이 맹피의 숙부였기 때문이다."라고 했다.

集說 縣子, 名瑣

번역 현자(縣子)의 이름은 쇄(瑣)이다.

---

1) '쇄(瑣)'자에 대하여. 『십삼경주소(十三經注疏)』 북경대 출판본에서는 "'쇄'자를 『감본(監本)』·『석경(石經)』·『악본(岳本)』 및 위씨(衛氏)의 『집설(集說)』에서는 동일하게 기록하였다. 『모본(毛本)』에서는 '▼(王+頁)'자로 잘못 기록하였다. 『고문(考文)』에서는 『고본(古本)』에는 '소(璅)'자로 기록하고 있다고 했다."라고 했다.

集說 疏曰: 古者, 殷時也. 周禮以貴降賤, 以適降庶, 惟不降正耳. 而殷世以上, 雖貴不降賤也. 上下各以其親, 不降之事也. 上, 謂旁親族曾祖從祖及伯叔之班; 下, 謂從子從孫之流, 彼雖賤, 不以己尊降之, 猶各隨本屬之親輕重而服之, 故云"上下各以其親." 滕國之伯, 名文. 爲孟虎著齊衰之服者, 虎是文之叔父也; 又爲孟皮著齊衰之服者, 文是皮之叔父也. 言滕伯上爲叔父·下爲兄弟之子, 皆著齊衰也.

번역 공영달(孔穎達)의 소(疏)에서 말하길, '고자(古者)'라는 것은 은(殷)나라 때를 뜻한다. 주(周)나라 때의 예법에서는 존귀한 자는 미천한 자에 대해서 수위를 낮췄고, 적자(適子)는 서자(庶子)에 대해서 수위를 낮췄으니, 오직 직계 가족에 대해서만 수위를 낮추지 않았을 따름이다. 그런데 은나라 이전에는 비록 존귀한 신분이라고 하더라도, 미천한 자에 대해서 수위를 낮추지 않았다. 상하 계층이 각각 자신의 친족 관계에 따라 상복(喪服)의 수위를 따랐으니, 수위를 낮추지 않았던 사안에 해당한다. '상(上)'은 방계 친족인 증조(曾祖)의 형제 및 조부(祖父)의 형제, 그리고 백부(伯父)나 숙부(叔父) 등에 해당하는 자들을 뜻한다. '하(下)'는 형제들의 자식 및 형제들의 손자 부류를 한다. 그들이 비록 미천한 신분이라고 하더라도, 자신의 존귀한 신분으로써 그들에 대한 상복의 수위를 낮추지 않았고, 오히려 각각 본래의 친족 관계에 따른 상복의 수위에 맞춰서 상(喪)을 치렀던 것이다. 그렇기 때문에 "상하 계층이 각각 본래의 친족 관계에 따랐다."라고 말한 것이다. 등(滕)나라 백작의 이름은 문(文)이다. 맹호(孟虎)를 위해서 자최복(齊衰服)이라는 상복을 착용한 이유는 맹호가 문(文)의 숙부(叔父)에 해당하기 때문이다. 또 맹피(孟皮)를 위해서 자최복이라는 상복을 착용한 이유는 문(文)은 맹피의 숙부(叔父)에 해당하기 때문이다. 즉 등나라 백작은 위로는 숙부(叔父)의 입장이 되고, 아래로는 형제의 자식이라는 입장이 되는데, 모든 경우에 있어서 자최복을 착용했다는 뜻이다.

大全 朱子曰: 夏殷而上, 大概只是親親長長之意, 到得周來, 則又添得許多貴貴底禮數. 如始封之君, 不臣諸父昆弟, 封君之子, 不臣諸父, 而臣昆弟,期之喪, 天子諸侯絶, 大夫降, 然諸侯大夫尊同, 則亦不絶不降, 姊妹嫁諸侯者, 則亦不絶不降, 此皆貴貴之義. 上世想皆簡略, 未有許多降殺貴貴底禮數. 凡此皆天下之大經, 前世所未備, 到得周公搜剔出來, 立爲定制更不可易.

번역 주자가 말하길, 하(夏)나라와 은(殷)나라 이전에는 대체적으로 친애하는 자를 친애하게 대하고 연장자를 연장자로 대하는 뜻만 있었는데, 주(周)나라 이후로부터는 존귀한 자를 존귀하게 여기는 예(禮)의 여러 규정들이 첨가되었다. 예를 들어 처음 제후국을 분봉 받은 제후는 제부(諸父) 및 곤제(昆弟)들을 신하로 삼을 수 없었고, 제후국을 분봉 받은 자의 아들은 제부(諸父)는 신하로 삼을 수 없었지만, 곤제(昆弟)들은 신하로 삼을 수가 있었고, 기년상(期年喪)에 있어서, 천자(天子)와 제후(諸侯)에게는 규정이 미치지 않았고, 대부(大夫)는 낮추게 되었다. 그러나 제후(諸侯)와 대부(大夫)의 존귀함이 같다면, 또한 규정이 미치지 않는 것도 아니었고, 낮추지도 않았으며, 자매 중 제후(諸侯)에게 시집을 간 경우라면, 또한 규정이 미치지 않는 것도 아니고, 낮추지도 않았으니, 이것은 모두 존귀한 자를 존귀하게 대하는 도의에 해당한다. 이전 시대에는 모두 간소하게 치렀으므로, 낮추고 줄이며 존귀한 자를 존귀하게 대하는 예(禮)의 규정들이 포함되지 않았던 것이다. 무릇 이러한 것들은 천하에 통용되는 큰 법도인데, 이전 세대에는 미비한 점이 있었던 것이고, 주공(周公) 때에 이르러서야 이러한 규정들이 생겨나게 되었고, 이것을 규범으로 세워 변함없는 제도로 만들어서, 다시는 바꾸지 않았던 것이다.

鄭注 古謂殷時也. 上不降遠, 下不降卑. 伯文, 殷時滕君也. 爵爲伯, 名文.

번역 '고(古)'자는 은(殷)나라 때를 뜻한다. 상위 계층에 속한 사람은 관계가 먼 자에 대해서 수위를 낮추지 않았고, 하위 계층에 속한 사람은 신분이 미천한 자에 대해서 수위를 낮추지 않았다. 백문(伯文)은 은나라 때 등(滕)나라의 군주였던 자이다. 작위는 백작이었고, 이름은 문(文)이었다.

釋文 瑣, 息果反, 依字作璅. 滕, 徒登反. 爲, 于僞反, 下及下注"爲人"同.

번역 '瑣'자는 '息(식)'자와 '果(과)'자의 반절음이고, 그 자형에 따라서 '璅'자로 기록하기도 한다. '滕'자는 '徒(도)'자와 '登(등)'자의 반절음이다. '爲'자는 '于(우)'자와 '僞(위)'자의 반절음이며, 아래문장 및 아래문장에 대한 정현의 주에 나온 '爲人'에서의 '爲'자도 그 음이 이와 같다.

孔疏 ●"縣子"至"父也". ○正義曰: 此一節論古者著服上不降遠, 下不降卑之事, 各依文解之.

번역 ●經文: "縣子"~"父也". ○이곳 문단은 고대에 상복(喪服)을 착용할 때, 상위 계층에 속한 사람이 관계가 먼 자에 대해서 수위를 낮추지 않았고, 하위 계층에 속한 사람이 신분이 미천한 자에 대해서 수위를 낮추지 않았던 사안을 논의하고 있으니, 각각의 문장에 따라서 풀이하겠다.

孔疏 ○瑣, 縣子名. 據所聞而言也, "古者不降", 所聞之事也. 古者, 殷時也. 周禮以貴降賤, 以適降庶, 唯不降正耳. 而殷世以上, 雖貴不降賤也. "上下各以其親", 不降之事也. "上"謂旁親, 族曾祖・從祖及伯叔之班族. "下"謂從子從孫之流. 彼雖賤, 不以己尊降之, 猶各隨本屬之親輕重而服之, 故云"上下各以其親". 庾蔚云: "上下猶尊卑也. 正尊, 周禮猶不降, 則知所明者旁尊也. 鄭恐尊名亂於正尊, 故變文言'遠'也."

번역 ○'쇄(瑣)'는 현자(縣子)의 이름이다. 그는 자신이 들은 내용에 근거해서 말을 한 것이니, "고대에는 낮추지 않았다."는 말은 곧 자신이 들었던 사안이다. '고자(古者)'는 은(殷)나라 때를 뜻한다. 주(周)나라 때의 예법에서는 신분이 존귀한 자는 신분이 미천한 자에 대해서 상복(喪服)의 수위를 낮췄고, 적자(適子)는 서자(庶子)에 대해서 수위를 낮췄으며, 오직 직계 존속에 대해서만 낮추지 않았을 따름이다. 그러나 은나라 이전에는 비록 신분이 존귀하다고 하더라도, 신분이 미천한 자에 대해서 수위를 낮추지 않았다. "상하가 각각 그 친족 관계로써 한다."는 말은 수위를 낮추지 않는다는 사안에 해당한다. '상(上)'자는 방계 친족을 뜻하니, 증조부(曾祖父)의 형제들, 조부(祖父)의 형제들 및 백부(伯父)나 숙부(叔父) 등의 부류를 뜻한다. '하(下)'자는 형제의 아들들이나 형제의 손자들을 뜻한다. 그들이 비록 신분이 미천하다고 하더라도, 자신의 존귀한 신분으로 그들에 대한 상복의 수위를 낮추지 않았고, 오히려 각각 본래의 친족 관계에 따른 수위에 따라서 상복을 착용하게 된다. 그렇기 때문에 "상하 계층이 각각 그 친족 관계로써 한다."라고 말한 것이다. 유울은 "'상하(上下)'라는 말은 '존비(尊卑)'라는 말과 같다. 직계 존속이 존귀하다면, 주(周)나라에서는 여전히 그들에 대한 상복의 수위를 낮추지 않았으니, 이곳 문장에서 나타내는 대상들이 곧 방계 친족 중 존귀한 자를 가리킨다는 사실을 알 수 있다. 정현은 '존(尊)'이라는 명칭이 직계 존속 중 존귀한 신분을 가진 자와 혼동될 것을 염려했기 때문에, 글자를 바꿔서 '원(遠)'자로 기록한 것이다."라고 했다.

孔疏 ●"滕伯"至"父也". ○謂滕國之伯名文, 爲叔父孟虎著齊衰之服, 其虎是滕伯文叔父也. "爲孟皮齊衰, 其叔父也", 謂滕伯爲兄弟之子孟皮著齊衰之服, 其滕伯是皮之叔父也. 言滕伯上爲叔父·下爲兄弟之子, 皆著齊衰, 是"上不降遠, 下不降卑"也.

번역 ●經文: "滕伯"~"父也". ○등(滕)나라 백작의 이름은 문(文)인데, 숙부(叔父)인 맹호(孟虎)를 위해서 자최복(齊衰服)을 착용하였으니, 맹호가 등나라 백작 문(聞)의 숙부(叔父)였기 때문이다. 경문의 "爲孟皮齊衰, 其叔父也"에 대하여. 등나라 백작은 형제의 아들인 맹피(孟皮)를 위해서 자최복을 착용하였으니, 등나라 백작은 맹피의 숙부(叔父)가 되기 때문이다. 즉 등나라 백작은 위로는 숙부(叔父)의 입장이 되고, 아래로는 형제의 자식이라는 입장이 되는데, 두 경우 모두 자최복을 착용했으니, 이것이 바로 "상위 계층에 속한 사람은 관계가 먼 자에 대해서 수위를 낮추지 않았고, 하위 계층에 속한 사람은 신분이 미천한 자에 대해서 수위를 낮추지 않았다."는 뜻에 해당한다.

訓纂 陸氏翼王曰: 當是孟虎・孟皮爲滕伯叔父, 而滕伯皆爲之齊衰, 不以己貴而降其旁親, 則凡上下之親可知矣.

번역 육익왕(陸翼王)이 말하길, 맹호(孟虎)와 맹피(孟皮)는 등(滕)나라 백작의 백부(伯父) 및 숙부(叔父)에 해당하는데, 등나라 백작은 둘 모두에 대해서 자최복(齊衰服)을 착용하여, 자신의 존귀한 신분으로 방계 친족에 대해서 상복(喪服)의 수위를 낮추지 않았으니, 무릇 상하 계층에 속하는 모든 친족들이 모두 이처럼 했다는 사실을 알 수 있다.

• 제 79 절 •

관곽(棺槨) 등에 대한 법도 II

【97d】

后木曰: "喪, 吾聞諸縣子曰, '夫喪, 不可不深長思也. 買棺外內易.' 我死則亦然."

직역 后木이 曰, "喪에 대해, 吾는 縣子에게 聞하니 曰, '夫히 喪에는 深長思를 不可不이라. 棺을 買함에 外內가 易라.' 我가 死면 亦히 然이라."

의역 후목(后木)이 자식에게 말하길, "상(喪)에 대해서 나는 예전에 현자(縣子)에게서 들은 내용이 있다. 현자는 '무릇 상(喪)에서는 깊이 생각하지 않을 수가 없다. 관(棺)을 살 때에는 내외가 깔끔하게 만들어진 것을 사야 한다.'라고 했다. 그러므로 내가 죽거든 네가 또한 그의 말처럼 하거라."라고 했다.

集說 后木, 魯孝公子惠伯鞏之後.

번역 '후목(后木)'은 노(魯)나라 효공(孝公)의 아들 혜백공(惠伯鞏)의 후손이다.

集說 馮氏曰: 此條重在"不可不深長思"一句. 買棺之時, 外內皆要精好, 此是孝子當爲之事, 非是父母豫所屬託, 而曰, "我死則亦然." 記禮者譏失言也.

번역 풍씨가 말하길, 이곳 구문의 중요 내용은 "깊이 생각하지 않을 수가 없다."라는 한 구문에 있다. 관(棺)을 살 때 내외가 모두 깔끔하게 되어 있는 것으로 사는 것은 자식으로서 마땅히 해야 할 일이니, 부모가 미리 부탁할 것은 아니다. 그런데도 "내가 죽거든 또한 그처럼 하여라."라고 하였으니, 이 말을 기록한 것은 『예기』를 기록한 자가 후목(后木)의 실언을 기롱하기 위해서이다.

大全 嚴陵方氏曰: 子思曰, "喪三日而殯, 凡附於身者, 必誠必信, 勿之有悔焉耳矣. 三月而葬, 凡附於棺者, 必誠必信, 勿之有悔焉耳矣." 此喪所以不可不深長思也. 買棺外內易, 亦其一端耳.

번역 엄릉방씨가 말하길, 자사(子思)는 "상(喪)을 당하게 되면 3일이 지난 뒤에 빈소를 차리며, 시신에게 입히는 의복이나 이불 등에 대해서는 반드시 성심과 신의를 다해서, 후한이 될 것을 남겨서는 안 될 따름이다. 3개월이 지난 뒤에 장례(葬禮)를 치르며, 관에 부장하는 물건들에 대해서는 반드시 성심과 신의를 다해서, 후한이 될 것을 남겨서는 안 될 따름이다."[1] 라고 했다. 이것이 바로 상(喪)에 대해서는 깊이 생각하지 않을 수가 없는 이유이다. 관(棺)을 살 때 내외가 모두 깔끔하게 만들어진 것으로 구입하는 것은 또한 그 중의 한 단면에 지나지 않을 뿐이다.

鄭注 后木, 魯孝公子惠伯鞏之後. 此孝子之事, 非所託.

번역 '후목(后木)'은 노(魯)나라 효공(孝公)의 아들 혜백공(惠伯鞏)의 후손이다. 이 내용은 자식이 알아서 해야 할 일이니, 부모가 부탁할 일은 아니다.

釋文 鞏, 恭勇反. 易, 以豉反.

번역 '鞏'자는 '恭(공)'자와 '勇(용)'자의 반절음이다. '易'자는 '以(이)'자

---

1) 『예기』「단궁상」【71c】: 子思曰, "喪三日而殯, 凡附於身者, 必誠必信, 勿之有悔焉耳矣. 三月而葬, 凡附於棺者, 必誠必信, 勿之有悔焉耳矣."

와 ‘鼓(고)’자의 반절음이다.

孔疏 ●“后木”至“亦然”. ○正義曰: 此一節論屬子以死事非禮之事, 各依文解之.

번역 ●經文: “后木”~“亦然”. ○이곳 문단에서는 자식에게 죽은 자와 관련된 일을 부탁하는 것이 비례(非禮)에 해당한다는 사안을 논의하고 있으니, 각각의 문장에 따라서 풀이하겠다.

孔疏 ○后木云: “孝子居喪之禮, 吾聞之於縣子云: ‘夫居喪不可不深思長慮也. 孝子既深思長慮, 故買棺之時, 當令精好, 斲削外內, 使之平易.’” 后木既述縣子之言, 以語其子, 又云: “在後我身若死, 則亦當然.” “然”猶如是, 我死亦當如是縣子之言, 買棺外內易也.

번역 ○후목(后木)은 “자식이 상(喪)을 치르는 예(禮)에 대해서, 나는 현자(縣子)에게서 들은 바가 있으니, 현자는 ‘무릇 상(喪)을 치를 때에는 깊이 생각하지 않을 수가 없다. 자식은 깊이 생각하게 되므로, 관(棺)을 살 때에도 마땅히 깔끔하게 만들어진 것으로 하여, 내외를 잘 가공해서, 매끈하게 된 것으로 사야 한다.’”라고 했다. 후목은 이미 현자가 했던 말을 조술하며, 그의 아들에게 전해주었는데, 또다시 “내가 만약 죽게 된다면, 나에 대해서도 또한 이처럼 해라.”라고 했다. ‘연(然)’자는 “이와 같다[如是].”는 뜻이니, 내가 죽게 되면 또한 마땅히 이러한 현자의 말처럼 하여, 관(棺)을 살 때, 내외가 깔끔하게 만들어진 것으로 해야 한다고 말한 것이다.

孔疏 ◎注“后木”至“之後”. ○正義曰: 按世本: “孝公生惠伯革, 其後爲厚氏.” 世本云“革”, 此云“鞏”, 世本云“厚”, 此云“后”, 其字異耳. 則惠伯之子孫, 無名木者, 故鄭直云其後.

번역 ◎鄭注: “后木”~“之後”. ○『세본』을 살펴보면, “효공(孝公)은 혜

백혁(惠伯革)을 낳았고, 그 후손은 후씨(厚氏)가 되었다."라고 했다. 『세본』에서는 '혁(革)'자로 기록했고, 이곳에서는 '공(鞏)'자로 기록했으며, 『세본』에서는 '후(厚)'자로 기록했고, 이곳에서는 '후(后)'자로 기록하여, 그 글자에 차이가 있을 따름이다. 혜백(惠伯)의 자손 중에는 목(木)이라는 이름을 가진 자가 없다. 그렇기 때문에 정현은 단지 "그의 후손이다."라고만 말한 것이다.

孔疏 ◎注"此孝"至"所託". ○正義曰: 言買棺外內滑易者, 此是孝子所爲之事, 非是父母豫所屬託, 譏后木也.

번역 ◎鄭注: "此孝"~"所託". ○관(棺)을 살 때 내외면을 깔끔하게 만든 것으로 사라는 뜻인데, 이것은 자식이 알아서 해야 할 일이지, 부모가 미리부터 자식에게 부탁할 것이 아니므로, 이 말을 기록하여 후목(后木)을 기롱한 것이다.

集解 愚謂: 王制言"六十歲制", 則棺固不俟死而後具矣. 據此, 則有死而後買棺者, 豈謂貧而不能預具者與?

번역 내가 생각하기에, 『예기』「왕제(王制)」편에서는 "나이가 60세가 되면 관을 미리 제작해서 준비해 둔다."[2]라고 했으니, 관(棺)의 경우에는 진실로 그 자가 죽을 때까지 기다린 이후에야 구비하는 것이 아니다. 이곳 문장에 근거해보면, 죽은 이후에 관(棺)을 구입하는 경우도 있는데, 어찌 집이 가난하여 미리부터 구비를 할 수 없는 경우라고 할 수 있겠는가?

---

2) 『예기』「왕제(王制)」【177b】: 六十歲制, 七十時制, 八十月制, 九十日修, 唯絞紟衾冒, 死而后制.

• 제 80 절 •

휘장[帷]에 대한 규범

【98a】

曾子曰: "尸未設飾, 故帷堂, 小斂而徹帷." 仲梁子曰: "夫婦方亂, 故帷堂, 小斂而徹帷."

직역 曾子가 曰, "尸에 飾을 未設이라, 故로 堂에 帷하고, 小斂하고서 帷를 徹한다." 仲梁子가 曰, "夫婦는 方이 亂이라, 故로 堂에 帷하고, 小斂하고서 帷를 徹한다."

의역 증자(曾子)가 말하길, "어떤 자가 이제 막 죽었을 때, 시신에게 아직 염(斂)이나 습(襲)을 하지 않았기 때문에, 당(堂)에 휘장을 설치하여, 사람들이 보지 못하도록 하고, 소렴(小斂)을 끝내고서야 휘장을 치운다."라고 했다. 중량자(仲梁子)가 말하길, "부부에게 있어 아직 곡(哭)을 하는 장소가 정해지지 않았기 때문에, 당(堂)에 휘장을 설치하는 것이고, 소렴을 끝내고서야 휘장을 치운다."라고 했다.

集說 始死去死衣, 用斂衾覆之以俟浴. 旣復之後, 楔齒綴足畢, 具脯醢之奠, 事雖小定, 然尸猶未襲斂也, 故曰"未設飾." 於是設帷於堂者, 不欲人褻之也, 故小斂畢乃徹帷. 仲梁子謂夫婦方亂者, 以哭位未定也. 二子各言禮意. 鄭云, "斂者動搖尸, 帷堂爲人褻之. 言方亂, 非也. 仲梁子, 魯人."

번역 어떤 자가 이제 막 죽게 되면, 죽은 자가 입고 있었던 옷을 벗기고, 염(斂)을 할 때 사용하는 이불[衾]로 덮고서, 시신을 목욕시킬 때까지 기다린다. 초혼을 끝낸 이후에는 뿔잔을 이빨 사이에 넣어서 입을 벌리고, 다리가 굳어지며 휘어지는 것을 방지하기 위해, 고정을 시키는데,[1] 그 일이 다

끝나면, 포(脯)나 젓갈 등을 갖춰 음식을 차려낸다.[2] 이러한 일까지 치르면, 상(喪)이라는 대사(大事)의 진행이 비록 어느 정도 안정된 것이지만, 시신은 여전히 습(襲)과 염(斂)을 하지 않은 상태이다. 그렇기 때문에 "아직은 치장을 하지 않은 것이다."라고 말한 것이다. 이 시기에 당(堂)에는 휘장[帷]을 치는데, 그 이유는 사람들로 하여금 꺼려하도록 만들지 않기 위해서이다. 그렇기 때문에 소렴(小斂)을 끝내게 되면, 곧바로 휘장을 치우는 것이다. 중량자(仲梁子)가 "부부는 그 방위가 혼란스럽다."라고 했는데, 이처럼 말한 이유는 곡(哭)하는 자리가 아직 정해지지 않았기 때문이다. 두 사람은 각각 예(禮)의 뜻을 언급하였다. 정현(鄭玄)은 "염(斂)을 할 때에는 시신을 움직이게 되니, 당(堂)에 휘장을 설치하는 이유는 사람들이 시신의 모습을 보게 되면 꺼려하게 되기 때문이다. '방위가 혼란스럽다[方亂].'라고 말한 것은 잘못된 주장이다. 중량자(仲梁子)는 노(魯)나라 사람이다."라고 했다.

大全 嚴陵方氏曰: 人死, 斯惡之矣. 以未設飾, 故帷堂, 蓋以防人之所惡也. 小斂則旣設飾矣, 故徹帷焉. 若是則帷堂之禮, 爲死者爾, 豈爲生者哉? 而仲梁子以謂夫婦方亂, 故帷堂, 則失禮之意遠矣.

번역 엄릉방씨가 말하길, 사람이 죽게 되면, 사람들이 죽은 자를 꺼려하게 된다.[3] 시신에 대해 아직 치장을 하지 않았기 때문에, 당(堂)에 휘장을 설치하는데, 이처럼 하는 이유는 사람들이 꺼려할 것을 방비하기 위함이다. 소렴(小斂)을 하게 되면, 이미 시신에 대해 치장을 한 것이다. 그렇기 때문에 휘장을 치우는 것이다. 만약 이와 같다면, 당(堂)에 휘장을 설치하는 예(禮)는 죽은 자를 위해서 그처럼 하는 것일 뿐인데, 어찌 살아 있는 자들을

---

1) 『예기』「단궁상」【102d】: 復楔齒, 綴足, 飯, 設飾, 帷堂並作.

2) 『예기』「단궁하(檀弓下)」【121d】: 始死, 脯醢之奠, 將行, 遣而行之, 旣葬而食之, 未有見其饗之者也. 自上世以來, 未之有舍也, 爲使人勿倍也. 故子之所刺於禮者, 亦非禮之訾也.

3) 『예기』「단궁하(檀弓下)」【121c】: 人死, 斯惡之矣. 無能也, 斯倍之矣. 是故制絞衾, 設蔞翣, 爲使人勿惡也.

위해서 이처럼 한단 말인가? 그리고 중량자(仲梁子)는 부부가 곡(哭)을 하는 장소가 아직 정해지지 않았기 때문에, 당(堂)에 휘장을 설치하는 것이라고 하였는데, 이것은 예(禮)의 본의를 매우 왜곡한 것이다.

鄭注 斂者, 動搖尸, 帷堂, 爲人褻之. 言"方亂", 非也. 仲梁子, 魯人也.

번역 염(斂)을 할 때에는 시신을 움직이게 되니, 당(堂)에 휘장을 설치하는 것으로, 사람들이 시신을 보게 되면, 꺼려하기 때문이다. "방위가 혼란스럽다[方亂]."라고 말한 것은 잘못된 주장이다. 중량자(仲梁子)는 노(魯)나라 사람이다.

釋文 帷, 意悲反.

번역 '帷'자는 '意(의)'자와 '悲(비)'자의 반절음이다.

孔疏 ●"曾子"至"失也". ○正義曰: 此一節論小斂失禮之事, 各依文解之.

번역 ●經文: "曾子"~"失也". ○이곳 문단에서는 소렴(小斂) 때 실례(失禮)를 범하는 사안에 대해서 논의하고 있으니, 각각의 문장에 따라서 풀이하겠다.

孔疏 ◎注"言方"至"人也". ○正義曰: 知"方亂, 非"者, 以小斂之後, 豈無夫婦方亂之事, 何故徹帷乃云"方亂"? 明爲動搖尸柩, 故帷堂. 按春秋定五年, 魯有仲梁懷, 是仲梁, 魯人之姓, 故知"仲梁子, 魯人也".

번역 ◎鄭注: "言方"~"人也". ○정현이 "'방위가 혼란스럽다[方亂].'라고 말한 것은 잘못된 주장이다."라고 했는데, 이 말이 사실임을 알 수 있는 이유는 소렴(小斂)을 끝낸 이후에 부부에게 있어 방위가 혼란스럽게 될 일이 없는데, 어떤 이유로 휘장을 치우는 것에 대해 "방위가 혼란스럽다."라고 말할 수 있는가? 따라서 이곳의 내용은 시신을 움직이게 되기 때문에, 당(堂)에 휘장을 설치한다는 사실을 나타낸다. 『춘추』 정공(定公) 5년의 기록을 살펴보면, 노(魯)나라에는 중량회(仲梁懷)라는 인물이 있었으니,[4] '중량(仲梁)'이라는 것은 노(魯)나라에 있었던 성(姓)이다. 그렇기 때문에 "중량자(仲梁子)는 노(魯)나라 사람이다."라는 말이 사실임을 알 수 있는 것이다.

集解 愚謂: 仲梁子, 疑卽韓非書所謂"仲梁氏之儒"者. 帷堂有二時, 一則將襲帷堂, 旣小斂而徹帷; 一則將大斂帷堂, 旣斂而徹帷. 此據襲・斂時帷堂而言也. 設飾, 謂襲・斂也. 襲・斂必動搖尸, 恐人褻之, 故帷堂. 夫婦方亂, 謂男女同在尸側, 未分堂上堂下之位也. 然男女奉尸侇於堂, 主人主婦馮尸, 在小斂徹帷之後, 則帷堂之不爲夫婦方亂明矣.

번역 내가 생각하기에, 중량자(仲梁子)는 아마도 『한비자(韓非子)』에서 언급한 '중량씨(仲梁氏)의 유학자들'에 해당하는 것 같다.[5] 당(堂)에 휘장을 칠 때에는 두 시기가 있으니, 첫 번째는 습(襲)을 하게 될 때 당(堂)에 휘장을 치고, 소렴(小斂)을 끝내면 휘장을 걷는 것을 뜻하고, 두 번째는 대렴(大斂)을 하려고 할 때 당(堂)에 휘장을 치고, 대렴이 끝나면 휘장을 걷는 것을 뜻한다. 이곳 문장의 기록은 습(襲)과 염(斂)을 할 때 당(堂)에 휘장을 치는 것에 기준을 두고 언급한 것이다. '설식(設飾)'이라는 말은 습(襲)과 염(斂)을 한다는 뜻이다. 습(襲)과 염(斂)을 할 때에는 반드시 시신을 움직이게 되니, 사람들이 그 모습을 보고 꺼려하게 될 것이 염려되기 때문에, 당(堂)에 휘장을 치는 것이다. 부부의 방위가 혼란스럽다고 한 말은 남녀가 모두 시신 곁에 있게 되어, 당상(堂上)과 당하(堂下)의 위치 구분이 아직 되지 않았다는 뜻이다. 그런데 남녀가 시신을 받들어서 당(堂)으로 옮기게

---

4) 『춘추좌씨전』「정공(定公) 5년」: 六月, 季平子行東野. 還, 未至, 丙申, 卒于房. 陽虎將以璵璠斂, 仲梁懷弗與, 曰, "改步改玉."

5) 『한비자(韓非子)』「현학(顯學)」: 自孔子之死也, 有子張之儒, 有子思之儒, 有顔氏之儒, 有孟氏之儒, 有漆雕氏之儒, 有仲良氏之儒, 有孫氏之儒, 有樂正氏之儒.

되면, 주인(主人)과 주부(主婦)는 시신에게 고별을 아뢰게 되는데, 이것은 소렴(小斂)을 끝내고 휘장을 걷어낸 이후의 시기에 해당하니, 당(堂)에 휘장을 치는 것은 부부의 자리가 구분되지 않았기 때문이 아니라는 사실이 분명하다.

• 제 81 절 •

소렴(小斂) 때의 전(奠) 규정

【98b】

小斂之奠, 子游曰: "於東方." 曾子曰: "於西方. 斂斯席矣." 小斂之奠在西方, 魯禮之末失也.

직역 小斂의 奠에 대해, 子游가 曰, "東方에서 한다." 曾子가 曰, "西方에서 한다. 斂은 斯席이다." 小斂의 奠을 西方에 在함은 魯禮의 末失이다.

의역 소렴(小斂)을 할 때 차려내는 음식에 대해서, 자유(子游)는 "동쪽에 진설한다."라고 했고, 증자(曾子)는 "서쪽에 진설한다. 염(斂)을 할 때에는 서쪽에 펴둔 석(席) 위에 진설한다."라고 했다. 소렴(小斂)을 할 때 음식을 서쪽에 차려내는 것은 노(魯)나라 말엽에 생겨난 실례(失禮)이다.

集說 疏曰: 儀禮小斂之奠, 設於東方, 奠又無席; 魯之衰末, 奠於西方, 而又有席. 曾子見時如此, 將以爲禮, 故云小斂於西方. 斯, 此也. 其斂之時, 於此席上而設奠矣. 故記者正之云, 小斂之奠, 所以在西方, 是魯人行禮末世失其義也.

번역 공영달(孔穎達)의 소(疏)에서 말하길, 『의례』의 기록에 따르면, 소렴(小斂) 때 차려내는 음식들은 동쪽에 진설하고, 음식을 차려둔 곳에는 또한 석(席)을 깔아두지 않는다. 노(魯)나라 말엽에는 서쪽에 음식을 설치하였고, 또 석(席)도 깔아두었다. 증자(曾子)는 당시에 이와 같이 하는 것을 보고서, 장차 이것을 예(禮)로 규정하고자 했다. 그렇기 때문에 소렴(小斂)

때에는 서쪽에 음식을 설치한다고 말한 것이다. '사(斯)'자는 이것[此]이라는 뜻이다. 염(冉)을 할 때 이 석(席) 위에 음식을 설치한다는 의미이다. 그렇기 때문에 『예기』를 기록한 자는 그 내용을 바로잡으며, 소렴(小斂) 때 음식을 차려내는 것을 서쪽에 두게 된 것은 노나라 사람들이 예(禮)를 시행해 오다가 말엽이 되어서, 그 의미를 놓친 것이라고 한 것이다.

集說 今按: 儀禮"布席于戶內", 註云"有司布斂席也", 在小斂之前. 及陳大斂衣奠, 則云"奠席在饌北, 斂席在其東", 註云"大斂奠而有席, 彌神之也." 據此, 則小斂奠無席.

번역 내가 살펴보니, 『의례』에서는 "석(席)을 호(戶)의 안쪽에 깔아둔다."[1]라고 했는데, 이 문장에 대한 정현(鄭玄)의 주에서는 "유사(有司)는 염(斂)을 할 때 쓰는 석(席)을 깔아둔다."라고 했으니, 소렴(小斂)을 치르기 이전에 해당한다. 대렴(大斂)에 사용될 옷들과 음식들을 진설하는 경우에 대해서는 "음식을 차려낼 때 사용하는 석(席)은 찬이 차려진 곳 북쪽에 펴두고, 염(冉)을 할 때 사용하는 석(席)은 그 동쪽에 펴둔다."[2]라고 했고, 이 문장에 대한 정현의 주에서는 "대렴(大斂)을 하며 음식을 차려내고, 또 석(席)까지 설치한 것은 미약하게나마 신(神)으로 대하기 때문이다."라고 했다. 이러한 기록에 근거해보면, 소렴(小斂)을 하며 음식을 차려낼 때에는 석(席)이 없는 것이다.

大全 嚴陵方氏曰: 萬物生於東, 而死於西. 小斂之奠於東方, 則孝子未忍死其親之意也.

번역 엄릉방씨가 말하길, 만물은 동쪽에서 생겨나고, 서쪽에서 죽는다. 소렴(小斂)을 할 때 음식을 동쪽에 차려내는 것은 자식된 입장에서 자신의

---

1) 『의례』「사상례(士喪禮)」: 士盥, 二人以並, 東面立于西階下. 布席于戶內, 下莞, 上簟.

2) 『의례』「사상례(士喪禮)」: 奠席在饌北, 斂席在其東. 掘肂見衽. 棺入主人不哭.

부모를 죽은 자로만 대하는 것을 차마 용납할 수 없다는 뜻에 해당한다.

鄭注 曾子以俗說非. 又大斂奠於堂, 乃有席. 末世失禮之爲.

번역 증자(曾子)는 세속의 주장으로써 말한 것이니, 잘못된 주장이다. 또한 대렴(大斂)을 할 때에는 당(堂)에 음식을 차려내게 되고, 또한 석(席)도 깔아두게 된다. 말엽에 실례(失禮)에 따라 시행된 일이라는 뜻이다.

孔疏 ●"曾子"至"西方". ○依禮, 小斂之奠設於東方, 奠又無席, 魯之衰末, 奠於西方, 而又有席, 曾子見時如是, 謂將爲禮, 故云小斂於西方. "斯", 此也. 其斂之時, 於此席上而設奠矣. 曾子之言失禮, 故記者正之云, 小斂奠所以在西方, 是魯人行禮, 末世失其法也.

번역 ●經文: "曾子"~"西方". ○예법에 따르면, 소렴(小斂)을 할 때 차려내는 음식은 동쪽에 진설하고, 음식을 차려낼 때에는 또한 석(席)이 없게 되는데, 노(魯)나라 말엽에는 서쪽에 음식을 진설하게 되었고, 또한 석(席)도 깔아두게 되었다. 증자(曾子)는 당시 이처럼 하는 것을 보고, 이것을 예(禮)로 삼고자 했다. 그렇기 때문에 소렴(小斂)을 할 때에는 서쪽에 음식을 진설한다고 말한 것이다. '사(斯)'자는 이것[此]이라는 뜻이다. 염(斂)을 할 때에는 이러한 석(席) 위에 음식을 진설한다는 의미이다. 증자(曾子)의 말은 실례(失禮)에 해당하기 때문에, 『예기』를 기록한 자가 그것을 바로잡으며, 소렴(小斂)을 하며 음식을 차려내는 것을 서쪽에 두게 된 것은 노(魯)나라 사람들이 예(禮)를 시행하며, 말엽에 그 예법을 어긴 것에 해당한다고 말한 것이다.

孔疏 ◎注"曾子"至"有席". ○正義曰: 知曾子所言非者, 按士喪禮"小斂之奠, 設於尸東", 今曾子言西方, 故爲非也. 云"大斂奠於堂, 乃有席"者, 按士喪禮"大斂之奠設於室", 今云堂者, 後人轉寫之誤, 當云奠於室, 故鄭答趙商:

"堂當爲室也."

번역 ◎鄭注: "曾子"~"有席". ○증자(曾子)가 말한 내용이 잘못되었음을 알 수 있는 이유는 『의례』「사상례(士喪禮)」편을 살펴보면, "소렴(小斂)을 할 때 음식을 차려내는 것은 시신의 동쪽에 진설한다."라고 했다.[3] 그런데 이곳 문장에서 증자는 서쪽에 진설한다고 했으므로, 잘못된 말이 되는 것이다. 정현이 "대렴(大斂)을 할 때에는 당(堂)에 음식을 차려내게 되고, 또한 석(席)도 깔아두게 된다."라고 했는데, 「사상례」편을 살펴보면, "대렴(大斂)을 할 때 음식을 진설하는 것은 실(室)에 차려둔다."라고 했다.[4] 그런데 이곳에서는 당(堂)이라고 했으니, 이것은 후세 사람들이 필사하는 과정 중에 발생한 오류이므로, 마땅히 실(室)에 진설한다고 해야 한다. 그렇기 때문에 정현은 조상(趙商)의 질문에 대답하며, "'당(堂)'자는 마땅히 '실(室)'자가 되어야 한다."라고 말한 것이다.

集解 愚謂: 士喪禮小斂"奠於尸東." 尸南首, 尸東, 尸之右也. 凡奠於尸者, 必於其右, 象生人以右手食也. 曾子謂在西方, 非也. 小斂奠無席, 是時尸在牀牀本有席故也. 至大斂, 尸已在柩, 而設奠在室, 然後設席. 言小斂有席, 亦非也. 末猶後也. 魯末禮失, 曾子見當時所行, 以爲禮本如此, 故記者言此以正之.

번역 내가 생각하기에, 『의례』「사상례(士喪禮)」편에서는 소렴(小斂)을 할 때, "시신의 동쪽에 음식을 진설한다."라고 했다. 시신은 머리가 남쪽을 향하도록 눕혀두므로, 시신의 동쪽이라는 것은 곧 시신의 오른쪽이 된다. 무릇 시신에게 음식을 차려서 진설할 때에는 반드시 시신의 오른쪽에 놓아두게 되니, 살아있는 자들이 오른손으로 음식을 먹는 것을 형상화한 것이기 때문이다. 증자(曾子)가 서쪽에 놓아둔다고 한 말은 잘못된 주장이다.

---

3) 『의례』「사상례(士喪禮)」: 楔齒用角柶, 綴足用燕几. 奠脯醢醴酒, 升自阼階, 奠于尸東. 帷堂.

4) 『의례』「사상례(士喪禮)」: 酒·豆·籩俎從, 升自阼階. 丈夫踊. 甸人徹鼎. 奠由楹內入于室.

소렴(小斂)을 하며 음식을 진설할 때에는 석(席)을 깔아두지 않으니, 이 시기에 시신은 침상에 눕혀져 있고, 침상에는 본래부터 석(席)이 깔려있기 때문이다. 대렴(大斂)을 지내게 되면, 시신은 이미 널[柩]에 들어가 있고, 음식을 실(室)에 진설해둔 이후에야 석(席)을 펴두게 된다. 따라서 소렴(小斂) 때 석(席)이 있다고 한 말 또한 잘못된 주장이다. '말(末)'자는 '후(後)'자와 같다. 노(魯)나라 말기에 예(禮)에 대해서 실례를 범했는데, 증자(曾子)는 당시에 시행하던 모습을 살펴보고, 예(禮)를 시행할 때에는 본래부터 이처럼 한다고 여긴 것이다. 그렇기 때문에 『예기』를 기록한 자가 이러한 말을 해서, 그 잘못을 바로잡은 것이다.

• 제82절 •

상복(喪服) 관련 규정 Ⅱ

【98c】

縣子曰: "綌衰·繐裳, 非古也."

직역 縣子가 曰, "綌衰와 繐裳은 古가 非라."

의역 현자(縣子)가 말하길, "거칠고 간격이 벌어진 갈포(葛布)로 상복(喪服)의 상의를 만들고, 가늘고 성긴 베로 상복의 하의를 만드는 것은 고대의 제도가 아니다."라고 했다.

集說 方氏曰: 葛之麤而郤者謂之綌, 布之細而疎者謂之繐. 五服一以麻, 各有升數. 若以綌爲衰, 以繐爲裳, 則取其輕凉而已, 非古制也.

번역 방씨가 말하길, 갈포(葛布) 중 거칠고 간격이 벌어진 것을 '격(綌)'이라고 부르고, 베[布] 중 가늘고 사이가 성긴 것을 '세(繐)'라고 부른다. 오복(五服)은 모두 마(麻)로 만들게 되며, 각각의 수위에 따라서 올수에 차이가 있다. 만약 격(綌)으로 상복(喪服)의 상의를 만들고, 세(繐)로 상복의 하의를 만든다면, 가볍고 시원하게 만든다는 뜻에 따라 상복을 만든 것일 따름이니, 고대의 제도가 아니다.

鄭注 非時尚輕凉慢禮.

번역 당시에 가볍고 서늘한 것만 숭상하고, 예(禮)에 대해서는 태만하게 행동했던 것을 비판한 것이다.

釋文 綌衰, 去逆反, 麤葛也, 下七回反. 繐音歲, 布細而疏曰繐. 涼音良.

번역 '綌衰'의 '綌'자는 그 음이 '去(거)'자와 '逆(역)'자의 반절음이고, 거친 갈포를 뜻하며, '衰'자는 '七(칠)'자와 '回(회)'자의 반절음이다. '繐'자의 음은 '歲(세)'이고, 베가 가늘고 성긴 것을 '繐'라고 부른다. '涼'자의 음은 '良(량)'이다.

孔疏 ●"縣子"至"古也". ○正義曰: 此以下論縣子非當時人尙輕涼慢禮之事. 綌, 葛也. 繐, 布疏者, 漢時南陽鄧縣能作之. 記當[1]時失禮, 多尙輕細, 故有喪者不服麤衰, 但疏葛爲衰, 繐布爲裳, 故云"非古"也, "古"謂周初制禮時也.

번역 ●經文: "縣子"~"古也". ○이곳 문단부터 그 이하의 내용들은 현자(縣子)가 당시 사람들이 가볍고 시원한 것만 숭상하고, 예(禮)에 대해서 태만하게 했던 것을 비난했던 사안에 대해 논의하고 있다. '격(綌)'자는 갈포를 뜻한다. '세(繐)'자는 베 중에서도 성긴 것인데, 한(漢)나라 때에는 남양(南陽)의 등현(鄧縣)에서 이러한 옷감을 잘 만들어냈다. 당시에 실례(失禮)를 범한 것을 기록한 것이니, 대부분 가볍고 가는 옷감을 숭상했기 때문에, 상(喪)을 치르는 자들도 거친 베로 만든 상복(喪服)은 착용하지 않았고, 단지 성긴 갈포로 상복의 상의를 만들고, 가늘고 성긴 베를 이용해서 하의를 만들게 되었던 것이다. 그래서 "고대의 제도가 아니다."라고 말한 것인데, '고(古)'라는 말은 주(周)나라 초기에 예(禮)를 제정했을 때를 뜻한다.

訓纂 釋名: 繐, 細如繐也. 疏, 疏于繐也.

---

1) '기당(記當)'에 대하여. '기당'은 본래 '당기(當記)'로 기록되어 있었는데, 완원(阮元)의 『교감기(校勘記)』에서는 "『모본(毛本)』에서는 '당기'를 '기당'으로 기록하였다."라고 했다.

번역 『석명』에서 말하길, '세(繐)'자는 '가늘고 설핀 베[繐]'와 같은 것이다. '소(疏)'자는 세(繐)보다 성긴 것이다.

集解 愚謂: 綌, 麤葛也. 繐, 縷如小功而成布四升半者, 諸侯之大夫爲天子用之爲齊. 周末喪服不依五服升數, 但以輕細爲貴, 故以綌爲衰, 以繐爲裳, 非禮也.

번역 내가 생각하기에, '격(綌)'은 거친 갈포를 뜻한다. '세(繐)'는 실의 가닥이 소공복(小功服)을 만들 때 4승(升) 반짜리의 성포(成布)를 이용해서 만든 것과 같은 것이니, 제후(諸侯)에게 소속된 대부(大夫)는 천자(天子)에 대한 상(喪)에서 이러한 옷감을 이용해서 자최복(齊衰服)을 만들게 된다. 주(周)나라 말기에 사용된 상복(喪服)은 오복(五服)의 수위에 따른 올수 규정을 따르지 않았고, 단지 가볍고 가는 것만을 귀하게 여겼다. 그렇기 때문에 격(綌)으로 상복의 상의를 만들고, 세(繐)로 상복의 하의를 만들었으니, 비례(非禮)에 해당한다.

• 제83절 •

곡(哭)을 하는 법도 Ⅱ

【98c】

子蒲卒, 哭者呼滅. 子皐曰: "若是野哉!" 哭者改之.

직역 子蒲가 卒함에, 哭者가 滅이라 呼했다. 子皐가 曰, "是와 若하니 野라!" 哭者가 改라.

의역 자포(子蒲)가 죽자, 곡(哭)을 하는 자가 자포의 이름인 멸(滅)을 부르며 울부짖었다. 그 소리를 들은 자고(子皐)는 "어찌 이처럼 야만스럽단 말인가!"라고 했다. 그 소리를 들은 자는 곡(哭)하던 방법을 고쳤다.

集說 滅, 子蒲之名也. 復則呼名, 哭豈可呼名也! 野哉, 言其鄙野而不達於禮也. 子皐, 孔子弟子高柴.

번역 '멸(滅)'은 자포(子蒲)의 이름이다. 초혼을 하게 되면, 이름을 부르는데, 곡(哭)을 하면서 어찌 이름을 부를 수 있단 말인가! "야만스럽다."는 말은 그 자가 야만스러워서, 예(禮)에 대해 알지 못한다는 뜻이다. '자고(子皐)'는 공자(孔子)의 제자인 고시(高柴)이다.

鄭注 滅, 蓋子蒲名. 非之也. 唯復呼名. 子皐, 孔子弟子高柴.

번역 '멸(滅)'은 아마도 자포(子蒲)의 이름인 것 같다. 자고(子皐)가 그를 비난한 것이다. 오직 초혼을 할 때에만 이름을 부르게 된다. '자고(子皐)'

는 공자(孔子)의 제자인 고시(高柴)이다.

釋文 皐音高.

번역 '皐'자의 음은 '高(고)'이다.

孔疏 ●"子蒲"至"改之". ○正義曰: 此一節論哭者呼名非禮之事. 滅, 子蒲名. 子蒲卒, 哭者呼其名, 故子皐曰: "若是野哉!" 野, 不達禮也. 唯復呼名, 冀其聞名而反, 哭則敬鬼神, 不復呼其名, 而此家哭獨呼滅, 子皐深譏之, 故云"野哉"也. 非之乃改也.

번역 ●經文: "子蒲"~"改之". ○이곳 문단에서는 곡(哭)을 하는 자가 죽은 자의 이름을 부르는 것이 비례(非禮)가 된다는 사안에 대해서 논의하고 있다. '멸(滅)'은 자포(子蒲)의 이름이다. 자포가 죽자, 곡(哭)을 하는 자가 그의 이름을 불렀다. 그렇기 때문에 자고(子皐)가 "이처럼 야만스러운가!"라고 말한 것이다. '야(野)'라는 말은 예(禮)를 알지 못한다는 뜻이다. 오직 초혼을 할 때에만 이름을 부르니, 그가 자신의 이름을 부르는 것을 듣고, 되돌아오기를 기원하는 것이다. 그런데 곡(哭)을 하게 된다면, 귀신(鬼神)을 공경하게 되어, 다시는 그의 이름을 부르지 않는다. 하지만 그 집에서는 곡(哭)을 하며 유독 멸(滅)이라는 이름을 불렀으므로, 자고가 그를 매우 기롱했던 것이다. 그렇기 때문에 "야만스럽구나."라고 말한 것이다. 그를 비난하자 곧 방법을 고친 것이다.

集解 愚謂: 此哭者蓋子蒲之尊屬, 非子蒲之子哭其父呼滅也.

번역 내가 생각하기에, 이곳에서 곡(哭)을 했던 자는 아마도 자포(子蒲)에게 있어서는 대수가 높은 친족인 것 같으니, 자포의 아들이 그 부친에 대해 곡(哭)을 하며, 멸(滅)이라고 이름을 불렀던 것이 아니다.

• 제84절 •

빈소 관련 규정

【98d】

杜橋之母之喪, 宮中無相, 以爲沽也.

직역 杜橋의 母의 喪에, 宮中에서 相을 無하니, 이를 沽라 爲했다.

의역 두교(杜橋)라는 자가 있었는데, 그의 모친이 죽었다. 그러나 그는 상(喪)을 치르며, 빈궁(殯宮) 안에 상례(喪禮) 절차를 도와주는 자를 세우지 않았다. 그래서 당시 사람들은 그의 행동을 평가하며 너무 거칠고 소략하다고 하였다.

集說 疏曰: 沽, 麄略也. 孝子喪親, 悲迷不復自知, 禮節事儀, 皆須人相導, 而杜橋家母死, 宮中不立相待, 故時人謂其於禮爲麄略也.

번역 공영달(孔穎達)의 소(疏)에서 말하길, '고(沽)'자는 거칠고 소략하다는 뜻이다. 자식은 부모의 상(喪)을 치를 때, 슬픔에 헤매게 되어, 제 스스로 어찌할 바를 모르게 되니, 예(禮)의 절차들과 그 일들에 대해서는 모두 다른 사람의 인도가 필요로 하게 된다. 그런데 두교(杜橋)의 집에서는 모친이 죽었는데, 빈궁(殯宮) 안에서 도와주는 자를 세우지 않았다. 그렇기 때문에 당시 사람들은 그의 행동이 예(禮)로 따지자면 너무 거칠고 소략한 것이라고 평가한 것이다.

鄭注 沽猶略也.

번역 '고(沽)'자는 "소략하다[略]."는 뜻이다.

釋文 相, 息亮反. 沽音古.

번역 '相'자는 '息(식)'자와 '亮(량)'자의 반절음이다. '沽'자의 음은 '古(고)'이다.

孔疏 ●"杜橋"至"沽也". ○正義曰: 此一節論喪須立相導之事. 沽, 麤略也. 禮, 孝子喪親, 悲迷不復自知, 禮節事儀, 皆須人相導. 而杜橋家母死, 宮中不立相侍, 故時人謂其於禮爲麤略.

번역 ●經文: "杜橋"~"沽也". ○이곳 문단에서는 상(喪)을 치를 때에는 도와주며 인도하는 자를 세워두어야 하다는 사안을 논의하고 있다. '고(沽)'자는 거칠고 소략하다는 뜻이다. 예법에 따르면, 자식은 부모의 상(喪)을 치를 때, 슬픔에 헤매게 되어, 제 스스로 어찌할 바를 모르게 되니, 예(禮)의 절차들과 그 일들에 대해서는 모두 다른 사람의 인도가 필요로 하게 된다. 그런데 두교(杜橋)의 집에서는 모친이 죽었는데, 빈궁(殯宮) 안에서 도와주는 자를 세우지 않았다. 그렇기 때문에 당시 사람들은 그의 행동이 예(禮)로 따지자면 너무 거칠고 소략한 것이라고 평가한 것이다.

• 제 85 절 •

고구(羔裘)와 현관(玄冠)에 대한 규정

【98d】

夫子曰: "始死, 羔裘·玄冠者, 易之而已." 羔裘·玄冠, 夫子不以弔.

직역 夫子가 曰, "始히 死에, 羔裘와 玄冠인 者는 易할 따름이다." 羔裘와 玄冠으로는 夫子는 이로써 弔를 不했다.

의역 공자(孔子)는 "어떤 자가 이제 막 죽게 되면, 새끼양의 가죽으로 만든 갖옷과 현관(玄冠)의 복식은 바꿀 따름이다."라고 했다. 그리고 공자는 새끼양의 가죽으로 만든 갖옷과 현관의 차림을 하고서 조문을 하지 않았다.

集說 疏曰: 養疾者朝服, 羔裘·玄冠, 卽朝服也. 始死, 則去朝服, 著深衣. 時有不易者, 又有小斂後羔裘弔者, 記者因引孔子行禮之事言之.

번역 공영달(孔穎達)의 소(疏)에서 말하길, 질병에 걸린 자를 봉양할 때에는 조복(朝服)을 착용하는데, 새끼양의 가죽으로 만든 갖옷과 현관(玄冠)은 곧 조복(朝服)의 차림에 해당한다. 어떤 자가 이제 막 죽게 되면, 조복을 벗게 되고, 심의(深衣)를 착용한다. 당시에는 이러한 복장을 바꾸지 않았던 자가 있었고, 또한 소렴(小斂)을 한 이후인데도, 새끼양의 가죽으로 만든 갖옷을 착용하고 조문을 하는 자가 있었다. 그래서 『예기』를 기록한 자는 이러한 일이 있었으므로, 공자(孔子)가 예(禮)를 시행했던 사안을 인용하여, 올바른 방침을 언급했던 것이다.

大全 馬氏曰: 弔者, 在小斂之前, 猶當服羔裘玄冠. 以主人未成服, 弔者痲經不敢先也, 故子游裼裘而弔, 旣小斂, 乃襲裘帶絰而入. 若夫子羔裘玄冠不以弔者, 是言小斂之後而已矣.

번역 마씨가 말하길, 조문하는 시기가 소렴(小斂)을 하기 이전이 된다면, 오히려 새끼양의 가죽으로 만든 갓옷과 현관(玄冠)을 착용해야만 한다. 그 이유는 상주(喪主)가 아직 성복(成服)을 하지 않았으므로, 조문객이 마질(痲絰)을 하는 것을 감히 상주보다 먼저 할 수 없기 때문이다. 그래서 자유(子游)는 갓옷을 석(裼)하고 조문을 했고, 소렴(小斂)이 끝나자 곧 갓옷을 습(襲)하고 대(帶)와 질(絰)을 차고 들어갔던 것이다.[1] 공자(孔子)처럼 새끼양의 가죽으로 만든 갓옷을 입고 현관(玄冠)을 착용하고서 조문을 하지 않는다는 것은 소렴(小斂)을 한 이후에 조문하는 경우를 뜻할 따름이다.

鄭注 不以吉服弔喪.

번역 길복(吉服)을 착용하고서, 상사(喪事)에 조문을 할 수 없기 때문이다.

釋文 易音亦, 徐以豉反.

번역 '易'자의 음은 '亦(역)'이고, 서음(徐音)은 '以(이)'자와 '豉(시)'자의 반절음이다.

孔疏 ●"夫子"至"以弔". ○正義曰: 此一節論始死易服, 小斂後不得吉服弔之事. 但養疾者朝服, 羔裘·玄冠, 卽朝服也. 始死則易去朝服, 著深衣, 故云"易之而已". 記時有不易者, 又有小斂後羔裘弔者, 記人引論語·鄉黨孔子身自行事之禮, 以譏當時之事, 故曰"羔裘玄冠, 夫子不以弔". 時多失禮, 唯孔

1) 『예기』「단궁상」【88c】: 曾子襲裘而弔, 子游裼裘而弔. 曾子指子游而示人曰: "夫夫也, 爲習於禮者, 如之何其裼裘而弔也?" 主人旣小斂, 袒·括髮, 子游趨而出, 襲裘·帶·絰而入. 曾子曰: "我過矣! 我過矣! 夫夫是也."

子獨能行之, 故言之也.

번역 ●經文: "夫子"~"以弔". ○이곳 문단에서는 어떤 자가 이제 막 죽었을 때, 복식을 바꾸게 되고, 소렴(小斂)을 한 이후에는 길복(吉服)을 착용하고서 조문을 할 수 없다는 사안을 논의하고 있다. 다만 질병에 걸린 자를 봉양할 때에는 조복(朝服)을 착용하는데, 새끼양의 가죽으로 만든 갖옷과 현관(玄冠)을 착용하는 것은 곧 조복(朝服)의 복식에 해당한다. 이제 막 죽었을 때라면, 조복(朝服)을 벗고, 심의(深衣)를 착용한다. 그렇기 때문에 "바꿀 따름이다."라고 말한 것이다. 당시에는 또한 복식을 바꾸지 않았던 자가 있었고, 또한 소렴(小斂)을 한 이후에 새끼양의 가죽으로 만든 옷을 착용하고서 조문을 하던 자도 있었음을 기록한 것이니, 『예기』를 기록한 자는 『논어』「향당(鄕黨)」편에 기록된 공자(孔子) 본인이 직접 일에 따라 시행했던 예(禮)를 인용하여,[2] 당시의 일들을 기롱했던 것이다. 그래서 "갖옷과 현관을 착용했을 때, 공자는 이러한 복장으로 조문을 하지 않았다."라고 말한 것이다. 당시에는 대부분 실례(失禮)를 자행했고, 공자만이 유독 이러한 예(禮)의 규정들을 준수할 수 있었다. 그렇기 때문에 공자에 대한 일화를 언급한 것이다.

集解 喪大記"疾病", "男女改服", 謂改其養疾之玄端而深衣也. 問喪云"親始死", "扱上衽", 但言扱上衽, 而不言改衣, 則前此已深衣, 而至此特扱其衽明矣. 此始死乃有羔裘·玄冠者, 謂疏親不與於養, 至死而方以吉服至者也. 易之者, 改而素冠·深衣也. 羔裘·玄冠, 吉服也. 弔於未成服之前者皆吉服, 以主人尙未喪服也; 主人旣成服, 則不以吉服弔矣. 羔裘不以弔, 則弔衰皆襲麑裘也.

번역 『예기』「상대기(喪大記)」편에서는 "질병에 걸렸다."라는 경우를 언급하며, "남녀가 복식을 바꾼다."라고 했는데,[3] 이 말은 질병에 걸린 자

2) 『논어』「향당(鄕黨)」: 羔裘玄冠不以弔. 吉月, 必朝服而朝. 齊必有明衣, 布.
3) 『예기』「상대기(喪大記)」【526a】: 疾病, 外內皆埽. 君大夫徹縣, 士去琴瑟.

를 봉양할 때 착용하는 현단복(玄端服)을 벗고서, 심의(深衣)를 착용한다는 뜻이다. 『예기』「문상(問喪)」편에서는 "부모가 이제 막 죽었다."라는 경우를 언급하며, "옷자락을 허리춤에 낀다."라고 했는데,[4] 이 문장에서는 단지 옷자락을 허리춤에 낀다는 내용만 말했고, 복식을 바꾼다고는 언급하지 않았으니, 이보다 앞서 이미 심의(深衣)를 착용하고 있어서, 이 시기에 이르러서는 단지 옷자락을 허리춤에 끼었던 것이 분명하다. 이곳 문장에서는 어떤 자가 이제 막 죽었는데, 그 상(喪)을 치르는 자들 중 새끼양의 가죽으로 만든 갓옷과 현관(玄冠)을 착용하는 자가 있었다고 하였으니, 이 말은 곧 친소관계가 먼 친척 중 봉양하는 일에 참여하지 않았던 자가 그 자가 죽음에 이르렀을 때, 이제 막 길복(吉服)의 차림으로 당도했던 것을 뜻한다. 바꾼다는 말은 복식을 고쳐서, 흰색의 관(冠)과 심의(深衣)를 착용한다는 뜻이다. 고구(羔裘)와 현관(玄冠)은 길복(吉服)에 해당하는 복식이다. 상주(喪主)가 아직 성복(成服)을 하기 이전에 조문을 하는 자들은 모두 길복(吉服)을 착용하게 되니, 상주가 여전히 상복(喪服)을 완전히 갖춘 것이 아니기 때문이다. 상주가 성복을 끝내게 되면, 길복을 착용하고서 조문을 할 수 없다. 고구(羔裘)를 입고서 조문을 할 수 없다면, 조문할 때의 복장은 모두 새끼 사슴의 가죽으로 만든 갓옷을 입고 습(襲)의 복식을 취하게 된다.

寢東首於北牖下. 廢牀, 徹褻衣, 加新衣, 體一人. 男女改服. 屬纊以俟絶氣. 男子不死於婦人之手, 婦人不死於男子之手.

4) 『예기』「문상(問喪)」【657d】: 親始死, 雞斯, 徒跣, 扱上衽, 交手哭. 惻怛之心, 痛疾之意, 傷腎, 乾肝, 焦肺, 水漿不入口, 三日不擧火, 故鄰里爲之糜粥以飮食之. 夫悲哀在中, 故形變於外也. 痛疾在心, 故口不甘味, 身不安美也.

• 제86절 •

상(喪)과 재화 Ⅱ

【99a】

子游問喪具. 夫子曰: "稱家之有亡." 子游曰: "有無[1]惡乎齊?" 夫子曰: "有, 毋過禮. 苟亡矣, 斂首足形, 還葬, 縣棺而封, 人豈有非之者哉?"

직역 子游가 喪具를 問했다. 夫子가 曰, "家의 有亡에 稱이라." 子游가 曰, "有無라면 惡히 齊리이까?" 夫子가 曰, "有라도, 過禮를 毋한다. 苟히 亡이라면, 首足形을 斂하고, 還葬하며, 棺을 縣하여 封하더라도, 人이 豈히 非한 者가 有리오?"

의역 자유(子游)가 공자(孔子)에게 장례(葬禮)를 치를 때 사용되는 기물들에 대해서 질문을 하였다. 공자는 "가산의 정도에 따라 맞춘다."라고 대답하였다. 자유

---

1) '무(無)'자에 대하여. 『십삼경주소(十三經注疏)』 북경대 출판본에서는 "『석경(石經)』·『악본(岳本)』·『가정본(嘉靖本)』에서는 동일하게 기록하고 있다. 그리고 『고문(考文)』에서 인용하고 있는 송(宋)나라 때의 판본에서도 동일하게 기록하고 있는데, 『민본(閩本)』·『감본(監本)』·『모본(毛本)』에서는 '망(亡)'자로 기록하였고, 위씨(衛氏)의 『집설(集說)』에서도 '망'자로 기록하였다. 『경전석문(經典釋文)』에서는 '유망(有亡)'이라고 기록하고, '황음(皇音)은 글자대로 읽으며, 없다는 뜻이고 다른 음은 무(無)이며, 아래문장의 글자도 이와 같다.'고 했다. 그러므로 이곳의 기록 또한 본래는 '망'자로 기록되어 있었음을 알 수 있다. 『석경고문제요(石經考文提要)』에서는 『방본(坊本)』에는 유무(有無)라고 기록하였다고 했다. 완원(阮元)의 『교감기(校勘記)』에서는 '앞의 구문에 칭가지유망(稱家之有亡)으로 기록되어 있고, 아래 구문에서도 구망의(苟亡矣)로 기록하여, 모두 망(亡)자로 기록했으니, 이곳에서 무(無)자로 기록한 것은 앞뒤 문맥과 일치하지 않는다.'"라고 했다.

는 "가산의 정도에 따라서, 시행되는 예(禮)의 수위를 어떻게 조정해야 합니까?"라고 재차 질문하였다. 공자는 "부유하더라도 예(禮)를 벗어나서 지나치게 후한 장례를 치러서는 안 된다. 정말로 가난한 경우라면, 염(斂)을 하여 시신의 머리, 다리, 몸 등을 감싸고, 곧바로 장지(葬地)로 떠나게 되며, 장지에 가서도 하관할 때 사용되는 기물들을 설치할 수 없으므로, 손으로 직접 영구(靈柩)에 매달린 끈을 잡아끌어서 하관을 하더라도, 사람들 중에 어찌 그를 비난하는 자가 있겠는가?"라고 했다.

集說 喪具, 送終之儀物也. 惡乎齊, 言何以爲厚薄之劑量也. 毋過禮, 不可以富而踰禮厚葬也. 還葬, 謂斂畢卽葬, 不殯而待月日之期也. 縣棺而封, 謂以手縣繩而下之, 不設碑繂也. 人不非之者, 以無財則不可備禮也.

번역 '상구(喪具)'는 죽은 자를 장례(葬禮)지내며 사용되는 기물(器物)들이다. '오호제(惡乎齊)'라는 말은 "어떻게 후하게 해야 하는지 또는 박하게 해야 하는지를 조절할 수 있느냐?"는 뜻이다. '무과례(毋過禮)'라는 말은 부유하다고 해서 예(禮)의 규정을 벗어나서, 지나치게 후한 장례(葬禮)를 치를 수 없다는 뜻이다. '환장(還葬)'은 염(斂)을 끝낸 이후에 곧바로 장례를 치르는 것으로, 빈궁(殯公)을 설치하여 일정 기간을 보내지 않는다는 뜻이다. '현관이봉(縣棺而封)'은 손으로 직접 영구(靈柩)에 달린 새끼줄을 끌어서 하관을 한다는 뜻으로, 하관할 때 사용하는 비률(碑繂)[2)]을 설치하지 않는다는 의미이다. 사람들이 비난을 하지 않는 이유는 재화가 없다면, 예(禮)에 따른 절차들을 갖출 수가 없기 때문이다.

2) 비률(碑繂)에서의 비(碑)자는 하관(下棺)할 때, 매장하는 구덩이 주변에 설치하는 풍비(豊碑)를 뜻한다. 률(繂)자는 풍비에 뚫린 구멍에 끼우는 끈을 말한다. 즉 '비률'은 도르래의 원리와 비슷한 것으로 하관할 때 사용한다. 『예기』「단궁하(檀弓下)」편에는 "公室視豊碑, 三家視桓楹."이라는 기록이 있는데, 이에 대한 정현의 주에서는 "豊碑, 斲大木爲之, 形如石碑. 於槨前後四角樹之, 穿中於間, 爲鹿盧, 下棺以繂繞. 天子六繂四碑, 前後各重鹿盧也."라고 풀이했다.

大全 馬氏曰: 孟子曰, "不得, 不可以爲悅, 無財, 不可以爲悅." 古之人所以得用其禮者, 爲其有財故也. 苟無其財, 則斂首足形, 還葬, 雖不足爲孝子之悅, 然以其所以葬而葬, 亦豈有非之者哉?

번역 마씨가 말하길, 『맹자』에서는 "얻지 못하면 흡족하게 여길 수가 없다. 재화가 없다면 흡족하게 여길 수가 없다."[3]라고 했으니, 고대인들이 해당하는 예(禮)를 실천할 수 있었던 것은 그에 걸맞은 재화가 있었기 때문이다. 만약 재화가 없다면, 염(斂)을 하여 시신의 머리·다리·몸 등을 감싸고, 곧바로 장지(葬地)로 떠나게 되는데, 이처럼 하는 것이 비록 자식된 입장에서는 흡족하게 여기기에 부족하지만, 장례(葬禮)를 치르는 법도에 따라서 장례를 치른 것인데, 또한 어찌 그를 비난하는 자가 있겠는가?

鄭注 惡乎齊, 問豐省之比. 形, 體. 還之言便也. 言已斂卽葬, 不待三月. 不設碑綍, 不備禮. 封當爲窆, 窆, 下棺也. 春秋傳作"塴". 不責於人所不能.

번역 '오호제(惡乎齊)'라는 말은 풍성하게 하거나 생략하는 일을 무엇에 견주어서 해야 하는가를 질문한 것이다. '형(形)'자는 몸[體]을 뜻한다. '환(還)'자는 곧바로[便]라는 뜻이다. 염(斂)을 끝내고서 곧바로 장례(葬禮)를 치르며, 빈소를 차려서 3개월 동안 기다리지 않는다는 뜻이다. 비률(碑綍)을 설치하지 않는 것으로, 예(禮)를 갖추지 못한 것이다. '봉(封)'자는 마땅히 '폄(窆)'자가 되어야 하니, '폄(窆)'자는 하관을 한다는 뜻이다. 『춘추전』에서는 '봉(塴)'자로도 기록하였다. 그 자가 할 수 없는 것에 대해서 추궁하지 않는다는 뜻이다.

釋文 稱, 尺證反. 有亡, 皇如字, 無也, 一音無, 下同. 惡音烏, 注同. 齊, 才細反, 又如字, 注同. 省, 所領反. 比, 必利反. 毋音無. 還音旋. 斂, 力驗反. 縣

3) 『맹자』「공손추하(公孫丑下)」: <u>不得, 不可以爲悅, 無財, 不可以爲悅</u>. 得之爲有財, 古之人皆用之, 吾何爲獨不然?

音玄. 封依注作窆, 彼驗反, 徐又甫鄧反. 碑, 彼皮反. 綍音律. 堋, 比鄧反.

번역 '稱'자는 '尺(척)'자와 '證(증)'자의 반절음이다. '有亡'에서의 '亡'자에 대해, 황음(皇音)에서는 글자대로 읽는다고 했으니, 없다는 뜻이고, 다른 음은 '無(무)'이며, 아래문장에 나온 글자도 그 음이 이와 같다. '惡'자의 음은 '烏(오)'이고, 정현의 주에 나온 글자도 그 음이 이와 같다. '齊'자는 '才(재)'자와 '細(세)'자의 반절음이고, 또한 글자대로 읽기도 하며, 정현의 주에 나온 글자도 그 음이 이와 같다. '省'자는 '所(소)'자와 '領(령)'자의 반절음이다. '比'자는 '必(필)'자와 '利(리)'자의 반절음이다. '毋'자의 음은 '無(무)'이다. '還'자의 음은 '旋(선)'이다. '斂'자는 '力(력)'자와 '驗(험)'자의 반절음이다. '縣'자의 음은 '玄(현)'이다. '封'자는 정현의 주에 따르면 '窆'자가 되니, 그 음은 '彼(피)'자와 '驗(험)'자의 반절음이고, 서음(徐音)에서는 또한 '甫(보)'자와 '鄧(등)'자의 반절음이 된다고도 했다. '碑'자는 '彼(피)'자와 '皮(피)'자의 반절음이다. '綍'자의 음은 '律(률)'이다. '堋'자는 '比(비)'자와 '鄧(등)'자의 반절음이다.

孔疏 ●"子游"至"者哉". ○正義曰: 此一節論問送終所須當辨具也. "夫子曰: 稱家之有亡", "稱"猶隨也. "亡", 無也. 言各隨其家計豊薄有無也. "子游曰: 有無惡乎齊", "惡乎"猶於何也. 子游言若必隨家之有無, 貧富於何可齊, 故子游疑而問之.

번역 ●經文: "子游"~"者哉". ○이곳 문단은 죽은 자를 전송할 때 갖춰야 하는 기물들에 대해서는 마땅히 재량에 따라 판단하여 갖춰야 한다는 것을 논의하고 있다. 경문의 "夫子曰: 稱家之有亡"에 대하여. '칭(稱)'자는 "따른다[隨]."는 뜻이다. '망(亡)'자는 "없다[無]."는 뜻이다. 즉 이 말은 각자 자신의 가산 정도에 따라야 한다는 뜻이다. 경문의 "子游曰: 有無惡乎齊"에 대하여. '오호(惡乎)'라는 말은 '어디에서[於何]'라는 뜻이다. 자유(子游)는 만약 가산의 유무에 따라야만 한다면, 가난하고 부유한 정도를 어디에서 재량할 수 있냐고 말한 것이다. 그래서 자유는 의문이 들어서 질문을 했던 것이다.

孔疏 ●"夫子曰: 有, 毋過禮", 此答是稱富家也. "毋"猶不也, 禮有節限, 設若家富, 有正禮可依, 而不得過禮.

번역 ●經文: "夫子曰: 有, 毋過禮". ○이 구문은 부유한 집에서 따르게 되는 내용을 답해준 것이다. '무(毋)'자는 "~을 하지 않는다[不]."는 뜻이니, 예(禮)에는 절도에 따른 제한이 있으므로, 가령 집이 부유하다고 하더라도, 올바른 예(禮)에 따라 시행해야만 하고, 예(禮)의 규정보다 지나치게 해서는 안 된다는 의미이다.

孔疏 ●"苟亡矣, 斂首足形", 此答貧家也. "亡", 無也, 家無財也, 但使衣衾斂於首足, 形體不令露見而已. "還葬", "還", 便也. 禮雖衆多, 葬日有數. 若貧者斂竟便葬, 不須停殯待其月數足也. "還之言便也", 言已斂卽葬, 不待三月也.

번역 ●經文: "苟亡矣, 斂首足形". ○이 구문은 가난한 집의 경우에 대해서 답해준 것이다. '망(亡)'자는 "없다[無]."는 뜻이니, 가산이 없다면, 단지 시신의 머리와 발에 의복과 이불 등을 이용하여 염(斂)을 해서, 시신의 몸이 밖으로 드러나지 않게만 할 따름이다. '환장(還葬)'에서의 '환(還)'자는 곧바로[便]라는 의미이다. 예(禮)에 따르게 된다면, 비록 여러 절차들이 있게 되고, 장례(葬禮)를 치르는 날에 대해서도 규정이 정해져 있다. 그런데 만약 가난한 자의 경우라면, 염(斂)을 끝내고서 곧바로 장례(葬禮)를 치르는 것으로, 빈소를 마련하여 수개월 동안 기다릴 필요가 없는 것이다. 정현이 "'환(還)'자는 곧바로[便]라는 뜻이다."라고 했는데, 이 말은 염(斂)을 끝내면 곧바로 장례를 치르며, 3개월 동안 기다리지 않는다는 뜻이다.

孔疏 ●"縣棺而封", "封"卽窆, 窆, 下棺內壙中也. 貴者則用碑繂, 若貧而卽葬者, 但手縣棺而下之, 同於庶人, 不待碑繂, 不設碑[4)]繂, 不設碑繂, 不備禮.

번역 ●經文: "縣棺而封". ○'봉(封)'자는 '폄(窆)'자이니, '폄(窆)'자는 관(棺)을 내려서 구덩이 안에 넣는다는 뜻이다. 신분이 존귀한 자의 경우에는 하관을 할 때 비률(碑繂)을 사용하는데, 만약 가난하여 곧바로 장례를 치르는 자의 경우라면, 단지 손으로 관(棺)을 끌어 당겨서 하관을 하니, 서인(庶人)들이 비률(碑繂)을 사용하지 않는 것과 동일하게 하여, 비률(碑繂)을 설치하지 않는 것인데, 비률(碑繂)을 설치하지 않는 것은 예(禮)의 규정대로 갖추지 못하기 때문이다.

孔疏 ◎注"封當"至"作塴". ○正義曰: "春秋傳作塴"者, 按左傳昭十二年, "鄭簡公卒, 將爲葬除. 司墓之室, 有當道者, 毁之, 則朝而塴. 弗毁, 則日中而塴." 杜注云: "司墓之室, 鄭之掌公墓大夫徒屬之家. 塴, 下棺也."

번역 ◎鄭注: "封當"~"作塴". ○정현이 "『춘추전』에서는 '붕(塴)'자로도 기록하였다."라고 했는데, 『좌전』 소공(昭公) 12년의 기록을 살펴보면, "정(鄭)나라 간공(簡公)이 죽자, 장례(葬禮)를 위해 통로를 만들고자 했다. 그런데 사묘(司墓)를 담당하고 있는 자의 집이 있어서, 그 길에 걸리게 되었다. 그래서 그 집을 헐게 되면, 아침나절에 붕(塴)을 할 수 있고, 헐지 않는다면 한낮이 되어서야 붕(塴)을 할 수 있다."[5]라고 했다. 이 문장에 대한 두예의 주에서는 "사묘(司墓)의 집이라고 했는데, 정(鄭)나라에서 군주의 묘(墓)를 담당하는 대부(大夫) 무리의 집을 뜻한다. '붕(塴)'자는 하관을 한다는 뜻이다."라고 했다.

---

4) '비(碑)'자에 대하여. 『십삼경주소(十三經注疏)』 북경대 출판본에서는 "'비(碑)'자는 본래 '비(裨)'자로 기록되어 있었는데, 앞뒤의 기록을 살펴보면, 모두 '비(碑)'로 기록되어 있어서, 이러한 근거에 의해 글자를 고쳤다."라고 했다.

5) 『춘추좌씨전』「소공(昭公) 12년」: 三月, 鄭簡公卒. 將爲葬除, 及游氏之廟, 將毁焉. 子大叔使其除徒執用以立, 而無庸毁, 曰, "子産過女, 而問何故不毁, 乃曰, '不忍廟也. 諾, 將毁矣.'" 既如是, 子産乃使辟之. 司墓之室有當道者, 毁之, 則朝而塴; 弗毁, 則日中而塴.

訓纂 說文: 堋, 葬下土也. 春秋傳曰, "朝而堋." 禮謂之封, 周官謂之窆.

번역 『설문해자』에서 말하길, '붕(堋)'자는 장례(葬禮)를 치르며 구덩이 속에 관(棺)을 내린다는 뜻이다. 『춘추전』에서는 "아침나절에 붕(堋)을 하게 된다."라고 했다. 『예』에서는 '봉(封)'이라고 기록했으며, 『주례』에서는 '폄(窆)'이라고 기록했다.

集解 愚謂: 稱, 隨也. 亡, 無也. 齊, 謂厚薄之劑量也. 毋過禮者, 不可以富而踰禮厚葬也. 斂, 藏也. 斂首足形, 謂衣衾足以藏形體而已, 襲不必三稱, 小斂不必十九稱, 大斂不必三十稱也. 還葬, 斂畢卽葬, 不待三月也. 士葬雖無碑, 而用綍以引棺, 使人郤行而下之. 縣棺而窆者, 謂不用綍而郤行下棺, 但以繩縣棺而下之, 庶人之禮也. 此所言, 謂甚亡者之禮然也. 其餘則亦各視其禮之所當爲, 極其力之所能爲者, 具之而已, 力之所不能及者, 人固不之責也. 蓋君子雖不以天下儉其親, 然無財不可以爲悅, 苟必期於備禮, 則將有取之以非義, 如粥庶母以葬母者矣, 亦豈所以安其親哉.

번역 내가 생각하기에, '칭(稱)'자는 "따른다[隨]."는 뜻이다. '망(亡)'자는 "없다[無]."는 뜻이다. '제(齊)'자는 후하게 하거나 박하게 할지를 재량한다는 뜻이다. '무과례(毋過禮)'라는 말은 부유하다고 해서, 예(禮)를 벗어나서 후하게 장례(葬禮)를 치러서는 안 된다는 뜻이다. '염(斂)'자는 "감싸나[藏]."는 뜻이다. 머리와 다리 및 몸을 감싼다는 말은 의복이나 이불 등으로 신체를 가릴 수 있을 뿐이니, 습(襲)을 3칭(稱)으로 할 필요가 없고, 소렴(小斂)을 19칭(稱)으로 할 필요가 없으며, 대렴(大斂)을 30칭(稱)으로 할 필요가 없다는 뜻이다. '환장(還葬)'은 시신의 신체를 감싸게 되면, 곧바로 장례를 치러서 3개월을 기다리지 않는다는 뜻이다. 사(士) 계급은 장례를 치를 때, 비록 비(碑)를 사용하지 않지만, 율(綍)을 이용해서 관(棺)을 끌어당기며, 사람들로 하여금 물러서게 하고 하관을 하는 것이다. '현관이폄(縣棺而窆)'이라는 말은 율(綍)도 이용하지 않고, 사람들을 물러서게 한 뒤에 하관을 하는 것이니, 단지 새끼줄을 관(棺)에 매달아서 하관을 하는 것으로, 서인(庶人)들이 따르는 예(禮)이다. 이곳에서 말한 내용은 매우 가난한 자가 따르는 예(禮)가 이와 같다는 뜻이다. 그 나머지 경우에는 또한 각자 예(禮)의 규정에서 마땅히 시행해야 하는 것들을 살펴서, 자신이 할 수 있는 역량을 다하여, 그것들을 갖춰야 할 따름이니, 역량이 미치지 못하는 경우라면, 사람들은 진실로 그를 책망하지 않는다. 무릇 군자(君子)는 비록 천하 사람들 때문에, 자신의 부모에게 너무 검소하게만 대하지 않는다고 하였고,[6] 재화가 없는 것을 흡족하게 여기지 않았지만,[7] 만약 예(禮)의 규정대로 갖추기만을 기필하게 된다면, 장차 의(義)롭지 않은 것을 통해 취하게 되는 경우도 생기니, 마치 서모(庶母)를 팔아서 자신의 모친에 대한 장례를 치르는 경우와 같게 될 것이다.[8] 따라서 이러한 경우가 어찌 그 부모를 편안하게 전송하는 것이라고 할 수 있겠는가?

---

6) 『맹자』「공손추하(公孫丑下)」： 且比化者無使土親膚, 於人心獨無恔乎? 吾聞之也, 君子不以天下儉其親.

7) 『맹자』「공손추하(公孫丑下)」： 不得, 不可以爲悅, 無財, 不可以爲悅. 得之爲有財, 古之人皆用之, 吾何爲獨不然?

8) 『예기』「단궁상」【91b～c】： 子柳之母死, 子碩請具. 子柳曰: “何以哉?” 子碩曰: “請粥庶弟之母.” 子柳曰: “如之何其粥人之母以葬其母也? 不可.” 既葬, 子碩欲以賻布之餘具祭器. 子柳曰: “不可. 吾聞之也, 君子不家於喪. 請班諸兄弟之貧者.”

• 제 87 절 •

습(襲)에 대한 규정

【99b】

司士賁告於子游曰: "請襲於牀." 子游曰: "諾." 縣子聞之曰: "汰哉叔氏! 專以禮許人."

직역 司士賁이 子游에 告하여 曰, "請컨대 牀에서 襲하고자 합니다." 子游가 曰. "諾라." 縣子가 聞하고 曰, "汰哉라 叔氏여! 專히 禮로써 人을 許하는구나."

의역 사사(司士)를 맡고 있던 분(賁)이 자유(子游)에게 자문을 구하며, "저는 침상에서 시신에 대한 습(襲)을 하고자 합니다. 괜찮습니까?"라고 했다. 그러자 자유(子游)는 "괜찮다."라고만 대답하였다. 현자(縣子)가 그 말을 듣고, "너무나 거만하구나 자유여! 마치 자기가 예(禮)의 규범인 것처럼 제 마음대로 허락을 해주었구나."라고 비난했다.

集說 賁, 司士之名也. 禮, 始死, 廢牀而置尸於地, 及復而不生, 則尸復登牀. 襲者, 斂之以衣也. 沐浴之後, 商祝襲祭服褖衣, 蓋布於牀上也, 飯含之後, 遷尸於襲上而衣之, 襲於牀者, 禮也, 後世禮失而襲於地則褻矣. 司士知禮而請於子游, 子游不稱禮而答之以諾, 所以起縣子之譏也. 汰, 矜大也. 言凡有諮問禮事者, 當據禮答之, 子游專輒許諾, 則如禮自己出矣, 是自矜大也. 叔氏, 子游字.

번역 '분(賁)'은 사사(司士)라는 관직을 맡고 있던 자의 이름이다. 예법에 따르면, 어떤 자가 이제 막 죽었을 때, 침상을 치우고 땅바닥에 시신을 내려놓으며, 초혼을 했는데도 다시 살아나지 않는다면, 시신을 다시 침상에 올려두게 된다. '습(襲)'이라는 것은 옷으로 시신을 감싼다는 뜻이다. 시신을 목욕시킨 이후에 상축(商祝)은 제복(祭服)과 단의(褖衣)[1]로 습(襲)을 하게 되니, 무릇 침상 위에 그 옷들을 펴두게 되고, 시신의 입에 쌀 등을 채운 이후에, 옷을 펼쳐둔 곳 위로 시신을 옮겨서, 시신의 몸에 옷을 걸치게 되니, 침상에서 습(襲)을 하는 것이 올바른 예(禮)이다. 그런데 후세 사람들은 실례(失禮)를 범하여, 땅에서 습(襲)을 하였으니, 예(禮)에 대해서 무람되게 한 것이다. 사사(司士)는 예(禮)를 알고 있어서, 자유(子游)에게 청원을 했던 것인데, 자유는 예(禮)의 근거를 일컫지 않고, 대답을 하며 허락한다고만 했으니, 이것이 바로 현자(縣子)가 기롱을 하게 된 이유이다. '태(汰)'자는 지나치게 자만한 것을 뜻한다. 즉 무릇 예(禮)와 관련된 일에 대해서 자문을 구하는 자가 있다면, 마땅히 예(禮)에 근거해서 대답을 해주어야 하는데, 자유는 자기 마음대로 허락을 했으니, 마치 예(禮)의 규정이 자기로부터 나온 것처럼 한 것으로, 이것은 제 스스로 지나치게 거만하게 행동한 것이라는 뜻이다. '숙씨(叔氏)'는 자유의 자(字)이다.

鄭注 時失之也, 禮: 唯始死廢牀. 當言禮然, 言諾, 非也. 叔氏, 子游字.

번역 당시에는 침상에서 습(襲)을 하는 예(禮)에 대해서 실례(失禮)를 범하고 있었으니, 예법에 따른다면, 단지 어떤 자가 이제 막 죽었을 때에만 침상을 치우는 것이다. 마땅히 예(禮)에 따르면 그렇게 해야 한다고 말해야 하는데, 괜찮다고만 말했으니, 잘못된 것이다. '숙씨(叔氏)'는 자유(子游)의 자(字)이다.

釋文 賁音奔, 人名. 汰, 本又作"大", 音泰, 自矜大.

---

1) 단의(褖衣)는 흑색의 천으로 상의와 하의를 만들고, 붉은색으로 가장자리에 단을 댄 옷이다. 『의례』「사상례(士喪禮)」편에는 '단의'가 기록되어 있는데, 이에 대한 정현의 주에서는 "黑衣裳赤緣謂之褖."이라고 풀이했다.

번역 '賁'자의 음은 '奔(분)'이고, 사람의 이름이다. '汰'자는 판본에 따라서 또한 '大'자로도 기록하는데, 그 음은 '泰(태)'이고, 제 스스로 거만하게 구는 것이다.

孔疏 ●"司士"至"許人". ○正義曰: 此一節論不可以禮許人之事. 按喪大記始死廢牀, 至遷尸及襲, 皆在於牀. 當時失禮, 襲在於地, 故司士賁告子游. "子游曰諾"者, 子游知襲在牀爲是, 故以許諾之. "縣子聞之, 曰: 汰哉, 叔氏! 專以禮許人", 汰, 自矜大也. 叔氏, 子游別字也. 言凡有來諮禮事, 當據禮以答之. 今子游不據前禮以答之, 專輒許諾, 如似禮出於己, 是自矜大, 故縣子聞而譏之曰"汰哉". 當言禮也, 言諾, 非禮也.

번역 ●經文: "司士"~"許人". ○이곳 문단은 예(禮)에 따라 남에게 대답을 해주지 못했던 사안을 논의하고 있다. 『예기』「상대기(喪大記)」편을 살펴보면, 어떤 자가 이제 막 죽었을 때 침상을 치우고, 시신을 옮기고 습(襲)을 할 때에는 모두 침상 위에서 하게 된다.[2] 당시에는 실례(失禮)를 범하여, 땅바닥에서 습(襲)을 했다. 그렇기 때문에 사사(司士)를 맡고 있던 분(賁)이 자유(子游)에게 자문을 구했던 것이다. 경문의 "子游曰諾"에 대하여. 자유(子游)는 침상 위에서 습(襲)을 하는 것이 옳다는 사실을 알고 있었기 때문에, 물어온 일에 대해서 허락을 했던 것이다. 경문의 "縣子聞之, 曰: 汰哉, 叔氏! 專以禮許人"에 대하여. '태(汰)'자는 제 스스로 거만하게 구는 것을 뜻한다. '숙씨(叔氏)'는 자유(子游)의 또 다른 자(字)이다. 즉 이 말은 자신에게 찾아와서 예(禮)와 관련된 일을 자문하게 된다면, 마땅히 예(禮)의 규정을 제시하여 대답을 해야 하는데, 현재 자유는 앞서 예(禮)에 대한 전거를 제시해서 대답을 해주지 않고, 제 마음대로 허락을 해주었으니, 마치 예(禮)가 자신으로부터 비롯된 것처럼 한 것이다. 이것은 제 스스로 거

2) 『예기』「상대기(喪大記)」【526a】: 疾病, 外內皆埽. 君大夫徹縣, 士去琴瑟. 寢東首於北牖下. 廢牀, 徹褻衣, 加新衣, 體一人. 男女改服. 屬纊以俟絶氣. 男子不死於婦人之手, 婦人不死於男子之手.

만하게 구는 것에 해당한다. 그렇기 때문에 현자(縣子)는 이 말을 듣고서 자유를 기롱하며, "거만하구나!"라고 말했다는 뜻이다. 따라서 현자의 말이 갖는 의미는 마땅히 예(禮)의 규정에 대해서 일러주어야 하는 것이니, 허락한다고만 말했다면 비례(非禮)에 해당한다는 뜻이다.

訓纂 釋名: 衣尸曰襲. 襲, 匝也. 以衣周匝覆衣之也.

번역 『석명』에서 말하길, 시신에 옷을 입히는 것을 '습(襲)'이라고 부른다. '습(襲)'자는 둘레[匝]라는 뜻이다. 옷으로 시신을 전체적으로 감싸서 뒤덮고, 옷을 걸치도록 하는 것이다.

集解 愚謂: 司士, 夏官之屬. 賁蓋以官爲氏者.

번역 내가 생각하기에, '사사(司士)'는 『주례』에 따르면 하관(夏官)에 속하는 관속이다.[3] 분(賁)은 아마도 관직명으로 자신의 씨(氏)를 삼은 자인 것 같다.

---

3) 『주례』「하관사마(夏官司馬)」: 司士, 下大夫二人, 中士六人, 下士十有二人, 府二人, 史四人, 胥四人, 徒四十人.

• 제 88 절 •

명기(明器)에 대한 법도 Ⅱ

【99c】

宋襄公葬其夫人, 醯醢百甕. 曾子曰: "旣曰明器矣, 而又實之."

직역 宋襄公이 그 夫人을 葬하며, 醯醢를 百甕이라. 曾子가 曰, "旣히 明器라 曰한데, 又히 實이구나."

의역 송(宋)나라 양공(襄公)이 그의 부인에 대한 장례(葬禮)를 치렀는데, 젓갈을 담은 옹기를 100개나 마련하였다. 증자(曾子)가 이 일을 두고 말하길, "이미 명기(明器)라 불렀는데도, 또한 그 속을 모두 채웠으니, 비례(非禮)이다."라고 했다.

集說 夏禮專用明器, 而實其半, 虛其半; 殷人全用祭器, 亦實其半; 周人兼用二器, 則實人器而虛鬼器.

번역 하(夏)나라 때의 예법에 따르면, 장례(葬禮)를 치를 때 함께 부장하는 물건으로는 오로지 명기(明器)만을 사용했고, 또한 그 반만을 채웠으며, 반은 비워두었다. 은(殷)나라 때에는 전적으로 제기(祭器)만을 사용했지만, 또한 그 반만을 채웠다. 주(周)나라 때에는 두 기물을 모두 사용했으니, 인기(人器)에 해당하는 제기는 가득 채웠고, 귀기(鬼器)에 해당하는 명기는 비워두었다.

大全 馬氏曰: 旣夕禮言陳明器, 亦有黍稷醯醢酒醴以實之. 宋襄公之葬夫人醯醢百甕, 蓋譏其多於禮, 可也. 以爲明器而不當實之, 則非矣. 由是觀之, 豈曾子言殷人之禮有祭器, 而不必實明器也歟?

번역 마씨가 말하길, 『의례』「기석례(旣夕禮)」편에서는 명기(明器)를 진설한다고 했고, 또한 서직(黍稷)이나 젓갈류, 술 등으로 그것들을 채운다고 했다.[1] 송(宋)나라 양공(襄公)은 그의 부인에 대한 장례(葬禮)를 치르면서, 젓갈류를 담은 옹기를 100개나 마련했는데, 아마도 예(禮)의 허용범위보다 많이 준비한 것을 기롱한 것으로 여기는 것은 괜찮지만, 그 옹기를 명기(明器)로 여겨서 마땅히 채워서는 안 된다고 해석한다면 잘못된 것이다. 이를 통해 살펴본다면, 어찌 증자(曾子)가 은(殷)나라 때의 예(禮)에서는 제기(祭器)만을 두었고, 명기(明器)를 채울 필요가 없다고 말한 것이겠는가?

鄭注 言名之爲明器, 而與祭器皆實之, 是亂鬼器與人器.

번역 그 옹기들을 명기(明器)라고 불렀는데도, 제기(祭器)와 마찬가지로 모두 채웠으니, 이것은 귀기(鬼器)와 인기(人器)의 구분을 문란하게 만든 것이다.

釋文 醯, 呼兮反. 醢音海. 甕, 烏弄反.

번역 '醯'자는, '呼(호)'자와 '兮(혜)'자의 반절음이다. '醢'자의 음은 '海(해)'이다. '甕'자는 '烏(오)'자와 '弄(롱)'자의 반절음이다.

孔疏 ●"宋襄"至"實之". ○正義曰: 此一節論宋襄公失禮之事. 按春秋宋襄公卒在僖二十三年. 按文十六年傳云, 宋昭公將田孟諸, 未至, 襄夫人, 周襄

---

1) 『의례』「기석례(旣夕禮)」: 陳明器于乘車之西. 折橫覆之. 抗木橫三縮二. 加抗席三. 加茵, 用疏布, 緇翦, 有幅, 亦縮二橫三. 器, 西南上, 綪. 茵. 苞二. 筲三, 黍, 稷, 麥. 甕三, 醯·醢·屑, 冪用疏布. 甒二, 醴·酒, 冪用功布. 皆木桁久之.

王之姊, 使甸師攻而殺之. 則宋襄公夫人卒在襄公後, 其年極多. 此得云"宋襄公葬其夫人"者, 蓋襄公初取夫人死在襄公之時, 故得葬之, 其後取夫人, 是襄王之姊, 死在襄公之後, 義不相妨.

번역 ●經文: "宋襄"~"實之". ○이곳 문단은 송(宋)나라 양공(襄公)이 실례(失禮)를 범한 사안에 대해서 논의하고 있다. 『춘추』를 살펴보면, 송(宋)나라 양공이 죽은 것은 노(魯)나라 희공(僖公) 23년에 일어났다. 문공(文公) 16년에 대한 『좌전』의 기록을 살펴보면, 송(宋)나라 소공(昭公)은 맹제(孟諸)에서 사냥을 하였는데, 그 장소에 이르기도 전에, 양부인(襄夫人) 즉 주(周) 왕실 양왕(襄王)의 자매가 전사(甸師)를 시켜서 공격을 하여, 그를 죽이도록 했다고 했으니,[2] 송(宋)나라 양공(襄公)의 부인이 죽은 것은 양공이 죽은 이후로, 그 시간적 차이가 매우 크다. 그런데 이곳 문장에서 "송(宋)나라 양공(襄公)이 그의 부인을 장례(葬禮)지냈다."라고 기록할 수 있었던 이유는 아마도 양공이 처음 부인으로 맞았던 여자가 양공이 통치하던 때 죽었기 때문에, 장례를 지낼 수 있었던 것이고, 그 이후에 재취를 한 부인은 곧 주나라 양왕(襄王)의 자매로, 양공이 죽은 이후에 죽었던 것이다. 따라서 그 의미가 서로 방해가 되는 것이 아니다.

孔疏 ●"曾子曰: 旣曰明器, 而又實之"者, 曾子不譏器之多, 但譏其實爲非也. 言旣曰神明之器, 當虛也, 故譏云"而又實之"也. "言名之爲明器, 而與祭器皆實之, 是亂鬼器與人器也", 按旣夕禮"陳明器" 後云: "無祭器." 鄭云: "士禮略也, 大夫以上兼用鬼器與人器." 若此, 大夫諸侯並得人鬼兼用, 則空鬼而實人, 故鄭云"與祭器皆實之, 是亂鬼器與人器"也. 士旣無人器, 則亦實明器, 故旣夕禮云: "甕三, 醯·醢·屑." 又云: "甒二, 醴·酒也." 若夏后氏專用明器, 則分半以實之. 殷人全用祭器, 則亦分半以虛之. 周人兼用明器·人

2) 『춘추좌씨전』「문공(文公) 16년」: 冬十一月甲寅, 宋昭公將田孟諸, 未至, 夫人王姬帥甸攻而殺之. 蕩意諸死之. 書曰"宋人弑其君杵臼", 君無道也. 文公卽位, 使母弟須爲司城. 華耦卒, 而使蕩虺爲司馬.

器, 人器實之, 明器虛之.

번역 ●經文: "曾子曰: 既曰明器, 而又實之". ○증자(曾子)는 기물이 많은 것을 기롱한 것이 아니고, 단지 옹기를 채운 것이 잘못되었다고 기롱한 것이다. 즉 이미 신명(神明)이 사용하는 기물이라고 말했다면, 마땅히 비워두어야 하는 것이다. 그렇기 때문에 기롱을 하며 "또한 채워두었구나."라고 말한 것이다. 정현이 "그 옹기들을 명기(明器)라고 불렀는데도, 제기(祭器)와 마찬가지로 모두 채웠으니, 이것은 귀기(鬼器)와 인기(人器)의 구분을 문란하게 만든 것이다."라고 했는데, 『의례』「기석례(既夕禮)」편을 살펴보면, "명기(明器)를 진설한다."라고 했고, 그 뒤에서는 "제기(祭器)는 없다."라고 했다.[3] 이 문장에 대해 정현은 "사(士) 계층이 따르는 예법은 간략하기 때문이다. 대부(大夫) 이상의 계층에서는 귀기(鬼器)와 인기(人器)를 모두 사용한다."라고 했다. 만약 정현의 말대로라면, 대부와 제후는 귀기(鬼器)와 인기(人器)를 모두 사용할 수 있게 되니, 귀기(鬼器)는 비워두고 인기(人器)는 채우는 것이다. 그렇기 때문에 정현은 "제기(祭器)와 마찬가지로 모두 채웠으니, 이것은 귀기(鬼器)와 인기(人器)의 구분을 문란하게 만든 것이다."라고 말한 것이다. 사(士) 계급의 장례에는 인기(人器)가 없다고 했으니, 또한 명기(明器)를 채우게 된다. 그렇기 때문에 「기석례」편에서는 "옹(罋) 3개에는 혜(醯)·해(醢)·설(屑)을 채운다."라고 했던 것이고, 또 "무(甒) 2개에는 례(醴)와 주(酒)를 채운다."라고 했던 것이다. 만약 하후씨(夏后氏) 때처럼 전적으로 명기(明器)만을 사용하는 경우라면, 반을 나눠서 반만을 채우게 된다. 그리고 은(殷)나라 때처럼 전적으로 제기(祭器)만을 사용하는 경우라면, 이 경우에도 또한 반을 나눠서 반은 비워두었던 것이다. 그러나 주(周)나라 때처럼 명기(明器)와 인기(人器)를 함께 사용하게 된다면, 인기(人器)는 채워두고, 명기(明器)는 비워두게 된다.

---

3) 『의례』「기석례(既夕禮)」: 陳明器于乘車之西. 折橫覆之. 抗木橫三縮二. 加抗席三. …… 無祭器, 有燕樂器可也. 役器, 甲·胄·干·笮. 燕器, 杖·笠·翣.

• 제89절 •

부의(賻儀)에 대한 법도 Ⅲ

【99d】

孟獻子之喪, 司徒旅歸四布.[1] 夫子曰: "可也."

직역 孟獻子의 喪에, 司徒旅가 四에 布를 歸했다. 夫子가 曰, "可라."

의역 맹헌자(孟獻子)의 상(喪)에서, 그의 가신인 사도(司徒)는 그 휘하의 하사(下士)들을 시켜서, 부의로 들어왔던 재화 중 남은 것들을 부의를 보내준 사방의 여러 사람들에게 되돌려주도록 했다. 그 모습을 본 공자(孔子)는 "염치를 차릴 줄 아니, 참으로 좋구나."라고 칭찬했다.

集說 疏曰: 送終旣畢, 賻布有餘, 其家臣司徒承主人之意, 使旅下士歸還四方賻主人之泉布. 時人皆貪, 而獻子家獨能如此, 故夫子曰"可也", 善其能廉. 左傳叔孫氏之司馬鬷戾, 是家臣亦有司徒・司馬也.

번역 공영달(孔穎達)의 소(疏)에서 말하길, 죽은 자를 전송하는 일이 끝나면, 부의로 들어왔던 재화들 중 남은 것들에 대해서는 그 가신(家臣)인

---

1) '사도려귀사포(司徒旅歸四布)'에 대하여. 완원(阮元)의 『교감기(校勘記)』에서는 "『고문(考文)』에서 인용하고 있는 『고본(古本)』과 『족리본(足利本)』에는 '사도경자사려귀사포(司徒敬子使旅歸四布)'로 기록하고 있다. 『정의(正義)』의 내용을 살펴보면, 수차례 경자(敬子)라고 기록했으니, 이것은 황간(皇侃) 및 웅안생(熊安生)이 말한 옛 기록과 같은 것으로, 경문 문장 중에 이 자의 이름이 기록되어 있지 않았다면, 공영달(孔穎達)의 소(疏)에서 어찌 공허한 말을 했겠는가?"라고 했다.

사도(司徒)가 주인(主人)의 뜻을 받들어서, 여러 하사(下士) 무리들을 시켜 주인에게 부의를 보냈던 사방의 여러 사람들에게 부의를 되돌려주도록 한다. 당시 사람들은 모두들 탐욕스러웠지만, 맹헌자(孟獻子)의 집에서는 유독 이처럼 할 수 있었다. 그렇기 때문에 공자(孔子)가 "좋구나."라고 말한 것이니, 그들이 염치를 차릴 줄 알았던 것을 칭찬한 말이다. 『좌전』에서는 '숙손씨(叔孫氏)의 사마(司馬)인 종려(鬷戾)'라는 기록이 나오는데,[2) 이 말은 곧 가신(家臣)들 중에는 또한 군주와 마찬가지로 사도(司徒)나 사마(司馬) 등의 직책을 가진 자들이 있었음을 뜻한다.

大全 長樂陳氏曰: 知死者贈, 知生者賻. 贈賻之餘, 君子不可利於己, 亦不可歸於人. 利於己, 則啓天下家喪之心, 歸於人, 則絶天下恤喪之禮. 與其利於己, 寧歸於人, 與其歸於人, 寧班諸兄弟之貧者. 孟獻子之喪, 司徒旅歸四布, 孔子可之, 以其賢乎己者而已, 不若班諸貧者爲盡善也.

번역 장락진씨가 말하길, 죽은 자와 알고 지내던 자가 부의를 보내는 것은 '증(贈)'이라고 부르며, 상(喪)을 치르는 자들을 알고 지내던 자가 부의를 보내는 것은 '부(賻)'라고 부른다. 증부(贈賻)로 보내온 것들 중 상(喪)을 치르고 남은 것들에 대해서, 군자(君子)는 자신을 이롭게 하는데 쓰지 않았고, 또한 남에게도 되돌려주지 않았다. 자신을 이롭게 하는데 쓴다면, 천하 사람들에게 상(喪)을 통해 가산을 증식하는 마음을 열어주게 되고, 남에게 되돌려준다면, 천하 사람들에게 상(喪)에 대해 구휼하는 예(禮)를 없애는 꼴이 된다. 그러나 자신을 이롭게 하는데 쓰기보다는 차라리 남에게 되돌려주는 것이 낫고, 남에게 되돌려주기보다는 차라리 형제들 중 가난한 자들에게 나눠주는 것이 낫다. 맹헌자(孟獻子)의 상(喪)에서 사도(司徒)가 여러 무리들을 시켜서 부의를 보내온 사방의 사람들에게 되돌려주게 했고, 이 일을 두고 공자(孔子)는 칭찬을 했던 것은 자신을 이롭게 하는데

---

2) 『춘추좌씨전』「소공(昭公) 25년」 : 叔孫氏之司馬鬷戾言於其衆曰, "若之何?" 莫對.

쓰는 것보다 현명한 행동이었기 때문이지만, 형제들 중 가난한 자에게 나눠주는 것을 매우 칭찬했던 것만 못한 것이다.[3)]

鄭注 獻子, 魯大夫仲孫蔑. 旅, 下士也. 司徒使下士歸四方之賻布. 時人皆貪, 善其能廉.

번역 '헌자(獻子)'는 노(魯)나라 대부(大夫)인 중손멸(仲孫蔑)이다. '려(旅)'자는 하사(下士)들을 뜻한다. 사도(司徒)가 하사(下士)들을 시켜서 부의를 보내온 사람들에게 되돌려주도록 했던 것이다. 당시 사람들은 모두 탐욕스러웠으므로, 공자(孔子)는 그가 염치를 차릴 수 있다는 점에 대해 칭찬을 한 것이다.

孔疏 ●"孟獻"至"可也". ○正義曰: 此一節論喪不貪利之事. 孟獻子之喪, 送終旣具, 賻布有餘, 其家臣司徒敬子稟承主人之意, 使旅下士歸還四方賻主人之泉布也. 謂"四方賻"者, 泉布本助喪用, 今旣有餘, 故歸還之也. 時人皆貪, 獻子之家獨能如此, 故夫子曰: "可也." 善其能廉. 皇氏以爲獻子有餘布, 歸之於君, 君令國之司徒歸賻於四方. 按春秋魯上卿季氏也, 仲孫蔑之卒, 季氏無謚曰敬子者, 皇氏之言非也. 熊氏以爲獻子家臣爲司徒, 故左傳"叔孫氏之司馬鬷戾", 是家臣亦有司徒司馬也.

번역 ●經文: "孟獻"~"可也". ○이곳 문단은 상(喪)을 치를 때 이로움을 탐하지 않는다는 사안에 대해서 논의하고 있다. 맹헌자(孟獻子)의 상(喪)에서, 죽은 자를 전송하는 물품들이 이미 갖춰져서, 부의로 보내온 재화들이 남게 되었는데, 그의 가신(家臣)인 사도(司徒) 경자(敬子)는 주인(主人)의 뜻을 받들어서, 하사(下士) 무리들을 시켜, 주인에게 부의를 보내

---

3) 『예기』「단궁상」【91b~c】: 子柳之母死, 子碩請具. 子柳曰: "何以哉?" 子碩曰: "請粥庶弟之母." 子柳曰: "如之何其粥人之母以葬其母也? 不可." 旣葬, 子碩欲以賻布之餘具祭器. 子柳曰: "不可. 吾聞之也, 君子不家於喪. 請班諸兄弟之貧者."

온 사방의 여러 사람들에게 그 재화를 되돌려주도록 시켰다. '사방에서 보내온 부의'라고 하였는데, 부의로 보내온 재화는 본래부터 상(喪)에서 필요로 한 것들을 돕기 위한 것이다. 그런데 현재 그것들이 남게 되었으므로, 되돌려주었던 것이다. 당시 사람들은 모두 탐욕스러웠지만, 맹헌자의 집에서만 유독 이처럼 할 수 있었다. 그렇기 때문에 공자(孔子)가 "좋구나."라고 말한 것이니, 염치를 차릴 수 있었던 점을 칭찬한 것이다. 황간은 맹헌자에게 부의로 보내온 것 중 남은 것들이 있어서, 군주에게 보냈고, 군주는 자신의 국가에 있는 사도(司徒)에게 명령하여, 사방에 그 부의로 보내온 재화를 되돌려주도록 시켰다는 뜻으로 여겼다. 『춘추』를 살펴보면, 노(魯)나라의 상경(上卿)으로는 계씨(季氏)가 있었는데, 중손멸(仲孫蔑)이 죽었을 때, 계씨(季氏) 중에는 시호(謚號)를 경자(敬子)로 쓰는 자가 없었으니, 황간의 주장은 잘못되었다. 웅안생은 헌자(獻子)의 가신(家臣) 중 사도(司徒)를 맡고 있었던 자라고 여겼다. 그렇기 때문에 『좌전』에는 '숙손씨(叔孫氏)의 사마(司馬)인 종려(鬷戾)'라는 기록이 있는 것이니, 이 말은 가신(家臣) 중에는 또한 사도(司徒)와 사마(司馬)의 직함을 가진 자들이 있었다는 뜻을 나타낸다.

訓纂 彬謂: 足利本作"司徒敬子使旅歸四方布." 案正義亦有"賻布有餘, 其家臣司徒敬子稟承主人之意, 使旅下士歸還四方賻主人之泉布", 是有"敬子"·"使"·"方"字

번역 내가 생각하기에, 『족리본(足利本)』에는 '사도경자사려귀사방포(司徒敬子使旅歸四方布)'라고 기록되어 있다. 『정의(正義)』를 살펴보더라도 또한 "부의로 보내온 재화가 남아서, 그의 가신(家臣) 사도(司徒) 경자(敬子)가 주인의 뜻을 받들어서, 하사(下士) 무리들로 하여금 주인에게 부의를 보내온 사방의 사람들에게 되돌려주었다."라고 하여, '경자(敬子)'·'사(使)'·'방(方)'자가 나타난다.

集解 愚謂: 周禮宰夫, "諸大夫之喪, 使其旅帥有司而治之." 宰夫在天子爲冢宰之考, 諸侯以司徒兼冢宰, 則宰夫屬於司徒. 其治大夫之喪者, 乃司徒之旅也, 故主爲孟氏歸四布. 四布, 謂四方之賻布. 歸之者, 以喪用之餘還其人也. 可也者, 善其不家於喪.

번역 내가 생각하기에, 『주례』「재부(宰夫)」편에서는 "대부(大夫)들의 상(喪)에 대해서는 려(旅)들을 시켜서 유사(有司)를 통솔하여 일을 치르도록 한다."[4]라고 했다. 재부(宰夫)는 천자(天子)에게 있어서는 총재(冢宰)에게 포함된 관속이고, 제후(諸侯)의 경우 사도(司徒)가 총재(冢宰)의 일까지도 겸직했다고 한다면, 제후에게 있던 재부(宰夫)는 사도(司徒)에게 소속되어 있었던 것이다. 대부(大夫)의 상(喪)을 치르는 자들은 곧 사도(司徒)의 려(旅)가 된다. 그렇기 때문에 맹씨(孟氏)를 위해 사포(四布)를 돌려보내는 일을 주관했던 것이다. '사포(四布)'라는 것은 사방에서 들어온 부의이다. 돌려보냈다는 것은 상(喪)을 치르고 남은 것들을 보내온 사람들에게 돌려준다는 뜻이다. '가야(可也)'라는 말은 상(喪)을 통해 가산을 늘리지 않았던 점을 칭찬한 말이다.

集解 司徒, 皇氏以爲國之司徒, 熊氏以爲家臣之司徒. 左傳昭二十五年, 叔孫有司馬鬷戾. 旣有司馬, 則亦有司徒. 但此司徒有旅, 則疑國之司徒耳. 孔氏以司徒爲家臣司徒敬子, 又謂魯司徒爲季氏, 季氏無諡敬子者, 以此駁皇氏之說. 案記但言司徒, 初不言司徒敬子, 而疏說如此, 殊不可解也.

번역 사도(司徒)에 대해, 황간은 제후국에 있는 사도(司徒)로 여겼고, 웅안생은 가신(家臣) 중의 사도(司徒)라고 여겼다. 『좌전』 소공(昭公) 25년 기록에도 숙손(叔孫)에게는 사마(司馬)인 종려(鬷戾)가 있었다고 했다. 이미 사마(司馬)라는 가신(家臣)이 있었다면, 또한 사도(司徒)라는 가신(家臣)도 있었던 것이다. 다만 이곳 문장에서는 사도(司徒)에게 려(旅)가 있었

---

4) 『주례』「천관(天官)・재부(宰夫)」 : 三公・六卿之喪, 與職喪帥官有司而治之. <u>凡諸大夫之喪, 使其旅帥有司而治之</u>.

다고 했으므로, 제후국에 있었던 사도(司徒)로 추정될 따름이다. 공영달은 사도(司徒)를 가신(家臣) 중의 사도(司徒)인 경자(敬子)라고 여겼고, 또 노(魯)나라 사도(司徒)라는 관직은 계씨(季氏)가 담당하였는데, 계씨(季氏) 중에는 시호를 경자(敬子)로 쓰는 자가 없다고도 하였다. 그리고 이러한 말을 통해 황간의 주장을 반박했다. 『예기』를 살펴보면, 단지 '사도(司徒)'라고만 기록하였고, 애초부터 사도(司徒)인 경자(敬子)라고는 언급하지 않았는데, 소(疏)에서 이처럼 주장한 것은 이해할 수가 없다.

【100a】

讀賵, 曾子曰: "非古也, 是再告也."

직역 賵을 讀함에, 曾子가 曰. "古가 非이니, 是는 再히 告함이다."

의역 장례(葬禮) 행렬이 출발하게 될 때, '봉(賵)'에 대해서 읽는데, 증자(曾子)가 그것을 보고 "이처럼 하는 것은 고대의 예법이 아니니, 이것은 두 차례 아뢰는 것이다."라고 했다.

集說 車馬曰賵, 賵所以助主人之送葬也. 既受則書其人名與其物於方板, 葬時柩將行, 主人之史請讀此方版所書之賵, 蓋於柩東西面而讀之. 古者奠之而不讀, 周則既奠而又讀焉, 故曾子以爲再告也.

번역 부의로 수레나 말을 보내는 것을 '봉(賵)'이라고 부르니, '봉(賵)'이라는 것은 상주(喪主)가 장례(葬禮) 행렬을 전송하는 것을 돕는 방법이다. 이미 그것을 받았다면, 그 사람의 이름과 그가 부의로 보낸 물건을 나무판에 기록하게 되고, 장례를 치를 때, 영구(靈柩)가 떠나려고 하면, 상주의 기록 담당관은 이러한 나무판에 기록한 봉(賵)에 대해서 읽기를 청원하게 되니, 아마도 영구의 동서쪽에서 이 기록을 읽었을 것이다. 고대에는 그것을 진열해두었고 읽지 않았는데, 주(周)나라에 이르게 되면, 진열해두었고, 또한 진열해둔 것을 읽었다. 그렇기 때문에 증자(曾子)는 두 차례 아뢰는 것이 된다고 여긴 것이다.

大全 臨川吳氏曰: 按士喪禮下篇, 祖奠畢, 公賵, 賓賵, 其時賵者, 已致命於柩, 凡所賵之物, 書之於方, 及次日遣奠畢, 苞牲行器之後, 主人之史讀賵, 若欲神一一知之. 前旣致命, 今又讀之, 是再告於神也. 蓋古者但有賵時致命之禮, 無後來再讀之禮, 故曾子以爲非古.

번역 임천오씨가 말하길, 『의례』「사상례(士喪禮)」 하편을 살펴보면, 조전(祖奠)이 모두 끝난 뒤에는 군주가 보낸 봉(賵)이라는 것도 있고,[5] 빈객이 보낸 봉(賵)이라는 것도 있는데,[6] 봉(賵)을 할 때에는 이미 영구(靈柩)에서 그 말을 전달하게 되니, 봉(賵)으로 받은 물건들은 나무판에 기록하고, 다음날 견전(遣奠)을 끝내게 되면, 희생물의 고기를 포장하고, 행차할 때의 기물들을 마련한 이후, 상주(喪主)의 기록관은 봉(賵)에 대해서 읽으니, 마치 신령으로 하여금 일일이 알게 하고자 하는 것과 같은 것이다. 그보다 앞서 영구에 말을 전달하였고, 현재 재차 그 기록을 읽게 되니, 이것이 바로 신(神)에게 재차 아뢴다는 뜻이다. 무릇 고대에는 단지 봉(賵)을 할 때 영구에서 말을 전달하는 예(禮)만 있었고, 그 이후에 재차 그 기록을 읽는 예(禮)가 없었다. 그렇기 때문에 증자(曾子)는 고대의 예법이 아니라고 여겼던 것이다.

鄭注 曾子言非禮, 祖而讀賵, 致命將行, 主人之吏又讀賵, 所以存錄之.

번역 증자(曾子)는 비례(非禮)가 된다고 말한 것이니, 조(祖)를 하고 봉

---

5) 『의례』「기석례(旣夕禮)」 : 公賵, 玄纁束, 馬兩.

6) 『의례』「기석례(旣夕禮)」 : 賓賵者, 將命. 擯者出請, 入告, 出告須.

(賵)을 읽고, 말을 전달하고서 행차를 떠나려고 하면, 상주(喪主)의 기록관은 또한 봉(賵)을 읽으니, 그것을 보존하여 기록해두기 위해서이다.

訓纂 說文新附: 賵, 贈死者, 從貝從冒. 冒者, 衣衾覆冒之意.

번역 『설문신부(說文新附)』에서 말하길, '봉(賵)'이라는 것은 죽은 자에 대해 부의를 보내는 것이니, '패(貝)'자와 '모(冒)'자를 구성요소로 한다. '모(冒)'라는 것은 의복이나 이불 등으로 시신을 감싼다는 뜻이다.

集解 愚謂: 以車馬送死者曰賵. 讀賵, 謂書賵物於方, 將行, 主人之史當柩東前束讀之也. 然致賵之賓奉幣嚮殯將命, 是已告於死者矣, 至將行而又讀之, 故曾子以爲再告. 古, 謂殷時也. 殷禮不讀賵, 至周禮始有之, 而曾子譏其禮之繁也.

번역 내가 생각하기에, 죽은 자를 전송할 때 사용하도록 수레나 말 등을 보내는 것을 '봉(賵)'이라고 부른다. '봉(賵)'을 읽는다는 것은 나무판에 봉(賵)으로 받은 물건들을 기록해두었다가 장례(葬禮) 행렬을 시작하려고 할 때, 상주(喪主)의 기록관이 영구(靈柩)의 동쪽 앞에서 그 기록을 읽게 된다는 뜻이다. 그러나 봉(賵)을 전달하는 빈객은 폐물을 받들고서 빈소를 향하여 말을 전달하게 되는데, 이때 이미 죽은 자에게 아뢴 것이다. 그런데 장례 행렬을 떠나려고 할 때, 재차 이 기록을 읽었기 때문에, 증자(曾子)는 재차 아뢰는 것이 된다고 여긴 것이다. '고(古)'자는 은(殷)나라 때를 뜻한다. 은나라 때의 예(禮)에서는 봉(賵)을 읽지 않았고, 주(周)나라 때의 예(禮)에 이르러서야, 처음으로 이러한 방법이 생겨났는데, 증자(曾子)는 그 예(禮)가 번잡하다고 기롱을 한 것이다.

• 제 90 절 •

장지(葬地)에 대한 법도 Ⅱ

【100b】

成子高寢疾, 慶遺入, 請曰: "子之病革矣, 如至乎大病, 則如之何?"

직역 成子高가 寢疾이라, 慶遺가 入하여, 請하며 曰, "子의 病이 革하니, 如히 大病에 至하면, 어찌합니까?"

의역 성자고(成子高)가 질병에 걸렸다. 그래서 경유(慶遺)는 그가 누워있는 방으로 들어가서 청원을 하며, "그대의 질병은 위독한데, 만약 그대가 죽게 된다면, 어떻게 해야 합니까?"라고 했다.

集說 成子高, 齊大夫國伯高父, 謚成也. 遺, 慶封之族. 革, 與亟同, 急也. 大病, 死也, 諱之之辭.

번역 '성자고(成子高)'는 제(齊)나라 대부(大夫)인 국백고보(國伯高父)로, 시호(謚號)는 성(成)이다. 유(遺)는 경봉(慶封)의 족인(族人)이다. '혁(革)'자는 '극(亟)'자와 같으니, "위급하다[急]."는 뜻이다. '대병(大病)'은 죽음[死]을 뜻하는데, 피휘를 하여 쓴 말이다.

鄭注 成子高, 齊大夫國成伯高父也. 觀其意. 革, 急也. 遺, 慶封之族.

번역 '성자고(成子高)'는 제(齊)나라 대부(大夫) 성백고보(成伯高父)이다. 그 의중을 살핀 것이다. '혁(革)'자는 "위급하다[急]."는 뜻이다. 유(遺)는 경봉(慶封)의 족인(族人)이다.

釋文 遺, 于季反, 又如字. 革, 紀力反.

번역 '遺'자는 '于(우)'자와 '季(계)'자의 반절음이며, 또한 글자대로 읽기도 한다. '革'자는 '紀(기)'자와 '力(력)'자의 반절음이다.

孔疏 ●"成子"至"我焉". ○正義曰: 此一節論臨死不忘儉之事.

번역 ●經文: "成子"~"我焉". ○이곳 문단은 죽음에 임해서 검소함을 잊지 말아야 한다는 사안을 논의하고 있다.

孔疏 ◎注"成子"至"父也". ○正義曰: 知者, 以其有"慶遺入請", 齊有慶氏, 故知是齊大夫. 齊有國子高, 故知姓國, 又見齊世本: "懿伯生貞孟, 貞孟生成伯高父." 國氏以此知也.

번역 ◎鄭注: "成子"~"父也". ○정현의 말이 사실임을 알 수 있는 이유는 경문에 "경유(慶遺)가 들어가서 청원을 했다."는 기록이 있기 때문이니, 제(齊)나라에는 경씨(慶氏)가 있다. 그렇기 때문에 이 사람이 제(齊)나라의 대부(大夫)라는 사실을 알 수 있다. 그리고 제(齊)나라에는 국자고(國子高)라는 사람이 있었으므로, 그의 성(姓)이 국(國)임을 알 수 있고, 『제세본(齊世本)』을 살펴보면, "의백(懿伯)은 정맹(貞孟)을 낳았고, 정맹(貞孟)은 성백고보(成伯高父)를 낳았다."라고 했다. 따라서 국씨(國氏)라는 것을 이러한 기록을 통해서 알 수 있는 것이다.

【100b】

子高曰: “吾聞之也; 生有益於人, 死不害於人. 吾縱生無益於人, 吾可以死害於人乎哉! 我死, 則擇不食之地而葬我焉.”

직역 子高가 曰, “吾가 聞하니; 生에는 人에게 有益하고, 死에는 人에게 不害해라. 吾는 縱生하여 人에게 無益하나, 吾가 死로써 人에게 害함을 可리오! 我가 死거든, 不食의 地를 擇하여 我를 葬하라.”

의역 자고(子高)가 말하길, “내가 듣기로, 사람은 생전에 남에게 이로움을 주어야 하고, 죽어서는 남에게 해를 끼치지 말아야 한다고 했소. 나는 비록 생전에 남에게 이로움을 준 일이 없지만, 내 죽음으로 인해 남에게 해를 끼칠 수가 있겠소! 내가 죽거든 경작을 할 수 없는 황폐한 땅을 택해서 나에 대한 장례(葬禮)를 치러주시오.”라고 했다.

集說 不食之地, 謂不耕墾之土.

번역 ‘불식지지(不食之地)’라는 말은 경작을 할 수 없는 황폐한 땅을 뜻한다.

大全 嚴陵方氏曰: 子高之愛人, 可知矣. 觀公叔文子樂瑕丘而欲葬, 則子高之所得不亦多乎?

번역 엄릉방씨가 말하길, 자고(子高)가 사람을 아꼈다는 사실을 확인할 수 있다. 공숙문자(公叔文子)가 하구(瑕丘)라는 땅을 탐내서, 그곳을 자신의 장지(葬地)로 사용하려고 했던 것을 살펴보면,[1] 자고(子高)가 취했던

---

1) 『예기』「단궁상」【92a】: 公叔文子升於瑕丘, 蘧伯玉從. 文子曰: “樂哉斯丘也! 死則我欲葬焉.” 蘧伯玉曰: “吾子樂之, 則瑗請前.”

일들은 또한 칭찬받을 만한 일이 아니겠는가?

大全 臨川吳氏曰: 入請, 入臥內而請問其遺命也. 大病, 謂死. 不食之地, 謂地不可以種五穀, 以供民食者. 子高自謂生而不能利澤於人, 是無益於人也. 若死而葬人所耕墾之地, 以妨五穀, 是有害於人矣. 故欲擇不可墾耕之地而葬焉. 其意慊然不自足, 其言依於謙儉, 蓋亦可謂賢已.

번역 임천오씨가 말하길, '입청(入請)'이라는 말은 누워 있는 공간으로 들어가서, 유언을 남길 것인지를 청해서 물었다는 뜻이다. '대병(大病)'은 죽음[死]을 뜻한다. '불식지지(不食之地)'는 오곡(五穀)을 파종하여 백성들의 양식을 생산할 수 없는 땅을 뜻한다. 자고(子高)는 제 스스로 생전에는 남에게 이로움을 베풀지 못했으니, 이것은 남에게 보탬을 주지 못한 사람이 된다는 뜻이다. 그리고 만약 죽었을 때 남들이 경작할 수 있는 땅을 장지(葬地)로 이용하여, 오곡을 파종하는데 방해를 준다면, 이것은 남에게 해악을 끼치는 사람이 된다는 뜻이다. 그렇기 때문에 자고는 경작할 수 없는 땅을 골라서, 자신의 장지로 사용하고자 했던 것이다. 그 뜻은 겸연하게 제 스스로 만족을 한 것은 아니지만, 그 말은 겸손함과 검소함에 따른 것이니, 또한 현명한 자라고 평가할 수 있을 따름이다.

鄭注 不食, 謂不墾耕.

번역 '불식(不食)'을 경작을 하지 못한다는 뜻이다.

釋文 墾, 苦很反.

번역 '墾'자는 '苦(고)'자와 '很(흔)'자의 반절음이다.

集解 愚謂: 大病, 謂死也. 子高之爲人, 薄葬尙儉, 蓋近於墨氏之意. 然以視夫樂瑕丘而欲葬, 爲石槨而三年者, 不亦賢乎.

번역 내가 생각하기에, '대병(大病)'은 죽는다는 뜻이다. 자고(子高)의 사람됨은 장례(葬禮)를 간소화하여 검소함을 숭상하였으니, 무릇 묵자(墨子)의 뜻에 가깝다고 평가할 수 있다. 그러나 하구(瑕丘)의 땅을 탐내서 그곳에서 장례(葬禮)를 치르려고 했고, 석곽(石槨)을 만드는데 3년이라는 기간을 보낸 자들에 견주어보면,[2] 또한 현명하다고 할 수 있지 않겠는가?

2) 『예기』「단궁상」【94d~95a】: 有子問於曾子曰: "問喪於夫子乎?" 曰: "聞之矣, 喪欲速貧, 死欲速朽." 有子曰: "是非君子之言也." 曾子曰: "參也聞諸夫子也." 有子又曰: "是非君子之言也." 曾子曰: "參也與子游聞之." 有子曰: "然. 然則夫子有爲言之也." 曾子以斯言告於子游. 子游曰: "甚哉! 有子之言似夫子也. 昔者夫子居於宋, 見桓司馬自爲石槨, 三年而不成. 夫子曰: '若是其靡也! 死不如速朽之愈也.' 死之欲速朽, 爲桓司馬言之也."

• 제 91 절 •

군주의 아내 및 모친에 대한 상례(喪禮) 규범

【100c】

子夏問諸夫子曰: "居君之母與妻之喪", "居處·言語·飲食衎爾."

직역 子夏가 夫子에게 問하여 曰, "君의 母 및 妻의 喪에 居하면 어찌합니까?", "居處·言語·飲食을 衎爾라."

의역 자하(子夏)가 공자(孔子)에게 질문하길, "군주의 모친 및 군주의 아내에 대한 상(喪)을 치를 때에는 어떻게 해야 합니까?"라고 하자, 공자는 "거처를 하고, 말을 하고, 음식을 먹을 때 온화하고 온순한 태도로 시행해야 한다."라고 대답해주었다.

集說 君母·君妻, 雖皆小君, 皆服齊衰不杖期, 然恩義則淺矣, 故居其喪則自處如此. 衎爾, 和適之貌. 此章以文勢推之, 喪下當有"如之何夫子曰"字, 舊說謂記者之略, 亦或闕文歟. 又否則問當作聞.

번역 군주의 모친 및 군주의 아내들은 비록 모두 소군(小君)[1]이라고 하고, 둘 모두에 대해서 자최복(齊衰服)을 착용하고 지팡이를 잡지 않는 기년상(期年喪)으로 치른다고 하지만, 은정과 의로움의 측면에서는 군주에 비

---

1) 소군(小君)은 주대(周代)에 제후의 부인을 지칭하던 용어이다. 『춘추』「희공(僖公) 2년」편에는 "夏五月辛巳, 葬我小君哀姜."이라는 용례가 있다.

해 얕은 것이다. 그렇기 때문에 그녀들의 상(喪)을 치르게 되면, 제 스스로 거처를 할 때 이처럼 하게 되는 것이다. '간이(衎爾)'는 온화하고 온순한 모습을 뜻한다. 이곳 문장은 그 문맥으로 추리해보면, '상(喪)'자 뒤에는 마땅히 "어찌해야 합니까? 공자가 말하길[如之何夫子曰]"이라는 글자들이 있어야 하는데, 옛 학설에서는 『예기』를 기록한 자가 문장을 축약해서 기록한 것이라고 했고, 또는 문장이 누락된 것이라고 했다. 만약 이러한 원인이 아니라면, '문(問)'자는 마땅히 들었다는 뜻의 '문(聞)'자로 고쳐야 한다.

鄭注 衎爾, 自得貌. 爲小君惻隱不能至.

번역 '간이(衎爾)'는 제 스스로 만족하는 모습을 뜻한다. 소군(小君)을 위해서는 측은한 마음을 지극히 할 수가 없다.

釋文 衎, 苦旦反, 注同. 爲, 于僞反, 下"爲之"·"殷爲其久"·"爲君服"同.

번역 '衎'자는 '苦(고)'자와 '旦(단)'자의 반절음이고, 정현의 주에 나온 글자도 그 음이 이와 같다. '爲'자는 '于(우)'자와 '僞(위)'자의 반절음이며, 아래문장에 나오는 '爲之'·'殷爲其久'·'爲君服'에서의 '爲'자도 그 음이 모두 이와 같다.

孔疏 ●"子夏"至"衎爾". ○正義曰: 此一節論臣服小君儀容之事. 上子夏問居君之母與妻之喪, 此"居處言語", 是夫子答辭, 不云"子曰"者, 記人略也.

번역 ●經文: "子夏"~"衎爾". ○이곳 문단에서는 신하가 소군(小君)에 대한 상(喪)을 치를 때의 행동거지에 대한 사안을 논의하고 있다. 앞 구문은 자하(子夏)가 군주의 모친 및 군주의 처에 대한 상(喪)에 처했을 때를 질문한 내용이고, 이곳의 '거처언어(居處言語)'라는 등의 기록은 공자(孔子)가 대답을 해준 말이다. 그런데 '자왈(子曰)'이라고 기록하지 않은 것은

『예기』를 기록한 자가 생략을 해서 기록했기 때문이다.

訓纂 江氏永曰: 問當作聞.

번역 강영이 말하길, '문(問)'자는 마땅히 '문(聞)'자가 되어야 한다.

集解 陳氏曰: 喪下當有"如之何子曰"字.

번역 진씨가 말하길, '상(喪)'자 뒤에는 마땅히 '여지하자왈(如之何子曰)'이라는 글자들이 있어야 한다.

• 제92절 •

벗의 숙소와 빈소에 대한 규범

【100d】

賓客至, 無所館. 夫子曰: 生於我乎館, 死於我乎殯."

직역 賓客이 至에, 所館이 無라. 夫子가 曰, "生에는 我에게 館하고, 死에는 我에게 殯한다."

의역 먼 곳에서 빈객(賓客)이 찾아옴에, 그들에게 숙소를 마련해줄 장소가 없었다. 공자(孔子)가 말하길, "생전에는 내 집에 숙소를 마련하는 것이고, 죽었을 때에는 내 집에 빈소를 마련하는 것이다."라고 했다.

集說 生旣館之, 死則當殯.

번역 생전에 이미 숙소를 마련해 주었으니, 죽게 되면 마땅히 빈소를 차려주어야 한다.

集說 應氏曰: 朋友以義合, 謂之賓客者, 以自遠方而來也.

번역 응씨가 말하길, 벗은 도의에 따라 의기투합한 것인데, 그들을 빈객(賓客)이라고 부른 것은 그들이 먼 지역에서 찾아왔기 때문이다.

鄭注 仁者不厄人.

번역 인(仁)한 사람은 남에게 사납게 대하지 않는다.

訓纂 朱氏軾曰: 此卽論語"朋友死, 於我殯"之義.

번역 주식이 말하길, 이 문장은 곧 『논어』에서 "벗이 죽었을 때 내 집에 빈소를 마련하라."[1]라고 했던 뜻에 해당한다.

集解 論語曰, "朋友死, 無所歸, 於我殯." 蓋生而無所館則館之, 死而無所歸則殯之. 聘禮, "賓入竟而死, 遂焉, 主人爲之具而殯." 客死於館, 而使之就而殯焉, 館人之禮然也.

번역 『논어』에서는 "벗이 죽었는데, 그가 귀의할 곳이 없자, 내 집에 빈소를 마련하라."라고 했다. 무릇 생전에 벗에게 머물 곳이 없다면, 내 집에 그의 숙소를 마련해주는 것이고, 벗이 죽었을 때 귀의할 곳이 없다면, 내 집에 그의 빈소를 마련해주는 것이다. 『의례』「빙례(聘禮)」편에서는 "빈객(賓客)이 국경으로 들어온 상태에서 죽었다면, 빙문(聘問)의 의례를 실질적으로 시행한 것이 되니, 빙문을 받는 주인(主人)은 그를 위해 각종 기물을 갖춰서 빈소를 마련한다."[2]라고 했다. 빈객이 객사에서 죽게 되어, 객사의 사람으로 하여금 시신을 수렴하여 빈소를 만들게 하니, 객사의 사람이 따르는 예(禮)가 이와 같은 것이다.

---

1) 『논어』「향당(鄕黨)」: 朋友死, 無所歸, 曰, "於我殯."

2) 『의례』「빙례(聘禮)」: 賓入竟而死, 遂也, 主人爲之具而殯, 介攝其命. 君弔, 介爲主人.

• 제93절 •

장례(葬禮)에 대한 법도 Ⅱ

【100d】

國子高曰: "葬也者, 藏也. 藏也者, 欲人之弗得見也. 是故衣足以飾身, 棺周於衣, 槨周於棺, 土周於槨, 反壤樹之哉!"

직역 國子高가 曰, "葬한다는 者는 藏이라. 藏한다는 者는 人이 見을 弗得함을 欲함이다. 是故로 衣는 足하여 身을 飾하고, 棺에 衣를 周하며, 槨에 棺을 周하고, 土에 槨에 周하니, 反하여 壤하고 樹한단 말인가!"

의역 국자고(國子高)가 말하길, "장례(葬禮)를 치른다고 할 때, 장(葬)자는 감춘다는 뜻이다. 감춘다는 것은 사람들이 알아보지 못하게끔 하고자 함이다. 이러한 까닭으로 의복을 충분히 갖춰서 시신의 몸을 감싸고, 내관에는 의복들을 채우며, 내관은 또 외관에 넣고, 구덩이 속에 외관을 넣은 후 흙으로 덮게 된다. 그런데 오늘날에는 이러한 뜻과 상반되게, 흙을 쌓아 올려서 봉분을 만들고, 나무를 심어서 표식을 한단 말인가! 이것은 잘못된 것이다."라고 했다.

集說 國子高, 卽成子高也.

번역 '국자고(國子高)'는 곧 성자고(成子高)를 뜻한다.

集說 疏曰: 子高之意人死可惡, 故備飾以衣衾棺槨, 欲其深邃不使人知, 今乃反更封壤爲墳而種樹以標之哉? 國子意在於儉, 非周禮.

번역 공영달(孔穎達)의 소(疏)에서 말하길, 자고(子高)의 의중은 사람이 죽게 되면, 꺼려할 수 있기 때문에, 옷·이불·내관[棺]·외관[槨] 등을 준비하여 치장품을 갖추고, 깊숙이 파묻어서 사람들이 알아보지 못하게끔 하는 것인데, 현재는 반대로 흙을 쌓아올려 봉분을 만들고 나무를 심어서 표식을 하는가? 국자(國子)의 의도는 검소함을 지키는데 있었던 것으로, 주례(周禮)의 법도를 뜻하는 것이 아니다.

大全 馬氏曰: 古之人, 尤略於死者, 衣之以薪, 葬諸中野. 而後世聖人, 特嚴愼終之禮, 故瓦棺堲周, 易之以棺槨, 棺槨爲不足, 被之以柳翣. 易之以棺槨者, 言無使土侵膚, 被之以柳翣者, 言無使人惡於死. 凡此皆藏之, 弗得見者也. 周官冢人, 用爵等爲之丘封之度與其樹數, 故觀其封, 則知位秩之高下, 觀其樹, 則知命數之多寡, 所以遺後世子孫之識, 非以爲觀美者也. 封之崇四尺, 孔子之所不廢, 而國子高非之, 亦異於禮矣.

번역 마씨가 말하길, 고대인들은 죽은 자에 대해서 더욱 소략한 예(禮)를 시행하여, 옷 대신 섶을 두텁게 덮고, 들판에서 장례(葬禮)를 치렀다. 그런데 후세의 성인은 죽은 자를 전송하는 예(禮)에 대해서 특별히 엄중함과 신중함을 더했다. 그렇기 때문에 와관(瓦棺)과 즐주(堲周)의 방식으로 했던 것을 관곽(棺槨)으로 대체하고, 관곽(棺槨)으로도 부족하다고 여겨서, 거기에 유(柳)와 삽(翣)을 더하게 되었다.[1] 관곽(棺槨)으로 바꿨다는 것은 흙이 시신의 신체에 닿지 못하도록 했다는 뜻이고, 유(柳)와 삽(翣)을 더하게 되었다는 것은 사람들로 하여금 죽은 자에 대해서 꺼려하지 못하도록 했다는 뜻이다. 무릇 이러한 조치들은 모두 시신을 숨겨서, 사람들이 보지 못하도록 한 것이다. 『주례』「몽인(冢人)」편에서는 작위의 등급에 따라 봉분을 쌓는 치수와 나무를 심는 수를 정한다고 했다.[2] 그러므로 봉분의 크

---

1) 『역』「계사하(繫辭下)」: 古之葬者, 厚衣之以薪, 葬之中野, 不封不樹, 喪期无數, 後世聖人易之以棺槨, 蓋取諸大過. / 『예기』「단궁상」【72d】: 有虞氏瓦棺, 夏后氏堲周, 殷人棺槨, 周人牆置翣.

2) 『주례』「춘관(春官)·몽인(冢人)」: 以爵等爲丘封之度與其樹數.

기를 살펴보면, 그 사람의 지위가 어느 정도인지 알 수 있는 것이고, 그 나무의 수를 살펴보면, 그 사람의 명(命) 등급이 어느 정도인지 알 수 있는 것이니, 이로써 후세의 자손들에게 그곳을 표식할 수 있도록 남겨준 것이지, 아름답게 보이려고 이처럼 꾸몄던 것이 아니다. 봉분의 높이를 4척(尺)으로 하는 것에 대해서, 공자(孔子)도 그 제도를 폐지하지 않았는데,[3] 국자고(國子高)는 비난을 하였으니, 이것은 또한 예(禮)에 대한 관점이 달랐기 때문이다.

鄭注 言皆所以爲深邃, 難人發見之也. 國子高, 成子高也. 成, 謚也. 反, 覆也. 怪不如大古也, 而反封樹之. 意在於儉, 非周禮.

번역 이 모두는 깊게 감춰서, 사람들이 찾아보기 어렵게 만들고자 했던 방법이라는 뜻이다. '국자고(國子高)'는 성자고(成子高)이다. '성(成)'자는 시호(謚號)이다. '반(反)'자는 "뒤집다[覆]."는 뜻이다. 태고(太古) 때처럼 하지 않고, 반대로 봉분을 쌓고 나무를 심는 것에 대해서 괴이하게 여겼던 것이다. 그의 의도는 검소함에 있었던 것이니, 주(周)나라 때 제정된 예(禮)를 뜻하는 것이 아니다.

釋文 邃, 先遂反. 難, 乃旦反. 見如字, 又賢遍反. 壤, 而丈反. 復, 扶又反, 舊音服, 非. 大音泰.

번역 '邃'자는 '先(선)'자와 '遂(수)'자의 반절음이다. '難'자는 '乃(내)'자와 '旦(단)'자의 반절음이다. '見'자는 글자대로 읽으며, 또한 '賢(현)'자와 '遍(편)'자의 반절음도 된다. '壤'자는 '而(이)'자와 '丈(장)'자의 반절음이다. '復'자는 '扶(부)'자와 '又(우)'자의 반절음인데反, 구음(舊音)에서는 그 음을 '服(복)'이라고 했으니, 이것은 잘못된 주장이다. '大'자의 음은 '泰(태)'이다.

---

3) 『예기』「단궁상」【70d~71a】: 孔子既得合葬於防, 曰: "吾聞之, 古也墓而不墳. 今丘也東西南北之人也, 不可以弗識也." 於是封之, 崇四尺.

孔疏 ●"國子"至"之哉". ○正義曰: 此一節論重古非今之事. 子高之意, 人死可惡, 故備以衣衾棺槨, 欲其深邃, 不使人知, 今乃反更封壤爲墳, 而種樹以標之哉! 言不可封壤種樹也. 國子意在於儉, 非周禮之法.

번역 ●經文: "國子"~"之哉". ○이곳 문단에서는 고대의 예법을 중시하고, 현재의 예법을 비판했던 사안을 논의하고 있다. 자고(子高)의 의도는 어떤 자가 죽게 되면, 사람들이 그 죽음에 대해서 꺼려할 수가 있기 때문에, 옷·이불·내관·외관 등을 갖춰서, 깊숙하게 가리고자 하니, 사람들로 하여금 알아차리지 못하도록 하는 것인데, 현재는 반대로 흙을 쌓아올려서 봉분을 만들고, 나무를 심어서 표식을 하고 있단 말인가! 즉 이 말은 봉분을 쌓고 나무를 심을 수 없다는 뜻이다. 국자(國子)의 의도는 검소함을 지키는 데 있었던 것으로, 주례(周禮)의 법도를 뜻하는 것이 아니다.

孔疏 ◎注"怪不"至"周禮". ○正義曰: 唐虞以上謂之"大古", 易·繫辭云: "古之葬者, 厚衣之以薪, 不封不樹." 今旣封樹, 故云"怪不如大古也".

번역 ◎鄭注: "怪不"~"周禮". ○당우(唐虞) 이전 시대를 '태고(太古)'라고 부르는데, 『역』「계사전(繫辭傳)」편에서는 "고대에 장례(葬禮)를 치를 때에는 섶을 이용해서 시신 위를 두텁게 덮었고, 봉분도 쌓지 않았고 나무도 심지 않았다."라고 했다. 현재는 봉분도 쌓고 나무도 심고 있다. 그렇기 때문에 "태고 때와 같지 않음에 대해서 괴이하게 여긴 것이다."라고 말한 것이다.

訓纂 江氏永曰: 國子高, 其卽楊朱所稱伯成子高, 不以一豪利物, 舍國而耕於野者乎. 擇不食之地以葬, 而不欲其封樹, 蓋恬澹寡欲, 而達於生死者也.

번역 강영이 말하길, '국자고(國子高)'는 곧 양주(楊朱)가 말한 백성자고(伯成子高)에 해당하는데, 한 터럭을 뽑게 되면 만물을 이롭게 만들 수 있더라도 하지 않았으니, 국가를 버리고 들에서 경작을 했던 자일 것이다.

그래서 경작을 하지 못하는 땅을 골라서 장지(葬地)로 사용하고, 봉분을 쌓지 않고 나무도 심지 않고자 했던 것이니, 무릇 사물에 대한 집착을 버리고 욕심을 줄여서, 생사(生死)의 도리에 달통했던 자일 것이다.

集解 愚謂: 衣足以飾身, 言僅足以飾身, 使勿露而已, 不必多也. 棺周於衣, 槨周於棺, 言僅足以周其外而已, 不必大也. 周禮典瑞斂尸用圭・璋・璧・琮之屬, 朱子謂"周公要是未思量耳." 蓋椎埋發冢之事, 周公時尙未有之, 宜其慮未及此也. 莊子言"儒以詩禮發冢", 而子高之言如此, 亦若有預防及此者, 豈陵冢發掘之禍當時已有其端與?

번역 내가 생각하기에, "의복은 족히 시신을 감싼다."는 말은 시신을 감쌀 정도만 준비하여, 신체가 노출되지 않도록 할 뿐으로, 반드시 많이 할 필요가 없다는 뜻이다. "관(棺)에 의복을 채우고, 곽(槨)에 관(棺)을 넣는다."는 말은 그 나머지 공간을 채울 만큼만 넣을 뿐으로, 반드시 많이 할 필요가 없다는 뜻이다. 『주례』「전서(典瑞)」편에서는 시신을 염(斂)할 때, 규(圭)・장(璋)・벽(璧)・종(琮) 등속을 사용한다고 했고,[4] 주자는 "주공(周公)은 이러한 부분에 대해서 헤아리지 않았던 것일 뿐이다."라고 했다. 즉 몰래 매장을 하거나 도굴을 하는 일들은 주공 시대에는 아직 일어나지 않았으므로, 주공의 사려가 이러한 분야까지는 미치지 않았던 것이다. 『장자(莊子)』에서는 "유학자가 『시』와 『예』를 내세워서 남의 무덤을 도굴했다."[5]라고 했는데, 자고(子高)가 이처럼 말을 한 것은 또한 이러한 지경에 이르게 될 것을 미리 예방했던 점이 있었던 것이니, 어찌 무덤을 도굴하는 도적질이 당시에 이미 그 단서가 드러나고 있었겠는가?

---

4) 『주례』「춘관(春官)・전서(典瑞)」: 駔圭璋璧琮琥璜之渠眉, 疏璧琮以斂尸.

5) 『장자(莊子)』「외물(外物)」: <u>儒以詩・禮發冢</u>. 大儒臚傳曰, "東方作矣, 事之何若?" 小儒曰, "未解裙襦, 口中有珠."

【101a】

孔子之喪, 有自燕來觀者, 舍於子夏氏. 子夏曰: "聖人之葬人與? 人之葬聖人也, 子何觀焉?"

직역 孔子의 喪에, 燕으로부터 來하여 觀하는 者가 有한데, 子夏氏에 舍했다. 子夏가 曰, "聖人이 人을 葬이리오? 人이 聖人을 葬함인데, 子는 何를 觀이리오?"

의역 공자(孔子)의 상(喪)을 치르는데, 연(燕)나라에서 찾아와서 그 모습을 관찰하고자 한 자가 있었다. 그래서 자하(子夏)의 집에 머물도록 했는데, 자하는 "그대는 성인(聖人)이 일반인에 대해서 장례(葬禮)를 치르는 것이라고 알고 있었는가? 그것이 아니라 일반인이 성인에 대한 장례를 치르는 것이다.[6] 그러므로 그대는 무엇을 보고 배울 수 있겠는가?"라고 했다.

集說 延陵季子之葬其子, 夫子尙往觀之, 今孔子之葬, 燕人來觀, 亦其宜也. 然子夏之意, 以爲聖人葬人, 則事皆合禮; 人之葬聖人, 則未必皆合於禮也. 故語之曰: 子以爲聖人之葬人乎? 乃人之葬聖人也, 又何觀焉? 蓋謙辭也.

번역 연릉(延陵)의 계자(季子)가 그의 아들에 대한 장례(葬禮)를 치르는데, 공자(孔子)는 일찍이 그곳에 찾아가서 그 모습을 관찰하였다.[7] 현재 공자의 장례를 치르는데, 연(燕)나라 사람이 찾아와서 살펴보았으니, 이 또

---

6) 경문의 "聖人之葬人與? 人之葬聖人也, 子何觀焉?"이라는 구문을 정현의 주에 따라 풀이하면, "聖人之葬人與人之葬聖人也, 子何觀焉?"이 된다. 즉 "성인(聖人)이 일반인에 대해 장례를 치르는 것과 일반인이 성인에 대해 장례를 치르는 것 중 그대는 어떤 것을 관찰하고자 하는가?"라는 뜻이 된다.

7) 『예기』「단궁하(檀弓下)」【134a~b】: 延陵季子適齊, 於其反也, 其長子死, 葬於嬴博之間, 孔子曰, "延陵季子, 吳之習於禮者也." 往而觀其葬焉. 其坎深不至於泉, 其斂以時服" 旣葬而封, 廣輪揜坎, 其高可隱也. 旣封, 左袒, 右還其封, 且號者三, 曰, "骨肉歸復于土, 命也! 若魂氣則無不之也, 無不之也." 而遂行. 孔子曰, "延陵季子之於禮也其合矣乎?"

한 합당한 일이다. 그런데 자하(子夏)의 생각에는 성인(聖人)이 일반인에 대해서 장례를 치르는 것이라면, 그 사안이 모두 예(禮)에 합당하게 되지만, 일반인이 성인에 대한 장례를 치르게 된다면, 반드시 모든 일들이 예(禮)에 합당하게 되지 않을 수도 있다. 그렇기 때문에 그 사람에게 말하며, "그대는 성인이 일반인에 대해서 장례를 치르는 것이라고 여겼던 것인가? 지금 상황은 일반인이 성인에 대한 장례를 치르는 것인데, 또한 무엇을 관찰하려는 것인가?"라고 한 것이니, 이 말은 겸손하게 사양하는 말에 해당한다.

大全 長樂陳氏曰: 君子之於喪禮尤衆, 人之所欲觀者也. 故子思之喪母, 滕世子之葬定公, 四方猶且觀之, 況聖人之門人葬聖人乎? 此燕人所以來觀之.

번역 장락진씨가 말하길, 군자(君子)는 상(喪)에 대해서, 그 예(禮)를 더욱 많이 사용하므로, 일반인들이 관찰하고자 하는 점이다. 그렇기 때문에 자사(子思)가 모친에 대한 상(喪)을 치르고, 등(滕)나라 세자가 정공(定公)에 대한 장례(葬禮)를 치를 때, 사방의 사람들이 또한 그 모습을 관찰하였는데, 하물며 성인(聖人)의 문인들이 성인에 대한 장례를 치르는데 있어서는 어떠했겠는가? 이것이 바로 연(硏)나라 사람이 찾아와서 관찰하고자 했던 이유이다.

鄭注 與, 及也.

번역 '여(與)'자는 '~과[及]'라는 뜻이다.

釋文 燕, 烏田反.

번역 '燕'자는 '烏(오)'자와 '田(전)'자의 반절음이다.

孔疏 ●"孔子"至"乎哉". ○正義曰: 此一節論葬夫子封墳之法. 燕國人聞

葬聖人, 恐有異禮, 故從燕來魯觀之. "舍於子夏氏", 舍, 住也, 燕人來住子夏家也. "子夏曰: 聖人之葬人, 與人之葬聖人也, 子何觀焉", 與, 及也. 子夏謂燕人云: 若聖人葬人, 及人葬聖人, 皆用一禮, 而子遠來, 何所觀乎? 王肅云: "'聖人葬人與', 屬上句以言. 若聖人葬人與, 則人庶有異聞, 得來觀者; 若人之葬聖人, 與凡人何異, 而子何觀之? 然公西赤爲志, 徧用三王禮, 子夏謂葬聖人與凡人不異者, 今謂聖凡相葬, 禮儀不殊, 而孔子葬異此, 是賢葬聖師, 別自表義, 不施世爲法, 而子夏恐燕人學斅此禮, 故懸而拒之, 云其禮本應如一也. 而下又述昔聞夫子見四封之異者, 此處可共, 是許燕人學之, 故備陳其敎, 以赴遠觀之意."

번역 ●經文: "孔子"~"乎哉". ○이곳 문단에서는 공자(孔子)에 대한 장례를 치르며, 봉분을 쌓는 예법에 대해서 논의하고 있다. 연(燕)나라 사람은 성인(聖人)에 대한 장례(葬禮)를 치른다는 소식을 듣고서, 아마도 다른 예법이 있을 것이라고 생각하였기 때문에, 연나라로부터 노(魯)나라로 찾아와서 관찰을 했던 것이다. 경문의 "舍於子夏氏"에 대하여. '사(舍)'자는 "거처하다[住]."는 뜻이니, 연나라 사람이 찾아와서, 자하(子夏)의 집에서 머물렀던 것이다. 경문의 "子夏曰: 聖人之葬人, 與人之葬聖人也, 子何觀焉"에 대하여. '여(與)'자는 '~과[及]'라는 뜻이다. 자하는 연나라 사람에게 "만약 성인이 일반인에 대해 장례를 치르거나 일반인이 성인에 대한 장례를 치르는 것들은 모두 동일한 예(禮)를 사용하게 되는데, 그대는 멀리서부터 찾아왔으니, 어떤 점을 관찰하려고 하는가?"라고 했던 것이다. 왕숙은 "'성인장인여(聖人葬人與)'라는 구문은 앞 구문과 연결시켜서 풀이해야 한다. 즉 '만약 성인이 일반인에 대해서 장례를 치르는 것이라면, 사람들은 남다를 것이라는 소문을 듣게 되어, 찾아와서 관찰할 수도 있다. 그러나 일반인이 성인에 대해 장례를 치르는 것이라면, 일반인들이 시행하는 것과 무슨 차이가 있겠는가? 그러므로 그대는 무엇을 관찰하려고 하는가?'라는 뜻이 된다. 그런데 공서적(公西赤)은 그 융성하게 하는 뜻을 드러내고자 하여, 삼왕(三王) 때의 예(禮)를 두루 사용하였다.[8] 자하는 성인과 일반인에 대해서 장례를 치르는 것이 차이가 없다고 말했는데, 현재 성인과 일반인에 대한 장례를 치를 때, 사용되는 예의(禮儀)에는 차이가 없다는 뜻이지만, 공자에 대한 장례는 이것과 달랐으니, 그 이유는 현인(賢人)이 성인인 스승에 대한 장례를 치러서, 별도로 그 의미를 드러내고자 하였기 때문으로, 이것을 후세에 모범이 되는 법도로 드러내려고 했던 것이 아니다. 따라서 자하는 연나라 사람이 이러한 예법을 배우게 될까를 염려하였다. 그렇기 때문에 그를 붙잡아두어 그가 관찰하려고 했던 것을 막았던 것이며, 그 예(禮)의 근본은 마땅히 동일하다고 말한 것이다. 그런데 그 뒤의 구문에서 또한 예전에 공자가 네 가지 봉분하는 차이점을 본 적이 있었는데, 그 얘기를 들었던 것을 조술하였으니, 그 이유는 이러한 내용은 함께 공유할 수 있었으므로, 연나라 사람이 배우는 것을 허용했던 것이다. 그렇기 때문에 그 가르침을 상세하게 진술하여, 멀리서부터 찾아와서 관찰하려고 했던 뜻에 따랐던 것이다."라고 했다.

集解 案: "與"字, 鄭注訓爲及, 如字, 讀下屬爲句, 故釋文無音. 王肅讀平聲, 屬上句, 今從之.

번역 내가 살펴보니, '여(與)'자에 대해서, 정현은 이 글자를 '급(及)'자의 뜻으로 풀이하였으니, 글자대로 읽은 것이고, 아래구문과 연결시켜서 구문을 끊었다. 그렇기 때문에 『경전석문』에도 그 글자에 대한 음을 기록하지 않은 것이다. 반면 왕숙은 평성(平聲)을 읽어서, 앞 구문과 연결시켰는데, 나는 왕숙의 주장에 따른다.

8) 『예기』「단궁상」【85d】: 孔子之喪, 公西赤爲志焉. 飾棺牆, 置翣設披, 周也. 設崇, 殷也. 綢練設旐, 夏也.

【101b】

"昔者夫子言之曰: '吾見封之若堂者矣, 見若坊者矣, 見若覆夏屋者矣, 見若斧者矣. 從若斧者焉.' 馬鬣封之謂也. 今一日而三斬板, 而已封, 尙行夫子之志乎哉!"

직역 "昔者에 夫子가 言하여 曰, '吾는 封을 堂과 若한 者를 見했고, 坊과 若한 者를 見했으며, 夏屋를 覆함과 若한 者를 見했고, 斧와 若한 者를 見했다. 斧와 若한 者를 從이라.' 馬鬣封을 謂라. 今에 一日하고 三히 板을 斬하고, 封을 已니, 尙히 夫子의 志를 行함이라!"

의역 계속하여 자하(子夏)가 연(燕)나라 사람에게 말해주길, "나는 예전에 선생님께 들은 이야기가 있는데, 선생님께서는 '나는 봉분을 쌓을 때, 마치 당(堂)의 터를 만들듯이 네 면을 네모지게 하여 높게 쌓는 것을 본 적이 있다. 그리고 제방을 쌓는 것처럼 만드는 것도 보았으니, 남북 방향으로 높고 길게 만드는 방법이다. 또한 하(夏)나라 때의 지붕처럼 옆면을 넓고 낮게 만드는 것도 보았다. 한편 도끼의 칼날처럼 윗면을 좁게 만드는 것을 보았는데, 이것은 다른 방법들에 비해 검소하고 적은 노력으로도 완성시킬 수 있으니, 나는 이 방법에 따르겠다.'라고 하셨소. 선생님께서 말씀하신 봉분의 형태는 오늘날 세속에서 마렵봉(馬鬣封)이라고 부르는 것이오. 이것은 하루 사이에 만들 수 있으니, 판축을 쌓아올리길 세 차례만 하게 되면, 봉분이 다 만들어지게 되므로, 아마도 거의 선생님의 뜻대로 시행하는 것이 될 것이오!"라고 했다.

集說 此言封土有此四者之形. 封, 築土爲墳也. 若堂者, 如堂之基, 四方而高也. 坊, 堤也. 若坊者, 上平旁殺而南北長也. 若覆夏屋者, 旁廣而卑也. 若斧者, 上狹如刃, 較之上三者, 皆用功力多而難成, 此則儉而易就, 故俗謂之馬鬣封, 馬鬃鬣之上, 其肉薄, 封形似之也. 今一日者, 謂今封築孔子之墳不假多時, 一日之間三次斬板, 卽封畢而已止矣. 其法側板於坎之兩旁, 而用繩以約板, 乃內土於內而築之, 土與板平, 則斬繼約板之繩, 而升此板於所築土之上, 又實土於中而築之, 如此者三, 而墳成矣, 故云三斬板而已封也. 尙, 庶幾也. 乎哉, 疑辭, 亦謙不敢質言也.

번역 이곳 문장에서는 봉분을 쌓음에 네 가지 유형이 있었음을 말하고 있다. '봉(封)'자는 흙을 쌓아올려서 봉분을 만든다는 뜻이다. '약당(若堂)'이라는 말은 당(堂)의 터처럼 만들어서, 네 면을 네모지고 높게 만든다는 뜻이다. '방(坊)'자는 제방[堤]을 뜻한다. '약방(若坊)'이라는 말은 윗면은 평평하게 하고 옆면은 깎아지게 하여 남북으로 길게 만든다는 뜻이다. '약복하옥(若覆夏屋)'이라는 말은 옆면은 넓고 낮게 만든다는 뜻이다. '약부(若斧)'라는 말은 윗면을 협소하게 하여 마치 칼날처럼 만들게 되는데, 앞서 언급한 세 가지 유형과 비교해보면, 세 가지 유형은 모두 공력이 많이 들어가게 되고 만들기도 어려운데, 이 방법은 검소하며 만들기도 쉽다. 그렇기 때문에 세속에서는 이러한 방식을 '말갈기처럼 만든 봉분[馬鬣封]'이라고 부르니, 말갈기의 살은 얇아서, 봉분의 형태가 그와 유사한 점이 있기 때문이다. '금일일(今一日)'이라는 것은 현재 공자의 봉분을 쌓음에 많은 시간이 소요되지 않고, 하루 사이에 세 차례 판축을 붙였다 떼어내게 되면, 봉분을 쌓는 일이 끝나서 멈추게 된다는 뜻이다. 그 방법은 구덩이 양쪽 측면에 판축을 붙이고, 새끼줄을 이용해서 결속을 시키면, 곧 그 안에 흙을 채워서 쌓고, 흙과 판축이 수평을 이루게 되면, 판축을 묶고 있던 새끼줄을 끊어버리고, 다시 흙을 쌓아올린 그 위에 이 판축을 붙이고, 다시 그 안에 흙을 채워서 쌓게 되는데, 이처럼 세 차례를 하게 되면, 봉분이 완성된다. 그렇기 때문에 세 차례 판축을 떼어내고서 봉분 쌓는 일을 끝낸다고 말한 것이다. '상(尙)'자는 거의[庶幾]라는 뜻이다. '호재(乎哉)'는 확신하지 못할 때 쓰는 말이니, 또한 겸손하게 표현하여, 감히 직접적으로 언급하지 않았던 것이다.

大全 長樂陳氏曰: 孔子以時人之封過泰也, 故欲從其殺者而已. 門人以夫子之志於儉也, 故一日三斬板, 以行夫子之志而已. 門人於封, 則儉於披・崇・練・旐則不儉者, 儉則行夫子之志, 不儉則行門人之志, 行夫子之志所以教時, 行門人之志所以尊師也.

번역 장락진씨가 말하길, 공자(孔子)는 당시 사람들이 봉분을 쌓을 때 지나치게 크게 만들고 있었기 때문에, 축소를 하는 방법에 따르고자 했던 것일 뿐이다. 문인들은 공자의 뜻이 검소함에 있었기 때문에, 하루 사이에 판축을 쌓아올리길 세 차례 시행하여, 공자의 뜻을 실천하고자 했던 것일 뿐이다. 문인들이 봉분을 쌓았던 것은 곧 피(披)·숭(崇)·연(練)·조(旐)를 하여 검소하게 치르지 않았던 것[9]보다 검소하다고 할 수 있으니, 검소하게 치른 측면은 공자의 뜻을 실천한 것이고, 검소하지 않았던 측면은 문인들의 뜻을 관철했던 것이다. 공자의 뜻을 실천했던 이유는 당시의 폐습을 구원하기 위해서였고, 문인들의 뜻을 관철했던 이유는 스승을 존귀하게 높이기 위해서였다.

鄭注 封, 築土爲壟. 堂形四方而高. 坊形旁殺, 平上而長. 覆謂茨瓦也. 夏屋, 今之門廡也, 其形旁廣而卑. 斧形旁殺, 刃上而長. 孔子以爲刃上難登, 狹又易爲功. 俗間名. 板, 蓋廣二尺, 長六尺. 斬板, 謂斷其縮也. 三斷止之, 旁殺, 蓋高四尺, 其廣袤未聞也. 詩云: "縮板以載." 尙, 庶幾也.

번역 '봉(封)'자는 흙을 쌓아서 무덤을 만든다는 뜻이다. 당(堂)의 형태는 사면이 네모지고 높다. 방(坊)의 형태는 옆면이 깎아져 있고, 윗면은 평평하며 길다. '복(覆)'자는 풀을 엮어서 만든 지붕을 뜻한다. '하옥(夏屋)'은 오늘날의 문무(門廡)라는 것으로, 그 형태는 옆면이 넓고 낮다. 부(斧)의 형태는 옆면이 깎아져 있고, 윗면은 칼날처럼 뾰족하고 길다. 공자는 윗면을 칼날처럼 만드는 것이 그곳에 올라가기 어렵고, 좁게 만들게 되면 또한 만들기가 쉽다고 여겼다. '마렵봉(馬鬣封)'이라는 말은 세속에서 부르는 명칭이다. '판(板)'의 경우 아마도 그 너비는 2척(尺)이며, 길이는 6척(尺)이었을 것이다. '참판(斬板)'은 연결했던 끈을 끊는다는 뜻이다. 세 차례 판축을

9) 『예기』「단궁상」【85d】: 孔子之喪, 公西赤爲志焉. 飾棺牆, 置翣設披, 周也. 設崇, 殷也. 綢練設旐, 夏也.

떼어내고 멈추게 되면, 옆면은 깎아지듯 만들어지고, 그 높이는 4척(尺)에 이르게 되는데, 그 너비와 길이에 대해서는 확인할 수 없다. 『시』에서는 "새끼줄로 축판을 엮어서 세워둔다."[10]라고 했다. '상(尙)'자는 거의[庶幾]라는 뜻이다.

釋文 龍, 力勇反. 坊音防. 殺, 色戒反, 下同. 茨, 徐在私反, 茅覆屋. 膴音武. 卑如字, 又音婢. 狹, 戶甲反. 易, 以豉反. 鬣, 力輒反. 斷音短, 下同. 上, 時掌反, 下"以上"同. 廣袤, 古曠反, 下音茂, 徐又亡侯反.

번역 '龍'자는 '力(력)'자와 '勇(용)'자의 반절음이다. '坊'자의 음은 '防(방)'이다. '殺'자는 '色(색)'자와 '戒(계)'자의 반절음이고, 아래문장의 글자도 그 음이 이와 같다. '茨'자의 서음(徐音)은 '在(재)'자와 '私(사)'자의 반절음이고, 띠풀을 엮어서 덮은 지붕이다. '膴'자의 음은 '武(무)'이다. '卑'자는 글자대로 읽으며, 또한 그 음은 '婢(비)'도 된다. '狹'자는 '戶(호)'자와 '甲(갑)'자의 반절음이다. '易'자는 '以(이)'자와 '豉(시)'자의 반절음이다. '鬣'자는 '力(력)'자와 '輒(첩)'자의 반절음이다. '斷'자의 음은 '短(단)'이고, 아래문장의 글자도 그 음이 이와 같다. '上'자는 '時(시)'자와 '掌(장)'자의 반절음이며, 아래문장에 나오는 '以上'에서의 '上'자도 그 음이 이와 같다. '廣袤'에서의 '廣'자는 '古(고)'자와 '曠(광)'자의 반절음이고, '袤'자의 음은 '茂(무)'이며, 서음은 또한 '亡(망)'자와 '侯(후)'자의 반절음이 된다.

孔疏 ●"昔者夫子言之曰: 吾見封之若堂者矣", 旣已語燕人無觀, 又此歷述孔子之言者, 欲以此語與燕人爲法. 封謂墳之也, 若如堂基, 四方而高.

번역 ●經文: "昔者夫子言之曰: 吾見封之若堂者矣". ○이미 연(燕)나라 사람에게 살펴볼 것이 없다고 말하고, 다시 이곳에서 공자(孔子)의 말을

10) 『시』「대아(大雅)·면(緜)」: 乃召司空, 乃召司徒, 俾立室家. 其繩則直, 縮版以載, 作廟翼翼.

조술한 이유는 이 말을 연나라 사람에게 전해주어서, 법도로 삼게 하고자 했기 때문이다. '봉(封)'자는 봉분을 만든다는 뜻이니, 마치 당(堂)의 터처럼 만들어서, 사면을 네모지게 하고 높게 만드는 것이다.

孔疏 ●"見若坊者矣", 坊, 堤也. 堤坊水, 上平而兩旁殺, 其南北長也. 言又見有築墳形如坊者也.

번역 ●經文: "見若坊者矣". ○'방(坊)'자는 '제(堤)'자를 뜻한다. 물의 범람을 막는 제방은 윗면이 평평하고 양쪽 측면이 깎아져 있으며, 남북으로 길게 되어 있다. 즉 이 말은 또한 봉분을 쌓을 때 그 형태를 제방처럼 만드는 것도 보았다는 뜻이다.

孔疏 ●"見若覆夏屋者矣", 殷人以來, 始屋四阿. 夏家之屋, 唯兩下而已, 無四阿, 如漢之門廡. 又言見其封墳如覆夏屋, 唯兩下而殺, 卑而寬廣. 又見封如斧之形, 其刃嚮上, 長而高也. 旣言四墳之異, 夫子之意, 從若斧者焉. 以爲刃上難登, 狹又易爲功力. 子夏旣道從若斧形, 恐燕人不識, 故擧俗稱馬鬣封之謂也, 以語燕人. 馬鬉鬣之上, 其肉薄, 封形似之.

번역 ●經文: "見若覆夏屋者矣". ○은(殷)나라 이래로 처음으로 지붕에 네 기둥을 두어 빗물이 사면으로 떨어지게 하였다. 하(夏)나라 때 가옥에 얹었던 지붕은 오직 양쪽만 낮게 했을 뿐으로, 네 기둥을 두어 사면을 기울어지게 하지 않았으니, 한(漢)나라 때 있었던 문무(門廡)와 같은 것이다. 즉 이 말은 또한 봉분을 쌓는 것을 하나라 때 지붕을 덮었던 것처럼 하여, 오직 양쪽만 낮춰서 비스듬하게 만들고, 낮고 넓게 만들었다는 뜻이다. 또한 공자(孔子)는 도끼모양의 형태로 봉분을 쌓은 것도 보았는데, 위쪽은 칼날처럼 되어 있고, 길고 높았다. 이미 네 가지 봉분의 형태가 다르다는 것을 언급하였는데, 공자의 뜻은 도끼모양처럼 봉분을 만드는 것을 따르고자 했다. 윗면을 칼날처럼 만들어서 오르기가 힘들고, 좁게 만들어서 또한 만들기가 쉽다고 판단한 것이다. 자하(子夏)는 봉분을 도끼모양처럼 만들겠다고 말했는데, 연(燕)나라 사람이 알아듣지 못할 것을 염려하였기 때문에, 세속에서는 마렵봉(馬鬣封)이라고 지칭한다는 말을 하여, 연나라 사람에게 일러준 것이다. 말의 갈기 표면은 그 살이 얇은데, 봉분의 형태가 이와 유사하다.

孔疏 ●"今一日而三斬板", 子夏前述明夫子語, 又引今會古竟, 更述其今葬孔子. 旣是從斧之墳, "今一日"者, 謂今作孔子墳, 正用一日之功, 儉約不假多時. 於一日之中而三斬板者, 謂作墳法也. 築墳之法, 所安板側於兩邊, 而用繩約板. 令立後, 復內土於板之上, 中央築之, 令土與板平, 則斬所約板. 繩斷, 而更置於見築土上, 又載土其中, 三徧如此, 其墳乃成, 故云"今一日而三斬板"也. "而已封"者, 爲三徧設板, 築土而止已其封也, 故鄭注: "板, 蓋廣二尺, 長六尺." 板廣二尺, 疊側三板, 應高六尺, 而云"四尺"者, 但形旁袤[11]漸斂, 上狹下舒, 如斧刃之形, 使三板取高四尺, 以合周制也.

번역 ●經文: "今一日而三斬板". ○자하(子夏)는 앞서 공자(孔子)가 했던 말을 조술하고, 다시금 오늘날 세속에서 일컫는 명칭을 통해서 고대의 제도를 이해시켰다. 그리고 그 일이 끝나자 다시금 현재 공자(孔子)의 장례(葬禮)를 치르는 것에 대해서 조술한 것이다. 앞서서 이미 도끼모양으로 봉분 만드는 것을 따른다고 했는데, '금일일(今一日)'이라고 한 것은 금일 공자의 봉분을 만듦에, 하루의 공력만을 사용하였으니, 검소하고 약소하게 하여, 많은 시간을 투자하지 않았다는 뜻이다. 하루 안에 '삼참판(三斬板)'을 한다는 것은 봉분을 만드는 방법을 뜻한다. 봉분을 쌓는 방법은 시신이 안치된 곳의 양쪽 면에 판축을 세워두고, 새끼줄을 이용해서 판축을 묶는다. 그것이 세워지도록 한 뒤에는 다시금 판축 안에 흙을 채우고, 중앙 부분에서 흙을 다져서, 흙과 판축이 수평이 되도록 하면, 판축을 묶었던 것을

11) '무(袤)'자에 대하여. '무'자는 본래 '표(表)'자로 기록되어 있었는데, 완원(阮元)의 『교감기(校勘記)』에서는 "혜동(惠棟)의 『교송본(校宋本)』에는 '표'자를 '무'자로 기록하고 있는데, 이 기록이 옳다. 『속통해(續通解)』에도 이처럼 기록되어 있다."라고 했다.

끊는다. 새끼줄을 끊고서, 다시금 흙이 다져진 곳 위에 판축을 세우고, 재차 그 중앙에 흙을 뿌리는데, 세 차례 이처럼 시행을 하면, 봉분이 완성된다. 그렇기 때문에 "현재 하루 시간 동안 세 차례 판축을 떼어낸다."라고 말한 것이다. 경문의 "而已封"에 대하여. 세 차례 판축을 설치하여, 흙을 다져서, 봉분 만드는 것을 끝낸다. 그렇기 때문에 정현의 주에서는 "'판(板)'의 경우 아마도 그 너비는 2척(尺)이며, 길이는 6척(尺)이었을 것이다."라고 한 것이다. 판(板)의 너비가 2척(尺)이라면, 세 개의 판이 겹쳐지게 되니, 그 높이는 6척(尺)이 되어야 한다. 그런데 정현은 "4척(尺)이다."라고 했다. 그 이유는 단지 그 형태를 옆면의 길이가 점차 좁아지게 되어, 윗면은 협소하고 밑면은 넓어지게 되니, 마치 도끼의 칼날 형상처럼 되므로, 3개의 판축을 사용하더라도 그 높이를 4척으로 만들게끔 비스듬하게 설치해서, 주(周)나라 때의 제도에 합치시킨 것이다.

孔疏 ●"尙行夫子之志乎哉"者, 尙, 庶幾也. 言今一日三斬板, 是庶幾慕行於孔子平生所志也, 以示燕人.

번역 ●經文: "尙行夫子之志乎哉". ○'상(尙)'자는 거의[庶幾]라는 뜻이다. 즉 이 말은 오늘 하루 동안 세 차례 판축을 떼어내게 되면, 공자(孔子)가 평소에 뜻하던 바를 거의 이루게 되니, 이를 연(硏)나라 사람에게 보여주었다는 뜻이다.

孔疏 ◎注"板蓋"至"以載". ○正義曰: 知"板, 蓋廣二尺", 按祭義曰"築宮仞有三尺", 是牆高一丈. 公羊傳云"五板爲堵", 則板廣二尺, 故五板高一丈也. 知板長六尺者, 以春秋左氏說雉長三丈, 高一丈, 公羊傳云"五板爲堵, 五堵爲雉", 按五堵而爲雉, 則堵長六尺, 故詩箋云"雉長三丈", 則板六尺. 知"蓋高四尺"者, 以上合葬於防, 崇四尺, 今葬夫子不可過之, 又板廣二尺, 三板斜殺, 唯高四尺耳. 其東西之廣, 南北之袤, 則未聞也. 引詩"縮板以載", 是大雅・緜之篇也. 引之者, 證縮爲約板之繩. 孫毓難云"孔子墓, 魯城北門外西, 墳四方, 前高後下, 形似臥斧, 高八九尺. 今無馬鬣封之形, 不止于三板, 記似誤”者, 孫毓云據當時所見, 其墳或後人增益, 不與元葬墳同, 無足怪也.

번역 ◎鄭注: “板蓋”～“以載”. ○정현이 “‘판(板)’의 경우 아마도 그 너비는 2척(尺)이었을 것이다.”라고 했는데, 이 말이 사실임을 알 수 있는 이유는 『예기』「제의(祭義)」편을 살펴보면, “주변의 담장을 1인(仞)과 3척(尺)의 높이로 두른다.”[12]라고 했는데, 이 담장의 높이는 1장(丈)이 된다. 『공양전』에서는 “5개의 판(板)으로 담장을 만든다.”[13]라고 했는데, 판(板)의 너비가 2척(尺)이기 때문에, 5개의 판(板)은 그 높이가 1장(丈)이 되는 것이다. 판(板)의 길이가 6척(尺)이라는 사실을 알 수 있는 이유는 『춘추좌씨전』에서는 치(雉)는 그 길이가 3장(丈)이고, 높이가 1장(丈)이라고 했다. 『공양전』에서는 “5개의 판(板)으로 담장을 만들고, 5개의 도(堵)가 1치(雉)가 된다.”라고 했으니, 다섯 개의 담장 높이가 치(雉)의 높이가 된다는 사실을 살펴보면, 담장의 길이는 6척(尺)이 된다. 그렇기 때문에 『시』의 전문(箋文)에서는 “치(雉)의 길이는 3장(丈)이다.”라고 말한 것이니, 곧 판(板)의 길이는 6척(尺)이 된다. 정현이 “무릇 높이는 4척(尺)이 될 것이다.”라고 했는데, 이 말이 사실임을 알 수 있는 이유는 앞서 방(防) 땅에서 합장을 할 때, 그 높이를 4척(尺)으로 했다고 했으니,[14] 현재 공자에 대한 장례를 치르면서 그 높이를 초과할 수가 없고, 또한 판축의 너비가 2척(尺)이니, 3개의 판축을 높일 때 비스듬하게 하여, 그 높이를 4척(尺)으로 했을 따름이다. 동서 방향의 너비와 남북 방향의 길이에 대해서는 확인할 수 없다. 정현이 『시』의 “새끼줄로 축판을 엮어서 세워둔다.”라는 말을 인용하였는데, 이것은 「대아(大雅)・면(緜)」편의 시이다. 정현이 이 문장을 인용한 이유는 ‘축(縮)’자가 판축을 결속하는 새끼줄이 됨을 증명하기 위해서이다. 손육(孫

12) 『예기』「제의(祭義)」【564b】 : 古者天子諸侯必有公桑蠶室, 近川而爲之, 築宮, 仞有三尺, 棘牆而外閉之.

13) 『춘추공양전』「정공(定公) 12년」 : 雉者何? 五板而堵. 五堵而雉. 百雉而城.

14) 『예기』「단궁상」【70d～71a】 : 孔子旣得合葬於防, 曰: “吾聞之, 古也墓而不墳. 今丘也東西南北之人也, 不可以弗識也.” 於是封之, 崇四尺.

毓)은 이러한 주장을 반박하며, "공자의 무덤은 노(魯)나라 국성(國城)의 북문(北門) 밖에서도 서쪽에 위치했으며, 사방에 봉분을 쌓아서 앞은 높고 뒤는 낮게 하여, 도끼가 눕혀져 있는 형태로 만들었으니, 그 높이는 8~9척(尺) 정도이다. 현재 마렵봉(馬鬣封)의 형태로 된 봉분이 없으므로, 단지 3차례 판축을 대는 것에 그쳤던 것이 아니니, 이것은 『예기』를 기록한 자가 아마도 잘못 기록했던 것 같다."라고 했는데, 손육이 말한 내용은 당시에 자신이 본 것을 바탕으로 한 것으로, 공자의 무덤에 대해서 후세 사람들이 높이를 더 높였을 수도 있어서, 본래 장례를 치르며 쌓았던 봉분과 동일하지 않았던 것이므로, 이 기록은 괴이하게 여길 것이 없다.

訓纂 王氏念孫曰: "從若斧者焉", "從"上有"吾"字, 今本脫. "吾從若斧者焉", 乃夫子之言. 鄭注正釋夫子所以從若斧者之故. 下文"馬鬣封之謂也", 方是子夏之言. 正義所見本已脫"吾"字, 唐石經以下皆沿其誤. 初學記禮部下·白帖六十六引此, 並作"吾從若斧者焉", 則唐時別本尙有"吾"字. 家語公西赤問篇亦有"吾"字.

번역 왕념손이 말하길, '종약부자언(從若斧者焉)'에서 '종(從)'자 앞에는 '오(吾)'자가 있었던 것인데, 현재의 판본에는 이 글자가 누락된 것이다. 따라서 '오종약부자언(吾從若斧者焉)'이라는 구문은 곧 공자(孔子)가 한 말이 된다. 정현의 주에서는 공자가 도끼모양처럼 만드는 것을 따르고자 했던 이유로 풀이를 했다. 그 뒤의 문장에서 '마렵봉지위야(馬鬣封之謂也)'라고 한 말은 자하(子夏)가 한 말에 해당한다. 『정의』의 기록에는 본래부터 '오(吾)'자가 누락되어 있었고, 당(唐)나라 『석경(石經)』으로부터 그 이하의 판본들은 모두 그 오류를 답습하였다. 『초학기(初學記)』「예부하(禮部下)」편 및 『백첩(白帖)』 66항목에서도 이곳 문장을 인용할 때, 모두 '오종약부자언(吾從若斧者焉)'이라고 기록했으니, 당(唐)나라 때에는 여전히 '오(吾)'자를 기록했던 별도의 판본이 있었던 것이다. 『공자가어(孔子家語)』「공서적문(公西赤問)」편에도 또한 '오(吾)'자가 기록되어 있다.

集解 賈氏公彦曰: 案匠人"夏后氏世室, 殷人重屋, 四阿", 鄭云"四阿, 四注." 殷人始爲四注, 則夏后氏屋但兩下爲之, 故兩下屋名爲夏屋. 漢時門廡爲兩下之形, 故鄭學漢法爲況.

번역 가공언이 말하길, 『주례』「장인(匠人)」편을 살펴보면, "하후씨(夏后氏) 때에는 세실(世室)[15]을 두었고, 은(殷)나라 때에는 중옥(重屋)[16]을 두었으며, 사아(四阿)를 했다."[17]라고 했는데, 이 문장에 대한 정현의 주에서는 "사아(四阿)는 네 개의 기둥이다."라고 했다. 은(殷)나라 때 처음으로 네 개의 기둥을 세웠다면, 하후씨(夏后氏) 때의 지붕에는 단지 양쪽으로만 낮아지게 만들었던 것이다. 그렇기 때문에 양쪽으로 지붕을 낮춘 것을 '하옥(夏屋)'이라고 부른 것이다. 한(漢)나라 때의 문무(門廡)는 양쪽이 낮아지는 형태로 되어 있었기 때문에, 정현은 한(漢)나라 때의 건축양식을 제시하여 비유를 든 것이다.

---

15) 세실(世室)은 명당(明堂) 또는 종묘(宗廟)를 가리킨다. 『예기』「명당위(明堂位)」편에 대한 공영달(孔穎達)의 제해(題解)에서는 "蔡邕明堂月令章句, 明堂者, 天子大廟, 所以祭祀. 夏后氏世室, 殷人重屋, 周人明堂."이라고 설명했다. 즉 채옹(蔡邕)의 『명당월령장구(明堂月令章句)』에서는 '명당'을 하후씨(夏后氏) 때에는 '세실'로 부르고, 은(殷)나라 때에는 중옥(重屋)으로 불렀으며, 주(周)나라 때에는 '명당'으로 불렀다. 또 『주례』「동관고공기(冬官考工記)・장인(匠人)」편에는 "夏后氏世室, 堂脩二七, 廣四脩一."이라는 기록이 있는데, 이에 대한 정현의 주에서는 "世室者, 宗廟也."라고 풀이했다. 즉 '세실'은 '종묘'를 뜻하는 용어이다.

16) 중옥(重屋)은 처마가 겹으로 된 옥(屋)을 말하며, 명당(明堂)에 해당한다. 『주례』「동관고공기(冬官考工記)・장인(匠人)」편에는 "殷人重屋, 堂脩七尋, 堂崇三尺, 四阿重屋."이라는 기록이 있는데, 이에 대한 정현의 주에서는 "重屋者, 王宮正堂, 若大寢也."라고 하여, 은(殷)나라 때의 '중옥'은 대침(大寢)과 같은 건물로 설명하였고, 대진(戴震)의 『고공기보주(考工記圖補注)』에서는 "世室, 重屋, 制皆如明堂."라고 하고, 손이양(孫詒讓)의 『정의(正義)』에서도 "殷人重屋者, 亦殷之明堂也."라고 하여, '중옥'은 명당과 같은 것으로 설명하였다.

17) 『주례』「동관고공기(冬官考工記)・장인(匠人)」: 夏后氏世室, 堂脩二七, 廣四脩一, …… 殷人重屋, 堂脩七尋, 堂崇三尺, 四阿, 重屋.

그림 93-1 하(夏)나라의 세실(世室)

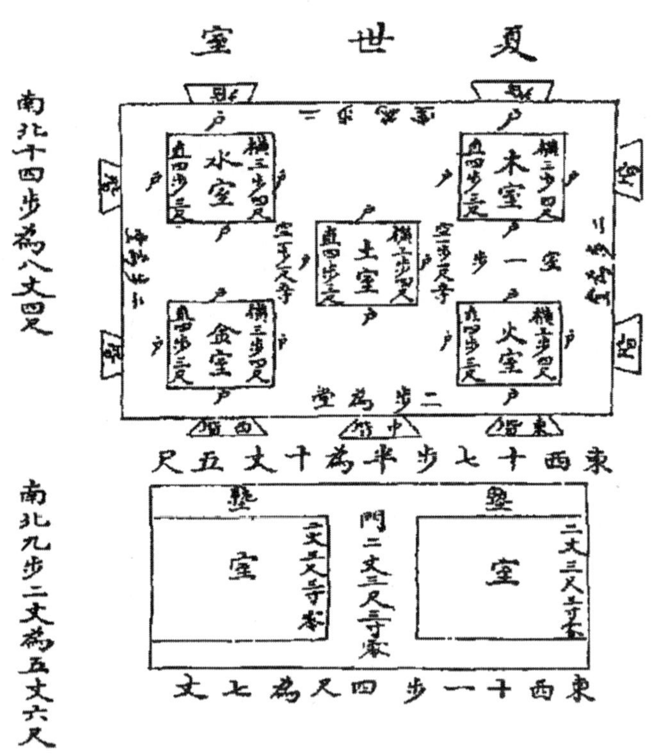

▸출처: 『삼례도(三禮圖)』 1권

그림 93-2 하(夏)나라의 세실(世室)

夏世室

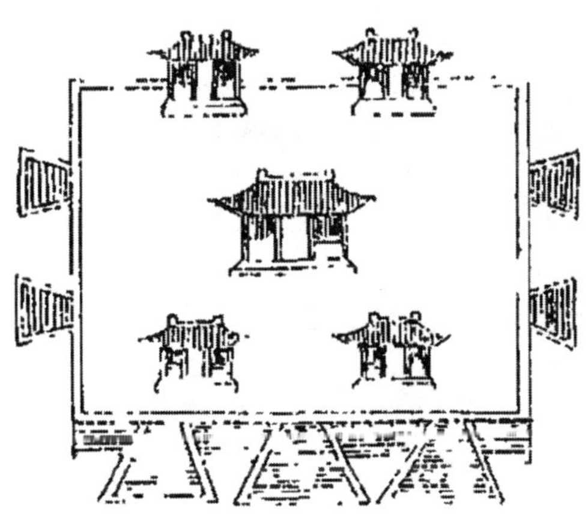

▸ **출처:** 『육경도(六經圖)』 4권

그림 93-3 은(殷)나라의 중옥(重屋)

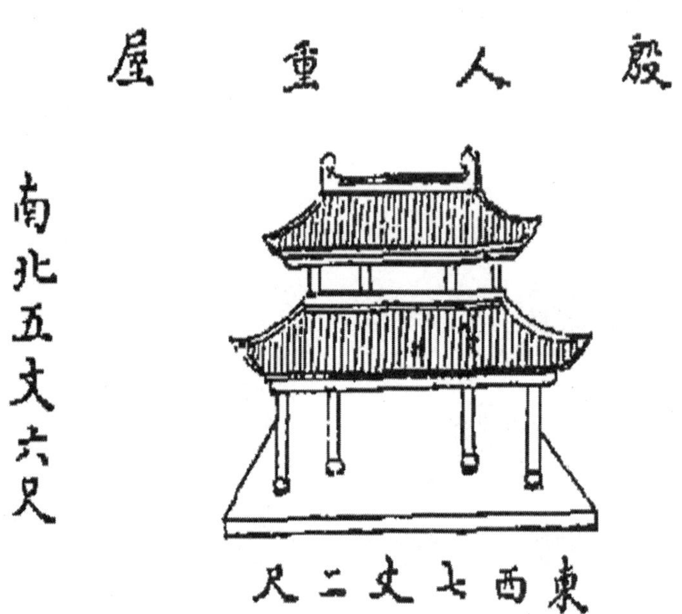

▸ **출처:**『삼례도(三禮圖)』1권

그림 93-4 은(殷)나라의 중옥(重屋)

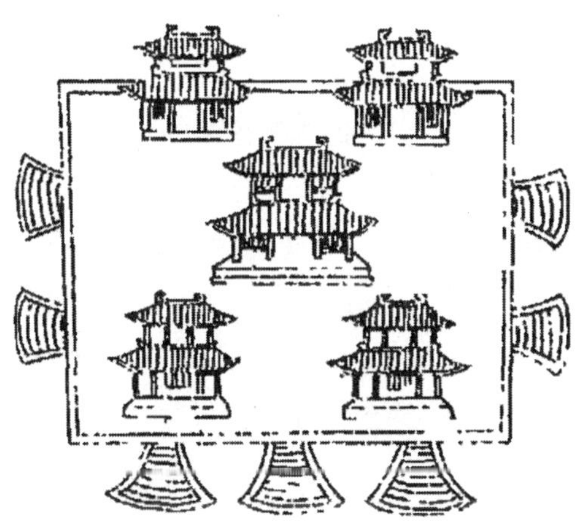

▸ **출처:** 『육경도(六經圖)』 4권

• 제 94 절 •

갈대(葛帶)에 대한 규정

【101d】

婦人不葛帶.

직역 婦人은 葛帶를 不한다.

의역 부인들은 칡으로 엮은 대(帶)를 차지 않는다.

集說 禮, 婦人之帶牡麻結本, 卒哭, 丈夫去麻帶, 服葛帶, 而首絰不變; 婦人以葛爲首絰, 以易去首之麻絰, 而麻帶不變, 所謂"不葛帶"也. 旣練則男子除絰, 婦人除帶, 婦人輕首重要故也. 然此謂婦人居齊斬之服者如此, 若大功以下輕者, 至卒哭, 則並變爲葛, 與男子同.

번역 예법에 따르면, 부인들의 대(帶)는 '수컷의 마[牡麻]'를 엮어서 만들고, 졸곡(卒哭)을 하게 되면, 남자들은 마대(麻帶)를 제거하고, 갈대(葛帶)를 착용하며, 머리에 쓰는 수질(首絰)은 바꾸지 않는다. 반면 부인들은 칡으로 엮어서 수질(首絰)을 만들고, 마질(麻絰)로 바꾸며, 마대(麻帶)는 바꾸지 않으니, 이것이 이른바 "칡으로 엮은 대(帶)를 차지 않는다."는 뜻이다. 연제(練祭)[1]를 치르게 되면, 남자는 질(絰)을 제거하고, 부인은 대(帶)를 제거하니, 부인들은 머리를 가볍게 여기고 허리를 중시하기 때문이다. 그런데 이곳에서 말하는 내용은 부인들이 참최복(斬衰服)을 착용하는 상

---

1) 연제(練祭)는 소상(小祥)과 같은 뜻이다.

(喪)을 치를 때 이처럼 한다는 뜻이니, 만약 대공복(大功服) 이하의 수위가 낮은 상(喪)을 치르게 되면, 졸곡(卒哭) 때에 이르러, 모두 칡으로 엮은 것으로 바꾸니, 남자의 경우와 동일한 것이다.

鄭注 婦人質, 不變重者, 至期除之, 卒哭變絰而已.

번역 부인들은 질박하므로, 중요한 부위에 차는 것을 바꾸지 않는 것이며, 1년을 넘기게 되면 제거를 하고, 졸곡(卒哭)이 되면 질(絰)을 바꿀 따름이다.

孔疏 ●"婦人不葛帶". ○正義曰: 此論齊斬婦人帶要絰也. 葬後卒哭, 變麻易葛, 而婦人重要而質, 不變所重, 故不葛帶. 至期除之, 卒哭直變絰而已. 大功以下輕, 至卒哭並變爲葛, 與男子同. 絰, 首絰也, 婦人輕首重要故也.

번역 ●經文: "婦人不葛帶". ○이곳 문단에서는 참최복(斬衰服)에 있어서 부인들이 차는 대(帶)와 요질(要絰)에 대해 논의하고 있다. 장례(葬禮)를 치른 이후 졸곡(卒哭)을 하게 되면, 마(麻)로 된 것을 바꿔서, 갈(葛)로 된 것으로 착용하는데, 부인의 경우에는 허리를 중시하고 질박하므로, 중시하는 바에 대해서는 바꾸지 않는 것이다. 그렇기 때문에 갈(葛)로 된 대(帶)는 착용하지 않는 것이다. 1년이 지나게 되면 제거를 하게 되고, 졸곡(卒哭)을 지내고 나서는 단지 질(絰)만 바꿀 따름이다. 대공복(大功服) 이하의 수위가 낮은 상(喪)을 치르게 되면, 졸곡(卒哭) 때에 이르러, 모두 갈(葛)로 된 것으로 바꾸니, 남자의 경우와 동일한 것이다. '질(絰)'자는 수질(首絰)을 뜻하니, 부인들은 머리를 가볍게 여기고 허리를 중시하기 때문이다.

集解 敖氏繼公曰: 婦人, 指五服之親言也. 間傳云, "男子重首, 婦人重帶." 婦人質, 故於其所重者有除無變. 其三年者, 至小祥而除之; 齊衰期以至小功, 則皆終喪而除之; 其緦麻者, 卒哭旣退而除之.

번역 오계공(敖繼公)이 말하길, '부인(婦人)'은 오복(五服)의 친족 관계에 있는 여인을 가리켜서 한 말이다. 『예기』「간전(間傳)」편에서는 "남자는 머리를 중시하고, 부인은 허리를 중시한다."[2]라고 했다. 부인은 질박하기 때문에, 중시하는 것에 대해서 제거를 하는 경우는 있어도 바꾸는 경우는 없다. 삼년상을 치르는 경우라면, 소상(小祥) 때가 되어서야 제거를 하고, 자최복(齊衰服)을 입고 기년상(期年喪)을 치르는 경우로부터 소공복(小功服)을 착용하는 경우까지는 모두 상(喪)을 끝내고서 제거를 한다. 시마복(緦麻服)을 착용하는 경우라면, 졸곡(卒哭)을 하여 물러난 뒤에야 제거를 한다.

集解 愚謂: 帶, 要絰也. 凡絰, 男子重首, 婦人重要. 喪至卒哭, 而變麻服葛, 男子首絰・要絰皆變之, 婦人則變首絰而要絰不變. 蓋婦人質, 於所重者有除無變也. 五服皆然. 注疏惟據齊斬婦人言之, 非也. 此言"婦人不葛帶", 少儀云"葛絰而麻帶", 士虞記婦人說首絰, 不說帶, 皆非專爲齊斬婦人言也. 婦人雖不葛帶, 而其受服之絰, 大小與初喪之帶同, 卒哭之帶必去其故帶五分之一, 乃得與其絰爲大小之差也.

번역 내가 생각하기에, '대(帶)'자는 요질(要絰)을 뜻한다. 무릇 질(絰)에 있어서, 남자는 머리에 쓰는 수질(首絰)을 중시하고, 부인은 허리에 차는 요질(要絰)을 중시한다. 상(喪)을 치를 때 졸곡(卒哭)을 하게 되면, 마(麻)로 제작한 것을 바꿔서, 갈(葛)로 만든 것을 착용하는데, 남자는 수질(首絰)과 요질(要絰)을 모두 바꾸지만, 부인의 경우에는 수질(首絰)만 바꾸고, 요질(要絰)은 바꾸지 않는다. 그 이유는 부인은 질박하므로, 중시하는 대상에 대해서는 제거하는 일은 있어도 바꾸는 경우는 없기 때문이다. 오복(五服)을 착용하는 경우 모두 이처럼 한다. 그런데 정현의 주와 공영달의 소에서는 자최복(齊衰服)과 참최복(斬衰服)을 착용하는 부인에 대한 경우

---

2) 『예기』「간전(間傳)」【668a】: 男子除乎首, 婦人除乎帶. 男子何爲除乎首也? 婦人何爲除乎帶也? 男子重首, 婦人重帶. 除服者先重者, 易服者易輕者.

로만 언급을 하였으니, 이것은 잘못된 주장이다. 이곳 문장에서 "부인은 갈(葛)로 된 대(帶)를 차지 않는다."라고 하였는데, 『예기』「소의(少儀)」편에서는 "갈(葛)로 된 질(絰)을 쓰고 마(麻)로 된 대(帶)를 찬다."[3]라고 하였고, 『의례』「사우례(士虞禮)」편의 기문(記文)에서는 부인들에 대한 설명을 하며, 수질(首絰)은 언급했지만, 대(帶)는 언급하지 않았으니, 이 모두는 전적으로 자최복(齊衰服)과 참최복(斬衰服)을 착용하는 부인에 대한 경우만을 언급한 것이 아니다. 부인들은 비록 갈(葛)로 된 대(帶)를 차지 않지만, 상복(喪服)을 착용할 때의 질(絰)은 그 크기가 초상(初喪) 때 차는 대(帶)와 동일하고, 졸곡(卒哭)을 할 때 차는 대(帶)는 반드시 이전 대(帶)의 길이에서 5분의 1만큼을 줄인 것으로 차니, 이렇게 하면 곧 질(絰)과 함께 그 크기에 차등을 둘 수 있게 된다.

3) 『예기』「소의(少儀)」【437c】: 葛絰而麻帶.

• 제 95 절 •

천신(薦新)에 대한 규정

【102a】

有薦新, 如朔奠.

직역 薦新이 有하면, 朔奠과 如한다.

의역 새로운 음식을 바치게 된다면, 삭전(朔奠)의 의례 절차와 동일하게 한다.

集說 朔奠者, 月朔之奠也. 未葬之時, 大夫以上, 朔望皆有奠; 士則朔而已. 如得時新之味, 或五穀新熟而薦之, 則其禮亦如朔奠之儀也.

번역 '삭전(朔奠)'은 매월 초하루에 지내는 전(奠)제사이다. 아직 장례(葬禮)를 치르기 이전이라면, 대부(大夫) 이상의 계급에서는 매월 초와 보름에 모두 전(奠)제사를 지내게 되고, 사(士) 계급에서는 매월 초하루에만 지낼 따름이다. 만약 그 계절에 새로 생산된 맛있는 음식을 얻게 되거나 혹은 오곡(五穀)이 새로 수확되어 바치게 된다면, 그 예(禮)를 또한 매월 초하루에 지내는 전(奠)제사의 의례와 동일하게 한다.

大全 金華應氏曰: 薦新, 重時物也. 薦新於廟, 死者已遠, 則感傷或淺, 薦新於殯, 其痛尙新, 則感傷必重. 朔祭, 謂之大奠, 其禮視大斂, 故薦新, 亦如之. 謂男女各卽位, 內外各從事, 而奠哭之儀, 如一也.

번역 금화응씨가 말하길, 천신(薦新)[1]을 하는 이유는 그 시기에 생산된 물품을 중시하기 때문이다. 묘(廟)에서 천신을 하게 되면, 죽은 자는 이미 멀리 떨어져 있는 상태이므로, 상심하는 마음이 간혹 옅어질 수가 있고, 빈소에서 천신을 하게 되면, 그 애통한 마음이 여전히 새롭게 느껴져서, 상심하는 마음이 반드시 가중된다. '삭제(朔祭)'를 '대전(大奠)'이라고도 부르는데, 그 예법을 대렴(大斂) 때에 견주어서 치르기 때문이다. 그래서 천신을 할 때에도 또한 이처럼 하는 것이다. 즉 이 말은 남녀가 각각 자신의 자리로 나아가고, 내외에 있는 자들이 모두 해당하는 일에 따른다는 뜻이니, 전(奠)제사를 하며 곡(哭)을 하는 의례가 동일한 것이다.

鄭注 重新物, 爲之殷奠.

번역 새로 생산된 물건을 중시하는 것으로, 그것을 바치며 은전(殷奠)[2]으로 지낸다.

孔疏 ●"有薦新, 如朔奠". ○正義曰: "薦新", 謂未葬中間得新味而薦亡者. "如朔奠"者, 謂未葬前月朔大奠於殯宮者. 大奠則牲饌豊也, 朔禮視大斂, 士則特豚三鼎. 今若有新物, 及五穀始熟, 薦於亡者, 則其禮牲物如朔之奠也. 大夫以上則朔望大奠, 若士但朔而不望.

번역 ●經文: "有薦新, 如朔奠". ○'천신(薦新)'이라는 것은 아직 장례

---

1) 천신(薦新)은 각 계절별로 생산된 신선한 음식물들을 바치는 제사를 가리킨다. 초하루와 보름마다 성대하게 지내는 전제사[奠祭]를 가리키기도 한다. 『의례』「기석례(旣夕禮)」편에는 "朔月, 若薦新, 則不饋于下室."이란 기록이 있고, 『예기』「단궁하(檀弓上)」편에는 "有薦新, 如朔奠."이란 기록이 있다.

2) 은전(殷奠)은 성대하게 지내는 전제사[奠祭]를 뜻한다. 『의례』「사상례(士喪禮)」편에는 "月半不殷奠."이라는 기록이 있다. 즉 사(士)의 경우에는 매월 보름에는 은전을 지내지 않는다는 뜻인데, 이 기록에 대한 정현의 주에서는 "殷, 盛也. 士月半不復如朔盛奠, 下尊者."라고 풀이했다. 즉 '은(殷)'은 성대하다는 뜻이고, 사의 경우에는 보름마다 초하루처럼 융성한 전제사를 지내지 못한다. 그 이유는 자신보다 신분이 높은 대부(大夫)에 대한 禮法보다 낮추기 때문이다.

(葬禮)를 치르기 이전에, 중간에 새로 얻은 맛있는 음식이 있다면, 죽은 자에게 바치는 것을 뜻한다. '여삭전(如朔奠)'이라는 것은 아직 장례(葬禮)를 치르기 이전이라면, 매월 초하루에 빈궁에서 성대한 전(奠)제사를 지내게 된다. '대전(大奠)'에서는 희생물과 찬들을 풍성하게 갖추게 되는데, 이러한 '삭례(朔禮)'는 대렴(大斂)에 견주어서 하고, 사(士)의 경우에는 한 마리의 돼지를 사용하여, 3개의 솥을 차리게 된다. 현재 만약 새로 얻은 음식이 있거나 오곡(五穀)이 처음 수확되었다면, 그것을 죽은 자에게 바치게 되는데, 그때의 예(禮)와 희생물 및 제수들은 매월 초하루에 지내는 전(奠)제사 때처럼 한다는 뜻이다. 대부(大夫) 이상의 계급이라면, 매월 초하루와 보름마다 대전(大奠)을 지내게 되고, 사(士)의 경우라면, 단지 매월 초하루에만 지내고 보름에는 지내지 않는다.

訓纂 釋名: 喪祭曰奠. 奠, 停也, 言停久也. 朔望祭曰殷奠, 所用殷衆也.

번역 『석명』에서 말하길, 상(喪)을 치르며 지내는 제사를 '전(奠)'이라고 부른다. '전(奠)'자는 "머무르다[停]."는 뜻이니, 영구(靈柩)가 오래도록 머물러 있다는 뜻이다. 초하루와 보름에 지내는 제사를 '은전(殷奠)'이라고 부르니, 사용되는 물품이 많기 때문이다.

訓纂 彬謂: 有薦新, 如朔奠, 此士喪禮文. 賈疏, "月令'開冰, 先薦寢廟', '孟夏以彘嘗麥', '仲夏羞以含桃, 先薦寢廟', 皆是."

번역 내가 생각하기에, 천신(薦新)이 있을 때에는 초하루에 지내는 전(奠)제사처럼 지낸다고 했는데, 이것은 『의례』「사상례(士喪禮)」편에 나오는 기록이다.[3] 가공언의 소(疏)에서는 "『예기』「월령(月令)」편에서는 '석빙고를 열어서 얼음을 꺼내는데, 무엇보다도 침묘(寢廟)에 먼저 바친다.'[4]라

3) 『의례』「사상례(士喪禮)」 : 月半不殷奠. <u>有薦新, 如朔奠</u>. 徹朔奠, 先取醴酒, 其餘取先設者.

4) 『예기』「월령(月令)」【195b】 : 天子乃鮮羔<u>開冰, 先薦寢廟</u>.

고 했고, '맹하(孟夏)의 달에 돼지고기를 곁들여서 보리밥을 맛본다.'[5]라고 했으며, '중하(仲夏)의 달에 진수성찬을 차리며 앵두를 곁들인다. 우선적으로 침묘에 먼저 바친다.'[6]라고 했으니, 이 모두는 이곳에서 말한 '천신(薦新)'에 해당한다."라고 했다.

集解 士喪禮註曰: 薦新, 薦五穀若時果物新出者.

번역 『의례』「사상례(士喪禮)」편에 대한 정현의 주에서 말하길, '천신(薦新)'은 오곡(五穀)이나 당시 계절의 과실 및 음식들이 새롭게 수확된 것을 바친다는 뜻이다.[7]

集解 敖氏繼公曰: 新, 謂穀之新熟者也. 春秋傳云, "不食新矣", 少儀云, "未嘗不食新", 皆指五穀而言.

번역 오계공(敖繼公)이 말하길, '신(新)'이라는 것은 곡식 중 새로 수확된 것을 뜻한다. 『춘추전』에서는 "새로 수확된 곡식을 먹지 않는다."[8]라고 했고, 『예기』「소의(少儀)」편에서는 "일찍이 새로 수확된 음식을 먹지 않은 적이 없었다."[9]라고 했으니, 이 모두는 오곡(五穀)을 가리켜서 '신(新)'이라고 부르고 있다.

集解 愚謂: 薦新, 以五穀爲主而兼及他物, 若月令"以雛嘗黍, 羞以含桃", 是也. 殯後朝夕奠, 醴·酒·脯·醢而已. 朔奠視大斂, 士則特牲三鼎, 其禮

---

5) 『예기』「월령(月令)」【201a】: 農乃登麥, 天子乃以彘嘗麥, 先薦寢廟.
6) 『예기』「월령(月令)」【203b】: 是月也, 農乃登黍, 天子, 乃以雛嘗黍, 羞以含桃, 先薦寢廟.
7) 이 문장은 『의례』「사상례(士喪禮)」편의 "有薦新, 如朔奠."이라는 기록에 대한 정현의 주이다.
8) 『춘추좌씨전』「성공(成公) 10년」: 公覺, 召桑田巫. 巫言如夢. 公曰, "何如?" 曰, "不食新矣."
9) 『예기』「소의(少儀)」【438a】: 未嘗不食新.

盛, 象生人朔食則盛饌也. 若薦新穀於殯宮, 其禮與朔奠同也.

번역 내가 생각하기에, '천신(薦新)'이라는 것은 오곡(五穀)을 위주로 하되 다른 음식들도 함께 곁들이는 것이니, 마치 『예기』「월령(月令)」편에서 "어린새고기를 곁들여서, 기장을 맛보며, 진수성찬을 차리며 앵두를 곁들인다."[10]라고 한 말 등이 바로 이러한 사실을 나타낸다. 빈소를 차린 이후에는 조석(朝夕)으로 전(奠)제사를 지내게 되는데, 그때에는 단술·술·포(脯)·젓갈 등만을 사용할 따름이다. 초하루에 지내는 전(奠)제사는 대렴(大斂)에 견주어서 하니, 사(士)의 경우에는 한 마리의 희생물을 사용하여 3개의 솥을 설치하는데, 그 의례가 성대하므로, 살아있는 자들이 초하루에 음식을 차리는 것을 형상화하게 되어, 성찬을 차려내는 것이다. 만약 빈궁에서 새로 수확된 곡식을 바치는 경우라면, 그 예법이 초하루에 지내는 전(奠)제사와 동일하다.

---

10) 『예기』「월령(月令)」【203b】: 是月也, 農乃登黍, 天子, 乃以雛嘗黍, 羞以含桃, 先薦寢廟.

• 제 96 절 •

복제(服除)에 대한 규정

【102a】

旣葬, 各以其服除.

직역 旣히 葬이면, 各히 그 服을 除한다.

의역 장례(葬禮)를 끝냈는데, 상복(喪服)을 벗어야 하는 자가 있다면, 상주(喪主)가 상복(喪服)을 바꿀 때까지 기다리지 않고, 각자 제 스스로 상복을 벗는다.

集說 三月而葬, 葬而虞, 虞而卒哭. 親重, 而當變麻衰者變之, 其當除者卽自除之, 不俟主人卒哭之變也.

번역 3개월 뒤에 장례(葬禮)를 치르고, 장례를 치른 뒤에 우제(虞祭)를 지내며, 우제(虞祭)를 지내고서 졸곡(卒哭)을 한다. 친족 관계가 가까운 자라서 마땅히 마(麻)로 된 상복을 바꿔야 하는 자라면 상복을 바꾸고, 상복을 벗어야 하는 자라면 곧 제 스스로 상복을 벗으니, 상주(喪主)가 졸곡을 끝내고서 상복을 바꿀 때까지 기다리지 않는다.

鄭注 卒哭, 當變衰麻者變之. 或有除者, 不視主人.

번역 졸곡(卒哭)을 하게 되면, 마(麻)로 된 상복을 바꿔야 하는 자라면 상복을 바꾼다. 그 중 간혹 상복을 벗어야 할 자가 있다면, 상주(喪主)가 상복을 바꾸는 것을 기다리지 않고 제거한다.

孔疏 ●"旣葬"至"服除". ○正義曰: "旣葬", 謂三月葬竟後至卒哭, 重親各隨所受而變服. 若三月之親, 至三月數滿應除者, 葬竟各自除, 不待主人卒哭之變, 故云"各以其服除"也.

번역 ●經文: "旣葬"~"服除". ○'기장(旣葬)'은 3개월이 지낸 뒤에 장례(葬禮)를 치르고, 그것이 끝난 이후 졸곡(卒哭)을 할 때가 되었을 시기를 뜻하니, 친족 관계가 가까운 자들은 각자 자신이 바꿔야 할 상복에 따라서 복장을 바꾼다. 만약 3개월 동안 상복을 입어야 하는 친족 관계에 있는 자의 경우, 3개월의 수가 모두 다하여, 마땅히 상복을 벗어야 한다면, 장례를 끝내고 각자 제 스스로 상복을 벗게 되고, 상주(喪主)가 졸곡(卒哭)을 하여 상복을 바꿀 때까지 기다리지 않는다. 그렇기 때문에 "각자 자신의 상복을 벗는다."라고 말한 것이다.

集解 愚謂: 旣葬各以其服除者, 謂旣葬卒哭, 則緦麻除服, 小功以上亦皆除其重服而受以輕服也.

번역 내가 생각하기에, "장례(葬禮)를 끝내고서 각자 그 상복을 벗는다."는 말은 장례(葬禮)를 끝내고 졸곡(卒哭)을 지내게 되면, 시마복(緦麻服)을 착용하는 자들은 상복을 벗고, 소공복(小功服) 이상의 상복을 착용하는 자들 또한 모두들 수위가 높은 상복을 제거하고, 보다 수위가 낮은 상복으로 갈아입는다는 뜻이다.

• 제97절 •

지(池)에 대한 규정

【102b】

池, 視重霤.

직역 池는 重霤에 視한다.

의역 상거(喪車)에 다는 빗물받이인 지(池)를 설치할 때, 그 수치는 생전에 가옥에 설치하던 빗물받이인 중류(重霤)의 숫자에 견주어서 한다.

集說 疏曰: 池者, 柳車之池也. 重霤者, 屋之承霤也, 以木爲之, 承於屋簷, 水霤入此木中, 又從木中而霤於地, 故云"重霤"也. 天子之屋四注, 四面皆有重霤; 諸侯四注而重霤去後; 大夫惟前後二; 士惟一在前. 生時屋有重霤, 故死時柳車亦象宮室, 而設池於車覆鼈甲之下, 牆帷之上. 蓋織竹爲之, 形如籠, 衣以青布以承鼈甲. 名之曰"池", 以象重霤也. 方面之數, 各視生時重霤.

번역 공영달(孔穎達)의 소(疏)에서 말하길, '지(池)'라는 것은 유거(柳車)[1]에 다는 지(池)를 뜻한다. '중류(重霤)'라는 것은 지붕에 다는 빗물받이인 '승류(承霤)'를 뜻하니, 나무로 그것을 만들게 되고, 지붕의 처마에 달게 되어, 빗물이 그 나무속으로 들어가게 하고, 또한 나무를 통해서 땅으로 떨어지도록 한다. 그렇기 때문에 '중류(重霤)'라고 부르는 것이다. 천자(天子)의 가옥에는 지붕에 4개의 기둥을 대고, 사면에 모두 중류(重霤)를 설치

1) 유거(柳車)는 상거(喪車)를 뜻한다. 상(喪)을 치를 때 사용하는 수레를 의미한다.

하는데, 제후(諸侯)의 경우에는 4개의 기둥을 대지만, 중류(重霤)에 있어서는 뒷면의 1개를 제거하고, 대부(大夫)의 경우에는 오직 앞면과 뒷면에 총 2개의 중류(重霤)를 설치하며, 사(士)의 경우에는 단지 앞면에 1개의 중류(重霤)를 설치할 뿐이다. 생전에 거처하던 가옥의 지붕에도 중류(重霤)가 있었기 때문에, 그 자가 죽었을 때에도 또한 궁실(宮室)을 본떠서 유거를 만들게 되어, 수레의 덮개인 별갑(鼈甲) 아래와 담장처럼 두르는 유(帷) 위에 빗물받이인 지(池)를 설치하게 된다. 아마도 대나무살을 짜서 만들었을 것이며, 그 형태는 대바구니[籠]와 흡사하고, 청색의 포(布)로 감싸서 영구(靈柩)의 덮개를 바치게 했을 것이다. 이것을 '지(池)'라고 부른 이유는 이것을 통해서, 중류(重霤)를 형상화했기 때문이다. 각 방면에 다는 숫자는 각자 생전에 설치하던 중류(重霤)의 수에 견주게 된다.

그림 97-1 유거(柳車)

▸ **출처:** 『삼례도집주(三禮圖集注)』 19권

鄭注 如堂之有承霤也. 承霤以木爲之, 用行水, 亦宮之飾也. 柳, 宮象也. 以竹爲池, 衣以青布, 縣銅魚焉. 今宮中有承霤, 云以銅爲之.

번역 마치 당(堂)에 빗물받이인 승류(承霤)가 있는 것과 같은 것이다. 승류(承霤)는 나무로 만들게 되고, 물이 떨어지도록 하며, 또한 건축물의 장식으로도 사용한다. 유(柳)라는 것은 궁(宮)의 형태를 본뜬 것이다. 대나무로 지(池)를 만들고, 청색의 포(布)로 감싸며, 동으로 만든 물고기를 매달아둔다. 현재 궁중에는 승류(承霤)가 있는데, 이것은 동으로 만든다고 한다.

釋文 重, 直容反. 衣, 于旣反.

번역 '重'자는 '直(직)'자와 '容(용)'자의 반절음이다. '衣'자는 '于(우)'자와 '旣(기)'자의 반절음이다.

孔疏 ●"池視重霤". ○正義曰: "池"者, 柳車之池也. "重霤"者, 屋承霤也. 以木爲之, 承於屋霤, 入此木中, 又從木中而霤於地, 故謂此木爲"重霤"也. 天子則四注, 四面爲重霤. 諸侯四注, 重霤則差降, 去後, 餘三. 大夫唯餘前後二, 士則唯一在前. 而生時旣屋有重霤以行水, 死時柳車亦象宮室, 而在車覆鱉甲之下, 牆帷之上, 織竹爲之, 形如籠, 衣以青布, 以承鱉甲, 名之爲池. 以象重霤方面之數, 各視生時重霤.

번역 ●經文: "池視重霤". ○'지(池)'라는 것은 유거(柳車)에 다는 지(池)를 뜻한다. '중류(重霤)'라는 것은 지붕에 다는 빗물받이인 승류(承霤)를 뜻한다. 나무로 그것을 만들게 되고, 지붕의 처마에 달아서, 이 나무속으로 빗물이 흐르도록 하고, 또한 나무속을 통해서 땅으로 떨어지도록 한다. 그렇기 때문에 이 나무를 '중류(重霤)'라고 부르는 것이다. 천자(天子)의 경우에는 4개의 기둥을 설치하고, 4면에 모두 중류(重霤)를 설치한다. 제후(諸侯)의 경우에는 4개의 기둥을 설치하고, 중류(重霤)의 경우에는 순차적으로 차등을 두므로, 뒷면의 중류(重霤)를 제거하고, 나머지 3개를 설치한다.

대부(大夫)는 오직 앞면과 뒷면에만 설치하여, 2개의 중류(重霤)를 달고, 사(士)는 오직 앞면에만 중류(重霤)를 설치한다. 생전에 그가 살던 가옥에는 이미 중류(重霤)를 설치하여 빗물이 떨어지도록 했으니, 그가 죽었을 때 유거(柳車)에도 궁실(宮室)을 본뜨는 점이 있게 되어, 수레 덮개인 별갑(鱉甲)의 아래와 담장처럼 두르게 되는 유(帷) 위에 빗물받이를 달게 되는데, 대나무살을 짜서 만들게 되므로, 그 형태가 대바구니처럼 되고, 청색의 포(布)로 감싸서, 별갑(鱉甲)을 받치게 되는데, 이것을 '지(池)'라고 부른다. 각 방면에 걸려있는 중류(重霤)의 수를 본뜨게 되므로, 각자 생전에 설치한 중류(重霤)의 수에 견주어서 설치하는 것이다.

• 제 98 절 •

군주의 관(棺)에 대한 규정

【102c】

君卽位而爲椑, 歲一漆之, 藏焉.

직역 君이 卽位하면 椑를 爲하고, 歲에 一히 漆하고, 藏한다.

의역 제후(諸侯)가 즉위를 하게 되면, 자신의 시신을 안치할 관(棺)을 만들고, 매년 한 차례 옻칠을 하고, 그 속에 물건을 채워둔다.

集說 疏曰: 君, 諸侯也. 人君無論少長, 體尊物備, 卽位卽造爲親尸之棺, 蓋杝棺也, 漆之堅强甓甓然, 故名椑. 每年一漆, 示如未成也. 藏焉者, 其中不欲空虛, 如急有待, 故藏物於中. 一說, 不欲令人見, 故藏之.

번역 공영달(孔穎達)의 소(疏)에서 말하길, '군(君)'자는 제후(諸侯)를 뜻한다. 군주에게는 나이를 따지지 않으니, 존귀한 신분에 맞춰 사물을 갖추므로, 즉위를 하게 되면, 곧바로 자신의 시신을 안치할 관(棺)을 만드니, 아마도 이때의 관(棺)은 이관(杝棺)일 것이며, 옻칠을 하여 벽돌처럼 튼튼하게 만들게 된다. 그렇기 때문에 '비(椑)'라고 부르는 것이다. 매년 한 차례 옻칠을 하여, 아직 완성되지 않았음을 나타내는 것이다. "물건을 넣어둔다."는 말은 그 속을 비워두어, 마치 급급하게 시신이 빨리 들어오기를 기다리는 것처럼 보이고 싶지 않기 때문에, 그 안에 물건을 채워두는 것이다. 일설에는 사람들에게 보이고 싶지 않기 때문에, 숨겨둔다고 풀이하기도 한다.

그림 98-1 비(椑)

椑

▸ **출처:** 『삼례도집주(三禮圖集注)』 18권

大全 嚴陵方氏曰: 椑, 卽所謂親也. 君尊, 雖凶禮, 亦備豫焉.

번역 엄릉방씨가 말하길, '비(椑)'라는 것은 이른바 시신을 직접 안치하는 '츤(櫬)'이라는 것을 뜻한다. 군주는 존귀한 존재이므로, 비록 흉례(凶禮)에 해당한다고 할지라도 미리 갖춰두는 것이다.

鄭注 椑謂杝棺親尸者. 椑, 堅著之言也. 言天子椑內又有水兕革棺. 若未成然. 虛之不令[1].

번역 '비(椑)'는 이관(杝棺)으로 시신을 직접 안치하는 것을 뜻한다. '비(椑)'자는 견고하게 만들었다는 뜻에서 붙여진 명칭이다. 천자(天子)의 비(椑) 안에는 또한 물소의 가죽으로 만든 혁관(革棺)이 있게 된다.[2] 매년 옻칠을 하는 것은 마치 아직 완성되지 않은 것처럼 보이기 위해서이다. 물건을 채워두는 이유는 비워두는 것을 좋게 여기지 않기 때문이다.

釋文 椑, 蒲曆反, 徐戾益反, 櫬尸棺. 杝音移. 著, 直略反. 兕, 徐里反. 漆音七. 令, 力政反, 本又作合.

번역 '椑'자는 '蒲(포)'자와 '曆(력)'자의 반절음이며, 서음(徐音)은 '戾(려)'자와 '益(익)'자의 반절음이고, 시신을 직접 안치하는 관(棺)을 뜻한다. '杝'자의 음은 '移(이)'이다. '著'자는 '直(직)'자와 '略(략)'자의 반절음이다. '兕'자는 '徐(서)'자와 '里(리)'자의 반절음이다. '漆'자의 음은 '七(칠)'이다. '令'자는 '力(력)'자와 '政(정)'자의 반절음이며, 판본에 따라서는 또한 '合'자로 기록하기도 한다.

---

1) '령(令)'자에 대하여. '령'자는 본래 '합(合)'자로 기록되어 있었는데, 완원(阮元)의 『교감기(校勘記)』에서는 "『모본(毛本)』에는 '령'자로 기록되어 있고, 위씨(衛氏)의 『집설(集說)』과 『고문(考文)』에서 인용하고 있는 『고본(古本)』에도 동일하게 기록되어 있다."라고 했다.

2) 『예기』「단궁상」【104d】: 天子之棺四重, 水兕革棺被之, 其厚三寸, 杝棺一梓棺二, 四者皆周.

孔疏 ●"君卽"至"藏焉". ○正義曰: 此一節論人君尊, 卽位得爲棺之事. "君", 諸侯也. 言諸侯, 則王可知也. 椑, 杝棺也. 漆之堅强, 甓甓然也. 人君無論少長, 而體尊備物, 故亦卽位而造爲此棺也. 椑謂杝棺親尸者也. 古者天子椑內有水兕, 而諸侯無, 但用杝在內以親尸也.

번역 ●經文: "君卽"~"藏焉". ○이곳 문단은 군주는 존귀한 존재이므로, 즉위를 하게 되면 관(棺)을 만들 수 있는 사안에 대해서 논의하고 있다. '군(君)'자는 제후(諸侯)를 뜻한다. 즉 제후에 대해서 언급했다면, 천자에 대해서도 이처럼 한다는 사실을 알 수 있다. '비(椑)'자는 이관(杝棺)을 뜻한다. 옻칠을 해서 견고하게 만들어, 마치 벽돌처럼 단단하게 하는 것이다. 군주의 경우에는 나이를 따지지 않고, 존귀한 신분에 맞춰서 사물을 갖추게 된다. 그렇기 때문에 또한 즉위를 하게 되면, 곧바로 이러한 관(棺)을 만드는 것이다. '비(椑)'라는 것은 이관(杝棺)으로 시신을 직접 안치하는 것이다. 고대에 천자(天子)의 경우에는 비(椑) 안에 물소의 가죽으로 만든 것이 있게 되고, 제후의 경우는 이것이 없이, 단지 이관(杝棺)만을 가장 안쪽에 두어서 시신을 직접 안치하게 된다.

孔疏 ●"歲一漆之"者, 雖爲尊得造, 交未供用, 故不欲卽成, 但每年一漆, 示如未成也. 唯云漆杝, 則知不漆杝棺外屬等.

번역 ●經文: "歲一漆之". ○비록 존귀한 신분이 되어 만들 수가 있지만, 아직 사용하는 것이 아니다. 그렇기 때문에 곧바로 완성을 하고자 하지 않고, 단지 매년 한 차례 옻칠을 하여, 아직 완성되지 않은 것처럼 나타내는 것이다. 이관(杝棺)에 옻칠을 한다고만 말했다면, 이관(杝棺) 밖에 있는 다른 관(棺)의 종류에는 옻칠을 하지 않는다는 사실을 알 수 있다.

孔疏 ●"藏焉"者, 棺中不欲空虛, 如急有待也. 虛之不令也, 令, 善也. 言若虛空, 便爲不善, 故藏物於其中. 一本爲"虛之不合"者, 謂不以蓋合覆其上, 旣不合覆, 不欲令人見, 故藏焉.

번역 ●經文: "藏焉". ○관(棺) 안을 비워두어, 마치 급급하게 시신이 들어오기를 기다리는 것처럼 보이고 싶지 않기 때문이다. 그래서 비워두는 것을 좋게 여기지 않는 것이니, '령(令)'자는 "좋다[善]."는 뜻이다. 즉 이 말은 만약 그 속을 비워두게 된다면, 불선(不善)한 일이 되므로, 그 속에 물건을 채워둔다는 뜻이다. 다른 판본에서는 '허지불합(虛之不合)'으로 기록하고 있는데, 이 말은 덮개로 그 위를 덮지 않는다는 뜻으로, 덮개로 덮지 않는다고 했다면, 사람들에게 보이고 싶지 않기 때문에, 숨겨두는 것이다.

• 제99절 •

초상(初喪) 때의 여러 절차

【102d】

復·揳齒·綴足·飯·設飾·帷堂並作.

직역 復·揳齒·綴足·飯·設飾·帷堂을 並히 作한다.

의역 초혼을 하며, 시신의 입에 각사(角柶)를 넣어 벌리고, 다리가 굽어지지 않도록 고정시키며, 시신의 입에 쌀 등을 채우고, 시신에 대해 습(襲)과 염(斂)을 하며, 당(堂)에 휘장을 치는 등 총 6가지 일들은 동시에 시행한다.

集說 始死招魂之後, 用角柶拄尸之齒令開, 得飯含時不閉; 又用燕几拘綴尸之兩足令直, 使著屨時不辟戾也. 飯者, 實米與貝于尸口中也. 設飾, 尸襲斂也. 帷堂, 堂上設帷也. 作, 起爲也. 復至帷堂六事一時並起, 故云"並作"也. 儀禮亦總見一圖.

번역 어떤 자가 이제 막 죽게 되어 초혼을 하게 되면, 그 이후에는 각사(角柶)를 이용해서, 시신의 이빨 사이에 걸어두어 입을 벌리게 하여, 반함(飯含)을 할 때 입이 닫히지 않도록 하는 것이다. 또 연궤(燕几)를 이용해서 시신의 양쪽 다리를 고정시켜서, 곧게 펴지도록 하여, 신발을 신길 때 다리가 굽혀지지 않도록 하는 것이다. '반(飯)'이라는 것은 쌀과 화패 등을 시신의 입 속에 채운다는 뜻이다. '설식(設飾)'은 시신에 대해서 습(襲)을 하고 염(斂)을 한다는 뜻이다. '유당(帷堂)'은 당(堂) 위에 휘장을 설치한다는 뜻이다. '작(作)'은 시행한다는 뜻이다. 초혼으로부터 당(堂)에 휘장을 치는 것에 이르기까지 총 6가지 일들은 동시에 모두 시행하는 것이다. 그렇기 때문에 "모두 시행한다."라고 말한 것이다. 『의례도』에도 또한 총괄적으로 하나의 그림에 이것들이 기록되어 있다.

그림 99-1 시졸예도(始卒禮圖)

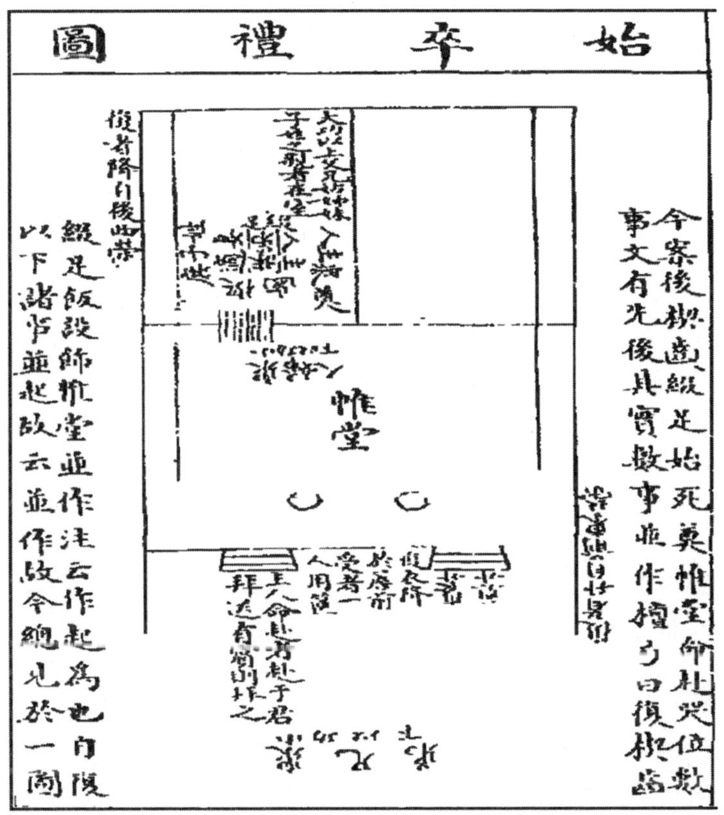

▸ 출처: 『의례도(儀禮圖)』 12권

大全 山陰陸氏曰: 言復·楔齒·綴足·飯·設飾, 此五事並作於帷堂之時.

번역 산음육씨가 말하길, 초혼을 하고, 시신의 입을 벌리며, 다리를 고정시키고, 시신의 입을 채우며, 습(襲)과 염(斂)을 한다고 했는데, 이 다섯 가지 일들은 모두 당(堂)에 휘장을 치는 시기에 시행한다는 뜻이다.

鄭注 設飾謂遷尸又加新衣.

번역 '설식(設飾)'은 시신을 옮기고, 또 새로운 옷을 입힌다는 뜻이다.

釋文 楔, 悉節反. 綴, 丁劣反, 又音丁衛反. 飯, 煩晩反, 唅也.

번역 '楔'자는 '悉(실)'자와 '節(절)'자의 반절음이다. '綴'자는 '丁(정)'자와 '劣(렬)'자의 반절음이며, 또한 그 음은 '丁(정)'자와 '衛(위)'자의 반절음도 된다. '飯'자는 '煩(번)'자와 '晩(만)'자의 반절음이며, 음식을 입에 넣는다는 뜻이다.

孔疏 ●"復楔"至"赴者". ○正義曰: 此一節論始死之事. "復", 招魂也. "楔", 柱也. 招魂之後, 用角柶柱亡人之齒令開, 使含時不閉也.

번역 ●經文: "復楔"~"赴者". ○이곳 문단은 어떤 자가 이제 막 죽었을 때의 사안에 대해서 논의하고 있다. '복(復)'자는 초혼을 뜻한다. '설(楔)'자는 "세운다[柱]."는 뜻이다. 즉 초혼을 한 이후에는 각사(角柶)를 이용해서 시신의 입에 끼우고 입이 벌어지도록 하여, 반함(飯含)을 할 때 닫히지 않도록 하는 것이다.

孔疏 ●"綴足"者, 復用燕几綴亡人之足令直, 使著屨時不辟戾也.

번역 ●經文: "綴足". ○다시금 연궤(燕几)를 이용해서 시신의 다리를 고정시켜서 곧게 펴지도록 하여, 신발을 신길 때 구부러지지 않도록 하는 것이다.

孔疏 ●"飯"者, 飯含[1]也. "設飾"者, 謂襲斂遷尸之時, 及又加著新衣也.

번역 ●經文: "飯". ○반함(飯含)을 뜻한다. 경문의 "設飾"에 대하여. 습(襲)과 염(斂)을 하며 시신을 옮기는 때를 뜻하고, 또한 시신에게 새로운 옷을 입히는 때를 뜻한다.

孔疏 ●"帷堂"者, 謂小斂時.

번역 ●經文: "帷堂". ○소렴(小斂)을 할 때를 뜻한다.

孔疏 ●"並作"者, 作, 起爲也. 自"復"以下, 諸事並起以帷堂, 故云"並作".

번역 ●經文: "並作". ○'작(作)'자는 시행한다는 뜻이다. 초혼으로부터 그 이하의 일들을 모두 시행하며 당(堂)에 휘장을 설치한다. 그렇기 때문에 "모두 시행한다."라고 말한 것이다.

集解 復, 招魂也. 楔齒, 以角柶拄死者之口, 使含時不閉也. 綴足, 以燕几綴死者之足, 令著屨不辟戾也. 飯, 以米·貝實死者口中也. 設飾, 謂襲也. 帷堂, 張帷於堂上也. 作, 起也. 並作者, 謂以上諸事一時並起也. 案士喪禮復後而楔齒·綴足, 乃帷堂, 又沐浴, 乃含而襲. 此以復·楔齒·綴足·飯·設飾·帷堂爲次者, 蓋含·襲雖在帷堂·沐浴之後, 而陳襲事于房中, 實貝于笄, 實

---

1) '함(含)'자에 대하여. '함'자는 본래 '식(食)'자로 기록되어 있었는데, 완원(阮元)의 『교감기(校勘記)』에서는 "혜동(惠棟)의 『교송본(校宋本)』에는 '식'자가 '함'자로 기록되어 있고, 위씨(衛氏)의 『집설(集說)』에도 동일하게 기록되어 있다. 살펴보니, '함'자로 기록하는 것이 옳다."라고 했다.

米于筐, 饌于西序下, 皆在沐浴之前, 故以"飯·設飾"繼"楔齒·綴足"言之; "帷堂"雖在飯含前, 而徹帷則在小斂之後, 故退在下以見意.

번역 '복(復)'자는 초혼을 뜻한다. '설치(楔齒)'는 각사(角柶)를 이용해서 시신의 입에 끼워두고, 반함(飯含)을 할 때 닫히지 않도록 하는 것이다. '철족(綴足)'은 연궤(燕几)로 시신의 다리를 고정시켜서, 신발을 신길 때 구부러지지 않도록 하는 것이다. '반(飯)'은 시신의 입에 쌀과 화패를 채우는 것이다. '설식(設飾)'은 습(襲)을 뜻한다. '유당(帷堂)'은 당상(堂上)에 휘장을 치는 것이다. '작(作)'자는 "시행한다[起]."는 뜻이다. '병작(並作)'은 앞서 언급한 여러 일들을 동시에 시행한다는 뜻이다. 『의례』「사상례(士喪禮)」편의 내용을 살펴보면, 초혼을 한 이후에 시신의 입을 고정시키고, 다리를 고정시키며, 그 일이 끝나게 되면, 곧 당상(堂上)에 휘장을 설치하고, 또한 시신을 목욕시키며, 그 일이 끝나면, 곧 반함(飯含)을 하고 습(襲)을 한다. 이곳 문장에서는 초혼을 하고, 시신의 입을 벌리며, 다리를 고정시키고, 반함(飯含)을 하며, 습(襲)을 하고, 당(堂)에 휘장을 치는 것들 순으로 기록을 하였는데, 무릇 반함(飯含)을 하고 습(襲)을 하는 것이 비록 당(堂)에 휘장을 치고 시신을 목욕시키는 것보다 뒤에 있게 되지만, 방안에는 습(襲)을 할 때 사용되는 물건을 진열하게 되니, 계(笄)에 화패를 담고, 광(筐)에 쌀을 담아서, 서쪽 서(序) 밑에 차려두니, 둘 모두 목욕을 시키기 이전에 하게 된다. 그렇기 때문에 반함과 습(襲)을 한다는 내용을 입을 벌리고 다리를 고정시키는 일 다음에 연결해서 기록한 것이다. 그리고 당(堂)에 휘장을 치는 일은 비록 반함(飯含)을 하기 이전에 하게 되지만, 휘장을 걷는 시기는 곧 소렴(小斂)을 한 이후가 된다. 그렇기 때문에 가장 뒤에 기록하여 이러한 뜻을 나타낸 것이다.

• 제 100 절 •

부고를 알리는 규정

【102d】

父兄命赴者.

직역 父兄이 赴者를 命한다.

의역 대부(大夫) 이상의 계급에서는 어떤 자가 죽게 되면, 그 자의 부형(父兄)이 부고를 알릴 자를 임명한다.

集說 疏曰: 生時與他人有恩識者, 今死, 則其家宜使人往相赴告. 士喪禮, "孝子自命赴者", 若大夫以上, 則父兄命之也.

번역 공영달(孔穎達)의 소(疏)에서 말하길, 생전에 다른 사람과 은정을 나누고 면식이 있는 자에 대해서는 현재 그 자가 죽게 되면, 그 집에서는 마땅히 사람을 시켜서 그곳에 찾아가 부고를 서로 알리도록 한다. 『의례』「사상례(士喪禮)」편에서는 "자식은 직접 부고를 알릴 자를 정한다."[1] 라고 했는데, 만약 대부(大夫) 이상의 계급이라면, 부형(父兄)이 임명하게 된다.

---

1) 『의례』「사상례(士喪禮)」 : 乃赴于君. 主人西階東, 南面命赴者, 拜送. 有賓則拜之.

鄭注 謂大夫以上也, 士主人親命之.

번역 대부(大夫) 이상의 계급에 대한 내용으로, 사(士) 계급에서는 상주(喪主)가 직접 임명한다.

孔疏 ●"父兄命赴者", 亦復後之事. 赴謂死者生時於他人有恩識者, 今死, 則其家宜使人往相赴告也. 士喪禮則孝子自命赴者, 若大夫以上, 則父兄命之也. 何以然? 尊, 許其病深, 故使人代命之也. 雖代命之, 猶稱孝子名也.

번역 ●經文: "父兄命赴者". ○이 또한 초혼을 한 이후에 시행하는 일이다. '부(赴)'라는 말은 죽은 자가 생전에 다른 사람들과 은정과 면식을 나눈 경우, 현재 그 자가 죽게 되면, 그 집에서는 마땅히 사람을 시켜서 그곳으로 찾아가서 서로 부고를 알리게 된다는 뜻이다. 『의례』「사상례(士喪禮)」편에서는 자식이 직접 부고를 알릴 자를 정한다고 했는데, 만약 대부(大夫) 이상의 계급이라면, 부형(父兄)이 임명을 한다. 어째서인가? 그 자의 신분이 존귀하고, 그의 병이 위독해졌기 때문에, 다른 사람을 시켜서 대신 임명을 하는 것이다. 비록 대신 임명을 한다고 하지만, 부고에서는 여전히 그의 아들 이름을 대게 된다.

集解 孝子喪親, 悲痛迷亂, 故凡赴告之人, 皆父兄爲命之. 惟赴於君則親命, 敬君也. 士喪禮"乃赴於君, 主人西階東, 南面, 命赴者, 拜送", 是也.

번역 자식이 부모의 상(喪)을 치를 때에는 비통함 때문에 정신을 차릴 수가 없다. 그렇기 때문에 무릇 부고를 알리는 사람에 대해서는 모두 부형(父兄)이 대신 임명하게 된다. 오직 군주에게 부고를 알리는 경우에만 직접 임명을 하니, 군주를 공경하기 때문이다. 『의례』「사상례(士喪禮)」편에서 "곧 군주에게 부고를 알리니, 주인은 서쪽 계단의 동쪽에서 남쪽을 바라보고, 부고를 알리는 자를 임명하며, 절을 하고 전송한다."라고 한 기록이 바로 이러한 사실을 나타낸다.

• 제 101 절 •

군주의 초혼(招魂)에 대한 규정

【103a】

君復於小寢·大寢·小祖·大祖·庫門·四郊.

직역 君은 小寢·大寢·小祖·大祖·庫門·四郊에서 復한다.

의역 군주의 경우에는 그가 죽게 되면, 소침(小寢)·대침(大寢)·소조(小祖)·대조(大祖)·고문(庫門)·사교(四郊)에서 초혼을 한다.

集說 天子之郭門曰皐門, 明堂位言魯之庫門卽天子皐門, 是庫門者, 郭門也.

번역 천자(天子)에게 있는 곽문(郭門)을 '고문(皐門)'이라고 부르는데, 『예기』「명당위(明堂位)」편에서는 노(魯)나라에 있는 고문(庫門)은 곧 천자에게 있는 고문(皐門)이라고 했으니,[1] 여기에서 말한 '고문(庫門)'은 곧 곽문(郭門)을 뜻한다.

集說 疏曰: 君, 王侯也. 前曰廟, 後曰寢. 室有東西廂曰廟, 無東西廂有室曰寢. 小寢者, 高祖以下寢也, 王侯同. 大寢, 天子始祖之寢, 諸侯太祖之寢也. 小祖者, 高祖以下廟也, 王侯同. 太祖者, 天子始祖之廟, 諸侯太祖之廟也.

---

1) 『예기』「명당위(明堂位)」【401d】: 大廟, 天子明堂. 庫門, 天子皐門. 雉門, 天子應門.

번역 공영달(孔穎達)의 소(疏)에서 말하길, '군(君)'자는 천자와 제후를 뜻한다. 종묘(宗廟)의 건축물 중 앞에 있는 건물을 '묘(廟)'라고 부르고, 뒤에 있는 건물을 '침(寢)'이라고 부른다. 실(室)의 동서쪽에 있는 상(廂)을 '묘(廟)'라고 부르고, 동서쪽에 상(廂)이 없고 실(室)이 있는 것을 '침(寢)'이라고 부른다. '소침(小寢)'이라는 것은 고조(高祖) 이하의 선조에 대한 침(寢)을 뜻하니, 천자 및 제후가 동일하다. '대침(大寢)'은 천자에게는 시조(始祖)에 대한 침(寢)을 뜻하고, 제후에게는 태조(太祖)에 대한 침(寢)을 뜻한다. '소조(小祖)'라는 것은 고조(高祖) 이하의 선조에 대한 묘(廟)를 뜻하니, 천자 및 제후가 동일하다. '태조(太祖)'는 천자에게는 시조(始祖)의 묘(廟)가 되고, 제후에게는 태조(太祖)의 묘(廟)가 된다.

集說 馬氏曰: 寢, 所居處之地; 祖, 有所事之地; 門, 所出入之地; 郊, 所嘗至之地. 君復必於此者, 蓋魂氣之往, 亦未離生時熟習之地也. 觀此, 則死生之說可知矣.

번역 마씨가 말하길, '침(寢)'이라는 것은 그가 거처하던 장소를 뜻한다. '조(祖)'라는 것은 그가 제사를 지내던 장소를 뜻한다. '문(門)'이라는 것은 출입하던 장소를 뜻한다. '교(郊)'라는 것은 일찍이 가본 적이 있는 장소를 뜻한다. 군주의 경우 초혼을 할 때, 반드시 이러한 장소에서 하는 이유는 아마도 혼기(魂氣)가 떠나갈 때, 또한 생전에 익숙한 장소에서 아직은 떨어지지 않았기 때문이다. 이러한 것을 살펴본다면, 생사(生死)의 도리에 대한 주장들에 대해서 확인할 수 있다.

集說 今按: 馬氏以小寢·大寢爲燕寢·正寢, 與舊說異.

번역 내가 살펴보니, 마씨는 소침(小寢)과 대침(大寢)을 연침(燕寢)과 정침(正寢)으로 여겨서, 옛 학설과 차이를 보인다.

鄭注 尊者求之備也, 亦他日所嘗有事.

번역 존귀한 자에 대해서는 혼백을 찾는 절차를 상세히 갖추는 것이니, 이러한 장소들은 또한 언젠가 그가 이곳에서 시행했던 일이 있는 것이다.

孔疏 ●"君復"至"四郊". ○正義曰: 此一節論人君禮備, 復處又多. 自小寢以下, 明招魂處所也. "君", 王侯也. "於小寢"者, 前曰廟, 後曰寢. 爾雅云: "室有東西廂曰廟, 無東西廂有室曰寢." 此"小寢"者, 所謂高祖以下寢也, 王侯同. "大寢", 謂天子始祖, 諸侯大祖也. "小祖", 高祖以下廟也, 王侯同. "大祖", 天子始祖, 諸侯大祖廟也. 兩言於廟, 求神備也. 周禮・夏采"以冕服復於大祖廟", 是也. 其小廟則祭僕復之, 其小寢・大寢則隸僕復之. 故祭僕云: "復于小廟." 鄭注云: "小廟, 高祖以下也." 隸僕云: "復于小寢・大寢." 注云: "小寢, 高祖以下廟之寢也. 始祖曰大寢." 四郊則夏采復之, 故夏采云: "乘車建綏, 復於四郊." 此天子之事也. 其諸侯復則小臣, 故喪大記云"小臣復". 按周禮・內小臣職: "小臣上士四人." 按雜記云: "復西上." 注: "各如其命數." 上公九命, 侯伯七命, 則小臣不足, 明更有餘官. 又復人雖依命數, 復處既多, 則復人不足, 當於此復了, 更轉嚮他處.

번역 ●經文: "君復"~"四郊". ○이곳 문단은 군주에 대한 예(禮)를 갖출 때, 초혼하는 장소가 또한 여러 곳이라는 것을 논의하고 있나. 소침(小寢)으로부터 그 이하의 장소들은 초혼을 하는 장소를 나타낸다. '군(君)'자는 천자와 제후를 뜻한다. 경문의 "於小寢"에 대하여. 종묘(宗廟)의 건축물 중 앞에 있는 것을 '묘(廟)'라고 부르고, 뒤에 있는 것을 '침(寢)'이라고 부른다. 『이아』에서는 "실(室)의 동서쪽에 상(廂)이 있는 것을 '묘(廟)'라고 부르고, 동서쪽에 상(廂)이 없고 실(室)이 있는 것을 '침(寢)'이라고 부른다."[2]라고 했다. 이곳에서 말한 '소침(小寢)'이라는 것은 이른바 고조(高祖)로부터 그 이하의 선조(先祖)에 대한 침(寢)을 뜻하니, 천자와 제후가 동일하다.

---

2) 『이아』「석궁(釋宮)」: <u>室有東西廂曰廟, 無東西廂有室曰寢</u>, 無室曰榭, 四方而高曰臺, 陜而修曲曰樓.

'대침(大寢)'이라는 것은 천자의 시조(始祖)에 해당하는 침(寢)이고, 제후의 태조(太祖)에 해당하는 침(寢)이다. '소조(小祖)'라는 것은 고조(高祖) 이하의 선조에 대한 묘(廟)를 뜻하니, 천자와 제후가 동일하다. '대조(大祖)'라는 것은 천자의 시조(始祖)에 해당하는 묘(廟)이고, 제후의 태조(太祖)에 해당하는 묘(廟)이다. 두 차례나 묘(廟)에서 한다고 기록한 이유는 신령을 찾는 예법을 갖추기 위해서이다. 『주례』「하채(夏采)」편에서 "면복(冕服)을 착용하고서 태조(太祖)의 묘(廟)에서 초혼을 한다."[3]라고 한 기록이 바로 이러한 사실을 나타낸다. 소묘(小廟)의 경우에는 제복(祭僕)이 초혼을 하고, 소침(小寢)과 대침(大寢)의 경우에는 예복(隸僕)이 초혼을 한다.[4] 그렇기 때문에 『주례』「제복(祭僕)」편에서는 "소묘(小廟)에서 초혼을 한다."[5]라고 했는데, 정현의 주에서는 "소묘(小廟)는 고조(高祖)로부터 그 이하의 선조들에 대한 묘(廟)를 뜻한다."라고 했던 것이고, 『주례』「예복(隸僕)」편에서는 "소침(小寢)과 대침(大寢)에서 초혼을 한다."라고 했는데, 정현의 주에서는 "소침(小寢)은 고조(高祖)로부터 그 이하의 선조들에 대한 묘(廟)에서도 그에 딸린 침(寢)을 뜻한다. 시조(始祖)의 경우에는 그 건물을 대침(大寢)이라고 부른다."라고 한 것이다. 사방 교외에 대해서는 하채(夏采)가 초혼을 한다. 그렇기 때문에 『주례』「하채(夏采)」편에서는 "승거(乘車)에 수(綏)를 세우고, 사방 교외에 찾아가서 초혼을 한다."[6]라고 했던 것인데, 이것들은 모두 천자에게 해당하는 일들이다. 제후의 경우에는 초혼을 할 때, 소신(小臣)들이 한다. 그렇기 때문에 『예기』「상대기(喪大記)」편에서는 "소신이 초혼을 한다."[7]라고 한 것이다. 『주례』「내소신(內小臣)」편의 직무를

---

3) 『주례』「천관(天官)·하채(夏采)」: 夏采掌大喪<u>以冕服復于大祖</u>, 以乘車建綏復于四郊.

4) 『주례』「하관(夏官)·예복(隸僕)」: 大喪, 復于小寢大寢.

5) 『주례』「하관(夏官)·제복(祭僕)」: 旣祭, 帥群有司而反命, 以王命勞之, 誅其不敬者. 大喪, <u>復于小廟</u>.

6) 『주례』천관(天官)·「하채(夏采)」: 夏采掌大喪以冕服復于大祖, <u>以乘車建綏復于四郊</u>.

7) 『예기』「상대기(喪大記)」【527a~b】: <u>小臣復</u>, 復者朝服. 君以卷, 夫人以屈狄, 大夫以玄赬, 世婦以襢衣, 士以爵弁, 士妻以稅衣, 皆升自東榮, 中屋履危,

살펴보면, "소신은 상사(上士) 4명이 담당한다."[8]라고 했다. 그리고 『예기』「잡기(雜記)」편의 기록을 살펴보면, "서쪽 위에서 초혼을 한다."[9]라고 했고, 이 문장에 대한 정현의 주에서는 "각각 그들의 명(命) 등급에 따라 그 수를 정한다."라고 했다. 상공(上公)은 9명(命)의 등급이고, 후작과 백작은 7명(命)의 등급이니, 소신(小臣)으로는 부족하게 되므로, 나머지 관리들도 초혼을 하게 된다는 사실을 나타낸다. 또 초혼을 하는 사람이 비록 명(命)의 등급에 따라 그 수를 정하게 되지만, 초혼을 하는 장소가 이미 여러 장소이므로, 초혼을 하는 사람이 부족하게 된다. 따라서 어떤 자가 이 장소에 대한 초혼을 끝내게 되면, 다시금 다른 장소로 가서 초혼을 하게 되는 것이다.

訓纂 王氏懋竑曰: 小寢, 燕寢. 大寢, 路寢也. 士喪禮"復者升自前東榮", "降自後西榮", 在正寢, 不於廟. 疏據周禮隸僕注謂爲廟寢. 然隸僕先言"掌五寢", 又言"祭祀修寢", 何以知小寢大寢之必爲廟寢也? 疑馬氏說是.

번역 왕무횡이 말하길, '소침(小寢)'은 연침(燕寢)을 뜻한다. '대침(大寢)'은 노침(路寢)을 뜻한다. 『의례』「사상례(士喪禮)」편에서는 "초혼을 하는 자는 앞의 동영(東榮)을 통해서 올라간다."라고 했고, "내려올 때에는 뒤의 서영(西榮)을 통해서 내려온다."라고 했으니,[10] 이 장소는 곧 정침(正寢)에 해당하는 것으로, 묘(廟)에 있는 것이 아니다. 공영달의 소(疏)는 『주례』「예복(隸僕)」편에 대한 정현의 주에서, 묘(廟)에 있는 침(寢)이라고 한 말에 근거를 한 것이다. 그러나 「예복」편에서는 먼저 "오침(五寢)에 대한 일을 담당한다."라고 했고, 또 "제사를 지낼 때에는 침(寢)을 관리한다."라고 했으니, 어떻게 소침(小寢)과 대침(大寢)이 반드시 묘(廟)에 있는 침(寢)

北面三號, 捲衣投于前, 司服受之, 降自西北榮.

8) 『주례』「천관총재(天官冢宰)」: 內小臣, 奄上士四人, 史二人, 徒八人.

9) 『예기』「잡기상(雜記上)」【494d】: 內子以鞠衣褒衣, 素沙. 下大夫以襢衣, 其餘如士. 復, 諸侯以褒衣, 冕服, 爵弁服. 夫人稅衣揄狄, 狄稅素沙. 復西上.

10) 『의례』「사상례(士喪禮)」: 士喪禮. 死于適室, 幠用斂衾. 復者一人, 以爵弁服, 簪裳于衣, 左何之, 扱領于帶. 升自前東榮, 中屋, 北面, 招以衣, 曰, "皐某復!" 三, 降衣于前. 受用篋, 升自阼階, 以衣尸. 復者降自後, 西榮.

이라고 단정할 수 있는가? 아마도 마씨의 주장이 옳은 것 같다.

訓纂 江氏永曰: 路寢爲王治事之處, 燕寢爲燕息之處. 君與廟與大門四郊皆復, 豈獨遺路寢燕寢乎? 周禮隷僕"掌王之五寢", "大喪, 復於小寢大寢", 亦謂路寢燕寢也. 馬氏說得之. 經文亦是由近而及遠也.

번역 강영이 말하길, 노침(路寢)은 천자가 정무를 처리하던 장소이고, 연침(燕寢)은 휴식을 취하던 장소이다. 군주는 묘(廟)·대문(大門) 및 사교(四郊)에서 모두 초혼을 한다고 했는데, 어찌 유독 노침(路寢)과 연침(燕寢)만 빼놓고 할 수 있겠는가? 『주례』「예복(隷僕)」편에서는 "천자의 오침(五寢)에 대한 일을 담당한다."라고 했고, "대상(大喪)이 발생하면, 소침(小寢)과 대침(大寢)에서 초혼을 한다."라고 했으니, 이 장소는 또한 노침(路寢)과 연침(燕寢)을 뜻하는 것이다. 마씨의 주장이 옳다. 경문에서도 또한 가까운 장소로부터 먼 장소 순으로 기록한 것이다.

集解 賈氏公彦曰: 尊者求之備, 故凡嘗所有事之處皆復焉. 卿大夫以下復, 自門以內, 廟及寢而已. 婦人無外事, 自王后以下, 復處亦自門以內, 廟及寢而已.

번역 가공언이 말하길, 존귀한 자에 대해서는 그 혼령을 찾을 때에도 상세한 예법을 갖춘다. 그렇기 때문에 일찍이 그가 일을 처리하던 장소에서 모두 초혼을 하는 것이다. 경(卿)이나 대부(大夫) 이하의 계층에서 초혼을 하는 경우라면, 문으로부터 그 안쪽에서만 하게 되어, 묘(廟)와 침(寢)에서만 할 따름이다. 부인들에게는 바깥일이라는 것이 없으므로, 왕후(王后)로부터 그 이하의 계층에서는 초혼을 하는 장소가 또한 문으로부터 그 안쪽이 되어, 묘(廟)와 침(寢)에서만 할 따름이다.

集解 愚謂: 小寢, 燕寢也. 大寢, 正寢也. 天子小寢五, 正寢一; 諸侯小寢二, 正寢一. 小祖, 四親廟. 大祖, 大廟也. 庫門, 諸侯之外門也. 始於小寢, 而終於四郊, 自內以及外也. 周禮夏采"掌以冕服復於大廟, 以乘車建綏復於四郊", 隸僕"復於小寢・大寢", 祭僕"復於小廟." 諸侯復於庫門, 則天子皐門亦當復矣, 其亦夏采爲之與.

번역 내가 생각하기에, '소침(小寢)'은 연침(燕寢)이다. '대침(大寢)'은 정침(正寢)이다. 천자(天子)에게는 소침(小寢)이 5개 있고, 정침(正寢)이 1개 있다. 제후(諸侯)에게는 소침(小寢)이 2개 있고, 정침(正寢)이 1개 있다. '소조(小祖)'라는 것은 4개의 조상 묘(廟)를 뜻한다. '대조(大祖)'라는 것은 태묘(太廟)를 뜻한다. '고문(庫門)'은 제후에게 있어서는 가장 바깥쪽에 있는 문이 된다. 소침(小寢)에서 시작하여, 사교(四郊)에서 끝이 났는데, 이것은 안으로부터 바깥쪽 순서로 기술했기 때문이다. 『주례』「하채(夏采)」편에서는 "면복(冕服)을 입고 태묘(太廟)에서 초혼하는 일을 담당하고, 승거(乘車)에 수(綏)를 세우고서 사교(四郊)에서 초혼을 한다."라고 했고, 『주례』「예복(隸僕)」편에서는 "소침(小寢)과 대침(大寢)에서 초혼을 한다."라고 했으며, 『주례』「제복(祭僕)」편에서는 "소묘(小廟)에서 초혼을 한다."라고 했다. 제후(諸侯)가 고문(庫門)에서 초혼을 한다면, 천자의 경우에는 고문(皐門)에서도 또한 초혼을 해야 하니, 그 일은 또한 하채(夏采)라는 관리가 했을 것이다.

• 제 102 절 •

전(奠)의 덮개에 대한 규정

【103b】

喪不剝奠也與, 祭肉也與.

직역 喪에서는 奠을 不剝인가, 祭肉일 것이다.

의역 상(喪)에서는 포(脯)나 젓갈 등을 차려내는 음식에 대해서 천으로 덮지 않는다. 그런데 어째서 음식에 대해서 천을 벗겨두지 않는단 말인가? 만약 천으로 덮는 경우라면, 그 안에는 반드시 제사 때 사용되는 고기가 있기 때문일 것이다.

集說 剝者, 不巾覆也. 脯醢之奠, 不惡塵埃, 故可無巾覆. 凡覆之者, 必其有祭肉者也.

번역 '박(剝)'자는 천으로 덮지 않는다는 뜻이다. 포(脯)나 젓갈 등을 차려둘 때에는 먼지가 내려앉는 것을 꺼리지 않는다. 그렇기 때문에 천으로 덮지 않을 수 있는 것이다. 무릇 덮는 경우라면, 반드시 그 안에는 제사 때 사용되는 고기가 있기 때문일 것이다.

大全 廬陵胡氏曰: 牲肉不巾, 則塵蠅汚之.

번역 여릉호씨가 말하길, 희생물의 고기를 천으로 덮지 않는다면, 먼지나 파리 등이 고기를 더럽히게 된다.

鄭注 剝猶倮也. 有牲肉則巾之, 爲其久設, 塵埃加也. 脯・醢之奠不巾.

번역 '박(剝)'자는 "벗기다[倮]."는 뜻이다. 희생물의 고기가 포함되어 있다면, 천으로 덮으니, 오래도록 놔두게 되어, 먼지가 내려앉을 수 있기 때문이다. 포(脯)나 젓갈 등을 차려낼 때에는 천으로 덮지 않는다.

釋文 剝, 邦角反. 與音餘, 下同. 倮, 力果反, 謂不巾覆也. 埃音哀.

번역 '剝'자는 '邦(방)'자와 '角(각)'자의 반절음이다. '與'자의 음은 '餘(여)'이고, 아래문장에 나온 글자도 그 음이 이와 같다. '倮'자는 '力(력)'자와 '果(과)'자의 반절음이며, 천으로 덮지 않는다는 뜻이다. '埃'자의 음은 '哀(애)'이다.

孔疏 ●"喪不"至"也與". ○正義曰: 此一節論祭肉不可露見之事. 剝猶倮露也, 言喪奠脯醢, 不復設巾, 可得倮露. "與", 是語辭, 謂喪不倮露奠者, 爲有祭肉也. 無祭肉, 卽得倮露.

번역 ●經文: "喪不"~"也與". ○이곳 문단에서는 제사 때 사용되는 고기를 밖으로 노출시킬 수 없다는 사안을 논의하고 있다. '박(剝)'자는 벗겨둔다는 뜻이니, 상(喪)에서 포(脯)나 젓갈 등을 차려낼 때에는 천으로 덮지 않고, 노출을 시킬 수 있음을 뜻한다. '여(與)'자는 어조사이니, 상(喪)에서는 음식을 차려둔 것에 대해 덮개를 벗겨두지 않는 경우는 그 안에 제사 때 사용되는 고기가 포함되어 있기 때문이라는 의미이다. 제사 때 사용되는 고기가 없다면, 천을 벗겨둘 수 있다.

孔疏 ◎注"有牲"至"不巾". ○正義曰: 按士喪禮小斂, 陳一鼎, 旣斂, 奠于尸東, 祝受巾巾之, 是有牲肉則巾之也. 士喪禮又云, 始死, 脯・醢・醴・酒, 奠于尸東, 無巾; 又殯後朝夕乃奠, 醴・酒・脯・醢, 如初設, 不巾, 是脯・醢・醴・酒不巾也. 按旣夕禮柩朝廟, 重先, 奠從, 奠設如初, 巾之. 此亦脯・醢之奠, 巾之者, 爲其在堂, 恐埃塵, 故雖脯·醢亦巾之. 此文“脯醢之奠不巾”者, 據室內也.

번역 ◎鄭注: “有牲”~“不巾”. ○『의례』「사상례(士喪禮)」편을 살펴보면, 소렴(小斂)을 하면, 1개의 솥을 진설하고, 소렴이 끝나면, 시신의 동쪽에 진설을 하고, 축관이 천을 받아서 덮는데, 이것이 바로 희생물의 고기가 있다면, 천으로 덮는다는 경우에 해당한다. 「사상례」편에서는 또한 어떤 자가 이제 막 죽었을 때, 포(脯)·젓갈·단술·술 등을 시신의 동쪽에 진설하는데, 가리는 천이 없다고 했고, 또한 빈(殯)을 한 이후에 조석(朝夕)으로 전(奠)제사를 하게 되면, 단술·술·포(脯)·젓갈 등을 차려내며, 최초 진설하던 것처럼 하여, 천을 가리지 않는다고 했다. 이것이 바로 포(脯)·젓갈·단술·술 등을 차려낼 때에는 천으로 덮지 않는다는 경우에 해당한다. 『의례』「기석례(旣夕禮)」편을 살펴보면, 영구(靈柩)를 묘(廟)로 옮겨서 조(朝)를 할 때, 중(重)을 앞세우고, 전(奠)이 뒤따른다고 했는데, 음식을 차려내는 것은 처음 진설할 때처럼 하고, 천으로 덮는다고 했다. 그런데 여기에서 차려내는 음식들은 포(脯)나 젓갈 등인데, 이러한 음식들에 대해서 천으로 덮는 이유는 그것을 당(堂)에 차려내게 되어, 먼지가 내려앉게 될까를 염려했기 때문이다. 그래서 비록 포(脯)나 젓갈 등을 차려내는 경우이지만, 이러한 경우에도 또한 천으로 덮게 되는 것이다. 이곳 문장에서 “포나 젓갈 등을 차려내는 음식들에 대해 천으로 덮지 않는다.”고 한 말은 실(室) 안에 음식을 진설하는 것에 기준을 둔 말이다.

集解 愚謂: 有牲肉則牲肉與醴·酒皆巾之, 以其禮盛也. 無牲肉而但有脯·醢, 則脯·醢與醴·酒皆不巾, 以其禮畧也.

번역 내가 생각하기에, 희생물의 고기가 포함되어 있다면, 희생물의 고기와 단술 및 술에 대해서 모두 천으로 덮게 되니, 그 예(禮)가 성대하기 때문이다. 희생물의 고기가 없고, 단지 포(脯)나 젓갈 등만 차려져 있다면, 포(脯)와 젓갈 및 단술·술 등에 대해서는 모두 천으로 덮지 않으니, 그 예(禮)가 소략하기 때문이다.

• 제 103 절 •

곽(槨)과 명기(明器)에 대한 규정

【103b】

旣殯, 旬而布材與明器.

직역 旣히 殯하여, 旬하고 材와 明器를 布한다.

의역 빈소를 차리고 난 뒤 10일이 지나게 되면, 곽(槨)과 명기(明器)를 만드는 자재들을 벌려두어서 건조시킨다.

集說 材, 爲槨之木也. 布者, 分列而暴乾之也. 殯後旬日卽治此事. 禮"獻材于殯門外", 註云"明器之材", 此云材與明器者, 蓋二者之材皆乾之也.

번역 '재(材)'자는 곽(槨)을 만들 때 사용되는 나무이다. '포(布)'라는 것은 조목조목 벌려두어서 건조를 시킨다는 뜻이다. 빈소를 차린 이후 10일이 지나게 되면, 이러한 일들을 시행한다. 『예』에서는 "빈소의 문 밖으로 재료를 들인다."[1]라고 했고, 이 문장에 대한 정현의 주에서는 "명기(明器)를 만들 때 사용하는 재료이다."라고 했다. 그런데 이곳 문장에서는 재(材)와 명기(明器)라고 언급했으니, 아마도 곽(槨)을 만드는 재료와 명기(明器)를 만드는 재료를 모두 건조시킨다는 뜻인 것 같다.

---

1) 『의례』「사상례(士喪禮)」 : 旣井槨, 主人西面拜工, 左還槨, 反位哭, 不踊. 婦人哭于堂. 獻材于殯門外, 西面, 北上, 綪. 主人徧視之, 如哭槨. 獻素・獻成亦如之.

鄭注 木工宜乾腊, 且豫成. 材, 椁材也.

번역 목공들은 마땅히 건조를 시켜야 하고, 또한 미리 완성을 시켜야 한다. '재(材)'자는 곽(椁)을 만드는 목재이다.

釋文 腊音昔.

번역 '腊'자의 음은 '昔(석)'이다.

孔疏 ●"旣殯"至"明器". ○正義曰: 此一節論葬禮須豫備之事.

번역 ●經文: "旣殯"~"明器". ○이곳 문단은 장례(葬禮)를 치를 때 미리 준비를 해야만 하는 사안에 대해서 논의하고 있다.

孔疏 ●"旣殯旬", 謂殯後十日也.

번역 ●經文: "旣殯旬". ○빈소를 차린 이후 10일이 지났다는 뜻이다.

孔疏 ●"而布材與明器"者, "布", 班也. "材", 謂椁材也. 殯後十日, 而班布告下覓椁材, 及送葬明器之材. 或云布其木宜乾腊, 故豫須暴之也. 士喪禮筮宅吉, 左還椁, 獻明器之材于殯門外, 是也.

번역 ●經文: "而布材與明器". ○'포(布)'자는 "반포하다[班]."는 뜻이다. '재(材)'자는 곽(椁)을 만드는 목재를 뜻한다. 빈소를 차린 이후 10일이 지나게 되면, 공문을 반포하여 알려서, 곽(椁)을 만드는 재료를 찾고, 장례(葬禮) 행렬 때 함께 전송하게 될 명기(明器)의 재료를 찾는다. 혹자는 그 나무들을 늘어놓아서 건조시켜야 하기 때문에, 미리 말려야만 한다는 뜻으로 풀이하기도 한다. 『의례』「사상례(士喪禮)」편에서는 장지(葬地)로 사용될 길(吉)한 땅에 대해서 점을 치고, 좌측으로 움직여서 곽(椁)을 제자리에 돌려놓으며, 빈소의 문 밖에서 명기(明器)의 재료들을 바친다고 한 말[2]이 바로 이러한 과정을 나타낸다.

---

2) 『의례』「사상례(士喪禮)」 : 筮宅. 冢人營之, 掘四隅, 外其壤. …… 既井槨, 主人西面拜工, 左還槨, 反位哭, 不踊. 婦人哭于堂. 獻材于殯門外, 西面, 北上, 綪.

• 제 104 절 •

조전(朝奠)과 석전(夕奠)에 대한 규정

【103c】

朝奠日出, 夕奠逮日.

직역 朝奠은 日出하고, 夕奠은 逮日한다.

의역 아침에 올리는 전(奠)제사는 해가 뜰 때 올리고, 저녁에 올리는 전(奠)제사는 해가 질 때 올린다.

集說 逮日, 及日之未落也.

번역 '체일(逮日)'은 해가 아직 다 넘어가기 전을 뜻한다.

集說 方氏曰: 朝奠以象朝時之食, 夕奠以象夕時之食, 孝子事死如事生也.

번역 방씨가 말하길, 아침에 올리는 전(奠)제사는 아침식사를 상징하고, 저녁에 올리는 전(奠)제사는 저녁식사를 상징하니, 자식은 돌아가신 부모를 섬길 때, 생전에 섬기던 것처럼 하는 것이다.

鄭注 陰陽交接, 庶幾遇之.

번역 아침과 저녁은 음양(陰陽)이 서로 만나는 때이니, 조전(朝奠)과 석전(夕奠)을 이 시기에 올리게 되면, 거의 짝을 이루게 된다.

釋文 逮音代, 或大計反.

번역 '逮'자의 음은 '代(대)'이고, 혹은 '大(대)'자와 '計(계)'자의 반절음이 되기도 한다.

集解 喪旣殯以後, 未葬以前, 每日朝夕設奠於殯宮. 逮, 及也. 逮日, 及日之未入也. 朝夕奠, 以象生人之朝夕食. 生人日已出而朝食, 日未入而夕食, 故奠之時亦放之.

번역 상(喪)을 치를 때, 이미 빈소를 마련한 이후와 장례(葬禮)를 치르기 이전에는 매일 조석(朝夕)으로 빈궁(殯宮)에서 전(奠)제사를 올린다. '체(逮)'자는 "~에 이르다[及]."는 뜻이다. '체일(逮日)'은 해가 아직 다 넘어가기 전이라는 뜻이다. 조석으로 올리는 전(奠)제사는 살아있는 자들이 아침저녁으로 식사하는 것을 상징한다. 살아있는 사람들은 해가 이미 떠오르면 아침식사를 하고, 해가 다 넘어가기 전에 저녁식사를 한다. 그렇기 때문에 전(奠)제사를 지내는 시기도 또한 이에 따르는 것이다.

• 제 105 절 •

곡(哭)과 고(告)에 대한 규정

【103c】

父母之喪, 哭無時; 使必知其反也.

직역 父母의 喪에는 哭에 無時하고; 使에는 必히 그 反을 知하게 한다.

의역 부모의 상(喪)을 치를 때에는 곡(哭)을 할 때, 특별히 정해진 시기가 없어서, 시도 때도 없이 곡(哭)을 하는 것이고, 만약 군주의 명령이 내려져서 사신의 임무를 맡게 되었다면, 되돌아왔을 때에는 반드시 제사를 지내어, 자신이 되돌아온 사실을 알게끔 해야 한다.

集說 未殯, 哭不絶聲, 殯後雖有朝夕哭之時, 然廬中思憶則哭, 小祥後哀至則哭, 此皆哭無時也. 使者, 受君之任使也. 小祥之後, 君有事使之, 不得不行, 然反必祭告, 俾親之神靈知其已反, 亦"出必告, 反必面"之義也.

번역 아직 빈소를 차리기 이전이라면, 곡(哭)을 하는 소리가 끊이질 않고, 빈소를 차린 이후에는 비록 조석(朝夕)으로 곡(哭)을 하는 규정된 시간이 있지만, 움막 안에서 부모를 생각하게 되면, 시도 때도 없이 곡(哭)을 하게 되고, 소상(小祥)을 지낸 이후에는 애통함이 지극해져서 곡(哭)을 하게 되니, 이러한 시기에는 모두 곡(哭)을 할 때, 특별히 정해진 시기가 없는 것이다. '사(使)'라는 것은 군주로부터 사신의 임무를 맡은 것을 뜻한다. 소상(小祥)을 치른 이후, 군주에게 일이 발생하여, 그를 시키게 된다면, 부득이하게 따라야만 한다. 그러나 되돌아오면 반드시 제사를 지내어 아뢰게 되니, 부모의 신령(神靈)으로 하여금 자신이 되돌아온 사실을 알게끔 하는 것이며, 이것은 또한 "집밖을 나설 때에는 반드시 부모에게 그 사실을 아뢰고, 집으로 되돌아와서는 반드시 부모를 뵌다."[1]라는 뜻에 해당한다.

鄭注 謂旣練, 或時爲君服金革之事, 反必有祭.

번역 이미 소상(小祥)을 끝냈을 때, 간혹 군주가 전쟁 등의 일들을 맡기게 되어, 그 일에 복무하게 된다면, 되돌아와서는 반드시 제사를 지내야 한다는 뜻이다.

孔疏 ●"父母"至"反也". ○正義曰: 禮哭無時有三種, 一是初喪未殯之前, 哭不絶聲. 二是殯後, 除朝夕之外, 廬中思憶則哭. 三是小祥之後, 哀至而哭. 或一日二日, 而無復朝夕之時也. 此云"哭無時", 謂小祥之後也. 何以知然? 下云"使必知其反", 是其可使之時也.

번역 ●經文: "父母"～"反也". ○예법에 따르면, 곡(哭)을 할 때 시도 때도 없이 하는 경우에는 3가지 종류가 있다. 첫 번째는 어떤 자가 이제 막 죽었을 때, 아직 빈소를 차리기 이전에는 곡(哭)을 하는 소리가 끊이질 않는 것이다. 두 번째는 빈소를 차린 이후, 조석(朝夕)으로 곡(哭)을 하는 일정한 시간 외에도, 움막에 있으면서 부모에 대한 생각을 하게 되면, 곡(哭)을 한다. 세 번째는 소상(小祥)을 치른 이후에 애통함이 지극해져서 곡(哭)을 한다. 혹은 하루나 이틀정도는 조석(朝夕)으로 곡(哭)을 하도록 정해진 시기를 지키지 않는 것이다. 이곳에서 "곡(哭)을 함에 정해진 시기가 없다." 라고 한 말은 소상(小祥)을 치른 이후의 시기를 뜻한다. 어째서 이러한 사실을 알 수 있는가? 그 뒤의 문장에서 "사신의 임무를 맡았을 때에는 반드

1) 『예기』「곡례상(曲禮上)」【14d】: 夫爲人子者, 出必告, 反必面, 所遊必有常, 所習必有業.

시 자신이 되돌아온 사실을 알게끔 한다."라고 했기 때문이니, 소상(小祥)을 치른 이후는 곧 사신의 임무를 맡을 수 있는 시기가 된다.

孔疏 ●"使必知其反也"者, "使", 謂君使之也. 旣小祥無哭時, 其時可爲君所使服金革之事也. 反, 還也. 若爲使還家, 當必設祭告親之神, 令知其反, 亦出必告·反必面之義也.

번역 ●經文: "使必知其反也". ○'사(使)'자는 군주가 그를 부린다는 뜻이다. 이미 소상(小祥)을 끝냈을 때에는 곡(哭)을 하는 시기가 없게 되어, 그 시기에는 군주를 위해서 전쟁 등의 일들에 복무를 할 수 있다. '반(反)'자는 "되돌아오다[還]."는 뜻이다. 만약 임무를 맡았다가 자신의 집으로 되돌아오게 된다면, 반드시 제사를 지내서 부모의 신령(神靈)에게 아뢰어, 자신이 되돌아온 사실을 알게끔 하니, 이것은 또한 집을 나설 때 반드시 아뢰고, 되돌아와서는 부모를 뵈어야 한다는 뜻에 해당한다.

孔疏 ◎注"謂旣練, 或時爲君服金革之事, 反必有祭"者, 禮運云"三年之喪, 期不使", 公羊傳亦期不使, 是知期內不使, 則期外可使也. 而曾子問云: "卒哭, 服金革之事, 無辟." 此魯侯有爲爲之也. 喪大記云卒哭而服金革之事. 鄭云: "權禮也." 是知卒哭而使非正禮也.

번역 ◎鄭注: "謂旣練, 或時爲君服金革之事, 反必有祭". ○『예기』「예운(禮運)」편에서는 "삼년상을 치른 자에 대해서는 1년 동안 임무를 맡기지 않는다."[2]라고 했고, 『공양전』에서도 또한 1년 동안 임무를 맡기지 않는다고 했으니, 이 기록을 통해서 1년 이내에는 임무를 맡기지 않지만, 1년이 넘게 되면, 임무를 맡길 수도 있다는 사실을 알 수 있다. 그런데 『예기』「증자문(曾子問)」편에서는 "졸곡(卒哭)을 끝내면, 전쟁 등의 사안에 복무하며,

2) 『예기』「예운(禮運)」【274b】: 故仕於公曰臣, 仕於家曰僕. 三年之喪與新有昏者, 期不使. 以衰裳入朝, 與家僕雜居齊齒, 非禮也, 是謂君與臣同國.

군주의 명령을 피함이 없다."[3]라고 하였는데, 이것은 노(魯)나라 후작인 백금(伯禽)에게 그럴만한 사정이 있어서 이처럼 했던 것이다.[4] 『예기』「상대기(喪大記)」편에서는 졸곡(卒哭)을 끝내면, 전쟁 등의 사안에 복무한다고 했고,[5] 이 문장에 대한 정현의 주에서는 "권도(權道)에 따른 예(禮)이다."라고 했으니, 이 기록을 통해서 졸곡(卒哭)을 끝내고 난 뒤에 임무를 맡기는 것은 본래의 정규 예법이 아니라는 사실을 알 수 있다.

---

3) 『예기』「증자문(曾子問)」【245b～c】: 子夏問曰: 三年之喪, 卒哭, 金革之事, 無辟也者, 禮與, 初有司與. 孔子曰: 夏后氏, 三年之喪, 旣殯而致事, 殷人, 旣葬而致事, 記曰, 君子, 不奪人之親, 亦不可奪親也, 此之謂乎.

4) 『예기』「증자문(曾子問)」【245d】: 子夏曰: 金革之事, 無辟也者, 非與. 孔子曰: 吾聞諸老聃曰, 昔者, 魯公伯禽, 有爲爲之也, 今以三年之喪, 從其利者, 吾弗知也.

5) 『예기』「상대기(喪大記)」【538d】: 旣葬, 與人立. 君言王事, 不言國事. 大夫士言公事, 不言家事. 君旣葬, 王政入於國, 旣卒哭而服王事. 大夫士旣葬, 公政入於家, 旣卒哭, 弁絰帶, 金革之事無辟也.

• 제 106 절 •

소상(小祥)과 복식에 대한 규정

【103d】

練, 練衣, 黃裏, 縓緣.

직역 練에는 練衣하니, 黃裏하고, 縓으로 緣한다.

의역 소상(小祥)에는 연의(練衣)를 착용하니, 연의는 황색의 옷감으로 중의(中衣)의 속단을 대고, 옅은 홍색의 옷감으로 옷깃과 소매의 끝단을 댄 것이다.

集說 疏曰: 練, 小祥也. 小祥而著練冠練中衣, 故曰練也. 練衣者, 以練爲中衣. 黃裏者, 黃爲中衣裏也. 正服不可變, 中衣非正服, 但承衰而已. 縓, 淺絳色. 緣, 謂中衣領及褎之緣也.

번역 공영달(孔穎達)의 소(疏)에서 말하길, '연(練)'자는 소상(小祥)을 뜻한다. 소상을 지내며 연관(練冠)과 연중의(練中衣)를 착용한다. 그렇기 때문에 소상을 '연(練)'이라고 부르는 것이다. '연의(練衣)'라는 것은 '누인 명주[練]'로 중의(中衣)를 만든 것이다. '황리(黃裏)'라는 것은 황색의 천으로 중의의 속감을 댄다는 뜻이다. 정식 복장인 상복(喪服)은 바꿀 수가 없지만, 중의는 정복(正服)에 속하는 것이 아니며, 단지 상복에 받쳐 입는 것일 뿐이다. '전(縓)'이라는 것은 옅은 홍색의 옷감을 뜻한다. '연(緣)'이라는 것은 중의의 옷깃과 소매의 끝단을 뜻한다.

鄭注 小祥練冠, 練中衣, 以黃爲內, 縓爲飾. 黃之色卑於纁. 縓, 纁之類, 明外除.

번역 소상(小祥) 때에는 연관(練冠)을 착용하고, 연중의(練中衣)를 입는데, 황색의 옷감으로 속감을 대고, 옅은 분홍색으로 장식을 한다. 황색은 분홍색보다 색깔이 연하다. '전(縓)'이라는 것은 분홍색의 부류이니, 외제(外除)[1]를 나타낸다.

釋文 縓, 七絹反, 淺赤色, 今之紅也. 緣, 悅絹反, 下注同. 薰, 本又作纁, 許云反.

번역 '縓'자는 '七(칠)'자와 '絹(견)'자의 반절음이며, 옅은 적색을 뜻하고, 오늘날의 홍(紅)색을 가리킨다. '緣'자는 '悅(열)'자와 '絹(견)'자의 반절음이며, 아래문장에 대한 정현의 주에 나오는 글자도 그 음이 이와 같다. '薰'자는 판본에 따라서 또한 '纁'자로도 기록하는데, 그 음은 '許(허)'자와 '云(운)'자의 반절음이다.

孔疏 ◎注"黃之"至"外除". ○正義曰: 纁是赤色也, 其色華美. 黃雖是正色, 質卑於纁. 爾雅·釋器云: "一[2]染謂之縓, 三染謂之纁." 故言纁類也. 華者在外, 故云"明外除".

---

1) 외제(外除)는 내제(內除)와 상반되는 말이다. 부모의 상(喪)을 치를 때, 상복(喪服)을 점진적으로 제거하게 되더라도, 마음에는 여전히 슬퍼하는 마음이 있다는 것을 뜻한다. 『예기』「잡기하(雜記下)」편에서는 "親喪外除, 兄弟之喪內除."라는 기록이 있는데, 이에 대한 공영달(孔穎達)의 소(疏)에서는 "親喪外除者, 謂父母之喪. 外, 謂服也. 服猶外隨日月漸除而深心哀未忘."이라고 풀이했다.

2) '일(一)'자에 대하여. '일'자는 본래 '이(二)'자로 기록되어 있었는데, 완원(阮元)의 『교감기(校勘記)』에서는 "혜동(惠棟)의 『교송본(校宋本)』에는 '이'자를 '일'자로 기록하고 있으며, '일'자로 기록하는 것이 『이아』의 기록과도 합치된다."라고 했다.

번역 ◎鄭注: "黃之"~"外除". ○'훈(纁)'자는 적색을 뜻하니, 그 색깔은 화려하고 아름다운 색에 해당한다. 황색은 비록 정색(正色)에 해당하지만, 적색에 비하면 질박하고 색감도 떨어진다. 『이아』「석기(釋器)」편에서는 "한 차례 염색한 것을 '전(縓)'이라고 부르고, 세 차례 염색한 것을 '훈(纁)'이라고 부른다."[3]라고 했다. 그렇기 때문에 정현은 훈(纁)색의 부류라고 설명한 것이다. 화려함이 겉으로 드러나기 때문에, 정현은 "외제(外除)를 나타낸다."라고 말한 것이다.

【103d】

葛要絰, 繩屨無約.

직역 葛要絰하고, 繩屨에는 無約라.

의역 소상(小祥) 때 남자들은 갈(葛)로 만든 요질(要絰)을 차게 되고, 승구(繩屨)라는 신발을 신되, 신코 장식이 없는 것을 신는다.

集說 小祥男子去首之麻絰, 惟餘要葛也, 故曰葛要絰. 繩屨者, 父母初喪菅屨, 卒哭, 受齊衰蒯藨屨, 小祥受大功繩麻屨也. 無約, 謂無屨頭飾也.

번역 소상(小祥) 때 남자는 머리에 쓰고 있는 마질(麻絰)을 제거하고, 오직 허리에 찬 갈(葛)로 만든 요질(要絰)만을 남긴다. 그렇기 때문에 "갈(葛)로 만든 요질(要絰)을 찬다."라고 말한 것이다. '승구(繩屨)'라는 것은 부모가 이제 막 돌아가셨을 경우, 관구(菅屨)라는 신발을 신게 되는데, 졸곡(卒哭)을 하게 되면, 자최복(齊衰服)에 신는 괴표(蒯藨)로 엮은 신발을

3) 『이아』「석기(釋器)」: 一染謂之縓, 再染謂之赬, 三染謂之纁. 靑謂之蔥. 黑謂之黝. 斧謂之黼.

신게 되며, 소상(小祥)을 하면, 대공복(大功服)에 신는 승마(繩麻)로 만든 신발을 신게 된다. '무구(無約)'라는 것은 신발에 신코 장식이 없는 것을 뜻한다.

集說 朱子曰: 菅屨·疏屨, 今不可考. 今略以輕重推之, 斬衰用今草鞋, 齊衰用麻鞋可也. 麻鞋, 今卒伍所著者.

번역 주자가 말하길, 관구(菅屨)와 소구(疏屨)에 대해서는 현재로서는 고찰할 방법이 없다. 대략적으로 경중(輕重)의 수위에 따라 추론해보면, 참최복(斬衰服)에는 오늘날 초혜(草鞋)라는 것을 신으니, 자최복(齊衰服)에는 마혜(麻鞋)라는 것을 신는 것이 옳다. '마혜(麻鞋)'라는 것은 오늘날 병사들이 착용하는 신발이다.

釋文 要絰, 一遙反, 下注"小要"同; 下大結反. 約, 其俱反, 屨頭飾.

번역 '要絰'에서의 '要'자는 '一(일)'자와 '遙(요)'자의 반절음이고, 아래 문장에 대한 정현의 주에 나오는 '小要'에서의 '要'자도 그 음이 이와 같고, '絰'자는 '大(대)'자와 '結(결)'자의 반절음이다. '約'자는 '其(기)'자와 '俱(구)'자의 반절음이며, 신발의 신코 장식을 뜻한다.

孔疏 ●"練練"至"可也". ○正義曰: "練", 小祥也. 小祥而著練冠, 練中衣, 故曰練也. "練衣"者, 練爲中衣. "黃裏"者, 黃爲中衣裏也. 正服不可變, 中衣非正服, 但承衰而已, 故小祥而爲之黃袷[4]裏也. "縓緣"者, "縓"爲淺絳色也, "緣", 謂中衣領及褎緣也. 裏用黃而領緣用縓者, 領緣, 外也, 明其外除, 故飾

4) '겁(袷)'자에 대하여. '겁'자는 본래 '습(拾)'자로 기록되어 있었는데, 완원(阮元)의 『교감기(校勘記)』에서는 "『감본(監本)』·『모본(毛本)』에는 '습'자를 '겁'자로 기록하고 있는데, 이 기록이 옳다. 위씨(衛氏)의 『집설(集說)』에도 '겁'자로 기록되어 있다."라고 했다.

見外也. “葛要絰”者, 亦小祥後事也. 小祥, 男子去首[5]絰, 唯餘要葛也.

번역 ●經文: “練練”~“可也”. ○‘연(練)’자는 소상(小祥)을 뜻한다. 소상을 지내고, 연관(練冠)을 착용하며, 연중의(練中衣)를 착용하기 때문에, 소상을 ‘연(練)’이라고 부르는 것이다. ‘연의(練衣)’라는 것은 누인 명주로 중의(中衣)를 만든 것이다. ‘황리(黃裏)’라는 것은 황색의 옷감으로 중의의 속감을 댄 것이다. 상복(喪服)과 같은 정식 복장은 바꿀 수가 없는데, 중의는 정복(正服)이 아니며, 단지 상복에 받쳐 입는 것일 뿐이다. 그렇기 때문에 소상을 지내고서 황색의 속감을 댄 것을 착용하는 것이다. 경문의 “縓緣”에 대하여. ‘전(縓)’자는 옅은 홍색을 뜻하고, ‘연(緣)’이라는 것은 중의의 옷깃과 소매의 끝단을 뜻한다. 속감에 황색을 사용하고, 옷깃과 끝단에 옅은 홍색을 사용하는데, 옷깃과 끝단은 겉으로 드러나는 것으로, 외제(外除)함을 드러낸다. 그렇기 때문에 치장을 하여 겉으로 드러내는 것이다. 경문의 “葛要絰”에 대하여. 이 또한 소상(小祥)을 치른 이후에 시행하는 일이다. 소상을 치르고 난 뒤 남자는 머리에 쓰고 있던 수질(首絰)을 제거하고, 오직 허리에 차고 있는 갈(葛)로 만든 요질(要絰)만은 남겨둔다.

孔疏 ●“繩屨”者, 謂父[6]喪菅屨, 卒哭受齊衰蒯藨屨, 至小祥受大功繩麻屨也. “無絇”, 屨頭飾也, 吉有, 喪無. “角瑱”者, “瑱”, 充耳也, 人君平常吉用玉爲之, 以掩於耳. 在初喪亦無, 至小祥微飾, 以角爲之.

번역 ●經文: “繩屨”. ○부친의 상(喪)에 대해서는 관구(菅屨)를 신게 되는데, 졸곡(卒哭)을 끝내면, 자최복(齊衰服)에 신는 괴표구(蒯藨屨)라는

---

5) ‘수(首)’자에 대하여. ‘수’자는 본래 ‘갈(葛)’자로 기록되어 있었는데, 완원(阮元)의 『교감기(校勘記)』에서는 “혜동(惠棟)의 『교송본(校宋本)』에는 ‘갈’자를 ‘수’자로 기록하고 있으며, 위씨(衛氏)의 『집설(集說)』에도 동일하게 기록되어 있다. 살펴보니, ‘수’자로 기록하는 것이 옳다.”라고 했다.

6) ‘부(父)’자에 대하여. ‘부’자 뒤에는 본래 ‘모(母)’자가 기록되어 있었는데, 완원(阮元)의 『교감기(校勘記)』에서는 “혜동(惠棟)의 『교송본(校宋本)』에는 ‘모’자가 없고, 『속통해(續通解)』에도 ‘모’자가 없다.”라고 했다.

신발을 착용하고, 소상(小祥)을 하게 되면, 대공복(大功服)에 신는 승마구(繩麻屨)라는 신발을 착용한다. '무구(無絇)'라는 것은 신발에 신코 장식이 없는 것을 뜻하니, 길(吉)한 때에는 신코 장식이 있는 것을 신고, 상(喪)을 치르는 중에는 신코 장식이 없는 것을 신는다. 경문의 "角瑱"에 대하여. '진(瑱)'이라는 것은 귀를 가리는 것이니, 군주는 평상시처럼 길(吉)한 때에는 옥(玉)으로 만든 진(瑱)을 이용해서, 귀를 가리게 된다. 초상(初喪) 때에는 또한 진(瑱)이라는 것이 없는데, 소상(小祥)을 치르게 되면, 장식을 조금하게 되니, 짐승의 뿔로 진(瑱)을 만들어서 착용한다.

【104a】

角瑱.

직역 角瑱이라.

의역 소상(小祥)을 치른 이후에는 각진(角瑱)을 이용해서 귀를 가린다.

集說 瑱, 充耳也, 吉時君大夫士皆有之, 所以掩於耳. 君用玉爲之, 初喪去飾, 故無瑱; 小祥後微飾, 故用角爲之也.

번역 '진(瑱)'이라는 것은 귀를 가리는 것이니, 길(吉)한 때 군주・대부(大夫)・사(士) 계급은 모두 이러한 치장품들을 차서, 귀를 가리게 된다. 군주는 옥(玉)을 이용해서 이것을 만드는데, 초상(初喪) 때에는 장식을 제거하게 되므로, 진(瑱)을 하지 않게 되고, 소상(小祥)을 치른 이후에는 장식을 조금 할 수 있게 되므로, 짐승의 뿔로 이것을 만들어서 치장을 한다.

大全 馬氏曰: 哀痛至甚, 則耳無聞, 目無見也, 而哀殺, 則能有聞矣, 故又爲角瑱以充之.

번역 마씨가 말하길, 애통함이 극심하게 되면, 귀로는 들을 수가 없고, 눈으로는 볼 수가 없지만, 애통함이 줄어들게 되면, 들을 수가 있게 되므로, 또한 각진(角瑱)을 하여, 귀에 장식을 하는 것이다.

鄭注 瑱, 充耳也. 吉時以玉, 人君有瑱.

번역 '진(瑱)'은 귀를 가리는 것이다. 길(吉)한 때에는 옥(玉)으로 만든 것을 사용하고, 군주는 진(瑱)이라는 치장품을 하게 된다.

釋文 瑱, 吐練反.

번역 '瑱'자는 '吐(토)'자와 '練(련)'자의 반절음이다.

孔疏 ◎注"吉時以玉, 人君有瑱". ○正義曰: 按吉時君大夫士皆有瑱, 此唯云"人君有瑱"者, 以經云"角瑱", 故鄭云"吉時以玉", 據人君吉時, 又云"人君有瑱", 故知人臣凶時無瑱.

번역 ◎鄭注: "吉時以玉, 人君有瑱". ○길(吉)한 때에 대해 살펴보면, 군주·대부(大夫)·사(士) 계층은 모두 '진(瑱)'을 착용하게 된다. 그런데 이곳에서는 단지 "군주가 진(瑱)을 착용한다."라고만 언급하였다. 경문에서는 '각진(角瑱)'을 언급하였기 때문에, 정현은 "길(吉)한 시기에는 옥(玉)으로 만든다."라고 한 것이니, 이것은 군주가 길(吉)한 때 착용하는 것에 기준을 둔 말이고, 또한 "군주가 진(瑱)을 착용한다."라고 하였으므로, 신하들은 흉(凶)한 시기에 진(瑱)이 없게 됨을 알 수 있다.

【104b】

鹿裘, 衡長, 袪. 袪, 裼之可也.

직역 鹿裘는 衡長하고, 袪한다. 袪라면, 裼해도 可하다.

의역 상(喪)을 치를 때에는 안에 사슴가죽으로 만든 갖옷을 착용하는데, 소상(小祥)을 치른 이후에는 가슴가죽으로 만든 갖옷을 넓고 길게 만든 것으로 바꿔 입고, 소맷부리도 달게 된다. 소맷부리를 달았다면, 석의(裼衣)를 착용해도 괜찮다.

集說 疏曰: 冬時吉凶衣裏皆有裘, 吉則貴賤有異, 喪則同用鹿皮爲之. 小祥之前, 裘狹而短, 袂又無袪; 小祥稍飾, 則更易作橫廣大者, 又長之, 又設其袪也. 裼者, 裘上之衣, 吉時皆有, 喪後凶質, 未有裼衣, 小祥後漸向吉, 故加裼可也. 按如此文, 明小祥時外有衰, 衰內有練中衣, 中衣內有裼衣, 裼衣內有鹿裘, 鹿裘內自有常著襦衣.

번역 공영달(孔穎達)의 소(疏)에서 말하길, 겨울에는 길복(吉服)이나 흉복(凶服) 안에 모두 갖옷을 입게 되는데, 길복(吉服)인 경우에는 신분의 귀천(貴賤)에 따라 차이가 있지만, 상복(喪服)인 경우에는 모두 동일하게 사슴가죽으로 갖옷을 만든다. 소상(小祥)을 치르기 이전에는 갖옷을 좁고 짧게 만들며, 소매에도 또한 소맷부리가 없다. 소상을 지내게 되면, 점진적으로 치장을 하게 되어, 다시금 가로로 길고 크게 만든 갖옷으로 바꿔 입고, 또한 그 옷을 길게 만들며, 소매에도 소맷부리를 달게 된다. '석(裼)'이라는 것은 갖옷 위에 입는 옷을 뜻하는데, 길(吉)한 시기에는 모두 이 옷을 착용하게 되지만, 상(喪)을 치른 후에는 흉(凶)한 시기가 되어, 질박하게 꾸미게 되므로, 석의(裼衣)를 착용하지 않다가 소상을 치른 이후에는 점진적으로 길(吉)한 시기로 접어들게 되므로, 석의를 그 위에 착용해도 괜찮은 것이다. 이와 같은 기록들을 살펴보면, 소상 때에는 겉에 상복을 착용하고, 상복 안에는 연중의(練中衣)를 착용하며, 중의(中衣) 안에는 석의(裼衣)를 입게 되고, 석의 안에는 사슴가죽으로 만든 갖옷을 입게 되며, 갖옷 안에는 자동적으로 항상 착용하는 유의(襦衣)를 입게 된다.

集說 今按: 袪者, 袖口也. 此所謂袪, 則是以他物爲袖口之緣. 旣袪以爲飾, 故裼之可也.

번역 내가 살펴보니, '거(袪)'라는 것은 소맷부리이다. 이곳에서 '거(袪)'를 언급했다면, 다른 옷감을 이용해서 소맷부리의 끝단을 달았던 것이다. 이미 '거(袪)'를 하여 장식을 했기 때문에, 석(裼)을 해도 괜찮은 것이다.

大全 嚴陵方氏曰: 鹿裘, 以白鹿之皮爲裘也. 凡此所以爲易除之漸而已.

번역 엄릉방씨가 말하길, '녹구(鹿裘)'는 백색의 사슴가죽으로 갖옷을 만든 것이다. 무릇 이처럼 따르는 것은 점진적으로 상복(喪服)의 수위를 바꾸고 제거하기 위해서이다.

鄭注 衡當爲橫, 字之誤也. 袪, 謂褎緣袂口也. 練而爲裘, 橫廣之, 又長之. 又爲袪, 則先時狹短無袪可知. 吉時麛裘. 裼, 表裘也. 有袪而裼之, 備飾也. 玉藻曰: "麛裘靑豻褎, 絞衣以裼之." 鹿裘亦用絞乎.

번역 '형(衡)'자는 마땅히 '횡(橫)'자가 되어야 하니, 글자가 비슷해서 생긴 오류이다. '거(袪)'자는 소매에 끝단을 대는 소맷부리를 뜻한다. 소상(小祥)을 지내고 갖옷을 입을 때에는 옆으로 넓고, 또한 아래로 길게 만든 것으로 입는다. 또한 소맷부리를 달게 되니, 그 이전에는 좁고 짧으며 소맷부리가 없는 갖옷을 착용했다는 사실을 알 수 있다. 길(吉)한 때에는 새끼사슴의 가죽으로 만든 갖옷을 입는다. '석(裼)'이라는 것은 갖옷을 드러낸다는 뜻이다. 소맷부리가 달려 있다면, 석(裼)을 하게 되니, 장식을 갖추기 때문이다. 『예기』「옥조(玉藻)」편에서는 "새끼사슴의 가죽으로 만든 갖옷에 청색의 개가죽으로 소매를 달고, 청황색의 옷을 입어서 석(裼)을 한다."[7]라고 했다. 따라서 사슴가죽으로 만든 갖옷에는 또한 청황색의 옷을 착용했을 것이다.

釋文 衡, 依注作橫, 華彭反, 下"衡三"同. 袪, 起魚反, 一音丘據反. 褎, 本又作袖, 音徐秀反. 袂, 面世反. 裼音昔. 麛音迷, 本又作麑, 同, 鹿子也. 豻音岸, 胡地野犬. 絞, 戶交反.

번역 '衡'자는 정현의 주에 따르면 '橫'자가 되니, 그 음은 '華(화)'자와 '彭(팽)'자의 반절음이고, 아래문장에 나오는 '衡三'에서의 '衡'자도 그 음이 이와 같다. '袪'자는 '起(기)'자와 '魚(어)'자의 반절음이고, 다른 음은 '丘(구)'자와 '據(거)'자의 반절음이다. '褎'자는 판본에 따라서 또한 '袖'자로도 기록하는데, 그 음은 '徐(서)'자와 '秀(수)'자의 반절음이다. '袂'자는 '面(면)'자와 '世(세)'자의 반절음이다. '裼'자의 음은 '昔(석)'이다. '麛'자의 음은 '迷(미)'이고, 판본에 따라서는 또한 '麑'자로도 기록하는데, 두 글자 모두 새끼 사슴을 뜻한다. '豻'자의 음은 '岸(안)'이고, 오랑캐 땅에 사는 들개를 뜻한다. '絞'자는 '戶(호)'자와 '交(교)'자의 반절음이다.

孔疏 ●"鹿裘"者, 亦小祥後也. 爲冬時吉凶衣裏皆有裘, 吉時則貴賤有異, 喪時則同用大鹿皮爲之. 鹿色近白, 與喪相宜也.

번역 ●經文: "鹿裘". ○이 또한 소상(小祥) 이후에 시행하는 것이다. 겨울에는 길복(吉服)이나 흉복(凶服)에 상관없이, 옷 안에 모두 갖옷을 착용하게 된다. 그런데 길(吉)한 시기라면, 갖옷의 경우 신분의 귀천(貴賤)에 따라 차이가 있지만, 상(喪)을 치르는 경우라면, 모두 큰 사슴가죽으로 만든 갖옷을 입게 된다. 사슴의 색깔이 백색에 가까워서, 상(喪)과 서로 어울린다.

---

7) 『예기』「옥조(玉藻)」【382c】: 麛裘靑豻褎, 絞衣以裼之.

孔疏 ●"衡長袪"者, 衡, 橫也. 袪, 褎緣口也. 小祥之前, 裘狹而短袂, 又無袪. 至小祥稍飾, 則更易作橫廣大者也, 又長之, 又設其袪也.

번역 ●經文: "衡長袪". ○'형(衡)'자는 가로[橫]를 뜻한다. '거(袪)'자는 소매에 끝단을 댄 소맷부리이다. 소상(小祥)을 치르기 이전에 착용하는 갓옷은 좁고 짧으며, 소매만 있고, 또한 소맷부리가 없게 된다. 소상(小祥)에 이르게 되어, 점진적으로 장식을 하게 되면, 다시금 폭이 넓은 갓옷으로 바꿔 입는데, 그 갓옷은 위아래로도 길게 만들고, 또한 소맷부리도 달게 된다.

孔疏 ●"練而爲裘"者, "爲"猶作也. 前時已有裘, 但短小. 至小祥, 更作大長者, 橫廣之, 又長之爲袪, 更新造之, 又加此三法也.

번역 ●經文: "練而爲裘". ○'위(爲)'자는 "제작한다[作]."는 뜻이다. 이전에도 이미 갓옷을 입고 있었지만, 짧고 작은 것이었다. 소상(小祥)에 이르게 되면, 다시금 크고 긴 갓옷을 만들어서, 폭을 넓게 하며, 또 길게 하여, 소맷부리를 단 것을 입게 되니, 새롭게 만들면서, 또한 이러한 세 가지 방식을 적용하게 된다.

孔疏 ●"袪, 裼之可也"者, "裼", 謂裘上又加衣也. 吉時裘上皆有裼衣, 喪已後, 旣凶質, 雖有裘, 裘上未有裼衣. 至小祥, 裘旣橫長, 又有袪爲吉轉文, 故加裼之可也. 按如此文, 明小祥時外有衰, 衰內有練中衣, 中衣內有裼衣, 裼衣內有鹿裘, 鹿裘內自有常著襦衣.

번역 ●經文: "袪, 裼之可也". ○'석(裼)'자는 갓옷 위에 또한 옷을 걸친다는 뜻이다. 길(吉)한 때에는 갓옷 위에 모두 석의(裼衣)를 착용하는데, 상(喪)이 발생한 이후에는 이미 흉(凶)한 때가 되어 질박하게 하므로, 비록 갓옷을 입게 되더라도, 갓옷 위에는 석의(裼衣)를 입지 않는다. 소상(小祥) 때에 이르게 되면, 갓옷의 경우에도 이미 넓고 긴 것으로 바꾸고, 또 소맷부리도 달게 되어, 길(吉)한 때처럼 꾸며서 점진적으로 화려하게 치장한다. 그렇기 때문에 석의를 덧입어도 괜찮은 것이다. 이와 같은 내용을 살펴보면, 소상 때에는 겉에 상복을 입게 되고, 상복 안에는 연중의(練中衣)를 입게 되며, 중의(中衣) 안에는 석의(裼衣)를 입게 되고, 석의 안에는 사슴가죽으로 만든 갓옷을 입게 되며, 갓옷 안에는 자연히 항상 착용하는 유의(襦衣)를 입게 된다.

孔疏 ◎注"玉藻"至"絞乎". ○正義曰: 引玉藻者, 以此經鹿裘直云"裼之可", 不知裼用何衣. 大者曰鹿, 小者曰麛, 同類之物. 麛裘旣用絞爲裼, 則鹿裘亦用絞乎. "乎"者, 疑辭. 然麛裘用靑豻爲褎, 則鹿裘之褎, 亦用靑豻也.

번역 ◎鄭注: "玉藻"~"絞乎". ○정현이 『예기』「옥조(玉藻)」편의 문장을 인용한 이유는 이곳 경문에서 사슴가죽으로 만든 갓옷에 대해서, 단지 "석(裼)을 해도 괜찮다."라고만 하여, 석(裼)에 어떤 옷을 이용하는지 알 수 없었기 때문이다. 사슴 중 큰 것을 '녹(鹿)'이라고 부르고, 작은 것을 '미(麛)'라고 부르는데, 같은 종류의 동물이다. 미(麛)의 가죽으로 만든 갓옷에 청황색의 옷을 이용하여 석(裼)을 하게 된다면, 녹(鹿)의 가죽으로 만든 갓옷에도 또한 청황색의 옷을 이용하게 될 것이다. '호(乎)'라는 것은 확정하지 못할 때 쓰는 말이다. 그렇다고 한다면 미(麛)의 가죽으로 만든 갓옷에 푸른색의 들개 가죽으로 소매를 대므로, 녹(鹿)의 가죽으로 만든 갓옷에 다는 소매 또한 푸른색의 들개 가죽을 이용했을 것이다.

訓纂 王氏引之曰: 玉藻不文飾也. 不裼, 裼非居喪之服也. 裼, 當讀爲緆. 緆, 緣也. 袪緆之者, 謂緣此袪也. 士喪禮記"縓綼緆", 注曰, "飾裳在幅曰綼, 在下曰緆." 是緆者, 飾裳邊也. 飾裳之邊曰緆, 飾袖之邊亦得曰緆. 裼・緆古同聲, 緆正字, 裼借字, 豈表裘之謂乎? 又案袂口爲袪, 緣之爲緆. 玉藻"袪尺二寸, 緣廣寸半", 是緣與袪爲二事, 不得卽以袪爲緣也. 注當曰"袪, 袂口也. 裼, 讀爲緆, 謂緣也." 則明辨晳矣.

번역 왕인지가 말하길, 『예기』「옥조(玉藻)」편의 내용은 문식(文飾)을 꾸민다는 뜻이 아니다. '석(裼)'을 하지 않는 것은 석(裼)이 상(喪)을 치를 때의 복장 방식이 아니기 때문이다. 따라서 '석(裼)'자는 마땅히 '석(緆)'자로 해석해야 한다. '석(緆)'자는 끝단[緣]을 뜻한다. 즉 "거(袪)에 석(緆)을 한다."는 말은 소매에 끝단을 댄다는 뜻이다. 『의례』「사상례(士喪禮)」편에서는 "분홍빛의 옷감으로 벽(綼)을 하고 석(緆)을 한다."[8]라고 했는데, 이 문장에 대한 정현의 주에서는 "치마 장식이 가장지리에 있는 것을 '벽(綼)'이라고 부르고, 끝단에 있는 것을 '석(緆)'이라고 부른다."고 했다. 「사상례」편에 기록된 '석(緆)'자는 치마 끝단을 장식한 것을 뜻한다. 따라서 치마의 끝단에 장식하는 것을 '석(緆)'이라고 부른다면, 소매의 끝단에 장식하는 것에 대해서도 또한 '석(緆)'이라고 부를 수 있다. '석(裼)'자와 '석(緆)'자는 고대에는 소리가 같은 글자였고, '석(緆)'자가 정자(正字)이고, '석(裼)'자는 가차자인데, 어떻게 갓옷을 드러내는 것을 뜻할 수 있겠는가? 또한 살펴보자면, 소매를 '거(袪)'라고 하고, 끝단을 '석(緆)'이라고 한다. 「옥조」편에서는 "거(袪)는 1척(尺) 2촌(寸)으로 하고, 끝단의 폭은 1.5촌(寸)으로 한다."[9] 고 했으니, 이 기록은 '연(緣)'과 '거(袪)'라는 것이 별개의 사안이 됨을 나타내므로, '거(袪)'를 '연(緣)'이라고 할 수 없는 것이다. 따라서 정현의 주에서는 "'거(袪)'자는 소매이다. '석(裼)'은 '석(緆)'자로 풀이하니, 소매의 끝단을 뜻한다."라고 말해야 하며, 이처럼 되어야만 뜻이 명확해진다.

集解 愚謂: 小祥謂之練者, 始練大功布爲冠也. 喪冠不練, 故喪服傳"冠六升, 鍛而勿灰." 爲父小祥, 冠八升, 爲母冠九升, 皆加灰練之. 以其祭言之, 曰小祥; 以其冠言之, 曰練. 練衣者, 練大功布爲中衣也. 爲父小祥, 衰七升, 爲母衰八升, 皆不練. 其中衣升數與衰同, 而加灰練之, 又染爲黃爲之裏, 以其在內可差飾也. 縓, 淺絳色. 爾雅, "一染謂之縓." 緣, 中衣之緣也. 喪服傳曰, "帶緣各視其冠." 練中衣之緣, 亦用其冠之布爲之, 而染爲縓色. 蓋吉時中衣之緣,

---

8) 『의례』「사상례(士喪禮)」: 有前後裳, 不辟, 長及觳, 縓綼緆. 緇純.
9) 『예기』「옥조(玉藻)」【380b】: 長中繼揜尺, 袷二寸. 袪尺二寸, 緣廣寸半.

皆以采色爲之, 始喪無采, 至是而漸飾也. 中衣與深衣同制, 然深衣禪, 而練中衣有裏, 則吉服中衣有裏可知. 葛要絰者, 卒哭, 變麻服葛, 至練, 除首絰而要絰猶在也. 繩屨, 大功之屨也. 斬衰始喪菅屨, 卒哭受以不杖齊衰之疏屨, 旣練受以大功繩麻屨. 爲母始喪藨屨, 卒哭受以大功繩麻屨, 至練而無變也. 絇, 屨頭飾也. 喪屨無絇, 去飾也. 瑱, 吉時人君以玉, 大夫士以石之似玉者. 初喪去瑱, 練, 貴賤同用角爲之, 貶於吉也. 裘之袂口, 以他物飾之, 詩言"羔裘豹袪", 是也. 前此雖已有裘, 而短狹無袪, 至練而橫廣之, 又長之, 又飾其袪也. 裼者, 袒上服之衽而露其中衣也. 袪, 裼之可也者, 裼爲見美, 吉時以裼爲常, 有爲焉則襲; 喪事以襲爲常, 有爲焉則袒. 小祥裘旣有袪, 差向文飾, 則雖裼而露其中衣亦可也.

번역 내가 생각하기에, '소상(小祥)'을 '연(練)'이라고 부르는 이유는 비로소 누인 대공포(大功布)로 관(冠)을 만들게 되기 때문이다. 상(喪)을 치를 때 쓰는 관(冠)은 누이지 않는다. 그렇기 때문에 『의례』「상복(喪服)」편의 전문(傳文)에서는 "관(冠)은 6승(升)의 재질로 만들고, 그 천을 불리되 재를 넣어서 씻지 않는다."[10]라고 한 것이다. 부친에 대한 상(喪)을 치르게 되면, 소상(小祥) 때 쓰는 관(冠)은 8승(升)이 되는 것으로 만들고, 모친에 대한 상(喪)을 치르게 되면, 소상(小祥) 때 쓰는 관(冠)은 9승(升)이 되는 것으로 만드는데, 둘 모두에 대해서는 물에 재를 넣어서 누이게 된다. 따라서 제례(祭禮)의 절차로써 언급한다면, '소상(小祥)'이라고 부르는 것이고, 관(冠)을 기준으로 언급한다면, '연(練)'이라고 부르는 것이다. '연의(練衣)'이라는 것은 누인 대공포(大功布)로 만든 중의(中衣)를 뜻한다. 부친에 대한 상(喪)을 치르게 되면, 소상(小祥) 때 착용하는 상복(喪服)은 7승(升)이 되는 것으로 만들고, 모친에 대한 상(喪)을 치르게 되면, 소상(小祥) 때 착용하는 상복(喪服)은 8승(升)이 되는 것으로 만드는데, 둘 모두에 대해서는 옷감을 누이지 않는다. 그런데 중의(中衣)의 경우, 승(升)의 수치는 상복(喪服)의 승수(升數)와 동일하지만, 물에 재를 넣어서 누이게 되고, 또한 염색

10) 『의례』「상복(喪服)」: 冠六升, 外畢, 鍛而勿灰.

을 하여 황색으로 만든 천을 안감으로 대니, 안쪽에 입는 옷에는 차등적으로 치장을 할 수 있기 때문이다. '전(縓)'자는 옅은 홍색을 뜻한다. 『이아』에서는 "한 번 염색한 것을 '전(縓)'이라 부른다."[11]고 했다. '연(緣)'자는 중의(中衣)에 다는 끝단을 뜻한다. 「상복」편의 전문에서는 "대(帶)의 끝단은 각각 그 관(冠)에 견주어서 만든다."[12]라고 했다. 누인 옷감으로 만든 중의(中衣)에 있어서 끝단은 또한 착용하는 관(冠)에 사용된 포(布)를 이용해서 만들게 되는데, 염색을 해서 옅은 홍색을 내도록 하는 것이다. 무릇 길(吉)한 시기에 입는 중의(中衣)에 있어서 끝단은 모두 채색한 천으로 만들게 되는데, 상(喪)을 치르기 시작할 때에는 채색된 것을 사용함이 없다가 이 시기가 되어, 점진적으로 꾸미게 되는 것이다. 중의(中衣)와 심의(深衣)는 동일한 방법으로 제작을 하는데, 심의(深衣)의 경우에는 홑겹으로 만들지만, 누인 옷감으로 만든 중의(中衣)는 안감이 있으니, 길복(吉服)에 착용하는 중의(中衣)에도 또한 안감이 있었다는 사실을 확인할 수 있다. '갈요질(葛要絰)'이라는 것은 졸곡(卒哭) 때에는 마(麻)로 된 것을 바꿔서, 갈(葛)로 된 것을 착용하며, 소상(小祥)이 되면, 머리에 쓰고 있던 수질(首絰)을 제거하고, 요질(要絰)만은 여전히 차게 된다는 뜻이다. '승구(繩屨)'라는 것은 대공복(大功服)에 신는 신발이다. 참최복(斬衰服)을 착용하고 상(喪)을 치르기 시작할 때에는 관구(菅屨)를 신는데, 졸곡(卒哭) 때에는 지팡이를 잡지 않고 착용하는 자최복(齊衰服)의 소구(疏屨)를 신고, 소상(小祥) 때가 되면 대공복(大功服)에 착용하는 승마구(繩麻屨)를 신는다. 모친에 대한 상(喪)을 치르기 시작할 때에는 표구(藨屨)를 신고, 졸곡(卒哭) 때에는 대공복(大功服)에 신는 마구(麻屨)를 신는데, 소상(小祥) 때가 되어도 신발을 바꾸지 않는다. '구(絇)'라는 것은 신발의 신코 장식이다. 상(喪)을 치를 때 신는 신발에는 신코 장식이 없으니, 장식을 제거하기 때문이다. '진(瑱)'의 경우, 길(吉)한 시기에 군주는 옥(玉)으로 만든 것을 사용하니, 대부(大夫)

---

11) 『이아』「석기(釋器)」 : <u>一染謂之縓</u>, 再染謂之赬, 三染謂之纁. 靑謂之蔥. 黑謂之黝. 斧謂之黼.

12) 『의례』「상복(喪服)」 : 傳曰, 問者曰, 何冠也? 曰, 齊衰·大功冠其受也, 緦麻·小功冠其衰也. <u>帶緣各視其冠</u>.

와 사(士)는 옥(玉)과 유사한 돌로 만들게 된다. 초상(初喪) 때에는 진(瑱)을 제거하고, 소상(小祥) 때에는 귀천(貴賤)의 신분 차이와 상관없이 모두 짐승의 뿔로 만든 것을 사용하니, 길(吉)한 시기보다 낮추기 때문이다. 갓옷의 소매는 다른 재질을 사용해서 장식을 하는데, 『시』에서 "새끼양의 가죽으로 만든 갓옷에 표범의 가죽으로 소매를 댔구나."[13]라고 한 기록이 바로 이러한 사실을 나타낸다. 이 시기에 이르기 전에도 비록 갓옷을 이미 착용하고 있지만, 길이가 짧고 폭이 협소하며, 소매도 없게 되는데, 소상(小祥) 때가 되면, 폭을 넓게 하고, 또 길이도 길게 하며, 소매에 장식을 하게 되는 것이다. '석(裼)'이라는 것은 위에 입고 있던 옷의 옷깃을 걷어서, 안에 입고 있던 중의(中衣)를 겉으로 드러내는 것을 뜻한다. "소매를 장식하면, 석(裼)을 해도 괜찮다."는 말은 석(裼)을 통해서 화려함을 드러내게 되니, 길(吉)한 때에는 석(裼)을 하는 방식을 일상적인 것으로 여겼고, 특별한 일이 있다면, 습(襲)을 했던 것이다. 반면 상사(喪事)에서는 습(襲)을 하는 방식을 일상적인 것으로 여겼고, 특별한 일이 있다면, 옷깃을 걷게 된다. 소상(小祥) 때 착용하는 갓옷에 대해 이미 소매 장식을 하였다면, 순차적으로 문식(文飾)을 꾸미는 방향으로 선회한 것이니, 비록 석(裼)을 해서 안에 입고 있던 중의(中衣)를 겉으로 드러내더라도 또한 무방한 것이다.

---

13) 『시』「당풍(唐風)·고구(羔裘)」: 羔裘豹袪, 自我人居居. 豈無他人, 維子之故.

그림 106-1 중단(中單) : 중의(中衣)의 일종

▸ **출처:** 『삼재도회(三才圖會)』「의복(衣服)」 1권

• 제 107 절 •

곡(哭)과 조문에 대한 규정

【104c】

有殯, 聞遠兄弟之喪, 雖緦必往; 非兄弟, 雖鄰不往.

직역 殯이 有함에, 遠兄弟의 喪을 聞하면, 雖히 緦라도 必히 往하고; 兄弟가 非라면, 雖히 鄰이라도 不往한다.

의역 집에 빈소가 차려져 있을 때, 멀리 떨어져 살고 있는 형제에 대한 상(喪)의 소식을 접하게 된다면, 비록 그 자가 자신과 관계가 멀어서 시마복(緦麻服)을 착용하는 자라고 하더라도, 반드시 찾아가서 곡(哭)을 해야 한다. 형제가 아니라면, 비록 이웃에 상(喪)이 발생했다고 하더라도, 찾아가지 않는다.

集說 三年之喪, 在殯不得出弔, 然於兄弟則恩義存焉, 故雖緦服兄弟之異居而遠者, 亦當往哭其喪. 若非兄弟, 則雖近不往.

번역 삼년상을 치를 때에는 빈소가 집안에 있으므로, 밖으로 나가서 조문을 갈 수 없다. 그러나 형제의 경우라면, 은정과 도의가 둘 간의 관계에 포함되어 있으므로, 비록 시마복(緦麻服)을 입어야 하는 형제이고, 멀리 떨어져 사는 자라고 하더라도, 또한 마땅히 찾아가서, 그의 상(喪)에 대해서 곡(哭)을 해야만 한다. 만약 형제가 아닌 경우라면, 비록 가까운 곳에 사는 자라고 하더라도 찾아가지 않는다.

大全 嚴陵方氏曰: 緦, 最服之輕者, 服之輕, 猶必往, 況其重者乎? 蓋同姓之恩, 不得不爲之隆故也. 鄰, 最居之近者, 居之近, 猶不往, 況其遠者乎? 蓋異姓之恩, 不得不爲之殺故也.

번역 엄릉방씨가 말하길, 시마복(緦麻服)은 상복(喪服) 중에서도 가장 수위가 낮은 것인데, 낮은 수위의 상복관계에 있는 자에 대해서도 오히려 반드시 찾아가게 되니, 하물며 수위가 높은 상복을 입는 자에 대해서는 어찌하겠는가? 이처럼 조문을 하는 이유는 동성(同姓) 사이의 은정은 융성하게 하지 않을 수가 없기 때문이다. 이웃은 가장 가까이에 살고 있는 자인데, 가장 가까이에 살고 있는 자에 대해서도 오히려 찾아가지 않으니, 하물며 먼 곳에 사는 자에 대해서는 어찌하겠는가? 이처럼 조문을 하지 않는 이유는 이성(異姓) 사이의 은정은 낮추지 않을 수가 없기 때문이다.

鄭注 親骨肉也. 疏無親也.

번역 혈연관계에 있는 자들에 대해서는 친근하게 대하기 때문이다. 혈연관계가 아닌 자들에 대해서는 소원하게 대하기 때문이다.

孔疏 ●"有殯"至"皆弔". ○正義曰: 此一節論哭弔之事.

번역 ●經文: "有殯"~"皆弔". ○이곳 문단은 곡(哭)을 하고 조문을 하는 사안에 대해서 논의하고 있다.

訓纂 朱氏軾曰: 子張死, 曾子有母之喪, 齊衰而往, 哭之曰, "我弔也與哉?" 蓋謂哭死而非弔生也. 此云"雖鄰不往", 以殯而未葬耳. 若卒哭而後, 弔生可已, 送死烏可已乎?

번역 주식이 말하길, 자장(子張)이 죽었을 때, 증자(曾子)는 모친에 대한 상(喪)을 치르고 있었는데도, 자최복(齊衰服)을 입고서 찾아갔고, 곡(哭)

을 하며 "내가 조문을 했단 말인가?"라고 했으니,[1] 무릇 죽은 자를 위해서 곡(哭)을 했지만, 살아있는 자에 대해서 조문을 하지 않았다는 뜻이다. 이곳 문장에서는 "비록 이웃이라고 하더라도 가지 않는다."라고 했는데, 빈소가 남아 있고, 아직 장례(葬禮)를 치르지 않았기 때문이다. 만약 졸곡(卒哭)을 한 이후라면, 산 자에 대해 조문하는 것은 그만둘 수 있지만, 죽은 자를 전송하는 일에 대해서 어찌 그만둘 수 있겠는가?

訓纂 王氏懋竑曰: 此條當以三年之殯言. 雜記曰, "三年之喪, 雖功衰不弔, 自諸侯達諸士. 如有服而將往哭之, 則服其服而往." 又云, "有殯, 聞外喪, 哭之他室." 疏, "有殯, 謂父母喪未葬, 外喪, 謂兄弟喪在遠者也."

번역 왕무횡이 말하길, 이곳 문단의 내용은 마땅히 삼년상을 치르며 설치하는 빈소를 기준으로 말한 것이다. 『예기』「잡기(雜記)」편에서는 "삼년상을 치를 때에는 비록 소상(小祥)이 지나서 대공복(大功服)과 재질이 같은 상복으로 낮춰 입고 있더라도, 조문을 가지 않으니, 제후(諸侯)로부터 사(士) 계급에 이르기까지 모두 동일하다. 만약 상복관계가 있는 자의 상(喪) 소식을 접하게 되어, 장차 그곳에 찾아가서 곡(哭)을 하게 된다면, 해당하는 상복을 갖춰 입고서 찾아간다."[2]라고 했다. 또 말하길, "빈소가 차려져 있는 경우, 외상(外喪)에 대한 소식을 접하게 되면, 다른 방에 가서 곡(哭)을 한다."[3]라고 했고, 소(疏)에서는 "빈소가 차려져 있다는 말은 부모에 대한 상(喪)을 치르며, 아직 장례(葬禮)를 치르지 않은 경우를 뜻하고, 외상(外喪)은 멀리 떨어져 사는 형제가 상(喪)을 당한 경우를 뜻한다."라고 했다.

---

1) 『예기』「단궁하(檀弓下)」【110c】: 子張死, 曾子有母之喪, 齊衰而往哭之. 或曰, "齊衰不以弔." 曾子曰, "我弔也與哉."

2) 『예기』「잡기하(雜記下)」【513b~c】: 三年之喪, 雖功衰, 不弔, 自諸侯達諸士. 如有服而將往哭之, 則服其服而往.

3) 『예기』「잡기하(雜記下)」【507d】: <u>有殯, 聞外喪, 哭之他室</u>, 入奠, 卒奠出, 改服卽位, 如始卽位之禮.

集解 愚謂: 遠兄弟, 謂不同居者也. 三年之喪不以弔, 惟兄弟之喪, 雖緦必往, 蓋以己爲之有服而往哭之, 非弔也. 雜記曰, "三年之喪, 雖功衰不弔." "如有服而將往哭之, 則服其服而往."

번역 내가 생각하기에, '원형제(遠兄弟)'라는 말은 함께 살고 있지 않은 형제를 뜻한다. 삼년상을 치를 때에는 조문을 가지 않는데, 오직 형제의 상(喪)에 대해서만, 비록 시마복(緦麻服)을 입게 되는 관계가 먼 자라고 하더라도, 반드시 찾아가게 되니, 무릇 자신은 죽은 자를 위해 상복을 입어야 하는 관계가 되므로, 찾아가서 곡(哭)을 하는 것이지, 찾아가서 그의 아들에게 조문을 하는 것이 아니다. 『예기』「잡기(雜記)」편에서는 "삼년상을 치를 때에는 비록 소상(小祥)이 지나서 대공복(大功服)과 재질이 같은 상복으로 낮춰 입고 있더라도, 조문을 가지 않는다."라고 했고, 또 "만약 상복관계가 있는 자의 상(喪) 소식을 접하게 되어, 장차 그곳에 찾아가서 곡(哭)을 하게 된다면, 해당하는 상복을 갖춰 입고서 찾아간다."라고 했다.

【104c】

所識, 其兄弟不同居者, 皆弔.

직역 所識에, 그 兄弟가 居를 不同하는 者라도, 皆히 弔한다.

의역 알고 지내던 자가 죽었을 경우, 죽은 자의 형제들이 죽은 자와 같은 집에서 함께 살고 있지 않다고 하더라도, 그 형제들에게 모두 찾아가서 조문을 한다.

集說 馮氏曰: 上二句, 旣主生者出弔往哭爲義, 則下一句文意當同. 所識當爲句, 若所知之謂也. 死者旣吾之所知識, 則其兄弟雖與死者不同居, 我皆當弔之, 所以成往來之情義也.

번역 풍씨가 말하길, 앞의 두 구문 내용이 이미 상주(喪主)가 밖으로 나와서 조문을 하고, 찾아가서 곡(哭)을 한다는 것을 뜻한다면, 그 뒤 1개 구문의 뜻도 마땅히 동일해야 한다. 따라서 '소식(所識)'에서 구문을 끊어야 하니, 이 말은 '알고 지내던 자[所知]'라고 부르는 말과 같다. 죽은 자가 이미 나와 알고 지내던 자라면, 그의 형제들이 비록 죽은 자와 같은 집에 살고 있지 않다고 하더라도, 나는 그 형제들에 대해서 모두 찾아가서 조문을 해야만 하는 것으로, 서로 왕래하는 정감과 도의를 이루기 위해서이다.

鄭注 就其家弔之, 成恩舊也.

번역 그의 집에 찾아가서 조문을 하여, 옛 은정을 이루는 것이다.

孔疏 ●"所識, 其兄弟不同居者皆弔"者, 此文連上"有殯"之下, 若其骨血兄弟, 雖緦必往. 若其非兄弟骨血疏外之人, 雖鄰不往. 今有旣非兄弟, 又非疏外, 平生所共知識, 往來同恩好, 今若身死者, 兄弟雖不同居, 亦就往弔之, 成其死者之恩舊也. 其死者兄弟不同居, 尙往弔之, 則死者子孫就弔可知, 擧疏以見親也. 已有殯得弔之者, 以其死者與我有恩舊也. 皇氏以爲別更起文, 不連"有殯"之事, "所識"者, 謂識其死者之兄弟, 是小功以下之親, 旣識兄弟, 雖不同居, 皆一一就弔之. 未知然否, 故兩存焉.

번역 ●經文: "所識, 其兄弟不同居者皆弔". ○이곳 문단은 앞의 '유빈(有殯)'으로 시작되는 문장 뒤에 연이어 기록되었으니, 만약 혈연관계에 있는 형제라고 한다면, 비록 관계가 소원하여 시마복(緦麻服)을 입게 되는 자라고 하더라도, 반드시 찾아가서 조문을 하게 된다. 만약 혈연관계에 있는 형제도 아니고, 관계가 소원하고 멀리 떨어져 있는 자가 아닌 경우, 비록 가까이 사는 이웃이라고 하더라도 찾아가지 않는다. 그런데 현재의 상황은 이미 형제관계에 있는 자도 아니고, 또한 관계도 소원하며 멀리 떨어져 살고 있는 자도 아니며, 평생토록 서로 알고 지내던 자이고, 서로 왕래하여 은정을 함께 나눈 사이인데, 만약 그 자가 죽게 된다면, 그의 형제들이 비록 같은 집에 살고 있지 않다고 하더라도, 또한 그의 형제들에게 찾아가서 조문을 하여, 죽은 자와의 옛 은정을 이루어야 한다. 죽은 자의 형제들이 죽은 자와 함께 거처하지 않는데, 오히려 그들에게 찾아가서 조문을 한다면, 죽은 자의 자손들에게도 찾아가서 조문을 해야 함을 알 수 있다. 이것은 관계가 보다 소원한 경우를 제시하여, 관계가 친밀한 경우까지도 함께 나타낸 것이다. 본인의 집에 빈소를 차리고 있는데, 조문을 갈 수 있는 이유는 죽은 자와 본인 사이에는 옛날부터 나눈 은정이 있기 때문이다. 황간은 이곳 문장의 내용을 별개의 문장으로 여겨서, 앞의 '유빈(有殯)'으로 시작되는 사안과 연결시키지 않았고, '소식(所識)'이라는 것은 죽은 자의 형제들과 알고 지냈다는 뜻이며, 그 자들은 소공복(小功服) 이하의 친족 관계를 가진 자에 해당하는데, 이미 그의 형제들과 알고 지낸 사이라면, 비록 그들이 함께 거처하는 경우가 아니더라도, 모두에 대해서 일일이 찾아가서 조문을 한다고 하였다. 과연 그러한지 알 수 없어서, 두 가지 주장을 모두 수록해둔다.

訓纂 吳幼淸曰: 所識之人, 其家若有同居之親死, 往弔不待言矣. 雖其兄弟之不同居者死, 亦皆弔之. 蓋厚於所識, 故推其恩愛, 以及於其有服之兄弟不同居者. 皇氏以爲小功以下之親. 小功以下, 服輕尙弔, 況大功以上服重者乎? 鄭注以爲所識者死, 而弔於其不同居兄弟之家, 不如皇氏之說爲當. 案記文言"皆弔", 夫喪無二主, 若所識一人死, 而皆往弔其不同居之兄弟, 則喪不止二主矣. 古無是禮也.

번역 오유청이 말하길, 서로 알고 지내던 자의 경우, 그의 집에 만약 함께 살고 있는 친족이 죽는 일이 발생한다면, 찾아가서 조문을 하며, 부고를 알려올 때까지 기다리지 않는 것이다. 비록 그의 형제 중 같은 집에 살고 있지 않은 자가 죽게 되더라도, 또한 모두에 대해서 조문을 한다. 무릇 서로 알고 지내던 자에 대해서는 은정이 두텁기 때문에, 그 은정과 자애로운 마음을 미루어서, 그와 함께 살고 있지는 않지만 상복관계에 있는 형제들에게까지 미루어가는 것이다. 황간은 여기에서 말한 형제를 소공복(小功服) 이하의 관계에 속한 친족이라고 여겼다. 소공복 이하의 상복은 상복의 수위가 낮은데도 오히려 조문을 하는데, 하물며 대공복(大功服) 이상의 수위가 높은 상복관계에 있는 자에 있어서는 어떻게 하겠는가? 정현의 주에서는 이곳 문장의 내용을 서로 알고 지내던 자가 죽은 경우로 여겨서, 죽은 자와 함께 거주하지 않는 형제들의 집에 찾아가서 조문을 하는 것이라고 했으니, 황간의 주장처럼 합당한 설명이 되지 못한다. 그런데 『예기』의 문장을 살펴보면, "모두에게 조문을 한다[皆弔]."라고 하였다. 무릇 상(喪)을 치를 때에는 두 명의 상주(喪主)가 있을 수 없으니, 만약 정현의 주장처럼, 알고 지내던 자 1명이 죽었는데, 그와 함께 살고 있지 않은 형제들에 대해서 모두 찾아가서 조문을 한다면, 상(喪)을 치르는데 있어서, 단지 두 명의 상주가 있는 것에 그치지 않고, 그보다 더 많은 상주가 있게 된다. 그러나 고대의 예법에는 이러한 예(禮)가 없었다.

集解 愚謂: 所識, 謂所知識也. 知生者弔, 故所識之人, 其兄弟之不同居者死, 皆往而弔之.

번역 내가 생각하기에, '소식(所識)'은 서로 알고 지내던 자를 뜻한다. 살아있는 자에 대해서 조문을 한다는 사실을 알 수 있으므로, 알고 지내던 자의 경우, 그의 형제들 중 같은 집에 살고 있지 않은 자가 죽었다면, 그 형제들에 대해서도 모두 찾아가서 자신과 알고 지내던 자에게 조문을 하는 것이다.

• 제 108 절 •

관곽(棺槨) 등에 대한 법도 Ⅲ

【104d】

天子之棺四重, 水兕革棺被之, 其厚三寸, 杝棺一, 梓棺二. 四者皆周.

직역 天子의 棺은 四重이니, 水兕의 革棺으로 被하니, 그 厚는 三寸이고, 杝棺이 一이며, 梓棺이 二이다. 四者는 皆히 周한다.

의역 천자(天子)가 사용하는 관(棺)은 4겹으로 만든다. 첫 번째 관(棺)은 물소와 들소의 가죽으로 만든 관(棺)으로, 시신을 직접 감싸는 관(棺)이 되는데, 그 두께는 3촌(寸)이다. 그리고 그 겉에는 피나무로 만든 이관(杝棺)이 있게 되니, 1겹으로 만든다. 그리고 그 겉에는 가래나무로 만든 재관(梓棺)이 있게 되는데, 2겹으로 되어 있어서, 안쪽에 있는 관(棺)을 속관(屬棺)이라고 하며, 바깥쪽에 있는 관(棺)을 대관(大棺)이라고 부른다. 이처럼 4중으로 되어 있는 관(棺)들은 상하 및 사방을 둘러싼 형태로 제작한다.

集說 水牛・兕牛之革耐濕, 故以爲親身之棺, 二革合被爲一重. 杝木亦耐濕, 故次於革, 卽前章所謂椑也. 梓木棺二, 一爲屬, 一爲大棺; 杝棺之外有屬棺, 屬棺之外又有大棺. 四者皆周, 言四重之棺, 上下四方悉周帀也. 惟槨不周, 下有茵, 上有抗席故也.

번역 물소와 들소의 가죽은 습기에 강하다. 그렇기 때문에 이 가죽을 이용해서, 시신의 몸에 직접 닿는 관(棺)을 만드는 것인데, 두 가죽을 합쳐서 한 겹으로 만든다. 피나무[椸木] 또한 습기에 강하다. 그렇기 때문에 가죽으로 만든 관 위를 덮는 관으로 사용하니, 곧 앞장에서 말한 '비(椑)'에 해당한다.[1] 가래나무[梓木]는 두 겹으로 만드는데, 한 겹은 속관(屬棺)이 되고, 그 위의 한 겹은 대관(大棺)이 된다. 따라서 이관(椸棺) 겉에는 속관(屬棺)이 있게 되고, 속관(屬棺) 겉에는 또한 대관(大棺)이 있게 된다. "네 개의 관이 모두 두른다."는 말은 네 겹으로 된 관(棺)은 상하 및 사방을 모두 둘러싼다는 뜻이다. 오직 곽(槨)의 경우에만 둘러싸지 않으니, 밑면에는 '인(茵)'이 받치게 되고, 윗면에는 항석(抗席)이 놓이기 때문이다.

---

1) 『예기』「단궁상」【102c】: 君卽位而爲椑, 歲壹漆之, 藏焉.

그림 108-1 항목(杭木)·인(茵)·항석(杭席)

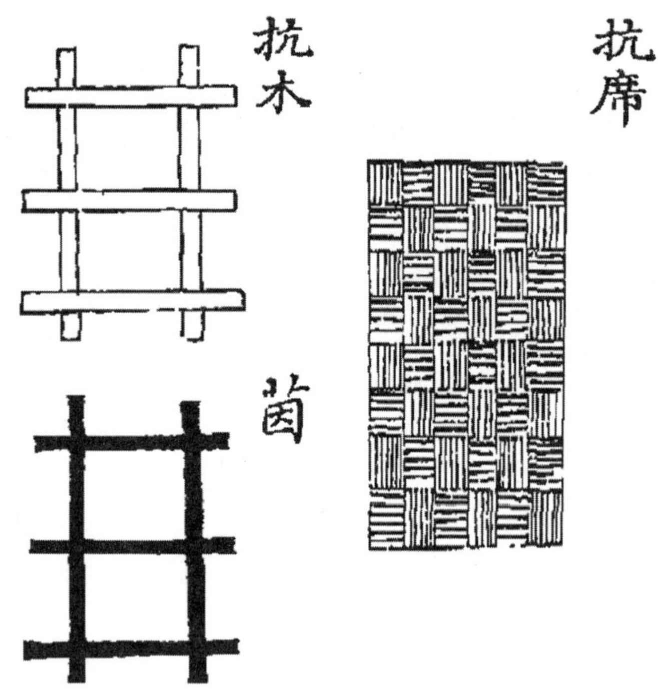

▸ **출처:**『삼례도집주(三禮圖集注)』18권

그림 108-2 항목(杭木)·인(茵)·항석(杭席)

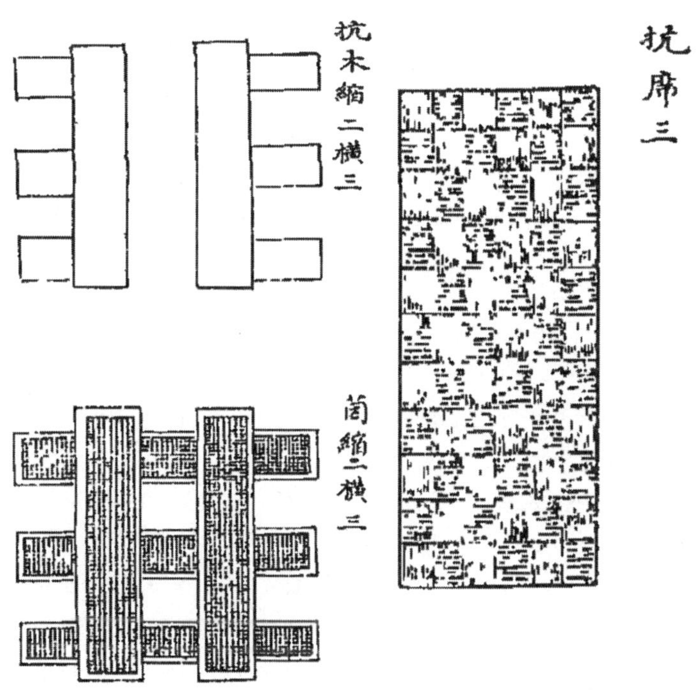

▸ **출처:** 『삼례도(三禮圖)』 3권

鄭注 尙深邃也. 諸公三重, 諸侯再重, 大夫一重, 士不重. 以水牛兕牛之革以爲棺被. 革各厚三寸, 合六寸也. 此爲一重. 所謂椑棺也. 爾雅曰: "椴, 杝." 所謂屬與大棺. 周, 帀也. 凡棺用[2]能濕之物.

번역 깊숙이 감추는 것을 숭상하기 때문이다. 공작들[諸公]은 관(棺)을 3겹으로 만들고, 제후(諸侯)들은 2겹으로 만들며, 대부(大夫)들은 1겹으로 만들고, 사(士)는 겹으로 만들지 않는다. 물소와 들소의 가죽으로 시신을 감싸는 관(棺)을 만든다. 가죽은 각각 그 두께를 3촌(寸)으로 하니, 두 가죽을 합치면, 총 6촌(寸)이 된다. 이것이 1겹이 된다. 이관(杝棺)은 이른바 비관(椑棺)이라는 것이다. 『이아』에서는 "'단(椴)'은 피나무를 뜻한다."라고 했다. 재관(梓棺)이 2겹이라는 말은 이른바 속관(屬棺)과 대관(大棺)을 뜻한다. '주(周)'자는 "두루다[帀]."는 뜻이다. 무릇 관(棺)은 습기에 강한 사물을 이용해서 만든다.

釋文 重, 直龍反, 注皆同. 邃, 雖遂反. 被, 皮寄反, 注同. 厚, 胡豆反, 度厚薄曰厚, 皆同此音. 杝, 羊支反, 木名. 椴, 徒亂反. 梓音子. 屬音燭. 帀, 本又作匝. 同, 子答反. 能濕, 乃代反.

번역 '重'자는 '直(직)'자와 '龍(룡)'자의 반절음이며, 정현의 주에 나오는 글자들은 모두 그 음이 이와 같다. '邃'자는 '雖(수)'자와 '遂(수)'자의 반절음이다. '被'자는 '皮(피)'자와 '寄(기)'자의 반절음이고, 정현의 주에 나오는 글자도 그 음이 이와 같다. '厚'자는 '胡(호)'자와 '豆(두)'자의 반절음이며, 후박(厚薄)을 측정할 때의 '厚'라고 말하는 글자들은 모두 그 음이 이 글자의 음과 같다. '杝'자는 '羊(양)'자와 '支(지)'자의 반절음으로, 나무이름이다.

---

2) '용(用)'자에 대하여. '용'자는 본래 '인(因)'자로 기록되어 있었는데, 완원(阮元)의 『교감기(校勘記)』에서는 "『악본(岳本)』에는 '인'자를 '용'자로 기록하고 있고, 『가정본(嘉靖本)』도 동일하며, 위씨(衛氏)의 『집설(集說)』, 『고문(考文)』에서 인용하고 있는 『고본(古本)』과 『족리본(足利本)』에서도 모두 '용'자로 기록하고 있다. 살펴보니, 『집설(集說)』의 기록이 옳다."라고 했다.

'椴'자는 '徒(도)'자와 '亂(란)'자의 반절음이다. '梓'자의 음은 '子(자)'이다. '屬'자의 음은 '燭(촉)'이다. '帀'자는 판본에 따라서 또한 '匝'자로도 기록한다. 두 글자는 모두 '子(자)'자와 '答(답)'자의 반절음이다. '能濕'에서의 '能'자는 '乃(내)'자와 '代(대)'자의 반절음이다.

孔疏 ●"天子"至"六尺". ○正義曰: 此一節論天子諸侯以下棺槨厚薄長短之事.

번역 ●經文: "天子"~"六尺". ○이곳 문단은 천자(天子) 및 제후(諸侯)로부터 그 이하의 계층에서 관곽(棺槨)을 마련할 때, 두께 및 치수에 대한 사안을 논의하고 있다.

孔疏 ●"天子之棺四重"者, 尊者尙深邃也. 四重者, 水牛兕牛皮二物爲一重也, 又杝, 爲第二重也, 又屬爲第三重也, 又大棺爲第四重也. 四重凡五物也. 以次而差之, 上公三重, 則去水牛, 餘兕・杝・屬・大棺也. 侯伯子男再重, 又去兕, 餘杝・屬・大棺. 大夫一重, 又去杝, 餘屬・大棺也. 士不重, 又去屬, 唯單用大棺也. 天子大棺厚八寸, 屬六寸, 椑四寸, 又二皮六寸, 合二尺四寸也. 上公去水牛之三寸, 餘兕・椑・屬・大棺, 則合二尺一寸. 諸侯又去兕之三寸, 餘合一尺八寸也. 列國上卿又除椑四寸, 餘合一尺四寸也. 大夫大棺六寸, 屬四寸, 合一尺. 士則不重, 但大棺六寸耳, 故庶人四寸矣. 而天子卿大夫文不見有通者, 云天子卿大夫並與列國君同, 若天子之士與諸侯大夫同也, 喪質不得依吉時祭服也. 若吉時祭服, 則天子臣與諸侯同. 然春秋時多僭, 趙簡子言罰乃不設屬・椑, 非也. 水・兕二皮, 並不能厚三寸, 故合被之, 令各厚三寸也. 二皮能濕, 故最在裏近尸也.

번역 ●經文: "天子之棺四重". ○존귀한 자에 대해서는 깊이 감추는 것을 숭상한다. 4겹으로 한다는 말은 물소와 들소의 가죽을 합쳐서 1겹으로 하고, 또 이관(移管)이 두 번째 겹이 되고, 속관(屬棺)이 세 번째 겹이 되며, 대관(大棺)이 네 번째 겹이 된다는 뜻이다. 4겹을 만드는 데에는 모두 다섯 종류가 들어간다. 순차적으로 차등을 두게 되면, 상공(上公)은 3겹으로 하게 되니, 물소의 가죽으로 만든 관(棺)을 제거하고, 나머지 들소의 가죽·이관(杝棺)·속관(屬棺)·대관(大棺)은 그대로 사용한다. 후작·백작·자작·남작은 2겹으로 하게 되니, 상공에 비해 들소의 가죽으로 만든 관(棺)을 제거하고, 이관(杝棺)·속관(屬棺)·대관(大棺)은 그대로 사용한다. 대부(大夫)는 1겹으로 하게 되니, 또한 제후들에 비해 이관(杝棺)을 제거하고, 속관(屬棺)·대관(大棺)은 그대로 사용한다. 사(士)의 경우에는 겹으로 만들지 않으니, 또한 대부에 비해 속관(屬棺)을 제거하고, 오직 대관(大棺)만 사용한다. 천자(天子)에게 사용하는 대관(大棺)은 그 두께를 8촌(寸)으로 만들고, 속관(屬棺)의 두께는 6촌(寸)으로 만들며, 비(椑)의 두께는 4촌(寸)으로 만들고, 또한 물소와 들소의 가죽으로 만든 관(棺)은 그 두께를 6촌(寸)으로 만들게 되어, 총 두께는 2척(尺) 4촌(寸)이 된다. 상공(上公)의 경우 천자에 비해 물소의 가죽으로 된 3촌(寸)의 두께를 제거하게 되고, 나머지 들소의 가죽으로 만든 관(棺)·비(椑)·속관(屬棺)·대관(大棺)은 사용하게 되니, 총 두께는 2척(尺) 1촌(寸)이 된다. 제후들의 경우 또한 상공에 비해 들소의 가죽으로 된 3촌(寸)의 두께를 제거하게 되고, 나머지 관(棺)들을 사용하게 되니, 총 두께는 1척(尺) 8촌(寸)이 된다. 제후국(諸侯國)들의 상경(上卿)은 또한 제후에 비해 비(椑) 4촌(寸)의 두께를 제거하게 되고, 나머지 관(棺)들은 그대로 사용하게 되니, 총 두께는 1척(尺) 4촌(寸)이 된다. 대부(大夫)의 대관(大棺)은 그 두께가 6촌(寸)이고, 속관(屬棺)의 두께는 4촌(寸)이니, 총 두께는 1척(尺)이 된다. 사(士)의 경우에는 겹으로 만들지 않고, 단지 6촌(寸)의 두께를 가진 대관(大棺)만 사용할 따름이다. 따라서 서인(庶人)의 경우 그 관(棺)의 두께는 사(士)보다도 낮춰서 4촌(寸)으로 만들게 된다. 그런데 천자(天子)에게 소속된 경(卿)이나 대부(大夫)가 사용하는 관(棺)의 두께에 대해서는 그 규정이 나타나지 않는데, 천자(天子)에게 소속된 경(卿)이나 대부(大夫)에 대해서, 제후국의 군주에 대한 경우와 동일하게 한다고 말하여, 천자에게 소속된 사(士)가 제후에게 소속된 대부(大夫)와 등급이 같아지게 되는데, 상(喪)은 질박하게 치르므로, 길(吉)

한 시기에 착용하는 제복(祭服)에 대한 규정처럼 따를 수가 없다. 만약 길(吉)한 때 착용하는 제복(祭服)의 경우라면, 천자에게 소속된 신하들은 제후국의 경우와 동일하다. 그런데 춘추시대에는 대부분 예법을 참람되게 사용하였으므로, 조간자(趙簡子)가 죄에 대해 언급하여, 곧 속관(屬棺)과 비(椑)를 설치하지 않았던 것은 잘못된 일이다. 물소와 들소의 두 가죽은 본래부터 모두 그 두께를 3촌(寸)으로 만들 수가 없다. 그렇기 때문에 둘을 합쳐 씌워서, 각각 그 두께를 3촌(寸)으로 만들게 된다. 두 가죽은 습기에 강하기 때문에, 시신과 가장 가까운 안쪽에 두는 것이다.

孔疏 ●"杝棺一"者, 椴, 杝. 材亦能濕, 故次皮也. 杝唯一種, 故云一也. 諸侯無革, 則杝親尸也, 所謂梓棺也, 卽前言君卽位爲椑是也. 杝卽椴木, 鄭引爾雅曰: "椴, 杝." 一物二名, 名椴, 又名杝也.

번역 ●經文: "杝棺一". ○'단(椴)'자는 피나무[杝]를 뜻한다. 그 재질이 또한 습기에 강하기 때문에, 가죽으로 된 관(棺) 다음에 오도록 하는 것이다. 이관(杝棺)은 단지 1겹으로만 한다. 그렇기 때문에 '일(一)'이라고 말한 것이다. 제후(諸侯)의 경우에는 가죽으로 만든 관(棺)이 없게 되므로, 이관(杝棺)이 직접 시신을 감싸게 되니, 이른바 재관(梓棺)이라는 것이며, 또한 앞에서 "군주가 즉위를 하게 되면 '비(椑)'를 만든다."라고 했을 때의 '비(椑)'를 가리킨다. '이(杝)'자는 피나무[椴木]를 뜻하는데, 정현은 『이아』의 "'단(椴)'자는 피나무[杝]를 뜻한다."라는 말을 인용하였으니, 한 가지 사물을 두 가지 명칭으로 부르는 것으로, 피나무를 또한 '단(椴)'이라고 부르고, '이(杝)'라고도 부르는 것이다.

孔疏 ●"梓棺二"者, 杝棺之外, 又有屬棺, 屬棺之外, 又有大棺. 大棺與屬棺並用梓, 故云二也, 則喪大記云: "屬六寸, 大棺八寸也."

번역 ●經文: "梓棺二". ○이관(杝棺)의 겉에는 또한 속관(屬棺)이 있게 되고, 속관(屬棺)의 겉에는 또한 대관(大棺)이 있게 된다. 대관(大棺)과 속관(屬棺)은 모두 가래나무[梓]를 사용하게 된다. 그렇기 때문에 '이(二)'라고 말한 것이니, 『예기』「상대기(喪大記)」편에서는 "속관(屬棺)의 두께는 6촌(寸)이고, 대관(大棺)의 두께는 8촌(寸)이다."[3]라고 했다.

孔疏 ●"四者皆周"者, 四, 四重也. 周, 帀也. 謂四重之棺, 上下四方, 悉周帀也. 唯椁不周, 下有茵, 上有抗[4]席故也.

번역 ●經文: "四者皆周". ○'사(四)'자는 4겹을 뜻한다. '주(周)'자는 "둘러싸다[帀]."라는 뜻이다. 즉 이 말은 4겹으로 된 관(棺)이 상하 및 사방을 모두 둘러싸게 된다는 뜻이다. 그런데 오직 곽(椁)의 경우에만 모든 방위를 둘러싸지 않으니, 밑면에는 '인(茵)'이 깔리게 되고, 윗면에는 '항석(抗席)'이 놓이기 때문이다.

集解 愚謂: 天子之棺四重者, 一物爲一重, 四物則四重也. 此與數席之重數同. 水·兕革棺, 蓋以木爲幹, 以水牛·兕牛之皮爲之表裏, 合之而其厚三寸也. 被之者, 言其最在內而被體也. 二牛之皮, 堅而耐濕, 故用之以爲親身之棺. 杝棺, 卽椑也, 以杝木爲之. 梓棺, 謂屬與大棺, 皆以梓木爲之. 四者皆周, 言其皆幷有底·蓋也. 上言"四重"而下言"四者", 此一物爲一重明矣. 喪大記曰, "君大棺八寸, 屬六寸, 椑四寸; 上大夫大棺八寸, 屬六寸; 下大夫棺六寸, 屬四寸; 士棺六寸." 是大棺皆以二寸爲差. 天子大棺宜一尺, 併屬六寸, 椑四寸, 水·兕革棺三寸, 凡厚二尺三寸也.

---

3) 『예기』「상대기(喪大記)」【542b】: 君大棺八寸, 屬六寸, 椑四寸. 上大夫大棺八寸, 屬六寸, 下大夫大棺六寸, 屬四寸. 士棺六寸.

4) '항(抗)'자에 대하여. '항(抗)'자는 본래 '항(杭)'자로 기록되어 있었는데, 완원(阮元)의 『교감기(校勘記)』에서는 "『민본(閩本)』·『감본(監本)』·『모본(毛本)』에는 '항(杭)'자가 '항(抗)'자로 기록되어 있고, 혜동(惠棟)의 『교송본(校宋本)』과 위씨(衛氏)의 『집설(集說)』에도 동일하게 기록되어 있다. 살펴보니, '항(抗)'자로 기록하는 것이 옳다."라고 했다.

번역 내가 생각하기에, 천자(天子)의 관(棺)을 4겹으로 한다고 했는데, 한 가지 재료로 1겹을 만드는 것이니, 4가지 사물을 사용하였다면, 4겹이 되는 것이다. 이것은 석(席)을 겹치는 수와 동일하다. 물소와 들소의 가죽으로 만든 관(棺)은 아마도 나무로 틀을 만들게 되고, 물소와 들소의 가죽으로 겉과 속을 감쌌을 것이니, 둘을 합하여 그 두께가 3촌(寸)이 되는 것이다. "입힌다."는 말은 그것이 가장 안쪽에 있어서, 시신의 몸체를 감싸게 된다는 뜻이다. 두 소의 가죽은 견고하고 습기에도 강하기 때문에, 이 가죽을 사용하여, 시신의 몸을 직접 감싸는 관(棺)으로 만든 것이다. '이관(杝棺)'은 곧 '비(椑)'에 해당하니, 피나무[杝木]로 만들게 된다. '재관(梓棺)'은 속관(屬棺)과 대관(大棺)을 뜻하는데, 둘 모두 가래나무[梓木]로 만들게 된다. 이 네 가지 것들을 모두 '주(周)'한다는 말은 이러한 관(棺)들은 모두 바닥도 있고 덮개도 있다는 뜻이다. 앞 구문에서는 '사중(四重)'이라고 기록했고, 뒤의 구문에서는 '사자(四者)'라고 기록했으니, 이것은 한 가지 사물이 1겹이 됨을 나타낸다. 『예기』「상대기(喪大記)」편에서는 "군주의 대관(大棺)은 그 두께를 8촌(寸)으로 만들고, 속관(屬棺)의 두께는 6촌(寸)으로 만들며, 비(椑)의 두께는 4촌(寸)으로 만든다. 상대부(上大夫)의 대관(大棺)은 그 두께를 8촌(寸)으로 만들고, 속관(屬棺)의 두께는 6촌(寸)으로 만든다. 하대부(下大夫)의 대관(大棺)은 그 두께를 6촌(寸)으로 만들고, 속관(屬棺)의 두께는 4촌(寸)으로 만든다. 사(士)의 대관(大棺)은 그 두께를 6촌(寸)으로 만든다."라고 했다. 이 기록은 대관(大棺)이 모두 2촌(寸)의 두께로 차등을 두고 있음을 나타낸다. 따라서 천자(天子)에게 사용하는 대관(大棺)의 두께는 마땅히 1척(尺)이 되어야 하고, 아울러 속관(屬棺)은 그 두께가 6촌(寸)이며, 비(椑)의 두께는 4촌(寸)이고, 물소와 들소의 가죽으로 만든 관(棺)의 두께는 3촌이므로, 모두 2척(尺) 3촌(寸)의 두께가 된다.

【105a】

棺束, 縮二衡三; 衽, 每束一.

직역 棺의 束은 縮으로 二이고 衡으로 三이며; 衽은 每束에 一이다.

의역 관(棺)을 묶을 때에는 못을 사용하지 않았으므로, 가죽 끈을 이용해서 세로로 2줄을 묶고, 가로로 3줄을 묶는데, 결속에 사용하는 임(衽)은 매 묶음마다 1개씩 사용한다.

集說 古者棺不用釘, 惟以皮條直束之二道, 橫束之三道. 衽, 形如今之銀則子, 兩端大而中小, 漢時呼爲小要. 不言何物爲之, 其亦木乎. 衣之縫合處曰衽, 以小要連合棺與蓋之際, 故亦名衽. 先鑿木置衽, 然後束以皮, 每束處必用一衽, 故云"衽每束一"也.

번역 고대에는 관(棺)에 못을 사용하지 않았고, 오직 가죽 끈을 이용해서 세로로 2줄을 묶고, 가로로 3줄을 묶었다. '임(衽)'이라는 것은 그 형태가 오늘날 은(銀)으로 만든 칙자(則子)와 같은 것인데, 양쪽 끝단은 크고 중앙은 작으며, 한(漢)나라 때에는 이것을 '소요(小要)'라고 불렀다. 어떠한 재료로 만든다고 언급하지 않았으니, 이 또한 나무로 만들었을 것이다. 옷에서 봉합한 곳을 '임(衽)'이라고 부르는데, 소요(小要)로는 관(棺)과 덮개가 합쳐지는 곳에 연결시킨다. 그렇기 때문에 또한 그 명칭을 '임(衽)'이라고도 하는 것이다. 먼저 나무에 구멍을 뚫어서 임(衽)을 끼우고, 그런 뒤에 가죽 끈으로 묶게 되는데, 매 가죽 끈마다 반드시 한 개의 임(衽)을 사용해야만 한다. 그렇기 때문에 "임(衽)은 매 묶음마다 1개씩이다."라고 말한 것이다.

鄭注 衡亦當爲橫. 衽, 今小要. 衽或作漆, 或作髹.

번역 이곳의 '형(衡)'자 또한 마땅히 '횡(橫)'자가 되어야 한다. '임(衽)'이라는 것은 오늘날의 소요(小要)에 해당한다. '임(衽)'자를 다른 판본에서는 '칠(漆)'자로 기록하기도 하고, '휴(髹)'자로 기록하기도 한다.

釋文 衽, 而審反, 又而鴆反. 髹又作髤, 許求反.

번역 '衽'자는 '而(이)'자와 '審(심)'자의 반절음이며, 또한 '而(이)'자와 '鴆(짐)'자의 반절음도 된다. '髹'자를 또한 '髤'자로도 기록하는데, 그 음은 '許(허)'자와 '求(구)'자의 반절음이다.

孔疏 ●"棺束"者, 古棺木無釘, 故用皮束合之.

번역 ●經文: "棺束". ○고대의 관(棺)은 나무로 만들었고, 못을 사용하지 않았기 때문에, 가죽 끈을 이용해서 결속을 했다.

孔疏 ●"縮二"者, 縮, 縱也. 縱束者用二行也.

번역 ●經文: "縮二". ○'축(縮)'자는 세로[縱]를 뜻한다. 세로로 묶을 때에는 두 줄로 묶는다.

孔疏 ●"衡三"者, 橫束者三行也.

번역 ●經文: "衡三". ○가로로 묶을 때에는 세 줄로 묶는다.

孔疏 ●"衽每束一"者, 衽, 小要也. 其形兩頭廣, 中央小也. 既不用釘棺, 但先鑿棺邊及兩頭合際處作坎形, 則以小要連之, 令固棺, 並相對, 每束之處, 以一行之衽連之. 若豎束之處, 則豎著其衽以連棺. 蓋及底之木, 使與棺頭尾之材相固. 漢時呼衽爲小要也.

번역 ●經文: "衽每束一". ○'임(衽)'자는 소요(小要)를 뜻한다. 그 형태는 양쪽 끝이 넓고 중앙은 작다. 당시에는 이미 못을 사용해서 관(棺)을 결합하지 않았고, 다만 우선적으로 관(棺)의 주변과 양쪽 끝에 구멍을 내어, 결합되는 부위를 움푹 파인 것처럼 만들게 되면, 소요(小要)를 이용해서 연결을 하여, 관(棺)을 단단하게 결속시키고, 아울러 서로 이가 맞물리도록 하며, 묶는 곳마다 한 줄의 임(衽)을 이용해서 연결을 한다. 만약 결속하고 남아 있는 끈이 나와 있는 부분이라면, 남아 있는 부분을 임(衽)에 감아서 관(棺)에 연결시킨다. 덮개와 바닥에 사용하는 목재는 관(棺)의 머리부분과 꼬리부분의 목재와 서로 맞물려서 고정이 되도록 한다. 한(漢)나라 때에는 임(衽)을 소요(小要)라고 불렀다.

孔疏 ◎注"衽或作漆, 或作髹". ○正義曰: 經之"衽"字, 諸禮記本或有作"漆"字者, 或有作"髹"字者.

번역 ◎鄭注: "衽或作漆, 或作髹". ○경문의 '임(衽)'자를 『예기』의 여러 판본들 중에는 '칠(漆)'자로 기록한 것도 있고, '휴(髹)'자로 기록한 것도 있다는 뜻이다.

訓纂 釋名: 棺束曰緘. 緘, 函也. 古者棺不釘也. 旁際曰小要, 其要約小也. 又謂之衽. 衽, 任也, 任制際會, 使不解也.

번역 『석명』에서 말하길, 관(棺)을 결속하는 것을 '함(緘)'이라고 부른다. '함(緘)'자는 상자[函]라는 뜻이다. 고대에는 관(棺)에 못을 이용하지 않았다. 측면을 고정시키던 것을 '소요(小要)'라고 부르는데, 묶는 것이 작았기 때문이다. 또한 그것을 '임(衽)'이라고도 부른다. '임(衽)'자는 "맡다[任]."는 뜻이니, 결합되는 부분을 결속하여, 풀어지지 않도록 한다는 뜻이다.

集解 愚謂: 古棺無釘, 用皮束之. 縮, 縱也. 縱者二, 以固棺之首·尾與底·蓋之材也. 橫者三, 以固棺之兩旁與底·蓋之材也. 衽, 小要也. 其形兩頭廣, 中央小, 似深衣之衽, 故名焉. 鑿棺身與蓋合際處作坎, 內小要其中以連之. 衽與束相値, 每束之處用一衽, 亦縮二橫三也. 此謂天子棺制也. 諸侯亦然. 喪大記, "君三衽三束, 大夫士二衽二束."

번역 내가 생각하기에, 고대의 관(棺)에는 못을 사용하지 않았고, 가죽끈을 사용해서 결속을 했다. '축(縮)'자는 세로[縱]라는 뜻이다. 세로로 2줄을 두어서, 이로써 관(棺)의 머리부분과 꼬리부분 및 바닥과 덮개의 목재들을 단단하게 결속한다. 가로로 3줄을 두어서, 이로써 관의 양쪽 측면과 바닥 및 덮개의 목재를 단단하게 결속한다. '임(衽)'은 소요(小要)를 뜻한다. 그 형태는 양쪽 끝은 넓고 중앙은 작은데, 심의(深衣)에 다는 임(衽)과 흡사하다. 그렇기 때문에 '임(衽)'이라고도 부르는 것이다. 관(棺) 자체에 구멍을 뚫어서 덮개와 결합되는 부분에 움푹 들어간 곳을 만들고, 소요(小要)를 안쪽으로 두고 그 중앙 부분을 이용해서 연결을 한다. 임(衽)과 묶는 끈이 서로 짝을 이루게 되므로, 매 묶는 곳마다 1개의 임(衽)을 사용하니, 또한 세로로 2개가 있게 되고, 가로로 3개가 있게 된다. 이 내용은 천자(天子)가 관(棺)을 만들 때의 제도에 해당한다. 제후(諸侯) 또한 이처럼 한다. 『예기』「상대기(喪大記)」편에서는 "군주는 3개의 임(衽)과 3줄의 매듭을 사용하고, 대부(大夫)와 사(士)는 2개의 임(衽)과 2줄의 매듭을 사용한다."[5]라고 했다.

---

5) 『예기』「상대기(喪大記)」【542c】: 君蓋用漆, 三衽, 三束. 大夫蓋用漆, 二衽, 二束. 士蓋不用漆, 二衽, 二束.

【105a】

柏椁以端, 長六尺.

직역 柏椁은 端으로써 하고, 長은 六尺이다.

의역 측백나무로 곽(椁)을 만들 때에는 나무의 밑동을 사용하고, 그 길이는 6척(尺)으로 한다.

集說 天子以柏木爲椁. 端, 猶頭也. 用柏木之頭爲之, 其長六尺.

번역 천자(天子)는 측백나무[柏木]로 곽(椁)을 만든다. '단(端)'자는 밑동[頭]을 뜻한다. 측백나무의 밑동을 이용해서 만들게 되며, 그 길이는 6척(尺)이다.

鄭注 以端, 題湊也. 其方蓋一尺.

번역 끝단으로써 한다는 말은 제주(題湊)[6]를 만든다는 뜻이다. 한 측면의 두께는 1척(尺)이었을 것이다.

釋文 題, 徒低反, 頭也. 湊, 七豆反, 聚也.

번역 '題'자는 '徒(도)'자와 '低(저)'자의 반절음이며, 나무의 밑동을 뜻한

6) 제주(題湊)는 고대에 천자(天子)의 빈소를 만들 때 사용하던 방법이다. 나무를 포개서 곽(椁)을 두르게 되는데, 나무의 머리 쪽이 모두 내부를 향하도록 설치하여, 곽(椁)의 덮개처럼 씌운다. 나무를 쌓은 전체적인 모습은 위는 뾰족하게 되고 밑은 사각형으로 펴지게 되니, 마치 지붕을 네 방면으로 빗물이 흐르도록 만들었던 것과 유사하다. 그래서 '제주'라고 부르는 것이다.

다. '湊'자는 '七(칠)'자와 '豆(두)'자의 반절음이며, 모은다는 뜻이다.

孔疏 ●"柏椁"者, 謂爲椁用柏也. 天子柏, 諸侯松, 大夫柏, 士雜木也. 鄭注方相職云: "天子椁柏, 黃腸爲裏, 而表以石焉."

번역 ●經文: "柏椁". ○곽(椁)을 만들 때 측백나무를 사용한다는 뜻이다. 천자(天子)의 경우에는 측백나무로 만들고, 제후(諸侯)의 경우에는 소나무로 만들며, 대부(大夫)의 경우에는 측백나무로 만들고, 사(士)는 잡목을 사용해서 만든다. 『주례』「방상씨(方相氏)」편의 직무 기록에 대한 정현의 주에서는 "천자의 곽(椁)은 측백나무로 만들고, 속심을 쌓아올려서 내부를 만들며, 겉은 돌로 쌓는다."[7]라고 했다.

孔疏 ●"以端"者, "端"猶頭也. 積柏材作椁, 並葺材頭也, 故云"以端".

번역 ●經文: "以端". ○'단(端)'자는 밑동[頭]을 뜻한다. 측백나무의 재목을 쌓아서 곽(椁)을 만드는데, 모두 재목의 밑동을 쌓아서 만든다. 그렇기 때문에 "밑동으로써 한다."라고 말한 것이다.

孔疏 ●"長六尺"者, 天子椁材, 每段長六尺而方一尺. 天子以下, 庶人以上, 鄭注喪大記具之.

번역 ●經文: "長六尺". ○천자(天子)의 곽(椁)을 만들 때 사용하는 목재는 매 층마다 길이가 6척(尺)이고, 두께가 1척(尺)이 되는 것을 사용한다. 천자 이하로부터 서인(庶人) 이상의 계층에 대해서는 『예기』「상대기(喪大記)」편에 대한 정현의 주에 자세히 기록되어 있다.

---

7) 이 기록은 『주례』「하관(夏官)·방상씨(方相氏)」편의 "及墓, 入壙, 以戈擊四隅, 敺方良."이라는 문장에 대한 정현의 주이다.

孔疏 ◎注"以端"至"一尺". ○正義曰: 以此木之端首, 題湊嚮內. 知其方蓋一尺者, 以庶人四寸之棺, 五寸之槨, 厚於棺一寸. 按喪大記"君大棺八寸", "君"謂諸侯, 則天子之大棺, 或當九寸, 其槨厚一尺, 故云"其方蓋一尺", 則槨之厚也. 如鄭此言, 槨材並皆從下壘至上, 始爲題湊. 湊, 嚮也. 言木之頭相嚮而作四阿也. 如此乃得槨之厚薄, 與棺相準. 皇氏以爲壘槨材從下卽題湊, 郭六尺, 與槨全不相應, 又鄭何云"其方蓋一尺", 皇氏之義非也.

번역 ◎鄭注: "以端"~"一尺". ○이것은 나무의 밑동을 사용해서 만들며, 나무 방향을 내부로 향하게 한다. 정현이 "한 두께의 길이는 1척(尺)이었을 것이다."라고 했는데, 이 말이 사실임을 알 수 있는 이유는 서인(庶人)들이 사용하는 관(棺)은 4촌(寸)의 두께로 만들고, 곽(槨)은 5촌(寸)의 두께로 만드는데, 곽(槨)의 두께는 관(棺)보다 1촌(寸)이 더 두껍다. 『예기』「상대기(喪大記)」편을 살펴보면, "군주의 대관(大棺)은 그 두께가 8촌(寸)이다."라고 했는데, 여기에서 말하는 '군(君)'자는 제후(諸侯)를 뜻하니, 천자(天子)가 사용하는 대관(大棺)은 그 두께가 9촌(寸)에 해당했을 것이고, 곽(槨)은 관(棺)보다 1촌(寸)이 더 두껍게 되므로, 정현이 "한 측면의 두께는 1척(尺)이었을 것이다."라고 말한 것이니, 이것은 곧 곽(槨)의 두께를 뜻한다. 정현의 말대로라면, 곽(槨)을 만드는 목재는 모두 밑층부터 위로 쌓아가며, 처음부터 나무 방향을 안으로 향하게 쌓는다. '주(湊)'자는 "향한다[嚮]."는 뜻이다. 즉 나무의 밑동이 서로 향하도록 하여, 사면을 만든다는 뜻이다. 이처럼 만들게 된다면, 곽(槨)의 두께를 관(棺)과 서로 비율이 맞도록 할 수 있다. 황간은 곽(槨)의 목재를 쌓을 때 밑면에는 나무 방향이 안쪽으로 향하도록 만들고, 그 둘레가 6척(尺)이 된다고 하였는데, 곽(槨)의 전체 둘레와는 서로 호응이 되지 않고, 또 정현은 어째서 "그 두께가 아마도 1척(尺)이었을 것이다."라고 했겠는가? 그러므로 황간의 주장은 잘못된 것이다.

集解 愚謂: 諸侯與上大夫大棺八寸, 大夫士六寸, 庶人四寸, 每以二寸爲差, 則天子大棺一尺也. 以槨厚於棺一寸差之, 則棺六寸者槨七寸, 棺八寸者槨九寸, 棺一尺者槨尺有一寸與.

번역 내가 생각하기에, 제후(諸侯)와 상대부(上大夫)가 사용하는 대관(大棺)은 그 두께가 8촌(寸)이고, 대부(大夫)와 사(士)가 사용하는 대관(大棺)은 그 두께가 6촌(寸)이며, 서인(庶人)들이 사용하는 관(棺)의 두께는 4촌(寸)이니, 매 등급마다 2촌(寸)으로 차등을 두었으므로, 천자(天子)의 대관(大棺)은 그 두께가 1척(尺)이 된다. 곽(槨)의 두께를 관(棺)에 비해 1촌(寸)만큼 차등을 두었다면, 관(棺)이 6촌(寸)인 경우 곽(槨)은 7촌(寸)이고, 관(棺)이 8촌(寸)인 경우 곽(槨)은 9촌(寸)이며, 관(棺)이 1척(尺)인 경우 곽(槨)은 1척(尺) 1촌(寸)이 되었을 것이다.

• 제 109 절 •

천자의 제후에 대한 상례(喪禮) 규정

【105b】

天子之哭諸侯也, 爵弁絰, 紂衣.

직역 天子가 諸侯에게 哭함에, 爵弁絰하고, 紂衣한다.

의역 천자가 제후의 상(喪)에 대해서 곡(哭)을 할 때에는 작변(爵弁)에 질(絰)을 두르고, 치의(紂衣)를 착용한다.

集說 諸侯薨而赴於天子, 天子哭之. 爵弁紂衣, 本士之祭服. 爵弁, 弁之色如爵也. 紂衣, 絲衣也.

번역 제후(諸侯)가 죽어서, 천자(天子)에게 부고를 알리면, 천자는 곡(哭)을 한다. 그때 작변(爵弁)을 쓰고, 치의(紂衣)를 착용하니, 이것은 본래 사(士)가 착용하는 제복(祭服)이다. 작변(爵弁)은 변(弁)의 색깔이 작(爵)과 같은 것이다. '치의(紂衣)'는 사의(絲衣)이다.

그림 109-1 사(士)의 작변복(爵弁服)

弁 爵

▸ **출처:** 『삼례도집주(三禮圖集注)』 1권

集說 鄭氏曰: 絰, 衍字也. 周禮王弔諸侯, 弁絰緦衰.

번역 정현이 말하길, '질(絰)'자는 연문으로 들어간 글자이다. 『주례』에 따르면 천자가 제후에게 조문을 할 때에는 변질(弁絰)을 쓰고 시최(緦衰)를 착용한다고 했다.[1)]

集說 疏曰: 天子至尊, 不見尸柩, 不弔服. 此遙哭之, 故不服緦衰而服爵弁紂衣也.

번역 공영달(孔穎達)의 소(疏)에서 말하길, 천자(天子)는 지극히 존귀한 존재이므로, 시신과 영구를 직접 보지 않고, 조복(弔服)도 착용하지 않는다. 여기에서 곡(哭)을 한다는 것은 멀리 떨어져 있는 상태에서 곡(哭)을 한다는 것이다. 그렇기 때문에 시최(緦衰)를 착용하지 않고, 작변(爵弁)과 치의(紂衣)를 착용하는 것이다.

鄭注 服士之祭服以哭之, 明爲變也. 天子至尊, 不見尸柩, 不弔服, 麻不加於采. 此言"絰", 衍字也. 時人間有弁絰, 因云之耳. 周禮: "王弔諸侯, 弁絰緦衰也."

번역 사(士) 계층이 입는 제복(祭服)을 착용하고서 곡(哭)을 하여, 복식에 변화를 주었음을 나타내는 것이다. 천자(天子)는 지극히 존귀한 존재이므로, 시신과 영구를 직접 보지 않고, 조복(弔服)도 착용하지 않으며, 마(麻)에 채색을 가미하지 않는다. 이곳에서 '질(絰)'이라고 기록한 것은 연문으로 들어간 글자이다. 당시 사람들 중에는 변질(弁絰)을 착용하는 자도 있었으므로, 그에 따라 '질(絰)'이라고 언급한 것일 뿐이다. 『주례』에서는 "천자는 제후에게 조문을 하며, 변질(弁絰)을 쓰고 시최(緦衰)를 착용한다."라고 했다.

---

1) 『주례』「춘관(春官)·사복(司服)」: 王爲三公六卿錫衰, 爲諸侯緦衰, 爲大夫士疑衰, 其首服皆弁絰.

釋文 纣, 本又作緇, 又作純, 同, 側其反. 爲, 于僞反, 下文及注"爲其變"皆同. 衍, 以善反.

번역 '纣'자는 판본에 따라서 또한 '緇'자로도 기록하고, 또 '純'자로도 기록하는데, 그 음은 모두 '側(측)'자와 '其(기)'자의 반절음이다. '爲'자는 '于(우)'자와 '僞(위)'자의 반절음이고, 아래문장 및 정현의 주에 나오는 '爲其變'에서의 '爲'자도 모두 그 음이 이와 같다. '衍'자는 '以(이)'자와 '善(선)'자의 반절음이다.

孔疏 ●"天子"至"樂食". ○正義曰: 此一節論天子哭諸侯之事.

번역 ●經文: "天子"~"樂食". ○이곳 문단은 천자(天子)가 제후(諸侯)에 대해서 곡(哭)을 하는 사안을 논의하고 있다.

孔疏 ◎注"服士"至"衰也". ○正義曰: "天子至尊, 不見尸柩, 不弔服"者, 薨在本國, 天子遙哭之, 不親見尸柩, 不服緦衰. 弔而服爵弁纣衣, 纣衣, 絲衣也. 則諸侯以下, 雖不見尸柩, 仍弔服也.

번역 ◎鄭注: "服士"~"衰也". ○정현이 "천자(天子)는 지극히 존귀한 존재이므로, 시신과 영구를 직접 보지 않고, 조복(弔服)도 착용하지 않는다."라고 했는데, 제후가 죽은 것은 자신의 나라에서 죽은 것이고, 천자는 멀리 떨어져 있는 자신의 나라에서 곡(哭)을 하니, 직접 시신과 영구를 보는 것이 아니므로, 시최(緦衰)를 입지 않는다. 조문을 하게 될 때에는 작변(爵弁)과 치의(纣衣)를 착용하게 되는데, '치의(纣衣)'라는 것은 사의(絲衣)를 뜻한다. 제후 이하의 계층에서는 비록 직접 시신과 영구를 보지 않더라도, 곧 조복(弔服)을 착용하게 된다.

訓纂 射慈喪服圖曰: 天王弔三公, 弁絰錫衰; 弔六卿, 弁絰錫衰; 弔大夫, 弁絰疑衰; 弔士, 弁絰緦衰; 弔畿內諸侯, 弁絰緦衰.

번역 사자(射慈)의 『상복도(喪服圖)』에서 말하길, 천자가 삼공(三公)에게 조문을 할 때에는 변질(弁絰)과 석최(錫衰)를 착용하며, 육경(六卿)에게 조문을 할 때에는 변질(弁絰)과 석최(錫衰)를 착용하고, 대부(大夫)에게 조문을 할 때에는 변질(弁絰)과 의최(疑衰)를 착용하며, 사(士)에게 조문을 할 때에는 변질(弁絰)과 시최(緦衰)를 착용하고, 천자의 수도 안에 있는 제후들에게 조문을 할 때에는 변질(弁絰)과 시최(緦衰)를 착용한다.

訓纂 皇覽: 逸禮曰, "君使大夫弔於國君, 禮, 錫衰裳, 弁有絰; 下大夫爲介, 亦如之; 士介者·將命者緦衰裳, 弁絰. 異姓絰, 同姓痲."

번역 『황람(皇覽)』에서 말하길, 『일례(逸禮)』에서는 "군주가 대부(大夫)를 시켜서 제후국의 군주에게 조문을 할 경우, 예법에 따르면, 석최(錫衰)를 착용하고, 변질(弁絰)을 쓰게 되며, 하대부(下大夫)가 개(介)가 되었을 때에도 또한 이처럼 착용하고, 사(士) 중에 개(介)가 된 자와 명령을 전달하는 자는 시최(緦衰)와 변질(弁絰)을 착용한다. 이성(異姓)인 자들은 질(絰)을 차고, 동성(同姓)인 자는 마(痲)를 찬다."라고 했다.

【105b】

或曰: 使有司哭之.

직역 或은 曰, 有司를 使하여 哭한다.

의역 어떤 자들은 유사(有司)를 시켜서 곡(哭)을 대신하도록 한다고 주장한다.

集說 鄭氏曰: 非也, 哀戚之事不可虛.

번역 정현이 말하길, 잘못된 주장이니, 슬픔을 나타내는 일에 대해서는 허례(虛禮)로 할 수 없다.

大全 廬陵胡氏曰: 諸侯薨在國, 天子遙哭之, 不親見尸柩, 故不服緦衰弔, 而服士之祭服. 有司哭之, 非也. 惡夫涕之無從, 況使人乎?

번역 여릉호씨가 말하길, 제후는 자신의 나라에서 죽었고, 천자는 멀리 떨어진 자신의 나라에서 곡(哭)을 하니, 직접 시신과 영구를 보지 않기 때문에, 시최(緦衰)를 착용하고서 조문을 하지 않는 것이고, 대신 사(士)가 입는 제복(祭服)을 착용하게 된다. 유사(有司)를 시켜서 대신 곡(哭)을 하게 한다는 주장은 잘못된 말이다. 아무 이유도 없이 눈물을 흘리는 것을 싫어했는데,[2] 하물며 다른 사람을 시켜서 대신 곡(哭)을 했겠는가?

鄭注 非也. 哀戚之事不可虛.

번역 잘못된 주장이다. 슬픔을 나타내는 일에 대해서는 허례(虛禮)로 할 수 없다.

孔疏 ●"或曰使有司哭之"者, 或人云, 天子不自哭, 但令有司哭之耳. 非也.

번역 ●經文: "或曰使有司哭之". ○혹자는 천자가 직접 곡(哭)을 하는 것이 아니며, 단지 유사(有司)를 시켜서 곡(哭)을 하도록 했을 뿐이라고 주장한다. 그러나 이 주장은 잘못된 말이다.

---

2) 『예기』「단궁상」【83d】: 孔子之衛, 遇舊館人之喪, 入而哭之哀, 出, 使子貢說驂而賻之. 子貢曰: "於門人之喪, 未有所說驂, 說驂於舊館, 無乃已重乎?" 夫子曰: "予鄉者入而哭之, 遇於一哀而出涕. 予惡夫涕之無從也, 小子行之!"

【105c】

爲之不以樂食.

직역 之을 爲하여 樂으로써 食함을 不한다.

의역 천자(天子)는 죽은 제후를 위하여, 음악을 연주하며 식사하는 일을 거행하지 않는다.

集說 疏曰: 此是記者之言, 非或人之說也.

번역 공영달(孔穎達)의 소(疏)에서 말하길, 이 문장은 『예기』를 기록한 자의 주장이며, 혹자의 주장이 아니다.

鄭注 蓋謂殯·斂之間.

번역 아마도 빈(殯)과 염(斂)을 하는 사이의 기간을 뜻하는 것 같다.

孔疏 ●"爲之不以樂食", 此是記者之言, 非復或人之說也. 天子食有樂, 今哭諸侯, 故食不復奏樂也. 此"不以樂食"者, 蓋謂殯斂之間, 鄭以意斷不用樂之期也. 諸侯五日殯也. 然諸侯爲其臣, 或至葬不食肉, 卒哭不擧樂, 蓋臣少而已卑, 不得同王也.

번역 ●經文: "爲之不以樂食". ○이 문장은 『예기』를 기록한 자의 주장이며, 혹자의 주장이 아니다. 천자는 식사를 할 때 음악을 연주하는데, 현재 제후를 위해 곡(哭)을 했기 때문에, 식사를 할 때 다시금 음악을 연주하지 않는 것이다. 이곳에서 "음악을 연주하여 식사를 하지 않는다."라고 한 말은 아마도 빈(殯)과 염(斂)을 하는 사이의 기간을 뜻하는 것 같다. 정현의 의도는 음악을 사용하지 않는 기간에 대해서 확정을 하고자 했던 것이다.

제후는 5일이 지난 뒤에 빈(殯)을 한다. 그런데 제후는 자신의 신하가 된 자들을 위해서, 간혹 장례(葬禮)를 치를 때까지 고기를 먹지 않고, 졸곡(卒哭)을 할 때까지 음악을 연주하지 않으니, 무릇 신하의 수가 적고, 본인의 신분이 낮으므로, 천자와 동일하게 따를 수 없기 때문이다.

訓纂 白虎通曰: 天子哭諸侯, 爵弁純衣. 又曰: 遣大夫弔, 詞曰, "皇天降災, 子遭離之. 嗚呼哀哉! 天王使臣某弔."

번역 『백호통』에서 말하길, 천자(天子)가 제후(諸侯)에 대해서 곡(哭)을 할 때에는 작변(爵弁)과 순의(純衣)를 착용한다. 또 말하길, 대부(大夫)를 파견하여 조문을 할 때에는 그 조문하는 말에서 "황천(皇天)께서 재앙을 내려, 그대가 이러한 재앙을 만났으니, 오호라 애통하구나! 천왕(天王)께서 신 아무개를 시켜서 조문을 하였습니다."라고 말하게 된다.

集解 愚謂: 哭諸侯, 謂遙哭之也. 爵弁, 以爵色韋爲之. 紂與緇同, 黑色帛也. 爵弁・紂衣, 卽周禮司服所謂"韋弁服"也. 絰, 弔服之葛絰也. 爵弁・紂衣而加絰, 蓋天子弔於未成服之服, 故哭諸侯亦用之. 士弔於未成服之前, 朝服加絰, 諸侯大夫皮弁加絰, 天子爵弁服加絰, 禮之差也. 司服, "王爲諸侯緦衰." 此謂巡守所至, 遇有諸侯之喪, 或諸侯來朝, 薨於王國, 而弔之於成服之後者. 若薨於其國, 赴於王而哭之, 則聞喪卽哭, 故用未成服之弔服也. 哀戚之事, 非可代爲之者, 或言使有司哭之, 非也. 大宗伯"朝・覲・會・同, 則爲上相, 王哭諸侯亦如之", 則非使人代哭明矣. 內宗"大喪序哭者, 哭諸侯亦如之", 外宗"大喪敍內外朝莫哭者, 哭諸侯亦如之", 則諸侯與王有服者, 又當爲位而哭之也. 爲之不以樂食, 此又記者之言也. 大司樂"諸侯薨, 令去樂", "大臣死, 令弛縣." 弛縣者久, 而去樂者暫, 蓋諸侯雖尊, 然其爲人衆, 而其情亦視內臣爲稍疏, 故其降殺如此. 王爲公卿, 當如諸侯之爲卿大夫, 比卒哭, 不擧樂. 其爲諸侯, 蓋比殯不擧樂與. 諸侯之喪, 赴告之及於王, 必在旣殯之後, 蓋卽以聞喪之日斷爲之限與.

번역 내가 생각하기에, 제후(諸侯)에게 곡(哭)을 한다는 말은 멀리 떨어져 있는 상태에서 곡(哭)을 한다는 뜻이다. '작변(爵弁)'은 작(爵)의 색깔을 한 무두질한 가죽으로 만든 것이다. '치(紂)'자와 '치(緇)'자는 같은 글자로, 검은색의 비단을 뜻한다. 작변(爵弁)과 치의(紂衣)라는 것은 곧 『주례』「사복(司服)에서 말한 '위변복(韋弁服)'이라는 것이다.[3] '질(絰)'자는 조복(弔服)에 착용하는 갈(葛)로 마든 질(絰)을 뜻한다. 작변(爵弁)과 치의(紂衣)를 착용하고, 질(絰)을 덧대는 이유는 아마도 아직 성복(成服)하지 않은 상태에서 천자(天子)가 조문을 하는 복장이 되기 때문에, 제후(諸侯)에게 곡(哭)을 할 때에도 또한 이 복장을 사용하는 것이다. 아직 성복(成服)하기 이전에 사(士) 계급이 조문을 할 때에는 조복(朝服)에 질(絰)을 더하게 되어 있고, 제후(諸侯)와 대부(大夫)는 피변(皮弁)에 질(絰)을 더하게 되어 있으며, 천자(天子)는 작변복(爵弁服)에 질(絰)을 더하게 되어 있으니, 이것은 예(禮)에 따른 순차적 차등이다. 『주례』「사복(司服)」편에서는 "천자는 제후(諸侯)를 위해서 시최(緦衰)를 착용한다."[4]라고 했다. 그런데 이것은 천자가 순수(巡守)를 하여 도달하게 된 장소에서, 우연히 제후에게 상(喪)이 발생했다는 소식을 접하기나 혹은 제후가 찾아와서 조회를 하였는데, 갑작스럽게 천자의 수도에서 죽은 경우, 성복(成服)을 한 이후 조문을 하는 내용에 해당한다. 만약 제후가 자신의 나라에서 죽었고, 천자에게 부고를 알려서 천자가 곡(哭)을 하는 경우라면, 상(喪)에 대한 소식을 접한 즉시 곡(哭)을 한다. 그렇기 때문에 아직 성복(成服)을 하지 않았을 때의 조복(弔服)을 착용하게 되는 것이다. 애통함을 나타내는 일에 대해서는 다른 사람을 대신 시켜서 시행할 수가 없으니, 혹자가 유사(有司)를 시켜서 곡(哭)을 하도록 시킨다는 말은 잘못된 주장이다. 『주례』「대종백(大宗伯)」편에서는 "조(朝)·근(覲)·회(會)·동(同)을 하게 되면, 의례를 돕는 역할을 하고, 천자가 제후(諸侯)에 대해서 곡(哭)을 할 때에도 또한 이처럼 한다."[5]라고

---

3) 『주례』「춘관(春官)·사복(司服)」: 凡兵事, 韋弁服.

4) 『주례』「춘관(春官)·사복(司服)」: 王爲三公六卿錫衰, 爲諸侯緦衰, 爲大夫士疑衰, 其首服皆弁絰.

5) 『주례』「춘관(春官)·대종백(大宗伯)」: 朝覲會同, 則爲上相, 大喪亦如之, 王

했으니, 다른 사람을 시켜서 대신 곡(哭)을 했던 것이 아님이 분명하다. 『주례』「내종(內宗)」편에서는 "대상(大喪) 때에는 곡(哭)하는 자들을 차례대로 정렬시키고, 제후(諸侯)에 대해서 곡(哭)을 할 때에도 또한 이처럼 한다."[6] 라고 했고, 『주례』「외종(外宗)」편에서는 "대상(大喪) 때에는 내조(內朝)와 외조(外朝)에서 곡(哭)을 하지 않는 자에 대해서 차례대로 정렬시키고, 제후(諸侯)에 대해서 곡(哭)을 할 때에도 또한 이처럼 한다."[7]라고 했으니, 제후와 천자에 대해서 상복(喪服)을 입어야 하는 자들은 또한 마땅히 곡(哭)을 하는 자리를 마련해서, 곡(哭)을 해야만 하는 것이다. 그를 위해 식사를 하며 음악을 연주하지 않는다고 했는데, 이것은 또한 『예기』를 기록하 자가 한 말이다. 『주례』「대사악(大司樂)」편에서는 "제후(諸侯)가 죽게 되면, 악기를 꺼내두지 않도록 한다."[8]라고 했고, "대신(大臣)이 죽게 되면, 악기를 걸어두지 않도록 한다."[9]라고 했으니, 악기를 풀어두는 것은 오래도록 하고, 악기를 꺼내놓지 않는 것은 잠시만 하게 된다. 무릇 제후(諸侯)의 경우에는 비록 존귀한 신분이긴 하지만, 그들은 여러 사람들 중 한 명이 되고, 그에 대한 정감 또한 천자의 내신(內臣)과 비교해보면, 좀 더 소원하다. 그렇기 때문에 그에 대해 이처럼 낮추는 것이다. 천자는 공(公)과 경(卿)을 위해서 마땅히 제후들이 경(卿)과 대부(大夫)에게 하는 것처럼 하게 되니, 졸곡(卒哭) 때까지 음악을 연주하지 않는 것이다. 그리고 제후에 대해서는 아마도 빈(殯)을 할 때까지 음악을 연주하지 않았을 것이다. 그런데 제후의 상(喪)에 있어서, 부고를 알려, 천자에게 부고가 도착하게 되면, 반드시 그 시기는 이미 빈(殯)을 한 이후가 되니, 아마도 상(喪)에 대한 소식을 들은 날을 기준으로 음악을 연주하지 않는 시기의 제한을 결정했을 것

哭諸侯亦如之.

6) 『주례』「춘관(春官)·내종(內宗)」: 賓客之饗食亦如之. 王后有事則從. 大喪, 序哭者. 哭諸侯亦如之. 凡卿大夫之喪, 掌其弔臨.

7) 『주례』「춘관(春官)·외종(外宗)」: 大喪則敍外內朝莫哭者, 哭諸侯亦如之.

8) 『주례』「춘관(春官)·대사악(大司樂)」: 凡日月食, 四鎭五嶽崩, 大傀異災, 諸侯薨, 令去樂.

9) 『주례』「춘관(春官)·대사악(大司樂)」: 大札·大凶·大災·大臣死, 凡國之大憂, 令弛縣.

이다.

集解 陳氏祥道曰: 士之服止於爵弁, 而荀卿云"士韋弁", 孔安國曰"雀, 韋弁也", 則爵弁卽韋弁耳. 古文"弁"字象形, 其制上銳, 如合手然, 韋其質, 爵其色也.

번역 진상도가 말하길, 사(士)의 복장은 작변(爵弁)에 그치는데, 순경(荀卿)은 "사(士)는 위변(韋弁)을 착용한다."[10]라고 했고, 공안국(孔安國)은 "'작(雀)'은 위변(韋弁)이다."라고 했으니, '작변(爵弁)'이라는 것은 곧 '위변(韋弁)'일 따름이다. 고대의 글자 중 '변(弁)'자는 상형자(象形字)에 해당하니, 그것을 만드는 방법은 꼭대기는 뾰족하게 하여, 마치 두 손을 합한 모양처럼 하고, '위(韋)'자는 그 재료를 뜻하고, '작(爵)'자는 그 색깔을 뜻한다.

---

10) 『순자(荀子)』「대략(大略)」: 天子山冕, 諸侯玄冠, 大夫裨冕, 士韋弁, 禮也.

그림 109-2 위변복(韋弁服)

▸ **출처:** 『삼례도집주(三禮圖集注)』 1권

集解 敖氏繼公曰: 考經傳物色之言"爵"者, 惟爵韠·爵韋耳. 若布與絲, 則不聞以爵名, 豈爵弁果以韋爲之與?

번역 오계공(敖繼公)이 말하길, 경전(經傳)에서 그 색을 '작(爵)'이라고 한 기록들을 살펴보면, 오직 작필(爵韠)과 작위(爵韋)만 있을 따름이다. 만약 포(布)와 사(絲)를 사용하는 경우라면, 그것에 대해서 '작(爵)'자를 붙여서 부르는 명칭은 확인할 수 없는데, 어찌 작변(爵弁)을 기존의 학설처럼 무두질한 가죽으로 만든 것이라 할 수 있겠는가?

集解 愚謂: 司服云, "凡兵事, 韋弁服." 詩云, "韎韐有奭, 以作六師." 是韋弁服配韎韐. 士冠禮爵弁亦配韎韐, 是爵弁卽韋弁明矣. 國之大事, 在祀與戎, 韋弁之尊, 次於冕, 故軍事服之. 士不得服冕, 則以此爲上服, 而服之以助祭焉.

번역 내가 생각하기에, 『주례』「사복(司服)」편에서는 "무릇 전쟁과 관련된 일에는 위변복(韋弁服)을 착용한다."라고 했고, 『시』에서는 "붉은색의 가죽바지를 입고 육사(六師)를 호령한다."[11]라고 하였으니, 위변복(韋弁服)에는 붉은색의 가죽바지가 짝을 이루는 것이다. 『의례』「사관례(士冠禮)」편에서는 작변(爵弁)에 대해 언급하며, 또한 붉은색의 가죽바지를 함께 짝하고 있으니, 여기에서 말하는 '작변(爵弁)'은 '위변(韋弁)'이 됨이 분명하다. 나라의 큰일은 제사와 전쟁에 대한 일인데, 위변(韋弁)의 존귀한 정도는 면복(冕服) 다음 복장이 된다. 그렇기 때문에 군대에 대한 일에서 이 복장을 착용하는 것이다. 사(士)는 면복(冕服)을 착용할 수 없으니, 이 복장을 가장 상등의 복장으로 삼는 것이고, 이 복장을 착용하고서 제사를 돕게 되는 것이다.

---

11) 『시』「소아(小雅)·첨피락의(瞻彼洛矣)」: 瞻彼洛矣, 維水泱泱. 君子至止, 福祿如茨. 韎韐有奭, 以作六師.

• 제 110 절 •

천자에 대한 상례(喪禮) 규정

【105c】

天子之殯也, 菆塗龍輴以椁, 加斧于椁上, 畢塗屋, 天子之禮也.

직역 天子의 殯함에는 龍輴을 菆塗하며 椁으로써 하고, 椁上에 斧를 加하고, 畢히 屋을 塗하니, 天子의 禮이다.

의역 천자(天子)에 대한 빈소를 만들 때에는 끌채에 용의 무늬가 들어간 순거(輴車)를 사용해서 영구(靈柩)를 싣고, 빈소를 만드는 장소로 이동시킨다. 그런 뒤 수레 주변에 나무를 쌓고 진흙을 발라서 마치 곽(椁)의 형태로 만든다. 그런 뒤에 도끼 무늬가 들어간 천으로 관(棺)을 덮고, 네 기둥 위에 지붕을 올린 뒤, 사면을 모두 진흙으로 바르게 되는데, 이것은 천자에게만 적용되는 예법이다.

集說 疏曰: 菆, 叢也. 菆塗, 謂用木叢棺而四面塗之也. 龍輴, 殯時用輴車載柩, 而畫轅爲龍也. 以椁者, 此叢木象椁之形也. 繡覆棺之衣爲斧文, 先菆四面爲椁, 使上與棺齊, 而上猶開, 以此棺衣從椁上入覆於棺, 故云"加斧于椁上"也. 畢, 盡也. 斧覆旣竟, 又四注爲屋以覆於上, 而下四面盡塗之也.

번역 공영달(孔穎達)의 소(疏)에서 말하길, '추(菆)'자는 "쌓는다[叢]."는 뜻이다. '추도(菆塗)'는 관(棺)의 주변을 나무를 이용해서 쌓고, 사면에 진흙을 바른다는 뜻이다. '용순(龍輴)'은 빈(殯)을 할 때, 순거(輴車)를 이용해서 영구를 싣고, 수레의 끌채에 용을 그린 것이다. '이곽(以椁)'이라는 말은 이러한 나무를 쌓아서 곽(椁)은 형태를 본떴다는 뜻이다. 수놓은 천으로 관(棺)을 덮는데, 거기에 도끼 무늬를 그리게 되고, 우선적으로 사면을 쌓아서 곽(椁)처럼 만들되, 그 윗면이 곽(椁)과 수평이 되도록 하고, 윗면은 여전히 개방해두며, 이러한 관(棺)을 덮는 천은 곽(椁)처럼 쌓은 나무 위로부터 넣어서 관(棺)을 덮도록 한다. 그렇기 때문에 "곽(椁) 위에 도끼 무늬를 더한다."라고 말한 것이다. '필(畢)'자는 모두[盡]라는 뜻이다. 도끼 무늬가 들어간 천을 덮는 일이 끝났다면, 또한 네 기둥을 세워 지붕처럼 만들고 그 위를 가리며, 아래 네 면은 모두 진흙을 바르게 된다는 뜻이다.

集說 今按: 菆塗龍輴, 是輴車亦在殯中, 非脫去輴車而殯棺也.

번역 내가 살펴보니, 용순(龍輴)에 나무를 쌓고 진흙을 바른다는 것은 순거(輴車)가 또한 빈소 안에 있다는 뜻으로, 순거에서 영구를 내려서, 빈궁 안에 관(棺)만 있다는 뜻이 아니다.

鄭注 菆木以周龍輴, 如[1]椁而塗之. 天子殯以輴車, 畫轅爲龍. 斧謂之黼, 白黑文也. 以刺繡於縿幕, 加椁以覆棺, 已乃屋其上, 盡塗之.

번역 나무를 쌓아서 용순(龍輴) 주위를 두르는 것인데, 마치 곽(椁)의 형태처럼 만들고, 진흙을 바른다. 천자(天子)의 빈(殯)에는 순거(輴車)를 사용하고, 끌채에 용을 그린다. '부(斧)'자는 보(黼) 무늬를 뜻하니, 백색과 흑색으로 무늬를 만든다. 정폭의 휘장에 수를 놓아서, 곽(椁)처럼 쌓여 있는 나무 중앙에 올려 관(棺)을 덮고, 이 일이 끝나면, 그 위에 지붕을 올리고, 사방에 진흙을 바르게 된다.

釋文 菆, 才官反. 輴, 敕倫反. 轅音袁. 黼音甫. 刺, 七亦反. 縿音消. 幕音莫.

번역 '菆'자는 '才(재)'자와 '官(관)'자의 반절음이다. '輴'자는 '敕(칙)'자

1) '여(如)'자에 대하여. '여'자는 본래 '가(加)'자로 기록되어 있었는데, 완원(阮元)의 『교감기(校勘記)』에서는 "혜동(惠棟)의 『교송본(校宋本)』에는 '가'자를 '여'자로 기록하고 있으며, 『송감본(宋監本)』·『악본(岳本)』·『속통해(續通解)』도 동일하게 기록하고 있다. 살펴보니, '여'자로 기록하는 것이 옳다."라고 했다.

와 '倫(륜)'자의 반절음이다. '輴'자의 음은 '袁(원)'이다. '黼'자의 음은 '甫(보)'이다. '刺'자는 '七(칠)'자와 '亦(역)'자의 반절음이다. '縿'자의 음은 '消(소)'이다. '幕'자의 음은 '莫(막)'이다.

孔疏 ●"天子"至"禮也". ○正義曰: 此一節論菆塗爲古天子殯法也. 菆, 叢也, 謂用木菆棺而四面塗之, 故云"菆塗"也.

번역 ●經文: "天子"~"禮也". ○이곳 문단은 나무를 쌓고 진흙을 바르는 것이 고대의 천자(天子)가 빈(殯)을 하며 따랐던 예법이 됨을 논의하고 있다. '추(菆)'자는 "쌓는다[叢]."는 뜻이니, 나무를 이용해서 관(棺) 주변을 쌓고, 사면에 진흙을 바르는 것이다. 그렇기 때문에 '추도(菆塗)'라고 말한 것이다.

孔疏 ●"龍輴"者, 殯時輴車載柩, 而畫轅爲龍, 故云"龍輴"也.

번역 ●經文: "龍輴". ○빈(殯)을 할 때 순거(輴車)에는 영구(靈柩)를 싣고, 끌채에는 용을 그린다. 그렇기 때문에 '용순(龍輴)'이라고 말한 것이다.

孔疏 ●"以槨"者, 亦題湊菆木, 象槨之形, 故云"以槨".

번역 ●經文: "以槨". ○이 또한 나무를 쌓아올릴 때 나무 방향을 안쪽으로 해서, 곽(槨)의 형태를 본뜨게 된다. 그렇기 때문에 '이곽(以槨)'이라고 말한 것이다.

孔疏 ●"加斧于槨上"者, "斧", 謂繡覆棺之衣爲斧文也. 先菆四面爲槨, 使上與棺齊, 而上猶開也. 以棺衣從槨上入覆於棺, 故云"加斧于槨上"也.

번역 ●經文: "加斧于槨上". ○'부(斧)'라는 것은 관(棺)을 덮는 천에 수를 놓아서, 도끼 무늬를 새긴다는 뜻이다. 먼저 사면에 나무를 쌓아서 곽

(槨)처럼 만들고, 그 윗면을 관(棺)의 높이와 동일하게 만드는데, 윗면은 여전히 개방해둔다. 관(棺)을 덮는 덮개를 곽(槨)처럼 쌓은 나무 안으로 넣어서, 관(棺)을 덮는다. 그렇기 때문에 "곽(槨) 위에 도끼 무늬를 더한다."라고 말한 것이다.

孔疏 ●"畢塗屋"者, 畢, 盡也. 斧覆旣竟, 又四注爲屋, 覆上而下, 四面盡塗之也. 故云"畢塗屋". 鄭云"菆木以周龍輴"者, 謂叢衆木直壘, 周龍輴至上乃題湊, 則諸侯至上, 不題湊也.

번역 ●經文: "畢塗屋". ○'필(畢)'자는 모두[盡]라는 뜻이다. 도끼 무늬를 새긴 덮개를 덮게 된다면, 또한 4개의 기둥으로 지붕을 만들고, 그 위를 덮어서 아래로 내린 뒤, 사면에 모두 진흙을 바른다. 그렇기 때문에 "지붕을 씌우고 모두 진흙을 바른다."라고 말한 것이다. 정현이 "나무를 쌓아서 용순(龍輴) 주위를 두른다."라고 했는데, 이 말은 나무 무더기를 쌓아서 성채처럼 포개며, 용순(龍輴)의 주변을 둘러서 관(棺)의 높이까지 쌓게 되면, 곧 나무 방향을 안쪽으로 향하도록 하게 된다는 뜻으로, 제후의 경우에는 관(棺)의 높이까지 쌓게 되면, 나무 방향을 안쪽으로 향하도록 하지 않는다.

集解 愚謂: 菆塗龍楯以槨者, 天子之殯, 以龍輴載柩, 其外菆木四周, 象葬時之槨然也. 加斧於槨上, 謂用夷衾以覆棺, 其上畫爲斧文也. 喪大記曰"君錦冒黼殺, 大夫玄冒黼殺, 士緇冒赬殺", "自小斂以往用夷衾, 夷衾質殺之裁猶冒也." 是君之夷衾畫黼也. 旣夕禮"幠用夷衾", 賈疏云"夷衾本擬覆棺, 故斂不用", 則殯時用夷衾覆棺明矣. 畢塗屋者, 菆木與棺齊, 以夷衾從槨上入覆於棺, 乃以木題湊而盡塗之. 屋者, 言其題湊之狀中高而四下, 象屋之形也. 左傳宋葬文公, "槨有四阿", 言其僭天子也. 天子槨有四阿, 其菆塗象槨, 亦爲四阿可知.

번역 내가 생각하기에, '추도룡순이곽(菆塗龍楯以槨)'이라는 말은 천자(天子)의 빈소를 만들 때, 용순(龍輴)에 영구(靈柩)를 싣는데, 그 겉에는 사면에 나무를 쌓아올리게 되어, 장례(葬禮)를 치를 때 곽(槨)을 씌운 것처럼 본뜬다는 뜻이다. '가부어곽상(加斧於槨上)'이라는 말은 이금(夷衾)을 이용해서 관(棺)을 덮는데, 그 위에는 도끼 무늬를 그린다는 뜻이다. 『예기』「상대기(喪大記)」편에서는 "군주의 시신을 쌀 때에는 비단으로 된 모(冒)와 보(黼) 무늬가 들어간 쇄(殺)를 사용하고, 대부(大夫)에 대해서는 검은색의 모(冒)와 보(黼) 무늬가 들어간 쇄(殺)를 사용하며, 사(士)에 대해서는 검은색의 모(冒)와 붉은색의 쇄(殺)를 사용한다."라고 했고, "소렴(小斂)으로부터 그 이후로는 이금(夷衾)을 사용하는데, 이금(夷衾)과 질쇄(質殺)의 제작 방법은 모(冒)와 같다."라고 했다.[2] 이 기록은 군주에게 사용하는 이금(夷衾)에는 보(黼) 무늬를 그린다는 사실을 나타낸다. 『의례』「기석례(旣夕禮)」편에서는 "덮개에는 이금(夷衾)을 사용한다."[3]라고 했고, 이 문장에 대한 가공언(賈公彦)의 소(疏)에서는 "이금(夷衾)은 본래 관(棺)을 덮는 덮개를 본뜬 것이다. 그렇기 때문에 염(斂)을 할 때에는 사용하지 않는다."라고 했으니, 빈(殯)을 할 때에는 이금(夷衾)을 사용하여 관(棺)을 덮는 것이 분명하다. '필도옥(畢塗屋)'이라는 말은 나무를 쌓아올려서, 관(棺)과 그 높이를 동일하게 하고, 이금(夷衾)을 이용해서, 곽(槨)처럼 쌓아올린 나무들 위로부터 안으로 넣어서 관(棺)을 덮고, 그 일이 끝나면, 나무 모양을 안쪽으로 향하게 한 뒤에 모두 진흙으로 바른다는 뜻이다. '옥(屋)'이라는 것은 나무 모양을 안쪽으로 한 모양이 중앙은 높고 나머지 사면은 낮게 되어, 지붕의 형태를 본떴다는 뜻이다. 『좌전』에서는 송(宋)나라에서 문공(文公)에 대한 장례(葬禮)를 치르며, "곽(槨)에 사아(四阿)를 두었다."[4]라고 하였으니, 이 말은 천자의 예법을 참람되게 사용했음을 뜻한다. 천자의 곽(槨)에는 사아(四阿)를 두게 되니, 나무를 쌓고 진흙을 발라서 곽(槨)의 형태를 본뜬다는 것 또한 사아(四阿)를 만드는 것임을 알 수 있다.

---

2) 『예기』「상대기(喪大記)」【536d】: 君錦冒, 黼殺, 綴旁七. 大夫玄冒, 黼殺, 綴旁五. 士緇冒, 赬殺, 綴旁三. 凡冒質長與手齊, 殺三尺. 自小斂以往用夷衾, 夷衾質殺之裁, 猶冒也.

3) 『의례』「기석례(旣夕禮)」: 商祝拂柩用功布, 幠用夷衾.

4) 『춘추좌씨전』「성공(成公) 2년」: 八月, 宋文公卒, 始厚葬, 用蜃・炭, 益車・馬, 始用殉, 重器備. 槨有四阿, 棺有翰・檜.

그림 110-1 이금(夷衾)

衾 夷

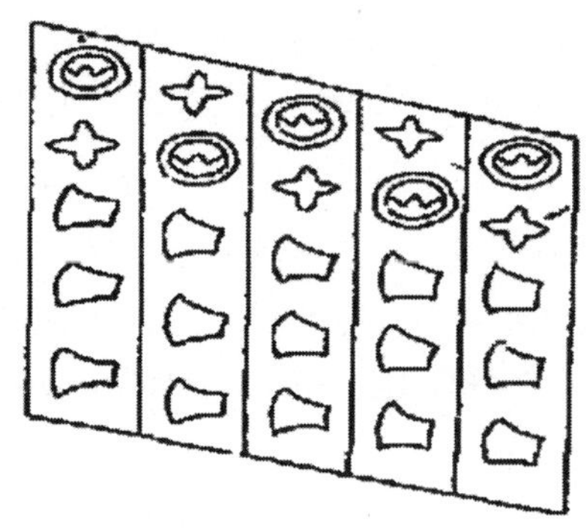

▸ **출처:**『삼례도집주(三禮圖集注)』 17권

【105d】

唯天子之喪, 有別姓而哭.

직역 唯히 天子의 喪에서, 姓을 別하여 哭함이 有하다.

의역 오직 천자(天子)의 상(喪)에서만 성(姓)을 구별하여 곡(哭)을 하게 된다.

集說 諸侯朝覲天子, 爵同則其位同; 今喪禮則分別同姓・異姓・庶姓, 使各相從而爲位以哭也.

번역 제후(諸侯)가 천자를 조근(朝覲)하는 경우, 작위가 같다면, 그 위치가 동일하게 되는데, 현재는 상례(喪禮)를 치르는 경우이므로, 천자와 동성(同姓)인 자, 이성(異姓)인 자, 친족관계가 없는 자 등을 구별하여, 각각 서로의 그룹별로 서열을 정하고, 자리를 마련하여 곡(哭)을 한다.

鄭注 使諸侯同姓・異姓・庶姓, 相從而爲位, 別於朝覲來時, 朝覲爵同同位.

번역 제후들 중 천자(天子)와 동성(同姓)인 자, 이성(異姓)인 자, 친족관계가 없는 자들로 하여금 서로 부류별로 따르게 하여 자리를 정한다는 뜻이니, 조근(朝覲)을 하기 위해 찾아왔을 때와 구별되는 것으로, 조근을 할 때에는 작위가 같으면, 같은 자리에 서게 된다.

釋文 別, 彼列反, 注同. 朝, 直遙反, 下同.

번역 '別'자는 '彼(피)'자와 '列(렬)'자의 반절음이며, 정현의 주에 나온 글자도 그 음이 이와 같다. '朝'자는 '直(직)'자와 '遙(요)'자의 반절음이며, 아래문장에 나오는 글자도 그 음이 이와 같다.

孔疏 ●"唯天"至"而哭". ○正義曰: 此一節論哭天子之事, 各依文解之.

번역 ●經文: "唯天"~"而哭". ○이곳 문단은 천자(天子)에 대해 곡(哭)을 하는 사안을 논의하고 있으니, 각각의 문장에 따라서 풀이하겠다.

孔疏 ◎注"使諸"至"同位". ○正義曰: "異姓"者, 鄭注周禮云: "王昏姻甥舅." "庶姓"者, 謂與王無親者. 此言"朝覲爵同同位", 則不分別同姓異姓. 然覲禮: "諸侯受舍於朝, 同姓西面, 異姓東面." 鄭注云: "分別同姓異姓, 受之將有先後也." 與此不同者, 覲禮先公而後侯, 先侯而後伯, 是亦爵同同位, 但[5]就同姓之中, 先爵尊耳, 與此無別.

번역 ◎鄭注: "使諸"~"同位". ○'이성(異姓)'에 대해, 『주례』에 대한 정현의 주에서는 "천자와 혼인을 통해 맺어진 외종질 및 외삼촌 등을 뜻한다."[6]라고 했다. 따라서 '서성(庶姓)'은 천자와 친족관계가 없는 자를 뜻한다. 이곳에서는 "조근(朝覲)을 할 때 작위가 같으면, 같은 자리에 서게 된다."라고 했으니, 동성(同姓)이나 이성(異姓)의 구분을 두지 않았던 것이다. 그런데 『의례』「근례(覲禮)」편에서는 "제후들이 문왕(文王)의 묘문(廟門) 밖에서 머무르는 자리를 받음에, 동성(同姓)인 자는 서쪽을 바라보고 서 있고, 이성(異姓)인 제후는 동쪽을 바라보며 서 있다."[7]라고 했고, 이 문장에 대한 정현의 주에서는 "동성(同姓)과 이성(異姓)의 자리를 구별하여, 자리를 받음에, 장차 선후의 차이가 있게 된다."라고 하여, 이곳의 내용과 동일하지 않다. 그러나 「근례」편에서 말한 내용은 공작을 먼저 나아가게 하고, 후작을 그보다 늦게 나아가게 하며, 후작을 먼저 나아가게 하고, 백작을

---

5) '단(但)'자에 대하여. '단'자는 본래 '위(位)'자로 기록되어 있었는데, 완원(阮元)의 『교감기(校勘記)』에서는 "혜동(惠棟)의 『교송본(校宋本)』에는 '위'자를 '단'자로 기록하고 있는데, 이 기록이 옳다. 위씨(衛氏)의 『집설(集說)』에도 동일하게 기록되어 있다."라고 했다.

6) 이 문장은 『주례』「춘관(春官)·대종백(大宗伯)」편의 "以賀慶之禮, 親異姓之國."이라는 기록에 대한 정현의 주이다.

7) 『의례』「근례(覲禮)」: 諸侯前朝, 皆受舍于朝. 同姓西面, 北上. 異姓東面, 北上.

그보다 늦게 나아가게 한다는 뜻으로, 이 또한 작위가 같으면 같은 자리에서 있게 된다는 의미이다. 따라서 단지 동성(同姓)인 제후들 중에서도 작위가 높은 자를 먼저 나아가게 할 따름이라는 뜻이므로, 이곳의 내용과 다를 바가 없다.

集解 愚謂: 別姓而哭, 謂分別同姓・異姓之諸侯而爲哭位也. 喪大記, "旣正尸, 子坐於東方, 卿・大夫・父・兄・子姓立於東方, 有司・庶士哭於堂下, 北面, 夫人坐於西方, 內命婦・姑・姊・妹・子姓立於西方, 外命婦率外宗哭於堂上, 北面." 士喪禮, "主人入, 坐於牀東, 衆主人在其後, 西面, 婦人俠牀, 東面, 親者在室, 衆婦人戶外北面, 衆兄弟堂下北面." 此未小斂以前之哭位也. 又士喪禮, "朝夕哭, 婦人卽位於堂, 南上, 哭; 丈夫卽位於門外, 西面北上; 外兄弟在其南, 南上; 賓繼之, 北上, 門東北面西上, 門西北面東上, 西方東面北上. 主人卽位, 辟門; 婦人拊心, 不哭; 主人拜賓, 旁三, 右還, 入門哭; 婦人踊; 主人堂下直東序西面; 兄弟皆卽位, 如外位; 卿大夫在主人之南; 諸公門東, 少進; 他國之異爵者門西, 少進." 門外之西方東面者, 士也. 士在門外, 在西方東面, 則在門內亦然, 不言者, 從可知也. 此雖朝夕哭位, 其實自小斂以後已然. 諸侯朝夕哭位雖不可考, 然未小斂以前, 諸侯哭位與士禮大略不殊, 則朝夕哭位亦然. 其異者, 士禮門東之位, 在諸侯當爲寄公之位; 士禮門西之位, 在諸侯當爲鄰國弔賓之位; 士禮丈夫・外兄弟・卿・大夫各不相統, 而諸侯則諸臣西面立, 位皆北上, 而統於君耳. 是自諸侯以下, 皆無別姓而哭之法也. 天子之喪, 公卿大夫之位宜亦與諸侯以下無異. 此之別姓而哭, 惟諸侯之位, 則同姓者在門東, 異姓者在門西, 而皆東上也.

번역 내가 생각하기에, '별성이곡(別姓而哭)'이라는 말은 동성(同姓) 및 이성(異姓)인 제후들을 분류별로 나눠서, 곡(哭)을 하는 자리를 마련한다는 뜻이다. 『예기』「상대기(喪大記)」편에서는 "시신을 안치하고 난 뒤, 자식은 시신의 동쪽에 앉고, 경(卿)・대부(大夫) 및 부(父)・형(兄)・자(子) 계열에 해당하는 친족들은 동쪽에 서 있으며, 유사(有司)・서사(庶士)는 당하(堂下)에서 곡(哭)을 하되 북쪽을 바라보며, 부인(夫人)은 서쪽에 앉게 되고, 내명부(內命婦)에 속하는 여인들 및 고(姑)·자(姊)·매(妹)·자(子) 계열에 해당하는 친족 여인들은 서쪽에 서 있으며, 외명부(外命婦)에 속하는 여인들은 외종(外宗)에 속하는 여인들을 통솔하여, 당상(堂上)에서 곡(哭)을 하되 북쪽을 바라본다."[8]라고 했다. 그리고 『의례』「사상례(士喪禮)」편에서는 "상주(喪主)가 들어서서, 침상의 동쪽에 앉고, 중주인(衆主人)은 그 뒤에 있게 되며, 서쪽을 바라보고, 부인(婦人)은 침상을 기준으로 상주와 마주하는 자리에 있고, 동쪽을 바라보며, 친족들은 실(室)에 있고, 중부인(衆婦人)들은 호(戶) 밖에서 북쪽을 바라보며, 중형제(衆兄弟)들은 당하(堂下)에서 북쪽을 바라본다."[9]라고 했다. 이것은 소렴(小斂)을 치르기 이전에 곡(哭)을 하는 위치를 뜻한다. 또 「사상례」편에서는 "조석(朝夕)으로 곡(哭)을 함에, 부인(婦人)은 당(堂)의 자리로 나아가고, 남쪽 끝에 서서 곡(哭)을 한다. 남자는 곧 문 밖의 자리로 나아가서 서쪽을 바라보며 북쪽 끝에서부터 선다. 외형제(外兄弟)는 그 남쪽에 위치하고, 남쪽 끝에서부터 선다. 빈객이 그 뒤를 이어서 서 있으며, 북쪽 끝에서부터 서게 되니, 문의 동쪽에서 북쪽을 바라보는 자리에서는 서쪽 끝에서부터 서고, 문의 서쪽에서 북쪽을 바라보는 자리에서는 동쪽 끝에서부터 서며, 서쪽에서 동쪽을 바라보는 자리에서는 북쪽 끝에서부터 선다. 상주(喪主)가 자리로 나아가면, 문을 열고, 부인(婦人)은 가슴을 치지만, 곡(哭)은 하지 않는다. 상주가 빈객에게 절을 하며, 두루 하길 세 차례하고, 오른 쪽으로 돌아서, 문으로 들어가서 곡(哭)을 한다. 부인(婦人)은 용(踊)을 한다. 상주는 당하(堂下)의 동서(東序)에서 나아가서 서쪽을 바라보고, 형제(兄弟)들은 모두 자리로 나아가며, 밖에서의 위치처럼 선다. 경(卿)과 대부(大夫)는 상주의 남쪽에 위치하고, 제공(諸公)들은 문의 동쪽에 서서 조금 앞으로 나아가고, 다른 나라에서 찾아온 작위가 다른 자들은 문의 서쪽에 서서 조금 앞으로 나아간

---

8) 『예기』「상대기(喪大記)」【528b】: 旣正尸, 子坐于東方. 卿大夫父兄子姓立于東方. 有司庶士哭于堂下, 北面. 夫人坐于西方. 內命婦姑姊妹子姓立于西方. 外命婦率外宗哭于堂上, 北面.

9) 『의례』「사상례(士喪禮)」: 入, 坐于牀東. 衆主人在其後. 西面. 婦人俠牀, 東面. 親者在室. 衆婦人戶外北面, 衆兄弟堂下北面.

다."[10]라고 했다. 문밖의 서쪽에서 동쪽을 바라보는 자들은 사(士) 계층에 해당한다. 사(士)가 문밖에 위치하며, 서쪽에서 동쪽을 바라보게 된다면, 문안에서도 또한 이처럼 하는데, 이 이야기를 언급하지 않은 이유는 앞서 기록한 내용을 통해서, 이러한 사실까지도 알 수 있기 때문이다. 이 문장 기록들은 비록 조석(朝夕)으로 곡(哭)을 하는 자리를 언급한 내용이지만, 실제로는 소렴(小斂)으로부터 그 이후의 기간에도 이처럼 한다. 제후(諸侯)가 조석(朝夕)으로 곡(哭)을 할 때의 자리는 비록 살펴볼 수 있는 자료가 남이 있지 않지만, 아직 소렴(小斂)을 치르기 이전에, 제후(諸侯)들의 곡(哭)하는 위치가 사(士)들이 따르는 예법과 대략적으로 차이가 없게 된다면, 조석(朝夕)으로 곡(哭)을 하는 위치 또한 그러했을 것이다. 다만 차이를 보이는 점은 사(士)가 따르는 예법에서 문의 동쪽에 있는 자리는 제후(諸侯)에게 있어서는 기공(寄公)들이 서 있게 되는 위치에 해당하고, 사(士)가 따르는 예법에서 문의 서쪽에 있는 자리는 제후(諸侯)에게 있어서는 이웃 제후국에서 조문으로 찾아온 빈객들의 위치가 되며, 사(士)가 따르는 예법에서는 장부(丈夫)・외형제(外兄弟)・경(卿)・대부(大夫)들이 각각 종속되지 않지만, 제후(諸侯)의 경우에는 여러 신하들은 서쪽을 바라보며 서고, 그 자리는 모두 북쪽 끝에서부터 서 있게 되어, 군주에게 통솔될 따름이다. 이것은 제후(諸侯)로부터 그 이하의 계층에서는 모두 성(姓)을 구분하여 곡(哭)을 하는 예법이 없었다는 사실을 뜻한다. 천자(天子)의 상(喪)에서, 공(公)・경(卿)・대부(大夫)의 위치는 마땅히 제후(諸侯) 이하의 계층이 따르는 예법과 차이가 없게 된다. 따라서 이곳에서 성(姓)을 구분하여 곡(哭)을 한다는 것은 오직 제후(諸侯)들의 위치만을 뜻할 뿐이니, 동성(同姓)인 제후들은 문의 동쪽에 있게 되고, 이성(異姓)인 제후들은 문의 서쪽에 있게 되며, 모두들 동쪽 끝에서부터 서 있게 된다.

---

10) 『의례』「사상례(士喪禮)」: 朝夕哭, 不辟子卯. 婦人卽位于堂, 南上, 哭. 丈夫卽位于門外, 西面, 北上. 外兄弟在其南, 南上. 賓繼之, 北上. 門東, 北面, 西上. 門西, 北面, 東上. 西方, 東面, 北上. 主人卽位. 辟門. 婦人拊心, 不哭. 主人拜賓, 旁三, 右還入門哭. 婦人踊. 主人堂下直東序, 西面. 兄弟皆卽位, 如外位. 卿大夫在主人之南. 諸公門東, 少進. 他國之異爵者門西, 少進.

• 제 111 절 •

공자(孔子)에 대한 뇌(誄)의 일화

【105d】

魯哀公誄孔丘曰: "天不遺耆老, 莫相予位焉. 嗚呼哀哉! 尼父!"

직역 魯나라 哀公이 孔丘를 誄하여 曰, "天이 耆老를 不遺하여, 予位를 相함을 莫했다. 嗚呼로 哀라! 尼父여!"

의역 노(魯)나라 애공(哀公)이 공자(孔子)에 대해 뇌(誄)를 하며 말하길, "하늘이 이 노인을 세상에 남겨두시지 않아서, 내 지위를 보좌하지 못하게 했구나. 오호라! 슬프구나! 니보(尼父)여!"라고 했다.

集說 作謚者, 先列其生之實行, 謂之誄. 大聖之行, 豈容盡列, 但言天不留此老成, 而無有佐我之位者, 以寓其傷悼之意而已耳. 稱孔丘者, 君臣之辭, 此與左傳之言不同.

번역 시호(諡號)를 짓는 경우, 우선적으로 그가 생전에 실천했던 일들을 열거하니, 이것을 '뇌(誄)'라고 부른다. 대성(大聖)의 행동을 어찌 모두 열거할 수 있겠는가? 단지 하늘이 이 노성(老成)을 남겨두지 않아서, 나의 지위를 보좌하지 못하게 했다고 말하여, 상심하고 애도하는 뜻을 드러낸 것일 따름이다. '공구(孔丘)'라고 부른 이유는 군신(君臣) 사이에서는 신하의 경우 이름을 지칭하기 때문인데, 이곳의 기록과 『좌전』의 기록은 일치하지 않는다.

集說 鄭氏曰: 尼父, 因其字以爲之謚也.

번역 정현이 말하길, '니보(尼父)'라는 말은 공자(孔子)의 자(字)에 따라서 그 시호(謚號)를 지은 것이다.

大全 山陰陸氏曰: 據此左傳所錄公誄之曰, "旻天不弔, 不憖遺一老, 俾屛余一人以在位", 不修春秋之辭也, 今記修之如此.

번역 산음육씨가 말하길, 『좌전』에서 기록한 내용을 살펴보면, 애공(哀公)이 뇌(誄)를 하며, "호천(旻天)께서 나를 가엾게 생각지 않으시는구나. 이 노인을 남겨두셔서 나를 보좌하여 군주의 자리에 있도록 하지 않으셨네."[1]라고 했으니, 『춘추』의 기록을 정리하지 않고, 현재 『예기』를 기록한 자가 글을 이처럼 정리한 것이다.

鄭注 誄其行以爲謚也. 莫, 無也. 相, 佐也. 言孔子死, 無佐助我處位者. 尼父, 因且[2]字以爲之謚.

번역 그의 행적에 대해 뇌(誄)를 하여, 시호(謚號)를 짓게 된다. '막(莫)'자는 "없다[無]."는 뜻이다. '상(相)'자는 "돕다[佐]."는 뜻이다. 즉 공자(孔子)가 죽어서, 내가 지위에 머물도록 도와줄 사람이 없다는 뜻이다. '니보(尼父)'는 뇌(誄)한 것에 따르고 또 그 자(字)에 따라서, 공자(孔子)에 대한 시호로 지은 것이다.

---

1) 『춘추좌씨전』「애공(哀公) 16년」: 夏四月己丑, 孔丘卒. 公誄之曰, "旻天不弔, 不憖遺一老, 俾屛余一人以在位, 煢煢余在疚. 嗚呼哀哉尼父!無自律."

2) '차(且)'자에 대하여. '차'자는 본래 '기(其)'자로 기록되어 있었는데, 완원(阮元)의 『교감기(校勘記)』에서는 "혜동(惠棟)의 『교송본(校宋本)』에는 '기'자를 '차일(且一)'로 기록하고 있으며, 『악본(岳本)』에는 '차'자로 기록했지만, '일'자는 없고, 『송감본(宋監本)』도 동일하게 기록하고 있다. 『고문(考文)』에서 인용하고 있는 『고본(古本)』과 송(宋)나라 때의 판본, 『족리본(足利本)』과 『악본(岳本)』도 동일하게 기록하고 있다."라고 했다.

釋文 誄, 力軌反. 耆, 巨支反. 相, 息亮反, 注同. 父音甫. 行, 下孟反.

번역 '誄'자는 '力(력)'자와 '軌(궤)'자의 반절음이다. '耆'자는 '巨(거)'자와 '支(지)'자의 반절음이다. '相'자는 '息(식)'자와 '亮(량)'자의 반절음이며, 정현의 주에 나오는 글자도 그 음이 이와 같다. '父'자의 음은 '甫(보)'이다. '行'자는 '下(하)'자와 '孟(맹)'자의 반절음이다.

孔疏 ●"魯哀"至"尼父". ○正義曰: 此一節論哀公誄孔子之事. 孔子以哀公十六年夏四月己丑日卒, 哀公欲爲作謚. 作謚宜先列其生時行狀, 謂之爲誄.

번역 ●經文: "魯哀"~"尼父". ○이곳 문단은 애공(哀公)이 공자(孔子)에 대해서 뇌(誄)를 한 사안을 논의하고 있다. 공자는 애공 16년 여름 4월 기축(己丑)일에 죽었고, 애공은 그에 대한 시호(謚號)를 지어주고자 했다. 시호를 지을 때에는 마땅히 가장 먼저 그가 생전에 시행했던 행적들을 열거하게 되는데, 이것을 뇌(誄)를 짓는다고 부른다.

孔疏 ●"曰天不遺耆老, 莫相予位焉"者, 作誄辭也. 遺, 置也. "耆老", 謂孔子也. 莫, 無也. 相, 佐也. 言上天不置孔子, 故無復佐助我處於位也.

번역 ●經文: "曰天不遺耆老, 莫相予位焉". ○뇌(誄)를 짓는 말에 해당한다. '유(遺)'자는 "남겨두다[置]."는 뜻이다. '기로(耆老)'는 공자(孔子)를 뜻한다. '막(莫)'자는 "없다[無]."는 뜻이다. '상(相)'자는 "돕다[佐]."는 뜻이다. 즉 이 말은 상천(上天)이 공자를 남겨두지 않았기 때문에, 다시금 내가 지위에 머물 수 있도록 보좌할 수 있는 사람이 없다는 뜻이다.

孔疏 ●"嗚呼哀哉", 傷痛之辭也.

번역 ●經文: "嗚呼哀哉". ○상심하고 애통해할 때 쓰는 말이다.

孔疏 ●"尼父", "尼"則謚也. 父且字甫, 是丈夫之美稱, 稱字而呼之"尼父"也.

번역 ●經文: "尼父". ○'니(尼)'자는 시호(謚號)에 해당한다. '보(父)'자 또한 자(字)에 붙이는 '보(甫)'자이니, 이것은 남자에게 붙이는 미칭(美稱)이며, 자(字)를 칭하여 부를 때에는 '니보(尼父)'라고 부른다.

訓纂 江氏永曰: 誄者, 哀死之辭, 與謚不同. 段氏玉裁曰, "案說文, '且, 薦也.' 凡承藉於下曰且. 凡冠而字, 祇有一字耳, 必五十而後以伯仲, 故下一字所以承藉伯仲也." 言伯某仲某是稱其字, 單言某父, 是稱其且字.

번역 강영이 말하길, '뇌(誄)'라는 것은 그의 죽음을 애도하는 말이니, 시호(謚號)와는 다른 것이다. 단옥재는 "『설문해자』를 살펴보면, '차(且)자는 천거하다[薦]는 뜻이다.'라고 했다. 무릇 그 밑을 받칠 때에는 '차(且)'라고 부른다. 무릇 관례(冠禮)를 치르면서 자(字)를 지어줄 때에는 단지 한 글자의 자(字)만 지어줄 따름이니, 반드시 50세가 된 이후에야 백(伯)이나 중(仲) 등으로 부르게 된다. 그렇기 때문에 그 뒤에 자(字)로 지어주었던 한 글자를 붙여서, 백(伯)이나 중(仲) 등을 받쳐주게 한다."라고 했다. 즉 이 말은 백(伯) 아무개 또는 중(仲) 아무개라고 부르는 것은 그의 자(字)를 지칭한다는 뜻이고, 단지 아무개 보(父)라고 말한다면, 이것은 그 자(字)에 붙여서 부르는 것이라는 뜻이다.

集解 稱孔丘者, 君臣之辭也. 耆老, 謂孔子. 相, 助也. 言孔子死而無助我之位者, 傷之之辭也. 尼父, 孔子之字也. 孔子無謚而爲誄, 誄之不必有謚, 於此見矣. 按左傳哀公誄孔子曰, "旻天不弔, 不憖遺一老, 俾屛予一人以在位, 煢煢余在疚. 嗚呼哀哉! 尼父! 無自律." 子贛曰, "生不能用, 死而誄之, 非禮也. 稱一人, 非名也." 與此所載不同. 大約檀弓所載, 與左氏不同者, 皆當以左氏爲確.

번역 '공구(孔丘)'라고 지칭한 이유는 군신(君臣) 사이에서 신하는 이름을 지칭하기 때문이다. '기로(耆老)'는 공자(孔子)를 뜻한다. '상(相)'자는 "돕다[助]."는 뜻이다. 즉 이 말은 공자가 죽어서, 나의 지위를 보좌할 수 있는 자가 없다는 뜻으로, 상심의 뜻으로 한 말이다. '니보(尼父)'는 공자의 자(字)이다. 공자에게는 시호(諡號)가 없고, 뇌(誄)만 지었으니, 뇌(誄)를 했다고 해서, 반드시 시호까지 있는 것이 아니라는 사실을 이 기록을 통해서 확인할 수 있다. 『좌전』을 살펴보면, 애공(哀公)은 공자에 대한 뇌(誄)를 하면서, "호천(昊天)께서 나를 가엾게 생각지 않으시는구나. 이 노인을 남겨두셔서 나를 보좌하여 군주의 자리에 있도록 하지 않으셨으니, 외로운 나는 마치 병중에 있는 것 같구나. 오호라 슬프도다! 니보(尼父)여! 나는 어떻게 해야 할 줄 모르겠구나."라고 했는데, 자공(子貢)은 "선생님께서 살아계실 때에는 등용할 수 없더니, 돌아가시자 뇌(誄)를 지은 것은 비례(非禮)이다. 그리고 '일인(一人)'이라고 자칭하는 것은 천자(天子)만 사용할 수 있는 호칭이니, 명분에 맞지 않다."라고 했다.[3] 그런데 이 기록은 이곳에 수록된 내용과 다르다. 대체적으로 「단궁」편에 수록된 내용과 『좌전』에 수록된 내용이 다른 것들은 모두 『좌전』의 내용을 확실한 기록으로 삼아야 한다.

---

3) 『춘추좌씨전』「애공(哀公) 16년」: 夏四月己丑, 孔丘卒. 公誄之曰, "昊天不弔, 不憖遺一老, 俾屏余一人以在位, 煢煢余在疚. 嗚呼哀哉尼父! 無自律." 子贛曰, "君其不沒於魯乎! 夫子之言曰, '禮失則昏, 名失則愆.' 失志爲昏, 失所爲愆. 生不能用, 死而誄之, 非禮也; 稱一人, 非名也. 君兩失之."

• 제 112 절 •

땅을 잃었을 때의 규정

【106a】

國亡大縣邑, 公·卿·大夫·士皆厭冠, 哭於太廟三日, 君不舉. 或曰: 君舉而哭於后土.

직역 國의 大縣邑을 亡하면, 公·卿·大夫·士는 皆히 厭冠하고, 太廟에서 哭하길 三日하고, 君은 不擧한다. 或이 曰, 君은 擧하지만 后土에서 哭한다.

의역 제후국에서 큰 읍(邑)을 잃게 된다면, 그 나라의 공(公)·경(卿)·대부(大夫)·사(士)는 모두 염관(厭冠)을 착용하고, 태묘(太廟)에서 3일 동안 곡(哭)을 한다. 군주는 식사를 할 때 성찬을 차리지도 않고, 음악도 연주하지 않는다. 혹자는 군주는 성찬을 들고 음악도 연주하게 되지만, 후토(后土)에서 곡(哭)을 한다고 주장한다.

集說 厭冠, 喪冠也, 說見曲禮. 盛饌而以樂侑食曰擧. 后土, 社也.

번역 '염관(厭冠)'은 상(喪)을 치를 때 쓰는 관(冠)이니, 자세한 설명은 『예기』「곡례(曲禮)」편에 나온다.[1] 성찬을 차려서 음악으로 식사를 권유하

---

1) 『예기』「곡례하(曲禮下)」편에는 "苞屨·扱衽·厭冠, 不入公門."이라는 기록이 있고, 이에 대한 진호(陳澔)의 『집설(集說)』에는 "厭冠, 喪冠也. 吉冠有纚有梁, 喪冠無之, 故厭帖然也."라고 풀이했다. 즉 "'염관(厭冠)'은 상중(喪中)에 쓰는 관(冠)이다. 길(吉)한 때 착용하는 관은 갓끈과 관(冠)의 장식인 양(梁)이 있는데, 상관(喪冠)에는 이러한 것들이 없다. 그러므로 관(冠)의 모양을 지지해주는 것이 없어서 푹 꺼져서 눌러있게 되어, '염관(厭冠)'

는 것을 '거(擧)'라고 부른다. '후토(后土)'는 사(社)를 뜻한다.

集說 應氏曰: 哭於大廟者, 傷祖宗基業之虧損; 哭於后土者, 傷土地封疆之朘削也. 不擧, 自貶損也. 曰君擧者, 非也.

번역 응씨가 말하길, 태묘(太廟)에서 곡(哭)을 하는 것은 조상들이 터를 닦은 과업에 손상이 된 것을 상심하기 때문이며, 후토(后土)에게 곡(哭)을 하는 것은 봉토로 받은 토지가 줄어든 것에 대해서 상심을 하기 때문이다. 식사를 할 때 성찬을 차리지 않고 음악도 연주하지 않는 것은 제 스스로 줄이고 낮추기 때문이다. 따라서 군주가 성찬도 차리고 음악도 연주한다고 한 말은 잘못된 주장이다.

鄭注 軍敗失地, 以喪歸也. 厭冠, 今喪冠, 其服未聞. 后土, 社也.

번역 군대가 패배하여 땅을 잃어서, 상례(喪禮)에 따라 자처하는 것이다. '염관(厭冠)'은 오늘날 상(喪)을 치를 때 쓰는 관(冠)인데, 그때 착용하는 복장에 대해서는 자료가 없어서 확인할 수 없다. '후토(后土)'는 사(社)를 뜻한다.

釋文 大縣, 郡縣之縣. 厭, 于葉反, 注同. 大音泰.

번역 '大縣'의 '縣'자는 '군현(郡縣)'이라고 할 때의 '縣'자이다. '厭'자는 '于(우)'자와 '葉(엽)'자의 반절음이며, 정현의 주에 나오는 글자도 그 음이 이와 같다. '大'자의 음은 '泰(태)'이다.

孔疏 ●"國亡"至"后土". ○正義曰: 此一節論人君爲國致憂之事.

번역 ●經文: "國亡"~"后土". ○이곳 문단은 군주가 국가를 위해 근심

이라고 부르는 것이다."라는 뜻이다.

을 다하는 사안에 대해서 논의하고 있다.

孔疏 ●"國亡大縣邑"者, 亡, 失也. 國之軍敗, 亡失土邑也.

번역 ●經文: "國亡大縣邑". ○'망(亡)'자는 "잃다[失]."는 뜻이다. 국가의 군대가 패배를 하여, 토지와 읍(邑)을 잃은 것이다.

孔疏 ●"公卿大夫・士皆厭冠, 哭於大廟三日"者, 公, 孤也. 士喪禮云: "公卿大夫繼主人." 鄭云: "公, 大國之孤四命者是也." 厭冠, 喪冠也. 國旣失地, 是諸侯無德所招, 故諸臣皆著喪冠而哭於君之大廟三日也. 失地爲先祖所哀, 故在廟也.

번역 ●經文: "公卿大夫・士皆厭冠, 哭於大廟三日". ○'공(公)'자는 고(孤)를 뜻한다. 『의례』「사상례(士喪禮)」편에서는 "공(公)・경(卿)・대부(大夫)가 상주(喪主)를 뒤따른다."[2]라고 했는데, 이 문장에 대해 정현은 "'공(公)'은 대국(大國)에 있는 고(孤)로, 4명(命)의 등급을 가진 자이다."라고 했다. '염관(厭冠)'은 상(喪)을 치를 때 쓰는 관(冠)이다. 제후국의 입장에서 이미 땅을 잃은 것인데, 이것은 그 나라의 제후(諸侯)에게 덕(德)이 없어서 초래한 일이다. 그렇기 때문에 신하들은 모두 상관(喪冠)을 쓰고서 군주의 태묘(太廟)에서 3일 동안 곡(哭)을 하는 것이다. 토지를 잃는 것은 조상들에게도 슬퍼할 일이 된다. 그렇기 때문에 태묘(太廟)에서 하는 것이다.

孔疏 ●"君不擧"者, 擧謂擧樂也. 臣入廟三日哭, 故君亦三日不擧樂也. "或曰, 君擧而哭於后土"者, 后土, 社也. 又有或者言亦擧樂, 而自於社中哭之, 社主土故也. 然二處之哭, 鄭皆不非, 未知孰是. 庾蔚云: "擧者謂擧饌." 引周禮・膳夫: "王日一擧", 又"王齊日三擧". 注云: "殺牲盛饌曰擧." 按庾蔚及前

---

2) 『의례』「사상례(士喪禮)」: 君升主人. 主人西楹東, 北面. 升公卿大夫, 繼主人, 東上.

通合而爲用也.

번역 ●經文: “君不擧”. ○‘거(擧)’자는 음악을 연주한다는 뜻이다. 신하가 태묘(太廟)에 들어가서 3일 동안 곡(哭)을 하기 때문에, 군주 또한 3일 동안 음악을 연주하지 않는 것이다. 경문의 “或曰, 君擧而哭於后土”에 대하여. ‘후토(后土)’는 사(社)를 뜻한다. 또 어떤 자들은 군주는 또한 음악을 연주하지만, 제 스스로 사(社)에 가서 곡(哭)을 한다고 주장하기도 하는데, 사(社)는 땅을 주관하기 때문이다. 그런데 두 장소에서 곡(哭)을 하는 것에 대해서 정현은 모두 부정하지 않았으니, 어느 기록이 옳은지 알 수 없다. 유울은 “‘거(擧)’자는 성찬을 든다는 뜻이다.”라고 했고, 『주례』「선부(膳夫)」편을 인용하여, “천자는 날마다 한 차례 성찬을 든다.”[3]라고 했으며, 또 “천자는 재계를 할 때에는 날마다 세 차례 성찬을 든다.”[4]라고 했는데, 정현의 주에서는 “희생물을 잡아서 성찬을 만드는 것을 ‘거(擧)’라고 부른다.”라고 했다. 이러한 유울의 주장과 앞의 내용을 함께 살펴보면, 그 뜻을 추론할 수 있다.

集解 愚謂: 縣, 邑之大者. 左傳, “克敵者, 上大夫受縣, 下大夫受郡.” 公, 四命之孤也. 厭冠, 蓋卽素冠, 其制厭伏, 與喪冠同也. 其服則素服. 周禮大司馬, “師不功則厭而奉主車”, 下篇云, “軍有憂則素服哭於軍門之外”, 則此厭冠當素服明矣. 殺牲盛食曰擧. 軍敗失地, 以喪禮處之, 故群臣皆厭冠, 哭於大廟三日, 君又爲之三日不擧也. 必哭於大廟者, 以土地人民受之先祖故也. 后土, 社也. 或言君擧而自往社中哭之, 以社主土故也.

번역 내가 생각하기에, ‘현(縣)’자는 읍(邑) 중에서도 규모가 큰 것을 뜻한다. 『좌전』에서는 “적을 이긴 경우, 상대부(上大夫)는 현(縣)을 하사받고, 하대부(下大夫)는 군(郡)을 하사받는다.”[5]라고 했다. ‘공(公)’은 4명(命)의

3) 『주례』「천관(天官)·선부(膳夫)」: 王日一擧, 鼎十有二物, 皆有俎.
4) 『주례』「천관(天官)·선부(膳夫)」: 王齊, 日三擧.
5) 『춘추좌씨전』「애공(哀公) 2년」: 克敵者, 上大夫受縣, 下大夫受郡, 士田十

등급을 가진 고(孤)를 뜻한다. '염관(厭冠)'은 아마도 소관(素冠)을 뜻하는 것 같은데, 제작을 할 때 그 윗면을 엎드린 모양으로 만들어서, 상관(喪冠)과 동일하게 한다. 그때 착용하는 복장은 소복(素服)이 된다. 『주례』「대사마(大司馬)」편에서는 "군대에 공적이 없다면, 염관(厭冠)을 쓰고서 신주(神主)를 싣고 있는 수레를 받들게 한다."[6]라고 했고, 다음 편에서는 "군대에 우려스러운 일이 생기면, 소복(素服)을 착용하고 군문(軍門) 밖에서 곡(哭)을 한다."[7]라고 했으니, 여기에서 말하는 염관(厭冠)에는 소복(素服)을 입어야만 한다는 사실이 분명해진다. 희생물을 잡아서 성찬을 차려서 먹는 것을 '거(擧)'라고 부른다. 군대가 패배하여 땅을 잃게 되면, 상례(喪禮)에 따라 대처한다. 그렇기 때문에 뭇 신하들은 모두들 염관(厭冠)을 쓰고서 태묘(太廟)에서 3일 동안 곡(哭)을 하는 것이며, 군주 또한 그 일로 인하여 3일 동안 성찬을 들지 않는 것이다. 반드시 태묘(太廟)에서 곡(哭)을 하는 이유는 토지와 그곳에 살고 있는 백성들은 선조로부터 물려받은 대상이기 때문이다. '후토(后土)'는 사(社)를 뜻한다. 어떤 자는 군주는 성찬을 들지만, 제 스스로 사(社)에 가서 곡(哭)을 한다고 주장하는데, 사(社)는 땅을 주관하기 때문이다.

萬, 庶人·工·商遂, 人臣隷圉免.

6) 『주례』「하관(夏官)·대사마(大司馬)」: 若師不功, 則厭而奉主車.

7) 『예기』「단궁하(檀弓下)」【132c】: 軍有憂則素服, 哭於庫門之外, 赴車不載櫜韔.

• 제 113 절 •

비례(非禮)에 따른 곡(哭)

【106b】

孔子惡野哭者.

직역 孔子는 野에서 哭한 者를 惡했다.

의역 공자(孔子)는 이유도 없이 들판에서 곡(哭)하는 자를 미워했다.

集說 "所知吾哭諸野", 夫子嘗言之矣, 蓋哭其所知, 必設位而帷之以成禮; 此所惡者, 或郊野之際, 道路之間, 哭非其地, 又且倉卒行之, 使人疑駭, 故惡之也. 方氏說, "哭者呼滅, 子皐曰野哉, 孔子惡者以此." 恐未然.

번역 "서로 알고 지내던 자에 대해서라면, 나는 들에서 곡(哭)을 해야 한다."[1]라고 한 말은 공자(孔子)가 일찍이 했던 말이니, 무릇 서로 알고 지내던 자에 대해서 곡(哭)을 할 때에는 반드시 자리를 마련하고, 휘장을 쳐서, 예(禮)의 규범을 준수해야 한다. 그런데 이곳에서 이러한 자를 공자가 미워했던 까닭은 어떤 자가 교야(郊野) 및 도로 사이에서, 곡(哭)을 해야 하는 장소가 아닌데도 곡(哭)을 하고, 또한 갑작스럽게 이런 일을 하여, 사람들을 놀라게 했기 때문에, 미워했던 것이다. 방씨는 "곡(哭)을 하는 자가

---

1) 『예기』「단궁상」【81d】 : 伯高死於衛, 赴於孔子. 孔子曰: "吾惡乎哭諸? 兄弟, 吾哭諸廟; 父之友, 吾哭諸廟門之外; 師, 吾哭諸寢; 朋友, 吾哭諸寢門之外; 所知, 吾哭諸野. 於野則已疏, 於寢則已重. 夫由賜也見我, 吾哭諸賜氏." 遂命子貢爲之主, 曰: "爲爾哭也來者, 拜之; 知伯高而來者, 勿拜也."

죽은 자의 이름인 멸(滅)을 불러서, 자고(子皐)는 야(野)라고 했으니,[2] 공자가 미워한 이유도 이러한 이유 때문이다."라고 주장했는데, 아마도 그렇지 않을 것이다.

鄭注 爲其變衆. 周禮銜枚氏掌禁野叫呼・歎呼於國中者・行歌哭於國中之道者.

번역 많은 사람들을 놀래키기 때문이다. 『주례』의 기록에서 함매씨(銜枚氏)는 올바르지 않은 장소에서 울부짖는 것을 금지하고, 국성(國城) 안에서 한탄하는 것을 금지하며, 국성의 도로에서 노래를 부르거나 곡(哭)하는 것을 금지하는 일을 담당한다고 했다.[3]

釋文 惡, 烏路反. 銜枚, 上音咸, 下木杯反. 呼, 火故・火胡二反.

번역 '惡'자는 '烏(오)'자와 '路(로)'자의 반절음이다. '銜枚'에서의 '銜'자는 그 음이 '咸(함)'이고, '枚'자는 '木(목)'자와 '杯(배)'자의 반절음이다. '呼'자는 '火(화)'자와 '故(고)'자의 반절음이며, 또한 '火(화)'자와 '胡(호)'자의 반절음이다.

孔疏 ●"孔子惡野哭者". ○正義曰: 哭非其地謂之野, 爲變衆, 故惡之也.

번역 ●經文: "孔子惡野哭者". ○올바른 장소가 아닌데도 곡(哭)하는 것을 '야(野)'라고 부른다. 그렇기 때문에 미워했던 것이다.

集解 張子曰: 有服者之喪, 不哭於家而哭於野, 是惡凶事也. 所知當哭於

---

2) 『예기』「단궁상」【98c】: 子蒲卒, 哭者呼滅. 子皐曰: "若是野哉!" 哭者改之.

3) 『주례』「추관(秋官)・함매씨(銜枚氏)」: 禁嘂呼歎嗚於國中者, 行歌哭於國中之道宅.

野, 又若奔喪者, 安得不哭於道?

번역 장자가 말하길, 상복관계에 있는 자에 대한 상(喪)의 경우, 집에서 곡(哭)을 하지 않고, 들에서 곡(哭)을 하는 것은 흉사(凶事)에 대해 꺼려하기 때문이다. 알고 지내던 자에 대해서는 들에서 곡(哭)을 해야만 하고, 또한 분상(奔喪)을 하는 경우라면, 어떻게 도로에서 곡(哭)을 하지 않을 수가 있겠는가?

• 제 114 절 •

부의(賻儀)에 대한 법도 Ⅳ

【106b】

未仕者不敢稅人, 如稅人, 則以父兄之命.

직역 仕를 未한 者는 人에 稅함을 不敢하니, 如히 人에 稅하면, 父兄의 命으로써 한다.

의역 아직 벼슬살이를 하지 못한 자는 감히 남에게 물건을 보내줄 수가 없으니, 만약 부득이하게 남에게 물건을 보내주어야만 하는 경우가 있다면, 자신의 부형(父兄)이 명령한 것이라고 칭하며 물건을 보낸다.

集說 稅人, 以物遺人也. 未仕者身未尊顯, 故內則不可專家財, 外則不可私恩惠也. 或有情義之所不得已而當遺者, 則稱尊者之命而行之.

번역 '세인(稅人)'은 남에게 물건을 보낸다는 뜻이다. 아직 벼슬살이를 하지 못한 자는 존귀함을 드러낼 수가 없다. 그렇기 때문에 내적으로는 가산에 대해서 마음대로 할 수 없고, 외적으로는 사적인 은정과 은혜를 베풀 수가 없다. 혹여 정감과 도리상 부득이하여, 물건을 보내야만 하는 경우가 있다면, 존귀한 자의 명령이라고 일컬으며, 물건을 보낸다.

大全 嚴陵方氏曰: 未仕者, 則無祿, 故不敢稅人. 其或禮有所不可廢, 義有所不可免, 則以父兄之命而已.

번역 엄릉방씨가 말하길, 아직 벼슬살이를 하지 못한 자라면, 녹봉이 없다. 그렇기 때문에 감히 남에게 물건을 보내줄 수가 없는 것이다. 간혹 예법상 시행하지 않을 수 없는 경우가 있고, 또 도리상 하지 않을 수 없는 경우라면, 부형의 명령이라고 칭하며 보낼 따름이다.

鄭注 不專家財也. 稅謂遺于人.

번역 가산을 마음대로 처리할 수 없기 때문이다. '세(稅)'자는 남에게 물건을 보내준다는 뜻이다.

釋文 稅, 始銳反, 謂以物遺人也. 遺, 維季反.

번역 '稅'자는 '始(시)'자와 '銳(예)'자의 반절음으로, 물건을 남에게 보내준다는 뜻이다. '遺'자는 '維(유)'자와 '季(계)'자의 반절음이다.

孔疏 ●"未仕"~"之命". ○正義曰: 此論人子之法也. "稅人", 謂以物遺人也. 未仕未尊, 則亦不敢專家財餉人也. "如稅人", 謂已仕者也, 雖得遺人, 亦當必稱父兄以將遺之.

번역 ●經文: "未仕"~"之命". ○이곳 문단은 자식된 자가 따라야 하는 예법에 대해서 논의하고 있다. '세인(稅人)'이라는 말은 남에게 물건을 보내준다는 뜻이다. 아직 벼슬살이를 하지 못한 자는 아직까지는 존귀한 신분이 된 것이 아니니, 또한 가산을 자기 마음대로 처리하여 남에게 줄 수가 없다. '여세인(如稅人)'이라는 말은 이미 벼슬살이를 한 자의 경우, 비록 남에게 물건을 보내줄 수가 있지만, 이러한 경우에도 또한 반드시 부형의 이름을 칭하여 남에게 물건을 보내주어야 한다는 뜻이다.

集解 愚謂: 稅, 謂以財物助人喪事, 卽所謂賻也.

번역 내가 생각하기에, '세(稅)'자는 재물을 통해 남의 상사(喪事)를 돕는다는 뜻이니, 이른바 '부(賻)'라는 것에 해당한다.

• 제 115 절 •

군주에 대한 곡(哭)과 용(踊)의 규정

【106c】

士備入而後朝夕踊.

직역 士가 備히 入하고 而後에 朝夕으로 踊한다.

의역 제후국의 군주가 죽게 되면, 모든 신하들은 곡(哭)과 용(踊)을 하게 되는데, 사(士)까지 들어와야 모든 신하들이 자신의 대열에 있게 된다. 따라서 사(士)가 모두 들어온 이후에야, 조석(朝夕)으로 용(踊)을 하는 의례를 시행한다.

集說 國君之喪, 諸臣有朝夕哭踊之禮, 哭雖依次居位, 踊必相視爲節, 不容有先後也. 士卑, 其入恒後, 士皆入, 則無不在者矣, 故擧士入爲畢而後踊焉.

번역 제후국의 군주에 대한 상(喪)이 발생하면, 모든 신하들은 조석(朝夕)으로 곡(哭)과 용(踊)을 하는 예법이 있게 되는데, 곡(哭)을 할 때에는 비록 서열에 따라 곡(哭)하는 자리를 정하게 되고, 용(踊)을 할 때에는 반드시 서로의 행동에 견주어서 절도에 맞게 해야 하지만, 지위에 따른 선후의 차이는 없다. 사(士)의 신분은 미천하며, 그들이 들어왔을 때에는 항상 후열에 서게 되는데, 사(士)가 모두 들어오게 되면, 대열에 위치하지 않은 자가 없게 된다. 그렇기 때문에 사(士)가 들어오는 것을 기준으로 삼아, 들어오는 일이 끝나는 기점으로 정하고, 그 이후에 용(踊)을 하는 것이다.

鄭注 備猶盡也. 國君之喪, 嫌主人哭, 入則踊.

번역 '비(備)'자는 모두[盡]라는 뜻이다. 제후국 군주의 상(喪)에서는 상주(喪主)가 곡(哭)을 하게 되면, 몇몇 신하들이 들어온 상태에서 용(踊)을 해도 된다는 의혹이 생기므로, 이처럼 기록한 것이다.

孔疏 ●"士備"至"夕踊". ○正義曰: 此一節論君喪, 群臣朝夕哭踊之事. 備, 盡也. 國君喪, 群臣則朝夕卽位哭踊. 嗣君孝子雖先入卽位哭, 必待諸臣皆入列位畢後, 乃俱踊者也. 士卑最後, 故擧士入爲畢也. 所入有前後, 而相待踊者, 孝子哀深, 故前入也, 踊須相視爲節, 故俟齊也.

번역 ●經文: "士備"~"夕踊". ○이곳 문단은 구주의 상(喪)에서 뭇 신하들이 조석(朝夕)으로 곡(哭)과 용(踊)을 하는 사안에 대해서 논의하고 있다. '비(備)'자는 모두[盡]라는 뜻이다. 제후국 군주의 상(喪)이 발생하면, 뭇 신하들은 조석(朝夕)으로 자신의 자리로 나아가서 곡(哭)을 하고 용(踊)을 한다. 군주의 지위를 계승하는 자식은 비록 먼저 들어가서 자신의 자리로 나아가 곡(哭)을 하게 되지만, 반드시 뭇 신하들이 모두 들어와서 대열을 갖추기를 끝마칠 때까지 기다린 뒤에야, 모두 용(踊)을 하게 된다. 사(士)는 신분이 미천하므로, 가장 후열에 서게 된다. 그렇기 때문에 사(士)가 모두 들어오는 것을 기준으로 삼아, 들어오는 일이 끝나는 기점으로 정한 것이다. 곡(哭)하는 장소로 들어올 때에는 전후(前後)의 차이가 있지만, 서로 기다렸다가 함께 용(踊)을 하는데, 자식된 자는 애통함이 극심하기 때문에, 먼저 들어가는 것이고, 용(踊)의 경우에는 서로의 행동에 맞춰서 절도에 맞게 해야 한다. 그렇기 때문에 모두가 대열을 정비할 때까지 기다리는 것이다.

集解 愚謂: 士喪禮朝夕哭, "主人入門哭, 婦人踊; 主人堂下直東序西面; 兄弟皆卽位, 如外位; 卿大夫在主人之南; 諸公門東, 少進; 他國之異爵者門西, 少進; 敵則先拜他國之賓. 凡異爵者拜諸其位, 徹者盥於門外, 燭先入, 升自阼階, 丈夫踊." 是主人待衆賓畢入乃拜賓, 拜賓畢乃踊也. 嫌人君尊, 或不待群臣畢入而踴, 故明之.

번역 내가 생각하기에, 『의례』「사상례(士喪禮)」편에서는 조석(朝夕)으로 곡(哭)을 할 때, "상주(喪主)가 문으로 들어가서 곡(哭)을 하면, 부인(婦人)은 용(踊)을 하고, 상주가 당하(堂下)의 동서(東序)에 해당하는 곳에서 서쪽을 바라보면, 형제들은 모두 자리로 나아가서, 밖에서의 자리처럼 서게 된다. 경(卿)과 대부(大夫)는 상주의 남쪽에 위치하고, 제공(諸公)은 문의 동쪽에서 조금 앞으로 나아간다. 다른 나라에서 찾아온 자들 중 작위의 차등이 있는 자들은 문의 서쪽에서 조금 앞으로 나아간다. 작위가 대등한 경우라면, 먼저 다른 나라에서 찾아온 빈객에게 절을 한다. 무릇 작위의 차등이 있는 자들에 대해서는 그들의 자리에 나아가서 일일이 절을 하고, 철상을 하는 자는 문밖에서 손을 씻고, 등불을 든 자는 먼저 들어가서, 동쪽 계단을 통해서 당(堂)으로 오르며, 대부(大夫)는 용(踊)을 한다."[1]라고 했다. 이 말은 상주가 중빈(衆賓)들이 들어오는 것을 마치면, 곧 빈객들에게 절을 하고, 빈객들에게 절하는 것을 끝내면, 곧 용(踊)을 한다는 사실을 나타낸다. 군주는 존귀하므로, 간혹 뭇 신하들이 모두 들어오기를 기다리지 않고, 용(踊)을 해도 된다고 의심을 할 수도 있기 때문에, 이처럼 기록하여, 규정을 나타낸 것이다.

---

1) 『의례』「사상례(士喪禮)」: 朝夕哭, 不辟子卯. …… 主人拜賓, 旁三, 右還入門哭. 婦人踊. 主人堂下直東序, 西面. 兄弟皆即位, 如外位. 卿大夫在主人之南. 諸公門東, 少進. 他國之異爵者門西, 少進. 敵則先拜他國之賓. 凡異爵者拜諸其位. 徹者盥于門外. 燭先入, 升自阼階. 丈夫踊.

• 제 116 절 •

대상(大祥)과 담(禫)에 대한 규정

【106c】

祥而縞, 是月禫, 徙月樂.

직역 祥하고 縞하며, 是月에 禫하면, 月을 徙하여 樂한다.

의역 대상(大祥)을 치르고 호관(縞冠)을 쓰며, 그 달에 담(禫)제사를 지내면, 그 달을 넘겨서는 음악을 연주하게 된다.

集說 疏曰: 祥, 大祥也. 縞, 謂縞冠, 大祥日著之.

번역 공영달(孔穎達)의 소(疏)에서 말하길, '상(祥)'자는 대상(大祥)을 뜻한다. '호(縞)'자는 호관(縞冠)을 뜻하니, 대상을 치른 날에 이 관(冠)을 착용한다.

集說 馬氏曰: 祥禫之制, 施於三年之喪, 則其月同; 施於期之喪, 則其月異. 雜記曰, "十一月而練, 十三月而祥, 十五月而禫", 此期之喪也. 父在爲母有所屈, 三年所以爲極. 而至於二十五月者, 其禮不可過; 以三年之愛而斷於期者, 其情猶可伸. 在禫月而樂者, 聽於人也; 在徙月而樂者, 作於己也.

번역 마씨가 말하길, 대상(大祥)과 담(禫)제사를 지내는 제도를 삼년상에 적용하게 되면, 두 절차를 치르는 달이 같고, 기년상(期年喪)에 적용하게 되면, 두 절차를 치르는 달이 달라진다. 『예기』「잡기(雜記)」편에서는

"11개월째에 소상(小祥)을 치르고, 13개월째에 대상(大祥)을 치르며, 15개월째에 담(禫)제사를 지낸다."[1]라고 했는데, 이것은 기년상을 기준으로 한 내용이다. 부친이 생존해 계실 때 돌아가신 모친을 위해서는 굽히는 점이 생기고, 삼년상은 상례(喪禮)를 지극하게 치르는 것이다. 25개월째에 이르게 되면, 그 예(禮)를 지나치게 시행할 수가 없다. 따라서 삼년상을 치러야 하는 모친에 대해서, 기년상으로 단축한 경우라면, 그 정감을 오히려 펼칠 수가 있게 된다. 담(禫)제사를 치른 달에 음악을 한다는 것은 남이 연주하는 것을 듣는다는 뜻이며, 그 달을 넘겨서 음악을 한다는 것은 본인이 연주하는 것이다.

大全 嚴陵方氏曰: 祥而縞, 卽玉藻所謂"縞冠素紕, 旣祥之冠", 是也. 是月禫, 徙月樂者, 魯人朝祥而暮歌, 孔子以謂踰月則其善者, 以此.

번역 엄릉방씨가 말하길, 대상(大祥)을 치르고 호관(縞冠)을 착용한다는 말은 곧 『예기』「옥조(玉藻)」편에서 "호관(縞冠)에 소비(素紕)를 단 것이 대상을 끝내고서 쓰는 관(冠)이다."[2]라고 한 말에 해당한다. 그 달에 담(禫)제사를 지내고, 그 달을 넘겨서 음악을 연주한다고 했으니, 노(魯)나라 사람 중에 아침에 대상(大祥)을 치르고 저녁에 노래를 부르는 자가 있어서, 공자(孔子)가 그 자를 두고 "한 달을 넘기고 나서 노래를 불렀다면, 그의 행동은 올바른 행동이 되었을 것이다."[3]라고 평가한 것도 바로 이러한 이유 때문이다.

鄭注 縞冠, 素紕也. 言禫明月可以用樂.

---

1) 『예기』「잡기하(雜記下)」【513c】: 期之喪十一月而練, 十三月而祥, 十五月而禫. 練則弔.

2) 『예기』「옥조(玉藻)」【379a】: 縞冠玄武, 子姓之冠也. <u>縞冠素紕, 旣祥之冠也</u>.

3) 『예기』「단궁상」【74c】: 魯人有朝祥而莫歌者, 子路笑之. 夫子曰: "由! 爾責於人, 終無已夫! 三年之喪, 亦已久矣夫!" 子路出, 夫子曰: "又多乎哉! 踰月則其善也."

번역 호관(縞冠)은 소비(素紕)를 단 관(冠)을 뜻한다. 담(禫)제사를 지낸 다음 달에는 음악을 연주할 수 있다는 뜻이다.

釋文 縞, 古老反, 注同. 紕, 避支反. 禫, 大感反. 樂音岳.

번역 '縞'자는 '古(고)'자와 '老(로)'자의 반절음이며, 정현의 주에 나온 글자도 그 음이 이와 같다. '紕'자는 '避(피)'자와 '支(지)'자의 반절음이다. '禫'자는 '大(대)'자와 '感(감)'자의 반절음이다. '樂'자의 음은 '岳(악)'이다.

孔疏 ●"祥而"至"月樂". ○正義曰: 祥, 大祥也. "縞", 謂縞冠, 大祥日著之, 故小記除成喪者, 其祭朝服縞冠是也.

번역 ●經文: "祥而"~"月樂". ○'상(祥)'자는 대상(大祥)을 뜻한다. '호(縞)'자는 호관(縞冠)을 뜻하니, 대상(大祥)을 치른 날 착용한다. 그렇기 때문에 『예기』「상복소기(喪服小記)」편에서는 성인(成人)에 대한 상(喪)을 끝냈을 때, 그 제사에서는 조복(朝服)과 호관(縞冠)을 착용하다고 했던 것이다.[4]

孔疏 ●"是月禫, 徙月樂"者, 鄭志曰: "既禫徙月而樂作, 禮之正也. 孔子五日彈琴, 自省樂, 哀未忘耳. 踰月可以歌, 皆自身踰月所爲也. 此非當月所受樂名. 旣禫, 始得備樂, 而在心猶未忘能歡, 徙月之樂極歡也. 哀殺有漸, 是以樂亦隨之也."

번역 ●經文: "是月禫, 徙月樂". ○『정지』[5]에서 말하길, "담(禫)제사를

---

4) 『예기』「상복소기(喪服小記)」【422c】: 除殤之喪者, 其祭也必玄. <u>除成喪者, 其祭也朝服縞冠.</u>

5) 『정지(鄭志)』는 정현(鄭玄)과 그의 제자들이 오경(五經)에 대해서 문답을 주고받은 내용을 기록한 문헌이다. 『논어』의 형식에 의거하여, 정현의 제자들이 편찬하였다. 『후한서(後漢書)』「장조정열전(張曹鄭列傳)」편에는 "門人相與撰玄荅諸弟子問五經, 依論語作鄭志八篇."라는 기록이 있다.

끝내고서 그 달을 넘겨서 음악을 연주하는 것은 예(禮)에 따른 정당한 절차이다. 공자(孔子)가 대상(大祥)을 끝내고, 5일이 지난 후에 금(琴)을 연주했던 것[6]은 제 스스로 악기의 상태를 살핀 것이니, 슬픔을 아직 잊을 수가 없었기 때문이다. 그 달을 넘겨서 노래를 부를 수 있다는 것은 모두 제 자신이 그 달을 넘겨서 할 수 있다는 뜻이다. 이것은 그 달에 허용되는 악기를 살피는 뜻으로 쓴 말이 아니다. 담(禫)제사를 끝내게 되면, 비로소 악기들을 준비해둘 수 있지만, 마음에는 여전히 슬픔을 잊고 즐거운 마음을 나타낼 수가 없으니, 그 달을 넘겨서 연주하는 음악은 즐거운 마음을 지극히 표현할 수 있게 된다. 애통함이 줄어드는 데에는 점진적인 과정이 필요하니, 이러한 까닭으로 음악 또한 그에 따르는 것이다."라고 했다.

集解 愚謂: 祥之日鼓素琴, 而尙未可歌也, 踰月而可以笙歌, 而尙未備縣也; 禫而縣, 而猶未作也, 踰月而金石之樂作矣. 此除喪作樂之漸也.

번역 내가 생각하기에, 대상(大祥)을 치르는 날 소금(素琴)을 연주하게 되지만,[7] 여전히 노래를 부를 수 없는 것이며, 그 달을 넘겨서는 생황을 연주하며 노래를 부를 수 있지만,[8] 여전히 악기들을 모두 갖추어서 준비해 둘 수 없고, 담(禫)제사를 지내고서 악기들을 준비해둘 수 있지만, 여전히 연주를 할 수 없는 것이며, 그 달을 넘기게 되면, 종(鍾)이나 석경 등의 악기를 연주할 수 있게 된다. 이것이 상(喪)을 끝내며, 점진적으로 음악을 연주하는 과정이다.

---

6) 『예기』「단궁상」【77c~d】: 孔子旣祥, 五日彈琴而不成聲, 十日而成笙歌. 有子, 蓋旣祥而絲屨·組纓.

7) 『예기』「상복사제(喪服四制)」【721b】: 三日而食, 三月而沐, 期而練, 毁不滅性, 不以死傷生也. 喪不過三年, 苴衰不補, 墳墓不培. 祥之日鼓素琴, 告民有終也, 以節制者也.

8) 『예기』「단궁상」【77c~d】: 孔子旣祥, 五日彈琴而不成聲, 十日而成笙歌. 有子, 蓋旣祥而絲屨·組纓.

• 제 117 절 •

사(士)의 빈소에 대한 예외 규정

【106d】

君於士, 有賜帟.

직역 君은 士에 대해, 帟을 賜함이 有하다.

의역 군주는 사(士)에 대해서, 빈소를 차릴 때, 그 위를 덮는 작은 장막을 하사해주는 경우가 있다.

集說 帟, 幕之小者, 置之殯上以承塵也. 大夫以上, 則有司供之; 士卑又不得自爲, 故君於士之殯, 以帟賜之也.

번역 '역(帟)'자는 장막[幕] 중에서도 크기가 작은 것으로, 빈소 위에 설치하여 먼지가 떨어지는 것을 막는다. 대부(大夫) 이상의 계급인 경우라면, 유사(有司)가 장막을 공급하게 되는데, 사(士)는 신분이 미천하고 또한 제 스스로 이것을 설치할 수 없다. 그렇기 때문에 군주는 사(士)가 차린 빈소에 대해서, 작은 장막을 하사하게 되는 것이다.

鄭注 帟, 幕之小者, 所以承塵, 賜之則張於殯上. 大夫以上, 幕人職供焉.

번역 '역(帟)'자는 장막[幕] 중에서도 크기가 작은 것으로, 먼지가 떨어지는 것을 막는 것이다. 이것을 하사하게 되면, 빈소 위에 설치하게 된다. 대부(大夫) 이상의 계급에 대해서는 막인(幕人)의 직무에 따라, 그것들을

공급하게 된다.[1)]

釋文 帟音亦. 共音恭, 本亦作供.

번역 '帟'자의 음은 '亦(역)'이다. '共'자의 음은 '恭(공)'이며, 판본에 따라서는 또한 '供'자로 기록하기도 한다.

孔疏 ●"君於士有賜帟". ○正義曰: 賜, 惠賜也. 帟者, 幕之小者也. 大夫以上喪, 則幕人職供之也. 士唯有君恩賜之, 乃得有帟也.

번역 ●經文: "君於士有賜帟". ○'사(賜)'자는 은혜를 베풀어 하사를 해준다는 뜻이다. '역(帟)'이라는 것은 장막[幕] 중에서도 크기가 작은 것이다. 대부(大夫) 이상의 계급에서 상(喪)을 치르게 된다면, 막인(幕人)의 직무에 따라 그것들을 공급하게 된다. 사(士)는 오직 군주가 은혜를 베풀어 하사를 해준 것이 있어야만, 곧 역(帟)을 설치할 수 있다.

集解 愚謂: 周禮幕人, "掌帷・幕・幄・帟・綬之事." 掌次, "凡喪, 王則張帟三重, 諸侯再重, 孤卿大夫不重." 是大夫以上皆有帟, 幕人自以其職共之. 士本無帟, 君所加恩, 則有賜之以帟者也.

번역 내가 생각하기에, 『주례』「막인(幕人)」편에서는 "유(帷)・막(幕)・악(幄)・역(帟)・수(綬)와 관련된 사안들을 담당한다."[2)]라고 했고, 『주례』「장차(掌次)」편에서는 "무릇 상(喪)에 있어서 천자(天子)의 경우라면, 역(帟)을 3중으로 펼치고, 제후(諸侯)에 대해서는 2중으로 펼치며, 고(孤)・경(卿)・대부(大夫)에 대해서는 겹치도록 설치하지 않는다."[3)]라고 했다. 이

---

1) 『주례』「천관(天官)・막인(幕人)」: 三公及卿大夫之喪共其帟.
2) 『주례』「천관(天官)・막인(幕人)」: 幕人, 掌帷幕幄帟綬之事.
3) 『주례』「천관(天官)・장차(掌次)」: 凡喪, 王則張帟三重, 諸侯再重, 孤卿大夫不重.

말은 곧 대부(大夫) 이상의 계급에서는 모두들 역(帟)을 설치하게 되며, 막인(幕人)이 직접 자신의 직무 수행에 따라 그것들을 공급하게 된다는 사실을 나타낸다. 사(士) 계급은 본래 역(帟)을 설치하는 일이 없는데, 군주가 은혜를 베풀게 되면, 하사품으로 역(帟)을 내리는 경우도 있는 것이다.

禮記 檀弓上篇 人名 및 用語 辭典

ㄱ

◎ **가공언(賈公彥, ? ~ ?)** : 당(唐)나라 때의 유학자이다. 정현(鄭玄)을 존숭하였다. 예학(禮學)에 조예가 깊었다. 『주례소(周禮疏)』, 『의례소(儀禮疏)』 등의 저서를 남겼으며, 이 저서들은 『십삼경주소(十三經注疏)』에 포함되었다.

◎ **가정본(嘉靖本)** : 『가정본(嘉靖本)』에는 간행한 자의 정보가 기록되어 있지 않다. 『십삼경주소(十三經注疏)』의 판본이다. 20권으로 구성되어 있으며, 각 권의 뒤편에는 경문(經文)과 그에 따른 주(注)를 간략히 기록하고 있다. 단옥재(段玉裁)는 이 판본이 가정(嘉靖) 연간에 송본(宋本)을 모방하여 간행된 것이라고 여겼다.

◎ **감본(監本)** : 『감본(監本)』은 명(明)나라 국자감(國子監)에서 간행한 『십삼경주소(十三經注疏)』의 판본이다.

◎ **강복(降服)** : '강복'은 상(喪)의 수위를 본래의 등급보다 한 등급 낮추는 일에 해당한다. 예를 들어 자식은 부모에 대해 삼년상을 치러야 하지만, 다른 집의 양자로 간 경우라면 자신의 친부모에 대해 삼년상을 치르지 않고, 한 등급 낮춰서 1년만 치르게 된다. 이것은 상(喪)의 기간에만 해당하는 것이 아니라, 상복(喪服) 및 상(喪)을 치르며 부수적으로 갖추게 되는 기물(器物)들에도 적용된다.

◎ **강영(江永, A.D.1681 ~ A.D.1762)** : 청(淸)나라 때의 경학자이다. 자

(字)는 신수(愼修)이다. 『십삼경주소(十三經注疏)』에 대한 연구를 했으며, 특히 삼례(三禮)에 대해 해박했다.

◎ **개(介)** : '개'는 부관을 뜻한다. 빈객(賓客)이 방문했을 때 주인(主人)과 빈객 사이에서 진행되는 절차들을 보좌했던 자들이다. 계급에 따라서 '개'를 두는 숫자에도 차이가 났다. 가령 상공(上公)은 7명의 '개'를 두었고, 후작이나 백작은 5명을 두었으며, 자작과 남작은 3명의 개를 두었다. 『예기』「빙의(聘義)」편에는 "上公七介, 侯伯五介, 子男三介."라는 기록이 있다.

◎ **개성석경(開成石經)** : 『개성석경(開成石經)』은 당(唐)나라 만들어진 석경(石經)을 뜻한다. 돌에 경문(經文)을 새겼기 때문에, '석경'이라고 부른다. 당나라 때 만들어진 '석경'은 대화(大和) 7년(A.D.833)에 만들기 시작하여, 개성(開成) 2년(A.D.837)에 완성되었기 때문에, '개성석경'이라고도 부르는 것이다.

◎ **거우(車右)** : '거우'는 수레에 함께 타는 호위무사를 뜻한다. 수레의 우측에 위치하였기 때문에 '거우'라고 부르는 것이다.

◎ **경원보씨(慶源輔氏, ? ~ ?)** : =보광(輔廣). 남송(南宋) 때의 학자이다. 자(字)는 한경(漢卿)이고, 호(號)는 잠암(潛庵)·전이(傳貽)이다. 여조겸(呂祖謙)과 주자(朱子)에게서 학문을 배웠다. 저서로는 『사서찬소(四書纂疏)』, 『육경집해(六經集解)』 등이 있다.

◎ **경전석문(經典釋文)** : 『경전석문(經典釋文)』은 석문(釋文)이라고도 부른다. 당(唐)나라 때의 학자인 육덕명(陸德明)이 지은 책이다. 문자(文字)의 동이(同異) 및 음과 뜻에 대해서 풀이한 서적이다. 전체 30권으로 구성되어 있으며, 『역(易)』, 『서(書)』, 『시(詩)』, 『주례(周禮)』, 『의례(儀禮)』, 『예기(禮記)』 등 주요 유가경전(儒家經典)들에 대해 풀이하고 있다. 한편 노장사상(老莊思想)이 유행했던 당시의 영향으로, 『노자(老子)』와 『장자(莊子)』에 대한 내용 또한 수록되어 있다.

◎ **계빈(啓殯)** : '계빈'은 장례(葬禮) 절차 중 하나이다. 장례를 치르기 위하여, 빈소에 임시로 가매장했던 영구를 꺼내는 절차를 뜻한다.

◎ **고문(皐門)** : '고문'은 천자의 궁(宮)에 설치된 문들 중에서 가장 바깥쪽에 설치하는 문이다. 높다는 의미의 '고(高)'자가 '고(皐)'자와 통용되므로, 붙여진 명칭이다. 『시』「대아(大雅)·면(緜)」편에는 "迺立皐門, 皐門有伉."이라는 용례가 있고, 『예기』「명당위(明堂位)」편의 "大

廟, 天子明堂. 庫門, 天子皐門. 雉門, 天子應門."이라는 기록에 대해, 정현의 주에서는 "皐之言高也."라고 풀이했다.

◎ **고문송판(考文宋板)** : 『고문송판(考文宋板)』은 일본 학자 산정정(山井鼎) 등이 출간한 『칠경맹자고문보유(七經孟子考文補遺)』에 수록된 『예기정의(禮記正義)』를 뜻한다. 산정정은 『예기정의』를 수록할 때, 송(宋)나라 때의 판본을 저본으로 삼았다.

◎ **고신씨(高辛氏)** : '고신씨'는 곧 제곡(帝嚳)을 가리킨다. 제곡은 최초 신(辛)이라는 땅을 분봉 받았다가, 이후에 제(帝)가 되었으므로, 제곡을 '고신씨'라고도 부르는 것이다.

◎ **고양씨(高陽氏)** : =전욱(顓頊)

◎ **고염무(顧炎武, A.D.1613 ~ A.D.1682)** : 명말(明末) 때의 학자이다. 자(字)는 영인(寧人)이고, 호(號)는 정림(亭林)이다. 경학과 사학(史學) 분야에 뛰어났다. 『일지록(日知錄)』 등의 저서가 있다.

◎ **곤학기문(困學紀聞)** : 『곤학기문(困學紀聞)』은 남송(南宋) 때 왕응린(王應麟)이 지은 책이다. 경(經)을 비롯해, 천문(天文)·지리(地理) 등 다양한 분야에 대해서 짤막한 고증과 평론 등을 수록하고 있다.

◎ **공시선생(公是先生)** : =유창(劉敞)

◎ **공안국(孔安國, ? ~ ?)** : 전한(前漢) 때의 학자이다. 자(字)는 자국(子國)이다. 고문상서학(古文尙書學)의 개조(開祖)로 알려져 있다. 『십삼경주소(十三經注疏)』의 『상서정의(尙書正義)』에는 공안국의 전(傳)이 수록되어 있는데, 통상적으로 이 주석은 후대인들이 공안국의 이름에 가탁하여 붙인 문장으로 인식되고 있다.

◎ **공영달(孔穎達, A.D.574 ~ A.D.648)** : =공씨(孔氏). 당대(唐代)의 경학자이다. 자(字)는 중달(仲達)이고, 시호(諡號)는 헌공(憲公)이다. 『오경정의(五經正義)』를 찬정(撰定)하는데 중심적인 역할을 했다.

◎ **공유사(公有司)** : '공유사'는 사(士)가 맡았던 직책으로, 군주에게 특명을 받은 유사(有司)이다. '유사'는 실무 담당자를 뜻한다.

◎ **공자가어(孔子家語)** : 『공자가어(孔子家語)』는 공자(孔子)의 언행 및 제자들과의 일화를 기록한 문헌이다. 전한(前漢) 초기에 공안국(孔安國)이 이 책을 편집했다는 학설도 있지만, 현존하는 『공자가어』는 일반적으로 왕숙(王肅)의 위작으로 인식된다.

◎ **곽경순(郭景純)** : =곽박(郭璞)

◎ **곽박(郭璞, A.D.276 ~ A.D.324)** : =곽경순(郭景純). 진(晉)나라 때의 학자이다. 자(字)는 경순(景純)이다. 저서로는 『이아주(爾雅注)』, 『방언주(方言注)』, 『산해경주(山海經注)』 등이 있다.

◎ **광아(廣雅)** : 『광아(廣雅)』는 위(魏)나라 때 장읍(張揖)이 지은 자전(字典)이다. 『박아(博雅)』라고도 부른다. 『이아』의 체제를 계승하고, 새로운 내용을 보충하여, 경전(經典)에 기록된 글자들을 해석한 서적이다. 본래 상·중·하 3권으로 구성되어 있었지만, 수(隋)나라 조헌(曹憲)이 재차 10권으로 편집하였다. 한편 '광(廣)'자가 수나라 양제(煬帝)의 시호였기 때문에, 피휘를 하여, 『박아』라고 부르게 되었다.

◎ **광안유씨(廣安游氏, ? ~ ?)** : =유계(游桂)·유원발(游元發). 남송(南宋) 때의 학자이다. 이름은 계(桂)이고, 자(字)는 원발(元發)이며, 호(號)는 사재(思齋)이다. 자세한 행적은 남아 있지 않다.

◎ **광운(廣韻)** : 『광운(廣韻)』은 수(隋)나라 때의 학자인 육법언(陸法言, ? ~ ?)이 찬(撰)한 음운학 서적이다. 여러 학자들과 논의하여 『절운(切韻)』을 만들었는데, 당(唐)나라 때 그의 후손인 육눌언(陸訥言) 등이 주를 달았고, 손면(孫愐)이 증보(增補)를 하여 『광운(廣韻)』으로 제목을 고쳤다. 송(宋)나라 때에는 칙명으로 다시 증보를 하여, 『대송중수광운(大宋重修廣韻)』으로 제목을 고쳤다. 『대송중수광운』으로 개명되면서, 최초 육법언 및 손면이 편찬한 원본의 체제가 없어지게 되었다.

◎ **교감기(校勘記)** : 『교감기(校勘記)』는 완원(阮元)이 학자들을 모아서 편차했던 『십삼경주소교감기(十三經註疏校勘記)』를 뜻한다.

◎ **교기(校記)** : 『교기(校記)』는 손이양(孫詒讓)이 지은 『십삼경주소교기(十三經注疏校記)』를 뜻한다.

◎ **구배(九拜)** : '구배'는 제사를 지낼 때 사용하게 되는 아홉 종류의 절하는 형식을 뜻한다. 계수(稽首), 돈수(頓首), 공수(空首), 진동(振動), 길배(吉拜), 흉배(凶拜), 기배(奇拜), 포배(褒拜), 숙배(肅拜)에 해당한다. '계수'는 절을 하며 머리가 지면에 닿도록 하는 것이며, '돈수'는 절을 하며 머리가 땅을 두드리듯이 찧는 것이고, '공수'는 절을 하며 머리가 손을 포갠 곳에 닿도록 하는 것이니, '배수(拜手)'라고 부르는 것에 해당한다. '길배'는 절을 한 이후에 이마를 땅에 닿게 하는 것이며, '흉배'는 이마를 땅에 닿게 한 이후에 절을 하는 것이다. '진

동'의 경우 애통하게 울면서 절을 하는 것을 뜻하기도 하고, 양손을 서로 부딪치는 것을 뜻하기도 하며, 위엄을 갖추고 절을 하는 것을 뜻하기도 한다. '기배'는 절하는 횟수를 홀수로 하는 것을 뜻하기도 하며, 한쪽 무릎만 굽히고 하는 절이나 손에 쥐고 있는 물건 등에 의지해서 절하는 것을 뜻하기도 하고, 한 번 절하는 것을 뜻하기도 한다. '포배'는 답배를 뜻하기도 하니, 재배(再拜)에 해당하고, 또 손에 물건을 쥐고 절하는 것을 뜻하기도 한다. '숙배'는 단지 손을 아래로 내려서 몸에 붙이는 것에 해당한다. 『주례』「춘관(春官)·대축(大祝)」편에는 "辨九拜, 一曰稽首, 二曰頓首, 三曰空首, 四曰振動, 五曰吉拜, 六曰凶拜, 七曰奇拜, 八曰褒拜, 九曰肅拜, 以享右祭祀."라는 기록이 있고, 이에 대한 정현의 주에서는 "稽首, 拜頭至地也. 頓首, 拜頭叩地也. 空首, 拜頭至手, 所謂拜手也. 吉拜, 拜而后稽顙, 謂齊衰不杖以下者. 言吉者, 此殷之凶拜, 周以其拜與頓首相通, 故謂之吉拜云. 凶拜, 稽顙而后拜, 謂三年服者. 杜子春云, '振讀爲振鐸之振, 動讀爲哀慟之慟, 奇讀爲奇偶之奇, 謂先屈一膝, 今雅拜是也. 或云, 奇讀曰倚, 倚拜謂持節·持戟拜, 身倚之以拜.' 鄭大夫云, '動讀爲董, 書亦或爲董. 振董, 以兩手相擊也. 奇拜, 謂一拜也. 褒讀爲報, 報拜, 再拜是也.' 鄭司農云, '褒拜, 今時持節拜是也. 肅拜, 但俯下手, 今時撎是也. 介者不拜, 故曰爲事故, 敢肅使者.' 玄謂振動戰栗變動之拜. 書曰王動色變. 一拜, 答臣下拜. 再拜, 拜神與尸. 享, 獻也, 謂朝獻饋獻也. 右讀爲侑. 侑勸尸食而拜."라고 풀이했다.

◎ **궤식(饋食)** : '궤식'은 음식을 바친다는 뜻이다. 고대에는 천자 및 제후들이 매월 초하루마다 종묘(宗廟)에서 음식을 바치는 의식을 치렀는데, 이것을 '궤식'이라고도 부른다. 『주례』「춘관(春官)·대종백(大宗伯)」편에는 "以饋食享先王."이라는 기록이 있다. 한편 조사(朝事)를 시행할 때, 조천(朝踐)을 끝낸 뒤, 생고기를 삶아서 재차 바치는 의식을 가리키기도 한다.

◎ **궤전(饋奠)** : '궤전'은 상중(喪中)에 시행하는 전제사[奠祭]를 가리킨다.

◎ **금릉왕씨(金陵王氏)** : =왕안석(王安石)

◎ **금화응씨(金華應氏, ? ~ ?)** : =응용(應鏞)·응씨(應氏)·응자화(應子和). 이름은 용(鏞)이다. 자(字)는 자화(子和)이다. 『예기찬의(禮記纂義)』를 지었다.

◎ **기공(寄公)** : '기공'은 자신의 나라를 잃고, 다른 나라에 위탁해서 지내는 제후를 뜻한다. 후대에는 지위를 잃고 떠돌아다니게 된 사람들을 지칭하는 용어로도 사용했다.

◎ **기년복(期年服)** : '기년복'은 1년 동안 상복(喪服)을 입는다는 뜻이다. 또는 그 기간 동안 입게 되는 상복을 뜻하기도 하는데, 일반적으로 자최복(齊衰服)을 가리키는 용어로 사용된다. '기년복'이라고 할 때의 '기년(期年)'은 1년을 뜻하는데, '자최복'은 일반적으로 1년 동안 입게 되는 상복이 되기 때문이다.

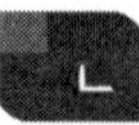

◎ **남송석경(南宋石經)** : 『남송석경(南宋石經)』은 송(宋)나라 고종(高宗) 때 돌에 새긴 『십삼경주소(十三經注疏)』의 판본이다. 그러나 『예기(禮記)』에 대해서는 「중용(中庸)」 1편만을 기록하고 있다.

◎ **납징(納徵)** : '납징'은 납폐(納幣)라고도 부른다. 혼인과 관련된 육례(六禮) 중 하나이다. 혼인 약속을 증명하기 위해, 여자 집안에 폐백을 보내는 일을 뜻한다.

◎ **납폐(納幣)** : =납징(納徵)

◎ **내상(內喪)** : '내상'은 대문(大門) 안에서 발생한 상(喪)을 뜻한다. 즉 집안에서 발생한 상(喪)을 뜻하며, 외상(外喪)과 반대가 된다.

◎ **내침(內寢)** : '내침'은 연침(燕寢)을 뜻한다. 천자의 경우 6개의 침(寢)을 두는데, 1개의 정침(正寢)을 제외하고, 나머지 5개의 침은 연침이 된다. 정침은 가장 바깥쪽에 있기 때문에, 외침(外寢)이라고 부르며, 연침은 상대적인 의미에서 '내침'이라고 부른다.

◎ **노식(盧植, A.D.159? ~ A.D.192)** : =노씨(盧氏). 후한(後漢) 때의 유학자이다. 자(字)는 자간(子幹)이다. 어려서 마융(馬融)을 스승으로 섬겼다. 영제(靈帝)의 건녕(建寧) 연간(A.D.168 ~ A.D.172)에 박사(博士)가 되었다. 채옹(蔡邕) 등과 함께 동관(東觀)에서 오경(五經)을 교정했다. 후에 동탁(董卓)이 소제(少帝)를 폐위시키자, 은거하며 『상서장구(尙書章句)』, 『삼례해고(三禮解詁)』를 저술했지만, 남아 있지 않다.

◎ **노씨(盧氏)** : =노식(盧植)

◎ **노침(路寢)** : '노침'은 천자나 제후가 정무를 처리하던 정전(正殿)이다. 『시』「노송(魯頌)·민궁(閟宮)」편에는 "松桷有舃, 路寢孔碩."이라는 기록이 있는데, 이에 대한 모전(毛傳)에서는 "路寢, 正寢也."라고 풀이했고, 『문선(文選)』에 수록된 장형(張衡)의 '서경부(西京賦)'에는 "正殿路寢, 用朝群辟."이라는 기록이 있는데, 이에 대한 설종(薛綜)의 주에서는"周曰路寢, 漢曰正殿."이라고 하여, 주(周)나라에서는 '정전'을 '노침'으로 불렀다고 풀이했다.

◎ **뇌(誄)** : '뇌'는 죽은 자의 행적들을 열거하여, 그 기록들을 읽으며, 시호(諡號)를 짓는 것을 뜻한다. '뇌'자는 "묶는다[累]."는 뜻이다. 즉 죽은 자의 행적을 하나로 엮는다는 의미이다.

ㄷ

◎ **단(袒)** : '단'은 상중(喪中)에 남자들이 취하는 복장 방식이다. 상의 중 좌측 어깨 쪽을 드러내는 방법이다. 한편 일반적인 의례절차에서도 단(袒)의 복장 방식을 취하는 경우가 있다.

◎ **단면(袒免)** : '단면'은 상의의 한쪽을 벗어 좌측 어깨를 드러내고, 관(冠)을 벗고 머리끈으로 머리를 묶는다는 뜻이다. 먼 친척이 죽었을 때, 해당하는 상복(喪服)이 없다면, 이처럼 '단면'을 해서 애도하는 마음을 표현하게 된다.

◎ **단옥재(段玉裁, A.D.1735 ~ A.D.1815)** : 청(淸)나라 때의 학자이다. 자(字)는 약응(若膺)이고, 호(號)는 무당(懋堂)이다. 저서로는 『설문해자주(說文解字注)』, 『육서음균표(六書音均表)』, 『고문상서찬이(古文尙書撰異)』 등이 있다.

◎ **단의(褖衣)** : '단의'는 흑색의 천으로 상의와 하의를 만들고, 붉은색으로 가장자리에 단을 댄 옷이다. 『의례』「사상례(士喪禮)」편에는 '단의'가 기록되어 있는데, 이에 대한 정현의 주에서는 "黑衣裳赤緣謂之褖."이라고 풀이했다.

◎ **담제(禫祭)** : '담제'는 상복(喪服)을 벗을 때 지내는 제사이다.

◎ **대덕(戴德, ? ~ ?)** : 전한(前漢) 때의 학자이다. 자(字)는 연군(延君)이

다. 금문예학(今文禮學)인 대대학(大戴學)의 창시자로 일컬어진다. 조카 대성(戴聖), 경보(慶普) 등과 후창(后蒼)에게서 수학하여, 예(禮)를 익혔다. 선제(宣帝) 때에는 박사(博士)에 임명되기도 하였다. 그의 학문은 서량(徐良)과 유경(斿卿) 등에게 전수되었다. 『대대례기(大戴禮記)』를 편찬하였지만, 『소대례기(小戴禮記)』에 비해 성행되지 못하였으며, 현재는 많은 부분이 없어지고, 단지 삼십여 편만이 남아 있다.

◎ **대상(大喪)** : 천자(天子)·왕후(王后)·세자(世子) 등의 상(喪)을 가리킨다. 이들은 가장 존귀한 자들에 해당하기 때문에, 그들에 대한 상(喪) 또한 '대(大)'자를 붙여서, '대상'이라고 부르는 것이다. 『주례』「천관(天官)·재부(宰夫)」편에는 "大喪小喪, 掌小官之戒令, 帥執事而治之."라는 기록이 있는데, 이에 대한 정현의 주에서는 "大喪, 王·后·世子之喪也."라고 풀이했다. 한편 '대상'은 부모의 상(喪)을 가리키기도 한다. 부모는 자식의 입장에서 가장 중대한 대상에 해당하기 때문에, 부모의 상(喪)을 '대상'이라고 부르는 것이다. 『춘추공양전』「선공(宣公) 1년」편에는 "古者臣有大喪, 則君三年不呼其門."이라는 용례가 있다.

◎ **대상(大祥)** : '대상'은 부모의 상(喪)에서, 부모가 죽은 지 만 2년 만에 탈상을 하며 지내는 제사이다.

◎ **대소(大韶)** : '대소'는 순(舜)임금 때의 악무(樂舞)이다. 주(周)나라에 와서 육무(六舞) 중 하나로 정착하였다. 『장자(莊子)』「천하(天下)」편에는 "舜有大韶."라는 기록이 있다.

◎ **대하(大夏)** : '대하'는 주(周)나라 때의 악무(樂舞) 중 하나이다. 하(夏)나라 우(禹)임금 때의 악무를 근간으로 삼아서 만든 악무이다.

◎ **동래여씨(東萊呂氏)** : =여조겸(呂祖謙)

◎ **두예(杜預, A.D.222 ~ A.D.284)** : 서진(西晉) 때의 유학자이다. 경조(京兆) 두릉(杜陵) 출신이다. 자(字)는 원개(元凱)이다. 『춘추경전집해(春秋經典集解)』를 저술하였는데, 이 책은 현존하는 『춘추(春秋)』의 주석서 중 가장 오래된 것이며, 『십삼경주소(十三經注疏)』의 『춘추좌씨전정의(春秋左氏傳正義)』에도 채택되어 수록되었다.

ㅁ

◎ **마최(麻衰)** : '마최'는 가는 삼[麻]으로 짠 포(布)를 사용하여 만든 상복(喪服)이다. '마최'의 '마(麻)'자는 재질을 뜻하는 글자이며, '최(衰)'자는 상복을 뜻하는 글자이다. 『예기』「단궁상(檀弓上)」편에는 "司寇惠子之喪, 子游爲之麻衰, 牡麻絰."이라는 기록이 있는데, 이에 대한 정현의 주에서는 "麻衰, 以吉服之布爲衰."라고 풀이했다. 즉 가는 삼으로 짠 포는 길복(吉服)에 사용하는 것이다. 따라서 '마최'의 복장을 조복(弔服)으로 착용할 경우, 정상적인 조복과는 거리가 먼 것이다.

◎ **면(免)** : '면'은 면포(免布)나 면복(免服)과 같은 뜻이다.

◎ **면복(免服)** : '면복'은 상복(喪服)의 한 종류이다. 면(免)과 최질(衰絰)을 하는 것이며, 친상(親喪)을 처음 당했을 때 착용하는 복장이다.

◎ **면포(免布)** : '면포'는 상(喪)을 당한 사람이 관(冠)을 벗고 흰 천 등으로 '머리를 묶는 것[括髮]'을 뜻한다.

◎ **명기(明器)** : '명기'는 명기(冥器)라고도 부른다. 장례(葬禮) 때 시신과 함께 매장하는 순장품을 뜻한다.

◎ **명기(冥器)** : =명기(明器)

◎ **모본(毛本)** : 『모본(毛本)』은 명(明)나라 말기 급고각(汲古閣)에서 간행된 『십삼경주소(十三經注疏)』의 판본이다. 급고각은 모진(毛晋)이 지은 장서각이었으므로, 이러한 명칭이 생겼다.

◎ **목록(目錄)** : 『목록(目錄)』은 정현이 찬술했다고 전해지는 『삼례목록(三禮目錄)』을 가리킨다. 『십삼경주소(十三經注疏)』에서 인용되고 있지만, 이 책은 『수서(隋書)』가 편찬될 당시에 이미 일실되어 존재하지 않았다. 『수서』「경적지(經籍志)」편에는 "三禮目錄一卷, 鄭玄撰, 梁有陶弘景注一卷, 亡."이라는 기록이 있다.

◎ **무산작(無筭爵)** : '무산작'은 술잔의 수를 헤아리지 않는다는 뜻이다. 여수(旅酬)를 한 이후에, 빈객들의 제자들과 형제들의 자제들은 각각 그들의 수장에게 술을 따르고, 잔을 들어 올리는 것도 각각 그들의 수장에게 한다. 그리고 빈객들이 잔을 가져다가, 형제들 집단에 술을 권하고, 장형제(長兄弟)들은 잔을 가져다가 빈객의 무리들에게 술을 권하게 된다. 이처럼 여러 차례 술을 따르고 권하기 때문에, 이러한 절차를 '무산작'이라고 부르는 것이다.

◎ **민본(閩本)** : 『민본(閩本)』은 명(明)나라 가정(嘉靖) 연간 때 이원양(李元陽)이 간행한 『십삼경주소(十三經注疏)』 판본이다. 한편 『칠경맹자고문보유(七經孟子考文補遺)』에서는 이 판본을 『가정본(嘉靖本)』으로 지칭하고 있다.

ㅂ

◎ **반곡(反哭)** : '반곡'은 장례(葬禮) 절차 중 하나이다. 장지(葬地)에 시신을 안치한 이후, 상주(喪主)는 신주(神主)를 받들고 되돌아와서 곡(哭)을 하는데, 이것을 '반곡'이라고 부른다.

◎ **방각(方慤)** : =엄릉방씨(嚴陵方氏)

◎ **방성부(方性夫)** : =엄릉방씨(嚴陵方氏)

◎ **방씨(方氏)** : =엄릉방씨(嚴陵方氏)

◎ **방언(方言)** : 『방언(方言)』은 『유헌사자절대어석별국방언(輶軒使者絶代語釋別國方言)』·『별국방언(別國方言)』이라고도 부른다. 한(漢)나라 때의 학자인 양웅(揚雄)이 편찬했다고 전해지는 서적이다. 총 13권으로 구성되어 있었으며, 각 지방에서 온 사신들의 방언을 모았다는 뜻에서, 『유헌사자절대어석별국방언』이라는 제목으로 출간되었고, 또 이 말을 줄여서 『별국방언』·『방언』이라고 부르게 되었다. 현존하는 『방언』은 곽박(郭璞)의 주(注)가 붙어 있는 판본이다. 그러나 『한서(漢書)』 등의 기록에는 양웅의 저술 목록에 『방언』이 포함되어 있지 않으므로, 편찬자에 대한 의혹이 끊임없이 제기되었다.

◎ **백호통(白虎通)** : 『백호통(白虎通)』은 후한(後漢) 때 편찬된 서적이다. 『백호통의(白虎通義)』라고도 부른다. 후한의 장제(章帝)가 학자들을 불러 모아서, 백호관(白虎觀)에서 토론을 시키고, 각 경전 해석의 차이점을 기록한 서적이다.

◎ **별록(別錄)** : 『별록(別錄)』은 후한(後漢) 때 유향(劉向)이 찬(撰)했다고 전해지는 책이다. 현재는 일실되어 존재하지 않으며, 『한서(漢書)』「예문지(藝文志)」편을 통해서 대략적인 내용만을 추측해볼 수 있다.

◎ **병(秉)** : '병'은 수량을 재는 단위이다. 16두(斗)는 1수(籔)가 되고, 10수(籔)는 1병(秉)이 된다. 『의례』「빙례(聘禮)」편에는 "十斗曰斛, 十六

斗曰籔, 十籔曰秉."이라는 기록이 있다.

◎ **보광(輔廣)** : =경원보씨(慶源輔氏)

◎ **복희(伏羲)** : '복희'는 곧 복희씨(宓戲氏)・복희씨(伏羲氏)를 가리킨다. 전설시대에 존재했다고 전해지는 고대 제왕 중 한 명이다. 복(伏)자와 복(宓)자, 그리고 희(羲)자와 희(戲)자는 음이 같아서 통용되었다. 『한서(漢書)』「고금인표(古今人表)」편에는 "太昊帝宓羲氏."라는 기록이 있는데, 이에 대한 안사고(顔師古)의 주에서는 "宓, 音伏, 字本作戲, 其音同."이라고 풀이했다.

◎ **부제(祔祭)** : '부제'는 '부(祔)'라고도 한다. 새로이 죽은 자가 있으면, 선조(先祖)에게 '부제'를 올리면서, 신주(神主)를 합사(合祀)하는 것을 말한다. 『주례』「춘관(春官)・대축(大祝)」편에는 "付練祥, 掌國事." 라는 기록이 있고, 이에 대한 정현의 주에서는 "付當爲祔. 祭於先王以祔後死者."라고 풀이하였다.

◎ **비률(碑繂)** : '비률'에서의 비(碑)자는 하관(下棺)할 때, 매장하는 구덩이 주변에 설치하는 풍비(豊碑)를 뜻한다. 률(繂)자는 풍비에 뚫린 구멍에 끼우는 끈을 말한다. 즉 '비률'은 도르래의 원리와 비슷한 것으로 하관할 때 사용한다. 『예기』「단궁하(檀弓下)」편에는 "公室視豊碑, 三家視桓楹."이라는 기록이 있는데, 이에 대한 정현의 주에서는 "豊碑, 斲大木爲之, 形如石碑. 於槨前後四角樹之, 穿中於間, 爲鹿盧, 下棺以繂繞. 天子六繂四碑, 前後各重鹿盧也."라고 풀이했다.

ㅅ

◎ **사구(司寇)** : '사구'는 주(周)나라 때 설치되었던 관직이다. 하(夏)나라와 은(殷)나라 때에도 이미 존재했었다고 주장하기도 한다. 주나라 때에는 육경(六卿) 중 하나였으며, 대사구(大司寇)라고도 불렀다. 형벌이나 옥사에 관련된 일을 담당하였고, 감찰 임무를 맡기도 하였다. 춘추시대(春秋時代)에는 여러 제후국들에 이 관직이 설치되었으며, 공자(孔子) 또한 노(魯)나라에서 '사구'를 지냈다고 전해지기도 한다. 청(淸)나라 때에는 형부상서(刑部尙書)를 '대사구'로 불렀으며, 시랑(侍郎)을 소사구(少司寇)로 불렀다.

◎ **사마천(司馬遷, B.C.145? ~ B.C.86)** : 전한(前漢) 때의 사학자이다. 자(字)는 자장(子長)이다. 부친은 사마담(司馬談)이다. 저서로는 『사기(史記)』가 있다.

◎ **사방득(謝枋得, A.D.1226 ~ A.D.1289)** : 남송(南宋) 때의 문장가이다. 자(字)는 군직(君直)이고, 호(號)는 첩산(疊山)이다. 저서로는 『첩산집(疊山集)』, 『문장궤범(文章軌範)』 등이 있다.

◎ **산음육씨(山陰陸氏, A.D.1042 ~ A.D.1102)** : =육농사(陸農師)·육전(陸佃). 북송(北宋) 때의 유학자이다. 자(字)는 농사(農師)이며, 호(號)는 도산(陶山)이다. 어려서 집안이 매우 가난했다고 전해지며, 왕안석(王安石)에게 수학하였으나 왕안석의 신법에 대해서는 반대하였다. 저서로는 『비아(埤雅)』, 『춘추후전(春秋後傳)』, 『도산집(陶山集)』 등이 있다.

◎ **상서중후(尙書中候)** : 『상서중후(尙書中候)』는 위서(緯書) 중 하나이다. '위서'는 경서(經書)의 부족한 내용을 보충하기 위해 위작된 것으로, 서한(西漢) 말기에 유행하기 시작하여, 동한(東漢) 시기에 크게 성행하였으며, 남조(南朝) 송나라 때가 되어서야 비로소 금지되기 시작하였다.

◎ **상전(喪奠)** : '상전'은 상례(喪禮)를 시행하는 도중 아직 장례(葬禮)를 치르지 않은 상태에서, 음식물들을 진설하며 지내는 전(奠)제사를 뜻한다.

◎ **상제(祥祭)** : '상제'는 대상(大祥)과 소상(小祥) 때의 제사를 뜻한다. '소상'에서의 제사는 부모가 죽은 지 만 1년 만에 지내는 제사이고, 대상(大祥)에서의 제사는 만 2년 만에 지내는 제사이다.

◎ **석(裼)** : '석'은 고대에 의례를 시행할 때 하는 복장 방식 중 하나이다. 좌측 소매를 걷어 올려서, 안에 입고 있는 석의(裼衣)를 드러내는 것이다. 한편 '석'은 비교적 성대하지 않은 의식 때 시행하는 복장 방식으로도 사용되어, 좌측 소매를 걷어 올려서 공경의 뜻을 표하기도 했다.

◎ **석의(裼衣)** : '석의'는 고대에 의례를 시행할 때 입는 옷이다. 가죽옷이나 갈옷 위에 걸쳤던 외투 중 하나이다. '석의' 위에는 습의(襲衣)를 걸쳤기 때문에, 중간에 입는 옷이라는 뜻에서 '중의(中衣)'라고도 부른다.

◎ **석경(石經)** : 『석경(石經)』은 당(唐)나라 개성(開成) 2년(A.D.714)에 돌에 새긴 『십삼경주소(十三經注疏)』의 판본이다. 당나라 국자학(國子學)의 비석에 새겨졌다는 판본이 바로 이것을 가리킨다.

◎ **석량왕씨(石梁王氏, ? ~ ?)** : 자세한 이력이 남아 있지 않다.

◎ **석림섭씨(石林葉氏, ? ~ A.D.1148)** : =섭몽득(葉夢得) · 섭소온(葉少蘊). 남송(南宋) 때의 유학자이다. 자(字)는 소온(少蘊)이고, 호(號)는 몽득(夢得)이다. 박학다식했다고 전해지며, 『춘추(春秋)』에 대한 조예가 깊었다.

◎ **석명(釋名)** : 『석명(釋名)』은 후한(後漢) 때의 학자인 유희(劉熙)가 지은 서적이다. 오래된 훈고학 서적의 하나로 꼽힌다.

◎ **석최(錫衰)** : '석최'는 가는 베로 만든 옷으로, 일종의 상복(喪服)에 해당한다. 천자의 경우, 삼공(三公)이나 육경(六卿)의 상(喪)에 착용했던 복장이다.

◎ **석폐(釋幣)** : '석폐'는 비단 등의 폐백을 차려서 종묘(宗廟) 및 신령에게 아뢰는 의식이다. 중요한 임무를 맡게 되어, 국경 밖으로 나갈 경우에 이러한 의식을 시행하였다.

◎ **설문(說文)** : =설문해자(說文解字)

◎ **설문해자(說文解字)** : 『설문해자(說文解字)』는 후한(後漢) 때의 학자인 허신(許愼, ? ~ ?)이 찬(撰)했다고 전해지는 자서(字書)이다. 『설문(說文)』이라고도 칭해진다. A.D.100년경에 완성되었다고 전해진다. 글자의 형태, 뜻, 음운(音韻)을 수록하고 있다.

◎ **섭도(葉濤)** : =용천섭씨(龍泉葉氏)

◎ **섭몽득(葉夢得)** : =석림섭씨(石林葉氏)

◎ **섭소온(葉少蘊)** : =석림섭씨(石林葉氏)

◎ **성복(成服)** : '성복'은 상례(喪禮)에서 대렴(大斂) 이후, 죽은 자와의 관계에 따라, 각각 규정에 맞는 상복(喪服)을 갖춰 입는다는 뜻이다.

◎ **성증론(聖證論)** : 『성증론(聖證論)』은 후한(後漢) 때 학자인 왕숙(王肅)의 저작으로, 정현의 학설을 반박하는 내용으로 구성되어 있다. 저서는 이미 산일되어 없어졌으나, 남아 있던 일부 기록들은 수합되어 『옥함산방집일서(玉函山房輯佚書)』에 수록되어 있으며, 청(淸)나라 때 학자인 피석서(皮錫瑞)는 『성증론보평(聖證論補評)』을 저술하였다.

◎ **세본(世本)** : 『세본(世本)』은 『세(世)』·『세계(世系)』 등으로 일컬어지기도 한다. 선진시대(先秦時代) 때의 사관(史官)이 기록한 문헌이라고 전해지지만, 진위여부를 확인할 수 없다. 『세본』은 고대의 제왕(帝王), 제후(諸侯) 및 경대부(卿大夫)들의 세계도(世系圖)를 기록한 서적이다. 일실되어 현존하지 않지만, 후대 학자들이 다른 문헌 속에 남아 있는 기록들을 수집하여, 일집본(佚輯本)을 남겼다. 이러한 일집본에는 여덟 종류의 주요 판본이 있는데, 각 판본마다 내용상의 차이를 보이고 있다. 1959년에는 상무인서관(商務印書館)에서 이러한 여덟 종류의 판본을 모아서 『세본팔종(世本八種)』을 출판하였다.

◎ **세실(世室)** : '세실'은 명당(明堂) 또는 종묘(宗廟)를 가리킨다. 『예기』「명당위(明堂位)」편에 대한 공영달(孔穎達)의 제해(題解)에서는 "蔡邕明堂月令章句, 明堂者, 天子大廟, 所以祭祀. 夏后氏世室, 殷人重屋, 周人明堂."이라고 설명했다. 즉 채옹(蔡邕)의 『명당월령장구(明堂月令章句)』에서는 '명당'을 하후씨(夏后氏) 때에는 '세실'로 부르고, 은(殷)나라 때에는 중옥(重屋)으로 불렀으며, 주(周)나라 때에는 '명당'으로 불렀다. 또 『주례』「동관고공기(冬官考工記)·장인(匠人)」편에는 "夏后氏世室, 堂脩二七, 廣四脩一."이라는 기록이 있는데, 이에 대한 정현의 주에서는 "世室者, 宗廟也."라고 풀이했다. 즉 '세실'은 '종묘'를 뜻하는 용어이다.

◎ **소군(小君)** : '소군'은 주대(周代)에 제후의 부인을 지칭하던 용어이다. 『춘추』「희공(僖公) 2년」편에는 "夏五月辛巳, 葬我小君哀姜."이라는 용례가 있다.

◎ **소렴(小斂)** : '소렴'은 상례(喪禮) 절차 중 하나이다. 죽은 자의 시신을 목욕시키고, 의복을 착용시키며, 그 위에 이불 등으로 감싸는 절차를 뜻한다.

◎ **소뢰(少牢)** : '소뢰'는 제사에서 양(羊)과 돼지[豕] 두 가지 희생물을 사용하는 것을 뜻한다. 『춘추좌씨전』「양공(襄公) 22年」편에는 "祭以特羊, 殷以少牢."라는 기록이 있는데, 이에 대한 두예(杜預)의 주에서는 "四時祀以一羊, 三年盛祭以羊豕. 殷, 盛也."라고 풀이하였다.

◎ **소상(小祥)** : '소상'은 부모의 상(喪)에서, 부모가 죽은 지 만 1년 만에 지내는 제사이다. 이 제사가 끝나면, 자식은 3년상을 지낼 때의 복장과 생활방식을 조금씩 덜어내게 된다.

◎ **소식괘(消息卦)** : '소식괘'는 복(復)·임(臨)·태(泰)·대장(大壯)·쾌(夬)·건(乾)·구(姤)·돈(遯)·부(否)·관(觀)·박(剝)·곤(坤) 등의 12괘(卦)를 통해 음양(陰陽)의 순환을 열두 달로 나타낸 것을 뜻한다.

◎ **소침(小寢)** : '소침'은 '연침(燕寢)'을 뜻한다. '연침'은 천자 및 제후들이 휴식을 취하던 장소를 가리킨다. 천자에게는 6개의 침(寢)이 있었는데, 앞쪽에 있는 1개의 침은 정전(正寢)으로 노침(路寢)이라고 부르며, 뒤쪽에 있는 다섯 개의 침을 통칭하여 '연침'이라고 부른다.

◎ **소호씨(少皞氏)** : '소호씨'는 전설상의 인물이다. 고대 동이족의 제왕으로, 황제(黃帝)의 아들이었다고도 전해진다. 이름은 지(摯)인데, 질(質)이었다고도 한다. 호(號)는 금천씨(金天氏)이다. 소호(少皞)는 새의 이름으로 관직명을 지었다고 전해지며, 사후에는 서방(西方)의 신(神)이 되었다고 전해진다. 『춘추좌씨전』「소공(昭公) 17년」편에는 "郯子曰 我高祖少皞摯之立也, 鳳鳥適至, 故紀於鳥, 爲鳥師而鳥名."이라는 기록이 있는데, 이에 대한 두예(杜預)의 주에서는 "少皞, 金天氏, 黃帝之子, 己姓之祖也."라고 풀이했다.

◎ **손염(孫炎, ? ~ ?)** : 삼국시대(三國時代) 때의 학자이다. 자(字)는 숙연(叔然)이다. 정현의 문도였으며, 『이아음의(爾雅音義)』를 저술하여 반절음을 유행시켰다.

◎ **습(襲)** : '습'은 고대에 의례를 시행할 때 하는 복장 방식 중 하나이다. 겉옷으로 안에 입고 있던 옷들을 완전히 가리는 방식이다. 한편 '습'은 비교적 성대한 의식 때 시행하는 복장 방식으로도 사용되어, 안에 있고 있는 옷을 드러내지 않음으로써, 공경의 뜻을 표하기도 했다.

◎ **승(升)** : '승'은 옷감과 관련된 단위이다. 고대에는 포(布) 80가닥[縷]을 1승(升)으로 여겼다. 『의례』「상복(喪服)」편에서는 "冠六升, 外畢."이라는 기록이 있는데, 이에 대한 정현의 주에서는 "布八十縷爲升."이라고 풀이했다.

◎ **승거(乘車)** : '승거'는 고대의 장례(葬禮) 때 사용되었던 수레이다. 혼거(魂車)라고도 부른다. 죽은 자의 옷과 관(冠)을 실어서 마치 죽은 자가 생전에 수레를 타던 것처럼 형상화하는 것이다. 그래서 '혼거'라고 부른다.

◎ **시마복(緦麻服)** : '시마복'은 상복(喪服) 중 하나로, 오복(五服)에 속한

다. 가장 조밀한 삼베를 사용해서 만든다. 이 복장을 입게 되는 기간은 상황에 따라서 차이가 있지만, 일반적으로 3개월이 된다. 친족의 백숙부모(伯叔父母)나 친족의 형제(兄弟)들 및 혼인하지 않은 친족의 자매(姊妹) 등을 위해서 입는다.

◎ **신거(蜃車)** : '신거'는 관(棺)을 싣는 상거(喪車)를 뜻한다. 관을 싣는 수레에는 유(柳)를 싣고, 네 바퀴가 지면과 가까이 닿은 상태에서 이동하게 되는데, 그 모습이 이무기[蜃]와 닮았기 때문에, 이 수레를 '신거'라고 부르는 것이다. 『주례』「지관(地官)·수사(遂師)」편에는 "大喪, 使帥其屬以幄帟先, 道野役及窆, 抱磨, 共丘籠及蜃車之役."이라는 기록이 있는데, 이에 대한 정현의 주에서는 "蜃車, 柩路也, 柩路載柳, 四輪迫地而行, 有似於蜃, 因取名焉."이라고 풀이했다.

◎ **신농씨(神農氏)** : '신농씨'는 신농(神農)이라고도 부른다. 전설시대에 존재했다고 전해지는 고대 제왕(帝王)의 이름이다. 처음으로 백성들에게 농사짓는 방법을 가르쳤다는 뜻에서, '신농'이라고 부르게 되었다. 또한 약초를 발견하고 재배하여 사람들의 병을 치료했었다고 전해진다. 또한 '신농'은 염제(炎帝)라고도 부르는데, 그 이유는 오행(五行) 중 하나인 화(火)의 덕(德)을 통해서 제왕이 되었다고 믿었기 때문이다. 『회남자(淮南子)』「주술훈(主述訓)」편에는 "昔者, 神農之治天下也, 神不馳於胸中, 智不出於四域, 懷其仁誠之心, 甘雨時降, 五穀蕃植."이라는 기록이 있다. 한편 '신농'은 토신(土神)을 뜻하는 용어로도 사용되었다. 이것은 농사와 땅과의 관계가 밀접하기 때문이며, 이러한 뜻에서 농사를 주관했던 관리를 또한 '신농'으로 칭하기도 하였다.

◎ **심(尋)** : '심'은 자리의 크기가 반상(半常)인 것으로, 8척(尺)이 되는 것을 뜻한다. 『의례』「공사대부례(公食大夫禮)」편에는 "司宮具几與蒲筵常, 緇布純. 加萑席尋, 玄帛純. 皆卷自末."이라는 기록이 있는데, 이에 대한 정현의 주에서는 "半常曰尋."이라고 풀이했다.

◎ **쌍봉요씨(雙峰饒氏)** : =요로(饒魯)

ㅇ

◎ **악본(岳本)** : 『악본(岳本)』은 송(頌)나라 악가(岳珂)가 간행한 『십삼경주소(十三經注疏)』의 판본이다.

◎ **악실(堊室)** : '악실'은 상중(喪中)에 임시로 거처하던 가옥으로, 네 벽면에 흰색의 회칠을 하였다.

◎ **안사고(顏師古, A.D.581 ~ A.D.645)** : 당(唐)나라 때의 학자이다. 자(字)는 주(籌)이다. 안지추(顏之推)의 손자이다. 훈고학(訓詁學)에 뛰어났다. 오경(五經)의 문자를 교정하여, 『오경정본(五經定本)』을 찬술하기도 하였다.

◎ **엄릉방씨(嚴陵方氏, ? ~ ?)** : =방각(方慤)・방씨(方氏)・방성부(方性夫). 송대(宋代)의 유학자이다. 이름은 각(愨)이다. 자(字)는 성부(性夫)이다. 『예기집해(禮記集解)』를 지었고, 『예기집설대전(禮記集說大全)』에는 그의 주장이 많이 인용되고 있다.

◎ **여동래(呂東萊)** : =여조겸(呂祖謙)

◎ **여릉호씨(廬陵胡氏)** : =호전(胡銓)

◎ **여왜씨(女媧氏)** : '여왜씨'는 전설시대에 존재했다고 전해지는 고대 제왕(帝王)의 이름이다. 인류의 시조(始祖)라고도 전해진다. 복희(伏犧)와 혼인하여 인류를 낳았다고 하며, 또한 흙으로 인간을 빚어서 인류를 만들었다고도 전해진다. 또한 '여왜씨'는 하(夏)나라 우(禹)임금의 부인이자, 도산씨(塗山氏)의 딸을 가리킨다. '여왜씨'를 우임금의 부인을 뜻하는 용어로 사용할 때에는 '여왜'를 또한 여교(女嬌), 여교(女趫)라고도 지칭한다.

◎ **여조겸(呂祖謙, A.D.1137 ~ A.D.1181)** : =동래여씨(東萊呂氏)・여동래(呂東萊). 남송(南宋) 때의 학자이다. 자(字)는 백공(伯恭)이고, 호(號)는 동래(東萊)이다. 주자(朱子)와 함께 『근사록(近思錄)』을 편찬하였다.

◎ **연관(練冠)** : '연관'은 상(喪) 중에 착용하는 관(冠)이다. 부모의 상 중에서 1주기에 지내는 제사 때 착용을 하였다.

◎ **연상(練祥)** : '연상'은 소상(小祥)과 대상(大祥)을 뜻한다. '연상'에서의 '연(練)'자는 연제(練祭)를 뜻하며, '연제'는 곧 '소상'을 가리킨다. '연상'에서의 '상(祥)'자는 '대상'을 뜻한다. 소상은 죽은 지 13개월만에

지내는 제사이며, 대상은 25개월만에 지내는 제사이고, 대상을 지내게 되면 상복과 지팡이를 제거하게 된다. 『주례』「춘관(春官)·대축(大祝)」편에는 "言甸人讀禱, 付練祥, 掌國事."라는 기록이 있고, 이에 대해 가공언(賈公彦)의 소(疏)에서는 "練, 謂十三月小祥, 練祭. 祥, 謂二十五月大祥, 除衰杖."이라고 풀이했다.

◎ **연제(練祭)** : '연제'는 소상(小祥)과 같은 뜻이다.

◎ **연침(燕寢)** : '연침'은 천자 및 제후들이 휴식을 취하던 장소를 가리킨다. 천자에게는 6개의 침(寢)이 있었는데, 앞쪽에 있는 1개의 침은 정전(正寢)으로, 이것을 노침(路寢)이라고 부르며, 뒤쪽에 있는 다섯 개의 침을 통칭하여, '연침'이라고 부른다. 『예기』「곡례하(曲禮下)」편에는 "天子有后, 有夫人"이라는 기록이 있는데, 이에 대한 공영달(孔穎達)의 소(疏)에서는 "周禮王有六寢, 一是正寢, 餘五寢在後, 通名燕寢."이라고 풀이하였다.

◎ **염강(厭降)** : '염강'은 상례(喪禮)에 있어서, 돌아가신 모친을 위해 자식은 본래 삼년상(三年喪)을 치러야 하지만, 부친이 생존해 계신 경우라면, 수위를 낮춰서 기년상(期年喪)으로 치르는데, 이처럼 낮춰서 치르는 것을 '염강'이라고 부른다.

◎ **오경이의(五經異義)** : 『오경이의(五經異義)』는 후한(後漢) 때의 학자인 허신(許愼)이 지은 책이다. 유실되었는데, 송대(宋代) 때 학자들이 다시 모아서 엮었다. 오경(五經)에 관한 고금(古今)의 유설(遺說)과 이의(異義)를 싣고, 그에 대한 시비(是非)를 판별한 내용들이다.

◎ **오복(五服)** : '오복'은 죽은 자와 친하고 소원한 관계에 따라 입게 되는 다섯 가지 상복(喪服)을 뜻한다. 참최복(斬衰服), 자최복(齊衰服), 대공복(大功服), 소공복(小功服), 시마복(緦麻服)을 가리킨다. 『예기』「학기(學記)」편에는 "師無當於五服, 五服弗得不親."이라는 기록이 있는데, 이에 대한 공영달(孔穎達)의 소(疏)에서는 "五服, 斬衰也, 齊衰也, 大功也, 小功也, 緦麻也."라고 풀이했다. 또한 '오복'에 있어서는 죽은 자와 가까운 관계일수록 중대한 상복을 입고, 복상(服喪) 기간도 늘어난다. 위의 '오복' 중 참최복이 가장 중대한 상복에 속하며, 그 다음은 자최복이고, 대공복, 소공복, 시마복 순으로 내려간다.

◎ **오유청(吳幼淸)** : =오징(吳澄)

◎ **오정(五情)** : '오정'은 인간이 가지고 있는 기본적인 다섯 종류의 감정

을 뜻하는 말로, 기쁨[喜]·성남[怒]·슬픔[哀]·즐거움[樂]·원망[怨] 등을 뜻한다.

◎ **오제(五帝)** : '오제'는 전설시대에 존재했다고 전해지는 다섯 명의 제왕(帝王)을 뜻한다. 그러나 다섯 명이 누구였는지에 대해서는 이설(異說)이 많다. 첫 번째 주장은 황제(黃帝: =軒轅), 전욱(顓頊: =高陽), 제곡(帝嚳: =高辛), 당요(唐堯), 우순(虞舜)으로 보는 견해이다. 『사기정의(史記正義)』「오제본기(五帝本紀)」편에는 "太史公依世本·大戴禮, 以黃帝·顓頊·帝嚳·唐堯·虞舜爲五帝. 譙周·應劭·宋均皆同."이라는 기록이 있고, 『백호통(白虎通)』「호(號)」편에도 "五帝者, 何謂也? 禮曰, 黃帝·顓頊·帝嚳·帝堯·帝舜也."라는 기록이 있다. 두 번째 주장은 태호(太昊: =伏羲), 염제(炎帝: =神農), 황제(黃帝), 소호(少昊: =摯), 전욱(顓頊)으로 보는 견해이다. 이 주장은 『예기』「월령(月令)」편에 나타난 각 계절별 수호신들의 내용을 종합한 것이다. 세 번째 주장은 소호(少昊), 전욱(顓頊), 고신(高辛), 당요(唐堯), 우순(虞舜)으로 보는 견해이다. 『서서(書序)』에는 "少昊·顓頊·高辛·唐·虞之書, 謂之五典, 言常道也."라는 기록이 있다. 또 『제왕세기(帝王世紀)』에는 "伏羲·神農·黃帝爲三皇, 少昊·高陽·高辛·唐·虞爲五帝."라는 기록이 있다. 네 번째 주장은 복희(伏羲), 신농(神農), 황제(黃帝), 당요(唐堯), 우순(虞舜)으로 보는 견해이다. 이 주장은 『역』「계사하(繫辭下)」편의 내용에 근거한 주장이다.

◎ **오징(吳澄, A.D.1249 ~ A.D.1333)** : =임천오씨(臨川吳氏)·오유청(吳幼淸). 송원대(宋元代)의 유학자이다. 이름은 징(澄)이다. 자(字)는 유청(幼淸)이다. 저서로 『예기해(禮記解)』가 있다.

◎ **옹희(饔餼)** : '옹희'는 빈객(賓客)과 상견례(相見禮)를 하고 나서 성대하게 음식을 마련해 접대하는 것을 뜻한다. 『주례』「추관(秋官)·사의(司儀)」편에는 "致飧如致積之禮."라는 기록이 있는데, 이에 대한 정현의 주에서는 "小禮曰飧, 大禮曰饔餼."라고 풀이하였다. 즉 '옹희'와 '손'은 모두 빈객 등을 접대하는 예법들인데, '옹희'는 성대한 예법에 해당하여, '손'보다도 융숭하게 대접하는 것이다.

◎ **왕개보(王介甫)** : =왕안석(王安石)

◎ **왕념손(王念孫, A.D.1744 ~ A.D.1832)** : 청(淸)나라 때의 학자이다. 자(字)는 회조(懷祖)이고, 호(號)는 석구(石臞)이다. 부친은 왕안국(王安

國)이고, 아들은 왕인지(王引之)이다. 대진(戴震)에게 학문을 배웠다. 저서로는『독서잡지(讀書雜志)』등이 있다.

◎ **왕무횡(王懋竑, A.D.1668 ~ A.D.1741)** : 청(淸) 나라 때의 경학자이다. 자(字)는 여중(予中)·여중(與中)이며, 호(號)는 백전(白田)이다.

◎ **왕문공(王文公)** : =왕안석(王安石)

◎ **왕숙(王肅, A.D.195 ~ A.D.256)** : 위진남북조(魏晉南北朝) 때의 위(魏)나라 경학자이다. 자(字)는 자옹(子雍)이다. 출신지는 동해(東海)이다. 부친 왕랑(王朗)으로부터 금문학(今文學)을 공부했으나, 고문학(古文學)의 고증적인 해석을 따랐다.『상서(尙書)』,『시경(詩經)』,『좌전(左傳)』,『논어(論語)』및 삼례(三禮)에 대한 주석을 남겼다.

◎ **왕안석(王安石, A.D.1021 ~ A.D.1086)** : =금릉왕씨(金陵王氏)·왕개보(王介甫)·왕문공(王文公)·임천왕씨(臨川王氏). 북송(北宋) 때의 정치가이자 학자이다. 자(字)는 개보(介甫)이고, 호는 반산(半山)이다. 저서로는『주관신의(周官新義)』등이 있다.

◎ **왕응린(王應麟, A.D.1223 ~ A.D.1296)** : 남송(南宋) 때의 학자이다. 자(字)는 백후(伯厚)이고, 호(號)는 심녕거사(深寧居士)이다. 저서로는『한제고(漢制考)』,『곤학기문(困學紀聞)』,『옥해(玉海)』등이 있다.

◎ **왕인지(王引之, A.D.1766 ~ A.D.1834)** : 청(淸)나라 때의 훈고학자이다. 자(字)는 백신(伯申)이고, 호(號)는 만경(曼卿)이며, 시호(諡號)는 문간(文簡)이다. 왕념손(王念孫)의 아들이다. 대진(戴震), 단옥재(段玉裁), 부친과 함께 대단이왕(戴段二王)이라고 일컬어졌다.『경전석사(經傳釋詞)』,『경의술문(經義述聞)』등의 저술이 있다.

◎ **왕일(王逸, A.D.89 ~ A.D.158)** : =후한(後漢) 때의 문학가이다. 자(字)는 숙사(叔師)이다. 저서로는『초사장구(楚辭章句)』등이 있다.

◎ **외상(外喪)** : '외상'은 대문(大門) 밖에서 발생한 상(喪)을 뜻한다. 즉 자신과 같은 집에서 살고 있지 않은 친인척에 대한 상(喪)을 뜻한다.

◎ **외제(外除)** : '외제'는 내제(內除)와 상반되는 말이다. 부모의 상(喪)을 치를 때, 상복(喪服)을 점진적으로 제거하게 되더라도, 마음에는 여전히 슬퍼하는 마음이 있다는 것을 뜻한다.『예기』「잡기하(雜記下)」편에서는 "親喪外除, 兄弟之喪內除."라는 기록이 있는데, 이에 대한 공영달(孔穎達)의 소(疏)에서는 "親喪外除者, 謂父母之喪. 外, 謂服也. 服猶外隨日月漸除而深心哀未忘."이라고 풀이했다.

◎ **요로(饒魯, A.D.1194 ~ A.D.1264)** : =쌍봉요씨(雙峰饒氏)·요쌍봉(饒雙峰)·요씨(饒氏). 송(宋)나라 때의 학자이다. 호(號)는 쌍봉(雙峰)이고, 자(字)는 백여(伯輿)·중원(仲元)이다. 저서로는 『오경강의(五經講義)』·『논맹기문(論孟紀聞)』·『춘추절전(春秋節傳)』·『학용찬술(學庸纂述)』·『근사록주(近思錄注)』 등이 있다.

◎ **요쌍봉(饒雙峰)** : =요로(饒魯)

◎ **요씨(饒氏)** : =요로(饒魯)

◎ **용(踊)** : '용'은 상중(喪中)에 취하는 행동으로, 곡(哭)에 맞춰서 발을 구르는 행위이다.

◎ **용천섭씨(龍泉葉氏, A.D.1050 ~ A.D.1110)** : =섭도(葉濤). 송대(宋代) 때의 학자이다. 자(字)는 치원(致遠)이다. 왕안석(王安石)의 사위이다.

◎ **우제(虞祭)** : '우제'는 장례(葬禮)를 치르고 난 뒤에 지내는 제사를 뜻한다.

◎ **웅씨(熊氏)** : =웅안생(熊安生)

◎ **웅안생(熊安生, ? ~ A.D.578)** : =웅씨(熊氏). 북조(北朝) 때의 경학자이다. 자(字)는 식지(植之)이다. 『주례(周禮)』, 『예기(禮記)』, 『효경(孝經)』 등 많은 전적에 의소(義疏)를 남겼지만, 모두 산일되어 남아 있지 않다. 현재 마국한(馬國翰)의 『옥함산방집일서(玉函山房輯佚書)』에 『예기웅씨의소(禮記熊氏義疏)』 4권이 남아 있다.

◎ **유거(柳車)** : '유거'는 상거(喪車)를 뜻한다. 상(喪)을 치를 때 사용하는 수레를 의미한다.

◎ **유계(游桂)** : =광안유씨(廣安游氏)

◎ **유맹야(劉孟冶)** : =유씨(劉氏)

◎ **유씨(劉氏, ? ~ ?)** : =유맹야(劉孟冶). 자세한 이력이 남아 있지 않다.

◎ **유씨(庾氏)** : =유울(庾蔚)

◎ **유울(庾蔚, ? ~ ?)** : =유씨(庾氏). 남조(南朝) 때 송(宋)나라 학자이다. 저서로는 『예기약해(禮記略解)』, 『예론초(禮論鈔)』, 『상복(喪服)』, 『상복세요(喪服世要)』, 『상복요기주(喪服要記注)』 등을 남겼다.

◎ **유원발(游元發)** : =광안유씨(廣安游氏)

◎ **유원보(劉原父)** : =유창(劉敞)

◎ **유창(劉敞, A.D.1019 ~ A.D.1068)** : =공시선생(公是先生)·유원보(劉原父)·청강유씨(淸江劉氏). 북송(北宋) 때의 경학자이다. 자(字)는 원

보(原父)이다. 유학 뿐만 아니라 불교와 도교에 대해서도 연구하였고, 천문(天文), 지리(地理) 등의 방면에도 조예가 깊었다.

◎ **유창종(劉昌宗, ? ~ ?)** : 자세한 이력은 남아 있지 않다. 동진(東晋) 때의 학자이다. 삼례(三禮)에 대한 주를 달아서 이름을 떨쳤다.

◎ **유태공(劉台拱, A.D.1751 ~ A.D.1805)** : 청(淸)나라 때의 경학자이다. 천문학(天文學), 율려학(律呂學), 문자학(文字學) 등에 조예가 깊었다.

◎ **유향(劉向, B.C77 ~ A.D.6)** : 전한(前漢) 때의 학자이다. 자(字)는 자정(子政)이다. 유흠(劉歆)의 부친이다. 비서성(秘書省)에서 고서들을 정리하였다. 저서로는 『설원(說苑)』·『신서(新序)』·『열녀전(列女傳)』·『별록(別錄)』 등이 있다.

◎ **육국(六國)** : '육국'은 전국시대 때 함곡관(函谷關) 동쪽에 있었던 여섯 개의 나라를 뜻한다. 여섯 나라는 한(韓), 위(魏), 제(齊), 초(楚), 연(燕), 조(趙)나라를 가리킨다. 『전국책(戰國策)』「조책이(趙策二)」편에는 "故竊爲大王計, 莫如一韓·魏·齊·楚·燕·趙, 六國從親以儐畔秦."이라는 기록이 있다.

◎ **육농사(陸農師)** : =산음육씨(山陰陸氏)

◎ **육덕명(陸德明, A.D.550 ~ A.D.630)** : =육원랑(陸元朗). 당대(唐代)의 경학자이다. 이름은 원랑(元朗)이고, 자(字)는 덕명(德明)이다. 훈고학에 뛰어났으며, 『경전석문(經典釋文)』 등을 남겼다.

◎ **육원랑(陸元朗)** : =육덕명(陸德明)

◎ **육전(陸佃)** : =산음육씨(山陰陸氏)

◎ **은전(殷奠)** : '은전'은 성대하게 지내는 전제사[奠祭]를 뜻한다. 『의례』「사상례(士喪禮)」편에는 "月半不殷奠."이라는 기록이 있다. 즉 사(士)의 경우에는 매월 보름에는 은전을 지내지 않는다는 뜻인데, 이 기록에 대한 정현의 주에서는 "殷, 盛也. 士月半不復如朔盛奠, 下尊者."라고 풀이했다. 즉 '은(殷)'은 성대하다는 뜻이고, 사의 경우에는 보름마다 초하루처럼 융성한 전제사를 지내지 못한다. 그 이유는 자신보다 신분이 높은 대부(大夫)에 대한 禮法보다 낮추기 때문이다.

◎ **은제(殷祭)** : '은제'는 성대한 제사를 뜻한다. 3년마다 지내는 협(祫)제사와 5년마다 지내는 체(禘)제사 등을 '은제'라고 부른다. 『예기』「증자문(曾子問)」편에는 "孔子曰, 有君喪服於身, 不敢私服, 又何除焉. 於是乎有過時, 而弗除也. 君之喪服除, 而后殷祭, 禮也."라는 용례가 있다.

◎ **응씨(應氏)** : =금화응씨(金華應氏)

◎ **응용(應鏞)** : =금화응씨(金華應氏)

◎ **응자화(應子和)** : =금화응씨(金華應氏)

◎ **의려(倚廬)** : '의려'는 상중(喪中)에 머물게 되는 임시 거처지이다. '의려'는 '의(倚)', '려(廬)', '堊室(악실)' 등으로 부르기도 한다.

◎ **의복(義服)** : '의복'은 본래 친속관계가 성립되지 않아서, 상복(喪服)을 착용해야만 하는 관계가 아닌데도, 도리에 따라 상복을 착용하는 것을 말한다.

◎ **의최(疑衰)** : '의최'는 길복(吉服)에 가까운 복장으로, 일종의 상복(喪服)에 해당한다. 천자의 경우, 대부(大夫)나 사(士)의 상(喪)에 착용했던 복장이다.

◎ **이강(李康, A.D.196? ~ A.D.265?)** : =이소원(李蕭遠). 삼국시대(三國時代) 위(魏)나라의 문학가이다. 자(字)는 소원(蕭遠)이다. 저서로는 『운명론(運命論)』 등이 있다.

◎ **이돈(李惇, ? ~ ?)** : 청(淸)나라 때의 유학자이다. 자(字)는 성유(成裕)·효신(孝臣)이다. 박학하였으며, 『시(詩)』, 『춘추(春秋)』의 삼전(三傳)에 대해서 깊게 연구하였다고 전해진다. 왕념손(王念孫), 왕중(汪中) 등과 교우를 맺었으며, 고학(古學)을 주창하였다. 『복서론(卜筮論)』, 『상서고문설(尙書古文說)』, 『고공거제고(考工車制考)』, 『역대거제고(歷代車制考)』, 『좌전통석(左傳通釋)』 등 여러 저술을 남겼지만, 현재 대부분 남아 있지 않다.

◎ **이씨(李氏, ? ~ ?)** : 자세한 이력이 남아 있지 않다.

◎ **일(溢)** : '일'은 한 손에 담을 수 있는 양을 뜻한다. 『소이아(小爾雅)』 「광량(廣量)」편에는 "一手之盛謂之溢."이라는 기록이 있다.

◎ **임천오씨(臨川吳氏)** : =오징(吳澄)

◎ **임천왕씨(臨川王氏)** : =왕안석(王安石)

ㅈ

◎ **장락진씨(長樂陳氏)** : =진상도(陳祥道)

◎ **장림(臧琳, ? ~ ?)** : 청(淸)나라 때의 학자이다. 자(字)는 옥림(玉林)이

다. 경학(經學)에 뛰어났으며, 한당대(漢唐代)의 학문을 존숭하였다. 『상서집해(尙書集解)』, 『경의잡기(經義雜記)』 등을 지었다.

◎ **장일(張逸, ? ~ ?)** : 정현(鄭玄)의 문도로 알려져 있지만, 자세한 이력은 전해지지 않는다.

◎ **장자(張子)** : =장재(張載)

◎ **장재(張載, A.D.1020 ~ A.D.1077)** : =장자(張子)·장횡거(張橫渠). 북송(北宋) 때의 유학자이다. 북송오자(北宋五子) 중 한 사람으로 칭해진다. 자(字)는 자후(子厚)이다. 횡거진(橫渠鎭) 출신으로, 이곳에서 장기간 강학을 했기 때문에 횡거선생(橫渠先生)으로 일컬어지기도 한다.

◎ **저최(苴衰)** : '저최'는 대마(大麻)의 포(布)로 제작한 상복(喪服)을 뜻한다.

◎ **적실(適室)** : '적실'은 정침(正寢)에 있는 방[室]을 뜻한다. 정침(正寢)은 천자(天子)의 제후(諸侯)의 경우에는 노침(路寢)이라고 부르고, 경(卿)·대부(大夫)·사(士)의 경우에는 '적실' 또는 적침(適寢)이라고 부른다. 『의례』「사상례(士喪禮)」편에는 "士喪禮, 死于適室, 幠用斂衾."이라는 기록이 있는데, 이데 대한 정현의 주에서는 "適室, 正寢之室也."라고 풀이했고, 가공언(賈公彦)의 소(疏)에서는 "若對天子諸侯謂之路寢, 卿大夫士謂之適室, 亦謂之適寢, 故下記云'士處適寢', 揚而言之, 皆謂之正寢."이라고 풀이했다. 또 『예기』「단궁하(檀弓下)」편에는 "妻之昆弟爲父後者死, 哭之適室."이라는 기록이 있는데, 이에 대한 공영달(孔穎達)의 소(疏)에서는 "適室, 正寢也."라고 풀이했다.

◎ **전관(縓冠)** : '전관'은 옅은 홍색으로 된 관(冠)을 뜻한다.

◎ **전욱(顓頊)** : '전욱'은 고양씨(高陽氏)라고도 부른다. '전욱'은 고대 오제(五帝) 중 하나이다. 『산해경(山海經)』「해내경(海內經)」편에는 "黃帝妻雷祖, 生昌意, 昌意降處若水, 生韓流. 韓流, …… 取淖子曰阿女, 生帝顓頊."이라는 기록이 있다. 즉 황제(黃帝)의 처인 뇌조(雷祖)가 창의(昌意)를 낳았는데, 창의가 약수(若水)에 강림하여 거처하다가, 한류(韓流)를 낳았다. 다시 한류는 아녀(阿女)를 부인으로 맞이하여 '전욱'을 낳았다. 또한 『회남자(淮南子)』「천문훈(天文訓)」편에는 "北方, 水也, 其帝顓頊, 其佐玄冥, 執權而治冬."이라는 기록이 있다. 즉 북방(北方)은 오행(五行)으로 배열하면 수(水)에 속하는데, 이곳의 상제(上帝)는 '전욱'이고, 상제를 보좌하는 신(神)은 현명(玄冥)이다. 이

들은 겨울을 다스린다. 또한 '전욱'과 관련하여 『수경주(水經注)』「호자하(瓠子河)」편에는 "河水舊東決, 逕濮陽城東北, 故衛也, 帝顓頊之墟. 昔顓頊自窮桑徙此, 號曰商丘, 或謂之帝丘."라는 기록이 있다. 즉 황하의 물길은 옛날에 동쪽으로 흘러서, 복양성(濮陽城)의 동북쪽을 경유하였는데, 이곳은 옛 위(衛) 지역으로, '전욱'이 거처하던 터이며, 예전에 '전욱'이 궁상(窮桑) 땅으로부터 이곳으로 옮겨왔기 때문에, 이곳을 상구(商丘) 또는 제구(帝丘)라고도 부른다.

◎ **정(脡)** : '정'은 기다란 육포(肉脯)를 세는 단위이다. 접혀 있는 것을 셀 때에는 구(朐)자를 사용하였다. 『춘추공양전』「소공(昭公) 25년」편에는 "高子執簞食與四脡脯."라는 기록이 있는데, 이에 대한 하휴(何休)의 주에서는 "屈曰朐, 申曰脡."이라고 풀이했다.

◎ **정강성(鄭康成)** : =정현(鄭玄)

◎ **정기(旌旗)** : '정기'는 깃발들을 범칭하는 말이다.

◎ **정복(正服)** : '정복'은 본래의 상례(喪禮) 규정에 따른 정식 복장을 뜻한다. 친족 관계에서는 각 등급에 따른 상례 절차가 규정되어 있으므로, '정복'이라는 것은 규정에 따른 상복(喪服)을 착용하는 것뿐만 아니라, 상(喪)을 치르는 기간과 각종 부수적 기물(器物)들에 대해서도 규정대로 따르는 것을 뜻한다.

◎ **정씨(鄭氏)** : =정현(鄭玄)

◎ **정지(鄭志)** : 『정지(鄭志)』는 정현(鄭玄)과 그의 제자들이 오경(五經)에 대해서 문답을 주고받은 내용을 기록한 문헌이다. 『논어』의 형식에 의거하여, 정현의 제자들이 편찬하였다. 『후한서(後漢書)』「장조정열전(張曹鄭列傳)」편에는 "門人相與撰玄荅諸弟子問五經, 依論語作鄭志八篇."라는 기록이 있다.

◎ **정침(正寢)** : '정침'은 노침(路寢)과 같은 말이다. 또한 정전(正殿)이라고도 불렀다. 군주가 정무를 처리하던 장소이다. 천자에게는 6개의 침(寢)이 있었는데, 가장 앞쪽에 있는 1개의 침이 바로 정침(正寢)이 되고, 나머지는 5개의 침은 연침(燕寢)이 된다.

◎ **정현(鄭玄, A.D.127 ~ A.D.200)** : =정강성(鄭康成)·정씨(鄭氏). 한대(漢代)의 유학자이다. 자(字)는 강성(康成)이다. 『주역(周易)』, 『상서(尙書)』, 『모시(毛詩)』, 『주례(周禮)』, 『의례(儀禮)』, 『예기(禮記)』, 『논어(論語)』, 『효경(孝經)』 등에 주석을 하였다.

◎ **제곡(帝嚳)** : '제곡'은 고신씨(高辛氏)라고도 부른다. '제곡'은 고대 오제(五帝) 중 하나이다. 황제(黃帝)의 아들 중에는 현효(玄囂)가 있었는데, '제곡'은 현효의 손자가 된다. 은(殷)나라의 복사(卜辭) 기록 속에서는 은나라 사람들이 '제곡'을 고조(高祖)로 여겼다는 기록도 나온다. 한편 '제곡'은 최초 신(辛)이라는 땅을 분봉 받았다가, 이후에 제(帝)가 되었으므로, '제곡'을 고신씨(高辛氏)라고도 부르는 것이다.

◎ **제왕세기(帝王世紀)** : 『제왕세기(帝王世紀)』는 서진(西晉) 때의 학자인 황보밀(皇甫謐)이 지은 서적이다. 이 서적은 역대 제왕(帝王)들의 가계도와 연대에 따른 사적들을 기록하고 있다. 삼황(三皇)들이 통치했다고 전해지는 시대로부터 한(漢)나라 및 위(魏)나라의 역사를 기록하고 있는데, 현재 남아있는 『제왕세기』는 10권으로 구성되어 있다.

◎ **제주(題湊)** : '제주'는 고대에 천자(天子)의 빈소를 만들 때 사용하던 방법이다. 나무를 포개서 곽(槨)을 두르게 되는데, 나무의 머리 쪽이 모두 내부를 향하도록 설치하여, 곽(槨)의 덮개처럼 씌운다. 나무를 쌓은 전체적인 모습은 위는 뾰족하게 되고 밑은 사각형으로 펴지게 되니, 마치 지붕을 네 방면으로 빗물이 흐르도록 만들었던 것과 유사하다. 그래서 '제주'라고 부르는 것이다.

◎ **조(旐)** : '조'는 거북이와 뱀의 무늬를 그린 깃발이다. 『주례』「춘관(春官)·사상(司常)」편에는 "鳥隼爲旟, 龜蛇爲旐."라는 기록이 있다.

◎ **조묘(朝廟)** : '조묘'는 종묘(宗廟)에 전제(奠祭)를 지낸다는 뜻이다. 『춘추』「문공(文公) 6년」 경문(經文)에는 "閏月不告月, 猶朝于廟."라는 기록이 있고, 이에 대한 두예(杜預)의 주에서는 "諸侯每月必告朔聽政, 因朝宗廟."라고 풀이했다. 즉 제후들은 매월 반드시 고삭(告朔)을 하며 정사(政事)를 돌보게 되는데, 이것에 연유하여 종묘에서 전제사를 지낸다.

◎ **조상(趙商, ? ~ ?)** : 정현(鄭玄)의 제자이다. 자(字)는 자성(子聲)이다. 하내(河內) 지역 출신이다.

◎ **조전(祖奠)** : '조전'은 발인 하루 전에 올리는 전제(奠祭)를 가리킨다.

◎ **주식(朱軾, A.D.1665 ~ A.D.1735)** : 청(淸)나라 때의 명신(名臣)이다. 자(字)는 약섬(若瞻)·백소(伯蘇)이고, 호(號)는 가정(可亭)이다.

◎ **주씨(朱氏, ? ~ ?)** : 『예기』의 주석에 표시된 '주씨'는 자세히 알려진 사실이 없지만, 주주한(朱周翰)을 가리키는 것 같으며, 그의 저서인

『주주한절해(朱周翰節解)』의 기록인 듯하다.

◎ **죽서기년(竹書紀年)** : 『죽서기년(竹書紀年)』은 중국 하(夏)·은(殷)·주(周) 삼대(三代)와 위(魏)나라 양왕(襄王) 때까지의 역사를 기록한 책이다. 양왕의 무덤에서 『목천자전(穆天子傳)』 등과 함께 진(晉)나라 때 발굴되었다. 모두 죽간에 기록되어 있었고, 편년체로 기록된 역사서였기 때문에 '죽서기년'이라고 불렀으며, 발굴된 지명에 따라서 『급총기년(汲塚紀年)』이라고도 불렀다. 그러나 이후 이 서적은 산일되었고, 후대에 다시 유포된 것은 일반적으로 위서(僞書)로 판명되었다. 진나라 때 발굴된 것을 『고본죽서기년(古本竹書紀年)』이라고 부르며, 후대에 위작으로 만들어진 것을 『금본죽서기년(今本竹書紀年)』이라고도 부른다.

◎ **중(重)** : '중'은 나무에 구멍을 뚫어서 만든 것으로, 신주(神主)를 만들기 전에, 구멍이 뚫린 나무를 세워서 이것을 신주 대신으로 삼아 제사를 지냈다. 『예기』「단궁하(檀弓下)」편에는 "重, 主道也."라는 기록이 있고, 이에 대한 정현의 주에서는 "始死未作主, 以重主其神也."라고 풀이했다.

◎ **중복(重服)** : '중복'은 상복(喪服)의 단계를 뜻하는 용어 중 하나이다. 대공복(大功服) 이상이 되는 상복을 '중복'이라고 부른다.

◎ **중문(中門)** : '중문'은 내(內)와 외(外) 사이에 있는 문을 뜻한다. 궁(宮)에 있어서는 혼문(閽門)을 뜻하기도 한다. 또 천자(天子)의 궁성(宮城)에는 다섯 개의 문이 있었다고 전해지는데, 가장 밖에 있는 문부터 순차적으로 나열해보면, 고문(皐門), 치문(雉門), 고문(庫門), 응문(應門), 노문(路門)이다. 이러한 다섯 개의 문들 중 노문(路門)은 가장 안쪽에 있으므로, 내문(內門)로 여기고, 고문(皐門)은 가장 밖에 있으므로, 외문(外門)으로 여긴다. 따라서 나머지 치문(雉門), 고문(庫門), 응문(應門)은 내외(內外)의 사이에 있으므로, 이 세 개의 문을 '중문'으로 여기기도 한다. 『주례』「천관(天官)·혼인(閽人)」편에는 "掌守王宮之中門之禁."이라는 기록이 있는데, 이에 대한 손이양(孫詒讓)의 『정의(正義)』에서는 "此中門實不專屬雉門. 當兼庫·雉·應三門言之. 蓋五門以路門爲內門, 皐門爲外門, 餘三門處內外之間, 故通謂之中門."이라고 풀이했다. 한편 정중앙에 있는 문을 '중문'이라고도 부른다.

◎ **중옥(重屋)** : '중옥'은 처마가 겹으로 된 옥(屋)을 말하며, 명당(明堂)에 해당한다. 『주례』「동관고공기(冬官考工記)·장인(匠人)」편에는 "殷人重屋, 堂脩七尋, 堂崇三尺, 四阿重屋."이라는 기록이 있는데, 이에 대한 정현의 주에서는 "重屋者, 王宮正堂, 若大寢也."라고 하여, 은(殷)나라 때의 '중옥'은 대침(大寢)과 같은 건물로 설명하였고, 대진(戴震)의 『고공기보주(考工記圖補注)』에서는 "世室, 重屋, 制皆如明堂."라고 하고, 손이양(孫詒讓)의 『정의(正義)』에서도 "殷人重屋者, 亦殷之明堂也."라고 하여, '중옥'은 명당과 같은 것으로 설명하였다.

◎ **중의(中衣)** : '중의'는 조복(朝服)이나 제복(祭服) 등의 예복(禮服) 안에 착용하는 옷이다. '중의' 안에는 속옷 등을 착용하고, '중의' 겉에는 예복 등을 착용하므로, 중간이라는 뜻에서 '중의'라고 부르는 것이다. 『예기』「교특생(郊特牲)」편에는 "繡黼丹朱中衣."라는 기록이 있고, 이에 대한 공영달(孔穎達)의 소(疏)에서는 "中衣, 謂以素爲冕服之裏衣."라고 풀이하였다.

◎ **진상도(陳祥道, A.D.1159 ~ A.D.1223)** : =장락진씨(長樂陳氏)·진씨(陳氏)·진용지(陳用之). 북송대(北宋代)의 유학자이다. 자(字)는 용지(用之)이다. 장락(長樂) 지역 출신으로, 1067년에 과거에 급제하여 태상박사(太常博士) 등을 지냈다. 왕안석(王安石)의 제자로, 그의 학문을 전파하는데 공헌하였다. 저서에는 『예서(禮書)』, 『논어전해(論語全解)』 등이 있다.

◎ **진용지(陳用之)** : =진상도(陳祥道)

大

◎ **참최복(斬衰服)** : '참최복'은 상복(喪服) 중 하나로, 오복(五服)에 속한다. 상복 중에서도 가장 수위가 높은 상복이다. 거친 삼베를 사용해서 만들며, 자른 부위를 꿰매지 않기 때문에 참최(斬衰)라고 부른다. 이 복장을 입게 되는 기간은 일반적으로 3년에 해당하며, 죽은 부모를 위해 입거나, 처 또는 첩이 죽은 남편을 위해 입는다.

◎ **채침(蔡沈, A.D.1167 ~ A.D.1230)** : =채구봉(蔡九峯). 남송(南宋) 때의 학자이다. 자(字)는 중묵(仲默)이고, 호(號)는 구봉(九峯)이다. 주자의

문인이자 사위이다. 주자가 완성하지 못했던 『서집전(書集傳)』을 완성하였다.

◎ **천신(薦新)** : ‘천신’은 각 계절별로 생산된 신선한 음식물들을 바치는 제사를 가리킨다. 초하루와 보름마다 성대하게 지내는 전제사[奠祭]를 가리키기도 한다. 『의례』「기석례(旣夕禮)」편에는 “朔月, 若薦新, 則不饋于下室.”이란 기록이 있고, 『예기』「단궁하(檀弓上)」편에는 “有薦新, 如朔奠.”이란 기록이 있다.

◎ **청강유씨(淸江劉氏)** : =유창(劉敞)

◎ **총자(冢子)** : ‘총자’는 적장자를 뜻한다. 『예기』「내칙(內則)」편에는 “父沒母存, 冢子御食.”이라는 기록이 있는데, 이에 대한 정현의 주에서는 “御, 侍也, 謂長子侍母食也.”라고 풀이했다.

◎ **추최(麤衰)** : ‘추최’는 상복(喪服) 중에서 가장 수위가 높은 상복을 뜻한다. 가장 거친 마(麻)로 제단을 하여 만든다.

◎ **출모(出母)** : ‘출모’는 부친에게 버림을 받은 자신의 생모(生母)를 뜻한다. 또한 부친이 죽은 이후 다른 집으로 재차 시집을 간 자신의 생모를 뜻하기도 한다.

◎ **출처(出妻)** : ‘출처’는 남편이 버린 아내를 뜻한다. 즉 남편의 집에서 쫓겨난 여자를 가리킨다.

◎ **치재(致齋)** : =치제(致齊)

◎ **치제(致齊)** : ‘치제’는 치재(致齋)라고도 부른다. ‘치제’는 제사를 지내기 이전 3일 동안 몸과 마음을 정숙하게 재계하는 의식이다. ‘치제’ 이전에는 ‘산제(散齊)’를 하여 7일 동안 정숙하게 한다. ‘치제’는 그 이후 3일 동안 몸과 마음을 더욱 정숙하게 재계하여, 신과 소통할 수 있도록 준비하는 것이다. 『예기』「제통(祭統)」편에는 “故散齊七日以定之, 致齊三日以齊之. 定之之謂齊, 齊者精明之至也, 然後可以交于神明也.”라는 기록이 있다.

◎ **치조(治朝)** : ‘치조’는 천자 및 제후에게 있었던 내조(內朝) 중 하나를 뜻한다. 천자 및 제후는 3개의 조(朝)를 두는데, 1개는 외조(外朝)이며, 나머지 2개는 내조가 된다. 내조 중에서도 노문(路門) 밖에 있던 것을 ‘치조’라고 부르며, 천자 및 제후가 정사를 처리하던 장소이다.

◎ **칭(稱)** : ‘칭’은 수량을 나타내는 양사(量詞)이다. 즉 짝을 지어 갖추는 일련의 의복을 헤아리는 단위이다. 예를 들어 포(袍)라는 옷에는

반드시 겉에 걸치는 옷이 있어야 하며, 홑옷으로 입어서는 안 되고, 상의에는 반드시 그에 맞는 하의가 있어야 하는데, 이처럼 포(袍)에 겉옷을 갖추고, 상의에 맞게 하의까지 갖추는 것을 1칭(稱)이라고 부른다. 『예기』「상대기(喪大記)」편에는 "袍必有表不禪, 衣必有裳, 謂之一稱."이라는 기록이 있다.

ㅌ

◎ **태뢰(太牢)** : '태뢰'는 제사에서 소[牛], 양(羊), 돼지[豕] 3가지 희생물을 갖춘 것을 뜻한다. 『장자』「지악(至樂)」편에는 "具太牢以爲膳."이라는 기록이 있는데, 이에 대한 성현영(成玄英)의 소(疏)에서는 "太牢, 牛羊豕也."라고 풀이하였다.

◎ **태상(太常)** : '태상'은 대상(大常)이라고도 부른다. 천자가 세우는 깃발 중 해와 달이 수 놓아진 것을 뜻한다. 『주례』「춘관(春官)·사상(司常)」편에 기록된 '태상'에 대해서, 정현의 주에서는 "王畫日月, 象天明也."라고 풀이했다. 즉 천자의 깃발에는 해[日], 달[月]을 수 놓아서, 하늘의 밝음을 형상화하는 것이다. 또 정현의 주에 대해서, 가공언(賈公彦)의 소(疏)에서는 "聖人與日月齊其明, 故旌旗畫日月象之. 按桓二年, 臧哀伯云 三辰旂旗, 昭其明也. 三辰, 日月星, 則此太常之畫日月者也. 此直言日月, 不言星者, 此擧日月, 其實兼有星也."라고 풀이했다. 즉 성인(聖人)과 일월(日月)은 그 밝기가 같기 때문에, 천자의 깃발에는 '일월'을 수 놓아서, 하늘의 밝음을 형상화하는 것이다. 그리고 『춘추좌씨전』「환공(桓公) 2년」편에는 "臧哀伯諫曰, …… 三辰旂旗, 昭其明也."라는 기록이 있다. 즉 군주의 깃발에 삼신(三辰)을 수 놓는 이유는 군주의 밝은 덕을 나타내는 것이라는 뜻이다. 여기에서 말하는 '삼신'은 곧 해[日], 달[月], 별[星]을 뜻하는데, 이것은 곧 『주례』에서 말하는 '태상'과 같은 것이다. 다만 『주례』에서는 해와 달에 대해서만 언급하고, 별에 대해서는 언급하지 않았는데, 그 이유는 해와 달 속에 실제로는 별까지도 포함되어 있기 때문이다.

ㅍ

◎ **팔음(八音)** : '팔음'은 여덟 가지의 악기들을 뜻한다. 여덟 종류의 악기에는 8종류의 서로 다른 재질이 사용되기 때문에, 붙여진 이름이다. 여기에서 여덟 가지 재질이란 통상적으로 쇠[金], 돌[石], 실[絲], 대나무[竹], 박[匏], 흙[土], 가죽[革], 나무[木]를 가리킨다. 『서』「우서(虞書)·순전(舜典)」편에는 "三載, 四海遏密八音."이란 기록이 있는데, 이에 대한 공안국(孔安國)의 전(傳)에서는 "八音, 金石絲竹匏土革木."이라고 풀이하였다. 또한 여덟 가지 재질에 따른 악기에 대해서 설명하자면, 금(金)에는 종(鐘)과 박(鎛)이 있고, 석(石)에는 경(磬)이 있으며, 토(土)에는 훈(塤)이 있고, 혁(革)에는 고(鼓)와 도(鼗)가 있으며, 사(絲)에는 금(琴)과 슬(瑟)이 있고, 목(木)에는 축(柷)과 어(敔)가 있으며, 포(匏)에는 생(笙)이 있고, 죽(竹)에는 관(管과 소(簫)가 있다. 『주례』「춘관(春官)·대사(大師)」편에는 "皆播之以八音, 金石土革絲木匏竹."이라는 기록이 있는데, 이에 대한 정현의 주에서는 "金, 鐘鎛也. 石, 磬也. 土, 塤也. 革, 鼓鼗也. 絲, 琴瑟也. 木, 柷敔也. 匏, 笙也. 竹, 管簫也."라고 풀이하였다.

ㅎ

◎ **하순(賀循, A.D.260 ~ A.D.319)** : 위진시대(魏晉時代) 때의 학자이다. 자(字)는 언선(彦先)이다.

◎ **하씨(何氏)** : =하윤(何胤)

◎ **하윤(何胤, A.D.446 ~ A.D.531)** : =하평숙(何平叔)·하씨(何氏). 양(梁)나라 때의 학자이다. 자(字)는 자계(子季)이다. 유환(劉瓛)에게 수학하였다. 저서에는 『예기은의(禮記隱義)』, 『예문답(禮問答)』 등이 있다.

◎ **하평숙(何平叔)** : =하윤(何胤)

◎ **한시외전(韓詩外傳)** : 『한시외전(韓詩外傳)』은 한(漢)나라 때 한영(韓嬰)이 지은 책이다. 이 책은 본래 내전(內傳) 4권과 외전(外傳) 6권으로 구성되어 있었는데, 내전은 산일되어 없어졌고, 외전만이 남아 있다. 남아 있는 부분을 『한시외전(韓詩外傳)』이라고 부른다.

◎ **현주(玄酒)** : '현주'는 고대의 제례(祭禮)에서 술 대신 사용한 물[水]을 뜻한다. '현주'의 '현(玄)'자는 물은 흑색을 상징하므로, 붙여진 글자이다. '현주'의 '주(酒)'자의 경우, 태고시대 때에는 아직 술이 없었기 때문에, 물을 술 대신 사용했다. 따라서 후대에는 이 물을 가리키며 '주'자를 붙이게 된 것이다. '현주'를 사용하는 것은 가장 오래된 예법 중 하나이므로, 후대에도 이러한 예법을 존숭하여, 제사 때 '현주' 또한 사용했던 것이며, '현주'를 술 중에서도 가장 귀한 것으로 여겼다. 『예기』「예운(禮運)」편에는 "故玄酒在室, 醴醆在戶."라는 기록이 있는데, 이에 대한 공영달(孔穎達)의 소(疏)에서는 "玄酒, 謂水也. 以其色黑, 謂之玄. 而太古無酒, 此水當酒所用, 故謂之玄酒."라고 풀이했다.

◎ **협배(俠拜)** : '협배'는 고대에 절을 하는 방법 중의 하나이다. 여자가 먼저 남자에게 절을 하면, 남자는 답배를 하게 되고, 여자는 재차 절을 하는데, 이것을 '협배'라고 부른다.

◎ **호방형(胡邦衡)** : =호전(胡銓)

◎ **호전(胡銓, A.D.1102 ~ A.D.1180)** : =여릉호씨(廬陵胡氏)·호방형(胡邦衡). 남송(南宋) 때의 정치가이자 문학가이다. 자(字)는 방형(邦衡)이고, 호(號)는 담암(澹庵)이다. 충신으로 명성이 높았다.

◎ **황제(黃帝)** : '황제'는 헌원씨(軒轅氏), 유웅씨(有熊氏)이라고도 부른다. 전설시대에 존재했다고 전해지는 고대 제왕(帝王)이다. 소전(少典)의 아들이고, 성(姓)은 공손(公孫)이다. 헌원(軒轅)이라는 땅의 구릉 지역에 거주하였기 때문에, 그를 '헌원씨'라고도 부르는 것이다. 또한 '황제'는 희수(姬水) 지역에도 거주를 하였기 때문에, 이 지역의 이름을 따서 성(姓)을 희(姬)로 고치기도 하였다. 그리고 수도를 유웅(有熊) 땅에 마련하였기 때문에, 그를 '유웅씨'라고도 부르는 것이다. 한편 오행(五行) 관념에 따라서, 그는 토덕(土德)을 바탕으로 제왕이 되었다고 여겼는데, 흙[土]이 상징하는 색깔은 황(黃)이므로, 그를 '황제'라고 부르는 것이다. 『역』「계사하(繫辭下)」편에는 "神農氏沒, 黃帝·堯·舜氏作, 通其變, 使民不倦."이라는 기록이 있는데, 이에 대한 공영달(孔穎達)의 소(疏)에서는 "黃帝, 有熊氏少典之子, 姬姓也."라고 풀이했다. 한편 '황제'는 오제(五帝) 중 하나를 뜻한다. 오행(五行)으로 구분했을 때 토(土)를 주관하며, 계절로 따지면 중앙 계절을 주관하고, 방위로 따지면 중앙을 주관하는 신(神)이다. 『여씨춘추(呂

氏春秋)』「계하기(季夏紀)」편에는 "其帝黃帝, 其神后土."라는 기록이 있고, 이에 대한 고유(高誘)의 주에서는 "黃帝, 少典之子, 以土德王天下, 號軒轅氏, 死託祀爲中央之帝."라고 풀이했다.

◎ **황천(黃泉)** : '황천'은 지하에 흐르고 있는 물을 뜻한다. 『맹자』「등문공하(滕文公下)」편에는 "夫蚓, 上食槁壤, 下飮黃泉."이라는 용례가 나온다.

◎ **효증(殽烝)** : '효증'은 효증(殽脀)이라고도 부른다. 효(殽)자는 뼈에 살점이 붙어 있는 고기를 뜻하고, 증(烝)자는 도마에 올려서 바친다는 뜻이다. 즉 '효증'은 희생물을 삶은 후, 몸체를 가르게 되는데, 뼈에 살점이 붙은 것을 도마[俎]에 올려서, 빈객(賓客)들에게 베푸는 것을 뜻한다. 『의례』「특생궤식례(特牲饋食禮)」편에는 "衆賓及衆兄弟・內賓宗婦・若有公有司私臣, 皆殽脀."이라는 기록이 있다. 또한 『춘추(春秋)』「선공(宣公) 16년」편에는 "晉侯使士會平王室, 定王享之, 原襄公相禮, 殽烝."이라는 기록이 있는데, 이에 대한 두예(杜預)의 주에서는 "烝, 升也, 升殽於俎."라고 풀이했다.

번역 참고문헌

- 『禮記』, 서울 : 保景文化社, 초판 1984 (5판 1995) / 저본으로 삼은 책이다.
- 『禮記正義』 1~4(전4권, 『十三經注疏 整理本』 12~15), 北京 : 北京大學出版社, 초판 2000 / 저본으로 삼은 책이다.
- 朱彬 撰, 『禮記訓纂』 上・下(전2권), 北京 : 中華書局, 초판 1996 (2쇄 1998) / 저본으로 삼은 책이다.
- 孫希旦 撰, 『禮記集解』 上・中・下(전3권), 北京 : 中華書局, 초판 1989 (4쇄 2007) / 저본으로 삼은 책이다.
- 服部宇之吉 評點, 『禮記』, 東京 : 富山房, 초판 1913 (증보판 1984) / 鄭玄 注 번역에 대해 참고했던 서적이다.
- 竹內照夫 著, 『禮記』 上・中・下(전3권), 東京 : 明治書院, 초판 1975 (3판 1979) / 經文에 대한 이해에 참고했던 서적이다.
- 市原亨吉 외 2명 著, 『禮記』 上・中・下(전3권), 東京 : 集英社, 초판 1976 (3쇄 1982) / 經文에 대한 이해에 참고했던 서적이다.
- 陳澔 注, 『禮記集說』, 北京 : 中國書店, 초판 1994 / 『集說』에 대한 번역에 참고했던 서적이다.
- 王文錦 譯解, 『禮記譯解』 上・下(전2권), 北京 : 中華書局, 초판 2001 (4쇄 2007) / 經文 및 주석 번역에 참고했던 서적이다.
- 錢玄・錢興奇 編著, 『三禮辭典』, 南京 : 江蘇古籍出版社, 초판 1998 / 용어 및 器物 등에 대해 참고했던 서적이다.
- 張撝之 外 主編, 『中國歷代人名大辭典』 上・下권(전2권), 上海 : 上海古籍出版社, 초판 1999 / 인명에 대해 참고했던 서적이다.
- 呂宗力 主編, 『中國歷代官制大辭典』, 北京 : 北京出版社, 초판 1994 (2쇄 1995) / 관직명에 대해 참고했던 서적이다.
- 中國歷史大辭典編纂委員會 編纂, 『中國歷史大辭典』 上・下(전2권), 上海 : 上海辭書出版社, 초판 2000 / 용어 및 인명에 대해 참고했던 서적이다.
- 羅竹風 主編, 『漢語大詞典』 1~12(전12권), 上海 : 漢語大詞典出版社,

초판 1988 (4쇄 1995) / 용어에 대해 참고했던 서적이다.

- 王思義 編集,『三才圖會』上 · 中 · 下(전3권), 上海 : 上海古籍出版社, 초판 1988 (4쇄 2005) / 器物 등에 대해 참고했던 서적이다.
- 聶崇義 撰,『三禮圖集注』(四庫全書 129책) / 器物 등에 대해 참고했던 서적이다.
- 劉績 撰,『三禮圖』(四庫全書 129책) / 器物 등에 대해 참고했던 서적이다.

역자 **정병섭(鄭秉燮)**

- 1979년 출생
- 2002년 성균관대학교 유교철학과 졸업
- 2004년 성균관대학교 대학원 유학과 석사 졸업
- 2010년 성균관대학교 대학원 유학과 박사 수료
- 역서 『譯註 禮記集說大全 - 王制, 附 鄭玄注』(학고방, 2009)
  『譯註 禮記集說大全 - 月令, 附 鄭玄注』(학고방, 2010)
  『譯註 禮記集說大全 - 曾子問, 附 正義・訓纂・集解』(학고방, 2011)
  『譯註 禮記集說大全 - 文王世子, 附 正義・訓纂・集解』(학고방, 2012)
  『譯註 禮記集說大全 - 曲禮上, 附 正義・訓纂・集解』 1~2(전2권, 학고방, 2012)
  『譯註 禮記集說大全 - 曲禮下, 附 正義・訓纂・集解』(학고방, 2012)
  『譯註 禮記集說大全 - 禮運, 附 正義・訓纂・集解』(학고방, 2012)
  『譯註 禮記集說大全 - 禮器, 附 正義・訓纂・集解』(학고방, 2012)
  『譯註 禮記集說大全 - 檀弓上, 附 正義・訓纂・集解』 1~2(전2권, 학고방, 2013)
  (공역) 『효경주소』(문사철, 2011)

譯註
禮記集說大全 檀弓 上❷
編　陳澔(元)
附　正義·訓纂·集解

초판 인쇄　2013년 04월 20일
초판 발행　2013년 04월 30일

역　　자 | 정병섭
펴 낸 이 | 하운근
펴 낸 곳 | 學古房

주　　소 | 서울시 은평구 대조동 213-5 우편번호 122-843
전　　화 | (02)353-9907　편집부(02)353-9908
팩　　스 | (02)386-8308
홈페이지 | http://hakgobang@co.kr/
전자우편 | hakgobang@naver.com, hakgobang@chol.com
등록번호 | 제311-1994-000001호

ISBN　978-89-6071-306-2　94150
　　　978-89-6071-267-6　(세트)

값 : 32,000원

이 도서의 국립중앙도서관 출판시도서목록(CIP)은 e-CIP홈페이지(http://www.nl.go.kr/ecip)와 국가자료공동목록시스템(http://www.nl.go.kr/kolisnet)에서 이용하실 수 있습니다.
(CIP제어번호 : CIP2013004115)

※ 파본은 교환해 드립니다.